何志简介

何志，河南淅川人，首届全国审判业务专家，河南省十大中青年法学家，西南政法大学民商法学院兼职教授，河南省南阳高新技术产业开发区人民法院分党组书记、院长。从事民商事审判工作30余年，致力于民商事审判理论和实务的研究与传播，先后发表文章150余篇，获奖30余篇，其中，《顾此不能失彼：裁判与民意的博弈与衡平》荣获全国法院系统第二十四届学术讨论会一等奖。致力于民商法学理论和实务的研究与传播，先后出版了《民法典·总则判解研究与适用》、《物权法判解研究与适用》（荣获中国法学会民法学研究会2006年度优秀科研成果奖）、《担保法判解研究与适用》、《合同法总则判解研究与适用》、《合同法分则判解研究与适用》、《侵权责任判解研究与适用》、《婚姻法判解研究与适用》、《最高人民法院合同法司法解释精释精解》、《婚姻案件审理要点精释》等30余部法学专著。担任《民商事纠纷裁判依据新释新解丛书》（一套8本）、《民商事司法解释精释精解丛书》（一套13本、再版7本）的总主编。

民法典判解研究与适用丛书

民法典·婚姻家庭
判解研究与适用

| 首届全国审判业务专家 |
何　志◎著

中国法制出版社
CHINA LEGAL PUBLISHING HOUSE

总　序

首届全国审判业务专家、河南省十大中青年法学家、河南南阳高新技术开发区人民法院分党组书记、院长何志同志的力作——《民法典判解研究与适用丛书》即将付梓之际，托我为之作序，欣然应允。

走近何志

认识何志同志二十余年了。

何志同志业精于勤。他长期在法院审判一线工作，积累了丰富的审判实践经验，并善于从司法实践中发现法律问题，提出立法、司法建议，形成司法智慧。在 2009 年最高人民法院评选首届全国审判业务专家时，他在全国法院系统推举的 160 余名候选人中脱颖而出，成功入选 45 名首届全国审判业务专家之一，是难能可贵的，足见其审判理论的深厚，这也是对他的审判业务能力、理论研究能力的最高“奖赏”。

何志同志行成于思。他并非法学科班出身，而是自学成才的“土专家”。三十年如一日，笔耕不辍，对民法表现出极大的兴趣，对民法通则、合同法、物权法、担保法、侵权责任法、婚姻家庭法等进行了深入研究，并出版了不少专著。其中，《物权法判解研究与适用》（人民法院出版社 2004 年版）荣获中国法学会民法学研究会 2006 年度优秀科研成果奖（青年学术成果奖）；《顾此不能失彼：裁判与民意的博弈与衡平》荣获第二十四届全国法院系统学术讨论会一等奖，他也因此被评为《判解研究》“十周年庆典三名杰出作者”之一。这些荣誉表明何志同志的理论研究成果得到了学界的肯定和赞誉。

何志同志传道解惑。他被西南政法大学民商法学院、南阳师范学院法学院等聘为兼职教授，长期在河南法院系统、律师系统、金融系统、部分高校讲授民商法理论与实务，听课人数累计超过 30 万人次。他还作为全国“双千计划”首批入选者，挂职于河南科技大学法学院。因而在社会上人们称之为老师、教授，在法院同事们称之为学者、专家。

走进丛书

法律是治国之重器，良法是善治之前提。《中华人民共和国民法典》被誉为“社会生活的百科全书”，以保护民事权利为出发点和落脚点，切实回应人民的法治需求，更好地满足人民日益增长的美好生活需要，是新时代切实保障人民合法权益的法典。

《民法典判解研究与适用丛书》以民法典为主线，以单个编章为载体，分为《民法典 · 总则判解研究与适用》《民法典 · 物权判解研究与适用》《民法典 · 合同通则判解研究与适用》《民法典 · 典型合同判解研究与适用》《民法典 · 人格权判解研究与适用》《民法典 · 婚姻家庭判解研究与适用》《民法典 · 继承判解研究与适用》《民法典 · 侵权责任判解研究与适用》。丛书采用他擅长的判解研究方法（从案例入手——提出问题——理论阐释——简要评析），博百家理论之精华，集司法实践之案例，以案说法，以法释案，做到了研究实务问题而不乏深入的理论分析，探讨理论问题而不脱离具体的司法实践，从而使民法典判解研究与适用紧密结合。

因此，何志同志的著作，具有很强的理论性、实践性、指导性和可读性。相信本套丛书的出版，对学术界深入研究民法典具有重要的参考价值；对实务界适用民法典具有重要的借鉴意义；对社会大众学习民法典具有重要的指导作用。

走向未来

习近平总书记指出，民法典在中国特色社会主义法律体系中具有重要地位，是一部固根本、稳预期、利长远的基础性法律。民法典的研习，是为了使民法典更好地贯彻实施，但愿何志同志百尺竿头更进一步，为繁荣我国的民法学研究做出更大的贡献。

尊其嘱，是为序。

①

2020 年 9 月 6 日

---

① 王轶，中国人民大学党委常委、副校长，中国法学会民法学研究会副会长兼秘书长，中国法学会民法典编纂项目领导小组成员、秘书长。

前 言

《民法典》是新中国第一部以“法典”命名的基本法律，共7编1260条。民法典是调整平等主体之间的人身关系和财产关系的民事基本法律，是“社会生活的百科全书”，而婚姻家庭编是民法典的重要组成部分。婚姻家庭编的立法宗旨是维护婚姻家庭和谐稳定，依法保障未成年人、妇女和老年人的合法权益，培育和践行社会主义核心价值观，弘扬文明进步的婚姻家庭伦理观念，推进家风建设和家庭美德建设，促进社会和谐健康发展。

婚姻家庭编与原《婚姻法》相比，增设诸多新规则，在“一般规定”“结婚”“家庭关系”“离婚”增加不少新内容，更有利于培育良好家庭、家风，促进社会和谐。同时，将原《收养法》的内容纳入婚姻家庭编，增设了“收养”专章，更有利于保护被收养人、收养人的合法权益。婚姻家庭编分为5章共计79个条文，包括：一般规定、结婚、家庭关系、离婚、收养。婚姻家庭编内容大体与原《婚姻法》《收养法》及相关司法解释保持一致，但有诸多新变化。

一、婚姻家庭编第一章“一般规定”的主要新变化

原《婚姻法》第一章“总则”用了4个条文对婚姻法地位、婚姻制度与原则、婚姻法禁止的行为、家庭关系作了规定。婚姻家庭编第一章“一般规定”用了6个条文对婚姻家庭编调整范围、基本原则、婚姻家庭的禁止性规定、婚姻家庭的倡导性规定、收养的基本原则、亲属和近亲属及家庭成员作

了规定。相较而言，婚姻家庭编“一般规定”的主要新变化是：

1. 弘扬社会主义核心价值观，树立优良家风写入《民法典》婚姻家庭编。为更好地弘扬家庭美德，体现社会主义核心价值观，此次婚姻家庭编首次将“家庭应当树立优良家风，弘扬家庭美德，重视家庭文明建设”写入《民法典》第一千零四十三条。这是社会主义核心价值观融入民法典的又一重要体现。树立优良家风写入法典，体现了立法者对于婚姻家庭关系中道德伦理规则的尊重，有利于鼓励和促进人们培养家风，提升社会整体风气。

2. 增设收养应当遵循最有利于被收养人的原则。收养应当有利于被收养人的健康成长，保障被收养人和收养人的合法权益。为了贯彻落实联合国《儿童权利公约》中关于儿童利益最大化原则，明确规定最有利于被收养人的原则，《民法典》第一千零四十四条规定：“收养应当遵循最有利于被收养人的原则，保障被收养人和收养人的合法权益。禁止借收养名义买卖未成年人。”同时《民法典》第一千零八十四条第三款规定，在父母离婚子女抚养问题的处理上，法院要“按照最有利于未成年子女的原则判决”。

3. 确立亲属制度原则：界定了亲属（配偶、血亲、姻亲）、近亲属、家庭成员的范围。夫妻互为配偶。有血缘关系的亲属为血亲，这也包括拟制血亲，如因收养形成的家庭关系。因婚姻产生的亲属为姻亲，主要包括血亲的配偶和配偶的血亲。有人认为还应当包括配偶血亲的配偶，如连襟、妯娌等。近亲属为配偶、父母、子女、兄弟姐妹、祖父母、外祖父母、孙子女、外孙子女。配偶、父母、子女为家庭成员，不论是否共同生活。其他近亲属，共同生活的，为家庭成员。《民法典》第一千零四十五条规定：“亲属包括配偶、血亲和姻亲。配偶、父母、子女、兄弟姐妹、祖父母、外祖父母、孙子女、外孙子女为近亲属。配偶、父母、子女和其他共同生活的近亲属为家庭成员。”

4. 计划生育不再作为婚姻家庭编的原则进行表述。原《婚姻法》《收养法》都有关于计划生育的条款。现在我国人口形势有了新变化，为适应这一新变化，计划生育政策也在改变，婚姻家庭编不宜再作规定。同时，计划生育的规范本不属于民法规范，应当规定在有关计划生育的法律中。

二、婚姻家庭编第二章“结婚”的主要新变化

原《婚姻法》第二章“结婚”用了 8 个条文对婚姻自愿、法定婚龄、禁

止结婚、结婚登记、互为家庭成员、婚姻无效、可撤销婚姻、无效或可撤销婚姻无效的法律后果作了规定。婚姻家庭编第二章“结婚”用了 9 个条文对婚姻自愿、法定婚龄、禁止结婚、结婚登记、互为家庭成员、婚姻无效、胁迫婚姻、隐瞒疾病的可撤销婚姻、婚姻无效和被撤销的法律后果作了规定。虽然条文仅增加了 1 个，但是实质性内容的变化还是可圈可点：

1. 确立婚姻关系的时间有变化。原《婚姻法》第八条规定“取得结婚证，即确立夫妻关系”。《民法典》第一千零四十九条规定“完成结婚登记，即确立婚姻关系”。由此看来，《民法典》所确立的婚姻关系在某些情形下早于原《婚姻法》所规定的时间。比如，符合法定结婚条件的男女完成结婚登记，还没有取得结婚证，则按照原《婚姻法》的规定还不属于婚姻关系，而按照《民法典》的规定则属于婚姻关系。

2. 无效婚姻的情形减少了。原《婚姻法》第十条规定了四种婚姻无效的情形，包括：重婚的；有禁止结婚的亲属关系的；婚前患有医学上认为不应当结婚的疾病，婚后尚未治愈的；未达到法定婚龄的。《民法典》第一千零五十一条规定了三种婚姻无效的情形，去掉了“医学上认为不应当结婚的疾病”的情形。

3. 修改因胁迫结婚请求撤销婚姻的时间起算点。原《婚姻法》第十一条规定：“受胁迫的一方撤销婚姻的请求，应当自结婚登记之日起一年内提出。”《民法典》第一千零五十二条第二款规定：“请求撤销婚姻的，应当自胁迫行为终止之日起一年内提出。”显然，《民法典》的规定更科学合理，更有利于保护受胁迫一方当事人的合法权益。

4. 新增“隐瞒疾病为可撤销婚姻”的法定情形。《民法典》第一千零五十三条规定：“一方患有重大疾病的，应当在结婚登记前如实告知另一方；不如实告知的，另一方可以向人民法院请求撤销婚姻。请求撤销婚姻的，应当自知道或者应当知道撤销事由之日起一年内提出。”婚姻关系有别于普通人之间的关系，夫妻之间应该有充分的知情权，特别是对重大事项的知情权。因此患严重疾病一方不履行如实告知义务，配偶一方可申请撤销婚姻。出于尊重婚姻自主权的考虑，疾病不再是禁止结婚以及婚姻无效的法定情形，而成为可撤销婚姻的法定情形。

三、婚姻家庭编第三章“家庭关系”的主要新变化

原《婚姻法》第三章“家庭关系”用了 18 个条文对夫妻关系、父母子女关系和其他近亲属关系作出了规定，婚姻家庭编第三章“家庭关系”用了 21 个条文对上述问题作了规定。两者相比，主要有如下新变化：

1. 新增了夫妻日常家事代理权。《民法典》第一千零六十条规定：“夫妻一方因家庭日常生活需要而实施的民事法律行为，对夫妻双方发生效力，但是夫妻一方与相对人另有约定的除外。夫妻之间对一方可以实施的民事法律行为范围的限制，不得对抗善意相对人。”该条规定明确了夫妻日常家事代理权，不仅平衡了夫妻内部的利益，充分保障了夫妻之间的平等权利，同时也对保护交易相对人，维护交易稳定和安全起到了积极的作用。

2. 夫妻共同财产新增了“其他劳务报酬”“投资收益”。原《婚姻法》第十七条夫妻共同财产条款第一款的第一项、第二项规定：“夫妻在婚姻关系存续期间所得的下列财产，归夫妻共同所有：（一）工资、奖金；（二）生产、经营的收益……”随着社会经济的变革发展，财产的构成与种类也随时代发展更加多元化、多样化。《民法典》第一千零六十二条在保留原《婚姻法》列举的五款共同财产的基础上，新增了“其他劳务报酬”“投资收益”作为夫妻共同财产，更符合当下社会的实际生活情况。

3. 夫妻共同债务认定有了新变化。夫妻共同债务以“共债共签”为原则，以另一方事后追认为例外。近年来，夫妻共同债务问题一直是社会生活的热点。《民法典》第一千零六十四条吸纳《最高人民法院关于审理涉及夫妻债务纠纷案件适用法律有关问题的解释》的规定，明确“夫妻双方共同签名或者夫妻一方事后追认等共同意思表示所负的债务，以及夫妻一方在婚姻关系存续期间以个人名义为家庭日常生活需要所负的债务，属于夫妻共同债务。夫妻一方在婚姻关系存续期间以个人名义超出家庭日常生活需要所负的债务，不属于夫妻共同债务；但是，债权人能够证明该债务用于夫妻共同生活、共同生产经营或者基于夫妻双方共同意思表示的除外”。通过该规定，以立法方式确立了夫妻共同债务的认定标准。一是“共签共债”，双方共同签字则为共同债务；二是“共需共债”，为家庭日常生活需要所负债务亦为共同债务；三是“共用共债”，用于夫妻共同生活、共同生产经营的债务也为共同债

务。《民法典》在婚姻家庭编中对夫妻共同债务这一社会热点作出明确规定，对平衡保护夫妻中非举债方权益与债权人利益起到了很好的指引作用。

4. 新增了夫妻关系存续期间分割夫妻共同财产的法定情形。夫妻婚姻关系存续期间，双方的共同财产在法律上系共有关系，一般不解除婚姻关系，无法起诉分割夫妻共同财产。但实践中的情形复杂，《民法典》第一千零六十六条规定："婚姻关系存续期间，有下列情形之一的，夫妻一方可以向人民法院请求分割共同财产：（一）一方有隐藏、转移、变卖、毁损、挥霍夫妻共同财产或者伪造夫妻共同债务等严重损害夫妻共同财产利益的行为；（二）一方负有法定扶养义务的人患重大疾病需要医治，另一方不同意支付相关医疗费用。"

5. 新增父母不履行抚养义务的，不能独立生活的成年子女，有权要求父母给付抚养费。原《婚姻法》第二十一条第二款规定："父母不履行抚养义务时，未成年的或不能独立生活的子女，有要求父母付给抚养费的权利。"对于非婚生子女，原《婚姻法》第二十五条第二款规定："不直接抚养非婚生子女的生父或生母，应当负担子女的生活费和教育费，直至子女能独立生活为止。"《最高人民法院关于适用〈中华人民共和国婚姻法〉若干问题的解释（一）》第二十条对"不能独立生活的子女"进行规定，是指尚在校接受高中及其以下学历教育，或者丧失或未完全丧失劳动能力等非因主观原因而无法维持正常生活的成年子女。《民法典》第一千零六十七条规定："父母不履行抚养义务的，未成年子女或者不能独立生活的成年子女，有要求父母给付抚养费的权利。成年子女不履行赡养义务的，缺乏劳动能力或者生活困难的父母，有要求成年子女给付赡养费的权利。"该条规定将原规定中的"不能独立生活的子女"，修改为"不能独立生活的成年子女"。修改后，该条文表述更加完整，且有利于保护虽已成年但尚不能独立生活的子女的相关权益，体现出民法典对弱势群体权利的特别保护。

6. 新增"亲子关系异议之诉。"对亲子关系的确认与否认，国外民法通常都有规定，我国也有此类诉讼，但此前法律上没有规定。亲子关系问题涉及家庭稳定和未成年人的保护，所以婚姻家庭编对此类诉讼进行了规范，《民法典》第一千零七十三条规定："对亲子关系有异议且有正当理由的，父或者母可以向人民法院提起诉讼，请求确认或者否认亲子关系。对亲子关系有异议且有正当理由的，成年子女可以向人民法院提起诉讼，请求确认亲子关系。”父或母可以诉请确认或者否认亲子关系。成年子女可以诉请确认亲子关系。这一条没有规定成年子女可以诉请否认亲子关系，是要防止成年子女对抚养自己长大的人以不是亲生父或母为由不尽赡养义务。但是，如果成年子女确认了其生活的家庭以外的人为自己的父或母，实际上也就否认了抚养自己长大的人为亲生的父或母，但赡养义务并不丧失。

四、婚姻家庭编第四章“离婚”的主要新变化

原《婚姻法》第四章“离婚”用了12个条文对离婚制度进行了规范，婚姻家庭编第四章“离婚”用了17个条文对离婚制度进行规制，可谓“浓墨重彩”“亮点纷呈”。

1. 增设协议离婚必须有书面离婚协议。原《婚姻法》第三十一条规定：“男女双方自愿离婚的，准予离婚。双方必须到婚姻登记机关申请离婚。婚姻登记机关查明双方确实是自愿并对子女和财产问题已有适当处理时，发给离婚证。”《民法典》第一千零七十六条对协议离婚的形式要件作了规定：“夫妻双方自愿离婚的，应当签订书面离婚协议，并亲自到婚姻登记机关申请离婚登记。离婚协议应当载明双方自愿离婚的意思表示和对子女抚养、财产以及债务处理等事项协商一致的意见。”

2. 新设了离婚冷静期制度。《民法典》关于“离婚冷静期”的设置，引发社会广泛关注，其实，是否结婚是一项权利，但缔结婚姻后，更意味着责任，需要双方互谅互让、互相扶持。为促进当事人冷静思考、妥善抉择，根据2018年的《最高人民法院关于进一步深化家事审判方式和工作机制改革的意见（试行）》第四十条，法院审理离婚案件，经双方当事人同意，可以设置不超过3个月的冷静期。《民法典》第一千零七十七条的规定吸收了司法实践中的有益经验，规定：“自婚姻登记机关收到离婚登记申请之日起三十日内，任何一方不愿意离婚的，可以向婚姻登记机关撤回离婚登记申请。前款规定期限届满后三十日内，双方应当亲自到婚姻登记机关申请发给离婚证；未申请的，视为撤回离婚登记申请。”

3. 新增了一种离婚法定情形。《民法典》第一千零七十九条在原《婚姻法》第三十二条所规定“（一）重婚或有配偶者与他人同居的；（二）实施家

庭暴力或者虐待、遗弃家庭成员的；（三）有赌博、吸毒等恶习屡教不改的；（四）因感情不和分居满二年的；（五）其他导致夫妻感情破裂的情形”的五种调解无效应准予离婚情形的基础上，新增了一款（即第五款）法定离婚情形，即“经人民法院判决不准离婚后，双方又分居满一年，一方再次提起离婚诉讼的，应当准予离婚”。该条款的规定，可以有效避免一方无缓和矛盾、挽回婚姻的意愿，故意拖延时间不同意离婚的情况。

4. 新增了不满两周岁的子女以由母亲直接抚养为原则。原《婚姻法》第三十六条第三款规定：“离婚后，哺乳期内的子女，以随哺乳的母亲抚养为原则。”对此，《民法典》第一千零八十四条第三款的规定进行了修改：“离婚后，不满两周岁的子女，以由母亲直接抚养为原则。已满两周岁的子女，父母双方对抚养问题协议不成的，由人民法院根据双方的具体情况，按照最有利于未成年子女的原则判决。子女已满八周岁的，应当尊重其真实意愿。”由此可见，离婚后，不满两周岁的子女，以由母亲直接抚养为原则。已满两周岁的子女，父母双方对抚养问题协议不成的，由人民法院根据双方的具体情况，按照最有利于未成年子女的原则判决。

5. 新增了夫妻一方挥霍夫妻共同财产的，在离婚分割夫妻共同财产时，对该方少分或者不分的规定。原《婚姻法》第四十七条第一款规定，离婚时，一方隐藏、转移、变卖、毁损夫妻共同财产，或伪造债务企图侵占另一方财产的，分割夫妻共同财产时，对隐藏、转移、变卖、毁损夫妻共同财产或伪造债务的一方，可以少分或不分。《民法典》第一千零九十二条在上述规定的基础上，新增了夫妻一方“挥霍夫妻共同财产”的法律后果，即夫妻一方隐藏、转移、变卖、毁损、挥霍夫妻共同财产，或者伪造夫妻共同债务企图侵占另一方财产的，在离婚分割夫妻共同财产时，对该方可以少分或者不分。离婚后，另一方发现有上述行为的，可以向人民法院提起诉讼，请求再次分割夫妻共同财产。

6. 新增离婚损害赔偿的兜底条款，充分维护无过错方权益。原《婚姻法》第四十六条以列举的方式规定了四种无过错方请求赔偿的情形，即重婚的，有配偶者与他人同居的，实施家庭暴力的，虐待、遗弃家庭成员的，并未规定兜底条款。实践中，除了上述四种情形，还存在很多导致离婚的过错情形，例如婚外情、一夜情、嫖娼、婚外生子等，这些行为对于无过错配偶一方无疑都会产生极大心理伤害。因此《民法典》新增“有其他重大过错”的离婚损害赔偿兜底条款，充分保护了无过错配偶方的权利，为司法裁判提供了法律依据。

7. 新增照顾无过错方权益原则，离婚时财产分割更加公平。原《婚姻法》第三十九条规定：“离婚时，夫妻的共同财产由双方协议处理；协议不成时，由人民法院根据财产的具体情况，照顾子女和女方权益的原则判决。”此次，《民法典》第一千零八十七条第一款规定：“离婚时，夫妻的共同财产由双方协议处理；协议不成的，由人民法院根据财产的具体情况，按照照顾子女、女方和无过错方权益的原则判决。”该条规定明确了在离婚财产分割中照顾无过错方权益的原则，这就意味着在离婚财产分割上，法院可以依据该原则，酌情确定对过错方少分财产，以此惩戒婚内过错方，充分照顾并保护无过错方权利。

五、婚姻家庭编第五章“收养”的主要新变化

原《收养法》自 1992 年 4 月 1 日起实施，分为总则、收养关系的成立、收养的效力、收养关系的解除、法律责任、附则，共计 34 个条文。婚姻家庭编第五章“收养”分为收养关系的成立、收养的效力、收养关系的解除，共计 26 个条文。婚姻家庭编与原《收养法》相比，主要变化是：

1. 收养的基本原则发生了新变化。原《收养法》第二条规定：“收养应当有利于被收养人的未成年人的抚养、成长，保障被收养人和收养人的合法权益，遵循平等自愿的原则，并不得违背社会公德。”《民法典》第一千零四十四条规定：“收养应当遵循最有利于被收养人的原则，保障被收养人和收养人的合法权益。禁止借收养名义买卖未成年人。”该条规定于“一般规定”，是指导收养关系的原则，贯彻的是保护“有利于被收养人利益”的立法宗旨。

2. 收养对象取消了“不满十四周岁的未成年人”的限制。原《收养法》第四条规定“不满十四周岁的未成年人可以被收养”。《民法典》第一千零九十三条规定“未成年人，可以被收养”。显然，《民法典》取消了对未成年人年龄的限制，表明只要是未成年人（十八周岁以下）均可以成为收养的对象，更有利于维护未成年人的合法权益。

3. 收养子女的人数有了新突破。原《收养法》第八条第一款规定“收养

人只能收养一名子女”。为适应我国人口形势和计划生育政策的新变化,《民法典》第一千一百条第一款规定:“无子女的收养人可以收养两名子女;有子女的收养人只能收养一名子女。”

4. 被收养人同意的年龄降低了。原《收养法》第十一条规定“收养年满十周岁以上未成年人的,应当征得被收养人的同意”。《民法典》第一千一百零四条规定“收养八周岁以上的未成年人的,应当征得被收养人的同意”。该条规定与《民法典》规定的限制民事行为能力人的起始年龄相一致。

5. 无配偶者收养异性子女有变化。原《收养法》第九条规定“无配偶的男性收养女性的,收养人与被收养人的年龄应当相差四十周岁以上”。《民法典》第一千一百零二条规定“无配偶者收养异性子女的,收养人与被收养人的年龄应当相差四十周岁以上”。显然,后者的规定更科学,体现了男女平等的原则。

何 志
电子邮箱:nyfyhezhi@126.com
2022 年 9 月 26 日

本书主要法律文件名称及缩略语对照表

缩略语	全　称
《宪法》	《中华人民共和国宪法》
《立法法》	《中华人民共和国立法法》
《民法典》	《中华人民共和国民法典》
《民法总则》	《中华人民共和国民法总则》
《物权法》	《中华人民共和国物权法》
《合同法》	《中华人民共和国合同法》
《侵权责任法》	《中华人民共和国侵权责任法》
《婚姻法》	《中华人民共和国婚姻法》
《继承法》	《中华人民共和国继承法》
《担保法》	《中华人民共和国担保法》
《公司法》	《中华人民共和国公司法》
《证券法》	《中华人民共和国证券法》
《民法通则》	《中华人民共和国民法通则》
《民事诉讼法》	《中华人民共和国民事诉讼法》
《民事诉讼法解释》	《最高人民法院关于适用〈中华人民共和国民事诉讼法〉的解释》
《刑法》	《中华人民共和国刑法》

续表

缩略语	全　称
《刑事诉讼法》	《中华人民共和国刑事诉讼法》
《民法典时间效力规定》	《最高人民法院关于适用〈中华人民共和国民法典〉时间效力的若干规定》
《物权编解释（一）》	《最高人民法院关于适用〈中华人民共和国民法典〉物权编的解释（一）》
《担保制度解释》	《最高人民法院关于适用〈中华人民共和国民法典〉关于担保制度的解释》
《婚姻家庭编解释（一）》	《最高人民法院关于适用〈中华人民共和国民法典〉婚姻家庭编的解释（一）》
《诉讼时效规定》	《最高人民法院关于审理民事案件适用诉讼时效制度若干问题的规定》
《继承编解释（一）》	《最高人民法院关于适用〈中华人民共和国民法典〉继承编的解释（一）》
《物权法解释（一）》	《最高人民法院关于适用〈中华人民共和国物权法〉若干问题的解释（一）》
《合同法解释（一）》	《最高人民法院关于适用〈中华人民共和国合同法〉若干问题的解释（一）》
《合同法解释（二）》	《最高人民法院关于适用〈中华人民共和国合同法〉若干问题的解释（二）》
《担保法解释》	《最高人民法院关于适用〈中华人民共和国担保法〉若干问题的解释》
《婚姻法解释（一）》	《最高人民法院关于适用〈中华人民共和国婚姻法〉若干问题的解释（一）》
《婚姻法解释（二）》	《最高人民法院关于适用〈中华人民共和国婚姻法〉若干问题的解释（二）》
《婚姻法解释（三）》	《最高人民法院关于适用〈中华人民共和国婚姻法〉若干问题的解释（三）》

续表

缩略语	全　　称
《同居若干意见》	《最高人民法院关于人民法院审理未办结婚登记而以夫妻名义同居生活案件的若干意见》
《民法通则意见》	《最高人民法院关于贯彻执行〈中华人民共和国民法通则〉若干问题的意见（试行）》
《诉讼证据规定》	《最高人民法院关于民事诉讼证据的若干规定》
《夫妻感情破裂意见》	《最高人民法院关于人民法院审理离婚案件如何认定夫妻感情确已破裂的若干具体意见》
《夫妻债务纠纷解释》	《最高人民法院关于审理涉及夫妻债务纠纷案件适用法律有关问题的解释》
《离婚财产分割意见》	《最高人民法院关于人民法院审理离婚案件处理财产分割问题的若干具体意见》

目录
CONTENTS

附录

第一章

一般规定

本章概要

家庭生活关系在民法上称为婚姻家庭关系或亲属关系，调整婚姻家庭关系或亲属关系的民法规范称作婚姻家庭法或亲属法，属于身份法。自我国1950年颁布《婚姻法》至今，老百姓已经很熟悉，亦习惯称婚姻法、婚姻家庭法，称亲属法则不熟悉、不习惯，所以《民法典》第五编不称“亲属”，而称“婚姻家庭”。[①]

《民法典》婚姻家庭编第一章“一般规定”，在原《婚姻法》规定的基础上，重申了婚姻自由、一夫一妻、男女平等等婚姻家庭领域的基本原则和规则，并在原《婚姻法》的基础上，作了进一步完善：一是为贯彻落实习近平总书记有关加强家庭文明建设的重要讲话精神，更好地

① 参见黄薇主编：《中华人民共和国民法典婚姻家庭编释义》，法律出版社2020年版，第2页。

弘扬家庭美德，规定家庭应当树立优良家风，弘扬家庭美德，重视家庭文明建设；二是为了更好地维护被收养未成年人的合法权益，将联合国《儿童权利公约》关于儿童利益最大化的原则落实到收养工作中，增加规定了最有利于被收养人的原则；三是界定了亲属、近亲属、家庭成员的范围。

第一节 婚姻、家庭与婚姻家庭编

一、问题的提出

婚姻是男女两性的结合，这种结合形成当时社会制度所确认的夫妻关系。[①]家庭或称作家，是以永久共同生活为目的而同居的亲属团体。[②]婚姻是家庭的前提，家庭是婚姻成立的结果，也是婚姻的结构载体。因婚姻产生"婚姻关系"，因家庭产生"家庭关系"，合称"婚姻家庭关系"。"婚姻家庭关系"是民事关系，受民法调整。《民法典》第一千零四十条规定："本编调整因家庭关系产生的民事关系。"

在研究婚姻、家庭与婚姻家庭编之前，先看两则案例：

案例 1：同居析产不能均等分割[③]

原告王某与被告张某于2001年起以夫妻名义同居生活，无子女。2002年1月24日，被告张某以个人名义用3万元的价格购得弓长岭区安平街某小区10#楼3单元6层1号住宅楼一处。原、被告为购置该房屋在耿某处借款13000元，上述借款已由原、被告偿还完毕。另查，原、被告用于同居生活在耿某处借款2000元、在赵某处借款8000元。

生效裁判认为，同居关系是指男女双方未经结婚登记而具有较稳定的长期共同生活关系。原、被告未办理结婚登记而以夫妻名义同居生活，同

---

① 参见黄薇主编:《中华人民共和国民法典婚姻家庭编释义》，法律出版社2020年版，第3页。

② 参见黄薇主编:《中华人民共和国民法典婚姻家庭编释义》，法律出版社2020年版，第4页。

③ 案例来源于最高人民法院2015年12月4日发布的《"用公开促公正 建设核心价值观"主题教育活动婚姻家庭纠纷典型案例》，载最高人民法院网。

居期间双方共同所得的收入和购置的财产，按一般共有财产处理；解除同居关系时，同居期间为共同生产生活而形成的债权、债务，可按共同债权、债务处理。据此判决：一、坐落于弓长岭区安平街某小区住宅楼10#楼3单元6层1号房屋归被告张某所有，被告张某于本判决生效后十五日内给付原告王某所占房屋份额折价款51069.2元；二、原、被告同居期间的债务10000元（赵某8000元、耿某2000元），原、被告各负担5000元，双方互负连带清偿责任。

案例2：夫妻互负法定扶养义务①

原告陈某与被告陈某某系夫妻关系，因家庭问题导致陈某精神失常。2019年2月，病情严重的陈某被其父亲送至精神病院住院治疗，陈某父亲支付了首期医疗费用。陈某父亲已逾70周岁，无力垫付陈某的后续医疗费用及生活费用。住院期间，陈某父亲多次要求陈某某履行夫妻扶养义务，支付陈某的住院治疗费用，但陈某某一直拒绝支付。无奈之下，陈某父亲以陈某的法定代理人身份将陈某某诉至法院，请求判令陈某某支付自2019年2月起至2020年6月治疗期间的扶养费共计10200元，并从2020年7月起每月支付扶养费600元。

法院经审理认为，夫妻应当互相关爱、互相帮助，夫妻有相互扶养的义务，需要扶养的一方，在另一方不履行扶养义务时，有要求其给付扶养费的权利。陈某现因精神病住院治疗，无收入来源，陈某某作为陈某的丈夫应当履行扶养义务，为陈某支付住院期间的医疗及生活费。《民法典》第一千零五十九条规定："夫妻有相互扶养的义务。需要扶养的一方，在另一方不履行扶养义务时，有要求其给付扶养费的权利。"陈某请求陈某某支付扶养费的主张，符合法律规定，应予以支持。据此判决：一、陈某某于本判决生效之日起十日内支付给陈某2019年2月至2020年6月的医疗费、生活费合计9736.22元；二、陈某某于本判决生效之日起十日内支付给陈某自2020年7月起至2020年12月的医疗费、生活费合计3600

---

① 案例来源于陈茂宁、林煌：《民法典首例！夫妻扶养义务逃不掉》，载福建省仙游县人民法院网。

元；三、陈某某自2021年1月起于每月的25日前支付给陈某当月医疗费、生活费600元。

在上述案例中，案例1涉及王某与张某之间是否属婚姻关系的问题，案例2涉及家庭中夫妻负有相互扶养的义务的问题。试问：何谓婚姻？婚姻有哪些种类？何谓家庭？家庭有哪些功能？婚姻家庭编中的民事主体有哪些？

二、婚姻的意义及种类

（一）婚姻的意义

婚姻的概念，是整个婚姻法学的基石。然而，我国现行法律法规以及司法解释均没有明文规定婚姻的概念，国外婚姻家庭立法中，明确规定婚姻概念的也不多。因此，法学理论对婚姻的解释众说纷纭，莫衷一是，有“契约说”“伦理说”“社会制度说”“共同生活说”和“性欲说”等。我国多数学者持“社会制度说”，认为婚姻是指为当时社会制度所确认的，以男女两性互为配偶为目的的结合。现代意义上的婚姻，应当从如下方面理解：

1. 婚姻是男女两性的结合。男女两性的生理差异和性本能，是婚姻的自然条件，只有具备这一自然条件，才能满足性本能的要求和种族的延续。婚姻必须是男女两性的结合，这是婚姻关系区别于其他社会关系的显著特征。

2. 婚姻是男女两性以建立配偶身份关系，共同生活为目的的结合。男女结婚，其目的是建立夫妻身份关系，共同生活，组成家庭，履行夫妻间、父母子女间以及与其他家庭成员间的权利和义务，承担社会赋予的责任。婚姻的目的性，是婚姻成立的思想条件，也是婚姻与通奸、姘居、非婚同居等两性结合的区别所在。

3. 婚姻必须是符合当时社会制度认可的两性结合。婚姻不是男女两性的任意结合，而是要符合当时社会规定的婚姻成立的实质要件和形式要件才能称为婚姻。在不同社会制度中，确认婚姻的方式不同。在原始社会，确认婚姻的方式是原始道德、习惯和氏族的规章。在阶级社会中，通常是由法律规范确认。不具备法律规定的婚姻成立的实质要件和形式要件的两性结合，不发生婚姻的效力。①

（二）婚姻的种类

婚姻按不同标准，一般分为以下几类：

1. 初婚与再婚。初婚是指从未结过婚的男女，第一次缔结的婚姻。再婚是指已婚的人，因丧偶或离婚后，再与他人结成的婚姻。其中，离婚男女双方自愿按照法定程序重新恢复婚姻关系的，称为复婚。

在现实生活中，某一婚姻的男女双方可能是均为初婚；也可能是一方为初婚，另一方为再婚，或男女双方均为再婚。初婚和再婚，是我国婚姻登记机关在婚姻统计中必须统计的项目，以便分析结婚情况。

有的外国法律对再婚有一定的限制。当代各国法律无再婚次数的限制，但是不少国家的法律规定丧偶或离婚的妇女在十个月之内不得再婚。我国现行法律无此限制。

2. 单婚与重婚。单婚是一男一女结成的婚姻。当前，绝大多数国家的法律确认实行一夫一妻制。按这一婚姻的要求，男女不得同时有两个或两个以上的配偶，在配偶未死亡或依法离婚前，不得与第三人再行建立婚姻关系。重婚是指有配偶者又与他人结婚的行为。当前除少数国家允许男子同时拥有多个妻子外，一般国家的法律都确认单婚。重婚不仅在民事上被认为无效，而且法律还要追究故意重婚者的刑事责任。

3. 要式婚与事实婚。要式婚是指符合结婚条件的男女，必须按照法律规

---

① 关于婚姻被“社会制度认可”，是我国学术界大多数专家和学者的观点。参见巫昌祯主编：《婚姻与继承法学》，中国政法大学出版社1997年版，第26页；杨大文主编：《亲属法》，法律出版社1997年版，第66页。但我国有学者对此提出了质疑，认为“将‘婚姻’等同于‘合法婚姻’是值得商榷的”，婚姻的第三个特征应该是“具有夫妻身份的公示性”，“只要夫妻身份为公众认可，不需要具有合法性”。因为，“婚姻的概念至少应涵盖合法婚姻和违法婚姻”。包办婚姻、事实婚姻、无效婚姻等都不合法，但在我国的立法、法律解释和法学研究中“都视它们为婚姻”。参见方文晖：《论婚姻在法学上的概念》，载《南京大学学报（哲学·人文·社科版）》2000年第5期，第25—31页。

定方式结婚，才能得到社会认可并受法律保护。自阶级社会以来，古今中外的法律规定的结婚方式，有仪式制、登记制、登记与仪式相结合制三种。我国现行婚姻法律规定的结婚登记是婚姻成立的唯一结婚方式。事实婚是指没有配偶的男女，双方完全符合结婚条件，未按法定方式结婚，而以夫妻名义公开同居生活所形成的婚姻。

当前各国法律对事实婚，有不承认主义、承认主义和限制承认主义三种态度。我国法律对1994年2月1日《婚姻登记管理条例》施行前形成的事实婚，采取限制承认主义；对《婚姻登记管理条例》施行后形成的事实婚，采取不承认主义。我国2001年修正后的《婚姻法》第八条明确规定："……未办结婚登记的，应当补办登记。"《民法典》第一千零四十九条规定，未办理结婚登记的，应当补办登记。《婚姻家庭编解释（一）》第七条明确规定："未依据民法典第一千零四十九条规定办理结婚登记而以夫妻名义共同生活的男女，提起诉讼要求离婚的，应当区别对待：（一）1994年2月1日民政部《婚姻登记管理条例》公布实施以前，男女双方已经符合结婚实质要件的，按事实婚姻处理。（二）1994年2月1日民政部《婚姻登记管理条例》公布实施以后，男女双方符合结婚实质要件的，人民法院应当告知其补办结婚登记。未补办结婚登记的，依据本解释第三条[①]规定处理。"

三、家庭的意义及职能

（一）家庭的意义

家庭是社会的细胞。所谓家庭，是指由一定范围的亲属所组成的共同生活单位。应从以下两个方面理解家庭的意义。

1. 家庭是人们共同生活的单位。家庭是社会的细胞，是由若干具有亲属身份的人组成的生产、生活团体。生活在这一团体的成员，无论男女老幼都以群体的形式发挥社会职能。与其他社会单位不同，家庭具有三个显

① 《婚姻家庭编解释（一）》第三条规定："当事人提起诉讼仅请求解除同居关系的，人民法院不予受理；已经受理的，裁定驳回起诉。当事人因同居期间财产分割或者子女抚养纠纷提起诉讼的，人民法院应当受理。"

著的特征。

（1）家庭成员共同生活，共同消费。家庭成员一般都生活在同一家庭之中，生活上互相扶助，关心和照顾。有劳动能力的家庭成员在社会分配中所得的收入，要用于全体成员的再分配，即消费，承担赡老育幼和对社会的责任。

（2）家庭成员间互享法定权利，互负法定义务。家庭成员都有法律赋予的权利义务，这些权利义务有人身和财产两个方面的内容。在我国的社会主义家庭中，家庭成员的地位是平等的，即平等地享有权利，平等地承担义务。这些权利义务是法定的，义务人不履行义务的，权利人有权要求其履行义务。

（3）家庭成员之间一般都有共同的财产关系。在家庭中，有夫妻共同财产、家庭成员的共同财产和个人特有财产。这些财产构成家庭财产总和。

2. 家庭是由一定范围的亲属组成的。家庭不是人们的随意组合，生活在同一家庭的成员，相互间必须具有亲属关系，有固定的身份和称谓，有法律赋予的权利义务。没有这些关系的人所组成的单位，不能称为家庭，只能称为其他社会组织。但是，任何时代的家庭都不可能由全部亲属组成，必须限制在一定范围。我国《民法典》第一千零四十五条第二款规定，配偶、父母、子女、兄弟姐妹、祖父母、外祖父母、孙子女、外孙子女为近亲属。该条第三款又规定，配偶、父母、子女和其他共同生活的近亲属为家庭成员。因此，不是这一范围的亲属，就不是法律意义上的家庭成员。

（二）家庭职能

家庭职能，亦称家庭功能，是指家庭对社会所起的作用，主要有四个方面的职能。

1. 物质资料的生产职能。家庭自产生以来，就承担着社会物质资料的生产职能。古代家庭是一个完全封闭的、实行男耕女织的自给自足的生产单位。近代社会由于社会化生产的不断发展，家庭的物质资料生产职能逐渐弱化，只有农民、城市手工业家庭，仍然起着物质资料生产的补充作用。从事社会化生产和工作的工人以及职员家庭已丧失了生产职能。

2. 人口再生产职能。人口的生产和再生产，是家庭的重要职能。男女结婚，组成家庭，生育子女，繁衍后代，是任何社会的共同职能。随着近代科学技术的发展，各种人工生育手段的发明，虽然人类不通过两性结合即可生育子女，以实现极少数不育夫妻实现生育、抚养子女的意愿，但是，这并不影响有正常生育能力的夫妻生育子女，繁衍后代。因此，家庭的人口再生产职能是永恒的。

3. 消费职能。家庭成员共同生活，共同消费，是家庭这一社会单位最本质的特征。有劳动能力的家庭成员，从事家庭生产、社会生产工作所获得的收入，必须在家庭内部进行再分配，承担着赡老育幼的社会责任。

4. 教育职能。家庭教育是社会教育的重要组成部分。人从出生开始，最早接受的是家庭教育，到达一定年龄之后，才逐步接受社会教育。家庭教育职能包括思想品德、文化、技能教育等。家庭成员间互相教育职能的正确、充分发挥，对于家庭成员的健康成长，促进家庭和睦团结，保障社会安宁，起着至关重要的作用。

四、婚姻家庭编中的民事主体

《民法典》第二条规定："民法调整平等主体的自然人、法人和非法人组织之间的人身关系和财产关系。"由此可见，民法上的民事主体包括自然人、法人、非法人组织。法人和非法人组织是民法为促进市场交易和经济发展所拟制的具有法律人格的"民法上的人"。法人和非法人组织与自然人有本质上的不同，尤其是它们作为无生命的社会组织体，无法形成自然人之间赖以生存、情感交流的特有的共同生活体——婚姻和家庭。因此，婚姻家庭编规范的民事关系主体应当限于自然人之间。[①]

进一步说，婚姻家庭编中的民事主体自然人并非一般的自然人，而是局限在有着一定血缘关系或者姻缘关系的自然人之间。婚姻家庭编所确认和调整的是自然人之间基于婚姻（结婚）、血缘（出生）和法律拟制（收养等）所形成的身份关系。《民法典》第一千零四十五条规定："亲属包括配偶、

---

① 参见薛宁兰、谢鸿飞主编：《民法典评注：婚姻家庭编》，中国法制出版社2020年版，第4页。

血亲和姻亲。配偶、父母、子女、兄弟姐妹、祖父母、外祖父母、孙子女、外孙子女为近亲属。配偶、父母、子女和其他共同生活的近亲属为家庭成员。”由此可见，亲属是有血缘关系或者婚姻关系的人，血缘关系包括法律拟制的血缘关系，如收养形成的父母子女关系。配偶，男女因结婚互称配偶。配偶是产生血亲和姻亲的基础，是亲属的独立类型。[①] 近亲属，包括配偶、父母、子女、兄弟姐妹、祖父母、外祖父母、孙子女、外孙子女。家庭成员，包括配偶、父母、子女和其他共同生活的近亲属。这里的“共同生活”，是指长久的同居在一起的共同生活，而不是短期的、临时性的共同生活。[②]

五、对案例 1、案例 2 的简要评析

1. 对案例 1 的简要评析

在案例 1 中，原告王某与被告张某以夫妻名义同居生活多年，由于没有办理结婚登记，双方没有形成合法的婚姻关系，仅是同居关系。若双方仅是为了解除同居关系，则人民法院不予受理；已经受理的，裁定驳回起诉。但本案双方是同居关系析产纠纷，故人民法院应当予以受理，并作出裁判。在起诉同居析产的情况下，同居关系的处理与婚姻关系有着不小的区别。经过结婚登记的夫妻在婚姻关系存续期间，一方或双方所得的财产，原则上为夫妻共有财产，夫或妻对共有财产享有平等的处分权。同居关系析产则是以财产取得方式确定产权，共同财产未经共有人同意不得处分。其行为模式不同，后果模式也不相同。同居关系和家庭关系都是整个社会的小细胞，处理好同居关系对和谐社会的建设有着十分重要的意义。[③]

自 1994 年 2 月 1 日《婚姻登记管理条例》（包括 2003 年 10 月 1 日实施的《婚姻登记条例》）实施以来，不承认事实婚姻，法律只认可登记婚，即

① 参见黄薇主编：《中华人民共和国民法典婚姻家庭编释义》，法律出版社 2020 年版，第 21 页。

② 参见黄薇主编：《中华人民共和国民法典婚姻家庭编释义》，法律出版社 2020 年版，第 26 页。

③ 参见最高人民法院 2015 年 12 月 4 日发布的《“用公开促公正 建设核心价值观”主题教育活动婚姻家庭纠纷典型案例》，载最高人民法院网。

要想使婚姻合法有效，必须进行结婚登记。由于同居关系与合法婚姻有着本质的区别，为了使婚姻家庭更加稳固，进行结婚登记才为上策。

2. 对案例 2 的简要评析

在案例 2 中，夫妻扶养义务，是婚姻关系存续期间夫妻双方在物质上、生活上、精神上相互帮助、相互照顾、相互扶养的法定义务，以夫妻人身关系的存在为前提。无论是《婚姻法》第二十条，还是《民法典》第一千零五十九条，均明确规定了夫妻之间负有法定的扶养义务。需要扶养的一方，在另一方不履行扶养义务时，有要求其给付扶养费的权利。因此，法院判决张某履行法定的扶养义务。

在本案中，裁判法院运用《民法典》进行了裁判，这涉及《民法典》的时间效力问题。《民法典时间效力规定》第一条规定："民法典施行后的法律事实引起的民事纠纷案件，适用民法典的规定。民法典施行前的法律事实引起的民事纠纷案件，适用当时的法律、司法解释的规定，但是法律、司法解释另有规定的除外。民法典施行前的法律事实持续至民法典施行后，该法律事实引起的民事纠纷案件，适用民法典的规定，但是法律、司法解释另有规定的除外。"该条司法解释遵循了法律适用的一般原则，即法不溯及既往为原则，溯及既往为例外。《民法典时间效力规定》第二部分关于"溯及适用的具体规定"和第三部分"衔接适用的具体规定"均没有规定本案的情形，依据《民法典时间效力规定》第二条"民法典施行前的法律事实引起的民事纠纷案件，当时的法律、司法解释有规定，适用当时的法律、司法解释的规定，但是适用民法典的规定更有利于保护民事主体合法权益，更有利于维护社会和经济秩序，更有利于弘扬社会主义核心价值观的除外"的规定，《民法典》和《婚姻法》对夫妻之间的扶养义务均作了同样的规定，从法律适用上来看，引用《婚姻法》第二十条的规定进行裁判更为妥当。本案适用《民法典》进行裁判，虽裁判结果正确，但存在法律适用不当。

第二节 婚姻家庭编的特点和调整对象

一、问题的提出

婚姻家庭编是规范夫妻关系和家庭关系的基本准则。习近平总书记高度重视家庭文明建设，并指出："家庭和睦则社会安定，家庭幸福则社会祥和，家庭文明则社会文明。"[①]《民法典》凸显了维护平等、和睦、文明的婚姻家庭编关系的价值目标。

在研习婚姻家庭编的特点和调整对象之前，先看一则案例：

案例3：子女赡养老人还需要常回家看看[②]

陈某某与妻子1952年结婚，婚后育有二子三女，妻子及两个儿子均已去世。现陈某某同小女儿生活。陈某某年事已高且体弱多病，希望女儿常回家探望并照顾自己，因女儿不同意负担陈某某的医药费及赡养费，故诉请判令长女和次女每月探望其不少于一次，患病期间三个女儿必须轮流看护；三个女儿共同给付陈某某医疗费、赡养费。

生效裁判认为，子女对父母有赡养扶助的义务，子女不履行赡养义务时，无劳动能力或生活困难的父母，有要求子女给付赡养费的权利。子女不能因为父母有退休收入或者有一定的经济来源就完全将父母置之不顾，这不仅违反法律规定，也不符合中华民族"百善孝为先"的传统美德。子女对于不在一起生活的父母，应根据其实际生活需要、实际负担能力、当地一般生活水平，给付一定的赡养费用。本案陈某某年事已高且身患疾病，三个女儿作为赡养人，应当履行对其经济上供养、生活上照料和精神上慰藉的义务，故判

---

① 参见《动员社会各界广泛参与家庭文明建设　推动形成社会主义家庭文明新风尚》，载中国共产党新闻网。

② 参见最高人民法院于2021年2月24日发布的《人民法院老年人权益保护十大典型案例》。

决长女和次女每月探望陈某某不少于一次，并给付陈某某赡养费，三个女儿共同负担陈某某的医疗费用。

上述案例涉及子女对父母的法定赡养义务。试问:《民法典》婚姻家庭编有哪些特点？其调整的对象有哪些？《民法典》婚姻家庭编的渊源有哪些？

二、《民法典》婚姻家庭编的特点

婚姻家庭编是调整婚姻家庭法律关系的总称，它具有如下特点：

1. 适用上的广泛性。婚姻家庭关系是一种最广泛、最普遍的社会关系。每个社会成员，不论性别、年龄，都不可避免地同婚姻家庭产生联系，既是婚姻家庭关系的产物，又是婚姻家庭关系的主体。因此，《民法典》是适用于一切公民的普通法，“婚姻法是有关一切男女利害的普通性仅次于宪法的国家的根本大法之一”。[①] 值得注意的是，婚姻家庭编只是规定人们在婚姻家庭领域中所必须遵守的基本准则，还有诸多问题有赖于道德规范、风俗习惯加以调整。

2. 内容上的伦理性。婚姻家庭编属于身份法的范畴，无论是人身关系，还是财产关系，其权利义务大都是根据我国人民长期形成的良好的伦理道德上升为法律关系的。因此，它具有强烈的伦理性。例如，夫妻间互敬互爱，互相忠实，团结和睦是我国人民长期形成的道德原则，婚姻家庭编便根据这一原则规定夫妻应当互相忠实，互相尊重；夫妻在家庭中地位平等；夫妻有互相扶养的义务。尊老爱幼是我国人民的美德，婚姻家庭编便规定家庭成员间应当敬老爱幼，互相帮助，维护平等、和睦、文明的婚姻家庭关系。父母子女间有互相抚养、赡养的权利义务，祖孙间、兄弟姐妹间在一定条件下也互负扶养义务。

值得注意的是，婚姻家庭中的权利义务是不能截然划分的。主体之间的义务，也是义务人的权利。例如，父母抚养教育子女，既是父母的义务，也是父母的权利。财产方面的权利义务，并不具有等价有偿、平等互利的性质。因此，在处理具体婚姻家庭问题时，应注意既坚持法律标准，又坚持道德标

① 参见 1950 年 4 月 14 日《中华人民共和国婚姻法起草经过和起草理由的报告》。

准，发挥道德对法律的补充作用，做到导之以伦理，约之以道德，规之以法律。

3. 义务上的强制性。婚姻家庭编所规定的内容，不但关系到个人利益，而且关系到社会公共秩序及善良风俗。为了有效保护公民在婚姻家庭方面的合法权益和维护社会利益，婚姻家庭编中的规定大多是强制性规范，其条文大多用“必须”“应当”“禁止”等肯定性词语，不能任由当事人自由决定，要求当事人只能如何做或不能如何做，私法自治的原则受到更大的限制。在婚姻家庭编领域里，法律关系发生和终止的要件、法律关系的内容是定型的而不是选择的。当一定的法律事实（如结婚、离婚、出生、死亡、收养等）出现后，必然引起相应的法律后果，这些后果是法律预先指明、严格规定的，当事人一般不得自行改变或者通过约定加以改变。例如，结婚与否虽属当事人的自由，一旦要结婚，就必须符合法定的结婚条件；结婚后，夫妻之间的权利义务便基于法律的规定而产生，既不能抛弃也不能限制。由于婚姻家庭编中的权利与义务带有浑然一体、不可分割的属性，其权利为义务性的权利，其义务为权利性的义务，均为维持婚姻家庭关系所必需，因而在这些事项上当事人的意思自由受到法律的限制。当然，婚姻家庭编中也有一些任意性规范，如法律允许夫妻就财产问题作出不同于法定夫妻财产制的约定，以协议处理离婚后子女的抚养教育和共同财产的分割等问题。然而这些规范为数不多，适用时仍然要符合婚姻家庭编的有关原则。

三、《民法典》婚姻家庭编的调整对象

婚姻家庭是民法的重要组成部分，但与其他民事法律规范相比，又具有相对独立的性质，其独立性质主要由其特定的调整对象所决定。

（一）婚姻家庭编既调整婚姻关系，又调整家庭关系

从调整对象的范围来看，婚姻家庭编既调整婚姻关系，又调整家庭关系。

婚姻关系因结婚而成立，又因一方死亡或离婚而终止。所以，关于结婚的条件和程序、夫妻间的权利和义务，关于离婚的处理原则、程序、条件以及离婚后有关子女抚养、财产分割和生活困难等问题，都属于婚姻关系范围。家庭关系基于结婚、出生、法律拟制等原因而发生，又因离婚、家庭成员死亡、拟制血亲关系解除等原因而消灭。因此，关于确认家庭成员之间的亲属

身份，规定家庭成员之间的权利义务及其产生、变更和终止等方面的事项，均属于家庭关系的范围，由婚姻家庭编规范调整。

（二）婚姻家庭编既调整婚姻家庭方面的人身关系，又调整婚姻家庭方面的财产关系

婚姻家庭编调整对象的内容，包含婚姻家庭方面的人身关系和财产关系。其中人身关系是起决定作用的主要方面；财产关系则处于从属地位，不能脱离人身关系而独立存在。因此，婚姻家庭编从本质上属于身份法而不是财产法。

1. 婚姻家庭方面的人身关系。婚姻家庭方面的人身关系，是存在于具有特定亲属身份的主体之间，本身并无经济内容的一种社会关系，如夫妻、父母子女、祖孙、兄弟姐妹之间的人格权、人身自由权、姓名权等。婚姻家庭方面的人身关系具有以下特点：

（1）婚姻家庭主体之间具有特定的亲属身份。按照法律的规定，这种人身关系只能因出现一定的法律事实而发生，如结婚、出生、收养等；因出现一定的法律事实而终止，如死亡、离婚、收养的解除等。夫妻人身关系只能存在于具有配偶身份的男女之间，其他家庭成员的人身关系只能存在于具有父母子女、祖孙、兄弟姐妹等身份的一定范围内的亲属之间。享有和承担婚姻家庭编上的权利、义务，都以特定的亲属身份为依据。其他法律所调整的人身关系则不然。例如，按照我国《民法典》的有关规定，著作权和发明权的取得，生命健康权、名誉权和荣誉权的享有等，均与亲属身份根本无关。

（2）婚姻家庭主体间的人身关系并不直接体现经济内容。因出生这一事件而形成的人身关系自不必说；因结婚、收养等行为而形成的人身关系，就其本质而言也不是基于经济目的而创设的。

2. 婚姻家庭方面的财产关系。婚姻家庭方面的财产关系，以人身关系为前提，而且是人身关系的发生、变更和终止所引起的相应法律后果。如夫妻共同所有的财产因结婚而发生，因离婚而分割；扶养、抚养、赡养和法定继承等均以一定的人身关系为前提等。婚姻家庭方面的财产关系具有以下特点：

（1）婚姻家庭方面的财产关系反映亲属共同生活的要求，是实现家庭经济职能的要求；具有强烈的道德伦理属性，目的在于维护家庭的稳定与和睦。

（2）婚姻家庭方面的财产关系局限于相互之间具有特定身份的亲属，即作为婚姻家庭主体的自然人。婚姻家庭方面的财产关系基于结婚、出生、收养等特定法律事实而发生。

（3）婚姻家庭方面的财产关系不具有等价有偿性质。

四、《民法典》婚姻家庭编的渊源

（一）宪法

宪法作为国家的根本大法，规定一国的社会制度、国家制度、国家机构的组织与活动原则、公民的基本权利和义务等根本性的问题，具有最高法律效力，俗称“母法”。任何法律都不得与宪法相冲突。我国《宪法》在第二章“公民的基本权利和义务”中规定了婚姻家庭的宪法原则：婚姻、家庭、母亲和儿童受国家的保护。父母有抚养教育未成年子女的义务，成年子女有赡养扶助父母的义务。禁止破坏婚姻自由，禁止虐待老人、妇女和儿童。中华人民共和国妇女在政治、经济、文化、社会和家庭生活等各方面都享有同男子平等的权利。国家保护妇女的权利和利益。《宪法》的这些规定是婚姻家庭编的指导思想和宪法基础，婚姻家庭编根据这些原则来制定和操作，是《宪法》的原则性规定的具体化和系统化。所以《宪法》在婚姻家庭编的法源之中地位和效力最高。

（二）法律

这里的“法律”，是狭义的法律，专指由全国人民代表大会及其常务委员会制定的规范性文件。作为婚姻家庭编的渊源的法律包括：

1. 直接调整婚姻家庭关系的专门性法律，即《民法典》。这是婚姻家庭编较系统、较集中的形式渊源。

2. 构成独立法律部门的基本法，如民法、刑法、诉讼法、行政法等。在这些部门基本法中，均有涉及婚姻家庭关系的相应规范，而且其本身又是由多层次、多形式的法律规范所组成的，因而对此层意义上的法律不能作机械的单一化理解。特别需要指出的是，广义的民法既是婚姻家庭编的渊源之一，又将《民法典》包容在本部门之内。其中，《民法典》总则编、继承编是婚姻家庭编的重要渊源。

3. 尚无法律部门归属的法律。此类法律规范虽具有法律的地位和效力，但却无具体的法律部门依从，如《妇女权益保障法》《未成年人保护法》《老年人权益保障法》《国籍法》等，也是婚姻家庭编的渊源之一。

（三）行政法规

国务院是国家最高权力机关的执行机关，一方面负责法律的执行，另一方面经全国人民代表大会授权可以制定与法律不相抵触的规范性文件。这些规范性文件大多以“条例”“决定”“规定”“办法”等形式表现出来。在我国婚姻立法中，有不少规范是国务院及其所属各部、委、局制定的，它们具有针对性、可操作性、具体性等诸多实用特点，对贯彻执行宪法、法律中有关婚姻家庭的规定，发挥了重要作用。

（四）司法解释

最高人民法院作为我国最高国家审判机关，对于在审判过程中如何具体应用法律、法规的问题，有权进行解释。司法解释具有法律的效力，可以作为人民法院判案的法律依据。由于我国婚姻立法过于原则，并存在不少法律漏洞，尤其需要最高人民法院根据婚姻家庭编的基本精神，在总结审判实践经验的基础上作出关于适用法律的司法解释，以明确法条的含义，填补法律的漏洞。因此，司法解释即成为婚姻家庭编的重要渊源之一，如《婚姻家庭编解释（一）》。

（五）地方性法规

地方国家机关根据本行政区域内婚姻家庭的实际情况，以宪法、法律为依据，制定有关婚姻的地方法规，发布具有一般性规范效力的决议、决定，是保证法律贯彻实施的重要举措。其名称多有不同，但几乎都带有实施细则和补充规定的操作性质，也是婚姻家庭编的渊源之一。如各省、市制定的关于婚姻登记管理的规定，关于计划生育的规定，关于保护妇女、儿童和老人合法权益的规定等。

（六）我国缔结和参加的国际条约

处理涉外婚姻家庭关系时可适用我国缔结或者参加的国际条约，在特定情况下还可以适用国际惯例，因此，经我国批准生效或参加的有关婚姻家庭的国际条约也是婚姻法的渊源，如1991年全国人大常委会批准加入的《儿童权利公约》。

五、对案例3的简要评析

在案例3中，随着生活水平的不断提高，老人对子女经济供养方面的要求越来越少，越来越多的老人更加注重精神层面的需求，涉及“精神赡养”的案件数量也有所上升，该类案件执行情况远比给付金钱的案件要难得多，且强制执行远不及主动履行效果好，希望“常回家看看”是子女们发自内心的行为，而不是强制执行的结果。“精神赡养”和“物质赡养”同样重要。老人要求子女定期探望的诉求，是希望子女能够承欢膝下，这符合法律规定，体现中华民族传统的孝道，应当得到支持。“百善孝为先”，对老人的赡养绝不是一纸冷冰冰的判决就可以完成的，希望所有子女都能够常回家看看，多关注老年人的精神需求。[①]

第三节　婚姻家庭编的基本原则

一、问题的提出

我国婚姻家庭编的基本原则，是婚姻家庭编的指导思想，具有原则性、导向性的作用，是制定婚姻家庭编和相关政策的依据。婚姻家庭编的基本原则既是当事人在婚姻家庭领域进行民事活动必须遵循的基本准则，又是司法

---

① 参见最高人民法院于2021年2月24日发布的《人民法院老年人权益保护十大典型案例》。

机关执法、司法及解释婚姻家庭编的出发点和依据。学习和研究婚姻家庭编的基本原则，对于理解和把握婚姻家庭编的精神实质，正确适用婚姻家庭编具有重要意义。对此，《民法典》第一千零四十一条规定：“婚姻家庭受国家保护。实行婚姻自由、一夫一妻、男女平等的婚姻制度。保护妇女、未成年人、老年人、残疾人的合法权益。”第一千零四十四条第一款规定：“收养应当遵循最有利于被收养人的原则，保障被收养人和收养人的合法权益。”

在研究婚姻家庭编的基本原则之前，先看两则案例：

案例 4：父母生了孩子就负有法定抚养义务[①]

胡某某（2003 年 3 月 6 日出生）系胡某与姜某某的非婚生女儿，后因胡某与姜某某解除恋爱关系，遂由胡某父母负责照顾、抚养、教育。2016 年 11 月 8 日，经西南医科大学附属医院诊断，胡某某患有抑郁症、分离转换性障碍。胡某、姜某某长期未履行对胡某某的抚养义务，胡某父母年老多病，无力继续照顾胡某某，多次要求户籍所在地的村社、政府解决困难。该地妇联了解情况后，向法院提起诉讼，请求胡某、姜某某全面履行对胡某某的抚养义务。

法院经审理认为，本案的适格原告胡某某系限制民事行为能力人，本应由其父母作为法定代理人代为提起诉讼，但胡某某的父母均是本案被告，不能作为其法定代理人参加诉讼。综合考虑二被告的婚姻状况、经济条件和胡某某本人的生活习惯、意愿，判决胡某某由胡某直接抚养，随胡某居住生活；姜某某从 2017 年 6 月起每月 15 日前支付抚养费 500 元；胡某某的教育费、医疗费实际产生后凭正式票据由胡某、姜某某各承担 50%，直至胡某某能独立生活时止。

案例 5：婚姻需要尊重人身自由

某大学讲师张某与某歌舞团的舞蹈演员李某自由恋爱结婚。婚前李某事业心较强，经常参加国内一些大型演出。恋爱期间，张某不仅热心支持李某，而且还是李某忠实的观众。每次李某演出结束，张某都要递上一封缠绵热烈的情书，献上一束美丽的鲜花。张某的执着追求终于打动了李某的心，李某怀着对婚姻生活美好的憧憬与张某结合。然而，婚后的李某不仅没有得到幸

---

① 最高人民法院于 2021 年 3 月 2 日发布的《未成年人保护典型案例》。

福，却备尝夫妻无法沟通的痛苦。因为李某容貌出众，张某对李某的一举一动颇不放心，对李某从事的职业越来越反感。张某甚至认为正经人绝不会跳舞。为了张某，李某从不与他人一起外出就餐或外出旅游，也不敢和男性多讲话。一次，李某买了一件漂亮的裙子，本想得到丈夫的夸奖，然而，张某竟勃然大怒，用剪刀剪坏裙子，并说："你这臭美给谁看？"李某顿感万分心寒。一次，李某要参加省城汇演，晚上要排练，并有男舞蹈演员参与。张某在家坐卧不宁，想到自己的妻子被另一个男性拥抱，想到妻子深情脉脉注视另一个男性，张某的心里酸溜溜的。他不惜重金聘请了一位私人侦探，结果一无所获，妻子在排练的整个过程中，分寸把握得很好，根本就没有出格的行为。张某至此才深感内疚，于是向李某道歉。然而李某对丈夫的所作所为深感不解，并感到人格尊严受辱，考虑再三后向张某提出离婚。

上述案例，涉及婚姻家庭编的有关基本原则。试问：婚姻家庭编规定了哪些基本原则？如何理解适用？

二、婚姻家庭受国家保护原则

婚姻家庭受国家保护，是一项宪法原则。我国《宪法》第四十九条第一款规定："婚姻、家庭、母亲和儿童受国家的保护。"《民法典》承继了该条款的价值理念，在第一千零四十一条第一款规定："婚姻家庭受国家保护。"该规定具有坚实的法理依据，同时也是私法公法化进程的体现。[①]

婚姻是家庭的基础，家庭是社会的细胞。婚姻家庭中的夫妻、父母子女、兄弟姐妹、祖孙关系等家庭成员关系是人类社会最原始、最基本的社会关系，是一切社会关系赖以形成的基础。如何确定夫妻之间以及家庭成员之间的权利义务关系，不仅涉及婚姻家庭关系的稳定和谐，也关系家庭成员的幸福安康。现代社会的婚姻家庭制度，根植于人格独立、婚姻自由，但仍然具有维护人伦秩序、抚养子女健康成长、赡养老人安度晚年的社会性功能。婚姻家庭编就是要发挥法律的导向与指引功能，通过明确婚姻双方和家庭成员的责

① 参见薛宁兰、谢鸿飞主编：《民法典评注：婚姻家庭编》，中国法制出版社2020年版，第10页。

任，进一步弘扬文明进步的婚姻家庭伦理道德观念，维护社会主义婚姻家庭制度。[①] 因此，在婚姻家庭编立法过程中，应当更明确地规定体现宪法保护婚姻家庭的原则，有利于体现国家对婚姻家庭的重视和保护。[②]

三、婚姻自由原则

婚姻自由，是指婚姻当事人按照法律的规定在婚姻问题上所享有的充分的权利，对此，任何人不得强制或干涉。婚姻自由是法律赋予公民的一种权利。《宪法》第四十九条第四款规定“禁止破坏婚姻自由”，《民法典》第一千零四十一条第二款规定：“实行婚姻自由……”第一千零四十二条规定禁止包办、买卖婚姻和其他干涉婚姻自由的行为，第一千零四十六条规定：“结婚应当男女双方完全自愿，禁止任何一方对另一方加以强迫，禁止任何组织或者个人加以干涉。”可见，婚姻自由是由法律所规定并受法律所保护的一种权利。任何人，包括当事人的父母，都不得侵犯这种权利，否则就违反了法律规定。如果使用了暴力，构成犯罪，还应当依法追究其刑事责任。

（一）婚姻自由原则的具体内容

婚姻自由原则包括两个方面的内容：结婚自由和离婚自由。

1. 结婚自由。是指婚姻当事人有依法缔结婚姻关系的自由。结婚自由主要有两点内容：一是必须男女双方完全自愿且意思表示真实，不容许任何一方对另一方进行强迫或任何第三者加以包办及非法干涉。二是必须符合法律规定的条件和程序。缔结婚姻不只是当事人双方的私事，同时也涉及他人和社会的利益，所以，当事人虽然对结婚表示了完全自愿和真实的态度，但还必须符合法律规定的结婚条件和程序。婚姻家庭编对结婚给予条件上的限制和程序上的约束，是结婚自由沿着有利于个人、家庭和社会的方向发展运行的重要保障。

---

① 参见夏吟兰：《论婚姻家庭法在民法典体系中的相对独立性》，载《法学论坛》2014年第4期。

② 参见黄薇主编：《中华人民共和国民法典婚姻家庭编释义》，法律出版社2020年版，第8页。

结婚自由还包括再婚的自由和不结婚的自由。再婚自由，是指前一婚姻关系已经终止（包括离婚或一方死亡）后，当事人可自由与他人再行结婚，也包括复婚，即重新恢复已解除的婚姻关系。不结婚的自由是对结婚自由的反对解释，是否缔结婚姻关系应由公民自行决定，因此，根据婚姻自由原则，自然人也有选择不缔结婚姻关系的自由。

2. 离婚自由。是指夫妻有依法解除婚姻关系的自由。离婚自由亦有两个方面的内容：一是夫妻双方有共同作出离婚决定、达成离婚协议的权利；或者在夫妻感情确实已经破裂、婚姻关系无法继续维持下去的情况下，夫妻任何一方都有提出离婚的权利。二是离婚同结婚一样，必须符合法定条件，履行法定程序，承担相应的法律后果。提出离婚，是当事人的一项自由权利，但是否允许离婚，则须有国家的干预，不能由当事人任意决定。婚姻家庭编对离婚的条件、程序、离婚后子女的抚养和教育等问题，都作了明确规定，这些规定既是对离婚自由的保障，又是对当事人行使离婚自由权利的约束。

作为婚姻自由的两个方面，结婚自由和离婚自由共同构成婚姻自由原则的完整含义。结婚自由是建立婚姻关系的自由，离婚自由是解除婚姻关系的自由；结婚自由是实现婚姻自由的先决条件，离婚自由是结婚自由的必要补充。没有离婚自由，就根本不可能有完全的婚姻自由。

（二）对婚姻自由原则的感悟

婚姻家庭编虽然强调婚姻自由原则，但必须慎重处理婚姻问题。不仅要严肃考虑婚姻的合法性，还要严肃考虑婚姻的合理性、可持续性和稳定性。男女结婚形成的夫妻关系一般要持续几十年。一对忠实的互敬互爱的夫妻，对于两个人一生的工作和生活，对于两个人亲密地携起手来实现自己的理想，对于为国家和社会作出更多的贡献，会产生极大的积极影响。男女结婚组成家庭，必然要考虑生活理想、品德性格、经济条件、文化修养、志趣爱好等多种因素，在比较中作出合理的抉择，而且这种抉择还要不错过良机。正因为这样，婚姻家庭编给男女双方以充分的自由选择自己的终身伴侣。婚姻是充满感情色彩的一首美妙乐曲，但需要理智来驾驭才会成功。现在有一种现象，把婚姻自由看成是婚姻可以很随便。图一时之快乐，轻率结婚；逞一时之意气，仓促离婚。结果，不仅造成了个人难以消除的甚至是终生的遗憾，而且也产生了这样那样的社会问题。近几年流行着一种“试婚”方式，先同居，觉得真正合适了，才正式结婚，否则就分手。我们的法律不保护这种“试婚”。这不仅易于导致各种无谓的事端，不利于当事人利益的保护，伤害当事人和后代的身心健康，而且也有损社会风气的健康。我们一定要慎重考虑它的不良后果，不应该盲目提倡、宣扬和实践这种方式。

追求婚姻的美满和幸福，是人们的共同愿望。从人类发展的历史来看，建立在真正爱情基础上的婚姻才是可以同欢乐共患难的可靠婚姻。从整个社会来看，美满的婚姻总是与不如意的婚姻甚至是不幸的婚姻并存。我们不能企求所有婚姻都是十分幸福的，也不可能消除社会上的一切不幸婚姻。但是提倡正确的恋爱观、婚姻观、家庭观，坚持合法婚姻，坚持对婚姻问题采取严肃态度，坚持妥善处理婚姻家庭关系中的各种现实问题，用自己的智慧来创造家庭生活的幸福，尽量增加美好婚姻和家庭，尽量减少不幸婚姻和家庭，提高全社会的婚姻质量，增强家庭的稳定性，这是我们共同的选择，也是我们共同的目标。

四、一夫一妻制原则

人类社会的婚姻制度从群婚、一夫多妻制，最后进入一夫一妻制，这是历史发展的普遍规律，也是当前世界绝大多数国家所遵循的婚姻原则。一夫一妻制原则是最为文明、最为进步的婚姻制度。我国 1950 年《婚姻法》就废除了封建社会的一夫一妻多妾制，确立了一夫一妻制原则。

一夫一妻，即一男一女结为夫妻互为配偶的个体婚姻形式。一夫一妻制是一男一女结为夫妻，任何人不得同时有两个或两个以上的配偶的婚姻制度。它既是我国社会主义婚姻制度的重要内容，也是婚姻家庭编的一项基本原则，它是对中国几千年封建社会的一夫一妻多妾婚姻家庭形态的根本否定。

人类社会的婚姻结构从杂乱的两性关系经过群婚制、一夫多妻制，最后进入了一夫一妻制，这是必然的普遍规律，也是人类社会文明进步在婚姻制度上的表现。[①]一夫一妻制原则的合理性有以下几个方面：

1. 一夫一妻制符合婚姻的本质，只有实行一夫一妻制，才能给夫妻感情

① 一些国家按照民族风俗和宗教习惯，一夫娶妻不超过 4 个为合法婚姻。

的专一、持久创造条件，使夫妻真诚相爱；才能使男女双方齐心协力，共同抚育子女，承担起对家庭、对社会应尽的责任。

2. 一夫一妻制反映了男女性别比例的自然要求。人类社会除战争、瘟疫或其他人为的原因外，男女两性比例在绝大多数时候基本上都是平衡的，这就从客观上要求实行一夫一妻制。如果实行多偶制，则不可避免地会造成两性冲突和违法犯罪。

3. 一夫一妻制既是男女平等的要求，又是实现男女平等的保障，对提高妇女社会地位、家庭地位，保护妇女合法权益具有重要的现实意义。

4. 一夫一妻制有利于婚姻的稳定和婚姻质量的提高，有利于家庭的和睦、团结、稳固和家庭职能的实现，有利于子女的健康成长。

五、男女平等原则

男女平等，是指男女两性在婚姻家庭关系中，享有同等的权利，负担同等的义务。男女平等是实行婚姻自由、一夫一妻制的根本条件。我国《宪法》第三十三条规定，中华人民共和国公民在法律面前一律平等……任何公民享有宪法和法律规定的权利，同时必须履行宪法和法律规定的义务。第四十八条第一款规定，中华人民共和国妇女在政治的、经济的、文化的、社会的和家庭的生活等各方面享有同男子平等的权利。婚姻家庭关系中的男女平等，既是宪法男女平等原则的重要组成部分，也是衡量男女平等的极其重要的标志。

婚姻家庭编中有关男女平等的规定是相当广泛的，贯穿在各章各节中，其具体内容可以概括为：男女两性在婚姻家庭关系中，享有同等的权利，负担同等的义务。

1. 在婚姻关系方面权利义务平等。男女有同等的缔结婚姻的权利，结婚条件对男女双方是平等的；结婚后，男女任何一方都可成为对方的家庭成员；男女有同等的离婚请求权；离婚时男女双方对夫妻共同财产均享有分割的权利，对子女的抚养监护权，男女也享有同等的权利；对债务的清偿和离婚时经济上的互相帮助，双方的权利也是同等的。

2. 在家庭关系上地位平等。在夫妻关系方面，夫妻在家庭中地位平等，各自有独立的姓名权、人身自由权、继承遗产权，对夫妻共同财产有平等的所有权，夫妻双方抚养和教育子女的权利义务平等，计划生育的义务平等，互相扶养的义务平等。在父母子女关系方面，婚姻家庭编关于父母子女（包括继父母子女、非婚生子女）间权利义务的规定对不同性别的家庭成员平等适用；子女可以随父姓，也可以随母姓；父母双方对未成年子女享有平等的监护权；父母均有要求子女赡养的权利；父母子女有相互继承遗产的权利等。在其他家庭成员方面，兄弟姐妹处于平等的家庭地位，都享有要求父母抚养的权利，都承担赡养父母的义务，都是父母的第一顺序法定继承人；兄姐对未成年的弟妹及已成年的弟妹对兄姐承担扶养责任的条件和内容都是平等的；祖父母与外祖父母、孙子女与外孙子女的权利义务平等适用，相互间有继承遗产的平等权利；孙子女、外孙子女享有平等的代位继承权等。

3. 在收养关系方面，男女平等亦是婚姻家庭编所坚持的基本原则。婚姻家庭编关于收养人、送养人、被收养人的条件的规定，关于夫妻共同收养或父母共同送养的要求，关于养父母、养子女及其他养亲属的权利义务的各项条款，无不贯彻着不分性别，男女均一视同仁的平等精神。

六、保护妇女、未成年人、老年人、残疾人的合法权益原则

《民法典》第一千零四十一条第三款规定："保护妇女、未成年人、老年人、残疾人的合法权益。"婚姻家庭编确立此项原则是法律蕴含的公平、正义价值理念的内在要求。①

1. 保护妇女的合法权益。一是妇女的人身权不受侵犯。妇女的人身权，是指妇女在婚姻家庭中与其身份相联系应享有的权利。其主要内容包括：姓名权、社会活动权、妇女人身自由权、妇女婚姻自由权。二是妇女的财产权不容侵犯。财产权是妇女在婚姻家庭中享有的重要权利，家庭成员不得侵犯或剥夺。妇女在家庭中享有的财产权，主要有：抚养、扶养、赡养权；共有财产权；遗产继承权；妇女离婚时享有财产照顾权。

2. 保护未成年人的合法权益。未成年人是祖国的未来。保护未成年人的合法权益，既是全社会的责任，也是每个家庭的责任，更是法律赋予未成年人的权利。《未成年人保护法》将18周岁以下的人称为未成年人。婚姻家庭

---

① 参见薛宁兰、谢鸿飞主编：《民法典评注：婚姻家庭编》，中国法制出版社2020年版，第16页。

编明确保护未成年人的合法权益。一是未成年人的人身权不受侵犯。主要包括：生命、健康权；人身自由权和人格权；学习权。二是未成年人的财产权不受侵犯。主要包括：受抚养权；财产所有权；继承权和受赠权。

3. 保护老年人的合法权益。老年人在家庭中的下列权益不受侵犯：受赡养权；婚姻自由权；人身自由权；夫妻共同财产权和遗产继承权。

4. 保护残疾人的合法权益。特殊保护残疾人历来是我国宪法、法律的基本原则。婚姻家庭编作为家庭生活的基本规范，亦应当突出对残疾人权益的特别保护。家庭是人的生活场所，更是残疾人的主要生活场所和避风港。家庭对残疾人的关爱、关照和保护是一切社会福利政策所不能取代的，婚姻家庭编增加规定了对残疾人合法权益的特殊保护。[①]

七、最有利于被收养人原则

最有利于被收养人原则的根据是《儿童权利公约》的儿童利益最大化原则，我国是公约参加国，应当贯彻公约规定的原则。收养应当最有利于被收养的未成年人，这是收养的最高指导原则。[②]

《民法典》第一千零四十四条规定："收养应当遵循最有利于被收养人的原则，保障被收养人和收养人的合法权益。禁止借收养名义买卖未成年人。"该条内容可拆分为两项原则：一是收养应当遵从最有利于被收养人的原则；二是收养应当保障被收养人和收养人的合法权益。[③]同时，禁止借收养名义买卖未成年人，是对婚姻家庭编"保护妇女、未成年人和老年人的合法权益"原则的细化，也是对"收养应当遵循最有利于被收养人"原则的深化。[④]

---

① 参见黄薇主编：《中华人民共和国民法典婚姻家庭编释义》，法律出版社2020年版，第11页。

② 参见黄薇主编：《中华人民共和国民法典婚姻家庭编释义》，法律出版社2020年版，第17页。

③ 薛宁兰、谢鸿飞主编：《民法典评注：婚姻家庭编》，中国法制出版社2020年版，第42页。

④ 薛宁兰、谢鸿飞主编：《民法典评注：婚姻家庭编》，中国法制出版社2020年版，第43页。

八、对案例 4、案例 5 的简要评析

1. 对案例 4 的简要评析

案例 4 是一起典型的父母怠于履行抚养义务的案例。保护未成年人的合法权益，既是《未成年人保护法》规定的法定义务，也是《民法典》所确立的一项基本原则。婚生子女与非婚生子女享有同样的权利。然而，本案中的胡某和姜某某不履行作为父母的法定义务，于情、于理、于法不容，不能让未成年人胡某某成为“流浪儿”。父母应当共同承担对未成年子女抚养、教育和保护的义务。

审判实践中存在大量与本案类似的留守儿童抚养问题，这些未成年人的父母虽未直接侵害未成年人的合法权益，但怠于履行监护义务，把未成年子女留给年迈的老人照顾，子女缺乏充分的经济和安全保障，缺乏父母关爱和教育，导致部分未成年人轻则心理失衡，重则误入歧途，甚至走向犯罪的深渊。在本案中，法院参照最高人民法院、最高人民检察院、公安部、民政部联合发布的《关于依法处理监护人侵害未成年人合法权益的意见》的有关精神，积极探索由妇联、未成年人保护组织等机构直接作为原告代未成年人提起诉讼的模式，为督促未成年人父母履行抚养义务，解决父母不履行监护职责的现实问题提供了有益参考。①

2. 对案例 5 的简要评析

人身自由权是每个公民的基本权利，也是男女平等原则的体现。《民法典》第一千零五十七条规定：“夫妻双方都有参加生产、工作、学习和社会活动的自由，一方不得对另一方加以限制或者干涉。”该规定虽然对等地适用于夫妻双方，但从立法的针对性来看，主要是保障已婚妇女的上述权利，禁止丈夫对妻子的人身自由加以限制或干涉。人身自由权是获得其他权利的基础，妇女只有积极参加学习、公共劳动和社会活动，不断提高自身的政治和文化素质，才能使妇女的家庭和社会地位真正得到提高。夫妻依法享有的人身自由权是双方家庭地位平等的具体体现。

在案例 5 中，李某作为舞蹈演员，其工作权利受到法律的保护。张某作为

---

① 参见最高人民法院于 2021 年 3 月 2 日发布的《未成年人保护典型案例》。

丈夫应予以支持、体谅而非干涉，而不是心怀戒备，整天疑神疑鬼，草木皆兵，处处监视和限制妻子的自由，从而导致家庭纠纷，并最终使家庭走向破裂。

在此，笔者呼唤：在婚姻家庭中，要切实体现男女平等原则，夫妻之间要相互理解，用心交流，用心沟通，相互支持，共筑爱巢。

第四节　婚姻家庭编的禁止性规定

一、问题的提出

《民法典》第一千零四十二条列举了婚姻家庭编的禁止性规定，即“禁止包办、买卖婚姻和其他干涉婚姻自由的行为。禁止借婚姻索取财物。禁止重婚。禁止有配偶者与他人同居。禁止家庭暴力。禁止家庭成员间的虐待和遗弃”。同时，第一千零四十四条第二款规定：“禁止借收养名义买卖未成年人。”上述条款列举的一系列禁止行为的目的，在于贯彻落实《民法典》第一千零四十一条确立的基本原则，“任何人维护禁止性规定，就是触碰了法律的红线，必须承担相应的法律后果”。[①]

在研究婚姻家庭编的禁止性规定之前，先看两则案例：

案例 6：禁止借婚姻索取“天价”彩礼[②]

朱某与马某于 2019 年 9 月经人介绍相识并建立恋爱关系，同年 10 月 6 日，朱某给付马某彩礼款 16 万元，双方于农历腊月 16 日按农村风俗举行婚礼并同居生活。后双方因琐事发生矛盾，分开生活。朱某遂起诉至法院，要求马某返还彩礼 15 万元。

一审法院认为，男女在缔结婚姻过程中，一方给付另一方或者相互给付对方一定数额的财物，是自古以来形成的风俗习惯，但应当禁止借婚姻索取

---

① 参见最高人民法院民法典贯彻实施工作领导小组主编：《中华人民共和国民法典婚姻家庭编继承编理解与适用》，人民法院出版社 2020 年版，第 28 页。

② 参见湖北省荆门市中级人民法院（2021）鄂 08 民终 500 号民事判决书。

财物。原《婚姻法》第三条明确规定，禁止包办、买卖婚姻和其他干涉婚姻自由的行为。禁止借婚姻索取财物。《婚姻法解释（二）》第十条规定："当事人请求返还按照习俗给付的彩礼的，如果查明属于以下情形，人民法院应当予以支持：（一）双方未办理结婚登记手续的；（二）双方办理结婚登记手续但确未共同生活的；（三）婚前给付并导致给付人生活困难的。适用前款第（二）、（三）项的规定，应当以双方离婚为条件。"本案中，朱某给付马某彩礼款16万元有充分证据证实，而双方未办理结婚登记手续，故马某应当返还朱某给付的彩礼款。但双方按照农村风俗举行结婚仪式并同居生活，且双方均为办理婚礼事宜支出费用，故一审法院认为返还彩礼款的具体数额以12万元为宜，遂判决：一、马某返还朱某彩礼款12万元；二、驳回朱某的其他诉讼请求。马某不服判决，提起上诉，二审法院驳回上诉，维持原判。

案例7：驳回重婚罪申诉通知书[①]

苏某珍：

……

二、关于你所提"原判决认定事实错误，你与王某岭于1981年离婚，离婚后你既没有与王某金领取结婚证，也没有与王某金以夫妻名义同居生活，且王某岭与你已不是夫妻，原判决认定你与王某金构成事实婚姻缺乏证据证实，原判依照《刑法》（1980年施行）第一百八十条的规定对你定罪量刑属适用法律错误"的申诉理由。

经查，安龙县法院于1981年7月8日作出（81）安法民字第9号民事判决，判决准许你与王某岭离婚。宣判后，王某岭不服，提起上诉，原贵州省兴义地区中级人民法院于1982年2月5日作出（81）民上字第62号民事判决，撤销原审判决，不准王某岭与你离婚。因一审判决未生效，你与王某岭的婚姻关系自始至终都未解除。同时，根据本案卷宗中的证据，你与王某金同居期间为1979年至1983年，在此期间你与王某岭仍为夫妻关系。另查，王某金在与你同居时与妻子韦某亦在婚姻关系存续期间，即你和王某金双方在同居期间都处于已婚状态。根据最高人民法院在1958年发布的《关于如

① 参见最高人民法院（2020）最高法刑申344号驳回申诉通知书。

何认定重婚行为问题的批复》的规定："有配偶的人和第三者如已举行结婚仪式，这固然足以构成重婚；即使没有举行结婚仪式，而两人确是以夫妻关系同居的，也足以构成重婚。例如两人相互间是以夫妻身份相对待，对外也以夫妻自居的，即应认为是重婚"。本案中，对于重婚的事实，有单位证明，证人李某、谢某、夏某、刘某、胡某、何某、易某等人的证言证实，你和王某金在兴义期间各自携带子女同吃同住，一起租房，二人虽未对外宣称是夫妻，但你们以夫妻身份相对待，你的行为已构成重婚。原判依照1980年施行的《刑法》第一百八十条之规定，以重婚罪对你判处有期徒刑一年六个月，适用法律正确。故你所提该项申诉理由不能成立。

综上，原判认定你重婚的事实清楚，证据确实、充分，定罪准确，量刑在法定幅度范围内。审判程序合法。你的申诉不符合《刑事诉讼法》第二百五十三条规定的应当重新审判的情形，依法予以驳回。望你服判息诉。

特此通知。

在上述案例中，案例6涉及现实生活中常见的彩礼纠纷，即是否构成借婚姻索取财物。案例7涉及重婚罪的问题，即禁止重婚。试问：婚姻家庭编的禁止性规定有哪些？如何理解适用？

二、禁止包办、买卖婚姻和其他干涉婚姻自由的行为，禁止借婚姻索取财物

坚持婚姻自由原则，就要反对包办婚姻和买卖婚姻等，禁止借婚姻索取财物。

包办婚姻，是指包括父母在内的第三者，违背婚姻自由原则，包办强迫他人婚姻的违法行为。在我国现实生活中，其表现形式有很多，大多数是父母为子女直接选择对象，当事人双方或一方不同意时，即采用强制手段，强迫结婚。买卖婚姻，是指包括父母在内的第三者，以索取大量财物为目的，包办强迫他人婚姻的行为。其表现形式通常是父母将女儿公开出卖或以要"彩礼""辛苦费""养育费"等为名，向男方或其家人索要高额聘金、聘礼。也有妇女被拐卖形成的买卖婚姻，当事人双方或一方不愿结婚时，即强迫结婚。其他干涉婚姻自由的行为，是指第三者阻挠他人婚姻自主的行为，其表

现形式有父母干涉子女结婚，子女干涉父母再婚，亲族干涉寡妇再婚，干涉非近血亲间同姓的男女结婚，干涉他人离婚、复婚等。

包办婚姻、买卖婚姻和其他干涉婚姻自由的行为，都是第三者侵犯当事人的婚姻自主权的违法行为。有关部门和人民法院对这些行为都应依法区别情况，依法处理，以保护受害人的合法权益。根据《民法典》第一千零五十二条“因胁迫结婚的，受胁迫的一方可以向人民法院请求撤销婚姻。请求撤销婚姻的，应当自胁迫行为终止之日起一年内提出。被非法限制人身自由的当事人请求撤销婚姻的，应当自恢复人身自由之日起一年内提出”的规定，凡第三人包办、买卖婚姻或婚姻当事人一方胁迫登记结婚的，受胁迫一方可以在胁迫行为终止之日起一年内向人民法院请求撤销该婚姻。被非法限制人身自由的当事人，应当自恢复人身自由之日起一年内提出。被人民法院撤销的婚姻，自始无效，不具有夫妻的权利和义务。

借婚姻索取财物，是指除买卖婚姻外的其他以索取对方财物为结婚条件的违法行为。[①] 在我国现实生活中，通常是女方向男方索要，有时其父母也向男方索要一定的财物，否则便不同意与对方结婚。

借婚姻索取财物与买卖婚姻有相似之处。婚姻以感情为基础，但买卖婚姻却使婚姻蒙上了浓厚的金钱色彩，将交付一定数量的财物作为结婚的前提条件，无视男女双方当事人的意愿，严重侵犯了当事人的人身权利，是对“婚姻自由”原则的严重破坏，所以为法律所禁止。借婚姻索取财物，将婚姻建立在追求金钱和物质享受的基础上，违背了法律的规定和道德的要求，同样为法律所禁止。但二者却又存在重要的差别。一是婚姻基础不同。买卖婚姻是以索取财物为目的，包办强迫他人的婚姻。男女双方当事人对于结婚并非出于自愿，不符合结婚的条件，因而是无效婚姻。借婚姻索取财物是建立在男女双方当事人自愿结婚的基础上的，交付一定量的财物是建立婚姻关系的附加条件。但其并没有违反婚姻自由的原则，婚姻关系具有法律效力，是合法婚姻。二是主体不同。买卖婚姻行为的主体是婚姻关系当事人以外的第三者，包括当事人的父母。借婚姻索取财物的行为主体，既可以是婚姻关系

---

① 黄薇主编：《中华人民共和国民法典婚姻家庭编释义》，法律出版社2020年版，第12页。

的当事人，也可以是婚姻关系的当事人以外的包括当事人的父母在内的第三者。三是法律后果不同。买卖婚姻是无效婚姻，没有法律效力，当事人之间不具有夫妻间的权利和义务。当事人之间的人身和财产关系，法律不予保护。属于买卖婚姻所得的财物，当事人离婚时依法予以收缴。借婚姻索取财物，婚姻关系本身是合法的，但索取财物的行为违反了法律的规定，在离婚时，如结婚时间不长或者因索取财物给对方的生活造成困难，可以酌情返还。

借婚姻索取财物与以婚骗财存在区别。借婚姻索取财物的当事人有自愿与对方结婚的目的，一旦财物要求得到满足，便与对方结婚共同生活；以婚骗财通常是妇女以同意结婚为名，行诈骗对方财物之实，一旦得到财物便逃离。以婚骗财是一种诈骗行为，如果数额较大，应按诈骗罪追究其刑事责任。

因借婚姻索取财物行为具有极大的危害性。因此，《民法典》第一千零四十二条将其明确规定为禁止行为，即"禁止借婚姻索取财物"。因这种行为结婚后，一方要求离婚，应按自主婚姻处理，经人民法院调解无效时，应按《民法典》第一千零七十九条规定的原则判决是否准予离婚。离婚时，婚前一方向对方索要的财物，可参照《婚姻家庭编解释（一）》第五条"当事人请求返还按照习俗给付的彩礼的，如果查明属于以下情形，人民法院应当予以支持：（一）双方未办理结婚登记手续；（二）双方办理结婚登记手续但确未共同生活；（三）婚前给付并导致给付人生活困难。适用前款第二项、第三项的规定，应当以双方离婚为条件"的规定处理。

三、禁止重婚，禁止有配偶者与他人同居

《民法典》第一千零四十二条第二款规定："禁止重婚。禁止有配偶者与他人同居。"实行一夫一妻制，就必须反对重婚。同时，有配偶者与他人同居，也在禁止之列。其已经严重破坏了一夫一妻的婚姻制度，严重违背社会主义道德风尚，导致家庭破裂，甚至发生情杀、仇杀、自杀等事件，严重影响社会安定。[①]

《婚姻家庭编解释（一）》第二条明确规定了"与他人同居"的情形，是指

① 参见黄薇主编：《中华人民共和国民法典婚姻家庭编释义》，法律出版社2020年版，第14页。

有配偶者与婚外异性，不以夫妻名义，持续、稳定地共同居住。也就是说，不包括偶尔的、隐蔽的婚外性行为。“与他人同居”与重婚的最大区别就在于是否以夫妻名义共同生活。如果双方以夫妻名义共同生活，则属于重婚，那是刑法所调整的范围。从立法本意来看，“与他人同居”主要是指“包二奶”“包二爷”等情况，而“禁止有配偶者与他人同居”的目的是反对破坏一夫一妻制的行为。因为从这些年的审判实践来看，能够认定重婚犯罪的情况不多。有配偶者很少再公开与他人领结婚证，而以夫妻名义同居又很难认定，有的甚至生了孩子也不以夫妻名义相称。但如果对“包二奶”“包二爷”这种严重冲击一夫一妻制的现象放纵不管，将不利于稳定婚姻家庭关系，也不利于保护无过错方的权益。故对“有配偶者与他人同居”导致离婚的，让过错方付出一定的经济代价，也算是给无过错方一个“说法”，心理上有一种慰藉。一般的通奸、偶发的性行为等则属于道德领域，属于党纪政纪约束、行政处罚的范畴。

有配偶者与他人同居与重婚罪存在区别。前者不以夫妻名义同居，周围的人也不认为他们是夫妻关系，后者则公开以夫妻名义同居，周围的人认为他们是夫妻关系。有配偶者与他人同居的行为和重婚行为都是违法行为，是对我国一夫一妻制的侵害，但由于违法情节与后果不同，二者在性质上是罪与非罪的区别。具体来说：

1. 是否构成犯罪的法律后果不同。有配偶者与他人同居主要违反的是社会的公序良俗，属于社会道德调整的范畴，其不构成犯罪，不受刑事追究；而重婚违反的是国家的法律规定，触犯了刑律，应受到法律的制裁。

2. 二者在一起生活时所表现出的身份关系不同。有配偶者与他人同居是较为隐秘的，对外不以夫妻关系的身份出现在公众面前，群众对他们之间的关系也不太了解，只知道他们之间关系较为密切；而重婚是双方以一种公开的夫妻身份关系在一起共同生活，有的办理了结婚登记手续，有的虽未办理结婚登记手续，但是以夫妻的身份共同生活，群众也认定他们是夫妻。

3. 在一起共同生活的时间不同。二者在一起共同生活的时间是否具有连续性是区分二者的一个分界线，有配偶者与他人同居，他们在一起共同生活虽然是持续的、稳定的，但并不是连续的，只是在一定时期内双方共同生活，或偶尔在一起同居一段时间；而重婚在一起共同生活的时间上是连续的、稳定的，以在一起共同生活的时间达到半年以上为标准。

4. 主观目的不同。有配偶者与他人同居，主观上虽有与他人共同生活的故意，但其目的并不是要另外组成一个家庭，只是为了满足生理或心理上的某种需求，出于某种原因或理由与他人同居或生活，与原配还存在夫妻关系；而重婚则存在明显的抛弃家庭的行为，其最终目的是与他人另行组成新的家庭。

5. 是否办理了结婚证，是否生育过子女是认定构成有配偶者与他人同居，还是构成重婚罪的一条明确的分界线。在现实生活中，有“包二奶”“包二爷”的不良社会现象，与“有配偶者与他人同居”和“重婚”之间存在必然的联系，虽然该现象属于有配偶者与他人同居的行为，但这种关系往往容易转化为重婚，构成重婚罪。

四、禁止家庭暴力，禁止家庭成员之间的虐待和遗弃

《民法典》第一千零四十二条第三款规定：“禁止家庭暴力。禁止家庭成员间的虐待和遗弃。”家庭暴力，是指家庭成员之间以殴打、捆绑、残害、限制人身自由以及经常性谩骂、恐吓等方式实施的身体、精神等侵害行为。[①]家庭成员之间的虐待，是指用打骂、冻饿、有病不给治疗等方法摧残、折磨家庭成员，使他们在肉体上、精神上遭受痛苦的行为。[②]遗弃，是指家庭成员中负有赡养、抚养、扶养义务的一方，对需要赡养、抚养或者扶养的另一方拒不履行义务的违法行为。遗弃通常是以不作为的形式出现的，通过应为而不为，致使被遗弃人的合法权益受到侵害。比如，成年子女不愿赡养已经无劳动能力的或者生活困难的父母。

家庭暴力与虐待的相同之处在于都是家庭成员间的施暴行为，表现形式也有重合的地方，如残害、捆绑、殴打等。其二者的本质是相同的，就是对其他家庭成员造成身体或心理伤害的行为。二者的区别在于，家庭暴力既可能是偶发的，也可能是经常性的，只要实施了打骂、残害等行为就可以构成家庭暴力。而虐待往往是较长时间的，需要一定的连续性行为。根据最高人民法院的司法解释，持续性、经常性的家庭暴力即构成虐待。此外，对于同

---

① 参见《反家庭暴力法》第二条。

② 参见黄薇主编：《中华人民共和国民法典释义》（下），法律出版社2020年版，第1945页。

样造成重伤或死亡的，伤害罪的刑罚远比虐待罪为重。

五、禁止借收养名义买卖未成年人

《民法典》第一千零四十四条第二款规定，禁止借收养名义买卖未成年人。[①] 这是由于被收养的儿童不是商品，不容买卖。借收养名义买卖儿童实质是买卖而不是收养，必须旗帜鲜明地反对并予以禁止。[②] 同时，买卖儿童的行为是严重的犯罪行为，而不是民事行为，必须借助刑法予以制裁。

六、对案例 6、案例 7 的简要评析

案例 6 中的婚约彩礼在现实生活中是一种惯例，在司法实践中常见。无论是《婚姻法》，还是《民法典》婚姻家庭编，均明确规定禁止借婚姻索取财物。订婚时给付彩礼是一种习俗，法律既不提倡也不反对。但是，应当结合当地习俗、给付彩礼的数额、经济负担等情形予以判断是否属于借婚姻索取财物问题。关于彩礼纠纷的处理，婚姻家庭编并没有规定，但《婚姻家庭编解释（一）》第五条作了明确规定："当事人请求返还按照习俗给付的彩礼的，如果查明属于以下情形，人民法院应当予以支持：（一）双方未办理结婚登记手续；（二）双方办理结婚登记手续但确未共同生活；（三）婚前给付并导致给付人生活困难。适用前款第二项、第三项的规定，应当以双方离婚为条件。"该条规定源自《婚姻法解释（二）》第十条的规定。据此，法院根据双方按照农村风俗举行结婚仪式并同居生活，且双方均为办理婚礼事宜支出费用的事实，酌定返还彩礼款 12 万元，并无不妥。

在案例 7 中，苏某珍与王某岭的离婚诉讼，一审法院判决双方离婚，但王某岭不服一审判决，提起上诉，二审法院改判不准双方离婚。至此，双方当事人仍然具有合法的婚姻关系。在苏某珍与王某岭的婚姻关系存续期间，苏某珍与王某金以夫妻名义同居生活，形成了事实上的夫妻关系。因此，苏某珍与他人存在两个婚姻关系，即构成了重婚，应当受到刑法的制裁。

---

① 原《收养法》第二十条规定："严禁买卖儿童或者借收养名义买卖儿童。"

② 参见黄薇主编：《中华人民共和国民法典释义》（下），法律出版社 2020 年版，第 1949 页。

第五节　家庭暴力的司法认定

一、问题的提出

家庭暴力是严重损害家庭成员之间关系的违法行为，夫妻间的家庭暴力可以构成离婚和离婚损害赔偿的事由。同时，家庭暴力不仅侵害了每个家庭成员自身的利益，而且已严重阻碍了人类社会的文明、进步和发展。

在研究家庭暴力之前，先看两则案例：

案例8：违反人身安全保护令被处以司法惩戒[①]

申请人（女）与被申请人（男）原系恋人关系，双方共同居住生活。被申请人在因琐事引起的争执过程中殴打申请人，导致申请人头皮裂伤和血肿。申请人提出分手，并搬离共同居所。分手后，被申请人仍然通过打电话、发微信以及到申请人住所蹲守的方式对其进行骚扰。申请人不堪其扰，遂报警，民警对被申请人进行了批评教育。申请人担心被申请人继续实施家庭暴力，便向法院申请人身安全保护令。重庆市巴南区人民法院依法作出人身安全保护令。被申请人收到人身安全保护令后，无视禁止，继续通过打电话、发短信和微信的方式骚扰申请人，威胁申请人与其和好继续交往，其间发送的消息达300余条。重庆市巴南区人民法院决定，对被申请人处以1000元罚款和15日拘留。

案例9：家庭暴力受害者可以请求损害赔偿[②]

原告（女）、被告（男）于2006年认识，2011年在民政局登记结婚，双方均是再婚，未生育子女。在婚后共同生活中，原、被告因性格等原因发生

---

① 详见重庆市高级人民法院2021年1月11日发布的《重庆法院反家庭暴力典型案例》。

② 详见重庆市高级人民法院2021年1月11日发布的《重庆法院反家庭暴力典型案例》。

纠纷。2012年，原、被告因家庭琐事发生争吵，被告将原告的眼皮咬伤，原告随即报警，警察到达现场了解到原、被告因家庭琐事发生争吵，后被告当场再次将原告的眼皮咬破，该案作民事纠纷调解。后被告离开原告回铜梁生活，与原告无联系。原告因经济拮据仅购买眼药水治疗眼睛。现原告起诉离婚并要求被告赔偿其损失5万元等。庭审中，经原告申请，法院委托重庆市法医学会司法鉴定所根据门诊诊断和对原告进行体格检查，鉴定意见为：原告上睑缺损修补整形手术约需人民币1—2万元。后期角膜药物治疗约需人民币1—2万元。重庆市铜梁区人民法院判决：一、原告与被告离婚。二、被告在本判决生效后十日内支付原告上睑缺损修补整形手术费1.5万元，后期角膜药物治疗费1.5万元。三、被告在本判决生效后十日内支付原告精神损失费2000元。

上述案例，均涉及家庭暴力问题。试问：如何界定家庭暴力？如何理解适用？如何举证证明存在家庭暴力？实施家庭暴力应当如何承担法律责任？

二、家庭暴力的司法界定

何谓家庭暴力？《反家庭暴力法》第二条规定，家庭暴力，是指家庭成员之间以殴打、捆绑、残害、限制人身自由以及经常性谩骂、恐吓等方式实施的身体、精神等侵害行为。依据《婚姻法解释（一）》第一条的规定，家庭暴力，是指行为人以殴打、捆绑、残害、强行限制人身自由或者其他手段，给其家庭成员的身体、精神等方面造成一定伤害后果的行为。比较两者概念，并无本质性差异。持续性、经常性的家庭暴力，构成虐待。从受害主体来分析，家庭暴力有广义、狭义之分。广义是指家庭成员之间的暴力行为；狭义则专指夫妻之间的暴力行为，又称为婚姻暴力。我国《民法典》采用广义解释。从暴力侵害的客体来分析，家庭暴力也有广义、狭义之分。广义是指家庭成员之间一方对另一方的身体、精神和性权利等方面的暴力侵害行为；狭义则仅指一方对另一方的身体侵害行为。从我国《民法典》规定的精神来看，家庭暴力应当采用广义解释。

从静态的构成要件看，家庭暴力的特征表现为：（1）主体双方的亲属身份性。即施暴人与受害人之间存在特定的亲属身份关系，如配偶、父母子女、兄弟姐妹、祖孙、婆媳等。其中受害者多为女性配偶、儿童和老人。（2）暴力场所的特定性。家庭暴力发生在家庭成员的共同生活过程中，以家庭住所为行为场所。（3）侵害的客体集中于身体、精神、性三个方面的人身权利。（4）主观上的故意性。即施暴人实施暴力行为，主观上存在明确的目的性，过失行为则不构成家庭暴力。（5）客观上，家庭暴力既可以是积极的行为，如殴打、伤害、捆绑、禁闭、强奸等暴力行为，或者以暴力进行恐吓、威胁、逼迫；也可以是消极的作为，如使受害人挨冻受饿、不准回家、不给治病等。①

从动态的运行表现上看，家庭暴力的特征有：（1）手段的多样性；（2）行为的隐蔽性；（3）时间的连续性和长期性；（4）原因的复杂性；（5）外界介入的困难性；（6）受害程度的不可测定性。实务界对家庭暴力定义的界定也大致相同。

家庭暴力虽存在于不少家庭，成因各不相同，但概括起来可表现在如下几个方面：（1）传统观念的影响是家庭暴力产生的思想根源。传统的家庭观、婚姻观以其强大的惯性影响了人们的思维模式和行为方式，严重削弱了我国现有的尚不完善的法律制度，成为家庭暴力产生的思想根源。（2）立法上的不够完善，使家庭暴力的解决缺乏必要的法律依据。一是对某些家庭暴力行为，即使已构成犯罪，社会也不能主动干预。如《刑法》规定，暴力干涉他人婚姻自由罪但不致使被害人重伤、死亡及侮辱罪但不严重危害社会秩序和国家利益的，告诉的才处理。如此规定，事实上使一部分家庭暴力行为逃避了社会的主动干预。二是家庭暴力受害者的损害赔偿没有法律规定，是家庭暴力问题难以解决的另一原因。一方面，受害人因家庭暴力而成为身体上或心理上的受害者；另一方面，受害人主张的损害赔偿又可能从家庭共有财产中支出。这也是家庭损害赔偿不同于其他暴力损害赔偿的一个方面。如何对家庭暴力损害赔偿进行规范而又使其与一般法律规则不相冲突，是处理家庭暴力方面的一个技术难题。（3）执法不严，使得家庭暴力得不到应有的惩罚。我国相关法律尚不够完善，再加上执法不严，使得对家庭暴力的司法救济更加脆弱。司法人员无法摆脱传统观念的束缚，认为家庭暴力只要不出人命就不是什么大事，正是由于这种心理，"110"出警后得知是夫妻打架掉头就走；

---

① 参见最高人民法院民事审判第一庭编著：《最高人民法院民法典婚姻家庭编司法解释（一）理解与适用》，人民法院出版社 2021 年版，第 40 页。

民事法官在处理离婚案件时，尽管当事人之间武力相向已是家常便饭，却总是判决不予离婚；刑事法官在处理家庭暴力引起的案件时，也会存在对被告人明显轻判的现象。正是这种“放纵”使法律在家庭暴力面前失去了应有的威慑力。

三、家庭暴力的法律适用

根据《民法典》的规定和立法意图，结合司法实践经验，可以从以下三个方面阐释家庭暴力的法律适用：

1. 从家庭暴力行为的主体范围看，包括夫妻和其他家庭成员。由于《民法典》对家庭暴力的内涵并没有明确规定，致使人们对家庭暴力的主体范围有不同认识，我们认为，家庭暴力作为家庭领域的一种社会现象，应是发生在夫妻之间和其他家庭成员之间的共同生活之中。这就决定了家庭暴力的行为主体即施暴人与受害人之间存在特定的亲属身份关系，如配偶、父母子女、兄弟姐妹、祖孙、婆媳等。但也有某些国家将家庭暴力延伸到非婚同居及夫妻离婚后的暴力行为。这就人为地将家庭暴力扩大到非家庭领域，与家庭暴力之名似有不符，故不敢苟同。对家庭成员的范围问题，国内有观点提出，鉴于我国之传统习俗，对没有在一起共同生活的亲属，如父母与已成年分家的子女、婆媳、祖孙、分家另过的兄弟姐妹等也视为一个大家庭成员，如他们相互之间因家庭琐事发生的暴力侵害行为，是否也可认定为家庭暴力？我们认为，鉴于家庭暴力的实施以家庭住所为行为场所的特定性，这里的家庭成员应理解为具有亲属身份关系且在日常生活中共同居住生活的人员，即这里的家庭应理解为法律的概念，以户籍登记为准，而不是传统习俗所理解的家族和家族成员。据此，《反家庭暴力法》将家庭暴力界定在夫妻之间和其他家庭成员间发生的暴力行为。

2. 从家庭暴力的表现形式看，表现为“身体”“精神”，并不排除“性”。由于家庭暴力的表现形式多样复杂，通常人们将家庭暴力概括为对家庭成员的“身体、精神、性”等三个方面实施的暴力行为。对是否要将“身体”“精神”“性”暴力并列进行规定，实践中有不同意见。少数意见认为应并列规定。多数意见认为没有必要将对“性”的暴力单独列出，因为对“性”方面实施的暴力，在后果上完全可以体现为对身体、精神方面造成的侵害，因此不必再明确指出。对此，笔者认为，对家庭暴力的认定并不单指夫妻之间的暴力，还包括对子女等其他家庭成员实施的暴力，采用三者并列的方法并不妥当。所以，《反家庭暴力法》采纳多数人意见，没有将对“性”方面实施的暴力单独列出，而是仅对家庭暴力给家庭成员造成的“身体”“精神”伤害后果进行规定，“性”暴力问题可以通过身体、精神等两个方面加以解决。可以说，一个家庭的幸福美满，当然包括夫妻性生活的和谐愉悦，性暴力的存在为家庭的不和谐埋下了“伏笔”。

同时，针对社会各界普遍反映的婚姻法律制度对家庭暴力的具体表现形式没有明确规定的问题，为便于对家庭暴力的具体认定和把握，《反家庭暴力法》采取列举方式对家庭暴力的表现形式予以明确规定。如殴打、捆绑、残害、强行限制人身自由或者其他手段。其他手段主要是针对家庭暴力行为的复杂多样性而作的概括性规定，既便于对司法实践中出现的各种形式的家庭暴力行为灵活认定，又有利于对各种形式的家庭暴力行为给予禁止和制裁。①

3. 对家庭暴力的构成应严格界定。对构成家庭暴力应具备的条件，有些国家限制性规定很少，从而将其范围理解得比较宽泛，许多在我们看来很轻微的行为都可能构成其他国家所确认的家庭暴力，甚至将彼此间的冷漠、不理睬等也认定为家庭暴力。由于一旦认定构成《民法典》中规定的家庭暴力，在确认夫妻感情确已破裂且调解无效时，就会成为判决应当准予离婚的理由和依据，而且涉及请求损害赔偿的问题，所以，在认定家庭暴力行为时应当慎重。

四、家庭暴力的举证与证明②

家庭暴力既是离婚事由之一，也是离婚损害赔偿的事由，但在诉讼实践中，家庭暴力这一事由需要当事人一方进行主张，并进行举证，只有有证据

---

① 参见最高人民法院民事审判第一庭编著:《最高人民法院民法典婚姻家庭编司法解释（一）理解与适用》，人民法院出版社 2021 年版，第 41 页。

② 参见陈爱武主编:《最高人民法院婚姻法司法解释精释精解》（增订本），中国法制出版社 2019 年版，第 29—31 页。

证明家庭暴力存在的，法院才可能认定这一事由。然而，在实践中当事人对家庭暴力案件的举证十分困难，为法院认定家庭暴力带来诸多障碍，难以有效打击和防止家庭暴力。

（一）家庭暴力案件举证难的现象及其原因

家庭暴力案件举证难，不仅是我国现实中存在的难题和问题，在其他国家同样也是困扰家庭暴力认定的一大难题。家庭暴力举证难、认定难原因多种多样。

1. 家庭暴力尤其是夫妻间的家庭暴力，多数发生在家庭这个私密的空间里，加之随着城市住房商品化之后，同一栋楼的各家住户都互不相识。因此，在家庭内发生家庭暴力行为时，外人几乎无法得知，也就很难有目击证人存在。

2. 从家庭暴力受害人本身来说，受传统观念和文化的影响，一些人认为家庭暴力属于家丑，家丑不可外扬。一些受害妇女为了维护自己和家庭的面子，无论受了多大的委屈，都忍气吞声，默默忍受，在遭受家庭暴力后，不敢轻易将现状向外人诉说。

3. 家庭暴力受害人证据意识、权利意识较为淡薄，没有及时收集证据、固定证据的习惯。很少有夫妻在第一次遭受家庭暴力时就会想到要去打官司离婚，要为以后打官司而固定、保留证据。通常受害方只有在最后忍无可忍的情况下，才想到到法院打官司离婚。因此，等到真正打官司要求离婚时，曾经遭受家庭暴力的证据已难以提供。

4. 知情人员不愿为受害人出庭作证。家庭暴力涉及当事人隐私，一般难以为外人所知，但有时家庭暴力也会存在知情者，如家庭暴力当事人的邻居或亲属可能耳闻目睹家庭暴力发生的全部或部分情况。实践中，知道情况的人往往不愿意出庭作证，他们或是碍于情面不想得罪人，或是担心、害怕施暴者报复。

5. 有关部门对家庭暴力投诉救助不力，没有及时保护受害人并固定证据。尽管我国法律明确规定，对正在实施家庭暴力的，受害人有权提出请求，居委会、村委会应当予以劝阻，公安机关应予以制止。同时对于实施家庭暴力或虐待家庭成员，受害者提出请求的，公安机关应当按照治安管理处罚的法律规定予以行政处罚。但现实中，当受害人向居委会、村委会反映情况时，很难得到有效的帮助。打电话报警，民警也往往认为这是家务事，对待家庭暴力的求助态度较为消极，不愿意深入进行询问和调查。

（二）化解家庭暴力案件举证难需要多管齐下

从当事人角度而言，在遭到家庭暴力时，要注意及时收集和固定证据，如及时报警，要求警察进行处理、记录和认定责任，并可以请求公安部门对施暴人发出“禁止家庭暴力告诫书”。如果身体受到伤害，及时去医院就医，详细描述伤害形成过程，请医生记录于病历，保留好病历、检查单等各项证据；及时拍照固定伤情影像，到司法机关指定的法医鉴定点进行治疗和病情鉴定。经常遭受家庭暴力的，受害人可以向当地街道、居委会提出申请，要求出具一定的证明或情况说明。

从法院角度而言，由于家庭暴力的隐蔽性、长期性等特点，直接证据的取得较一般民事案件更为困难。为切实保护受害人的合法权益，有效制止家庭暴力行为，在家庭暴力证据的收集、取得和认定上，在司法实践中应重视间接证据的利用。因为在家庭暴力的证据中，间接证据数量较多，因此，只要当事人收集到较为充足的间接证据，即具备一定的数量，这些间接证据与家庭暴力事实存在某种联系，且间接证据相互之间能够形成锁链，环环相扣、互相印证、合理排除矛盾，法院就应当予以认定。此外，法院还应当协助当事人调取、收集相关证据，以缓和当事人举证的难度。如根据当事人的申请直接到公安机关调查家庭暴力出警记录或者签发调查令，由当事人的代理律师到相关部门取证。

从家庭暴力案件举证责任分配角度而言，鉴于家庭暴力案件举证的困难性，应当对家庭暴力案件举证责任分配进行缓和。在离婚案件中，受害方当事人诉称自己曾遭受配偶家庭暴力侵害，提出离婚和离婚损害赔偿的主张时，按照举证责任的分配规则，受害人应当对家庭暴力侵权行为、损害后果、因果关系和过错进行举证，在这些要件中，侵权行为和因果关系举证是比较困难的，因为即便受害人向法院提交自己曾受到家庭暴力侵害的证据，如病历或者伤情鉴定书，如果被告否认，原告还需要向法院提交该伤害结果是由其配偶所致的证据，这对于受害人而言，是极为困难的。基于此，对于家庭暴力案件中的部分要件事实如因果关系的举证可以适当进行倒置，由被告对其行为与损害后果之间没有因果关系进行举证；或者降低受害人对于家庭暴力的证明标准，交由法院根据具体案情进行适当的裁量；又或者增加法院职权调查的范围，降低家庭暴力受害人的举证难度。

从社会层面而言，加害人或者受害人所在单位、基层群众性自治组织、妇联应当为家庭暴力受害人及时提供救助和帮助，当家庭暴力受害人及其法定代理人、近亲属向其提出救助申请时，应当及时劝阻、调解，对加害人进行批评教育。公安机关接到家庭暴力投诉后，应当及时出警进行处理。医疗机构、学校在诊疗过程中或教学活动中发现病人或学生遭受家庭暴力或有遭受家庭暴力嫌疑的，应当及时救助家庭暴力受害人，做好记录，并可及时向公安报案或者向有关组织进行反映。其他社会组织和社会民众在发现家庭暴力时，也有权进行劝阻、制止，或者向公安机关报案。

此外，立法应当对受家庭暴力侵害的无民事行为能力人、限制民事行为能力人规定特别的保护措施。当相关机构发现针对上述成员的家庭暴力时，有向公安机关及时报案的强制报告义务，如果未按规定报案，造成严重后果的，上述机构直接负责的主管人员和其他直接责任人员将受到处分。通过向公安机关报案，既及时保护了受害人，又能固定相应的施暴证据，为日后维权打下基础。对此，我国《反家庭暴力法》第十四条规定，学校、幼儿园、医疗机构、居民委员会、村民委员会、社会工作服务机构、救助管理机构、福利机构及其工作人员在工作中发现无民事行为能力人、限制民事行为能力人遭受或者疑似遭受家庭暴力的，应当及时向公安机关报案。公安机关应当对报案人的信息予以保密。第十五条第一款规定，公安机关接到家庭暴力报案后应当及时出警，制止家庭暴力，按照有关规定调查取证，协助受害人就医、鉴定伤情。第二十条规定，人民法院审理涉及家庭暴力的案件，可以根据公安机关出警记录、告诫书、伤情鉴定意见等证据，认定家庭暴力事实。

上述举措已经在一定程度上减少了家庭暴力受害人的举证困难，更好地保护了家庭暴力受害人的合法权益。

五、实施家庭暴力的法律责任

我国《民法典》明令禁止实施家庭暴力，如有违反，则要承担法律责任。《民法典》第一千零九十一条将“实施家庭暴力”作为判决离婚的法定理由，并规定无过错方有权请求损害赔偿。《反家庭暴力法》全方位地规定了相关人员的法律责任，该法第三十三条规定："加害人实施家庭暴力，构成违反治安管理行为的，依法给予治安管理处罚；构成犯罪的，依法追究刑事责任。"第三十四条规定："被申请人违反人身安全保护令，构成犯罪的，依法追究刑事责任；尚不构成犯罪的，人民法院应当给予训诫，可以根据情节轻重处以一千元以下罚款、十五日以下拘留。"第三十五条规定："学校、幼儿园、医疗机构、居民委员会、村民委员会、社会工作服务机构、救助管理机构、福利机构及其工作人员未依照本法第十四条规定向公安机关报案，造成严重后果的，由上级主管部门或者本单位对直接负责的主管人员和其他直接责任人员依法给予处分。"第三十六条规定："负有反家庭暴力职责的国家工作人员玩忽职守、滥用职权、徇私舞弊的，依法给予处分；构成犯罪的，依法追究刑事责任。"

根据2016年3月1日起实施的《反家庭暴力法》第二十三条规定，"当事人因遭受家庭暴力或者面临家庭暴力的现实危险，向人民法院申请人身安全保护令的，人民法院应当受理。当事人是无民事行为能力人、限制民事行为能力人，或者因受到强制、威吓等原因无法申请人身安全保护令的，其近亲属、公安机关、妇女联合会、居民委员会、村民委员会、救助管理机构可以代为申请"。申请人身安全保护令应当以书面方式提出；书面申请确有困难的，可以口头申请，由人民法院记入笔录。人身安全保护令案件由申请人或者被申请人居住地、家庭暴力发生地的基层人民法院管辖。人身安全保护令由人民法院以裁定形式作出。作出人身安全保护令，应当具备下列条件：（1）有明确的被申请人；（2）有具体的请求；（3）有遭受家庭暴力或者面临家庭暴力现实危险的情形。人民法院受理申请后，应当在72小时内作出人身安全保护令或者驳回申请；情况紧急的，应当在24小时内作出。人身安全保护令可以包括下列措施：（1）禁止被申请人实施家庭暴力；（2）禁止被申请人骚扰、跟踪、接触申请人及其相关近亲属；（3）责令被申请人迁出申请人住所；（4）保护申请人人身安全的其他措施。人民法院作出人身安全保护令后，应当送达申请人、被申请人、公安机关以及居民委员会、村民委员会等有关组织。人身安全保护令由人民法院执行，公安机关以及居民委员会、村民委员会等应当协助执行。

六、婚内施暴是否有权请求赔偿

遭受家庭暴力，在提起离婚诉讼时，可以获得精神损害赔偿。那么，在没有离婚的情况下，能否请求损害赔偿？对此存在不同意见：第一种观点认为，虽然家庭暴力的受害者有权获得赔偿，但是，如果双方已经被判决不准离婚，根据《婚姻家庭编解释（一）》第八十七条第三款的规定，在婚姻关系存续期间，当事人不起诉离婚而单独依据《民法典》第一千零九十一条提起损害赔偿请求的，人民法院不予受理。离婚成为获得赔偿的前提条件，所以，不能获得赔偿。第二种观点是从执行的角度出发的，认为如果这对夫妻没有采取约定财产制，一旦判决应当赔偿，则执行起来会遇到麻烦，无异于钱从左边口袋进入右边口袋，没有实质意义，所以不赞成判决赔偿。第三种观点认为，侵害公民身体造成伤害的，应当赔偿医疗费、因误工减少的收入、残疾生活补助费等费用；造成死亡的，应当支付丧葬费、死者生前扶养人必要的生活费等费用，这为夫妻间人身损害赔偿提供了法律依据。夫妻作为我国公民，其任何一方身体受到伤害，都应当受到法律的保护。而执行也不会成为难题，即便是在夫妻共同财产制下，也存在夫妻双方的个人财产。笔者同意第三种观点，其理由有：

1. 根据我国法律，公民的生命权、健康权、身体权不因侵害人身份不同、不因侵害人有无财产而区别保护。不论是谁，侵害公民生命权、健康权、身体权都要承担法律责任，都应受到法律制裁。夫妻之间财产权利可以共享，但生命权、健康权、身体权却相互独立。婚内侵权与一般侵权在构成要件和法律特征上是相通的，并无本质区别。婚内侵权主体身份与财产属性不应成为人身侵权案件承担赔偿责任的障碍。

2. 确立婚内侵权赔偿制度是保护受害者尤其是妇女人身权益的需要。《妇女权益保障法》第五十八条规定："违反本法规定，对妇女实施性骚扰或者家庭暴力，构成违反治安管理行为的，受害人可以提请公安机关对违法行为人依法给予行政处罚，也可以依法向人民法院提起民事诉讼。"因为公民的生命权、健康权、身体权是公民最基本的、不可缺少的民事权利，而公民的婚姻关系也是建立在生存的基础之上的，如果公民的健康权甚至生命权受到侵害，并且无法及时得到救治和赔偿，家庭的根基也会被动摇。

不能因为公民身份关系的变化，或者因为结婚而淡化此权利，否则会产生本末倒置的效果。

3.《婚姻家庭编解释（一）》第八十七条第三款应理解为，在不起诉离婚或判决不准离婚的情况下，受害人不能单独依据该条提出损害赔偿请求，因为它是专门规定离婚损害赔偿请求的法条，这种理解可以成立。但同时，受害方可以依据其他法条提出赔偿请求。正如解释者认为，该条规定以“诉讼离婚”为大前提，在此前提下，才将当事人提出离婚诉讼请求，以及人民法院准予离婚作为可以适用离婚损害赔偿的条件。但绝不能因此认为，只有当事人提出了离婚诉讼请求，或者人民法院判决准予离婚的情况下，才能适用损害赔偿。①

七、对案例 8、案例 9 的简要评析

案例 8 是一起典型的针对家庭暴力作出人身安全保护令和对违反人身安全保护令者予以司法惩戒的案例，其典型意义在于：第一，通过作出人身安全保护令，依法保护家庭暴力受害者的合法权利，彰显了法治的应有之义。中国几千年来都有“法不入家门”的历史传统，但随着时代的更迭和进步，对妇女儿童等弱势群体利益的保护已经得到社会的普遍认可。家庭成员以外共同生活的人可以被认定为拟制家庭成员，根据《反家庭暴力法》第三十七条的规定，家庭成员以外共同生活的人可以申请人身安全保护令。第二，依法对公然违抗法院裁判文书的行为予以惩戒，彰显了遵法守法的底线。人身安全保护令不仅是一纸文书，更是人民法院依法作出的具有法律效力的裁判文书，相关人员必须严格遵守，否则应承担相应的法律后果。无视人身安全保护令，公然违抗法院裁判文书的行为已经触碰司法底线，必须予以严惩。第三，通过严惩家暴行为，对施暴者起到了震慑作用，弘扬了社会文明的价值取向。“法不入家门”已经成为历史，反对家庭暴力是社会文明进步的标志。通过罚款、拘留等司法强制措施严惩违反人身安全保护令的施暴者，让反家暴不再停留在仅仅发布相关禁令的司法层面，对施暴者予以震慑，推动

---

① 参见最高人民法院民事审判第一庭编著：《最高人民法院民法典婚姻家庭编司法解释（一）理解与适用》，人民法院出版社 2021 年版，第 734 页。

了整个社会反家暴态势的良性发展。[①]

案例9是因为一方实施家庭暴力导致离婚诉讼，并获得相应损害赔偿的典型案例。在离婚诉讼案件中，当事人第一次向人民法院提起离婚诉讼，人民法院为了挽救一个家庭，大多数判决不准离婚。但是，实施家庭暴力导致离婚诉讼的，经调解无效，应当依法判决双方离婚。同时，实施家庭暴力导致离婚的，无过错方有权请求损害赔偿。损害赔偿的范围应当包括直接损失如医疗费、康复费等，还包括精神抚慰金。本案中，原告提供了报警回执、门诊病历等证据，结合鉴定意见，原告眼部确实遭受了相当程度的伤害，故法院综合认定被告实施的家庭暴力行为存在，并据此认定原、被告夫妻感情破裂，可判决离婚。在认定家庭暴力行为后，法院根据鉴定意见载明的治疗费，判决被告给付治疗费。由于遭受家庭暴力的受害方长期处于精神高度紧张、忐忑不安的状态，该状态的长期延续使受害人精神受到一定程度的伤害，因此法院判决被告赔偿原告精神抚慰金，是合情合理的。

第六节　同居关系纠纷的司法处理

一、问题的提出

未婚同居现象，在现实生活中普遍存在，由此引发的各类纠纷越来越多。特别是同居期间，一般是男方向女方出具借条，分手后，女方持借条提起诉讼，而男方则辩称借条的款项并没有真实发生，而属于“青春损失费”。[②]比如，下面一则案例：

---

① 参见重庆市高级人民法院2021年1月11日发布的《重庆法院反家庭暴力典型案例》。

② 笔者在中国裁判文书网上检索关键词“民事案件”“青春损失费”，自2010年至2021年8月底共计3458份民事裁判文书。

案例 10：本案是民间借贷还是索要“青春损失费”？[①]

原告周某珍与被告谢某同居期间，被告谢某于 2019 年 8 月 15 日向原告周某珍出具欠条一张，欠条载明，“今欠周某珍现金人民币 200000 元。因没办法一次付清，所以即从下个月起，每月 15 号支付 10000 元，直到还完为止。谢某，2019 年 8 月 15 日”。被告谢某分别于 2020 年 4 月 21 日至 9 月 26 日微信转账借款 36000 元。原告周某珍请求人民法院依法判令：一是解除双方的同居关系；二是被告谢某偿还借款 164000 元及利息。被告谢某辩称，欠条是原告索要的“青春损失费”，双方之间没有任何借贷关系。

法院认为，关于解除同居关系问题，依据《婚姻家庭编解释（一）》第三条第一款“当事人提起诉讼仅请求解除同居关系的，人民法院不予受理；已经受理的，裁定驳回起诉”的规定，应当裁定驳回起诉。关于诉请判令还款问题，当事人对自己提出的诉讼请求所依据的事实或者反驳对方诉讼请求所依据的事实有责任提供证据加以证明。没有证据或者证据不足以证明当事人的事实主张的，由负有举证责任的当事人承担不利后果。在本案中，原告周某珍应当就借贷关系的成立承担举证证明责任，但原告周某珍仅凭一张欠条，无法证明其完成了出借款项 200000 元的交付义务。作为大额资金的借出，原告周某珍既未证明款项已实际交付，也未证明资金来源，未作出合理解释，未提供其他证据证明借贷关系已实际发生。因此，原告周某珍主张其与被告谢某之间借贷关系实际发生证据不足，对此诉请被告谢某偿还欠款的请求，法院依法不予支持。

上述案例中，周某珍与谢某同居期间，谢某出具了欠条及还款计划，而诉讼中谢某却辩称属于“青春损失费”，目的是说借款的事实没有发生，虽出具了借条，但认定为“青春损失费”，则可能免除还款责任。依据《婚姻家庭编解释（一）》第三条“当事人提起诉讼仅请求解除同居关系的，人民法院不予受理；已经受理的，裁定驳回起诉。当事人因同居期间财产分割或者子女抚养纠纷提起诉讼的，人民法院应当受理”的规定，解除同居关系，

① 参见四川省宜宾市叙州区人民法院（2021）川 1521 民初 86 号民事判决书。

人民法院是不予受理的。“青春损失费”已经不是一个新名词。在全国诸多离婚案和恋爱纠纷中，要求对方赔偿“青春损失费”的并不鲜见，却少有索赔成功的案例。[①]

二、对同居关系的多维解读

同居关系，可以从广义与狭义两个方面进行理解。广义的同居关系，是一种基于共同生活、居住而形成的关系，是在一般意义上泛指一种客观事实状态。广义的同居关系包含的范围极广，如与自己同住的父母兄弟姐妹、学生住校时与同宿舍的同学之间等，都构成一种共同生活居住的关系，可以在广义层面上被认为是一种同居关系。狭义的同居关系，是被赋予了特定含义的同居，一般人们讲的同居关系问题，通常都属于这种狭义的同居关系。即虽然不完全具备合法婚姻的构成要件，但在某些方面与婚姻关系有相似的特征。因此，如无特别说明，应指狭义的同居关系。同时，以不同的条件为标准、从不同的角度出发，同居关系所指向的对象及内容都会有所不同。例如，按同居关系中各方的性别划分，有同性之间的同居关系和异性之间的同居关系；从同居关系中各方的婚姻状况入手，可以分为未婚者之间的同居关系和有配偶者与他人同居的关系；从同居双方对外所公示出的称谓关系划分，又可以分成对外以夫妻名义相称的同居关系和不以夫妻名义相称的同居关系等。

根据以往司法解释的精神，结合审判实际，可以说人民法院受理的同居关系纠纷案件，都是那些未办理结婚登记而以夫妻名义共同生活的男女双方之间所形成的同居关系，且基本上都是因为财产分割及子女抚养问题而产生的争议。因此，虽然以往的规定并未明确指出人民法院对于同居关系案件受理的内容，但实践中的做法却始终是一致的，即将人民法院审理解除同居关

---

① 例如，河北省高级人民法院（2019）冀民申 5635 号民事裁定书认为，再审申请人主张被申请人给付卖地款、“青春损失费”及精神赔偿金，但未提供证据支持其上述主张，再审申请人的该项申请再审主张理据不足，不予支持。江苏省南京市中级人民法院（2020）苏 01 民终 1398 号民事判决书认为，上诉人主张资料费、修车费、阳伞损失、桌子损失、防噪音耳机购买费、鞋子损失、精神损失费、“青春损失费”、名誉损失费，因无证据证明其存在损失或无法律依据，一审法院不予支持，亦无不当。

系案件的范围限定在双方均未婚的男女未办理结婚登记但却以夫妻名义共同生活所形成的关系范围之内。《婚姻法》在2001年修改时增加了“禁止有配偶者与他人同居”的规定。《民法典》第一千零四十二条第二款重申了该规定。《婚姻家庭编解释（一）》第二条规定：“民法典第一千零四十二条、第一千零七十九条、第一千零九十一条规定的‘与他人同居’的情形，是指有配偶者与婚外异性，不以夫妻名义，持续、稳定地共同居住。”对这一规定内容的理解，必须从立法的本意出发，不能简单地以字面含义加以判断，以免得出扩大性的结论。此项规定，主要是针对所谓“包二奶”“包二爷”这一不良社会现象作出的禁止性规定。正如立法机关所言，“有配偶者与他人同居”是指有配偶者与第三人未以夫妻名义共同生活，如姘居关系。[①]这种现象的存在，严重影响了一夫一妻制，严重违背社会主义道德风尚，败坏社会风气，甚至导致发生情杀、仇杀、自杀等事件，严重影响社会稳定，必须加以制止，更好地保护受害人的合法权益，切实维护一夫一妻的婚姻制度。[②]

其实，对同居关系的认知是一个不断变化的过程。1989年的《同居若干意见》第七条规定，“未办结婚登记而以夫妻名义同居生活的男女，一方要求“离婚”或解除同居关系，经查确属非法同居关系的，应一律判决予以解除”，因此只要经审理查明确属同居关系，就一律判决予以解除。随着实践的发展、社会生活的变化，人们的看法和态度也开始转变。《婚姻法解释（一）》中已经将“非法”二字删除，称为“同居关系”，在某种程度上给予其一定的自由选择权，即尽量减少对当事人的干预。同居关系经历了从“非法同居关系”到“同居关系”这种表述上的变化。这反映出在人民法院是否一定要干预当事人此项生活状态的选择权问题上，社会态度的细微变化。因此，《婚姻家庭编解释（一）》第三条第一款规定：“当事人提起诉讼仅请求解除同居关系的，人民法院不予受理；已经受理的，裁定驳回起诉。”笔者认为，未婚的男女在一起共同生活，是其对自己生活状态的一种选择，《民法典》

---

① 黄薇主编：《中华人民共和国民法典婚姻家庭编释义》，法律出版社2020年版，第13页。

② 黄薇主编：《中华人民共和国民法典婚姻家庭编释义》，法律出版社2020年版，第14页。

虽然不鼓励，但也并未明文禁止。所以，此类同居关系的存在与否、解除与否，法律既不干涉也不支持，人民法院也依法不予受理。而“有配偶者与他人同居”所形成的同居关系则另当别论，是为《民法典》所明文禁止的行为。这种同居关系，与一般的未婚同居等不属于《民法典》强行禁止的同居关系的性质不同，甚至可以作为离婚时无过错方请求损害赔偿的法定理由。所以，这种严重的违反法律规定的行为，理应受到法律的制裁。当然，有配偶者与他人同居，因同居关系本身不具有法律上的权利义务内容，没有必要由人民法院通过判决方式予以解除。①

在审判实践中审理同居关系案件，其实主要就是对同居关系期间形成的财产如何分割、子女如何抚养问题的审理。抛开同居关系不谈，作为普通的民事案件诉讼至人民法院的，人民法院也会受理当事人的此类请求并依法公开审理。因此，对当事人因同居关系导致的财产分割及子女抚养问题的争议，按一般普通民事案件审理即可。在具体处理财产分割时，应当根据照顾子女、女方利益的原则，考虑财产的实际情况和双方的过错程度，妥善分割。对同居期间为共同生产、生活而形成的债权、债务，可按共同债权债务处理。如果一方在共同生活期间患有严重疾病未治愈的，分割财产时，应予以适当照顾，或者由另一方给予一次性的经济帮助等。

三、同居关系的构成要件

1. 欠缺结婚法定形式要件，即未办理结婚登记手续。这就与已办理结婚登记手续的合法婚姻、无效婚姻和可撤销婚姻区别开来。比如，女方怀孕，人民法院能否受理男方有关同居期间财产纠纷的起诉？基于同居关系与合法婚姻关系的不同性质，《民法典》第一千零八十二条“女方在怀孕期间、分娩后一年内或者终止妊娠后六个月内，男方不得提出离婚；但是，女方提出离婚或者人民法院认为确有必要受理男方离婚请求的除外”的规定并不适用于同居纠纷案件。《民法典》第一千零八十二条是对妇女的特殊保护条款，保护的是合法婚姻，当当事人选择了同居而非登记结婚时，表明其并无意愿

---

① 参见郑学林、刘敏、王丹：《〈关于适用民法典婚姻家庭编的解释（一）〉若干重点问题的理解与适用》，载《人民司法》2021 年第 13 期。

寻求法律保护同居关系，不享有夫妻间的权利和义务。[①]

2. 同居关系的男女或者不以夫妻名义同居，或者虽以夫妻名义同居但不符合事实婚姻的法定条件。前者如姘居的男女均不以夫妻名义同居；后者虽以夫妻名义同居，但同居的双方或一方不符合事实婚姻的法定条件。《婚姻家庭编解释（一）》第七条规定："未依据民法典第一千零四十九条规定办理结婚登记而以夫妻名义共同生活的男女，提起诉讼要求离婚的，应当区别对待：（一）1994 年 2 月 1 日民政部《婚姻登记管理条例》公布实施以前，男女双方已经符合结婚实质要件的，按事实婚姻处理。（二）1994 年 2 月 1 日民政部《婚姻登记管理条例》公布实施以后，男女双方符合结婚实质要件的，人民法院应当告知其补办结婚登记。未补办结婚登记的，依据本解释第三条规定处理。"

3. 共同生活具有"公开性"。即男女双方公开同居生活为一般群众所知道，这使其与具有隐蔽性的通奸区别开来。

四、同居关系的情形分析

根据《民法典》及其司法解释的规定，并结合现实生活中的情况，同居的情形分为两类：

（一）符合结婚条件，未办理结婚登记的同居的常见情形

1. 以婚姻为目的、未办理结婚登记的同居。男女双方以结为夫妻为目的，但未办理结婚登记而同居生活，这种同居即人们所说的"事实婚"，从法律上讲，其婚姻关系尚未成立。我国幅员辽阔，经济文化差异很大，特别是在农村，传统仪式婚根深蒂固，许多人结婚不登记，对此，《民法典》第一千零四十九条仍然承继了修正后的《婚姻法》第八条"未办理结婚登记的，应当补办登记"的规定。

2. 为了避免财产、继承等纠纷，老年人"再婚"不登记而同居。我国正进入老年化社会，丧偶老年人日益成为一个不容忽视的群体。为了寻求心理

---

① 最高人民法院民法典贯彻实施工作领导小组主编：《中华人民共和国民法典婚姻家庭编继承编理解与适用》，人民法院出版社 2020 年版，第 280 页。

安慰和精神上的快乐，大多数丧偶老年人有再婚的愿望，但由于受到传统观念的束缚，老年人再婚困难重重。即使结婚也往往因财产分割、与对方子女感情不和等问题引发新的矛盾，导致婚姻难以巩固，老年人精神更加压抑。因此，老年人再婚往往不登记而同居。[①]

需要明确的是，老年人再婚，无论是同居还是办理了结婚登记手续，老年人互不与对方的子女发生扶养、继承关系。这是由于再婚老年人没有对对方的子女履行抚养义务，当然就无权要求对方子女为自己尽到赡养义务；再婚老年人与对方子女没有法律上的血亲关系，自然就不发生继承关系。其实，老年人再婚完全没有必要因扶养、财产继承而顾虑办理结婚登记手续。

3. 恋爱中的男女在婚前同居生活，即所谓“试婚”。该种情形，可称为前述第一种情形的往前延伸。试着过过，过得来就结婚，过不来就散伙。这种同居对他人无妨，法律不过问。主要原因是，《民法典》婚姻家庭编调整的是因婚姻关系产生的民事关系，也即调整家庭成员产生的民事关系，而依据《民法典》第一千零四十五条第三款之规定，家庭成员包括“配偶、父母、子女和其他共同生活的近亲属”。[②] 因此，同居关系不能构成婚姻关系。

4. 同居关系的当事人互不享有继承权。问：我和某房地产公司的老总张某没有进行结婚登记，但我和张某自 1997 年起到其去世前一直以夫妻名义共同生活在一起，并且我为张某生了两个儿子。按照《婚姻法》的规定，我的两个儿子对张某的遗产有继承权。请问，我作为孩子的母亲，对张某的遗产有继承权吗？答：《婚姻法解释（一）》第五条规定：“未按婚姻法第八条规定办理结婚登记而以夫妻名义共同生活的男女，起诉到人民法院要求离婚的，应当区别对待：（一）1994 年 2 月 1 日民政部《婚姻登记管理条

---

① 因此在修改《婚姻法》的过程中，有的同志建议，婚姻法应当根据老年人再婚是找个伴儿的实际情况，在婚姻登记上作例外规定。主张为那些有再婚愿望的老人规定一种“准婚姻方式”，把同居视为婚姻的替代形式，从而减少再婚带来的财产和子女麻烦，保障老年人晚年的幸福生活。丧偶老人同居期间所得的财产通常为分别所有，双方约定为共同所有的，为共同共有或按份共有。同居的老人互无继承权，一方死亡，分割遗产时另一方可以得到照顾。

② 依据《民法典》第一千零四十五条第二款规定：“配偶、父母、子女、兄弟姐妹、祖父母、外祖父母、孙子女、外孙子女为近亲属。”

例》公布实施以前，男女双方已经符合结婚实质要件的，按事实婚姻处理。（二）1994 年 2 月 1 日民政部《婚姻登记管理条例》公布实施以后，男女双方符合结婚实质要件的，人民法院应当告知其在案件受理前补办结婚登记；未补办结婚登记的，按解除同居关系处理。”根据上述规定精神，自 1994 年 2 月 1 日起，即使你和张某以夫妻名义生活在一起，并且具备结婚的实质要件，但未补办结婚登记的，仍然不能认定为存在婚姻关系，而应认定为同居关系。至于你和张某所生的非婚生子女享有同婚生子女同等的权利，法律规定的目的在于保护非婚生子女的利益，而不能由此反推出你和张某存在婚姻关系。因此，基于你同张某自 1997 年之后只具有同居关系，而不具有婚姻关系，故你对张某的遗产不享有继承权。[①]

（二）有配偶者与他人同居的情形

根据《婚姻家庭编解释（一）》第二条的规定，有配偶者与他人同居的情形，是指有配偶者与婚外异性，不以夫妻名义，持续、稳定地共同居住。有配偶者与他人同居，旧称“姘居”，俗称“包二奶”或“包二爷”。[②]有配偶者与他人同居的情形，并不包括通奸行为、卖淫嫖娼行为、偶尔的“一夜情”等。[③]

从现有立法规定来看，“有配偶者与他人同居”与“重婚”应是两种不同的行为。但从文字表述分析，“有配偶者与他人同居”与“重婚”有交叉重合之处。重婚也是有配偶者与他人同居，只不过重婚行为是有配偶者在与他人同居时，办理了婚姻登记或对外以夫妻名义，而“有配偶者与他人同居”主要是指有配偶者在与他人同居时，既不办理婚姻登记，对外也不以夫妻名义同居的行为。由此可以认为，“有配偶者与他人同居”不以夫妻名义，这也是其与重婚行为的重要区别。

---

① 参见最高人民法院民事审判第一庭编：《民事审判指导与参考》2010 年第 4 集（总第 44 集），法律出版社 2011 年版，第 300 页。

② 薛宁兰、谢鸿飞主编：《民法典评注：婚姻家庭编》，中国法制出版社 2020 年版，第 28 页。

③ 最高人民法院民法典贯彻实施工作领导小组主编：《中华人民共和国民法典婚姻家庭编继承编理解与适用》，人民法院出版社 2020 年版，第 29 页。

从我国目前立法和司法实践情况来看，“有配偶者与他人同居”只能是有配偶者与婚外异性的同居，这就排除了同性之间的同居关系。同时，为了限制和避免法律对公民私权领域的过分干预，应将“有配偶者与他人同居”的行为与通奸、嫖娼及其他偶发性的婚外性行为予以区别，即应将两性间的同居理解为持续、稳定的共同居住生活，而不是临时短暂性的共居一处。

五、同居纠纷的司法处理

人民法院在审理此类纠纷过程中，要正确理解、适用司法解释规定，需要注意以下几个方面的内容：（1）在程序上，要保护当事人依法提起民事诉讼的权利。根据司法解释规定，当事人以解除同居关系为由诉请到人民法院的，应当依法予以受理。这是保护当事人所享有的诉权，人民法院无权对此轻易剥夺。（2）进入实体审理阶段时，对于此类纠纷的情况要详细研究。对于单纯的同居关系的确认解除等纠纷，人民法院按规定可以一律不予受理。根据《民法典》《婚姻家庭编解释（一）》的有关规定，涉及同居纠纷的处理应当遵循下列原则：

（一）同居纠纷的受理

根据《婚姻家庭编解释（一）》第三条、第七条的规定，同居纠纷的受理应当遵循：

1. 未按《民法典》第一千零四十九条“要求结婚的男女双方应当亲自到婚姻登记机关申请结婚登记。符合本法规定的，予以登记，发给结婚证。完成结婚登记，即确立婚姻关系。未办理结婚登记的，应当补办登记”规定办理结婚登记手续而以夫妻名义共同生活的男女，起诉到人民法院要求离婚的，在 1994 年 2 月 1 日民政部《婚姻登记管理条例》公布实施以前，男女双方已经符合结婚实质要件的，按事实婚姻处理，人民法院应当受理。

2. 未按《民法典》第一千零四十九条规定办理结婚登记而以夫妻名义共同生活的男女，起诉到人民法院要求离婚的，在 1994 年 2 月 1 日民政部《婚姻登记管理条例》公布实施以后，男女双方符合结婚实质要件的，人民法院应当告知其在案件受理前补办结婚登记，补办登记后，人民法院予以受理；未补办结婚登记的，当事人请求解除同居关系的，人民法院不予受理。

3. 当事人因同居期间财产分割或者子女抚养纠纷提起诉讼的，人民法院应当予以受理。

（二）解除同居关系后的子女抚养、财产纠纷的处理

认定双方为同居关系后，双方所生的子女为非婚生子女。解除同居关系时，子女由哪一方抚养，双方协商；协商不成时，应根据子女的利益和双方的具体情况判决。哺乳期内的子女，原则上应由母方抚养，如父方条件好，母方同意，也可由父方抚养。子女为限制民事行为能力人的，应征求子女本人的意见。一方将未成年的子女送他人收养，须征得另一方的同意。

双方同居生活期间共同劳动所得的收入和购置的财产，属于一般共同财产而不属于夫妻共同财产。解除同居关系时，按一般共有财产分割。法院处理的总原则包括：一是不是夫妻，不能按夫妻共同财产的原则处理；二是按照民法上的一般共有原则处理。但应考虑财产的实际情况和双方的过错程度，本着照顾妇女、儿童的利益原则妥善分割。这也正是《民法典》第一千零五十四条第一款“同居期间所得的财产，由当事人协议处理；协议不成的，由人民法院根据照顾无过错方的原则判决”的规定的体现。同居生活期间双方各自继承或受赠取得的财产，一般应按个人所有的财产对待。

双方同居期间为共同生产、生活而形成的债权、债务，解除同居关系时，可按共同债权、债务关系处理，但也应对妇女、儿童的合法权益予以照顾。具体而言，同居期间为共同生产、生活而形成的债权、债务，可按共同债权、债务处理。同居的双方当事人对共同生产、生活形成的债权、债务都享有特定的利益，为保护交易安全，因共有的不动产或者动产产生的债权、债务，在对外关系上，共有人享有连带债权、承担连带债务，但法律另有规定或者第三人知道共有人不具有连带债权债务关系的除外。鉴于非婚同居双方当事人财产为按份共有，在共有人内部关系上，除共有人另有约定外，按份共有人按照份额享有债权、承担债务。偿还债务超过自己应当承担份额的按份共有人，有权向其他共有人追偿。

解除同居关系时，一方在共同生活期间患有严重疾病未治愈的，分割财产时，应予适当照顾，或者由另一方给予一次性的经济帮助。如果是登记结婚的夫妻，离婚时，如一方生活困难，另一方应从其住房等个人财产中给予

适当帮助。

患有严重疾病未治愈不一定导致生活困难，这与个人经济条件息息相关。因法律对同居保护范围较婚姻要小，司法实践中应当在严重疾病未治愈导致生活困难或更为困难时，对该方予以适当照顾或让另一方对其进行经济补偿。

未办结婚登记而以夫妻名义同居生活的男女，一方起诉“离婚”的，不论是认定为事实婚姻关系，还是认定为同居关系，对双方同居生活前一方自愿赠送给对方的财物，均按赠与关系处理。但一方向另一方索取的财物，则应根据同居生活时间的长短、双方的过错程度以及双方的经济状况等实际情况，酌情返还。①

未办结婚登记而以夫妻名义同居生活的男女，在同居生活期间一方死亡，另一方要求继承死者遗产，发生纠纷诉至人民法院，人民法院应首先区分其属于事实婚姻关系还是属于同居关系，如为事实婚姻关系的，可以配偶身份按继承法律的有关规定处理，也可以配偶身份享有继承权；如认定为同居关系，只能根据扶养的具体情况，按照《民法典》继承编第一千一百三十一条“对继承人以外的依靠被继承人扶养的人，或者继承人以外的对被继承人扶养较多的人，可以分给适当的遗产”的规定，作为法定继承以外的人分得适当的遗产。

同居双方有无扶养义务？如男、女双方没有办理结婚登记手续，便在一起同居生活，若乙方因病需要治疗费用，另一方是否有义务支付？对此问题，从婚姻法律的角度来看，双方没有办理结婚登记，不是合法夫妻关系，不受法律保护，自然就不承担夫妻扶养的法定义务。因此，所需费用，另一方无须承担。当然，自愿支付则另当别论。拒绝支付，或许会受到道德评判，但不受法律约束。

同居期间造成女方身体权、健康权等造成损害的，男方是否有义务赔

---

① 《全国民事审判工作会议纪要（2011年）》第五十条规定，《关于适用〈中华人民共和国婚姻法〉若干问题的解释（二）》第十条第一款第（一）项规定的“双方未办理结婚登记手续”，并非针对双方已共同生活的情形；如果未婚男女双方确已共同生活但最终未能办理结婚登记手续，给付彩礼方请求返还彩礼，人民法院可以根据双方共同生活的时间、彩礼数额并结合当地风俗习惯等因素，确定是否返还及具体返还的数额。

偿？应当区分两种情况：一是男方因过错造成女方的身体权、健康权造成损害的，应当承担侵权责任，负有赔偿义务。这种责任，要严格按照侵权责任法律所规定的过错责任原则来处理；二是男方不存在过错而造成女方身体权、健康权遭受损害的，如女方因自身原因多次流产而造成终身不孕、女方因宫外孕而造成输卵管切除等，这些情形，并不是男方过错所造成的，因此男方无须承担侵权责任。但是，女方确实受到了损害，此时可根据公平分担损失原则，判决男方给予女方一定的补偿。[①]

六、对案例10的简要评析

在案例10中，当事人双方同居期间，被告谢某给原告周某珍出具了一张200000元的欠条，并承诺每月还款10000元，在被告谢某还款36000元之后，周某珍对欠下的164000元以民间借贷为基础提起诉讼。被告谢某称该欠条实际上是原告索要的"青春损失费"，对欠条的内容提出了异议。对此，原告周某珍需要举证证明被告谢某出具200000元的欠条系民间借贷的证据，即需要举证证明资金的交付方式、款项的来源等，原告并没有完成举证责任。因此，法院判决驳回了原告的诉讼请求。

第七节　夫妻忠诚协议的司法处理[②]

近年来，随着国民法律意识不断提高，夫妻为保障婚姻关系和谐稳定，

---

① 吴晓芳：《婚姻法司法解释的理由与适用》，载国家法官学院编印：《高级法官晋升培训教学资料》（民商篇），第186页。

② 笔者曾在拙著《婚姻法判解研究与适用》（人民法院出版社2004年版）、《婚姻法司法解释实例释解》（人民法院出版社2006年版）、拙文《如何看待这份保证书的效力》（《法制日报》2006年3月2日）中表明了对夫妻忠诚协议的看法，始终坚持认为夫妻忠诚协议没有法律约束力。之所以再次思考，是由于这类问题达到了"泛滥"的地步，裁判不一，缺乏深度研究，且又亟须解决，故再次撰文，以期对立法、司法有所裨益。本节部分内容曾发表于《法律适用》2012年第3期、《判解研究》2011年第3辑（总第57辑）。

以赔偿金作为承担违约责任形式的夫妻忠诚协议颇多。夫妻双方的忠实义务一直是婚姻立法和司法解释绕不过的险滩。2001 年，《婚姻法》修改前夕，该问题就被炒得沸沸扬扬。立法机关反复平衡各方，在《婚姻法》总则第四条规定："夫妻应当互相忠实，互相尊重……"最高人民法院在《婚姻法解释（三）》最初的草案第六条曾规定，离婚时夫妻一方以婚前或婚后双方签订的"忠诚协议"主张权利的，人民法院经审查认为该协议系自愿签订且不违反法律、法规的禁止性规定的，应当予以支持。司法机关本想将合同法的一般原理运用于解决婚姻纠纷，但随后拟将这一条修改为，夫妻一方以婚前或婚后双方所签订的相互忠实、违反予以赔偿的财产性协议主张权利的，人民法院不予受理；已经受理的，裁定驳回起诉。由于争议较大，在 2010 年 11 月的征求意见稿和最终出台的司法解释中，"忠诚协议"的字眼最终消弭。[①]《民法典》第四百六十四条第二款规定："婚姻、收养、监护等有关身份关系的协议，适用有关该身份关系的法律规定；没有规定的，可以根据其性质参照适用本编规定。"依据该条的规定，夫妻忠诚协议可否参照适用《民法典》合同编的规定，又引发了争议：一种意见认为，夫妻忠诚协议毕竟涉及身份问题，依然不能适用合同编的有关规定；另一种意见认为，既然该条明确了"可以根据其性质参照适用本编规定"，由于婚姻家庭编没有规定夫妻忠诚协议问题，则可以参照适用。

一、司法裁判结果"大相径庭"

司法裁判肯定夫妻忠诚协议效力的案例可谓比比皆是。自 2003 年年初上海市闵行区人民法院判令男方因违反"忠诚协议"而赔偿女方 30 万元[②]，开创了法律作用于婚外情的先河之后，不少法院纷纷"效仿"。如重庆市第

---

① 参见刘连泰：《婚姻法解释三动了谁的奶酪》，载《中国妇女报》2011 年 8 月 16 日。

② 案情详见徐寿松：《法律能干预婚外情吗——一起"夫妻不忠赔偿案"引发的思考》，载《人民法院报》2003 年 1 月 11 日。该案的裁判意见认为，双方约定 30 万元违约责任的"忠诚协议"，实质上正是对婚姻法中抽象的夫妻忠实责任的具体化，完全符合婚姻法的原则和精神，不违反法律禁止性规定，且是在双方没有受到任何胁迫的平等地位下自愿签订的，协议的内容也未损害他人利益，因而当然有效，应受法律保护。据此，法院判决男方支付对方"违约金"30 万元。

一中级人民法院于 2004 年 12 月判决支持了女方因男方违反忠实义务而支付的“空床费”4200 元。[①]2005 年年初，河南省焦作市解放区法院按照忠诚协议中“违约责任”条款判决过错方支付对方赔偿款 3000 元。[②]2007 年，北京市海淀区人民法院依据忠诚协议判令男方支付女方精神损害赔偿金 101 万元[③]，该判决数额可谓“史无前例”，恐怕亦“后无来者”。

当然，司法裁判否认夫妻忠诚协议效力的，也并不鲜见。如青岛市市北区人民法院认为，吕某和刘某的夫妻感情确已破裂，应准予离婚，但双方签订的“忠诚协议”属于一种道德协议，不具有法律效力，遂判决两人离婚，驳回了吕某要求刘某赔偿违约金 30 万元及空床费 5 万元的诉讼请求。[④]有对协议进行变更的，如东莞市第三人民法院认定洪某因婚外情导致夫妻感情确已破裂，魏某依据夫妻忠诚协议要求洪某支付 150 万元精神损害赔偿的请求超出了洪某的经济能力，需要适当调整，遂判决洪某支付魏某精神损害赔偿 10 万元。[⑤]

法学理论界对夫妻忠诚协议看法不一，存在肯定说与否定说。肯定说认为，夫妻忠诚协议属于当事人之间的意思自治，其存在赋予了夫妻忠实义务以具体的内容，使抽象的忠实责任具有了可诉性，应当承认其效力。否定说则认为，婚姻关系是人身关系，以爱情为基础，不能通过

---

① 案情详见重庆市第一中级人民法院（2004）渝一中民终字第 3442 号民事判决。该判决认为，原告提出空床费 4200 元的主张，由于该笔费用是指原告与被告在婚姻关系存续期间，一方不尽陪伴义务，另一方给予一定补偿的费用，名为空床费，实为补偿费，该约定系双方当事人真实意思表示，且不违背法律规定，应属有效约定，依法应予支持。

② 李某和王某在刚结婚时签订了一份“忠诚协议”，在协议第三项“违约责任”第二条中规定：“若一方在婚期内由于道德品质上的问题，出现背叛另一方不道德的行为（婚外情），并要以事实为依据，将受到法律制裁和经济赔偿，作为一方对另一方名誉损失及精神损失等赔偿，双方商定赔偿金额为 3000 元。”男方李某向法院起诉离婚后，女方王某也提出反诉，要求对方支付违反“忠诚协议”的 3000 元。河南省焦作市解放区法院于 2005 年初作出一审判决：准予双方离婚，并由李某支付王某 3000 元。

③ 参见孙欣的硕士学位论文：《忠诚协议的法律分析》，对外经济贸易大学 2009 级。

④ 详见《夫外遇妻索空床费，忠诚协议判无效》，载中国网，http://www.chain.com.cn，2011 年 6 月 26 日登录。

⑤ 唐红杰：《妻子因丈夫出轨索赔 150 万曾签忠诚协议》，载《广州日报》，2010 年 05 月 27 日。

协议设定，夫妻间应相互忠实仅是一种价值取向，而不是一种具有强制性的责任。①

正是由于现行法律、司法解释对夫妻忠诚协议没有一个明确的“态度”，加之法学理论界也没有形成“通说”，所以，司法实践中对因违反夫妻忠诚协议的裁判结果“大相径庭”。因此，面对现实生活中大量签订夫妻忠诚协议和司法实践中裁判不规范的现象，作为法律人岂能对此问题保持沉默？笔者始终对夫妻忠诚协议非常关注，为了司法实践的需要，为了立法建议和司法建议的需要，本文将从《民法典》相关规定的不同角度对夫妻忠诚协议进行论证分析，并提出解决问题的意见和建议，以期对立法、司法有所裨益。

二、夫妻忠诚协议是否具有法律效力

（一）夫妻忠诚协议的法律效力纷争

理论界与实务界对夫妻忠诚协议的法律效力存在较大争议，认为夫妻忠诚协议有效的观点主张：夫妻忠诚协议是社会进步的表现，并不违法，因为夫妻忠实本来就是法律规定的内容，属于法律明确的要求，协议双方等于把法定义务变成了约定义务，法院应当予以认可。② 最高人民法院民一庭吴晓芳法官持该种观点。她认为，夫妻忠诚协议认定为有效，因为其符合婚姻法的基本精神，是对“夫妻应当相互忠实”规定的具体化。③ 认为有限认可夫妻忠诚协议的观点主张：夫妻签订忠诚协议追究过错方责任，是公民自我救济的有效方式，是对婚内侵害配偶权制度的填补。通过有限认可契约的效力，对受害方进行一定的补偿和慰藉，对违法者进行惩罚，体现了正义、公平的价值，并有助于逐步树立公民健康文明的婚姻价值观。④ 认为夫妻忠诚协议

---

① 强音：《试论夫妻忠诚协议的效力》，载《学理论》2010 年第 11 期，第 113 页。

② 李明舜：《妇女权益法律保障研究》，国家行政出版社 2003 年版，第 399 页。

③ 吴晓芳：《当前婚姻家庭案件的疑难问题探析》，载《人民司法·应用》2010 年第 1 期，第 55 页。

④ 李恩树：《专家称夫妻间可签“忠诚协议”，追究过错方责任》，载《法治周末》2010 年 11 月 10 日。

无效的观点主张：夫妻忠诚协议是一种身份协议，具有非道德性，不仅可能导致婚姻关系的异化，还会形成对人身自由的约束，最终使婚姻自由名存实亡。[①]夫妻忠实义务并不是法定义务，即使忠诚协议是当事人平等自愿协商一致的结果，然此种协议并非契约，而是一种“情谊行为”或“社会层面的行为”，因此夫妻忠诚协议无效。[②]

（二）笔者观点：夫妻忠诚协议不具有法律约束力

笔者认为，夫妻忠诚协议应当属于广义的民事契约，是将道德义务以合同的形式予以设定，虽约定了违约责任，但夫妻忠诚协议不具有法律约束力。主要基于如下理由：

1. 夫妻忠诚协议是基于夫妻关系合法身份而签订的协议，而夫妻双方的权利义务是由婚姻法律规定的，即身份权具有法定性，排除了当事人的约定权，因此，夫妻双方所签订的忠诚协议违反了身份权法定原则。

2.《民法典》第一千零四十三条第二款所规定的“夫妻应当互相忠实”，是关于婚姻家庭道德规范的法律化，是倡导性条款，体现了法治与德治结合并举的精神。[③]因此，并不能依据该条的规定得出夫妻忠诚协议有效或者无效的结论。

3. 如果认定夫妻忠诚协议有效，则又从“身份回归到契约”，宪法赋予公民的人身自由的基本权利会被“架空”。如果认定夫妻忠诚协议无效，现实生活中已经履行的夫妻忠诚协议会因请求返还而大量地涌入法院。因此，无论是认定有效抑或无效，均会陷入“道德审判”，显然法律之手伸得过长。

4. 最佳的解决方案是认定夫妻忠诚协议不具有法律约束力。显然，这否认了夫妻忠诚协议的有效性，也没有认可其无效性。若认定有效，应依据夫妻忠诚协议进行裁判；若认定无效，则依据夫妻忠诚协议取得的财产或者赔

---

① 郭站红：《夫妻忠诚协议的法学思考》，载《宁波大学学报》（人文科学版）2010年第2期，第111页。

② 参见余延满：《亲属法原论》，法律出版社2007年版，第10—14页。

③ 最高人民法院民法典贯彻实施工作领导小组主编：《中华人民共和国民法典婚姻家庭编继承编理解与适用》，人民法院出版社2020年版，第36页。

偿金需要返还；若认定不具有法律约束力，则当事人依据夫妻忠诚协议已经履行了赔偿义务而反悔的，人民法院不予支持。若依据夫妻忠诚协议要求赔偿的，则人民法院同样不予支持。这样做的目的，可谓“妙策”，实现了让道德的回归道德。

5. 提出夫妻忠诚协议不具有法律约束力，不是“空穴来风”，而是有参照依据的。《担保法解释》第十二条第一款规定：“当事人约定的或者登记部门要求登记的担保期间，对担保物权的存续不具有法律约束力。”该条的规定来源于“物权法定原则”，因当事人约定的或者登记部门要求登记的担保期间违反了“物权法定原则”，司法解释采用了“不具有法律约束力”的表述。

综上，夫妻之间签订忠诚协议，应由第三人本着诚信原则自觉自愿履行，法律并不禁止夫妻之间签订此类协议，但也不赋予此类协议强制执行力。忠诚协议实质上属于情感、道德范畴，当事人自觉自愿履行当然极好，如违反忠诚协议一方心甘情愿净身出户或赔偿若干金钱，为自己的出轨行为付出经济上的代价，亦未尝不可。①

三、夫妻忠诚协议是否为《民法典》合同编所调整

（一）夫妻忠诚协议是否为《民法典》合同编所调整的纷争

关于夫妻忠诚协议是否为《民法典》合同编所调整的问题，在司法案例中如前所述，裁判不一；在法学界同样存在争议。

赞成的观点认为：夫妻忠诚协议在性质上属于一般民事法律行为，符合民事法律行为成立的当事人具有完全民事行为能力、意思表示真实、不违反法律或者社会公共利益三个要件，可直接适用原《民法通则》（现《民法典》总则编）。② 该观点的实质是其受合同法的调整。对夫妻忠诚协议应以契约理论作为支撑，解释当事人之间的法律关系，意思自治于夫妻之间应当有所适

---

① 最高人民法院民法典贯彻实施工作领导小组主编：《中华人民共和国民法典婚姻家庭编继承编理解与适用》，人民法院出版社 2020 年版，第 39 页。

② 参见张玉英等：《对“夫妻忠诚协议”的法律思考》，载《辽宁行政学院学报》2010 年第 1 期，第 24 页。

用，夫妻忠诚协议约定违约金的，参照适用关于违约金调整的规定。[①]

否定的观点有：我国著名婚姻法专家、北京大学教授马忆南认为，夫妻忠诚协议符合我国民法及合同法中“合同”之含义，但由于涉及身份关系，所以并不由原《合同法》（现《民法典》合同编）来调整。[②]

（二）作者观点：夫妻忠诚协议不为《民法典》合同编所调整

夫妻忠诚协议虽以合同的合法形式存在，但没有合同债权发生的根据，它是基于夫妻身份关系而发生的，故不属于合同之债，不为《民法典》合同编所调整。其理由如下：

1. 夫妻忠诚协议不属于《民法典》合同编意义上的合同。《民法典》合同编第四百六十四条第一款规定：“合同是民事主体之间设立、变更、终止民事法律关系的协议。”由此，《民法典》合同编中的合同只适用于平等主体之间的民事权利义务关系。合同是一种最基本的民事法律行为，是以协议的方式设立、变更、终止民事权利义务关系的法律事实。《民法典》合同编所规定的“民事法律关系”的具体化，应作限制性解释，即仅指债权合同。由此，夫妻忠诚协议不是《民法典》合同编意义上的协议。

司法实践中夫妻忠诚协议大量涌现，它们均有一个共同的特点，即以提起夫妻离婚诉讼为前提，法院在判决支持夫妻不忠赔偿款的时候，也同样存在一个共同的前提，即均“判决准予离婚”。截至目前，还没有一例在没有提起离婚诉讼或法院“判决不准离婚”的情况下，而判决支持因一方违反夫妻忠诚协议支付另一方赔偿款的案例。究其原因，是由于依据夫妻忠诚协议主张违约赔偿款的，人民法院不予受理。如果说适用《民法典》合同编的话，那么在夫妻关系存续期间，夫妻一方完全可以提起违约之诉，然而，没有一个法院突破婚姻法司法解释的规定而大胆裁判。这也进一步反证，夫妻忠诚协议不为《民法典》合同编所调整。

---

① 隋彭生：《夫妻忠诚协议分析——以法律关系为重心》，载《法学杂志》2011 年第 2 期，第 24 页。

② 李恩树：《专家称夫妻间可签“忠诚协议”，追究过错方责任》，载《法治周末》2010 年 11 月 10 日。

2. 夫妻忠诚协议具有身份性。夫妻忠诚协议虽是夫妻双方在平等自愿（当然，也不排除欺诈、胁迫、乘人之危等情形下而签订的夫妻忠诚协议）基础上协商一致的结果，但基于夫妻身份关系而签订的协议，因此，夫妻忠诚协议的主体是基于合法的夫妻婚姻关系。基于同居关系（未婚男女）、有配偶者与他人同居、重婚关系等的男女双方不是夫妻忠诚协议的合法主体，该协议自然不具有法律约束力。同时，夫妻忠诚协议之所以得以履行，是基于婚姻关系的存续，没有夫妻婚姻关系，也就没有夫妻忠诚协议的履行。因此，夫妻忠诚协议显然具有身份性。

3.《民法典》合同编排除了具有身份性的夫妻忠诚协议的适用。从《民法典》合同编第四百六十四条第二款"婚姻、收养、监护等有关身份的协议，适用有关该身份协议的法律规定；没有规定的，可以根据其性质参照适用本编规定"的规定来看，明确排除了基于夫妻身份关系而签订的忠诚协议适用《民法典》合同编。[①] 因此，夫妻忠诚协议不是合同债权发生的根据，虽以合同的合法形式存在，但不属于合同之债。所以，夫妻忠诚协议不属于《民法典》合同编的调整范围。当然，我国《民法典》仅规定了当事人对夫妻财产的约定，对婚姻忠诚协议没有规定，虽规定"夫妻之间应当相互忠实、相互尊重，相互关爱"，但这是倡导性规定，并不能作为确认忠诚协议效力合法的依据。因此，从《民法典》合同编角度来看，"不忠赔偿款"和"空床费"是无本之木、无源之水。[②]

综上，从整体社会效果考虑，人民法院对夫妻之间的忠诚协议纠纷以不受理为宜。[③]"夫妻是否忠诚属于情感道德领域的范畴，夫妻双方订立的忠诚协议应当自觉履行。夫妻一方起诉主张确认忠诚协议的效力或者以夫妻另一方违反忠诚协议为由主张其承担责任的，裁定不予受理，已经受理的，裁定

---

① 梁慧星教授认为，婚姻关系中的违约金条款，属于违反公序良俗原则中的危害家庭关系行为类型。梁慧星:《市场经济与公序良俗原则》，载《民商法论丛》（第一卷），第57页。

② 参见何志:《如何看待这份保证书的效力》，载《法制日报》2006年3月2日。

③ 最高人民法院民法典贯彻实施工作领导小组主编:《中华人民共和国民法典婚姻家庭编继承编理解与适用》，人民法院出版社2020年版，第39页。

驳回起诉。”[①]

四、夫妻忠诚协议是否为《民法典》所调整

（一）夫妻忠诚协议是否为《民法典》所调整的纷争

关于夫妻忠诚协议是否为《民法典》所调整，亦存在纷争：

赞成者，如上海市闵行区人民法院判令男方因违反忠诚协议而赔偿女方30万元的裁判评理认为，夫妻双方约定30万元违约责任的忠诚协议，实质上正是对婚姻法中抽象的夫妻忠实责任的具体化，完全符合婚姻法的原则和精神，不违反法律禁止性规定。[②]显然，该案的裁判意见是适用了原《婚姻法》第四条（现《民法典》第一千零四十三条）的规定。亦有学者认为，夫妻的忠实义务已被原《婚姻法》第四条（现《民法典》第一千零四十三条）“夫妻应当相互忠实”升华为夫妻间的法定义务。[③]

否定者认为，原《婚姻法》（现《民法典》）所规定的夫妻忠实义务不是法定义务，旨在提倡，不在强制，违背忠实义务的一般行为不属于离婚时过错精神损害赔偿的适用范围。[④]

（二）作者观点：夫妻忠诚协议不为《民法典》所调整

夫妻忠诚协议不为《民法典》所调整，是基于：

1. 依据夫妻忠诚协议提起诉讼，人民法院不予受理。根据《婚姻家庭编解释（一）》第四条“当事人仅以民法典第一千零四十三条为依据提起诉讼的，人民法院不予受理；已经受理的，裁定驳回起诉”和第八十七条第三款“在婚姻关系存续期间，当事人不起诉离婚而单独依据民法典第

---

① 江苏省高级人民法院2019年7月18日印发的《家事纠纷案件审理指南》第二十四条第二款。

② 徐寿松：《法律能干预婚外情吗——一起“夫妻不忠赔偿案”引发的思考》，载《人民法院报》2003年1月11日。

③ 王忠旭：《“忠诚协议”引发的法律思考》，载《南通师范学院学报》（哲学社会科学版）2004年第4期，第29页。

④ 参见张玉英等：《对“夫妻忠诚协议”的法律思考》，载《辽宁行政学院学报》2010年第1期，第23页。

一千零九十一条提起损害赔偿请求的，人民法院不予受理”之规定，不能判决一方支付另一方因违反夫妻忠诚协议而支付类似“不忠赔偿款”或者“空床费”的，只能裁定不予受理或驳回起诉。对此，上海市高级人民法院特别规定：（1）严格执行《婚姻法解释（一）》对当事人仅以原《婚姻法》第四条为依据提起诉讼的，人民法院不予受理；已经受理的，裁定驳回起诉；（2）对夫妻双方签有忠实协议，现一方仅以对方违反忠实协议为由，起诉要求对方履行协议或支付违约金及赔偿损失的，人民法院不予受理；（3）除原《婚姻法》第四十六条规定的情形外，夫妻一方在离婚案件中以对方违反忠实协议或违背忠实义务为由，要求对方支付违约金或损害赔偿的，审理该案的人民法院不予受理；（4）之前已审结并发生法律效力的相关案件不再调整。[①]

2. 夫妻相互忠实属于道德的调整范畴，并不是强制性的法定义务。《民法典》第一千零四十三条是倡导性条款，规定“夫妻应当互相忠实，互相尊重，互相关爱；家庭成员应当敬老爱幼，互相帮助，维护平等、和睦、文明的婚姻家庭关系”，这是以立法形式明确告知公众，我们提倡什么样的婚姻家庭关系，倡导性条款并非公民必须遵守的法定义务，不得依此条款单独提起诉讼。只有在夫妻双方违反夫妻忠实义务达到了重婚、有配偶者与他人同居的程度时，才能依据《民法典》第一千零九十一条，“有下列情形之一，导致离婚的，无过错方有权请求损害赔偿：（一）重婚；（二）与他人同居；（三）实施家庭暴力；（四）虐待、遗弃家庭成员；（五）有其他重大过错”的规定，无过错方有权向过错方请求损害赔偿，包括物质损害赔偿和精神损害赔偿。

重婚，是指有配偶而与他人再结婚的行为或者虽无配偶但明知他人有配偶而与之结婚的行为。在这里，重婚显然是指有配偶而与他人再结婚。1994 年，最高人民法院在对重婚罪的司法解释中规定，有配偶的人与他人

① 参见《上海高院民一庭民事法律适用问答选登（二）》。问题 3：夫妻在婚前或婚后所签订的一方应当对另一方忠实，不得有婚外情，如有违反，违反的一方应当支付违约金或赔偿损失的约定，是否具有可诉性，法院应否支持当事人的诉请？答：《婚姻法》第四条所规定的忠实义务，是一种道德义务，而不是法律义务，夫妻一方以此道德义务作为对价与另一方进行交换而订立的协议，不能理解为确定具体民事权利义务的协议。

以夫妻名义同居生活的，或明知他人有配偶而与之以夫妻名义同居生活的，仍应按重婚罪定罪处罚，明确了那些虽未履行法定结婚手续，但有配偶的人与他人以夫妻名义共同生活[①]或者明知他人有配偶而与之以夫妻名义共同生活的，仍应视为重婚。重婚是被法律严格禁止的违法行为。对于重婚的，不仅要确认重婚者的第二个“婚姻”无效，解除其重婚关系，还应追究重婚者的刑事责任。

有配偶者与他人同居，根据《婚姻家庭编解释（一）》第二条的规定，是指有配偶者与婚外异性，不以夫妻名义，持续、稳定地共同居住。其构成要件包括：一是在主体上必须是有配偶者与婚外异性之间的同居，这是与未婚同居的主要区别；二是名分上不以夫妻名义，这是与事实重婚的主要界限；三是持续、稳定地共同居住，这是与通奸、一夜情等行为的主要区分。有配偶者与他人同居，违背了夫妻间的忠实义务，破坏了家庭生活的安宁，是对一夫一妻制的破坏，因此法律明文加以禁止。其法律后果主要是构成离婚的法定理由。离婚时，无过错方有权请求损害赔偿。

综上，夫妻违反忠诚协议，夫妻一方与第三人发生婚外恋等行为，显然没有达到重婚、有配偶者与他人同居的程度，立法给夫妻私人生活留下了空间。当然，夫妻一方的婚外恋等行为，不为《民法典》所提倡，也不为其所禁止。夫妻不忠行为是不道德的，应当由婚姻道德来调整，不为《民法典》来调整。也即让道德的回归道德。

五、夫妻忠诚协议是否为《民法典》侵权责任编所调整

（一）夫妻忠诚协议是否为《民法典》侵权责任编所调整的纷争

夫妻一方因违反忠诚协议而给另一方造成损害，应当属于离婚精神损害赔偿范畴。关于离婚损害赔偿的法律性质，学术界主要有两种意见：一种是违约责任说，另一种是侵权责任说。违约责任说是建立在“婚姻契约说”的基础上的，认为婚姻是男女双方以共同生活为目的而依法结成的以人身

---

① “以夫妻名义同居生活”，是指在一定的长时间里公开的以夫妻名义共同生活，包括公然“纳妾”的行为。

和财产权利义务为内容的一种民事契约。[①] 基于该契约夫妻双方产生了忠实义务、相互扶助义务，违反这些义务的一方须承担违约责任，对其违约行为所造成的另一方的损失应进行赔偿。而侵权责任说则是建立在“婚姻制度说”和“配偶权”的基础上的，认为婚姻是一种同人类的生存环境有内在结构性关系的制度[②]，是一种维系社会伦理功能的社会制度，婚姻关系中的当事人基于其配偶的身份享有配偶权，婚姻一方的过错行为不仅侵犯了社会制度，也侵犯了另一方的配偶权，因此其行为属于侵权行为，应当对被侵害方进行赔偿。

（二）违反夫妻忠诚协议应当纳入《民法典》侵权责任编调整

从婚姻本质和立法状况来分析，将违反夫妻忠诚协议归于侵权责任，适用《民法典》侵权责任编更为妥当。其理由有：

1. 夫妻不忠，应当属于侵害配偶权。[③] 一是从婚姻本质来看，“婚姻契约说”在我国缺少传统观念基础，很难为大众所接受，而“婚姻制度说”则与我国长期以来的状况相符，且由于婚姻形式要件和程序要件的法定性，“婚姻契约说”本身的合理性就值得商榷。另外，虽然在我国的法律中还未明确出现“配偶权”的字眼，但《民法典》的几项基本原则都已经体现了配偶权的内容，将离婚损害赔偿视为侵犯配偶权的侵权行为，与立法存在统一性。同时，《民法典》总则编第一百一十二条规定：“自然人因婚姻家庭关系等产生的人身权利受法律保护。”一般认为，该条规定的内容包括了以婚姻关系为基础的配偶权。二是从我国相关法律条文来看，离婚损害赔偿包括了物质损害赔偿和精神损害赔偿，而精神损害赔偿一般不属于违约责任的范围，而属于侵权责任的范围。因此，“空床费”“不忠赔偿款”不能

---

① 李绍章：《从两则案例看离婚损害赔偿制度》，载法律帝国网，http://www.fl365.com，2021年3月2日登录。

② 苏力：《酷（cool）一点》，载《读书》1999年第1期。

③ 关于配偶权的有关问题，请读者详见何志：《婚姻法判解研究与适用》，人民法院出版社2004年版，第310—324页。从配偶权是身份权，具有平等性、绝对性和支配性等特性来考虑，配偶权，是指基于合法婚姻关系而在夫妻双方之间发生的、由夫妻双方平等专属享有的要求对方陪伴生活、钟爱、帮助的基本身份权利。

以合同的形式加以约定。[①]

2. 他山之石，可资借鉴。为了维护婚姻家庭的稳定和保证夫妻忠实义务的履行，不少国家的立法规定了夫妻相互忠实义务，如《法国民法典》第二百一十二条明确规定："夫妻双方应相互忠诚、相互帮助与救助。"《瑞士民法典》第一百五十九条明确规定了"配偶双方互负诚实及扶助的义务"。《德国民法典》第一千三百五十三条也有类似的规定："婚姻双方相互间有义务过共同的婚姻生活；婚姻双方互相向对方负责。"在我国，《民法典》亦有明确规定，第一千零四十三条规定了夫妻应当互相忠实，互相尊重。第一千零九十一条规定了重婚的、有配偶者与他人同居的导致离婚的，无过错方有权请求损害赔偿。

3. 将夫妻不忠纳入《民法典》侵权责任编调整。不过，我国《民法典》上的离婚损害赔偿，是夫妻一方因法定的严重过错行为而导致离婚，并对无过错方造成精神或物质损害的，无过错方有权请求损害赔偿。我国《民法典》确定的离婚损害赔偿，实际上是夫妻一方的行为是构成离婚原因之一的侵权行为时，另一方才可请求因侵权行为而产生的损害赔偿，如果离婚原因不是法定的侵权行为，则另一方不得请求离婚损害赔偿。离婚损害赔偿制度将离婚与离婚原因相分离，以离婚损害赔偿来惩罚构成离婚原因的侵权行为，令过错配偶为自己的侵权行为付出代价。因此，作为一种离婚救济措施，离婚损害赔偿制度具有填补损害、精神抚慰、制裁和预防违法行为的功能。

把违反夫妻忠诚协议纳入《民法典》侵权责任编调整范围，排除当事人对因违反忠诚义务而进行损害赔偿的合同设定，依据损害后果、赔偿能力等因素进行综合判断，确定合理的赔偿数额，才是理性的做法，才让理性代替了感性。一言而蔽之，让法律的回归法律。

六、夫妻忠诚协议在司法实践中的适用

夫妻一方违反夫妻忠诚协议，另一方如何寻求法律保护？这是每一个人所关心的问题。

---

① 参见何志：《如何看待这份保证书的效力》，载《法制日报》2006年3月2日。

（一）明确违反夫妻忠诚协议的请求权基础

违反夫妻忠诚协议的请求权基础是什么？即“谁得向谁，依据何种法律规范，主张何种权利”。此种可供支持一方当事人得向他方当事人有所主张的法律规范，即为请求权基础。[①] 请求权基础的寻找，是处理夫妻忠诚协议的核心问题。从前述分析可以得出的结论是，夫妻忠诚协议没有法律约束力，违反了夫妻忠诚协议该如何处理？正如有学者所言，我国有关夫妻忠实义务的法律规制尚不完善，如配偶权在立法中并未明确，婚内侵害配偶权的法律保护不够；法律对夫妻同居义务及忠实义务均未上升为法定义务；一方违背忠实义务的离婚损害赔偿仅限于重婚、有配偶者与其他异性同居的情形，不包括其他不忠情形；即使是严重违背忠实义务的行为，也只能在离婚诉讼中要求赔偿。[②] 由于夫妻忠诚协议不为合同法、婚姻法所调整，故应当纳入侵权责任法中调整。究其损害，应当包括物质损害和精神损害。为此，建议最高人民法院明确《民法典》侵权责任编第一千一百八十三条第一款“侵害自然人人身权益造成严重精神损害的，被侵权人有权请求精神损害赔偿”的规定为违反夫妻忠诚协议而要求精神损害赔偿的法律规范，即请求权基础问题。当然，该项请求应当以离婚为前提，或者以夫妻财产分别所有为前提。如果夫妻财产为共同所有，其请求精神损害赔偿就没有实际意义。其实，在最高人民法院没有明确规定有关司法解释之前，《民法典》第一千零九十一条“有其他重大过错”的规定，亦可以作为违反夫妻忠诚协议的请求权基础。

（二）《民法典》第一千零九十一条“有其他重大过错”的扩张适用

离婚损害赔偿制度的确立，让无过错配偶一方在离婚时得到物质上的补偿，充分体现了立法对受害一方的关注和保护。舆论虽一片叫好，但司法实践却“束置高阁”，亟须完善：

---

① 王泽鉴：《民法思维：请求权基础理论体系》，北京大学出版社2009年版，第41页。

② 李恩树：《专家称夫妻间可签“忠诚协议”，追究过错方责任》，载《法治周末》2010年11月10日。

离婚损害赔偿的法定情形“有其他重大过错”应当包括“夫妻不忠”的情形。离婚损害赔偿的立法目的是制裁重大的侵害婚姻关系的行为并对受害方进行补偿，而对于一般的过错行为则将之付诸道德调整，法律不予干预。但重大的侵害行为远不止《婚姻法》第四十六条列举的四种情形，《民法典》第一千零九十一条就规定了“有其他重大过错”的兜底条款。比如，一是通奸生子。配偶一方与他人偶然通奸并生子，并由于该孩子的存在而引起家庭的不宁、夫妻感情的不和、财产的损失，在此情况下另一方配偶所遭受的精神痛苦往往可能比同居的情形更甚，其遭受的财产损失也可能更大，特别是在配偶一方将另一方与他人通奸所生之子当作亲生孩子抚养多年的情形下，受害的一方其财产损失如何得到赔偿，其精神损失如何得到弥补？二是习惯性多次与多人通奸行为，如长期嫖娼行为。虽然每一次都是偶然行为，算不上重婚或同居，但在这样的情形下，另一方也会遭受长期巨大的精神痛苦，当另一方因此而产生精神疾病的临床症状或因此感染性传播疾病时，我们能不认为那是一种严重侵犯配偶的行为吗？三是配偶一方长期与同性保持婚外同居关系，难道另一方配偶不会因此而受到严重的损害吗？因此，司法实践中可以适用《民法典》第一千零九十一条“有其他重大过错”。这样，赋予法官一定的自由裁量权，便于对个案的正确处理，更好地保护离婚无过错一方的合法权益。

（三）忠诚协议适用中的注意事项

忠诚协议涉及夫妻身份关系，因此不能按《民法典》合同编进行规制和调整，因为《民法典》合同编调整的是因合同产生的民事关系，《民法典》婚姻家庭编才是调整身份关系的专门法。《民法典》第一千零四十三条第二款规定：“夫妻应当互相忠实，互相尊重，互相关爱……”该条规定具有一定的倡导意义，并非强制性法定义务。因此，不能一概认定其效力，而应当根据具体情况进行效力认定和裁判。

1. 从时间上看，夫妻忠诚协议可能订立于婚姻关系成立之前，也可能订立于婚姻关系成立之后。如果是婚前订立的忠诚协议，其应当以婚姻关系的缔结为生效时间，也就是说，只有到结婚以后才能发生效力；如果没有结婚，即使一方出现了有违忠诚协议的行为，夫妻忠诚协议也不产生法律效力。

2. 从主体上看，夫妻忠诚协议的主体只能限于夫妻，不得扩大解释或扩大适用。如婚前同居的男女、恋人之间就不适用，因为上述群体之间是否忠诚于对方只受道德规范调整，不属于法律的调整范围。

此外，根据忠诚协议被要求赔偿的对象只是有过错的夫妻一方，也就是说，没有过错的夫妻一方不能向婚姻关系以外的其他人提出忠诚协议赔偿要求，如不得向婚姻“第三者”、提供住宿开房服务的宾馆、过错方配偶的其他家庭成员要求承担赔偿责任。

3. 从协议涉及的内容来看，夫妻忠诚协议大多数都规定：若一方出现对另一方的不忠行为，将向对方给付一定数额的金钱作为赔偿；或在离婚时，过错方不分或者少分共同财产。该种约定主要涉及财产，应当承认其效力，在诉讼中法官可以作为裁判酌定离婚损害赔偿的依据。但是如果忠诚协议的内容涉及对配偶一方的人身自由限制或侵害，则该项内容无效，不能予以支持。比如，夫妻在忠诚协议中约定，丈夫每周必须跟妻子过三次性生活，否则要承担不忠诚的后果。又如，忠诚协议约定，夫或妻一方不得与配偶以外的异性进行任何接触和交往。这一规定显然侵害了一方的人身自由和权利，是无效的约定。

4. 夫妻忠诚协议约定的赔偿数额不能过高。夫妻双方可以通过忠诚协议预先约定违反协议的赔偿数额，如双方约定如果因一方有外遇（婚外性行为）而导致婚姻破裂，有外遇的一方要给付对方一定的经济赔偿；或如果一方夜不归宿，就应该按时间实际支付对方一定的“空床费”，但是约定的违约金额要受到一定的限制，不宜漫天要价而显失公平。如果履行忠诚协议明显对违反协议的一方不公平，甚至使其陷入困苦的境地，此时，法院应当进行裁量，适当降低赔偿的数额。

5. 只有在离婚时，法院才有对夫妻忠诚协议的内容斟酌适用的空间。如果夫妻关系存续期间，一方单独依据忠诚协议要求法院判令对方承担赔偿责任，法院一般不予支持。

6. 无论是否承认夫妻忠诚协议的效力，如果当事人已经依据忠诚协议履行了赔偿义务，事后一方反悔的，人民法院原则上不予支持。这正是“没有法律约束力”的体现。

第二章

结婚

本章概要

《民法典》婚姻家庭编第二章“结婚”对结婚自愿、法定结婚年龄、禁止结婚的情形、结婚程序、男女结婚后组成家庭、无效婚姻、因胁迫的可撤销婚姻、因隐瞒重大疾病的可撤销婚姻、无效或者被撤销婚姻法律后果等作了规定。

本章“结婚”制度在原《婚姻法》基础上作了完善：一是将受胁迫一方请求撤销婚姻的期间起算点由“自结婚登记之日起”修改为“自胁迫行为终止之日起”；二是不再将“患有医学上认为不应当结婚的疾病”作为禁止结婚的情形，并相应增加规定一方隐瞒重大疾病的，另一方可以向人民法院请求撤销婚姻；三是增加规定婚姻无效或者被撤销的，无过错方有权请求损害赔偿。

第一节　结婚制度

一、问题的提出

结婚，是一种确立夫妻关系的重要的民事法律行为，是夫妻关系和家庭关系的开始。结婚不仅产生夫妻之间的权利和义务，关系到夫妻二人的利益，还涉及生儿育女，产生对社会的责任，关系到民族的健康和社会的发展。因此，婚姻是男女双方以永久共同生活为目的，以夫妻的权利义务为内容的结婚。①

在研究结婚制度之前，先看两则案例：

案例 11：不符合结婚实质要件的关系不受法律保护②

一审法院认为：婚姻关系效力的判断，应当以当事人双方缔结婚姻关系的存在为前提。本案中，徐某与胡某虽以夫妻名义同居生活，但双方系表兄妹关系，属三代以内旁系血亲，是婚姻法规定禁止结婚的亲属关系，双方并不符合结婚的实质要件，未能形成事实婚姻关系，且双方并未办理结婚登记手续，故双方并未缔结婚姻关系。双方不存在婚姻关系，徐某起诉申请宣告婚姻关系无效不符合起诉条件，应依法不予受理，已经受理的依法应予驳回。

原告徐某不服一审裁定，提起上诉。二审法院裁定：驳回上诉，维持原裁定。

案例 12：在校大学生能否结婚？

某高校学生竹马和青梅系同班同学，他们自大学二年级开始恋爱，经济合在一起，吃用不分你我。三年级下半学期，竹马和青梅被分在同一城市实

---

① 黄薇主编：《中华人民共和国民法典婚姻家庭编释义》，法律出版社 2020 年版，第 26 页。

② 详见浙江省金华市中级人民法院（2020）浙 07 民终 5322 号民事裁定书。

习。其间，二人私自租用民房同居生活，青梅两次怀孕流产。2021年春节，随竹马回家过寒假返校的青梅，发现自己第三次怀孕，竹马陪青梅去医院请求人工流产。医生诊断：青梅因前两次人流后缺乏必要休息和营养，体质太差，不宜再行手术，否则，有可能终生不孕。无奈之下，二人找到学院领导，表示要结婚，但受到领导的严厉批评，并在全院大会上被点名批评。竹马和青梅不服，以双方均已达到法定婚龄（竹马23岁、青梅21岁）为由，请求校长因结婚让青梅保留学籍一年。学校经研究认为，如果竹马、青梅认识到自己行为错误，认真吸取教训，保证不重犯，可以继续留校学习；如果双方坚持结婚，则将劝其退学。因青梅坚持要生下腹中的孩子，故学校正式决定：开除竹马的学籍，青梅退学回原籍，两人回到各自原籍后，一起来到竹马户口所在地婚姻登记机关申请结婚，登记机关审查后认为两人均符合结婚条件，准予办理结婚登记。

在上述案例中，涉及结婚制度中的原则性问题。试问：结婚的法律意义如何？结婚的要件有哪些？结婚制度经过了哪些变革？

二、结婚的法律意义

结婚，又称为婚姻的成立，是指男女双方按照法律规定的条件和程序，确立夫妻关系的一种民事法律行为。结婚的概念，有广义与狭义之分。广义的结婚，包括婚约的订立和夫妻关系的确立两个方面。狭义的结婚，仅指夫妻关系的确立，不包括订婚。从结婚制度的发展来看，我国对结婚的概念，古代法采取广义说，近代和现代法采取狭义说。世界上绝大多数国家都将结婚作狭义上的规定，订婚已不是结婚的必经程序。

合法婚姻的成立，具有如下法律特征：

1. 结婚行为的主体须是异性男女。婚姻关系的产生，是以男女两性的生理差别为前提的，人类性的本能和自身的繁衍是婚姻的自然属性，这是婚姻区别于其他社会关系最重要的特征。如果没有两性间的这种自然条件，婚姻则无从产生，也无存在之必要。

2. 结婚行为是民事法律行为。当事人必须遵守法律的规定，包括法律规定的结婚条件和结婚程序两个方面。与一般的民事法律行为不同，法律对结婚行为的条件和程序作了特别的规定，婚姻必须依法成立，否则不具有婚姻的法律后果。

3. 结婚行为的后果是确立夫妻关系。男女双方因结婚形成了互为配偶的夫妻身份，开始相互享有法定的权利和承担法定的义务。夫妻身份关系确立后，未经法定程序，双方不得任意解除。正如有学者所言，婚姻的全部法律效力，都以结婚的成立为前提，体现了婚姻制度本质属性的合法性。①

三、结婚的要件

结婚作为一种民事法律行为，必须具备法定的要件，才具有合法婚姻的法律效力。结婚要件可分为以下两类：

（一）根据法律规定的结婚要件不同分为结婚的实质要件和形式要件

1. 结婚的实质要件。即指结婚当事人本身以及双方之间的关系必须符合结婚的法定条件。它包括结婚的必备条件和禁止条件两种：结婚的必备条件，又称积极要件，是指结婚双方当事人必须全部具备的缺一不可的条件。根据《民法典》的有关规定，结婚必备条件有三：一是必须符合一夫一妻制；二是必须男女双方完全自愿；三是必须达到法定婚龄。结婚的禁止条件，又称消极要件、排除要件或婚姻成立的障碍，是指有法律规定禁止行为之一的不允许结婚的事项。根据《民法典》第一千零四十八条的规定，直系血亲或者三代以内的旁系血亲禁止结婚。

必须指出的是，结婚的必备条件和禁止条件的区分并非绝对，而是相对的。例如，可以将必须符合一夫一妻制作为必备条件，也可将重婚作为禁止条件。法律规定的角度虽然不同，实质内容则是完全一致的。婚姻当事人双方只有具备结婚的实质条件，即完全具备结婚的必备条件，不存在结婚的禁止条件，才符合结婚的实质要件。

2. 结婚的形式要件。即指婚姻成立的法定程序或方式，它是婚姻取得社会承认的方式。从立法原则上看，婚姻成立的方式有事实婚主义与要式

---

① 参见黄薇主编：《中华人民共和国民法典婚姻家庭编释义》，法律出版社2020年版，第27页。

婚主义之别。事实婚主义，是指当事人双方有结婚的意思，并有以夫妻名义共同生活的事实，无须履行任何手续，即有合法婚姻的效力。要式婚主义，是指当事人须履行法定的结婚程序或方式，才能成立合法的婚姻，否则当事人虽有以夫妻名义共同生活的事实，仍不受法律的承认和保护。事实婚主义，重事实轻形式，虽有其合乎情理的一面，但婚姻既为社会公认的正当的男女两性结合关系，为维护婚姻当事人及其子女、家庭的合法权益，并维护社会利益，必须采取一定的方式，公示夫妻关系的成立，故现代社会大多数国家立法均采要式婚主义，亦即对婚姻的成立采国家监督主义，要求结婚当事人履行法定的结婚方式，婚姻才能合法成立。在不同时代，不同国家法律确认的结婚方式有所不同，大体可分为仪式制、登记制和登记与仪式结合制三种类型。

（1）仪式制。即指结婚须举行一定的仪式，婚姻才能有效成立的制度。仪式制包括三种形式：一是世俗仪式。即指结婚须由父母或者家长主持，在亲友面前举行婚礼，并有证人参加，婚姻才能有效成立。例如，我国古代实行聘娶仪式婚。二是宗教仪式。即指结婚须经过由神职人员主持举行的结婚仪式，婚姻才能有效成立。例如，欧洲中世纪实行的宗教仪式婚。三是法律仪式。即指结婚须经过由政府官员主持举行的结婚仪式，婚姻才能有效成立。例如，罗马尼亚家庭法中就有此规定。

（2）登记制。即指结婚须履行法定的登记手续，婚姻才能有效成立的制度。凡未进行结婚登记，即使举行了一定的结婚仪式，婚姻也不能有效成立。根据《民法典》第一千零四十九条的规定，合法婚姻成立的唯一形式是完成结婚登记，即确立婚姻关系。在我国农村的不少地方，结婚仅举行了婚礼，而未办理结婚登记，《民法典》婚姻家庭编不承认其是合法婚姻，只承认是同居关系。

（3）登记与仪式结合制。即指结婚既须履行法定的登记手续，又须履行法定的仪式，婚姻才能合法有效成立的制度。如只履行其中一种程序，婚姻不能有效成立。如《美国统一结婚离婚法》规定采取登记与仪式结合制，结婚当事人可自愿选择采取宗教仪式、法律仪式及世俗仪式等作为其结婚仪式，但必须依法填写结婚申请书，经双方签字后交给结婚批准办事人员，且结婚当事人一方至少要亲自会见结婚批准办事主管人员并交纳结婚手续费，办事主管人员对符合结婚法定条件的予以登记，签发结婚批准书和结婚证书；或在举行结婚仪式后，由婚礼主持人或结婚者双方之一填写结婚证明书，然后交给结婚批准办事人员登记备案。

结婚当事人双方符合结婚的实质要件，不仅是其结合受国家法律承认和保护的前提，而且又具备结婚的形式要件即履行了法定的结婚方式，才能成立合法婚姻。在我国婚姻法学中，通常将婚姻成立的实质要件称为结婚条件，将婚姻成立的形式要件称为结婚程序。

（二）根据结婚条件所涉及的利益不同分为公益要件与私益要件

1. 公益要件。即指法律规定的结婚必须符合社会公共利益的有关要件。如结婚双方必须达到法定婚龄、禁止近亲结婚、禁止重婚，必须符合法律规定的结婚程序等，这些要件不仅与男女双方当事人的利益相关，而且与整个社会利益相关。

2. 私益要件。即指法律规定的结婚必须具备的主要涉及当事人及其近亲属利益的要件。如当事人必须具有结婚的行为能力，即达到法定婚龄并能以自己的行为承担婚姻的法律后果的资格。同时，同一结婚的意思表示必须真实，这是由于结婚是创设夫妻关系的身份行为，只有当事人真正愿意缔结婚姻才具有实际意义。①

四、对案例 11、案例 12 的简要评析

在案例 11 中，当事人请求确认婚姻无效的前提应是存在婚姻关系。根据法律规定，未依法办理结婚登记而以夫妻名义共同生活的男女，在 1994 年 2 月 1 日民政部《婚姻登记管理条例》公布实施以前，男女双方已经符合实质条件的按事实婚姻处理。本案中，虽然根据徐某陈述其与胡某未经结婚登记即以夫妻名义共同生活，但因双方系表兄妹关系，属于婚姻法规定禁止结婚的情形，故双方并不符合结婚的实质条件，不属于法律规定的事实婚姻关系。因此，原审认定徐某与胡某不存在婚姻关系，徐某起诉要求宣告婚姻关系无效不符合起诉条件，于法有效。徐某上诉认为其与胡某已形成事实婚

---

① 参见薛宁兰、谢鸿飞主编：《民法典评注：婚姻家庭编》，中国法制出版社 2020 年版，第 56—57 页。

姻关系与法律规定不符，其上诉理由不能成立，法院不予支持。

案例 12 主要涉及下列法律问题：一是竹马和青梅是否达到法定婚龄的问题。我国《民法典》第一千零四十七条规定，结婚年龄，男不得早于 22 周岁，女不得早于 20 周岁。从本案来看，竹马 23 周岁，青梅 21 周岁，均达到了法定婚龄。二是竹马和青梅能否结婚的问题。从 2003 年 10 月 1 日起实施的《婚姻登记条例》来看，客观上是允许在校大学生结婚的。然而，在校大学生结婚面临住房、怀孕等一系列难以解决的问题。在本案中，青梅已是第三次怀孕，又不想做人工流产，而学校又不准其停学，面临人生命运的抉择。在鱼和熊掌不可兼得的情况下，青梅选择了要孩子。因此，笔者认为，在校大学生是可以结婚的，因为结婚是个人行为，至于是否要孩子也完全是自己做主的问题。同时，学校对竹马和青梅的处理是不当的，竹马结婚符合法律规定，何错之有？给予处分明显不当。青梅因生产而不宜在校学习，可以根据实际情况休学，待身体状况可以回校学习时申请回校学习。因此，学校应当为学生的前途充分考虑，给予其更多的人文关怀。

第二节　婚约彩礼与非婚同居

一、问题的提出

恋爱、婚约、非婚同居，均是结婚制度中的重要法律问题，但《民法典》婚姻家庭编又未作规定，而实务中问题颇多，请看下列两则案例。

案例 13：非婚同居，能否索赔“青春损失费”？

2020 年的金秋十月，一个偶然的机会，小王和小张一见钟情，并坠入爱河。转眼四个月过去了，小张觉得身体有些不适，经过医院妇科检查，发现小张怀孕了。小张向男朋友小王告知后，小王便让小张做人工流产。可 2021 年春节过后，小张又怀孕了。此时已是第二次怀孕，医生告知小张不要再做人工流产了，否则，有可能终身不孕，但小王坚持让小张做人工流产，无奈之下，小张又做了人工流产。

不久，小王到南方打工，又结识了新朋友平平，便产生了喜新厌旧的念头，开始疏远小张，随后向小张提出分手。小张坚决不同意，并要求与小王结婚，但小王死不回头。两人分手后不久，小张便向人民法院提起诉讼，请求判令解除同居关系，并判令小王支付“青春损失费”10万元。人民法院能否受理此案？“青春损失费”有无法律依据？

案例14：“闪婚闪离”的彩礼如何处理？[①]

被告王某2系王某1之父。原告赵某与被告王某1经人介绍认识，2020年农历十一月十九，原、被告双方举行订婚仪式，订婚时被告及其父亲收受原告方彩礼款88000元及价值16900元的“三金”（金项链一个、金耳环一对、金钻戒一个），后原告方又交付被告方看好钱21600元、上车礼钱6600元。2021年正月初八，原告赵某与被告王某1举行结婚仪式并同居生活，但未办理结婚登记手续。原告称赵某与王某1共同生活时间为五天，被告则称共同生活时间不对，但双方均未提供其他证据进行佐证。后原、被告在同居期间发生矛盾，引起纠纷，被告方未退还原告方财礼，原告具状诉至法院。

法院认为，原告赵某与被告王某1虽举行了婚礼并已同居生活，但未进行婚姻登记，其婚姻关系不受法律保护。对于原告按农村风俗给付被告的彩礼116200元（含订婚彩礼款88000元、看好钱21600元、上车礼钱6600元），因王某1与赵某已同居并共同生活，结合农村风俗习惯、产生纠纷的原因，双方过错程度等因素，被告方应予适当退还原告81340元为宜。对于价值16900元的“三金”，被告方理应退还原告。遂判决：被告王某1、王某2于判决生效后三日内退还原告赵某彩礼款81340元及订婚时的价值16900元的“三金”（金项链一个、金耳环一对、金钻戒一个）。

上述案例涉及现实生活中缔结婚姻关系的常见问题。试问：何谓恋爱、婚约？我国《民法典》婚姻家庭编对婚约的态度如何？婚约财产（彩礼）纠纷如何处理？非婚同居是否违法？

---

① 详见河南省周口市淮阳区人民法院（2021）豫1603民初1437号民事判决书。

二、恋爱自由与婚约无法律拘束力

恋爱，是指男女互相倾慕、建立两性感情的行动表现。恋爱的最初阶段，是婚约订立的过程，在以夫妻感情为基础的婚姻中，是结婚的必经程序，且尽可能地在结婚前，即先恋爱，后结婚。恋爱的成熟阶段，是婚约的形式之一。当然，并不排除先结婚，后恋爱。

婚约，是指男女双方以将来结婚为目的所作的事先约定，是男女双方在结婚前对婚姻的合意行为。订立婚约的行为，称为订婚或定婚。婚约成立后，订婚的当事人双方互称为“未婚夫”或“未婚妻”。

关于婚约的性质，学界存在较大的分歧。有学者主张契约说，认为婚约除民法有特别规定或依其性质应予变通外，适用契约一般原则，尤其关于双务契约之规定，只是相互缔约婚姻之义务，不得请求强迫履行，结婚与否，为当事人之自由。[①] 有学者认为，由于婚约关系本身未列入法律调整的范围，现实生活中的婚约，在性质上只是无配偶的男女之间达成的具有道德约束力的协议。[②] 笔者认为，现代民法认为婚约都不具有法律约束力。因此，婚约在性质上不是民事法律行为，而只是民事事实行为。在结婚前，男女双方为保证婚姻的缔结，可以事先达成一个协议。协议的目的是明确的，即双方承诺接受将来的婚姻。婚约成立后，双方当事人负有按约定缔结婚姻的义务，但是，这并不意味着当事人将来必须结婚。由于婚约具有身份上的意义，故它与民法中的财产契约不同，法律不能强制当事人履行婚约。婚约当事人任何一方如不履行婚约，另一方不得请求法院强制其履行。附加在婚约上的任何违约条款，也都不具有法律上的效力。这是因为，婚姻自由是法定原则。

婚约虽不具有法律效力，没有法律强制执行力，但不为法律所禁止。其一般具有下列特征：

1. 婚约必须由当事人双方亲自订立且意思表示真实。婚约是将来双方接受婚姻的承诺，因此，必须以双方合意为条件，任何由包括父母在内的第三

---

① 参见史尚宽:《亲属法论》，中国政法大学出版社 2000 年版，第 114 页。

② 参见杨大文主编:《亲属法》，法律出版社 1997 年版，第 77 页。

人代订的婚约都是无效的；因欺诈、胁迫而订立的意思表示不真实的婚约，也是无效的。订立婚约时，双方应有完全的民事行为能力，无民事行为能力人、限制民事行为能力人订立的婚约无效。

2. 婚约当事人双方不得有法定的婚姻障碍。订立婚约是以结婚为目的的，因而，订立婚约不得违反法律对婚姻的禁止性规定，法律规定的禁婚亲属之间不得订立婚约；一方或双方已有配偶的人不得订立婚约。但由于婚约本身并不是婚姻，因此，订婚后又与他人结婚或重复订婚者均不构成法律上的重婚。

3. 婚约不是结婚的必经程序。法律不要求必须缔结婚约，当事人在结婚前可以先行订立婚约，也可以直接结婚。婚约不是结婚的法定要件，是否订婚由当事人自行决定，法律不予干预。

4. 婚约为非要式行为。法律没有规定婚约的形式，当事人可以采取各种方式订婚，凡口头、书面、仪式、交换信物等当事人认可的任何形式，都可视为婚约成立。

三、解除婚约不可诉，但涉及彩礼可诉讼

我国 1950 年和 1980 年两部《婚姻法》对婚约均未作规定，2001 年修正后的《婚姻法》也未对婚约问题作出规定，《民法典》婚姻家庭编对此亦没有回应。但司法实践中又不能回避该问题。应当根据有关司法解释及政策、法律的精神，来处理有关婚约的问题。

1. 关于婚约的效力。一是订婚不是结婚的必经程序。我国法律对婚约既不提倡，也不禁止，订婚不是结婚的必经程序。是否订婚，由当事人自便，不过，在我国不少地区都有订婚的习俗。我国法律不把订婚作为结婚的必经程序，是为了保障婚姻自由。二是婚约无法律约束力。婚约不是法律调整的对象，婚约无法律约束力，不受法律保护。只有双方完全自愿，婚约才能实际履行。如一方不愿履行婚约，另一方不得请求强制履行。当一方要求解除婚约时，应当告知对方，但无须征得对方同意，也无须履行任何法律手续。

2. 解除婚约能否诉讼。虽然法律没有关于婚约的规定，但是，在现实生活中，由于受传统习惯的影响，民间的订婚现象还是相当普遍。婚约解除时，常常引发各种纠纷，因此，对婚约引发的有关问题要妥善解决，以保证社会的稳定。如彩礼（俗称聘金）问题引发的纠纷，人民法院应当予以受理。

需要明确的是，解除婚约无须经过诉讼程序。婚约经双方同意即可自行解除；一方要求解除的，只需向对方作出意思表示即可解除，无须征得对方的同意。

四、婚约彩礼纠纷案件的司法处理原则

虽我国《民法典》婚姻家庭编的规定以婚姻自由、双方自愿为原则，以双方感情为基础。但是，彩礼在我国现阶段不少地区还是普遍存在的社会现象。关于彩礼发生纠纷应当如何处理，《民法典》婚姻家庭编未作出规定，而《婚姻家庭编解释（一）》第五条作出了规定，即“当事人请求返还按照习俗给付的彩礼的，如果查明属于以下情形，人民法院应当予以支持：（一）双方未办理结婚登记手续；（二）双方办理结婚登记手续但确未共同生活；（三）婚前给付并导致给付人生活困难。适用前款第二项、第三项的规定，应当以双方离婚为条件”。[①] 正是由于婚约彩礼纠纷的裁判不一，笔者曾多次撰文阐述该问题应当如何正确处理。[②] 虽然我国法律对婚约既不禁止也不保护，但因解除婚约引起的财物纠纷，属于平等主体之间的财产争议，有明确的原、被告，又有明确的诉讼请求，法院应当予以受理。《婚姻家庭编解释（一）》第五条从解决实际问题入手，对彩礼应否返还问题作了较为明确的规定。在处理彩礼纠纷案件时应当遵循下列原则：[③]

---

① 该条规定源自《婚姻法解释（二）》第十条的规定。

② 笔者曾撰写《彩礼返还应具备的条件》，载《人民法院报》2008 年 8 月 7 日；撰写《婚约彩礼纠纷的司法处理》，载《人民法院报》2014 年 5 月 1 日第 6 版。笔者拙著《婚姻法判解研究与适用》（人民法院出版社 2004 年版）、《婚姻案件审理要点精释》（人民法院出版社 2013 年版）均对该问题作了深入地阐释，读者可详细查阅。

③ 江苏省高级人民法院 2019 年 7 月 18 日发布的《家事纠纷案件审理指南》第八条规定：双方未办理结婚登记手续，但已共同生活，彩礼应否返还？双方已办理结婚登记手续，但共同生活时间较短，离婚时彩礼应否返还？《婚姻法解释二》第十条第一款第一项规定的“双方未办理结婚登记手续的”并非针对双方已共同生活的情形。如果双方未办理结婚登记手续，但已共同生活，当事人主张返还彩礼的，可以根据未办理结婚登记手续的原因、双方共同生活的时间、彩礼的数额、有无生育子女、财产使用情况、双方经济状况等酌定是否返还以及返还的数额。双方已办理结婚登记手续，但共同生活时间较短，离婚时当事人主张返还彩礼的，可以根据离婚的过错、双方共同生活的时间、彩礼的数额、有无生育子女、财产使用情况、双方经济状况等酌定是否返还以及返还的数额。

1. 要注意把握司法解释解决此类纠纷时所坚持的基本原则。本解释在决定彩礼是否返还时，是以当事人是否缔结婚姻关系为主要判断依据的。给付彩礼后未缔结婚姻关系的，原则上收受彩礼一方应当返还彩礼。给付彩礼后如果已经结婚的，原则上彩礼不予返还，只是在一些特殊情形下才支持当事人的返还请求。这一原则，在审判实践中是首先要予以考虑的。因此，对于双方没有结婚的，应当返还彩礼。已经结婚又离婚的，原则上彩礼不再返还。结婚又离婚的，彩礼返还是基于特殊情形。[①]

尤其是《婚姻家庭编解释（一）》第五条第一款第一项规定的“双方未办理结婚登记手续”的彩礼应当返还。对此问题的理解应当包括两种情形：一是给付彩礼，双方未办理结婚登记手续，亦未共同生活的，彩礼应当返还。该种情形，应当属于该司法解释制定的初衷。因此，最高人民法院指出“该司法解释实际上指的是一方按照习俗收了彩礼，而双方没有去办理结婚登记手续也没有在一起共同生活的情形”。[②]二是给付彩礼，双方未办理结婚登记手续，但确已共同生活的，彩礼是否返还，实践中争议较大。对此，应当参照《全国民事审判工作会议纪要》（法办〔2011〕442号）规定的“给付彩礼方请求返还彩礼，人民法院可以根据双方共同生活的时间、彩礼数额并结合当地风俗习惯等因素，确定是否返还及具体返还的数额”的精神处理。

彩礼纠纷的司法处理，既要遵循当地的风俗习惯，如没有进行同居的，男方退婚不退彩礼，女方退婚彩礼退还；又要利用裁判引导其价值取向，衡平当事人利益，如双方已经同居生活了若干时间，彩礼全部返还，有助于男方草率退婚，彩礼不予返还，有助于女方轻率退婚，故最高人民法院的司法政策是酌情、适当地返还。

2. 结婚前给付彩礼的，必须以离婚为前提，人民法院才能考虑支持给付人的返还请求。可以肯定的是，如果给付彩礼之后，在婚姻关系存续期

---

① 参见最高人民法院民事审判第一庭编著：《最高人民法院民法典婚姻家庭编司法解释（一）理解与适用》，人民法院出版社2021年版，第68页。

② 杜万华、宋晓明主编：《基层人民法院法官培训教材实务卷（民商事审判篇）》，人民法院出版社2005年版，第160页。

间，给付人反悔，提出要求返还给付的，人民法院将不予支持。因为此时夫妻尚作为一个共同体，没有特殊约定，法律规定遵循夫妻法定财产共有制。如果当事人在离婚诉讼的同时提出该项请求的，在一审阶段时，如果一审法院准许离婚，可以根据情况作出是否支持当事人返还彩礼请求的判断。如果是二审阶段，人民法院如果准许当事人离婚，也可以对于彩礼问题作出具体处理，如果判决不准离婚，对彩礼问题也就不能支持当事人的请求。①

3. 必须是本地区确实存在这种结婚前给付彩礼的习俗。这是本司法解释规定此条的初衷，是有针对性地作出规定，所以适用本条规定时必须对象明确，不能过于宽泛。一般来说，彩礼问题主要大量存在于我国广大的农村和经济相对不发达地区，人们迎亲嫁娶，多数是按民风、习俗形成的惯例。如果当地没有此种风气存在，就谈不上给付彩礼的问题。对于不能认定为彩礼的、属于男女交往间所为的给付财物，要视其具体情况及性质，由人民法院依法作出处理。因此，在经济比较发达地区，特别是一些大中城市中，发生彩礼给付纠纷的概率相对较低。所以，人民法院审理案件时，一定要结合本地区实际及个案具体情况，正确适用本解释规定。

4. 要区别彩礼问题给付时当事人的主观意愿。一般来讲，这种彩礼的给付，都是非自愿的，往往迫于当地行情及社会压力而不得不给。完全自愿给付且无任何附加条件的，属于一般赠与行为，如果没有特殊规定，给付人向对方讨要的行为通常是不被支持的。笔者曾经审理过一起案件，女方临近举办婚礼的前一个星期，向男方索要 6 万元，若不给 6 万元就不再举办婚礼。无奈之下，男方的父亲东借西凑了 6 万元，以女方的名义存入银行，让女方看了存折。举办婚礼后，男方父亲又将 6 万元支取。同居两年后，男女双方分手，并为彩礼诉至法院。女方提起 6 万元彩礼问题，一审法院认为彩礼并非男方主观自愿给付，且也未实际交付，判决没有支持。二审时，就此 6 万元调解由男方支付女方 1.5 万元。

5. 给付彩礼后，虽然办理了结婚登记手续，但双方并未真正在一起共同

---

① 参见最高人民法院民事审判第一庭编著：《最高人民法院民法典婚姻家庭编司法解释（一）理解与适用》，人民法院出版社 2021 年版，第 75 页。

生活的，对于当事人的合法权益要进行保护。双方登记结婚后，在法律上已经形成合法的夫妻关系。不过，如果一直没有共同生活，也就没有夫妻之间相互扶助、共同生活的经历。所以，对双方当事人而言，法律意义上的婚姻关系虽已成立，但实质意义上真正的共同生活还没有开始。由于各地的习惯不一样，农村及一些地区，往往更注重的是举办有地方特色的婚礼，更注重的是两个人真正走到一个家庭中，开始共同生活。而且许多时候，举办这些仪式与登记结婚要隔很长时间，如果双方尚未共同生活，则没有过多把双方共同联系在一起的纽带。还有人为了骗取对方的钱财，以结婚为诱饵要求对方给付价值不菲的彩礼，但登记后并不与其共同生活或者一走了之。这种为达到占有对方财物目的的骗婚行为，极大损害了给付人的合法权益。此外，给付彩礼、办理结婚登记手续并共同生活在一起后，由于双方性格不合等原因，加之生活困难等因素，结婚时间不长，双方就离婚的，实践中也大有人在。[①] 而且由于给付彩礼，全家已经债台高筑，生活陷于困境，此时这些人也大多数要求返还彩礼，处理不好的话，很容易激化矛盾。根据现在的解释，上述问题能够得到较好的解决，一些不良现象也将得到有效的抑制。

6. 对于彩礼的给付、接受主体，应当正确理解。关于诉讼主体问题。第一种观点认为，缔结婚约的当事人是原告和被告；第二种观点认为，虽然缔结婚约当事人是男女双方，但基于女方和女方之家庭共同成员，尤其是其父母作为家庭“代表人”的情况，女方父母作为被告并无不当；第三种观点认为，缔结婚约当事人是男女双方，女方本人是当然的被告。但是，考虑到生效判决的顺利执行，应当将女方之父母列为共同被告。其实在实践中，给付

---

① 详见安海涛：《闪婚又闪离　彩礼怎么办》，载《人民法院报》2011年8月25日报道。家住福建省厦门市海沧区的阿添经人介绍，与阿巧认识不久便送上彩礼定下姻缘，登记结婚。数月后因无感情基础产生摩擦，阿巧离家出走。阿添遂将阿巧诉至法院，请求法院判令二人离婚，阿巧退还彩礼7万元。一审法院审理后，判决双方离婚，阿巧退还7万元彩礼。阿巧不服，提起上诉。二审法院认为，7万元的彩礼对于普通家庭而言仍属金额较大的开支，鉴于二人经人介绍认识后在彼此间并未充分了解的情况下便匆忙成婚，且婚后不久即分居，双方婚姻的存续期间较短，本着公平和公序良俗的原则，并结合彩礼的使用情况，厦门市中级人民法院作出维持二人离婚原判，改判阿巧返还部分彩礼3万元的判决。

彩礼问题，并不单纯是男女双方之间的事，更多时候涉及两个家庭之间的往来。对于彩礼的给付人和接受人，都应当作广义的理解，不能仅局限于准备缔结婚姻关系的男女本人。就给付人而言，既可以是婚姻关系当事人本人所为的给付，也可以是婚姻关系当事人一方的亲属所为的给付，包括其父母兄姐等。同样道理，就收受该彩礼方而言，既包括由婚姻关系当事人本人接受的情形，也包括其亲属接受给付的情形。现实生活中，彩礼往往给付女方的娘家，真正用于其结婚置办各种物品的反倒较少。因为许多时候彩礼的给付都出自全家共同财产，甚至是全家共同举债所为，所以考虑到这些具体的情况，如果将给付人的主体和收受人的主体都作限制性解释，则不利于这类纠纷的妥善解决。

笔者曾审理过一起婚约财产纠纷案件，男方经媒人说合，给女方 2 万元彩礼，二人并没有按照农村习俗举办结婚仪式，亦未在一起共同生活。男方外出务工后，双方解除婚约关系，涉及彩礼问题，男方诉至法院。原告是男方本人，被告是女方的父亲。一审结果审理后判令女方的父亲返还彩礼 2 万元。女方的父亲以被告不适格，应当起诉自己的女儿为由提起上诉。这样一起案件，为什么非要起诉女方本人？肯定没有必要。因为，给付彩礼时，女方是被告的家庭成员，接受彩礼是被告的家庭行为。被告是家庭的“户主”，是“家长”，是“代表人”，起诉女方的父亲，何错之有？显然，这类案件没有必要因错列被告而发还。一般而言，请求返还彩礼的原告是男方本人，当无疑问。就被告而言，列女方本人或女方的“家长”均可。尤其是女方已经另嫁他人的时候，尽量不要将女方列为被告，仅将女方“家长”列为被告即可。

7. 婚前给付导致给付人生活困难的。正如我们在前面所讲的那样，对于彩礼是否返还的问题，原则上要以双方是否缔结婚姻关系作为判断的标准。没有特殊规定的话，已经结婚的，彩礼将不再返还。而本条中因给付导致给付人一家生活困难的，就属于特殊情形，虽然已经结婚，也应当返还。因此，对于这一点的掌握应该尽量从严。

生活困难，有绝对困难和相对困难之分。所谓绝对困难，是实实在在的困难，是其靠自己的力量已经无法维持当地最基本的生活水平。所谓相对困难，可以是与给付彩礼之前相比，由于给付造成了前后相差比较悬殊，相对于原来的生活条件来说，变得困难了。司法解释的本意，是就前一种意义，即绝对困难进行规定的。因为双方已经缔结了婚姻关系，给付彩礼的目的已经实现，原则上所送彩礼对方已经无须再返还。如果以生活困难作为一项参考因素，体现法律及审判实践对生活确有困难一方的帮助，这无疑是对接受彩礼一方提出了一个较高标准的要求。所以，要采用一个客观化标准，统一加以判断，不能无限度地让接受彩礼的一方作出让步。因此，这种因给付造成的生活困难，必须是导致生活的绝对困难而非相对困难。《民法典》婚姻家庭编第一千零九十条规定："离婚时，如果一方生活困难，有负担能力的另一方应当给予适当帮助。具体办法由双方协议；协议不成的，由人民法院判决。"

其实，在审判实践中把握生活"绝对困难"的参照标准，并非由当事人举出村民委员会或者社区的一纸证明即可，而是要深入当事人之中，体察"民情"，用公正之心确信该证明的效力。当然，当事人拿出常年享受"低保"或"救济"的证据，便可以直接认定属于生活"绝对困难"。

8. 彩礼返还适用诉讼时效问题。根据《民法典》总则编第一百八十八条"向人民法院请求保护民事权利的诉讼时效期间为三年。法律另有规定的，依照其规定。诉讼时效期间自权利人知道或者应当知道权利受到损害以及义务人之日起计算。法律另有规定的，依照其规定。但是，自权利受到损害之日起超过二十年的，人民法院不予保护，有特殊情况的，人民法院可以根据权利人的申请决定延长"的规定，彩礼的返还适用普通的诉讼时效，即三年。诉讼时效的起算，从当事人知道或者应当知道权利受到侵害之日起开始。因此，此类纠纷的起算，有以下几种情形：如果双方没有缔结婚姻关系，给付人应当及时向对方主张自己的权利。对方拒不返还的，诉讼时效开始起算。如果双方登记结婚，自解除婚姻关系之日起，给付人就应当知道自己的权利受到侵害，诉讼时效开始计算。当然，根据法律的有关规定，基于本条向人民法院提出请求保护的诉讼时效，也可以发生中止、中断、延长的情形。

9. 我国《民法典》婚姻家庭编第一千零四十二条第一款规定："禁止包办、买卖婚姻和其他干涉婚姻自由的行为。禁止借婚姻索取财物。"因此，法律明确禁止包办、买卖婚姻。对属于包办买卖性质的订婚所收受的财物，属于非法所得，应依法收缴国库。

10. 对于以订婚为名而诈骗钱财的，不论哪一方提出解除婚约，都应将诈骗所得财物全部退还给受害人。对于构成犯罪的，还应依法追究其刑事责任。实践中，骗婚屡见不鲜，尤其是“老光棍”上当受骗居多。此时，受害人既可以提起民事诉讼，也可以选择控告刑事诈骗，以保护自己的合法权益。

11. 我国《民法典》婚姻家庭编禁止借婚姻索取财物。凡一方借婚约关系索取财物的行为，均属非法，不论哪一方提出解除婚约，索取的财物，原则上应予退还。但对退还全部财物有困难的可酌情减少，具体情况具体对待。

五、恋爱、婚约期间非婚同居的处理

现实生活中，热恋中的男女很容易非婚同居，即在未办理结婚登记的情况下，同吃、同住、过性生活，出现“没买票就上车”的情况。恋爱、婚约期间非婚同居应当如何处理？根据《民法典》婚姻家庭编及其司法解释的有关规定，应当遵循下列原则：

1. 恋爱、婚约期间非婚同居，不为《民法典》婚姻家庭编所保护，亦不为《民法典》婚姻家庭编及其他法律所禁止，因此，其并不违法。但是，恋爱、婚约期间的非婚同居行为应当慎重，保持理性，慎待自己的婚姻。

2. 根据《婚姻家庭编解释（一）》第三条第一款“当事人提起诉讼仅请求解除同居关系的，人民法院不予受理；已经受理的，裁定驳回起诉”的规定，恋爱、婚约期间非婚同居的当事人向人民法院起诉请求解除同居关系的，人民法院不予受理。

3. 根据《民法典》第一千零七十一条第二款“不直接抚养非婚生子女的生父或者生母，应当负担未成年子女或者不能独立生活的成年子女的抚养费”的规定，恋爱、婚约期间非婚同居生育有子女的，不直接抚养非婚生子女的生父或生母，应当负担子女的生活费和教育费，直至子女能独立生活为止。

六、对案例 13、案例 14 的简要评析

（一）对案例 13 的简要评析

本案主要涉及下列法律问题：

1. 本案是否归人民法院管辖。小张向人民法院请求解除其与小王的同居关系，因该同居关系既不为《民法典》婚姻家庭编所保护，又不为《民法典》婚姻家庭编所禁止，不是法律调整和保护的社会关系，故根据《婚姻家庭编

解释（一）》第三条第一款“当事人提起诉讼仅请求解除同居关系的，人民法院不予受理”之规定，本案不归人民法院管辖。

2. 索赔“青春损失费”有无法律依据。我国《民法典》规定，自然人的名誉权受法律保护，名誉侵权人应当赔偿被侵权人精神损失费。但是按规定，构成侵害名誉权的责任必须同时具备以下条件：受害人确有名誉被损害的事实；行为人行为违法；违法行为与损害结果之间有因果关系；行为人主观上有过错。而解除婚约不属于侵权行为，不具有违法性，不构成名誉侵权。因此，小张向人民法院请求判令“青春损失费”毫无根据。

但是，如果因为小王与小张的同居行为造成小张多次流产，给小张造成了人身损害，虽然小王一方并没有过错（当然，如果小王具有造成小张人身损害的故意，则构成侵权行为，应当承担赔偿责任），仍可以判决小王给予小张适当的补偿。

（二）对案例 14 的评析

本案主要涉及下列法律问题：

1. 关于本案的诉讼主体问题。原告赵某与被告王某 1 是缔结婚姻关系的主体，因此，原告可以只列王某 1 为被告，亦可将王某 1 的父亲王某 2 列为共同被告，还可只列王某 1 的父亲王某 2 为被告。由于原告与被告并没有办理结婚登记，仅是同居关系，双方的民事法律行为不受法律保护。

2. 双方当事人争议的是彩礼如何返还问题。根据《婚姻家庭编解释（一）》第五条“当事人请求返还按照习俗给付的彩礼的，如果查明属于以下情形，人民法院应当予以支持：（一）双方未办理结婚登记手续；（二）双方办理结婚登记手续但确未共同生活；（三）婚前给付并导致给付人生活困难。适用前款第二项、第三项的规定，应当以双方离婚为条件”的规定，并结合《全国民事审判工作会议纪要》（法办〔2011〕442 号）第五十条规定的给付彩礼方请求返还彩礼，人民法院可以根据双方共同生活的时间、彩礼数额并结合当地风俗习惯等因素，确定是否返还及具体返还的数额的精神，因此，法院酌情判令被告王某 1、王某 2 于判决生效后三日内退还原告赵某彩礼款 81340 元及订婚时的“三金”价值 16900 元（金项链一个、金耳环一对、金钻戒一个）。

第三节 结婚的形式要件

一、问题的提出

我国《民法典》婚姻家庭编第一千零四十九条[①]规定："要求结婚的男女双方应当亲自到婚姻登记机关申请结婚登记。符合本法规定的，予以登记，发给结婚证。完成结婚登记，即确立婚姻关系。未办理结婚登记的，应当补办登记。"根据该条规定，结婚登记是男女缔结婚姻关系的法定必经程序，只有完成结婚登记，才能确立婚姻关系。然而，在现实生活和审判实践中却不乏"儿戏"。如下列案例：

案例 15：身份信息被冒用，婚姻关系不成立[②]

2001 年 4 月，周某某与男友张某到民政局办理结婚登记，因当时周某某未达法定结婚年龄，便借出嫁外省的表姐周某的身份证以周某的名义与张某进行了结婚登记，所用的照片仍然是周某某本人照片，之后张某与周某某一直以夫妻名义共同生活。2019 年年初，表姐周某欲回乡买房，被告知婚姻登记信息有误不能贷款，才得知十八年前自己的身份信息被周某某冒用于结婚登记。2019 年 5 月，表姐周某提起行政诉讼，要求撤销民政局 2001 年 4 月的婚姻登记，两审法院均以超过行政诉讼时效为由判决驳回周某的诉讼请

---

① 原《婚姻法》第八条规定："要求结婚的男女双方必须亲自到婚姻登记机关进行结婚登记。符合本法规定的，予以登记，发给结婚证。取得结婚证，即确立夫妻关系。未办理结婚登记的，应当补办登记。"《民法典》婚姻家庭编第一千零四十九条规定："……完成结婚登记，即确立婚姻关系……"由此看来，《民法典》婚姻家庭编所确立的婚姻关系在某些情形下早于《婚姻法》所规定的时间。例如，符合法定结婚条件的男女完成结婚登记，还没有取得结婚证，则按照《婚姻法》的规定还不属于婚姻关系，而按照《民法典》婚姻家庭编的规定则属于婚姻关系。

② 《省法院省妇联联合发布 2020 年度江苏婚姻家庭典型案例》，载《江苏法制报》2021 年 3 月 5 日。

求。2019 年 7 月，表姐周某以张某为被告向法院提起民事诉讼，要求确认周某与张某的结婚登记行为无效，后变更诉讼请求，要求确认周某与张某婚姻关系不成立。

徐州市贾汪区人民法院经审理认为，周某与张某没有缔结婚姻的意思表示，亦没有一同到婚姻登记机关依法进行结婚登记，更没有共同生活，双方的婚姻基础并不存在，没有合法有效的婚姻关系存在，遂判决周某与张某婚姻关系不成立。判决生效后，周某凭判决书到民政局办理了更正登记。

现实生活中，存在“被结婚”现象。究其根源，大多是因原婚姻登记系统不完善，尚未加入全国联网，结婚登记人为审查不严所致。多数“被结婚”受害人，对自己是婚姻当事人并不知情，但错误的婚姻登记会对当事人的人身、财产关系产生严重影响。依据《婚姻家庭编解释（一）》的规定，对未办理结婚登记的，应当如何认定男女之间的关系？对此，《婚姻家庭编解释（一）》第六条规定：“男女双方依据民法典第一千零四十九条规定补办结婚登记的，婚姻关系的效力从双方均符合民法典所规定的结婚的实质要件时起算。”对结婚登记程序存在瑕疵的，应当如何处理？对此，《婚姻家庭编解释（一）》第十七条第二款明确规定：“当事人以结婚登记程序存在瑕疵为由提起民事诉讼，主张撤销结婚登记的，告知其可以依法申请行政复议或者提起行政诉讼。”

二、结婚的形式要件

所谓结婚的形式要件，是指婚姻成立的法定程序或方式，它是婚姻取得社会承认的方式。结婚当事人双方符合结婚的实质要件，是其结合受国家法律承认和保护的前提，还需具备结婚的形式要件即履行了法定的结婚方式，才能成立合法婚姻。在我国婚姻法学中，通常将婚姻成立的实质要件称为结婚条件，将婚姻成立的形式要件称为结婚程序。

根据《民法典》婚姻家庭编第一千零四十九条的规定，要求结婚的男女双方应当亲自到婚姻登记机关进行结婚登记。此处的“应当”与《婚姻法》所规定的“必须”系同义语，并无二致。符合本法规定的，予以登记，发给结婚证。完成结婚登记，即确立婚姻关系。未办理结婚登记的，应当补办登记。据此，我国结婚实行登记制，结婚登记是我国结婚的法定程序。结婚登记行为调整的是特殊的身份关系，婚姻登记行为必须以《民法典》婚姻家庭编的实体规定为依据，其程序要件也是为适合婚姻关系的特殊性而设定的，在很大程度上是为了保障实体要件的实现。[①]

三、婚姻登记的机关和程序

（一）婚姻登记的机关

根据《婚姻登记条例》第二条的规定，内地居民办理婚姻登记的机关是县级人民政府民政部门或者乡（镇）人民政府，省、自治区、直辖市人民政府可以按照便民原则确定农村居民办理婚姻登记的具体机关。中国公民同外国人、内地居民同香港特别行政区居民（以下简称香港居民）、澳门特别行政区居民（以下简称澳门居民）、台湾地区居民（以下简称台湾居民）、华侨办理婚姻登记的机关是省、自治区、直辖市人民政府民政部门或者省、自治区、直辖市人民政府民政部门确定的机关。

根据《婚姻登记条例》第四条的规定，内地居民结婚，男女双方应当共同到一方当事人常住户口所在地的婚姻登记机关办理结婚登记。中国公民同外国人在中国内地结婚的，内地居民同香港居民、澳门居民、台湾居民、华侨在中国内地结婚的，男女双方应当共同到内地居民常住户口所在地的婚姻登记机关办理结婚登记。

（二）结婚登记的程序

根据《民法典》第一千零四十八条“直系血亲或者三代以内的旁系血亲禁止结婚”的规定，对结婚实行登记制度。因此，凡是要求结婚的男女双方，除必须具备法定的结婚条件外，还须进行结婚登记。结婚登记的程序为：

1\. 证件和证明材料。根据《婚姻登记条例》第五条的规定，办理结婚

---

① 参见最高人民法院民法典贯彻实施工作领导小组主编：《中华人民共和国民法典婚姻家庭编继承编理解与适用》，人民法院出版社 2021 年版，第 71 页。

登记的内地居民应当出具下列证件和证明材料：本人的户口簿、身份证；本人无配偶以及与对方当事人没有直系血亲和三代以内旁系血亲关系的签字声明。

办理结婚登记的香港居民、澳门居民、台湾居民应当出具下列证件和证明材料：本人的有效通行证、身份证；经居住地公证机构公证的本人无配偶以及与对方当事人没有直系血亲和三代以内旁系血亲关系的声明。

办理结婚登记的华侨应当出具下列证件和证明材料：本人的有效护照；居住国公证机构或者有权机关出具的、经中华人民共和国驻该国使（领）馆认证的本人无配偶以及与对方当事人没有直系血亲和三代以内旁系血亲关系的证明，或者中华人民共和国驻该国使（领）馆出具的本人无配偶以及与对方当事人没有直系血亲和三代以内旁系血亲关系的证明。

办理结婚登记的外国人应当出具下列证件和证明材料：本人的有效护照或者其他有效的国际旅行证件；所在国公证机构或者有权机关出具的、经中华人民共和国驻该国使（领）馆认证或者该国驻华使（领）馆认证的本人无配偶的证明，或者所在国驻华使（领）馆出具的本人无配偶的证明。

2. 不予登记的情形。根据《婚姻登记条例》第六条的规定，办理结婚登记的当事人有下列情形之一的，婚姻登记机关不予登记：未到法定结婚年龄的；非双方自愿的；一方或者双方已有配偶的；属于直系血亲或者三代以内旁系血亲的。当然，《婚姻登记条例》第六条还规定了“患有医学上认为不应当结婚的疾病的”不能办理结婚登记，《民法典》婚姻家庭编实施以后，该项规定即与《民法典》婚姻家庭编的规定存在冲突，将被终止执行。其实，关于“患有医学上认为不应当结婚的疾病的”，在实践中因并没有规定哪些疾病不能结婚，现今，患有艾滋病的异性男女都可以结婚了，所以，该项规定在结婚登记实践中被“束之高阁”。因此，《民法典》婚姻家庭编第一千零五十三条规定：“一方患有重大疾病的，应当在结婚登记前如实告知另一方；不如实告知的，另一方可以向人民法院请求撤销婚姻。请求撤销婚姻的，应当自知道或者应当知道撤销事由之日起一年内提出。”把隐瞒疾病作为欺诈婚姻，赋予当事人撤销婚姻的选择权，若不行使撤销权，则把婚姻进行到底，若行使撤销权，则婚姻被撤销后自始无效。因此，该条规定更加尊重当事人的意思自治，也更加科学有效。

3. 当场发证。根据《婚姻登记条例》第七条的规定，婚姻登记机关应当对结婚登记当事人出具的证件、证明材料进行审查并询问相关情况。对当事人符合结婚条件的，应当当场予以登记，发给结婚证；对当事人不符合结婚条件不予登记的，应当向当事人说明理由。

4. 婚姻登记机关不再受理可撤销的婚姻。根据《婚姻登记条例》第九条的规定，因胁迫结婚的，受胁迫的当事人依据《婚姻法》第十一条的规定向婚姻登记机关请求撤销其婚姻的，应当出具下列证明材料：本人的身份证、结婚证；能够证明受胁迫结婚的证明材料。婚姻登记机关经审查认为受胁迫结婚的情况属实且不涉及子女抚养、财产及债务问题的，应当撤销该婚姻，宣告结婚证作废。但是，《民法典》第一千零五十二条第一款规定："因胁迫结婚的，受胁迫的一方可以向人民法院请求撤销婚姻。"第一千零五十三条规定："一方患有重大疾病的，应当在结婚登记前如实告知另一方；不如实告知的，另一方可以向人民法院请求撤销婚姻。"由此看来，《民法典》婚姻家庭编实施以后，婚姻登记机关并不享有撤销婚姻的权利，当事人只能向人民法院申请撤销婚姻。

四、结婚登记的法律效力

结婚登记，婚姻登记机关是形式审查还是实质审查？对此，学界有不同看法。笔者认为，婚姻登记机关所进行的审查应当是实质审查。一是审查男女双方姓名身份是否真实。在实践中，不乏"被结婚"情形，既有当事人恶意成分，也有婚姻登记机关工作人员失职失责成分。例如，法院在审理雷某诉开封市祥符区人民政府婚姻登记案中认为，申请结婚登记的当事人采取欺骗手段，隐瞒真实情况，冒用他人身份申请结婚登记，致使婚姻登记机关在结婚登记申请材料不实的情况下作出准予结婚登记行为，该结婚登记行为属于重大且明显违法的情形，依法应予确认无效。[①] 二是审查办理结婚登记的男女双方是否自愿。三是审查男女双方是否达到法定结婚年龄。四是询问双方是否存在直系血亲或者三代以内的旁系血亲禁止结婚

① 参见河南省开封市中级人民法院（2018）豫02行初99号行政判决书。

的情形。只有进行实质性结婚审查，才能有效杜绝“被结婚”、胁迫结婚、婚姻无效等情形。

结婚登记是一种重要的民事法律行为，是有效婚姻确立的必经程序。当事人依法办理结婚登记，由婚姻登记机关发给结婚证。完成结婚登记，即确立婚姻关系。必须明确的是，不是领取结婚证才确立婚姻关系，因为完成结婚登记与领取结婚证还会存在时间差，若完成结婚登记即发给结婚证，不会存在问题。若完成结婚登记后，领取结婚证的时间差较大（如上午办理了结婚登记，约定下午来领取结婚证，中午出了事故一方死亡，双方是否构成夫妻关系就存在争议，按照《婚姻法》的规定尚不能称为夫妻关系，按照《民法典》婚姻家庭编的规定则称为夫妻关系），会导致一些不确定因素的发生。当然，不论当事人是否已同居或举行结婚仪式。反之，若男女双方已同居或举行了结婚仪式，但未办理结婚登记，则不能产生合法有效的婚姻关系。

结婚证是婚姻登记机关签发的证明婚姻关系有效成立的法律文书。根据《婚姻登记条例》第十七条之规定，结婚证遗失或者损毁的，当事人可以持户口簿、身份证向原办理婚姻登记的机关或者一方当事人常住户口所在地的婚姻登记机关申请补领。婚姻登记机关对当事人的婚姻登记档案进行查证，确认属实的，应当为当事人补发结婚证。

五、补办结婚登记的效力

按照《民法典》婚姻家庭编第一千零四十九条（原《婚姻法》第八条）的规定，以夫妻名义同居生活，但尚未办理结婚登记的事实婚姻，在当事人采取补办结婚登记的补救措施后，事实婚姻即转化为合法婚姻关系。但对事实婚姻补办登记的效力如何认定，立法没有明确规定。对此，在司法实践中有不同认识。补办结婚登记的溯及力，是指事实婚姻关系的当事人在补办结婚登记后，婚姻效力是否及于事实婚姻形成的开始。因这关系到结婚年限的计算、结婚登记档案的填写以及当事人双方在补办登记前基于共同生活业已形成的权利义务关系的确定。一种观点认为，既然法律规定允许补办，就意味着补办后对补办前以夫妻名义同居关系的认可，具有溯及既往的效力，这样既有利于保护女方的利益和该事实婚姻关系存续期间出生的子女的合法权益，也有利于在处理涉外婚姻纠纷时全面保护我国公民的权益。但补办的效力是否追及至同居事实的开始，不能一概而论，关键要看当事人双方均符合法定结婚实质要件在什么时候、什么阶段，另外，还应尊重当事人双方的意愿。另一种观点认为，从1994年2月1日《婚姻登记管理条例》规定未经结婚登记的婚姻关系无效且不受法律保护后，人们对事实婚为无效婚姻并按非法同居关系的处理有了一定的认识，在司法实践中的操作也很见成效，如果法律对补办登记前的以夫妻名义同居关系给予认可，就是对事实婚的认可，是一种倒退，这对禁止早婚不利。因此，即使补办了登记，也不应有溯及力，即“管后不管前”。

笔者认为，《民法典》婚姻家庭编虽然规定未办理结婚登记的应补办登记，但并不意味着立法对事实婚姻予以认可。对此，《婚姻家庭编解释（一）》第六条规定：“男女双方依据民法典第一千零四十九条规定补办结婚登记的，婚姻关系的效力从双方均符合民法典所规定的结婚的实质要件时起算。”这只是基于我国实际情况，出于对妇女和儿童利益的保护，是对符合结婚实质要件的男女未办理结婚登记即以夫妻名义同居生活关系的一种补救规定，同时也是对结婚登记必要性的着重强调。

当然，采取补办登记这种补救措施不是无条件的，其效力也不是无限制的。首先，根据《民法典》婚姻家庭编和《婚姻登记条例》的规定，补办登记的主体必须是已具备法定结婚实质要件，只是欠缺法定结婚形式要件的男女双方，并不是所有以夫妻名义同居生活，尚未办理结婚登记的男女均可补办结婚登记。其次，既然《民法典》婚姻家庭编规定可以补办登记，那么，补办登记的效力就应具有溯及既往的效力。它不仅认可事实婚姻关系在补办登记后的合法婚姻效力，而且对补办登记前的事实婚姻关系也应予以认可。但对补办登记前婚姻效力的追及认可，是以没有办理结婚登记即以夫妻名义同居生活的男女双方必须具备结婚的法定实质要件为条件的，即补办登记的溯及力自男女双方均符合结婚的实质要件时起算，而不是溯及至男女双方以夫妻名义同居生活时。因男女同居时可能会有一方或双方不符合法定结婚条件，将补办登记的效力溯及至男女双方均符合结婚实质要件时起算，较为科学合理，避免了将不符合结婚法定条件的男女双方认定为合法夫妻现象的发生。例如，1992年6月，年仅17岁的张某

（女）与22岁的李某（男）开始同居生活。1993年1月，李某继承其父亲价值3万元的遗产。2000年5月，张某继承其爷爷价值7万元的遗产。2006年1月，张某以夫妻感情不和为由向某法院起诉要求离婚。在法院工作人员告知下，双方补办结婚登记。在本案审理过程中，对于该两笔财产能否认定为共同财产，有三种不同的意见：第一种意见认为是共同财产，理由是婚姻关系存续期限应从他们同居生活开始，婚姻关系存续期限内继承的财产是共同财产。第二种意见认为李某继承的3万元是个人财产，张某继承的7万元是共同财产。理由是婚姻关系存续期限应从他们双方符合结婚实质要件时开始。李某继承财产时，张某尚未达到法定结婚年龄，故他们属于同居关系，李某继承的财产是个人财产，张某继承财产时双方都超过结婚年龄，应属婚姻关系存续期内继承。第三种意见认为该两笔财产都是个人财产，理由是婚姻关系存续期应从补办结婚登记时开始，登记之前都属同居关系，应是个人财产。《人民司法》研究组认为：《婚姻法》第八条规定，未办理结婚登记，应当补办结婚登记。所以法院工作人员告知当事人去补办结婚登记是正确的。《婚姻法解释（一）》第四条规定，男女双方根据《婚姻法》第八条规定补办结婚登记的，婚姻关系的效力从双方均符合《婚姻法》所规定的结婚的实质要件时起算。此案中，张某和李某都达到法定结婚年龄的时间在1994年2月1日民政部《婚姻登记管理条例》公布实施以后。李某继承财产时，张某未达到法定婚龄，属同居关系，李某继承的财产是个人财产；张某继承财产时双方都达到法定婚龄，在补办结婚登记的情况下，应属于婚姻关系存续期间的继承。故第二种意见是正确的。[①]

六、未补办结婚登记的效力

对没有补办结婚登记的事实婚姻的效力，在审判实践中应如何认定处理，立法没有规定。对此，存在不同观点：有的观点主张，可依据《民法典》

① 参见《人民司法》2007年第2期《司法信箱》。文中《婚姻法》第八条现规定为《民法典》第一千零四十九条，《婚姻法解释（一）》第四条现规定为《婚姻家庭编解释（一）》第六条。

婚姻家庭编第一千零四十九条“未办理结婚登记的，应当补办登记”的规定，对起诉到人民法院要求“离婚”的男女双方，只要符合法定结婚实质要件，而只是欠缺登记形式要件的，应先调解告知其在补办婚姻登记后，再行诉讼，否则按解除同居关系处理；对既不符合法定结婚实质要件又欠缺形式要件，或在告知应补办登记而没有补办登记，起诉到人民法院的，应认定其婚姻关系无效，按解除双方的同居关系处理。也有观点认为，既然双方已向人民法院提起“离婚”诉讼，再让双方补办结婚登记是多此一举，而且可能性极小。对当事人提起的“离婚”诉讼，可驳回诉讼请求。另外，对以往认定的事实婚姻，还是否需要补办登记后才认可其婚姻效力，也是司法审判中难以处理的问题。

根据《民法典》婚姻家庭编第一千零四十九条的立法精神，对未办理结婚登记即以夫妻名义同居生活的男女，只要符合法定的结婚实质要件的，就可补办结婚登记，认可其婚姻效力。但却没有明确不补办结婚登记的后果。根据《婚姻家庭编解释（一）》第七条的规定，未依据《民法典》婚姻家庭编第一千零四十九条规定办理结婚登记而以夫妻名义共同生活的男女，提起诉讼要求离婚的，应当区别对待：

1. 1994 年 2 月 1 日民政部《婚姻登记管理条例》公布实施以前，男女双方已经符合结婚实质要件的，可认定其具有事实婚姻的效力，不必补办结婚登记。

2. 1994 年 2 月 1 日民政部《婚姻登记管理条例》公布实施以后，男女双方符合结婚实质要件的，应当告知其在案件受理前补办结婚登记之后，方可按离婚案件处理；未补办结婚登记的，依据《婚姻家庭编解释（一）》第三条[①]规定处理，即对拒不补办结婚登记坚持“离婚”的，人民法院应当裁定不予受理；已经受理的，裁定驳回起诉。

上述两种不同的处理方法，既符合《民法典》婚姻家庭编对具备结婚的法定实质要件但没有结婚登记的情况应当区别对待的精神，又科学合理地将

① 《婚姻家庭编解释（一）》第三条规定：“当事人提起诉讼仅请求解除同居关系的，人民法院不予受理；已经受理的，裁定驳回起诉。当事人因同居期间财产分割或者子女抚养纠纷提起诉讼的，人民法院应当受理。”

本解释与有关法律、法规、司法解释的内容予以有机衔接，并充分考虑了社会实际效果。

七、对案例 15 的简要评析

案例 15 在审判实践中意见分歧很大：第一种意见认为，当事人可不通过诉讼途径，直接请求民政局撤销虚假的婚姻登记。第二种意见认为，当事人一方可以冒名者的真实身份直接提起民事诉讼，请求法院判决离婚。第三种意见认为，当事人可提起行政诉讼，要求确认民政局具体行政行为违法，并撤销所发结婚证。第四种意见认为，当事人可以直接提起民事诉讼，确认双方之间的婚姻关系不成立。因此，在现实生活和司法实践中，当事人是选择民事诉讼还是行政诉讼，让当事人“一头雾水”。在本案中，法院从民事主体之间没有缔结婚姻关系的真实意思表示出发，从程序上看没有一同到婚姻登记机关办理结婚登记，从实际上看也没有在一起共同生活，因此判决双方婚姻关系不成立，是一种明智的选择。

第四节　结婚的实质要件

一、问题的提出

结婚的实质要件，是指结婚当事人本身以及双方之间的关系必须符合结婚的法定条件。其包括结婚的必备条件和禁止条件两种：结婚的必备条件，又称积极要件，是指结婚双方当事人必须全部具备的缺一不可的条件。根据《民法典》婚姻家庭编第一千零四十一条、第一千零四十六条、第一千零四十八条之规定，结婚必备条件有三：一是必须符合一夫一妻制；二是必须男女双方完全自愿；三是必须达到法定婚龄。结婚的禁止条件，又称消极要件、排除要件或婚姻成立的障碍，是指有法律规定禁止行为之一的不允许结婚的事项。根据《民法典》婚姻家庭编第一千零四十八条之规定，结婚禁止条件是：直系血亲或者三代以内的旁系血亲结婚。

在研究结婚的必备要件之前，先看两则案例：

案例 16：骗取登记的婚姻是否有效？①

甲（男，22周岁）为达到与乙（女，19周岁）结婚的目的，故意隐瞒乙的真实年龄办理了结婚登记。两年后，因双方经常吵架，乙以办理结婚登记时未达到法定婚龄为由向法院起诉，请求宣告婚姻无效。人民法院应如何处理？下列答案正确的是哪个？

A. 以办理结婚登记时未达到法定婚龄为由宣告婚姻无效；

B. 对乙的请求不予支持；

C. 宣告婚姻无效，确认为非法同居关系，并予以解除；

D. 认定为可撤销婚姻，乙可行使撤销权。

案例 17：表姐表弟能否结婚？②

原告经某母亲黄某珍与被告黎某母亲黄某秀是同胞姐妹，被告黎某与原告经某系表姐弟关系，原、被告双方于1986年在双方父母操办下按照农村风俗举行婚礼，双方一起生活并生育子女，现均已成年。原、被告双方共同财产为一栋两层砖混结构房屋。原、被告双方认可的共同债务为向案外人马某友借款55000元。

法院认为，根据《民法典》第一千零四十八条的规定："直系血亲或者三代以内的旁系血亲禁止结婚。"原告经某与被告黎某为三代以内旁系血亲，属于禁止结婚的情形。根据《民法典》第一千零五十一条的规定："有下列情形之一的，婚姻无效：（一）重婚；（二）有禁止结婚的亲属关系；（三）未到法定婚龄。"原、被告的婚姻属无效婚姻。关于原、被告共同生活期间向案外人马某友借款55000元，可由案外人马某友另案主张权利，本案不作处理。关于被告黎某主张黄某秀代养费问题，不属于本案处理范围，被告可另案主张权利。关于原、被告共同生活期间修建的两层砖混结构房屋，应当依法分割。据此判决：一、原告经某与被告黎某婚姻无效；二、原、被告共同

---

① 2003年国家司法考试试卷三第4题。

② 参见四川省仪陇县人民法院（2021）川1324民初1857号民事判决书。

生活期间修建两层砖混结构房屋，房屋第一层及进楼顶右转第一间房屋归原告经某所有，房屋第二层及进楼顶左转两间房屋归被告黎某所有。顶楼其余部分由原告经某和被告黎某共同使用。被告黎某上二楼及顶楼从一楼客厅通行，原告经某应当提供便利，原告经某上顶楼从楼梯通行被告黎某应当提供便利。

上述案例涉及结婚的实质要件问题。试问：如何理解适用结婚的必备要件？如何理解适用结婚的禁止条件？

二、结婚的必备要件之一——结婚必须男女双方完全自愿

婚姻是男女双方以永久共同生活为目的，以夫妻权利义务为内容的结合。婚姻关系是一种身份关系，夫妻双方在财产上的权利义务是附随于人身上的权利义务。因此，当事人双方自行对结婚作出意思表示，且双方的意思表示一致。基于人格独立和意思自治原则，故法律把当事人双方合意作为结婚的必备条件。《民法典》婚姻家庭编第一千零四十六条规定："结婚应当男女双方完全自愿，禁止任何一方对另一方加以强迫，禁止任何组织或者个人加以干涉。"这是结婚的首要条件，是婚姻自由原则在结婚问题上的具体体现。通过对这一必备条件的规定，国家把结婚的决定权完全交给了当事人本人。在法律范围内，是否结婚、和谁结婚都由当事人按照自己的意思来决定，这就是结婚必须是男女双方完全自愿的基本要求。

结婚必须男女双方完全自愿，应从如下方面理解：

1.结婚是男女双方自愿而不是一厢情愿，这就排除了一方对他方的强迫。结婚是男女双方的事，必须双方都出于自愿。男方愿意，女方不愿意，或者女方愿意，男方不愿意，都不符合结婚的法定条件，不能结婚。①

2.结婚必须男女双方本人自愿而不是父母或第三者的"自愿"，这就排除了父母或其他第三人的强迫包办或者干涉。结婚是男女双方以建立家庭、长期共同生活为目的的两性结合，从本质上讲，必须以爱情为基础，而爱情

① 《婚姻登记条例》第六条规定："办理结婚登记的当事人有下列情形之一的，婚姻登记机关不予登记：……（二）非双方自愿的；……"

只存在于当事人的心中，任何人都不能够代表当事人表态是否结婚、和谁结婚。因此，结婚必须有双方的自愿。

3. 结婚是男女双方完全自愿而不是勉强同意，这就排除了外界各种因素的干涉，使得当事人在非自愿的情况下被迫结婚。在遭受暴力、胁迫的情况下，当事人所作的意思表示就会不真实，只有在自己完全自愿的情况下，才能建立自己满意的婚姻关系。

根据结婚必须男女双方完全自愿的规定，当事人对结婚所作的外在表示与其内心意思完全一致，则意思表示真实，婚姻有效。如果当事人外在表示与内心意思表示不一致，同意结婚的意思是在胁迫情况下作出的，则婚姻可能被撤销。①

三、结婚的必备要件之二——结婚必须达到法定婚龄

法定婚龄，是指法律规定的男女结婚必须达到的最低年龄。男女双方或一方未达法定婚龄的，不得结婚，只有双方达到或高于法定婚龄的，才允许结婚。

《民法典》婚姻家庭编第一千零四十七条规定："结婚年龄，男不得早于二十二周岁，女不得早于二十周岁。"② 我国《民法典》规定的法定婚龄是结婚必须遵守的最低年龄，具有强制效力。原《婚姻法》第六条还规定了"晚婚晚育应予鼓励"，但随着计划生育政策的变化，随着人口老龄化、生育政策放宽的现实，《民法典》婚姻家庭编并没有出现"晚婚晚育应予鼓励""实行计划生育""夫妻双方都有计划生育的义务"等规定，宣示了《民法典》婚姻家庭编在生育观念上的转变，这是基于最新的政策以及社

---

① 薛宁兰、谢鸿飞主编：《民法典评注 婚姻家庭编》，中国法制出版社 2020 年版，第 57 页。

② 目前，世界上的绝大多数国家所规定的法定婚龄，男子在 14—21 周岁之间，女子在 12—18 周岁之间。其中，男 21 周岁、女 18 周岁的国家有丹麦、瑞典、波兰等；男 20 周岁、女 18 周岁的国家有瑞士、挪威、越南等；男 18 周岁、女 18 周岁的国家有德国、荷兰、俄罗斯、保加利亚、新加坡等；男 18 周岁、女 16 周岁的国家有日本、巴基斯坦、罗马尼亚等；男 16 周岁、女 14 周岁的国家有意大利、菲律宾等；男 14 周岁、女 12 周岁的国家有阿根廷、希腊、西班牙等。由此可见，我国婚姻法所规定的婚龄相对偏大，这是由我国国情所决定的。

会需求。公民自愿晚婚晚育的，则属于公民的婚姻自由。[①] 晚婚晚育、计划生育不是《民法典》调整的内容，而是我国《人口与计划生育法》调整的内容。[②]

结婚必须达到法定婚龄，应从如下方面理解：

1. 我国《民法典》婚姻家庭编所确立的男 22 周岁、女 20 周岁的法定婚龄只是男女结婚年龄的最低起点，它是划分合法婚姻和无效婚姻的年龄界限。法定婚龄既不是必须结婚的年龄，也不是最佳结婚年龄。关于结婚的年龄问题，《婚姻法》规定为男 22 岁、女 20 岁。《民法典》在征求意见过程中，多数意见同意维持现行法定婚龄，也有少数意见提出应当降低婚龄。全国人大有关部门对此进行了认真研究，征求了有关部门的意见；同时，委托国家统计局对公民的结婚意向年龄开展调查。在上述工作的基础上，综合考虑各方面的因素，经报中央同意，仍维持现行法定婚龄不变。[③]

2. 法定婚龄是男女双方结婚必须达到的年龄，具有强制性，不到法定婚龄结婚者，其结合不具有法律效力。[④] 但基于民族、宗教、风俗习惯等原因，民族自治地方可以根据当地民族婚姻家庭的具体情况，对法定婚龄作变通的规定。目前，少数民族地区的法定婚龄大多数为男 20 周岁、女 18 周岁，从而使我国的法定婚龄更加趋于完善和符合我国国情。

3. 凡一方或双方未达到法定婚龄，在登记时弄虚作假，骗取结婚证的，人民法院一经发现，应当宣告该婚姻无效，并对责任人进行批评教育，情节严重的，依法追究责任。凡结婚时未达到法定婚龄，但发现时或处理纠纷时双方均已达到法定婚龄的，应视为婚姻无效的原因已经消除，承认其已经成

---

① 最高人民法院民法典贯彻实施工作领导小组主编：《中华人民共和国民法典婚姻家庭编继承编理解与适用》，人民法院出版社 2020 年版，第 61 页。

② 参见薛宁兰、谢鸿飞主编：《民法典评注：婚姻家庭编》，中国法制出版社 2020 年版，第 61 页。

③ 参见杨明仑：《婚姻家庭编的主要制度与创新》，载十三届人大学习民法典第 2 期视频资料。

④《婚姻登记条例》第六条规定："办理结婚登记的当事人有下列情形之一的，婚姻登记机关不予登记：（一）未达到法定结婚年龄的；……"

立的婚姻。[①] 对责任人的违法行为，应该进行批评教育。

4. 对婚龄的特殊规定。法律规定的法定婚龄，适用于所有中国公民及在中国境内结婚的华侨、港、澳、台同胞及外国人。但在某些特殊情况下，为了国家和社会的根本利益，法律允许作特殊的规定，如少数民族地区可适当降低婚龄。

四、结婚的必备要件之三——结婚必须符合一夫一妻制原则

《民法典》婚姻家庭编第一千零四十一条、第一千零四十二条分别规定实行一夫一妻制，禁止重婚。实行一夫一妻制，禁止重婚，既是我国社会主义婚姻法律制度的一个基本原则，也是结婚必须遵循的一项法定条件。我国《婚姻登记条例》第六条规定，一方或者双方已有配偶的，不予登记。由此可见，要求结婚的男女，必须是无配偶的人。无配偶包括三种情况：一是未婚；二是丧偶；三是离婚。只有双方都是无配偶的人，才能结婚，否则构成重婚。

值得注意的是，《民法典》没有对同性婚姻予以规定，但如果公民在实施变性手术后，再与异性结婚的，并不属于立法予以禁止的情形。由于当事

---

① 参见《人民司法》2001 年第 10 期的《司法信箱》。虚增年龄领取结婚证的婚姻是否一律无效？问题：在法院受理的离婚案件中，有一部分当事人在结婚时因年龄未到法定婚龄而虚增年龄，当一方当事人起诉要求离婚时，就以某一方未达法定婚龄结婚，属骗取结婚证，婚姻无效为由，要求法院宣告其婚姻无效。对此类案作何处理，有两种不同意见。一种意见认为，只要发现当事人一方或者双方结婚时未达法定婚龄骗取结婚证的，应宣告该婚姻无效。另一种意见认为，当事人虚增年龄骗取结婚证的，如一方起诉时，某一方或者双方仍未达法定婚龄，应宣告该婚姻无效。如一方起诉时，双方均已达法定婚龄，违法状态已消灭，应承认其婚姻效力，按一般离婚案件处理。

《人民司法》研究组认为：修改后的《婚姻法》增加了无效婚姻制度并规定了无效婚姻的四种法定情形。即宣告当事人有向人民法院主张宣告婚姻无效的权利。但是，根据我国无效婚姻制度的基本规定，当事人行使无效婚姻申请权时，该婚姻仍然具备法律规定的无效婚姻情形。如果婚姻关系在申请时符合法律规定，当事人以婚姻曾经存在过无效情形为由申请宣告无效的，人民法院依法不予支持。来信所属案件中，登记结婚时未达法定婚龄的，婚姻当事人向人民法院提起诉讼，要求宣告婚姻无效的，应当区别对待：如果起诉时仍未达法定婚龄的，属无效婚姻，应依法予以宣告；如果起诉时双方均已达到法定婚龄，即违法状态已消失的，不能认定为无效婚姻，应按离婚诉讼处理。

人生理性别已经发生变化，在符合婚姻实质条件的情况下，可以与异性结婚登记。[①]

五、结婚禁止条件——直系血亲或者三代以内的旁系血亲禁止结婚

根据《民法典》婚姻家庭编第一千零四十八条“直系血亲或者三代以内的旁系血亲禁止结婚”的规定，明确了禁止结婚的情形。

（一）直系血亲和三代以内的旁系血亲不得结婚

血亲主要是指出于同一祖先，有血缘关系的亲属，即自然血亲；也包括法律拟制的血亲，即虽无血缘关系，但法律确认其与自然血亲有同等权利义务的亲属，养父母与养子女、继父母与受其抚养教育的继子女。[②] 根据《民法典》婚姻家庭编第一千零四十八条的规定，禁止结婚的血亲范围包括两类：直系血亲和三代以内的旁系血亲。这主要基于：一是优生学的原因，受遗传基因的影响，夫妻血缘关系太近，容易将生理上和精神上的疾病或缺陷遗传给下一代，这将给人口的素质以及人类的发展带来危害；二是伦理上的要求，由于近亲结婚有悖教化，有碍于人类长期形成的婚姻道德，容易造成亲属身份上和继承上的紊乱，因而，各国法律均根据本国的民族习惯，禁止一定范围的亲属结婚。

按照我国《民法典》婚姻家庭编的代数计算法，与己出身自同一父母或同一祖父母、外祖父母的血亲，除直系血亲外的三代以内旁系血亲的范围包括：同源于父母的兄弟姐妹，包括同父同母的全血缘兄弟姐妹，以及同父异母或同母异父的半血缘兄弟姐妹。至于异父异母的兄弟姐妹虽然名义上以兄弟姐妹相称，但实际上他们之间并无血缘关系，因此不属禁婚亲属，可以结婚；同源于祖父母或外祖父母的辈分不同的伯、叔与侄女，姑与侄子，舅与外甥女，姨与外甥；同源于祖父母的辈分相同的堂兄弟姐妹、姑表兄弟姐妹；

---

① 最高人民法院民法典贯彻实施工作领导小组主编：《中华人民共和国民法典婚姻家庭编继承编理解与适用》，人民法院出版社 2020 年版，第 57 页。

② 黄薇主编：《中华人民共和国民法典婚姻家庭编释义》，法律出版社 2020 年版，第 31 页。

同源于外祖父母的辈分相同的舅表、姨表兄弟姐妹。

（二）拟制血亲、姻亲之间不得结婚

拟制血亲，是指亲属关系的形成不是基于天然的血缘关系，而是基于其他的法律事实的情况，如因为收养形成的养父母与养子女之间的关系，继父母与形成抚养关系的继子女之间的关系，均为拟制血亲的关系。拟制血亲分为两类，即拟制直系血亲和拟制旁系血亲。养父母与养子女、继父母与继子女均为拟制直系血亲，养子女与养父母的兄弟姐妹之间的关系则为拟制的旁系血亲。

对于拟制血亲之间能否结婚，我国《民法典》婚姻家庭编没有明确规定。但我国《民法典》婚姻家庭编规定，养父母与养子女、继父母与受其抚养教育的继子女之间的权利和义务，适用《民法典》婚姻家庭编对亲生父母子女关系的规定。因此，《民法典》婚姻家庭编对直系血亲缔结婚姻的限制，也应适用于养父母子女之间和有抚养关系的继父母子女之间，无论这种拟制直系血亲关系是否解除，从伦理要求和法律精神上看，都应属于禁止结婚的范围。至于拟制旁系血亲间的通婚，只要没有血缘上的禁忌，法律应予准许。

姻亲能否结婚，《民法典》婚姻家庭编对此没有规定。在解释上，对于旁系姻亲，包括异父异母的兄弟姐妹，只要他们相互之间没有禁止结婚的三代以内的血缘关系，则应准予结婚，对此并无异议；而对于直系姻亲之间应否准予结婚，则有不同的看法。通说认为，直系姻亲虽无直系血亲的法律地位，但由于直系姻亲间通婚有悖于社会伦理道德和风俗习惯，因此，尽管法律没有明文禁止，但基于伦理上的要求，也应予以限制。[①]

六、对案例 16、案例 17 的简要评析

（一）对案例 16 的简要评析

在本案中，给了四个备选答案，现结合《民法典》及其司法解释分析如下：

---

① 参见最高人民法院民法典贯彻实施工作领导小组主编：《中华人民共和国民法典婚姻家庭编继承编理解与适用》，人民法院出版社 2020 年版，第 69 页。

1. A 项不选，B 项应选。《民法典》第一千零五十一条规定：“有下列情形之一的，婚姻无效：（一）重婚；（二）有禁止结婚的亲属关系；（三）未到法定婚龄。”《婚姻家庭编解释（一）》第十条规定：“当事人依据民法典第一千零五十一条规定向人民法院请求确认婚姻无效，法定的无效婚姻情形在提起诉讼时已经消失的，人民法院不予支持。”《民法典》第一千零四十七条规定：“结婚年龄，男不得早于二十二周岁，女不得早于二十周岁。”因此，本案中当事人乙在结婚登记时确实存在婚姻无效的情形（19 周岁），未到法定婚龄（20 周岁），但其在请求宣告婚姻无效时已满 21 岁，即法定的无效婚姻情形已经消失，故对其请求人民法院不应予以支持，不得以办理结婚登记时未达到法定婚龄为由判决宣告甲、乙的婚姻无效。

2. C 项不选。同居关系，是指均无配偶的男女双方在未办结婚登记，又不符合结婚实质条件时，以夫妻名义共同生活，或有配偶者与他人同居所形成的两性关系。所谓“与他人同居”，是指有配偶者与婚外异性，不以夫妻名义，持续、稳定地共同居住，须具备以下五个条件：与婚外异性；不以夫妻名义；时间上持续；状态上稳定；共同居住。认定同居关系有一前提：未办结婚登记。以前对于未办理结婚登记而以夫妻名义共同生活的案件，除属于事实婚姻的情况外，都一律按“解除非法同居”处理，现在的做法及表述与以往不同，《婚姻家庭编解释（一）》第二条采用了“解除同居关系”的表述。故本案仅从 C 项表述中“非法同居关系”就可直接将 C 项排除。

3. D 项不选。根据《民法典》第一千零五十二条“因胁迫结婚的，受胁迫的一方可以向人民法院请求撤销婚姻。请求撤销婚姻的，应当自胁迫行为终止之日起一年内提出。被非法限制人身自由的当事人请求撤销婚姻的，应当自恢复人身自由之日起一年内提出”和《婚姻家庭编解释（一）》第十八条“行为人以给另一方当事人或者其近亲属的生命、身体、健康、名誉、财产等方面造成损害为要挟，迫使另一方当事人违背真实意愿结婚的，可以认定为民法典第一千零五十二条所称的‘胁迫’。因受胁迫而请求撤销婚姻的，只能是受胁迫一方的婚姻关系当事人本人”之规定，本案中所述情形不属可撤销婚姻，乙不能行使撤销权。

（二）对案例 17 的简要评析

在本案中，原告经某与被告黎某系表姐弟关系，虽在 1986 年在双方父母操办下按照农村风俗举行婚礼，但不构成事实婚姻，属于《民法典》第一千零四十八条“直系血亲或者三代以内的旁系血亲禁止结婚”的情形。因此，双方的婚姻关系属于无效婚姻。虽然双方的婚姻关系无效，但基于双方在一起共同生活三十余年，对双方的共同债务和共同财产可参照合法的婚姻关系处理。

第五节　结婚登记瑕疵的司法处理[①]

一、问题的提出

依据《民法典》婚姻家庭编第一千零四十九条的规定，结婚登记是男女缔结婚姻关系的法定必经程序，只有完成结婚登记，才能确立婚姻关系。然而，在现实生活中不乏因婚姻登记瑕疵[②]而产生的纠纷，如代理或冒名顶替他人进行婚姻登记的、以虚假身份信息登记结婚的、一方欺诈结婚登记的、登记手续不完善的等。这些纠纷的裁判依据在《民法典》实施以前均是《婚姻法解释（三）》第一条“当事人以婚姻法第十条[③]规定以外的情形申请宣告

---

① 何志：《夫妻“尴尬”：结婚登记瑕疵的困惑与破解——兼评〈婚姻法解释（三）〉第一条的缺陷与完善》，载《法律适用》2014 年第 12 期。

② 吴晓芳法官认为，“婚姻登记瑕疵”不是一个法律概念，从目前使用的特定语境看，主要是指在婚姻登记中存在程序违法或欠缺必要形式要件等的缺陷。载最高人民法院民事审判第一庭编著：《最高人民法院婚姻法司法解释（三）理解与适用》，人民法院出版社 2011 年版，第 44 页。

③ 原《婚姻法》第十条规定：“有下列情形之一的，婚姻无效：（一）重婚的；（二）有禁止结婚的亲属关系的；（三）婚前患有医学上认为不应当结婚的疾病，婚后尚未治愈的；（四）未到法定婚龄的。”《民法典》婚姻家庭编第一千零五十一条规定：“有下列情形之一的，婚姻无效：（一）重婚；（二）有禁止结婚的亲属关系；（三）未达到法定婚龄。”相比较而言，删去了“不应当结婚的疾病”。

婚姻无效的，人民法院应当判决驳回当事人的申请。当事人以结婚登记程序存在瑕疵为由提起民事诉讼，主张撤销结婚登记的，告知其可以依法申请行政复议或者提起行政诉讼”的规定。《婚姻家庭编解释（一）》第十七条的规定基本上沿用了《婚姻法解释（三）》第一条的规定，即“当事人以民法典第一千零五十一条规定的三种无效婚姻以外的情形请求确认婚姻无效的，人民法院应当判决驳回当事人的诉讼请求。当事人以结婚登记程序存在瑕疵为由提起民事诉讼，主张撤销结婚登记的，告知其可以依法申请行政复议或者提起行政诉讼”。但因结婚登记瑕疵的情形不同，审判实践的“同案异判”，仍值得对结婚登记瑕疵进行深入研究。

二、结婚登记瑕疵纠纷裁判不一

《婚姻家庭编解释（一）》为结婚登记瑕疵指明了行政复议或行政诉讼的“出路”，但实际是“封路”，造成了“同案不同判”，甚至是裁判违法的“乱局”。纵观司法实践，既有行政诉讼，也有民事诉讼；既有认定婚姻有效，也有认定婚姻无效，还有撤销婚姻登记等。其实，不同裁判代表了不同观点：

1. 婚姻有效说。提起民事诉讼，按照离婚案件处理。只要结婚证上所载的当事人不属于无效婚姻或可撤销婚姻的法定情形，即应理解为婚姻登记真实有效，按照有效婚姻处理。如法院在审理上诉人秦某清因与被上诉人岳某君同居关系析产纠纷一案中认为，双方明知他人代理其进行结婚登记，且对此不持异议，虽未亲自到场办理结婚登记手续，但有公开举行婚礼，共同以配偶身份生活二十余年，且生育两个孩子，凭借结婚证办理申报子女户口等行为，表明双方缔结婚姻是其真实的意思表示。法律规定婚姻行为不得代理，而要求当事人双方亲自办理，其宗旨在于保障当事人系完全自愿地结为夫妻关系，这是婚姻成立的本质特征，但法律并没有规定当事人未亲自到场办理结婚登记，其缔结的婚姻一律无效。因此，只要查明当事人双方自愿结婚，并完成了结婚的形式要件，其法律登记中的瑕疵是不足以影响婚姻效力的。[①]

---

① 内蒙古自治区包头市中级人民法院（2019）内02民终1569号民事裁定书。

2. 婚姻无效说。提起民事诉讼，判决宣告婚姻无效。利用虚假身份信息骗取结婚登记的，所形成的婚姻违反了结婚的实质要件和形式要件，法院应依法判决宣告婚姻无效。[①] 如法院在审理原告苑某1与被告苑某2、李某婚姻无效纠纷一案中认为，苑某2与李某实际结婚，但因苑某2不具有法定结婚的年龄条件，冒用了苑某1的身份信息办理相关结婚事宜，苑某1并未亲自到婚姻登记机关与李某进行结婚登记，苑某2提供虚假身份信息与李某办理结婚登记应属无效民事行为，苑某1与李某的婚姻关系无效。[②] 正如有学者所言“如果将符合结婚实质要件但结婚登记程序上有瑕疵的婚姻宣告为无效婚姻，不仅随意扩大了无效婚姻的适用范围，同时也有悖于无效婚姻制度设立的初衷”。[③] 因此，对于结婚登记瑕疵案件，宣告婚姻无效于法无据。

3. 婚姻撤销说。提起行政诉讼，撤销婚姻登记行为。司法解释将结婚登记瑕疵情形按照行政复议或行政诉讼方式解决，赋予了行政审判撤销结婚登记行为的权限。如法院在审理原告樊某平与被告潜江市民政局、第三人黄某、严某旭民政婚姻登记一案中认为，申请结婚登记的当事人应当亲自到场并履行如实告知并保证提供的证件和证明的真实性；婚姻登记机关应当履行对当事人所提供材料及陈述的真实性进行充分审查的义务。联系本案查明的事实，原告因未到法定婚龄冒用第三人黄某的身份信息与第三人严某旭一起隐瞒真实情况申请结婚登记，其过错在先。被告未严格依照上述法规要求原告与第三人严某旭提交居民身份证，未尽合理的审慎职责。因此被告在原告与第三人严某旭申请结婚登记的相关材料均不齐全的情况下，为其办理结婚登记、颁发结婚证的行为，属事实不清，主要证据不足，程序违法，应予撤销。[④]

---

① 参见黄曙光：《利用虚假身份信息骗取登记的婚姻关系如何解除》，载《中国审判》2009年第5期。

② 黑龙江省安达市人民法院（2019）黑1281民初1517号民事判决书。

③ 吴晓芳：《当事人以婚姻法规定的无效婚姻四种情形以外的理由申请宣告婚姻无效，法院不予支持》，载最高人民法院民事审判第一庭编著：《最高人民法院民一庭民事典型案例精选》，人民法院出版社2014年版，第421页。又参见马忆南：《论结婚登记程序瑕疵的处理》，载《西南政法大学学报》2011年第2期。

④ 湖北省潜江市人民法院（2020）鄂9005行初33号行政判决书。

4. 婚姻成立说。凡是按照法律规定的要求，完成了缔结婚姻的全部形式要件，婚姻即告成立。婚姻成立与否，主要以当事人是否完成履行法定结婚形式或方式为判断标准。只要双方结婚登记是自愿的，即使欠缺某些非必要的形式条件，一般也不影响婚姻的成立。①

三、结婚登记瑕疵的规定存在不足

依据司法解释的规定，对于结婚登记瑕疵引起的纠纷，由婚姻登记机关处理或提起行政诉讼处理。但是，司法解释的规定存在明显不足，在实务和司法中遭遇尴尬。

（一）婚姻登记部门对结婚登记瑕疵仅能“被撤销”

依据《婚姻登记条例》第九条的规定，结婚当事人只有因受胁迫结婚的，才能向婚姻登记部门主张撤销结婚登记。同时，该条第二款对撤销结婚登记作了限定，即“婚姻登记机关经审查认为受胁迫结婚的情况属实且不涉及子女抚养、财产及债务问题的”。言外之意，受胁迫结婚者若涉及子女抚养、财产及债务问题的，婚姻登记机关撤销困难。同时，原《婚姻登记工作暂行规范》第四十六条亦明确规定：“除受胁迫结婚之外，以任何理由请求宣告婚姻无效或者撤销婚姻的，婚姻登记机关不予受理。”正基于此，学者认为，婚姻登记机关普遍拒绝受理撤销结婚登记瑕疵是不合适的。②

由于行政法规和规章未赋予婚姻登记部门对结婚登记瑕疵的撤销权，由此而引发的纠纷，只能通过行政诉讼解决，造成婚姻登记机关陷入依法“被撤销”的尴尬。正如有学者所言，将婚姻登记瑕疵案件作为行政案件来处理，实际上是通过行政程序解决婚姻关系纠纷，其合理性还有待商榷。③

---

① 参见王礼仁：《婚姻诉讼前沿理论与审判实务》，人民法院出版社 2011 年版，第 559—560 页。

② 最高人民法院民事审判第一庭编著：《最高人民法院婚姻法司法解释（三）理解与适用》，人民法院出版社 2011 年版，第 39 页。

③ 郭丽恒、李明舜：《对婚姻家庭中人身关系规定的几点思考——评析婚姻法司法解释（三）中的相关规定》，载《中华女子学院学报》2011 年第 4 期。

（二）最高人民法院对结婚登记瑕疵的规定前后不一

《婚姻法解释（三）》第一条（现《婚姻家庭编解释（一）》第十七条）是将《婚姻登记管理条例》第二十五条“申请婚姻登记的当事人弄虚作假、骗取婚姻登记的，婚姻登记管理机关应当撤销婚姻登记，对结婚、复婚的当事人宣布其婚姻关系无效并收回结婚证……”规定的赋予婚姻登记机关对结婚登记瑕疵的撤销权“捡回来”，但该条在《婚姻登记条例》中已经被删除。最高人民法院于1989年发布的《夫妻感情破裂意见》第四条规定，一方欺骗对方，或者在结婚登记时弄虚作假，骗取《结婚证》的，视为夫妻感情确已破裂。一方坚决要求离婚，经调解无效，可依法判决准予离婚。该司法解释是承认结婚登记瑕疵的婚姻效力。同时，根据最高人民法院给民政部的函复（法研〔2002〕81号）：2002年民政部办公厅就安徽省民政厅关于婚姻当事人双方结婚登记后，一方不知去向，法院在受理另一方提起的离婚诉讼时调查发现，失踪一方办理结婚登记时提供的身份证明、户籍证明及婚姻状况证明均系伪造，另一方因此要求婚姻登记机关撤销登记，应如何处理的答复为：这样的婚姻为有效婚姻，由法院按离婚处理。因而，结婚证的瑕疵不影响双方的婚姻关系的存在。该函复属于准司法解释，代表了最高人民法院认可结婚登记瑕疵的婚姻为有效婚姻。

因此，最高人民法院对结婚登记瑕疵的司法立场是多变的，由民事诉讼推向了行政诉讼。

（三）自愿登记结婚的夫妻身份因登记瑕疵成“同居”

结婚登记是一种行政行为，具体而言是一种行政确认行为。[①]结婚登记瑕疵根据其程度不同，可分为两类：明显重大违法；违法或不适当。我国台湾地区学者陈新民指出：“行政瑕疵行为是指一个行政行为没有明显与重大的瑕疵造成无效的后果，虽然构成违法，而且多数情形是在形式或程序上没有完全符合法令的规定。但是这种违法性是属于瑕疵，也是属于极小的瑕疵，

① 马忆南：《论结婚登记程序瑕疵的处理》，载《西南政法大学学报》2011年第2期。

因此，可以利用补救的方法，修正违法之处，让此行为重新获得合法性。”① 因此，针对结婚登记瑕疵的个案情形，应当明确该瑕疵是重大明显违法，还是违法或不适当。若属于前者，结婚登记行为应当被撤销；若属于后者，则不一定都要被撤销。因为，对违法或不适当的结婚登记瑕疵情形的撤销要受到信赖利益限制②，即要考量个案具体情形是否能满足信赖利益保护的一般适用要件。一般而言，撤销结婚登记可以实现的公共利益通常都会小于可能损害的信赖利益。因此，应当更多地采用存续保护方式，即不撤销相应的结婚登记。③

（四）行政诉讼因结婚登记瑕疵超过起诉期限处于“两难”

《民法典》婚姻家庭编对无效婚姻和可撤销事由采取穷尽式列举，排除了任何否定婚姻关系的其他法定事由。因此，婚姻是否有效、是否具有可撤销事由均由《民法典》婚姻家庭编决定，《民法典》婚姻家庭编中并未规定存在结婚登记瑕疵导致婚姻无效或被撤销。

司法解释存在法律适用的“障碍”。这是由于《行政复议法》第九条第一款规定，“公民、法人或者其他组织认为具体行政行为侵犯其合法权益的，可以自知道该具体行政行为之日起六十日内提出行政复议申请；但是法律规定的申请期限超过六十日的除外”。一般情形下，因结婚登记瑕疵而发生的纠纷均会超过六十日，则行政复议之路被“封死”。行政诉讼亦是如此。众所周知，《婚姻登记条例》仅规定了受胁迫的婚姻可在一年内由行政机关撤销。依据《行政诉讼法》第四十六条和相关司法解释的规定，公民、法人或者其他组织直接向人民法院提起诉讼的，应当自知道或者应当知道作出行政行为之日起六个月内提出。法律另有规定的除外。因不动产提起诉讼的案件

---

① 陈新民：《中国行政法学原理》，中国政法大学出版社2002年版，第171页。

② 信赖利益限制，即信赖保护原则在对行政行为撤销问题上的运用。根据信赖保护原则，政府对其行为应守信用，个人或者组织对政府行为的正当信赖应予合理保护，以使其免受不可预计的不利后果。信赖保护的方式包括：存续保护和财产补偿。参见马忆南：《论结婚登记程序瑕疵的处理》，载《西南政法大学学报》2011年第2期。

③ 参见马忆南：《论结婚登记程序瑕疵的处理》，载《西南政法大学学报》2011年2期。

自行政行为作出之日起超过二十年，其他案件自行政行为作出之日起超过五年提起诉讼的，人民法院不予受理。因此，在司法实践中，结婚登记瑕疵长达五年以上而提起行政诉讼的案例，并不鲜见，裁判时结婚登记行政行为是否撤销，存在“两难”，撤销登记于法无据，驳回原告的诉讼请求，婚姻行为又无法解决。

然而，司法解释并没有对该行政行为作出特例规定，也不可能作出例外规定。因此，司法解释也只是“权宜之计”，仅仅是把矛盾推向行政诉讼而已。

四、结婚登记瑕疵情形区别对待，审慎审判

婚姻经过登记而产生法律效力，特别是产生夫妻身份关系问题，若因结婚登记存在瑕疵而被判决撤销或确认婚姻登记行为无效，则双方不存在身份关系，不产生法律上的夫妻之间的权利与义务。因此，涉及结婚登记瑕疵的处理，决不能“一刀切”地按照司法解释的规定处理。因为，对于有瑕疵的行政行为，除非“严重且明显”，并不当然无效或可撤销。只要程序瑕疵没有明显影响实质决定，程序瑕疵可以忽略不计，不能以程序瑕疵主张撤销行政行为或认定行政行为无效。[①] 同时，结婚登记瑕疵问题情形比较复杂，其法律后果也不相同，一定要进行利益考量，根据具体个案的情形，审慎审判。正如有学者所言，“基于对人类情感的尊重，基于切实保护妇女儿童利益的需要，基于重视婚姻事实的考虑，特别是在该婚姻关系并不损害他人和社会公共利益时，人民法院不应轻易否定当事人婚姻的效力”。[②]

（一）代办代领结婚登记案件的处理

1.“被结婚”的处理。双方当事人或一方当事人未亲自到婚姻登记机关办理结婚登记，并保持异议，且双方当事人亦未在一起同居而领取了结婚证，该种情形称为“被结婚”。此时，当事人提起离婚诉讼的前提是双方存在有效婚姻。若“被结婚”，则结婚登记的效力认定涉及民政部门。从民事审判

---

① 何志:《婚姻法判解研究与适用》，人民法院出版社 2004 年版，第 164—165 页。

② 孙若君:《论欺骗登记婚的法律后果》，载《法律适用》2004 年第 10 期。

角度来看，应当裁定驳回当事人的起诉，同时进行释明，告知其可以找民政部门解决，或者直接提起行政诉讼。①

2. 代办代领结婚证的处理。双方当事人或一方当事人虽未亲自到婚姻登记机关办理结婚登记，但双方当事人领取了结婚证，并在一起同居。此时，当事人双方或一方虽未亲自到场办理结婚登记手续，但有公开举行婚礼、共同以配偶身份生活、凭证办理准生证或申报子女户口等行为，表明双方缔结婚姻是其真实的意思表示。因此，只要查明当事人双方系自愿结婚，并完成了结婚的形式要件，其结婚登记中的瑕疵不足以影响婚姻效力。②

（二）兄弟姐妹互换名字结婚登记案件的处理

1. 建议当事人首先到婚姻登记机关办理变更登记，让其恢复“本来面目”。对符合结婚实质要件但程序瑕疵的结婚登记，进行补正是可行的。③

2. 若当事人依据《婚姻家庭编解释（一）》提起行政诉讼，法院判决撤销了婚姻登记机关的婚姻登记行为，应当依据《婚姻家庭编解释（一）》第十七条告知当事人婚姻登记被撤销的法律后果，然而遗憾的是没有了“下文”。因此，建议明确按照《婚姻家庭编解释（一）》第七条④的规定处理。

3. 若当事人坚持走民事诉讼之路，建议不要“机械司法”，可认定符合结婚实质要件的在一起生活的夫妻的婚姻为有效婚姻，“名义夫妻”因

---

① 参见最高人民法院民法典贯彻实施工作领导小组主编：《中华人民共和国民法典婚姻家庭编继承编理解与适用》，人民法院出版社2021年版，第170页。

② 参见最高人民法院民法典贯彻实施工作领导小组主编：《中华人民共和国民法典婚姻家庭编继承编理解与适用》，人民法院出版社2021年版，第170—171页。

③ 马忆南：《论结婚登记程序瑕疵的处理》，载《西南政法大学学报》2011年第2期。

④ 《婚姻家庭编解释（一）》第七条规定：“未依据民法典第一千零四十九条规定办理结婚登记而以夫妻名义共同生活的男女，提起诉讼要求离婚的，应当区别对待：（一）1994年2月1日民政部《婚姻登记管理条例》公布实施以前，男女双方已经符合结婚实质要件的，按事实婚姻处理。（二）1994年2月1日民政部《婚姻登记管理条例》公布实施以后，男女双方符合结婚实质要件的，人民法院应当告知其补办结婚登记。未补办结婚登记的，依据本解释第三条规定处理。”

缺乏结婚实质要件而婚姻关系不存在。其实，当事人登记结婚前，双方当事人之间存在缔约婚姻关系的“婚约”，当然，该“婚约”没有法律强制力。从契约角度来看，“名义夫妻”之间根本不存在“婚姻”，虽说“名义夫妻”是形式上的“合法夫妻”，但缺乏两性结合，应认定该婚姻关系不存在。

（三）虚假身份登记结婚案件的处理

使用虚假身份证件，且经公安机关查证该证件系伪造，以骗取钱财为目的而与另一方登记结婚，婚后不久即下落不明的情形，婚姻登记机关是在受欺骗的情况下作出婚姻登记发证行为，该行政行为形式上虽已经存在，但具有重大、明显的瑕疵，且不符合有关结婚登记的条件。该行政行为属于无效行政行为。因此，受害人的救济途径是提起行政诉讼，请求撤销结婚登记。①

（四）没有结婚登记档案或存根案件的处理

因各种原因，当事人的结婚证在婚姻登记部门无存根或无结婚登记档案。该种情形下，只要查明双方当事人所持的结婚证的有关印章是真实的，该婚姻就受法律保护。无须考究婚姻登记部门无存根或无结婚登记档案的原因。正如有学者所言，因登记机关工作人员疏忽未进行登记或登记错误而颁发了结婚证，法律责任应由登记机构承担，而不应转嫁给当事人。②

（五）超过行政诉讼起诉期限案件的处理

一般而言，违法或不适当的行政行为应当予以撤销，但并非绝对撤销，应受到如重大公共利益限制、信赖利益限制、除斥期间限制等。在

① 参见最高人民法院民法典贯彻实施工作领导小组主编：《中华人民共和国民法典婚姻家庭编继承编理解与适用》，人民法院出版社 2021 年版，第 172 页。

② 参见最高人民法院民法典贯彻实施工作领导小组主编：《中华人民共和国民法典婚姻家庭编继承编理解与适用》，人民法院出版社 2021 年版，第 174 页。

某种限制条件存在时，相应行政行为虽然违法或不适当，也不应当被撤销。[①]就结婚登记瑕疵超过行政诉讼起诉期限而言，有裁定不予受理或驳回起诉，为了保护婚姻稳定性的价值取向，因结婚登记瑕疵纠纷而提起行政诉讼应当受到起诉期限的限制。[②]因此，超过起诉期限的，按照离婚诉讼处理。

五、结婚登记瑕疵纳入民事诉讼，治标治本

婚姻登记只是政府出于公益对婚姻当事人双方结婚意愿和结婚行为的确认。[③]在审判实践中，行政诉讼严格审查程序是否存在问题，并不区分是否是“明显且严重”的瑕疵，用“一刀切”的方式判决撤销，夫妻身份关系处于随时可能被撤销的状态。“这种模糊不定的婚姻生活，无疑会给当事人带来潜在的心理威胁，不利于婚姻义务的认真履行。”[④]因此，确有必要对结婚登记瑕疵进行立法上和司法解释上的完善，将结婚登记瑕疵由民事诉讼、行政诉讼的“双轨制”纳入民事诉讼的“单轨制”。

（一）司法解释层面：取消行政诉讼纳入民事诉讼

《婚姻家庭编解释（一）》第十七条第二款将结婚登记瑕疵纳入行政诉讼渠道解决，应当修改为一律纳入民事诉讼渠道解决。

1. 结婚登记瑕疵行政诉讼渠道解决弊端凸显。（1）行政诉讼严格依照程序规定，不分瑕疵的轻重，一律撤销结婚登记，对当事人是不公平的，会对社会造成极大的不稳定。因此，仅以程序违法而撤销符合结婚实质要件的结婚登记行为，显然有悖婚姻法重实质的立法精神，也不利于保护婚姻当事人

---

① 马忆南：《论结婚登记程序瑕疵的处理》，载《西南政法大学学报》2011年第2期。

② 2014年6月21日“中国家事法论坛”期间，笔者就婚姻登记瑕疵的起诉期限问题请教吴晓芳女士，她亦赞同起诉应当受到期限限制，超期不予受理或驳回起诉，当事人的救济渠道按照离婚诉讼处理。笔者在此致谢。

③ 王晨、李亚兰：《从结婚登记程序瑕疵看婚姻法与行政法的竞合》，载《黑龙江社会科学》2008年第6期。

④ 孙若军：《论欺骗登记婚的法律后果》，载《法律适用》2004年第10期。

的合法权益。[1]（2）存在法律适用障碍。结婚登记瑕疵的起诉期限受到制约，造成当事人“无路可走”的局面。（3）司法实践中裁判乱象的症结就在于司法解释本身。正如有学者所言，行政复议和行政诉讼不符合当事人的意图。事实上，某些情形下，对行政行为的评价与对婚姻关系的效力判断并不完全一致。[2]

2. 婚姻效力问题应当通过民事诉讼解决。《民法典》婚姻家庭编由原来的婚姻登记机关、人民法院均有权撤销婚姻登记的“双轨制”，改为仅有人民法院可以撤销婚姻登记的“单一制”，可庆可贺。

（二）法律法规层面：将欺诈列为可撤销婚姻的范畴

1.《民法典》婚姻家庭编、《婚姻登记条例》规定的可撤销婚姻的法定事由过于单一。《民法典》婚姻家庭编第一千零五十二条规定了因胁迫而结婚的，受胁迫的一方可以向婚姻登记机关或者人民法院请求撤销该婚姻。第一千零五十三条规定了一方患有重大疾病的，应当在结婚登记前如实告知另一方；不如实告知的，另一方可以向人民法院请求撤销婚姻。结婚登记瑕疵情形多数涉及欺诈[3]，因而被排除在可撤销婚姻之外。因一方受欺诈而结婚的行为，既妨害了婚姻登记管理秩序，又违反了婚姻自由的法定原则。因此，为了弥补法律、法规的漏洞，确有必要将欺诈婚姻纳入可撤销婚姻的范畴。

2.《民法典》将欺诈列入可撤销范畴，因欺诈而结婚应当适用《民法典》的规定。《民法典》第一百四十八条规定：“一方以欺诈手段，使对方在违背真实意思的情况下实施的民事法律行为，受欺诈方有权请求人民法院或者仲裁机构予以撤销。”而婚姻本质上是一种契约行为，这种契约行为的特点就是当事人意思表示真实。在欺诈婚姻中，当事人一方在婚姻问题上意思表示不真实、不自愿，这显然违背了当事人意思自治的原则，将欺诈列为可撤销

---

① 毕海燕：《当事人仅以程序违法要求撤销结婚登记行为不应支持》，载《山东审判》2011 年第 2 期。

② 马忆南：《论结婚登记程序瑕疵的处理》，载《西南政法大学学报》2011 年第 2 期。

③《民法通则意见》第六十八条规定：“一方当事人故意告知对方虚假情况，或者故意隐瞒真实情况，诱使对方当事人作出错误意思表示的，可以认定为欺诈行为。”

婚姻的法定事由是完全合理的。[①] 同时，将欺诈婚姻是否撤销的权利交由当事人行使，当事人在进行各方面利益综合考量的基础上审慎行使，更有利于保护婚姻自由的权利。

第六节 事实婚姻

一、问题的提出

未办理结婚登记而以夫妻名义同居生活的男女两性结合，可分为两种：一是事实婚姻关系；二是非法同居关系。[②] “非法同居关系”现已称为“同居关系”，不涉及子女抚养或者析产问题，人民法院不予受理。涉及子女抚养、析产的，人民法院才依法受理。对于事实婚姻关系问题，存在不同看法：一种意见认为，事实婚姻因缺少登记程序，在法律性质上既非无效婚姻，也非可撤销婚姻，而是不存在的婚姻。[③] 另一种意见认为，事实婚姻等同于无效婚姻，不受法律保护。还有意见认为，事实婚姻要具体问题具体分析，根据同居时间来看是否保护。对此，《婚姻家庭编解释（一）》第七条规定：“未依据民法典第一千零四十九条规定办理结婚登记而以夫妻名义共同生活的男女，提起诉讼要求离婚的，应当区别对待：（一）1994 年 2 月 1 日民政部《婚姻登记管理条例》公布实施以前，男女双方已经符合结婚实质要件的，按事

---

① 游文秀：《论结婚登记瑕疵的婚姻效力认定》，山西大学法律硕士 2013 年学位论文。

② 非法同居作为法律名词的提出，是违反法律逻辑的。就法理而言，法无明文禁止性规定的行为，即为合法行为。因此，所谓非法，应当是指违反了法律规定的行为，而我国任何一部法律都没有限制或禁止无婚姻关系者同居的规定，既然法无明文规定，则何谈违法？《婚姻法》第八条规定，“未办理结婚登记的，应当补办登记”。《婚姻法解释（一）》第五条规定，未补办结婚登记的，按解除同居关系处理。《婚姻法解释（二）》第一条第一款规定：“当事人起诉请求解除同居关系的，人民法院不予受理。但当事人请求解除的同居关系，属于婚姻法第三条、第三十二条、第四十六条规定的‘有配偶者与他人同居’的，人民法院应当受理并依法予以解除。”因此，未办理结婚登记的，是同居关系（事实婚姻的除外），并非非法同居。

③ 张学军：《事实婚姻的效力》，载《法学研究》2002 年第 1 期。

实婚姻处理。（二）1994年2月1日民政部《婚姻登记管理条例》公布实施以后，男女双方符合结婚实质要件的，人民法院应当告知其补办结婚登记。未补办结婚登记的，依据本解释第三条规定处理。”据此，未办理结婚登记而以夫妻名义同居生活的男女，起诉到法院离婚的，应当区别对待：一是按事实婚姻处理；二是按同居关系处理。

事实婚姻并不鲜见。所谓事实婚姻，是指没有配偶的男女，未办理结婚登记，即以夫妻关系同居生活，群众也认为是夫妻关系的两性结合。① 对事实婚姻，应当采取包容的态度，妥善处理。在研究事实婚姻之前，先看一则案例：

案例18：本案是否构成事实婚姻？②

原告赵某与被告时某1经人介绍认识并确立恋爱关系，后同居生活，但至今没有办理结婚登记手续。婚后生长子时某3现已成年结婚；长女时某2于2005年5月21日出生，现由原告抚养。后原、被告于2020年10月分居生活至今，原告陈述于1994年2月1日前同居生活没有办理结婚登记手续形成事实婚姻，对此，法院给予采信。审理中，原告提出要求抚养未成年女儿，并不让被告承担抚养费，且家有自建4间2层楼房留给儿子不再分割的意见，法院均给予采信。

法院认为，合法的婚姻受法律保护，结婚登记应当男女双方完全自愿，但根据最高人民法院《关于人民法院审理未办结婚登记而以夫妻名义同居生活案件的若干意见》第六条的规定，审理事实婚姻关系的离婚案件，应当先进行调解……经调解不能和好的，应调解或判决准予离婚。本案中，被告无正当理由没有到庭参加诉讼，不能调解和好，应判决准予离婚。原、被告有一长女经常随原告生活，原告要求抚养，并不让被告承担抚养费，该意见是原告的真实意思表示，应予准许。原告提出家有共同财产4间2层楼房，因

① 此定义是婚姻法学上常说的狭义的事实婚姻概念。当然，还有广义的事实婚姻概念，是指男女双方未办结婚登记，便以夫妻名义同居生活，群众也认为是夫妻关系的两性结合。显然，两者的概念是有明显区别的。

② 详见河南省新蔡县人民法院（2021）豫1729民初1156号民事判决书。

原告表示留给儿子不再分割的意见也是其真实意思表示，对此，法院不再作分割处理。遂判决：一、准予原告赵某与被告时某1离婚；二、婚生长女时某2由原告抚养，并由原告自行承担抚养费。

上述案例涉及事实婚姻的认定问题。试问：事实婚姻的构成要件如何？我国婚姻家庭法律对事实婚姻的态度如何？事实婚姻应当如何处理？

二、事实婚姻构成要件的司法认定

事实婚姻在我国长期存在，其构成要件如下：

1. 事实婚姻的男女均无配偶，有配偶则成为事实重婚。我们应当区别事实婚姻与事实重婚的界限。双方或一方有配偶，均构成事实重婚。而事实重婚是对结婚实质要件的违反，也是对我国婚姻法律制度关于一夫一妻制原则的践踏。事实重婚涉嫌刑事犯罪，根据《刑法》第二百五十八条的规定，有配偶而重婚的，或者明知他人有配偶而与之结婚的，处二年以下有期徒刑或者拘役。

2. 事实婚姻的男女双方都具有终身共同生活的目的。这是事实婚姻的内在特征，也是事实婚姻与通奸、姘居等不正当两性关系行为的区别。

3. 事实婚姻的男女双方应当具备公开的夫妻身份。也就是说，不仅具有夫妻内在生活的一切内容，而且在外部形式上其夫妻关系为社会所承认。这是事实婚姻与一切隐蔽性、临时性的不正当两性关系的形式区别。

4. 事实婚姻未履行结婚登记手续，直接违反了《民法典》第一千零四十九条的规定，这是事实婚姻违法性的主要表现。对结婚形式要件的违反，是事实婚姻与法定婚姻的明显区别。

5. 符合法定条件。符合法定结婚条件和符合法定时间条件，这是其区别于同居关系的主要特征。根据最高人民法院1989年《同居若干意见》的规定，符合法定条件包括以下两种情况：（1）1986年3月15日《婚姻登记办法》施行之前，未办理结婚登记手续即以夫妻名义同居的，一方起诉“离婚”，起诉时双方均符合结婚的法定条件，可认定为事实婚姻关系。如起诉时一方或双方不符合结婚的法定条件，应认定为同居关系。（2）1986年3月15日《婚姻登记办法》施行之后，1994年2月1日《婚姻登记管理条例》施行之前，未经结婚登记即以夫妻名义同居的，一方起诉“离婚”，如同居时双方均符合结婚的法定条件，可认定为事实婚姻关系。如同居时一方或双方不符合结婚的法定条件，应认定为同居关系。

自 1994 年 2 月 1 日《婚姻登记管理条例》施行后，未经结婚登记即以夫妻名义同居的，一律按同居关系对待。但在此以前已经形成的事实婚姻，仍按事实婚姻处理。

综上所述，根据最高人民法院 1989 年《同居若干意见》的规定，我国狭义的事实婚姻具有以上五个特征。在一般情况下，只要同时具备以上特征，就可认定为事实婚姻。但法定的特殊情况除外，即离婚后双方未再婚，未履行复婚登记手续，又以夫妻名义同居生活，即使其同时具备上述事实婚姻的五个特征，一般也按同居关系处理。因为这里涉及此前离婚证或人民法院判决书、调解书的效力问题，如果认定该种情形属于事实婚姻，离婚证、判决书、调解书就失去了法律意义。①

必须注意的是，2001 年 4 月 28 日修正后的《婚姻法》公布实施后，依该法第八条规定，双方当事人均符合结婚条件的事实婚姻，经过补办结婚登记后，可以转化为合法婚姻。并且，依照《婚姻家庭编解释（一）》第七条规定，未按《民法典》第一千零四十九条规定办理结婚登记而以夫妻名义同居的男女，在 1994 年 2 月 1 日民政部《婚姻登记管理条例》公布实施以前，男女双方已经符合结婚实质要件的，按事实婚姻处理。由此看来，司法解释对事实婚姻的认定条件已有所放宽。

三、我国婚姻家庭立法对事实婚姻的态度

在司法实践中，面对大量未经登记而公开以夫妻名义同居生活的男女起诉到法院的“离婚”案件，如何认定其法律地位，要不要予以保护，在多大的限度内予以保护，始终是困扰司法界的一大难题。纵观我国婚姻立法及其司法解释，大致可以概括为从承认主义到限制承认主义最后到不承认主义的发展过程，经历了从肯定到否定，从保护到制裁，从注重实质要

---

① 杜万华、宋晓明主编：《基层人民法院法官培训教材实务卷》（民商事审判篇），人民法院出版社 2005 年版，第 158 页。

件到注重形式要件，从无可奈何的容忍到最终走向强硬的否认这一艰难的抉择。

1. 承认时期（1950 年《婚姻法》施行期间）。我国在历史上是长期实行仪式婚制的国家。二十世纪五十年代初，由于刚刚废除了历史悠久的封建主义婚姻制度，广大人民群众对于实行婚姻登记制度很不习惯。所以，在 1950 年《婚姻法》公布施行后，许多人结婚仍不去婚姻登记机关登记，只举行一个结婚仪式即以夫妻名义同居生活。在这种情况下，不承认事实婚姻关系，或者将未登记而举行了结婚仪式的情形一律宣布为无效婚姻是行不通的。因此，我国在二十世纪五十年代通过立法解释和司法解释承认事实婚姻关系，将事实婚姻纠纷按照离婚案件处理。

2. 限制承认时期（1984 年 8 月—1994 年 2 月）。1980 年《婚姻法》施行后，最高人民法院 1984 年 8 月 30 日《关于贯彻执行民事政策法律若干问题的意见》指出事实婚姻是违法的，应对双方当事人进行严肃的批评教育，指出其行为的违法性和危害性，并对事实婚姻的认定标准作了限制性解释。除当事人结婚时未进行结婚登记即以夫妻名义同居外，还要求起诉时双方必须达到法定结婚年龄和符合结婚的其他条件。从而将虽以夫妻名义同居生活，但起诉时双方或一方不符合结婚的法定条件的情形，排除在事实婚姻关系以外，作为非法同居关系处理，而不是按离婚案件处理。至此，我国司法机关开始限制承认事实婚姻关系。

1989 年 11 月 21 日最高人民法院《同居若干意见》明确了“在一定时期内有条件的承认事实婚姻关系”的原则，其主要内容是：

（1）再次重申了未办结婚登记即以夫妻名义同居的违法性。人民法院在审理该类案件时，应首先向双方当事人严肃指出其行为的违法性和危害性，并增加了视其情节轻重给予批评教育或适当的民事制裁的规定。

（2）进一步限制事实婚姻的构成。表现在两个方面：一是从产生事实婚姻的时间上限制。根据《同居若干意见》第一条、第二条的规定，在 1986 年 3 月 15 日以前，没有配偶的男女未办结婚登记即以夫妻名义同居生活，一方向人民法院起诉“离婚”，如起诉时双方均符合结婚的法定条件，则认定为事实婚姻关系；如起诉时双方或一方不符合结婚的法定条件，则认定为非法同居关系。在 1986 年 3 月 15 日以后，未办结婚登记即以夫妻名义同居生活，一方向人民法院起诉“离婚”，如同居时双方均符合结婚的法定条件，可认定为事实婚姻关系；如同居时一方或双方不符合结婚的法定条件，则认定为非法同居关系。二是从产生事实婚姻的原因上限制。根据该《同居若干意见》第四条的规定，离婚后的双方未履行复婚手续又以夫妻名义共同生活，一方起诉“离婚”的，应认定为非法同居关系，并依法解除其非法同居关系。这样，就结束了以前将事实上的复婚认定为事实婚姻关系的历史，进一步缩小了事实婚姻关系的范围。

（3）规定了承认事实婚姻关系的最后期限。根据该《同居若干意见》第三条的规定，自民政部新的婚姻登记管理条例施行之日起，没有配偶的男女，未办结婚登记即以夫妻名义同居生活的，按非法同居关系对待。

（4）明确将未办理结婚登记即以夫妻名义同居生活的区分为“事实婚姻关系”与“非法同居关系”两种，规定了人民法院确认事实婚姻关系有效。对于非法同居关系一律判决予以解除，不按离婚案件处理。

3. 不承认时期（1994 年 2 月 1 日至今）。1994 年 2 月 1 日民政部颁布了新的《婚姻登记管理条例》，该条例第二十四条规定：“未到结婚年龄的公民以夫妻名义同居的，或者符合结婚条件的当事人未经登记以夫妻名义同居的，其婚姻关系无效，不受法律保护。”最高人民法院在《关于适用新的〈婚姻登记管理条例〉的通知》中明确指出：“自 1994 年 2 月 1 日起，没有配偶的男女，未经结婚登记即以夫妻名义同居生活的，其婚姻关系无效，不受法律保护。对于起诉到人民法院的，应按非法同居关系处理。”至此不再承认事实婚姻的法律效力。根据修正后的《婚姻法》第八条和《婚姻法解释（一）》第五条的规定来看，法律对事实婚姻采取了不承认主义。《民法典》婚姻家庭编及《婚姻家庭编解释（一）》第七条亦采取了同样的态度。

四、事实婚姻的司法处理

在司法实践中，根据《民法典》及其婚姻法司法解释的有关规定，对事实婚姻的处理应当遵循下列原则：

1. 根据《婚姻家庭编解释（一）》第七条的规定，男女双方根据《民法典》第一千零四十九条规定补办结婚登记的，婚姻关系的效力从双方均符合结婚的实质要件时起算。采取了承认补办登记具有溯及力的原则，其婚姻效力自双方当事人均符合结婚的实质要件时起算。可见，如果事实婚姻当事人补办了结婚登记，其婚姻即转化为合法有效的婚姻。

2. 对于未补办结婚登记的男女，起诉到人民法院要求“离婚”的，根据《婚姻家庭编解释（一）》第七条的规定，应当区别对待：（1）1994 年 2 月 1 日民政部《婚姻登记管理条例》公布实施以前，男女双方已经符合结婚实质要件的，按事实婚姻处理。（2）1994 年 2 月 1 日民政部《婚姻登记管理条例》公布实施以后，男女双方符合结婚实质要件的，人民法院应当告知其在案件受理前补办结婚登记；未补办结婚登记的，按解除同居关系处理。

3. 未办结婚登记而以夫妻名义共同生活的男女，在同居生活期间一方死亡，另一方要求继承死者遗产，人民法院应首先区分属于事实婚姻关系还是同居关系，如为事实婚姻关系的，可以以配偶身份按继承法律的有关规定处理。① 如认定为同居关系，只能根据扶养的具体情况，按照《民法典》第一千一百三十一条“对继承人以外的依靠被继承人扶养的人，或者继承人以外的对被继承人扶养较多的人，可以分给适当的遗产”的规定，法定继承人以外对被继承人扶养较多的人可分得适当的遗产。

---

① 《最高人民法院公报》1992 年第 3 期（总第 31 期）刊登谢某辉、郑某本诉陈某军等继承纠纷案，西安市中级人民法院认为：郑某、陈某杰生前以夫妻名义公开生活，已形成事实婚姻，应视为夫妻关系，其财产应为夫妻共同财产。《继承法》第二条规定：“继承从被继承人死亡时开始。”第十条第二款规定，遗产继承，在“继承开始后，由第一顺序继承人继承，第二顺序继承人不继承。没有第一顺序继承人继承时，由第二顺序继承人继承”。陈某杰死亡在郑某之前约 20 分钟，依照《继承法》的规定，陈某杰死亡后，其遗产应由第一顺序继承人郑某继承。郑某死亡后，其遗产应由第一顺序继承人即本案上诉人谢某辉、郑某本继承。

陈某杰所遗债务，由谢某辉、郑某本用所得遗产清偿。陈某军、陈某英、陈某玉、陈某忠系陈某杰的第二顺序法定继承人，无权继承陈某杰的遗产。但是，陈某军等四被上诉人，对陈某杰生前有一定扶助，陈某杰、郑某死亡后，与上诉人共同办理了丧事，依照《继承法》第十四条的规定，可以分给他们适当的遗产。原审判决认定事实不清，适用法律不当，依法应予改判。据此，该院于 1991 年 3 月 19 日判决：一、撤销第一审判决；二、分给被上诉人陈某军、陈某英、陈某玉、陈某忠每人 2000 元；三、上诉人谢某辉、郑某本继承其余全部遗产；四、上诉人谢某辉、郑某本在本判决生效后一个月内一次给付陈某杰欠陈某玉债务 1000 元。

五、对案例18的简要评析

在本案中，由于被告缺席，根据原告的自述，双方于1994年2月1日前同居生活，一直没有办理结婚登记手续，根据《婚姻家庭编解释（一）》第七条“未依据民法典第一千零四十九条规定办理结婚登记而以夫妻名义共同生活的男女，提起诉讼要求离婚的，应当区别对待：（一）1994年2月1日民政部《婚姻登记管理条例》公布实施以前，男女双方已经符合结婚实质要件的，按事实婚姻处理。（二）1994年2月1日民政部《婚姻登记管理条例》公布实施以后，男女双方符合结婚实质要件的，人民法院应当告知其补办结婚登记。未补办结婚登记的，依据本解释第三条规定处理”的规定，本案原告与被告的婚姻关系构成了事实婚姻关系，参照合法婚姻关系处理。

第七节　无效婚姻

一、问题的提出

无效婚姻，是指欠缺婚姻成立的法定条件而不发生法律效力的男女两性的结合。无效婚姻的特征有二：一是男女两性结合的时候不符合婚姻法规定的结婚应当符合的实质要件或者程序要件；二是男女当事人以夫妻名义共同生活，生儿育女，甚至举行了公开的结婚仪式，在现实生活中被社会公认为互有夫妻身份关系。婚姻是男女两性以永久共同生活为目的的结合，但作为一种社会形式，其只有在符合婚姻成立的实质要件和形式要件时，才能得到社会的承认，才是合法的婚姻，具有婚姻的法律效力，受到法律的承认和保护。反之，则是违法婚姻，为法律所禁止和取缔。虽然我国《民法典》婚姻家庭编第一千零五十条规定了重婚、有禁止结婚的亲属关系、未到法定婚龄为无效婚姻的情形，但是规定相当简单，《婚姻家庭编解释（一）》对此作了诸多解释，增强了可操作性。

在研究无效婚姻之前，先看两则案例：

案例 19：因重婚被宣告婚姻无效[①]

王某与李某于 1994 年 11 月 4 日登记结婚。王某在未与李某离婚的情况下，于 2002 年 6 月 17 日又与孙某登记结婚。王某与孙某未在一起共同生活，也未生育子女、无共同财产及共同债务，未形成现实的婚姻关系。以上事实，有原、被告双方当事人的陈述，王某与李某结婚登记申请书复印件、王某与孙某结婚登记申请书复印件等证据材料在卷佐证。

法院认为，《民法典》第一千零四十一条第二款规定："实行婚姻自由、一夫一妻、男女平等的婚姻制度。"第一千零五十一条规定："有下列情形之一的，婚姻无效：（一）重婚；（二）有禁止结婚的亲属关系；（三）未到法定婚龄。"男女双方缔结婚姻应当符合法定条件，王某在与李某有合法婚姻关系未离婚的情况下，又与孙某登记结婚，系重婚，违反了一夫一妻的婚姻制度，故王某与孙某的婚姻关系自 2002 年 6 月 17 日登记即无效。据此判决宣告孙某与王某的婚姻无效。

案例 20：近亲同居能否形成事实婚姻？[②]

徐某起诉请求依法宣告徐某与胡某的婚姻无效。徐某与胡某于 1993 年二月初四按照农村的习俗送了聘礼，也以夫妻名义共同生活，按照当时《婚姻法》的规定即形成了事实婚姻。徐某与胡某之间系亲表兄妹关系，属于《婚姻法》规定的三代以内旁系血亲，该婚姻系近亲结婚，属法定禁止结婚事由，为无效婚姻。

法院认为：婚姻关系效力的判断，应当以当事人双方缔结婚姻关系的存在为前提。本案中，徐某与胡某虽以夫妻名义同居生活，但双方系表兄妹关系，属三代以内旁系血亲，是《婚姻法》规定禁止结婚的亲属关系，双方并不符合结婚的实质要件，未能形成事实婚姻关系，且双方并未办理结婚登记手续，故双方并未缔结婚姻关系。双方不存在婚姻关系，徐某起诉申请宣告

---

① 详见吉林省公主岭市人民法院（2021）吉 0184 民初 1079 号民事判决书。

② 详见浙江省金华市中级人民法院（2020）浙 07 民终 5322 号民事裁定书。

婚姻关系无效不符合起诉条件，应依法不予受理，已经受理的依法应予驳回。据此裁定驳回徐某的起诉。

上述案例涉及婚姻家庭编婚姻无效的情形。试问：婚姻家庭编规定的婚姻无效的法定情形有哪些？如何理解适用婚姻无效的阻却事由？婚姻无效的法律后果如何？婚姻无效的请求权主体包括哪些？婚姻无效的诉讼主体如何确定？宣告婚姻无效案件的诉讼程序如何进行？司法实践中应当注意哪些问题？

二、婚姻无效的法定情形

（一）婚姻无效的法定情形

根据我国《民法典》婚姻家庭编第一千零五十一条的规定，有下列情形之一的，婚姻无效：

1. 重婚。重婚是指有配偶的人又与他人登记结婚的违法行为，或者明知他人有配偶而与他人登记结婚的违法行为。[①] 有配偶者已经有一个婚姻关系存在，如再行结婚，又产生一个婚姻关系，便产生前婚与后婚的重叠而构成了重婚。法律规定任何人不得同时拥有两个或两个以上的配偶，有配偶者违反一夫一妻原则而再行结婚的，构成重婚，重婚属于无效婚姻。

重婚包括双方均有配偶的重婚和一方无配偶与已有配偶者的重婚。按照我国《刑法》的规定，有配偶而重婚，或者明知他人有配偶而与之结婚的，应追究其刑事责任，不知对方已有配偶而与之结婚的，不是重婚的犯罪主体。但是，从《民法典》婚姻家庭编讲，无论无配偶的一方是善意或者恶意，都破坏了一夫一妻的婚姻制度，对其婚姻无效的认定没有任何影响。

2. 有禁止结婚的亲属关系的。由于自然选择规律的要求，以及长期形成的伦理观念，禁止一定范围的亲属结婚，是各国亲属立法的通例。根据《民法典》婚姻家庭编第一千零四十八条的规定，禁止直系血亲和三代以内

---

① 黄薇主编：《中华人民共和国民法典婚姻家庭编释义》，法律出版社2020年版，第38页。

的旁系血亲结婚，因此，凡直系血亲和三代以内的旁系血亲结婚的，都是无效婚姻。[①]

3. 未到法定婚龄的。《民法典》婚姻家庭编第一千零四十七条规定：“结婚年龄，男不得早于二十二周岁，女不得早于二十周岁。”法律规定男女双方必须均已达到法定婚龄始得结婚，一方或双方未达法定婚龄即行结婚的，是无效婚姻，法律不予承认。

婚姻无效的情形，只能是具备法定的三种情形之一，不得作扩展解释。对此，《婚姻家庭编解释（一）》第十七条第一款规定：“当事人以民法典第一千零五十一条规定的三种无效婚姻以外的情形请求确认婚姻无效的，人民法院应当判决驳回当事人的诉讼请求。”

（二）审判实践中应当注意的问题

《民法典》婚姻家庭编第一千零五十一条规定了三种无效婚姻的情形，但对这三种无效婚姻应如何适用法律，《民法典》婚姻家庭编未明确规定，笔者认为，在审判实践中应当注意下列问题：

1. 在对重婚问题上认定，应坚持前婚有效、后婚无效原则。所谓重婚，是指有配偶的人又与他人登记结婚的违法行为，或者明知他人有配偶而与他人登记结婚的违法行为。虽未登记结婚，但有配偶的人与他人以夫妻名义同居生活的，或者明知他人有配偶而与之以夫妻名义同居生活的，也构成重婚。重婚是被法律严格禁止的违法行为。《民法典》婚姻家庭编第一千零四十二

---

① 《最高人民法院关于三代以内的旁系血亲之间的婚姻关系如何处理问题的批复》（〔1987〕民他字第 36 号）载明：

“安徽省高级人民法院：

你院法民他字〔1986〕第 4 号关于曹某林诉占某琴离婚一案的请示报告收悉。经征求全国人大常委法制工作委员会和民政部等单位的意见后，我们研究认为：曹某林与占某琴是三代以内的表兄妹，双方隐瞒近亲关系骗取结婚登记，违反了我国婚姻法第六条关于禁止三代以内的旁系血亲结婚的规定，这种婚姻关系依法是不应保护的。但曹、占两人已经结婚多年，并生有子女，根据本案的具体情况，为保护妇女和儿童的利益，同意你院的第二种意见，按婚姻法第二十五条规定处理。处理时，必须指出双方骗取结婚登记的错误，特别是对男方曹某林的错误要进行严肃的批评教育，并可建议其工作单位给以适当处分，对子女抚养和财产分割，应照顾子女和女方的合法权益，合情合理地予以解决。”

条第二款规定禁止重婚。对于重婚的，不仅要确认重婚者的第二个“婚姻”无效，解除其重婚关系，还应追究重婚者的刑事责任。我国《刑法》第二百五十八条规定：“有配偶而重婚的，或者明知他人有配偶而与之结婚的，处二年以下有期徒刑或者拘役。”当然，前婚必须符合结婚的实质要件和形式要件。

2. 禁止结婚的亲属关系，应包括直系血亲，也包括拟制直系血亲。《民法典》婚姻家庭编第一千零四十八条规定：“直系血亲和三代以内的旁系血亲禁止结婚。”禁止一定范围内的近亲属间结婚是古今中外的立法通例。虽有学者认为，婚姻自由已经是不可争议的社会原则，给自愿的婚姻加上不合理的限制是不适当的，《民法典》婚姻家庭编为表兄弟姐妹和某些不宜生育的疾病患者“解禁”实有必要。[①] 但我们在审判实践中应当严格依照《民法典》婚姻家庭编的规定进行审理，不能抛开《民法典》婚姻家庭编的规定，否则将构成适用法律错误。如报载：从恋爱、同居、生子、分居到补领结婚证……共同生活近八年、并育有两个儿子的一对“夫妻”，近日被法院宣告“婚姻”无效，成为广东省汕头市潮南区人民法院史上第一宗宣告无效婚姻的案件。而向法院申请宣告婚姻无效的，并非这对“夫妻”本人，而是男方的母亲。[②]

3. 结婚的当事人是否应当具有结婚的行为能力。《民法典》婚姻家庭编并没有规定当事人是否应当具有缔结婚姻的行为能力，导致符合法定结婚年龄的男性、女性因属于无民事行为能力人或者限制民事行为能力人，其缔结婚姻的效力存在分歧。正如有学者所言，婚姻的当事人应当具有结婚的行为能力。当事人是无民事行为能力人，自然无缔结婚姻的行为能力。限制民事行为能力人如缔结婚姻与其智力和精神健康状况相适应，则其属于具有缔结婚姻行为能力的人。[③] 因此，虽《民法典》婚姻家庭编没有规定缔结婚姻关系的当事人应当具有结婚的行为能力。但因为《民法典》总则编对自然人的民事行为能力作出了明确规定，无民事行为能力人实施的

---

① 刘余香：《我国婚姻法规定的禁止结婚条件质疑》，载《法学杂志》2009 年第 1 期。

② 宿华文等：《表姐弟“八年”婚姻被宣告无效》，载《人民法院报》2011 年 8 月 29 日。

③ 参见薛宁兰、谢鸿飞主编：《民法典评注：婚姻家庭编》，中国法制出版社 2020 年版，第 63 页。

民事法律行为无效，结婚行为当然属于民事法律行为，自然要受《民法典》总则编的规制。如果当事人一方或者双方欠缺结婚的行为能力，其婚姻关系当属无效。

三、无效婚姻的阻却事由

我国《民法典》婚姻家庭编中确定了无效婚姻的三种情形，但必须把握的是这三种情形必须是一方向法院申请宣告婚姻无效时仍客观存在的情形。无效婚姻的判断，应以起诉时的状况为准。因为无论起诉前或缔结婚姻时的状况怎样，一旦经过一定的期间，当双方已经具备法律规定的结婚条件时，就已经属于合法的婚姻，不能用以前的无效事由来对抗已经合法有效的婚姻。《婚姻家庭编解释（一）》根据立法本意，从有利于稳定当事人生活关系的角度出发，承认此领域内阻却事由的存在。当事人或利害关系人向人民法院请求宣告无效婚姻的案件，必须是起诉时该婚姻仍属于法律规定的无效情形，否则不予支持。即由于阻却事由的出现，将导致不能出现无效婚姻的结论。《婚姻家庭编解释（一）》第十条规定："当事人依据民法典第一千零五十一条规定向人民法院请求确认婚姻无效，法定的无效婚姻情形在提起诉讼时已经消失的，人民法院不予支持。"因为，在一方向人民法院申请宣告婚姻无效时，婚姻无效的情况已发生了变化，则这种无效婚姻演变为有效婚姻。比如，结婚时，未达法定婚龄，但一方申请时，已达法定婚龄。有以上情形，不能以无效婚姻对待。

对以重婚为由申请宣告婚姻无效的，有观点认为，在申请时，如果重婚者仅存有一个婚姻关系，就可不再宣告另外一个婚姻无效。笔者认为，因重婚是严重违反一夫一妻制原则的行为，所以不存在阻却事由，即无论申请时，重婚者是存在两个婚姻关系，还是只有一个婚姻关系，都应宣告其中一个婚姻无效，构成犯罪的，还应予以刑罚制裁。

对以有禁止结婚亲属关系为由申请宣告婚姻无效的，也有观点认为，在申请宣告婚姻无效时，如果当事人已结婚多年，并生有子女或不再生育的，可以以此作为阻却事由，对当事人和利害关系人的申请不予支持。因为，法律规定禁止近亲结婚的目的，无非就是为避免因男女近亲结婚，将双方精神上和肉体上的弱点和缺点集中遗传给下一代，有损下一代的健康，给国家和民族的兴旺与社会的发展带来不利后果，而对有禁止结婚亲属关系的婚姻当事人来讲，在经过多年后，若已生有子女或不再生育的，如果再行宣告婚姻无效，既不能达到禁止近亲结婚的目的，又将给存有恶意的一方当事人提供借口，产生不良的社会效果，更不利于保护妇女和子女的利益。因此，对以有禁止结婚亲属关系为由申请宣告婚姻无效的，申请时，如果当事人已结婚多年并生有子女和不再生育的，可以不宣告该婚姻无效，以保护妇女和儿童的合法权益。笔者认为，亲属关系是当事人之间因出生或血缘而产生的特定身份关系，不会随着时间的推移而消失，也不会人为地解除。因此，对有禁止结婚亲属关系的婚姻申请宣告无效，不存在阻却事由，即该婚姻无论经过多长时间和双方当事人是否有子女或不再生育，都应是绝对无效的。如果对生有子女或不再生育的就不宣告婚姻无效，给予“豁免”，那么，有禁止结婚亲属关系的当事人就会纷纷效仿，造成既成事实，这就会使禁止近亲结婚的法律规定形同虚设，损害法律的权威性，后果将不堪设想。对当事人之间存在的禁止结婚的亲属关系是法律拟制亲属关系的，在法律拟制的亲属关系没有解除前，同样应执行法定的禁止近亲结婚的规定。[①]

根据《民法典》婚姻家庭编的规定，依法收养形成的养父母和养子女之间的权利和义务，以及继父或继母和受其抚养教育的继子女间的权利和义务，适用《民法典》婚姻家庭编对父母子女关系的规定。因此，法律拟制的血亲关系等同于自然血亲，禁止近亲结婚的亲属关系也就包括了法律拟制的血亲关系。在收养关系依法解除后，当事人之间不具有法律禁止结婚的亲属关系，而我国立法又没有即使收养关系解除后仍不得结婚的规定，因此，如果当事人或利害关系人还以有禁止结婚亲属关系为由申请宣告婚姻无效，人民法院不予支持。[②]

---

① 最高人民法院民事审判第一庭：《婚姻法司法解释的理解与适用》，中国法制出版社2002年版，第37页。

② 参见最高人民法院民法典贯彻实施工作领导小组主编：《中华人民共和国民法典婚姻家庭编继承编理解与适用》，人民法院出版社2021年版，第108页。

四、无效婚姻的法律后果

婚姻无效的法律后果，是指无效的效力是否具有溯及力，以及因无效而产生的财产分割、子女抚养等效果。

1. 无效婚姻的溯及力问题。《民法典》婚姻家庭编第一千零五十四条规定："无效的或者被撤销的婚姻自始没有法律约束力，当事人不具有夫妻的权利和义务……"《婚姻家庭编解释（一）》第二十条指出，《民法典》第一千零五十四条所规定的"自始没有法律约束力"，是指无效婚姻或者可撤销婚姻在依法被确认无效或者被撤销时，才确定该婚姻自始不受法律保护。可见，我国现行《民法典》婚姻家庭编对于无效婚姻采取溯及既往的原则，为自始无效。正如有学者所言，从当事人结婚之时，婚姻就没有法律效力。即使当事人骗取婚姻登记，该婚姻也自始无效，而不是从人民法院宣告之时起婚姻才没有法律效力。[①]

值得注意的是，仅具备婚姻无效的情形，未被依法宣告无效的，其婚姻关系是有效的。

2. 当事人之间的财产关系。《民法典》婚姻家庭编第一千零五十四条规定："……同居期间所得的财产，由当事人协议处理；协议不成的，由人民法院根据照顾无过错方的原则判决。对重婚导致的无效婚姻的财产处理，不得侵害合法婚姻当事人的财产权益……"因此，当婚姻关系被宣告无效时，当事人同居期间所得的财产由当事人协议处理。如果当事人在同居期间对财产的归属有约定的，要依据当事人的约定分割同居期间的财产。如果当事人对同居期间的财产归属没有约定，又不能达成协议，则由人民法院对当事人同居期间所得财产根据照顾无过错方的原则进行分割。[②]

在司法实践中，《婚姻家庭编解释（一）》第二十二条对此明确指出："被确认无效或者被撤销的婚姻，当事人同居期间所得的财产，除有证据证明为

---

① 参见黄薇主编：《中华人民共和国民法典婚姻家庭编释义》，法律出版社 2020 年版，第 51 页。

② 参见黄薇主编：《中华人民共和国民法典婚姻家庭编释义》，法律出版社 2020 年版，第 53 页。

当事人一方所有的以外，按共同共有处理。”唯一须注意的是，被宣告无效的婚姻不得适用《民法典》婚姻家庭编有关夫妻财产制的规定。无效婚姻在被依法宣告无效后，双方当事人同居期间所得的财产，推定为双方的共有财产，主张归个人所有的，应承担证明责任，如有证据证明为其个人所有的，认定为个人财产。对于双方共同共有的财产，按有关一般共有财产的规定合理分割，并应当照顾无过错方。这里所谓的“无过错方”是指本人不具有婚姻无效的情形，且善意相信登记成立的婚姻有效的一方。这体现了对善意当事人财产利益的保护。

在审理重婚导致婚姻无效的财产处理案件时，立法规定应保护合法婚姻当事人的权利，但具体形式未作规定。《婚姻家庭编解释（一）》为此突破了以往婚姻家庭纠纷案件中不列第三人的传统认识，为了更好地保护合法婚姻当事人的财产权益，在该解释第十六条规定允许其作为有独立请求权的第三人参加有关重婚导致无效婚姻的财产处理案件的诉讼。

3. 父母子女关系。《民法典》婚姻家庭编第一千零五十四条第一款规定：“……当事人所生的子女，适用本法有关父母子女的规定。”对于宣告无效的婚姻当事人所生的子女，究竟属于婚生子女或非婚生子女，《民法典》婚姻家庭编未予明确。从逻辑上讲，由于无效婚姻（包括婚姻被撤销）的男女双方没有合法的夫妻关系，他们在共同生活期间所生的子女应为非婚生子女，采取保护原则，承认其子女的合法地位。[①]

子女与父母之间的关系，适用婚姻法有关父母子女关系的规定，父母子女间的权利和义务也不受父母婚姻无效的影响。在婚姻被宣告无效时，有关子女的抚养归属、抚养费的负担、探望权等问题，应与婚生子女同等对待，按《民法典》婚姻家庭编有关离婚后子女抚养的规定处理，即父母对子女仍有抚养和教育的权利和义务，一方抚养子女，另一方应负担部分或者全部抚养费。不直接抚养子女的父或母有探望子女的权利，另一方有协助义务。

---

① 参见黄薇主编：《中华人民共和国民法典婚姻家庭编释义》，法律出版社 2020 年版，第 51—52 页。

五、无效婚姻请求权的主体范围

《民法典》婚姻家庭编规定了无效婚姻制度，有权就此向人民法院提起申请的主体除了婚姻当事人以外，是否包括利害关系人，《民法典》婚姻家庭编没有作出规定。婚姻生活在很大程度上属于当事人的私人生活领域，法律不应过分干预，也不应允许其他任何人任意干涉。但是如果这种关系已经严重侵害和影响了社会利益和他人利益，就应受到限制。基于这种兼顾个人利益和社会利益的思想，《婚姻家庭编解释（一）》第九条规定，请求确认婚姻无效可以由利害关系人提出，但对于利害关系人的范围，《婚姻家庭编解释（一）》第九条有条件地允许利害关系人提出婚姻无效的请求，以期能够在尊重当事人私人生活权利和维护社会公共秩序之间寻求最佳结合点。请求权人的范围越宽，表明国家对婚姻的干预越多；请求权人的范围越窄，表明干预就越少。从对私权的保护来说，有权请求宣告婚姻无效的人范围不应太宽。除重婚案件可以由基层组织申请宣告无效外，其他无效婚姻的请求权人只限于当事人和近亲属。

由于导致婚姻无效的事由是法定的，即重婚、有禁止结婚的亲属关系和未达到法定婚龄。从这三种情形来看，其对社会风气及其他人都可能造成较大的负面影响，有些甚至已经严重侵犯了婚姻当事人以外的其他利害关系人的合法权益。因此，必须允许婚姻当事人以外的其他利害关系人提出请求。不过出于对当事人个人生活的尊重，对利害关系人的范围应严格限制。

根据《婚姻家庭编解释（一）》第九条的规定，向人民法院就已办理结婚登记的婚姻请求确认婚姻无效的主体，包括婚姻当事人及利害关系人。婚姻当事人容易理解，而利害关系人要作具体分析，分别为以下情形：（1）以重婚为由请求确认婚姻无效的，申请人为当事人以及基层组织，婚姻关系的另一方为被申请人。另外，人民法院审理重婚导致的无效婚姻案件时，涉及财产处理的，合法婚姻关系当事人可以以有独立请求权的第三人的身份参加诉讼，以保护自己合法的财产权益。对有配偶而重婚的一方，不得以协议的方式将财产转移给另一方，已达成协议将财产转移给另一方的，应确认为无效，以确保合法配偶的财产权益。（2）以未达到法定婚龄为由请求确认婚姻无效的，婚姻当事人和未达婚龄者的近亲属为申请人，婚姻关系的另一方为被申请人。（3）以有禁止结婚的亲属关系为由请求确认婚姻无效的，婚姻当事人和其近亲属为申请人，婚姻关系的另一方为被申请人。

六、婚姻无效案件中诉讼主体的确定

对于《婚姻家庭编解释（一）》第十五条“利害关系人依据民法典第一千零五十一条的规定，请求人民法院确认婚姻无效的，利害关系人为原告，婚姻关系当事人双方为被告。夫妻一方死亡的，生存一方为被告”的规定，应从如下方面掌握：

1. 适用范围的限定。限于利害关系人依据《民法典》婚姻家庭编第一千零五十一条的规定，向人民法院请求确认婚姻无效的案件。离开了这个前提条件，当事人的列法就不适用本条司法解释。已经办理结婚登记的婚姻关系请求确认无效的主体，除利害关系人外还有婚姻关系当事人本身。

2. 利害关系人作为请求确认婚姻关系无效的申请人的案件中，婚姻关系当事人应列为被申请人。这是这一类案件中当事人最常见的列法。利害关系人请求确认婚姻关系无效的案件，将提出请求的主体列为申请人是确定无疑的。而请求所针对的婚姻关系当事人，由于与人民法院拟作出的关于婚姻关系效力的判决具有法律上的利害关系，其婚姻关系的合法性直接受该判决拘束，因此，应当被列为案件的被申请人。

3. 通过规定当事人的列法，明确了在婚姻关系主体中一方或者双方已经死亡的情况下，利害关系人仍然可以请求人民法院确认该婚姻关系无效。

4. 夫妻一方死亡的，以生存一方为被申请人；夫妻双方均已经死亡的，不列被申请人。这是因为允许利害关系人在夫妻一方或者双方已经死亡的情况下，向人民法院请求确认其婚姻关系无效的规定本身，就决定了虽然夫妻一方已经死亡，但人民法院根据利害关系人的申请就婚姻关系合法性所作出的判决，对夫妻中生存的一方与死者之间的曾经的配偶身份关系具有直接的拘束力。根据我国《民法典》婚姻家庭编关于无效婚姻制度的规定，婚姻确认无效，是指结婚当事人虽然具有婚姻无效的法定原因，但须经过诉讼程序由人民法院为无效婚姻确认后，婚姻为自始无效。一旦该婚姻关系被确认无效，婚姻关系当事人中生存的一方原来依法享有的死者原配偶的身份就会丧失，同时丧失其作为死者第一顺序继承人的身份，与死者亲属之间的姻亲关系也归于消灭。因此，应当将其列为被申请人。夫妻双方均已死亡的情况下，可以不列被申请人，是因为在这类案件中实际上并不存在受判决直接拘束的民事主体。人民法院审理这类案件的目的，不是确认双方当事人之间的民事权利义务关系，进而要求一方当事人履行某种民事义务或者承担民事责任，只是为了确认某种法律事实是否存在，从而产生使特定的婚姻关系归于无效的法律效果。因此，在婚姻关系当事人均已经死亡的情况下，没有必要列被申请人。

七、审理无效婚姻案件适用程序

《婚姻家庭编解释（一）》第十一条规定："人民法院受理请求确认婚姻无效案件后，原告申请撤诉的，不予准许。对婚姻效力的审理不适用调解，应当依法作出判决。涉及财产分割和子女抚养的，可以调解。调解达成协议的，另行制作调解书；未达成调解协议的，应当一并作出判决。"因此，人民法院审理确认婚姻无效的案件，对婚姻效力的审理不适用调解，应当依法作出判决，确认婚姻无效。

在《民法典》实施之前，由于无效婚姻的情形是法定的，认定起来相对比较容易，还有许多外在的客观标准可以作为依据，为了提高审判效率，避免将简单的事情变得繁琐，所以对于很明显能够判断无效婚姻情形的，无须适用审理一般离婚案件的程序规定。有关婚姻效力的判决一经作出，即发生法律效力，确认婚姻效力实行一审终审。但是，《民法典》实施之后，最高人民法院认为，在审判实践中，婚姻效力问题如果是当事人双方的争议焦点，应当以充分辩论为前提，适用特别程序一审终审可能损害当事人的程序和实体利益。同时，根据《民事诉讼法》第一百七十七条（现第一百八十四条）的规定，适用特别程序审理的案件只包括选民资格案件、宣告失踪或者宣告死亡案件、认定公民无民事行为能力或者限制民事行为能力案件、认定财产无主案件、确认调解协议案件和实现担保物权案件，没有适用其他案件的解释空间，确认婚姻无效案件适用一审终审的特别程序已不符合《民事诉讼法》的规定。故此次清理司法解释将宣告婚姻无效案件从一审终审的特别程序改为普通程序。[①]

---

① 郑学林、刘敏、王丹：《〈关于适用民法典婚姻家庭编的解释（一）〉若干重点问题的理解与适用》，载《人民司法》2021年第13期。

如果在审理中对财产的分割和子女的抚养已达成了协议，在以往的司法实践中，其一般以判决的形式出现，只不过在判决书主文的叙述时，讲明本案在审理的过程中，经法院调解，双方已对财产的分割和子女的抚养达成协议，正文判决的条款就是调解达成协议的内容，即所谓调解的内容以判决的形式出现。而按照《婚姻家庭编解释（一）》第十一条第三款的规定，涉及财产分割和子女抚养的，可以调解。调解达成协议的，另行制作调解文书。这就要求在审结此类案件时，要有两份法律文书，一份为宣告婚姻无效的判决书，另一份为双方为财产分割和子女抚养达成协议的调解书。

利害关系申请人请求确认婚姻无效的，只能就婚姻效力提出请求，而无权要求处理当事人的财产分割和子女抚养问题。如果婚姻当事人在诉讼中提出了主张，人民法院可以一并审理。如果婚姻当事人不提出的，可以另行解决。值得注意的是，无效婚姻自始无效，当事人不具有夫妻的权利和义务。在财产处理时，根据照顾无过错方的原则判决。对重婚导致的婚姻无效案件中的财产处理，不得侵害合法婚姻当事人的财产权益。当事人所生的子女，适用有关父母子女的规定。①

八、无效婚姻的司法处理

《婚姻家庭编解释（一）》第十一条规定："人民法院受理请求确认婚姻无效案件后，原告申请撤诉的，不予准许。对婚姻效力的审理不适用调解，应当依法作出判决……"该解释对人民法院审理请求确认婚姻无效案件后应当如何处理作出了规定，表明了国家运用司法强制力对无效婚姻的干预和制裁。

1. 确认婚姻无效案件性质。民事诉讼程序中，案件的受理至关重要，直接关系到当事人诉权和人民法院审判权的正确、合法有效行使。对于审查后认为符合《民事诉讼法》第一百二十二条②所规定的四个条件的起诉，人民

① 《婚姻法解释（二）》第七条规定："人民法院就同一婚姻关系分别受理了离婚和申请宣告婚姻无效案件的，对于离婚案件的审理，应当待申请宣告婚姻无效案件作出判决后进行。前款所指的婚姻关系被宣告无效后，涉及财产分割和子女抚养的，应当继续审理。"

② 《民事诉讼法》第一百二十二条规定："起诉必须符合下列条件：（一）原告是与本案有直接利害关系的公民、法人和其他组织；（二）有明确的被告；（三）有具体的诉讼请求和事实、理由；（四）属于人民法院受理民事诉讼的范围和受诉人民法院管辖。"

法院必须受理。《民法典》婚姻家庭编、《婚姻家庭编解释（一）》是人民法院审理请求确认婚姻无效案件的直接法律依据。但对于请求确认婚姻无效的案件，作为实体法的《民法典》婚姻家庭编并没有规定适用什么程序。从《婚姻家庭编解释（一）》第十一条的规定来看，请求确认婚姻无效的案件适用一般民事案件的审理程序，即简易程序或者普通程序，不建议适用速裁程序。

2. 对婚姻无效的宣告。人民法院有权宣告婚姻无效，而婚姻登记机关能否宣告婚姻无效？对此，《婚姻登记条例》未作明文规定，有学者认为，申请权人向婚姻登记机关申请宣告婚姻无效的，婚姻登记机关应认真审核申请人陈述的情况，符合婚姻无效条件的，应依法宣告婚姻关系无效，并收回结婚证。① 笔者认为，《民法典》婚姻家庭编并未赋予婚姻登记机关宣告婚姻无效的权利，《婚姻登记条例》也未规定婚姻登记机关有宣告婚姻无效的权利，根据行政机关法无授权不可为的原则，婚姻登记机关无权宣告婚姻无效，宣告婚姻无效的机关只有人民法院。

3. 原告申请撤诉的，不予准许。婚姻无效，原告能否申请撤诉？根据《民事诉讼法》第一百四十八条第一款的规定，宣判前，原告申请撤诉的，是否准许，由人民法院裁定。因此，原告申请撤诉，要经人民法院审查，且撤诉必须经受诉人民法院同意，这体现了当事人撤诉权利行使的相对性，即要受到国家审判权的必要干预。撤诉虽然是原告处分自己的诉讼权利，但是否准许其撤诉，决定权在人民法院。我国当事人处分其诉讼权利，不是由当事人任意决定的，而是与国家干预相结合的。上述对请求确认婚姻无效作为非诉案件的理解，也包含着法院依职权对当事人处分权利予以一定限制的法理依据。人民法院的审判权是国家权力的一部分。《民法典》婚姻家庭编第一千零五十一条规定的婚姻无效的三种情形，是法定的婚姻无效原因，不以个人意愿为转移。婚姻家庭制度直接关系到国家统治秩序的维护，婚姻家庭关系的和谐稳定对于社会有序发展至关重要，被视为社会安定的基石。无效婚姻的存在，不仅违反了社会主义婚姻家庭道德观念，更主要的是违反了法律规定，直接影响到当事人及其子女的合法权益，对社会的整体利益和社会的安

---

① 参见杨遂全等著：《婚姻家庭法新论》，法律出版社 2003 年版，第 103 页。又参见王洪：《婚姻家庭法》，法律出版社 2003 年版，第 93 页。

定秩序具有负面影响。对无效婚姻的干预和制裁，体现的是法律和社会对违法婚姻的一种否定性价值评判。由国家权力对无效婚姻进行干预和制裁，限制个人恣意妄为，是法律和社会的必然要求。请求确认无效婚姻案件一经当事人申请，法院必须认真审查，是否有效不能以当事人的意志为转移。诉权是公民、法人或者其他组织向人民法院起诉和应诉，请求人民法院以国家审判权保护其合法权益的权利。无效婚姻是违反法律禁止性规定的，人民法院如果发现有人违反这一禁止性规定，有责任通过宣告该婚姻关系无效来维护法律的尊严。原告申请撤诉仅是对自己的诉讼权利作出处分，如果允许原告撤诉，则人民法院就没有可能查清当事人的婚姻是否为法律所禁止，也不能行使确认婚姻无效、维护法律尊严的职权。因此，在诉讼程序上，婚姻无效，是不允许原告申请撤诉的。

在司法实践中，也经常遇到无效婚姻的案件，原告申请撤诉的，人民法院不予准许后，原告在开庭中擅自退庭或不到庭的情况，应当如何处理？对此意见不一：第一种观点认为，根据《民事诉讼法》第一百四十六条的规定，裁定按原告自动撤诉处理。第二种观点认为，应依法缺席判决确认其婚姻关系无效。笔者同意第二种观点。因为，虽然《民事诉讼法》第一百四十六条规定了原告拒不到庭或者未经许可中途退庭，法院可以按撤诉处理，但此规定对于有正当理由没有到庭、法定不能裁定准予撤诉的情形是不发生效力的。法定婚姻无效的案件，不能裁定准予撤诉，由于当事人不能自动申请撤诉，也就不允许当事人按自动撤诉处理。因此，应当依法判决宣告其婚姻关系无效。

在审判实践中，准予或不准予撤诉，人民法院都应当作出裁定、对确认婚姻无效的案件，当事人申请撤诉的，也必须以裁定形式裁定不准撤诉。因根据案件的实际情况，可决定是采用书面裁定还是口头裁定。如果采取口头裁定形式，必须明确计入案卷。对请求确认婚姻无效的案件不准许撤诉的裁定，当事人不得上诉，也不得申请复议。①

---

① 参见最高人民法院民法典贯彻实施工作领导小组主编：《中华人民共和国民法典婚姻家庭编继承编理解与适用》，人民法院出版社 2021 年版，第 118 页。

九、离婚案件和无效婚姻宣告案件的审理顺序

《婚姻家庭编解释（一）》第十三条规定："人民法院就同一婚姻关系分别受理了离婚和请求确认婚姻无效案件的，对于离婚案件的审理，应当待请求确认婚姻无效案件作出判决后进行。"该条对人民法院就同一婚姻关系受理了离婚和申请宣告婚姻无效两个案件后的审理顺序问题作出了程序性规定。

1. 适用《婚姻家庭编解释（一）》第十三条的前提条件是就同一个婚姻关系，既有婚姻关系当事人或者利害关系人向人民法院申请宣告婚姻无效；又有婚姻关系当事人请求离婚。也就是说，同一或者不同的人民法院受理了两个关于同一婚姻关系的不同案件。

2. 人民法院一旦发现上述情况，无论是同一人民法院分别受理了这样两个案件，还是不同的两个人民法院分别受理了这样两个案件，均应中止对离婚案件的审理，首先由受理了请求确认婚姻无效案件的人民法院就该婚姻关系是否有效作出判决。

3. 如果该婚姻关系被人民法院判决确认为有效，则受理离婚案件的人民法院应当继续审理离婚案件。

4. 如果该婚姻关系被确认为无效，受理离婚案件的人民法院则应当驳回当事人关于离婚案件的起诉。但如果当事人在请求确认婚姻无效的同时，请求处理无效婚姻引起的子女抚养和财产分割争议，人民法院可以继续审理。但如果受理确认婚姻无效案件的人民法院，也同时受理了婚姻关系当事人请求处理无效婚姻带来的子女抚养和财产分割问题的起诉，则该院也可以在作出宣告婚姻无效的判决后，继续审理存在于无效婚姻关系当事人之间的子女抚养和财产分割问题。

5. 司法实践中应当注意如下问题：（1）受理离婚案件的人民法院，在审理中，无论从当事人的陈述，还是其所递交的材料中，发现就同一婚姻关系当事人或者利害关系人向本院或者其他人民法院请求确认婚姻无效，就应当主动查明这一情况，一旦确认了这一事实，即应以《民事诉讼法》第一百五十三条第一款第五项和本条司法解释为依据，作出裁定，中止对离婚案件的审理。如果受理当事人确认婚姻无效案件的是其他人民法院，还应当主动致函与该院联系，告知本院已经受理了就同一婚姻关系提起的离婚诉讼

的情况，请该院待作出判决后将有关婚姻效力的判决书抄送本院，以便根据情况决定是否继续对离婚案件的审理。（2）受理了请求确认婚姻无效案件的人民法院在审理中，得知同一婚姻关系当事人在本院或者其他人民法院已经提起离婚诉讼，也应当主动、及时地将本院已经受理了请求确认无效婚姻案件的情况告知本院审理离婚案件的合议庭或者独任审判员，或者正式函告受理离婚案件的人民法院。人民法院间的正式通知和相互配合，是避免就同一婚姻关系作出两种完全不同的处理的最佳途径。（3）收到有关法院通知后，受理离婚案件的法院应当及时确认自己已经受理离婚案件的事实并以适当的方式及时告知就同一婚姻关系受理了请求确认婚姻无效案件的人民法院。（4）人民法院一旦就婚姻效力问题作出判决，应当将判决书副本抄送受理了就同一婚姻关系的离婚案件的人民法院，或者通知本院负责审理该离婚案件的合议庭或者独任审判员。收到判决书副本的人民法院或者本院的合议庭、独任审判员应当根据判决确定的婚姻效力，及时作出驳回当事人离婚的起诉的裁定。①

十、无效婚姻相关问题的处理

（一）结婚证书的收缴和判决书的送达

根据《婚姻家庭编解释（一）》第二十一条的规定，人民法院根据当事人的请求，依法确认婚姻无效或者撤销婚姻的，应当收缴双方的结婚证书并将生效的判决书寄送当地婚姻登记管理机关。② 人民法院过去审理离婚案件时，对判决准予离婚的案件，一般都收缴双方当事人的结婚证书。同样道理，审结有关婚姻无效或者撤销婚姻案件后也应收缴双方的结婚证书。既然婚姻已被宣告无效或被撤销，那么证明婚姻关系的结婚证书就理应被收缴。而将生效的判决书寄送当地婚姻管理机关，是人民法院和行政管理机关沟通的需要，以便当地的婚姻登记管理机关及时了解当事人的最新婚姻状况及判决结

---

① 参见最高人民法院民法典贯彻实施工作领导小组主编：《中华人民共和国民法典婚姻家庭编继承编理解与适用》，人民法院出版社 2021 年版，第 138 页。

② 《俄罗斯联邦家庭法典》中有类似的规定："法院应自关于认定婚姻为无效婚姻的法院判决生效之日起 3 日内，将该判决书副本送到对婚姻进行国家登记地的户籍登记机关。"

果，更好地进行婚姻管理，同时更好地保护当事人及第三人的利益。对此，《婚姻登记条例》第十六条规定："婚姻登记机关收到人民法院宣告婚姻无效或者撤销婚姻的判决书副本后，应当将该判决书副本收入当事人的婚姻登记档案。"该婚姻登记档案应当长期保管。

宣告婚姻无效或者撤销婚姻的判决书和收缴双方的结婚证寄送当地婚姻登记机关，其中的"当地"是指何地？权威人士认为，是指判决离婚的人民法院所在地的婚姻登记机关。[①] 笔者认为，"当地"应当理解为为婚姻当事人办理结婚登记的婚姻登记机关。因为，《婚姻登记条例》第十五条明确"婚姻登记机关应当建立婚姻登记档案。婚姻登记档案应当长期保管。具体管理办法由国务院民政部门会同国家档案管理部门规定"，婚姻当事人应当在婚姻登记机关有一套完整的档案，为了便于对当事人的管理和了解当事人的婚姻状况，还是理解为原办理婚姻登记机关为好。当然，随着计算机技术的发展，全国对公民婚姻状况的登记应该很快进行联网，无论是将人民法院的判决书寄送给法院所在地还是寄送给发证机关所在地的婚姻登记机关，都会产生同样的效果。

（二）同居期间财产的处理

根据《婚姻家庭编解释（一）》第二十二条的规定，被确认无效或者被撤销的婚姻，当事人同居期间所得的财产，除有证据证明为当事人一方所有的以外，按共同共有处理。对无效婚姻或被撤销婚姻中的双方当事人，不适用《民法典》婚姻家庭编有关夫妻财产制的规定，无效婚姻或被撤销婚姻的双方在法律上并不是配偶关系而只是同居关系。夫妻财产制所调整的财产关系，是以合法的配偶身份关系为前提的，无效婚姻或被撤销婚姻当事人同居期间并非婚姻关系存续期间，在此同居期间所得的财产，不能当然地视为双方当事人共同所有。当婚姻被确认为无效或被撤销后，其法律后果一定要与合法婚姻相区别，否则也就无所谓无效婚姻与合法婚姻。在美国，大多数州都认为，如果是无效婚姻或被宣告的可撤销婚姻，该婚姻就不产生法律效力，当

---

① 参见最高人民法院民法典贯彻实施工作领导小组主编：《中华人民共和国民法典婚姻家庭编继承编理解与适用》，人民法院出版社2021年版，第199页。

事人也就丧失了永久性的配偶扶养权和财产权。除非法律有相反的特殊规定，需要被扶养的“配偶”在传统上只能拥有有限的合同权利和公平救济权利。

《民法典》婚姻家庭编第一千零五十四条第一款已经明确规定：“无效的或者被撤销的婚姻自始没有法律约束力，当事人不具有夫妻的权利和义务。同居期间所得的财产，由当事人协议处理；协议不成的，由人民法院根据照顾无过错方的原则判决。对重婚导致的无效婚姻的财产处理，不得侵害合法婚姻当事人的财产权益。当事人所生的子女，适用本法关于父母子女的规定。”《婚姻家庭编解释（一）》第二十二条却规定：“被确认无效或者被撤销的婚姻，当事人同居期间所得的财产，除有证据证明为当事人一方所有的以外，按共同共有处理。”这样是否有矛盾？我们认为，这是不矛盾的，《民法典》婚姻家庭编讲的是根据照顾无过错方的原则判决，司法解释讲的是在什么基础上照顾无过错方。因为一般来说，按份共有的前提是当事人事先要有约定，即各自在共有财产中占有多少份额。在发生纠纷时，一般是按照当事人之间的约定来处理的。对没有约定的，当事人同居期间所得的财产按共同共有处理，但有充分证据证明为当事人一方所有的除外。

（三）合法配偶财产权的保护

根据《婚姻家庭编解释（一）》第十六条的规定，人民法院审理重婚导致的无效婚姻案件时，涉及财产处理的，应当准许合法婚姻当事人作为有独立请求权的第三人参加诉讼。《民法典》婚姻家庭编第一千零五十四条也明文规定，对重婚导致的婚姻无效的财产处理，不得侵害合法婚姻当事人的财产权益。为了使此项规定落到实处，更加具有可操作性，本条司法解释专门从程序的角度作了规定。按照通常的做法，人民法院在审理离婚等婚姻家庭纠纷案件时，是不允许第三人参加诉讼的。主要是考虑离婚是两个人之间的事，他人无权干涉并参加到诉讼中。但在审理重婚案件时涉及财产处理的，可能会对合法配偶的权益造成侵犯。如果不允许其参加诉讼，其只能眼睁睁地看着自己的权利受到侵害，救济的办法是另案起诉主张自己的权利，但实际上财产经处理后，事后很难再控制，结果极有可能是权利落空。因此，如果人民法院审理因重婚导致的无效婚姻案件涉及财产问题，合法婚姻当事人申请参加诉讼的，人民法院应当允许其作为有独立请求权的第三人参加诉讼。因为重婚者的第一个婚姻是合法有效的婚姻，其后的婚姻才是无效婚姻。第一个婚姻中的男女双方作为合法的夫妻，依法享有夫妻的权利、承担夫妻的义务。有配偶又与他人结婚的人，如果其财产属于第一个婚姻中夫妻的共同财产，第一个婚姻中的另一方对该共同财产依法享有权利。在处理因重婚导致的无效婚姻案件中的财产纠纷时，首先应当对第一个婚姻中的共同财产依法进行分割，不得将重婚者所有的财产都作为重婚当事人同居期间所得的财产。分割后确认为重婚者合法配偶的财产，则不属于重婚当事人同居期间所得的财产。因此，准许合法婚姻当事人作为有独立请求权的第三人参加诉讼，有利于查明当事人之间财产的真实情况，公平地保护各方当事人的合法权益。

十一、对案例 19、案例 20 的简要评析

在案例 19 中，王某存在两个婚姻关系，且均办理了结婚登记，即王某于 1994 年 11 月 4 日与李某登记结婚、于 2002 年 6 月 17 日又与孙某登记结婚。原则上，法律保护第一个合法的婚姻关系，则王某与孙某构成重婚。依据《民法典》第一千零五十一条的规定，重婚属于婚姻关系无效的法定情形之一。因此，法院裁判王某与孙某的婚姻关系无效。笔者再次提醒，司法实践中关于确认婚姻关系无效的判决，大多数还是实行一审终审的过去的常规做法，应当予以纠正。

在案例 20 中，当事人请求确认婚姻无效的前提应是双方存在婚姻关系。根据《婚姻家庭编解释（一）》第七条的规定，未依法办理结婚登记而以夫妻名义共同生活的男女，在 1994 年 2 月 1 日民政部《婚姻登记管理条例》公布实施以前，男女双方已经符合实质条件的按事实婚姻处理。本案中，虽然徐某陈述其与胡某未经结婚登记在 1994 年 2 月 1 日前即以夫妻名义共同生活，但因双方系表兄妹关系，属于法律规定禁止结婚的情形，故双方并不符合结婚的实质条件，不属于法律规定的事实婚姻关系。因此，法院认为徐某与胡某不存在婚姻关系，徐某起诉要求宣告婚姻关系无效不符合起诉条件。

第八节　可撤销婚姻

一、问题的提出

可撤销婚姻，又称婚姻撤销，是指男女一方缺乏因受他方或第三者胁迫而结合的违法婚姻或者一方患有重大疾病而在结婚登记前未如实告知对方所结合的婚姻。据此，前一种情形属于受胁迫结婚，后一种情形则可纳入受欺诈结婚。受胁迫、受欺诈一方可以向人民法院请求撤销该婚姻，被撤销的婚姻自始无效。《民法典》婚姻家庭编对可撤销婚姻作出了规定。第一千零五十二条规定："因胁迫结婚的，受胁迫的一方可以向人民法院请求撤销婚姻。请求撤销婚姻的，应当自胁迫行为终止之日起一年内提出。被非法限制人身自由的当事人请求撤销婚姻的，应当自恢复人身自由之日起一年内提出。"第一千零五十三条规定："一方患有重大疾病的，应当在结婚登记前如实告知另一方；不如实告知的，另一方可以向人民法院请求撤销婚姻。请求撤销婚姻的，应当自知道或者应当知道撤销事由之日起一年内提出。"

在研究可撤销婚姻之前，先看两则案例：

案例 21：因受胁迫结婚可否申请撤销婚姻？[①]

2018 年 10 月，原告尉某与被告荆某经人介绍相识并开始交往，经过短时间的接触后，被告提出要与原告登记结婚，原告表示拒绝后，被告开始纠缠原告并以公开原告的隐私照片等方式威胁原告。2019 年 2 月 2 日，原告与被告在临猗县民政局办理结婚登记手续。双方在办理登记手续后并未共同居住生活。

法院认为，婚姻自由是法律赋予公民的权利，婚姻关系的建立应以感情为基础；因胁迫结婚的，受胁迫的一方可以向婚姻登记机关或人民法院请求

---

① 详见山西省临猗县人民法院（2019）晋 0821 民初 1135 号民事判决书。

撤销该婚姻。本案中，被告荆某在双方认识时间较短、尚未充分了解的情况下，以公布原告私密照片的方式相威胁，要求与原告办理结婚登记，而原告出于对自身隐私被泄露的担忧，违背真实意愿与被告办理了结婚登记手续，属于法律规定中被胁迫的情形。现原告诉请撤销双方之间的婚姻关系，符合法律、法规的有关规定，法院予以支持。据此判决撤销原告尉某与被告荆某的婚姻。

案例 22：婚前隐瞒重大疾病，婚姻能否撤销？[①]

2020 年 9 月 6 日，原告杨某、被告苗某办理结婚登记手续，9 月 22 日，二人举办婚礼。同年 10 月 10 日，被告旧病复发到郑州市第八人民医院治疗，诊断结论为躁狂症和抑郁症为主的双相情感障碍。病历显示被告于 2019 年 4 月 18 日即确诊。被告及其家人婚前未将上述情况告知原告。相关资料显示，双相情感障碍主要临床表现为抑郁发作（情绪低落、闷闷不乐、情绪悲观想自杀等）、躁狂发作（情绪高涨、冲动易怒、幻听、幻想等）或混合发作（抑郁和狂躁的短时间内交替出现），并发症为自杀，且可能有一定的遗传性。

法院认为，一方患有重大疾病的，应当在结婚登记前如实告知另一方；不如实告知的，另一方可以向人民法院请求撤销婚姻。本案被告苗某所患双向情感障碍从临床表现、并发症及遗传性等方面来看，属于重大疾病；且婚前未如实告知原告杨某，上述情况符合可撤销婚姻的法律规定，故对原告杨某的诉讼请求予以支持，判决撤销原告杨某与被告苗某的婚姻关系。

上述案例涉及可撤销婚姻的法定情形问题。试问：可撤销婚姻的法定情形有哪些？如何理解适用？可撤销婚姻的撤销权行使主体如何把握？如何行使撤销权？可撤销婚姻与婚姻无效的异同有哪些？

二、可撤销婚姻的法定情形——受胁迫结婚

婚姻自由是我国《民法典》婚姻家庭编的一项基本原则，也是我国《宪法》赋予每个公民的一项基本权利。婚姻自由的核心就是婚姻当事人有权按

---

① 详见河南省周口市川汇区人民法院（2021）豫 1602 民初 540 号民事判决书。

照法律的规定，决定自己的婚姻问题，不受任何人的强迫和干涉。包办、强迫、胁迫、欺诈等原因造成的非自愿结婚恰好违反了这一基本原则，其不是男女当事人真实的意思表示，应当予以撤销。根据《民法典》婚姻家庭编第一千零五十二条的规定，可撤销婚姻仅限于因胁迫而形成的婚姻。因胁迫而结婚，主要是指婚姻关系中的一方当事人或者婚姻关系之外的第三人，对婚姻关系中的另一方当事人予以威胁或者强迫，使婚姻中的另一方当事人违背自己的真实意愿而缔结婚姻关系的婚姻。[①]《婚姻家庭编解释（一）》第十八条第一款规定："行为人以给另一方当事人或者其近亲属的生命、身体、健康、名誉、财产等方面造成损害为要挟，迫使另一方当事人违背真实意愿结婚的，可以认定为民法典第一千零五十二条所称的'胁迫'。"[②] 据此，胁迫的构成要件有：

1. 存在胁迫行为。胁迫行为，是指以对一方当事人或者其近亲属的人身或者财产造成损害而威胁或者要挟相对人的行为。这种行为可以从以下几个方面理解：（1）胁迫行为所威胁的客体既可以是他人的人身，如威胁要损害他人的生命、身体健康、名誉等人身权利，又可以是他人的财产权利，如威胁要损害他人的财产；（2）用于威胁的损害既可以是现实发生的损害，如以殴打、肉体折磨、拘禁等暴力手段损害他人人身，也可以是以将来给其造成损害为要挟，如不同意结婚就在今后揭发对方的隐私、杀害对方的家庭成员等；（3）要挟损害的对象既可以是相对人，也可以是相对人的亲友。

2. 相对人产生了恐惧。行为人胁迫对方的意图是使对方产生恐惧。受害人能够举证证明当时实际的恐惧状态的，以其实际恐惧状态为准；不能举证证明实际恐惧状态的，由法院或者仲裁机关按照一般人置身于行为人用于要挟的危害事实之下是否会产生恐惧来进行认定。

3. 相对人因恐惧而违背自己的真实意愿结婚。相对人因正在发生的危害事实或者害怕危害事实的发生而产生一种心理上的恐惧，在这种恐惧心理作

---

① 黄薇主编：《中华人民共和国民法典婚姻家庭编释义》，法律出版社 2020 年版，第 42 页。

② 《民法通则意见》（现已失效）第六十九条规定："以给公民及其亲友的生命健康、荣誉、名誉财产等造成损失或者以给法人的荣誉、名誉、财产等造成损害为要挟，迫使对方作出违背真实的意思表示的，可以认定为胁迫行为。"

用下违背自己的意愿而结婚。这就是说，胁迫行为或者胁迫行为所造成的恐惧与受害人违背自己的真实意愿而结婚之间存在因果关系。广西壮族自治区高级人民法院在审理再审申请人范某芬诉被申请人马山县民政局撤销婚姻登记纠纷一案时认为：对婚姻登记行为合法性的审查判断，既要审查登记行为是否符合法定程序，又要审查当事人申请结婚是否符合原《婚姻法》规定的结婚条件。本案中，马山县民政局主张其作出被诉 3 号决定，是对违法登记行为进行纠正。人民法院应当根据《最高人民法院行政审判庭关于婚姻登记行政案件原告资格及判决方式有关问题的答复》（法〔2005〕行他字第 13 号）关于“婚姻关系双方或一方当事人未亲自到婚姻登记机关进行婚姻登记，且不能证明婚姻登记系男女双方的真实意思表示，当事人对该婚姻登记不服提起诉讼的，人民法院应当依法予以撤销”规定的精神进行审理，即除审查当事人是否亲自到场进行婚姻登记外，还应就范某芬主张“王某臣有真实的结婚意愿”这一结婚条件是否属实进行审查认定，然后依法作出判决。但是，原一、二审法院未能查清本案的结婚登记是否系王某臣与范某芬的真实意思表示，所作判决属认定事实不清。[①]

4. 行为人具有故意。胁迫行为人必须具有故意，即主观上希望对方因胁迫行为而结婚。也就是说，故意是行为人有使相对人产生恐惧的意思，以及有使相对人因恐惧而结婚的意思。至于是否有获取经济上的利益或者使对方遭受财产上的损害的意思，无须过问。

从我国的司法实践来看，可撤销婚姻的原因主要有以下几种：

（1）包办婚姻。包办婚姻违反了婚姻自由原则，当事人中的一方或双方是受父母或其他第三人胁迫而结合的，因而不是当事人自愿结合的婚姻，不符合我国婚姻法规定的结婚的法定条件，应予以撤销。

（2）买卖婚姻。买卖婚姻不仅违反了婚姻自由原则，违背当事人的意愿，而且以索取大量财物为目的，当事人中的一方或双方在此婚姻中成为索取财物的筹码，受父母或其他第三人胁迫而结婚。因而，其不符合结婚的法定条件，与婚姻的本质相悖，应予以撤销。

（3）胁迫婚姻。即男女一方对他方进行胁迫，强行要求对方与其结婚的

---

① 详见广西壮族自治区高级人民法院（2017）桂行再 13 号行政裁定书。

行为。婚姻是男女两性以永久共同生活为目的的结合，双方必须意思表示真实一致。如果一方以胁迫的方式威胁、逼迫对方与其结婚，使对方在恐惧中被迫作出同意的意思表示，这种同意不是当事人真实的意思表示，所以也应认定其成立的婚姻无效，予以撤销。

三、可撤销婚姻的法定情形——隐瞒疾病结婚

《民法典》婚姻家庭编第一千零五十三条规定："一方患有重大疾病的，应当在结婚登记前如实告知另一方；不如实告知的，另一方可以向人民法院请求撤销婚姻。请求撤销婚姻的，应当自知道或者应当知道撤销事由之日起一年内提出。"由此看来，如果当事人一方患有严重疾病，另一方知情但仍愿意结婚，应当尊重当事人自己的意愿。如不许可结婚，似与婚姻自由原则相冲突。[①]

何谓重大疾病？中国保监会、中国保险行业协会联合于2006年进行了重大疾病行业标准定义的制定工作，三十种重大疾病有了行业统一的定义和理赔标准。这三十种重大疾病包括：恶性肿瘤、急性心肌梗死、脑中风后遗症、重大器官移植术或造血干细胞移植术、冠状动脉搭桥术、终末期肾病、多个肢体缺失、急性或亚急性重症肝炎、良性脑肿瘤、慢性肝功能衰竭失代偿期、脑炎后遗症或脑膜炎后遗症、深度昏迷、双耳失聪、双目失明、瘫痪、瓣膜手术、严重阿尔茨海默病、严重脑损伤、严重帕金森病、严重三度烧伤、严重原发性肺动脉高压、严重运动神经元病、语言能力丧失、重型再生障碍性贫血、主动脉手术、严重的多发性硬化、严重的1型糖尿病、严重的原发性心肌病、侵蚀性葡萄胎、系统性红斑狼疮等。上述重大疾病可供法官在审理具体案件时进行参考。

婚姻关系有别于普通人之间的关系，夫妻之间应该有充分的知情权，特别是对重大事项的知情权。因此患严重疾病一方不履行如实告知义务，配偶一方可申请撤销婚姻。出于尊重婚姻自主权的考虑，疾病不再是禁止结婚以及婚姻无效的法定情形，而成为可撤销婚姻的法定情形。

---

① 参见黄薇主编：《中华人民共和国民法典婚姻家庭编释义》，法律出版社2020年版，第47页。

众所周知，《婚姻法》第十条规定“婚前患有医学上认为不应当结婚的疾病，婚后尚未治愈的”为法定的婚姻无效情形。而《民法典》婚姻家庭编第一千零五十三条将隐瞒疾病结婚纳入可撤销婚姻的法定情形。至于哪些疾病属于医学上认为不应当结婚的疾病，《婚姻法》并未作明确规定。1995年6月1日施行的《母婴保健法》第八条规定，婚前医学检查包括对下列疾病的检查：严重遗传性疾病；指定传染病；有关精神病。第九条规定，经婚前医学检查，对患有指定传染病在传染期内或者有关精神病在发病期内的，医师应当提出医学意见；准备结婚的男女双方应当暂缓结婚。第三十八条规定，指定传染病，是指《中华人民共和国传染病防治法》中规定的艾滋病、淋病、梅毒、麻风病以及医学上认为影响结婚和生育的其他传染病；严重遗传性疾病，是指由于遗传因素先天形成，患者全部或部分丧失自主生活能力，后代再现风险高，医学上认为不宜生育的遗传性疾病；有关精神病，是指精神分裂症、躁狂抑郁型精神病以及其他重型精神病。据此，医学上认为不应当结婚的疾病主要包括以下几种类型：（1）严重遗传性疾病。严重遗传性疾病会先天地由上一代传给下一代，一旦患病即全部或者部分丧失自主生活能力，不仅无法承担婚后夫妻间的义务及对子女、家庭的责任，而且危及后代健康和民族发展。因此，患严重遗传性疾病，一般不应准予结婚。但是，对于患有医学上认为不宜生育的严重遗传性疾病，男女双方同意采取长期避孕措施或者施行结扎手术后不生育的，也可允许结婚。（2）重型精神病。患有精神分裂症、躁狂抑郁型精神病、偏执性精神病、器质性精神病、重度智力低下的先天痴呆症等重型精神病的人，丧失了正常人的识别能力和自控能力，为无行为能力或限制行为能力人，患该病未治愈的，不得结婚。（3）严重的传染性疾病。包括“非典”、甲型肝炎、开放性肺结核、麻风病以及医学上认为影响结婚和生育的其他传染病。严重传染性疾病患者结婚，会严重危及配偶和后代的健康，未经治愈者，应禁止结婚。

对于《民法典》婚姻家庭编第一千零五十三条的规定，笔者认为可以将一方当事人隐瞒疾病结婚归入欺诈结婚。根据《民法典》总则编第一百四十八条“一方以欺诈手段，使对方在违背真实意思的情况下实施的民事法律行为，受欺诈方有权请求人民法院或者仲裁机构予以撤销”的规定，一方隐瞒疾病欺诈了对方，使对方在不知情的情况下与其结婚（当属于违背真实意思表示），应当纳入可撤销的民事法律行为之中，只不过受欺诈方不得向仲裁机构申请撤销婚姻，只能向人民法院申请撤销婚姻。此与《民法典》婚姻家庭编第一千零五十三条的规定可谓“异曲同工”。其实，《民法典》婚姻家庭编第一千零五十三条的法理基础应当是《民法典》总则编第一百四十八条。

所谓欺诈，是指一方当事人故意告知对方虚假情况，或者故意隐瞒真实情况，诱使对方当事人作出错误的意思表示。因欺诈而实施的民事法律行为，是在受欺诈人因欺诈行为发生错误认识而作出意思表示的基础上产生的。因欺诈而为的民事法律行为，是行为人在他方有意的欺诈下陷于某种错误认识而为的民事法律行为。构成欺诈应具备如下条件：一是必须有欺诈人的欺诈行为。欺诈行为是能使受欺诈人陷于某种错误，加深错误或保持错误的行为。主要表现情形有三种，即捏造虚伪的事实、隐匿真实的事实、变更真实的事实。二是必须有欺诈人的欺诈故意。欺诈故意是由于欺诈人的欺诈行为而使他人陷于错误，并基于此错误而为意思表示的故意。三是必须有受欺诈人因欺诈人的欺诈行为而陷入的错误。这里所说的“错误”，是指对合同内容及其他重要情况的认识缺陷。传统民法认为，构成欺诈必须有受欺诈人陷入错误这一事实，受欺诈人未陷入错误，虽欺诈人有欺诈故意及行为，在民法上不发生欺诈的法律后果。四是必须有受欺诈人因错误而为的意思表示。所谓受欺诈人因错误而为的意思表示，即错误与意思表示之间有因果关系。错误的认识必须是进行意思表示的直接动因，才能构成欺诈。五是欺诈违反了民事活动应当遵循的诚实信用原则。诚实信用原则要求人们在民事活动中讲究信用，恪守诺言，诚实不欺，在不损害他人利益和社会利益的前提下追求自己的利益。①

四、可撤销婚姻的撤销权行使主体的司法认定

可撤销婚姻不能自动失效，只有受胁迫的一方（撤销权人）向婚姻登记机关或者人民法院主张，才会导致可撤销婚姻自始无效。

---

① 参见何志：《民法典·总则判解研究与适用》，中国法制出版社 2020 年版，第 406—408 页。

撤销权人是可以撤销可撤销婚姻的权利人。根据《民法典》婚姻家庭编第一千零五十二条之规定，撤销权人是“受胁迫的一方”。由此看来，立法把是否否认其婚姻效力的申请请求权交给受胁迫方。如果受胁迫方不想维持因胁迫而缔结的婚姻，可以向人民法院请求撤销该婚姻，法院经审查核实，宣告该婚姻没有法律效力；如果当事人最初受胁迫，但后来愿意共同生活，则可以放弃申请撤销该婚姻效力的请求权，人民法院不能主动撤销当事人的婚姻关系。①

同时，《婚姻家庭编解释（一）》第十八条第二款规定，因受胁迫而请求撤销婚姻的，只能是受胁迫一方的婚姻关系当事人本人。这是由于，尽管受胁迫者包括婚姻当事人本人和近亲属，但因胁迫结婚，主要违背的是受胁迫的婚姻关系当事人的意愿，损害的是婚姻关系当事人的个人利益，与无效婚姻在程度和范围上对其亲友和社会各方面的影响也不尽相同。因此，因受胁迫请求撤销婚姻的，只能由受胁迫一方的婚姻当事人提出，其近亲属及其他组织和个人均没有权利提出。

因胁迫而结婚，受胁迫的一方在缔结婚姻关系时，不能真实地表达自己的意愿，婚姻关系有可能是违背受胁迫方意志的。为了贯彻婚姻自由原则，保护当事人的合法权益，让受胁迫方能充分地表达自己的婚姻意志，按《民法典》婚姻家庭编第一千零五十二条之规定，尽管胁迫的婚姻已经成立，但是受胁迫方仍可以在胁迫的婚姻成立后向人民法院提出撤销其婚姻效力的申请。由于胁迫婚姻的另一方当事人在缔结婚姻关系时，并没有违背自己的真实的婚姻意思，也就是说，他（她）在结婚时已经明确知道自己将与被胁迫方结婚，且愿意与其结婚，因此胁迫婚姻的一方当事人在婚姻关系成立后，没有提出撤销婚姻效力的请求权。

根据《民法典》婚姻家庭编第一千零五十三条第一款“一方患有重大疾病的，应当在结婚登记前如实告知另一方；不如实告知的，另一方可以向人民法院请求撤销婚姻”的规定，享有撤销权的是隐瞒疾病结婚的相对方。法律赋予受欺诈的相对方选择权，选择了行使可撤销权，则意味着要承担婚姻

---

① 黄薇主编：《中华人民共和国民法典婚姻家庭编释义》，法律出版社2020年版，第43页。

被撤销的法律后果；放弃了行使可撤销权，则意味着愿意承受隐瞒疾病的婚姻。因此，《民法典》婚姻家庭编将“婚前患有医学上认为不应当结婚的疾病”从《婚姻法》的无效婚姻改为可持续婚姻，更加尊重当事人的意思自治，更有利于婚姻家庭的健康发展。

五、可撤销婚姻的撤销权行使方式及期限

根据《婚姻法》第十一条的规定，撤销权应通过请求婚姻登记机关或者人民法院的方式行使。而且，既然该条的措辞是“受胁迫的一方可以向婚姻登记机关或人民法院请求撤销该婚姻”，则该规范显然是一种授权性规范，撤销权人可以选择行使。但是，根据《民法典》婚姻家庭编第一千零五十二条“因胁迫结婚的，受胁迫的一方可以向人民法院请求撤销婚姻。请求撤销婚姻的，应当自胁迫行为终止之日起一年内提出。被非法限制人身自由的当事人请求撤销婚姻的，应当自恢复人身自由之日起一年内提出”的规定，受胁迫一方行使撤销权只能向人民法院提出。从此，可撤销婚姻的撤销权行使由“双轨制”（婚姻登记机关、人民法院）迈入了“单一制”（人民法院），这也是《民法典》婚姻家庭编的一大亮点。《民法典》于2021年1月1日实施后，婚姻登记机关无权撤销婚姻，从而避免了行政诉讼的程序“空转”，可撤销婚姻的纠纷由人民法院处理。

值得注意的是，《民法典》婚姻家庭编第一千零五十二条修改了因胁迫结婚请求撤销婚姻的时间起算点。《婚姻法》第十一条规定：“……受胁迫的一方撤销婚姻的请求，应当自结婚登记之日起一年内提出。”《民法典》婚姻家庭编第一千零五十二条第二款规定：“请求撤销婚姻的，应当自胁迫行为终止之日起一年内提出。”显然，《民法典》婚姻家庭编的规定更科学合理，更有利于保护受胁迫一方当事人的合法权益。

根据《民法典》婚姻家庭编第一千零五十三条“一方患有重大疾病的，应当在结婚登记前如实告知另一方；不如实告知的，另一方可以向人民法院请求撤销婚姻。请求撤销婚姻的，应当自知道或者应当知道撤销事由之日起一年内提出”的规定，因隐瞒疾病而撤销婚姻的时间计算的起点是“自知道或者应当知道撤销事由之日起”计算一年的时间。

可撤销婚姻撤销权的行使期限在性质上属除斥期间，该期间届满，撤

销权消灭。根据《民法典》婚姻家庭编第一千零五十二条的规定，受胁迫的一方撤销婚姻的请求，应当自胁迫行为终止之日起一年内提出。被非法限制人身自由的当事人请求撤销婚姻的，应当自恢复人身自由之日起一年内提出。根据该法第一千零五十三条的规定，一方患有重大疾病在结婚登记前未如实告知另一方，另一方向人民法院请求撤销婚姻的，应当自知道或者应当知道撤销事由之日起一年内提出。由此可见，撤销权的行使期限为一年。撤销权行使期间届满，撤销权消灭，受胁迫的一方不得再行提请撤销该婚姻，其所缔结的婚姻则成为合法有效的婚姻。由于该期间属除斥期间，是不变期间，对此，《婚姻家庭编解释（一）》第十九条第一款规定："民法典第一千零五十二条规定的'一年'，不适用诉讼时效中止、中断或者延长的规定。"

六、无效婚姻和可撤销婚姻的相关分析

（一）无效婚姻和可撤销婚姻的联系

无效婚姻和被撤销婚姻虽然欠缺婚姻成立的有效条件，但仍能引起一定的法律后果。第一，无效婚姻和被撤销婚姻的当事人之间不产生夫妻之间的权利和义务。第二，无效婚姻和被撤销婚姻所生子女与父母间的关系，适用婚姻家庭编父母子女间权利义务的规定。第三，无效婚姻和被撤销婚姻的当事人之间不能以配偶身份享有遗产继承权。第四，对无效婚姻和被撤销婚姻的当事人，要给予批评教育或行政处分；对情节较重的，应根据有关法律、法规给予行政处罚和民事制裁。

国家对两性的结合进行规范与干预，是因为两性的结合不仅关系到双方当事人的利益，而且关系到子女家庭乃至社会的利益。尤其是我国现阶段实行提高人口质量的人口政策，更有必要对于两性结合进行监督和指导。无效婚姻或可撤销婚姻欠缺婚姻成立的要件，往往可能损害当事人及子女的利益，因此，法律必须对无效婚姻和可撤销婚姻的原因及法律后果都作出规定。法律对无效婚姻的态度首先是禁止，即不允许任何人违反法律的强制性规范，缔结无效婚姻；其次是否定，即一旦正式确认为无效婚姻，则依法予以解除和制裁，不得产生当事人所期待的婚姻法律后果，只能令其

承担相应的法律责任。由无效婚姻的性质和效力所决定，无效婚姻不受法律保护。

无效婚姻和可撤销婚姻的联系具体表现在：（1）形式相同。无效婚姻和可撤销婚姻都履行了结婚登记手续，具有合法婚姻的形式。（2）性质相同。无效婚姻与可撤销婚姻都是违法婚姻，而不是合法婚姻。（3）法律后果相同。《民法典》婚姻家庭编第一千零五十四条明确规定，“无效的或被撤销的婚姻自始没有法律约束力，当事人不具有夫妻的权利和义务……”即从一开始就不产生合法婚姻的法律效力。（4）处理程序具有相同之处。婚姻无效与可撤销婚姻均可通过诉讼程序解决。

（二）无效婚姻与可撤销婚姻的区别

1. 形成的原因不同。无效婚姻是因为不符合结婚的公益要件而形成的婚姻；可撤销婚姻仅是欠缺结婚私益要件的非婚姻当事人自愿而形成的婚姻。

2. 时间效力不同。无效婚姻可以在婚姻无效原因消除前的任何时候提出请求宣告无效；而可撤销婚姻必须在婚姻登记后的法定期间内提出。超过这一法定期间，当事人就不得再提出请求。

3. 请求权行使的主体不同。无效婚姻的请求权由当事人及利害关系人行使；可撤销婚姻的撤销权仅由当事人本人行使，这主要是为了尊重当事人的意愿。如果当事人愿意维持这种关系，任何人不得提出撤销该婚姻。

七、无效或者被撤销婚姻的无过错方有权请求损害赔偿[①]

婚姻无效或被撤销的，无过错方有权请求损害赔偿，这是婚姻家庭编新增加的内容，有利于保护无过错方的权益，弥补其物质或精神上的损失。根据《民法典》第一百五十七条的规定，民事法律行为无效、被撤销后，有过错的一方应当赔偿对方由此所受到的损失，该条体现了民法中的信赖利益保护原则。在身份行为特别是结婚行为中，婚姻之所以被宣告无效或被撤销，往往是由一方的过错所致，而信赖婚姻有效的一方当事人则为无过错的一方，对于该方当事人利益的保护，婚姻家庭编的规定与总则部分的规定精神

① 吴晓芳：《民法典婚姻家庭编新增和修改条文的解读》，载《人民司法》2020年第19期。

高度吻合。如何倾斜保护婚姻缔结时无过错方当事人的利益，无效、可撤销婚姻损害赔偿制度的建立当属一项合理可行的举措。当婚姻被确认无效或者被撤销后，无过错方有了可操作的救济途径，即有权请求损害赔偿，这是法律专门赋予的一项权利，值得点赞。

对无效婚姻或被撤销婚姻中的双方当事人，不适用婚姻家庭编有关夫妻财产制的规定，无效婚姻或被撤销婚姻的双方在法律上并不是配偶关系而只是同居者。夫妻财产制所调整的财产关系，是以合法的配偶身份关系为前提的，无效婚姻或被撤销婚姻当事人同居期间并非婚姻关系存续期间，在此同居期间所得的财产，不能当然地视为双方当事人共同所有。当婚姻被确认为无效或被撤销后，其后果一定要与合法婚姻相区别，否则也就无所谓无效与有效了。

值得注意的是，无过错方，是指本人不具有无效婚姻的情形，且善意相信婚姻登记成立的一方。如果其本身也具有无效婚姻的情形，如一方系重婚，另一方系未达法定婚龄，双方均不能认定为无过错方。

八、对案例 21、案例 22 的简要评析

在案例 21 中，原告尉某与被告荆某经过短暂的相识、交往，被告荆某即要求与原告登记结婚，原告予以拒绝。被告荆某便利用公开原告的隐私照片等方式威胁原告办理了结婚登记。显然，在双方登记结婚的过程中，被告荆某主观上存在胁迫的故意，客观上实施了胁迫行为，造成了达到登记结婚目的的结果。但对于原告来说其是不情愿的，违背了婚姻自由原则。原告在法定期间内申请人民法院撤销该双方之间的婚姻关系，法院即可判决撤销原告尉某与被告荆某的婚姻。

在案例 22 中，原告杨某、被告苗某办理结婚登记手续，并举行了结婚仪式。后原告发现被告患有躁郁症和抑郁症为主的双向情感障碍，在结婚登记前被告未如实告知原告。根据《民法典》第一千零五十三条“一方患有重大疾病的，应当在结婚登记前如实告知另一方；不如实告知的，另一方可以向人民法院请求撤销婚姻。请求撤销婚姻的，应当自知道或者应当知道撤销事由之日起一年内提出”的规定，判决撤销原告杨某与被告苗某的婚姻关系是合理合法的。

第三章

家庭关系

本章概要

《民法典》婚姻家庭编第三章“家庭关系”对夫妻地位、夫妻姓名权、人身自由权、对子女的权利义务、相互扶养义务、日常家事代理权、相互遗产继承权，以及夫妻共同财产、个人财产、共同债务的界定，约定财产制，婚内析产等作了规定。同时，对父母子女关系和其他近亲属关系，对父母与子女之间的权利和义务，非婚生子女、继父母与继子女、亲子关系异议之诉，以及祖父母、外祖父母与孙子女、外孙子女之间的抚养和赡养义务，兄弟姐妹之间的扶养义务等作了规定。

《民法典》在原《婚姻法》的基础上，完善了下列有关内容：一是明确规定了夫妻日常家事代理权。夫妻互为代理，夫妻一方因家庭日常生活需要实施的行为对夫妻双方有效。因此，夫妻一方为家庭日常生活需要的负债，另一方也有偿还的义务，通常为无限连带责任。夫妻互为代理，或称“家事代理权”“相互享有代理权”，是有范围限制的。二是明确了夫妻共同债务的范围。原《婚姻法》没有对夫妻共同债务的范围作出规定。2003 年最高人民法院出台的《婚姻法解释（一）》对夫妻共同债务的认定作出规定，近年来成为社会关注的热点问题。2018 年 1 月，最高人民法院发布司法解释修改了此前关于夫妻共同债务认定的规定。从新司法解释施行的效果来看，总体上能够有效平衡各方利益，各方总体表示赞同。因此，《民法典》吸收新司法解释的规定，明确了夫妻共同债务的范围。三是确立了家庭共同财产分割制度。夫妻关系存续期间夫妻共同共有的财产通常是不允许分割的，但现实中也存在一些特殊情形，如夫妻另一方有隐藏、转移、变卖、毁损、挥霍夫妻共同财产等严重损害夫妻共同财产利益的行为，或者一方需要救治有法定扶养义务的人而另一方不同意。在这种情形下，就应当允许分割共同财产。四是规范亲子关系确认和否认之诉。亲子关系问题涉及家庭稳定和未成年人保护，《民法典》对此类诉讼进行了规范。

第一节　夫妻人身关系

一、问题的提出

夫妻，又称配偶，夫为妻的配偶，妻为夫的配偶，是指男女双方以永久共同生活为目的依法结成的伴侣。只有男女两性的结合，才能称得上夫妻；只有以夫妻名义在一起共同生活的当事人，才能是夫妻，以其他身份相处的男女，依法不可能成为夫妻；只有依法履行了结婚程序的男女当事人，才具有夫妻身份。夫妻关系是家庭关系的核心，可分为夫妻人身关系与夫妻财产关系两个方面。[①] 所谓夫妻人身关系，是指没有直接财产内容的夫妻人格、身份和地位方面的权利和义务关系。夫妻财产关系，是指夫妻之间基于物质利益而形成的权利义务关系。夫妻财产关系是基于夫妻人身关系而产生的，从属于夫妻人身关系。

在研究夫妻人身关系之前，先看两则案例：

案例 23：本案债务是夫妻共同债务还是个人债务？[②]

原告刘某与被告程某、夏某系上下楼邻居，被告程某、夏某于 2011 年 10 月 17 日办理结婚登记，于 2018 年 6 月 28 日办理离婚手续。2013 年 1 月 2 日，被告程某因资金周转需要向原告刘某借款 70 万元，原告通过银行转账方式向程某支付借款 67.5 万元，现金支付借款 2.5 万元，共计 70 万元。被告程某当日向原告出具了一张由被告夏某书写的借条，该借条载明："今借到刘某人民币柒拾万元整，按贰分半利息，每季度结算壹次！特立此据！借款人：程某 2013.1.2。"同年 10 月 26 日，被告程某又向原告刘某借款 25 万元，

---

① 黄薇主编：《中华人民共和国民法典婚姻家庭编释义》，法律出版社 2020 年版，第 55 页。

② 详见江西省上饶市中级人民法院（2019）赣 11 民终 1576 号民事判决书。

原告通过银行转账方式支付上述款项，该笔借款被告程某未出具借条，但承诺继续按月利率2.5%计算利息。借款后，被告程某陆续支付原告借款利息共计82000元，剩余借款本息经原告刘某多次催收未付。

法院认为，原告刘某与被告程某签订的借款合同是双方真实意思表示，不违反法律、行政法规的强制性规定，系合法、有效的借贷关系，应受法律保护。双方当事人理应按约定全面履行各自义务，在原告履行借款义务后，被告程某经催收未在合理期限内偿还原告借款本息，已构成违约，故原告要求被告程某偿还借款本金95万元及利息的诉讼请求于法有据，予以支持。该两笔借款发生在被告程某与夏某婚姻关系存续期间，明显超出二被告日常家庭生活需要，根据《最高人民法院关于审理涉及夫妻债务纠纷案件适用法律有关问题的解释》第三条之规定，“夫妻一方在婚姻关系存续期间以个人名义超出家庭日常生活需要所负的债务，债权人以属于夫妻共同债务为由主张权利的，人民法院不予支持，但债权人能够证明该债务用于夫妻共同生活、共同生产经营或者基于夫妻双方共同意思表示的除外”。涉案70万元借条虽然由被告夏某书写，但原告未提供证据证明该笔借款系用于两被告共同生活、共同生产经营或者基于夫妻双方共同意思表示，故法院对原告要求被告夏某对该笔借款承担还款责任的诉讼请求不予支持，对被告程某和夏某均辩称该笔借款不属于夫妻共同债务的意见予以支持。据此判决被告程某于本判决生效之日起五日内偿还原告刘某借款本金95万元及利息。

案例24：夫妻民事主体独立，不能“张冠李戴”①

针对本案，法院认为，2018年11月10日，与某途公司签订《房屋认购合同》的相对方是熊某，而非郑某。某途公司认为熊某系代郑某签订《房屋认购合同》但未能提交任何证据加以证明，且《房屋认购合同》中并未出现郑某的姓名，变更合同主体缺乏熊某的确认。虽然郑某提出与熊某系夫妻关系，但经法庭反复询问，郑某并不向法庭主张、也未证明与熊某之间在签订《房屋认购合同》时具有代理关系，并在诉状中称郑某于2018年11月11日与东华公司签订买卖合同后《房屋认购合同》已经失效。郑某明确表示向某

① 详见四川省成都市中级人民法院（2020）川01民终16963号民事裁定书。

途公司主张退款的依据并非基于《房屋认购合同》，而是依据收款收据，其仅与东华公司建立房屋买卖合同关系。熊某与某途公司之间签订《房屋认购合同》，相应的合同付款义务应由熊某完成。即使郑某于2018年11月10日支付的款项为《房屋认购合同》项下的款项，在案涉房屋不具备交易过户条件的情况下，根据合同关系有权主张退还合同款的主体也是熊某。因此，郑某与某途公司之间不存在直接的合同关系，其提起合同纠纷诉讼主体不适格。

上述案例均涉及夫妻地位平等，各自具有独立的人格问题。试问：如何理解夫妻地位平等、夫妻的姓名权？夫妻的人身自由权如何保护？如何看待计划生育是夫妻的权利和义务？

二、夫妻地位平等权

夫妻，丈夫与妻子的合称，即男女通过合法的婚姻组成配偶。按照通常的说法，夫妻是以共同生活为目的而结合的伴侣。[①] 夫妻既是性伴侣，又是生活伴侣。夫妻关系是家庭关系的核心，主要包括夫妻人身关系和夫妻财产关系。《民法典》第一千零五十五条规定："夫妻在婚姻家庭中地位平等。"该条规定是《宪法》及有关法律所规定的男女平等原则的具体体现。夫妻在婚姻家庭中的地位平等，不是指夫妻的权利义务一一对等，更不是指夫妻要平均承担家庭劳务等。[②] 夫妻在家庭中地位平等的基本含义包括下述几个方面：

1. 夫妻在婚姻家庭中地位平等的规定，是处理夫妻关系的指导原则，是确定夫妻之间各项权利和义务的基础。夫妻地位平等意味着夫妻在共同生活中平等地行使法律规定的权利，平等地履行法律规定的义务，共同承担对婚姻、家庭和社会的责任。夫妻地位平等，是男女平等原则在家庭关系中的具体体现。在法律没有规定的情况下，对夫妻关系的处理，要依据夫妻在婚姻

---

① 黄薇主编：《中华人民共和国民法典婚姻家庭编释义》，法律出版社2020年版，第55页。

② 黄薇主编：《中华人民共和国民法典婚姻家庭编释义》，法律出版社2020年版，第58页。

家庭中地位平等这一规定作出判断。[①]

2. 夫妻在婚姻家庭关系中地位平等，主要意义在于强调夫妻在人格上的平等以及权利义务上的平等。夫妻双方应当互相尊重对方的人格独立，夫妻在家庭中的权利义务是相等的，在享受权利的同时，也应承担相应的义务。在家庭关系中，不能一方只享受家庭的权利而不承担家庭的义务；也不能一方只履行家庭的义务，而不享有家庭的权利。《民法典》第一千零五十八条规定："夫妻双方平等享有对未成年子女抚养、教育和保护的权利，共同承担对未成年子女抚养、教育和保护的义务。"第一千零五十九条规定："夫妻有相互扶养的义务。需要扶养的一方，在另一方不履行扶养义务时，有要求其给付扶养费的权利。"第一千零六十一条规定："夫妻有相互继承遗产的权利。"因此，夫妻应当兑现婚礼殿堂的神圣诺言——相亲相爱，不离不弃，相濡以沫，白头偕老。

3. 人格尊严平等。每个人的法律地位都是平等的，各自都有自己的人格尊严。《宪法》第三十八条规定："中华人民共和国公民的人格尊严不受侵犯。禁止用任何方法对公民进行侮辱、诽谤和诬告陷害。"《民法典》第一千零四十二条第三款规定："禁止家庭暴力。禁止家庭成员间的虐待和遗弃。"第一千零四十三条第二款规定："夫妻应当互相忠实，互相尊重，互相关爱；家庭成员应当敬老爱幼，互相帮助，维护平等、和睦、文明的婚姻家庭关系。"

三、夫妻的姓名权

姓名是姓和名的合称，是确定和代表自然人个体并与其他人相区别的文字符号和标记。姓是表示家庭或家庭系统的符号，是血缘团体的象征，体现每个社会成员所属的亲属团体；名则是代表每个人的语言符号，是区分每个个体的标志性符号，二者组合表示该个人与群体之间的内在联系，亦是社会成员相互区别的特定符号。因此，姓名具有重要的社会功能和丰富的社会内涵。

---

① 黄薇主编：《中华人民共和国民法典婚姻家庭编释义》，法律出版社 2020 年版，第 58 页。

姓名权是一种重要的人身权利。我国确认男女平等原则，充分保护公民姓名权。根据《民法典》人格权编第一千零一十二条“自然人享有姓名权，有权依法决定、使用、变更或者许可他人使用自己的姓名，但是不得违背公序良俗”和第一千零一十四条“任何组织或者个人不得以干涉、盗用、假冒等方式侵害他人的姓名权或者名称权”的规定，姓名权的具体内容包括：姓名决定权、姓名变更权、姓名使用权、姓名许可他人使用权、姓名维护权。根据《民法典》第一千零五十六条“夫妻双方都有各用使用自己姓名的权利”的规定，在婚姻中双方的地位是平等的，没有尊卑关系，各有自己独立的人格。因此，婚后的姓氏也无须改变，法律保障男女婚后有使用自己姓名的权利。当然，夫妻双方作出夫随妻姓，或妻随夫姓的约定，法律并不禁止。我国古代有女性结婚后在其姓之前冠以丈夫的姓的传统，如“王李氏”，即姓李的嫁给姓王的做妻子。

在婚姻家庭关系中，独立姓名权的内容包括：

1. 独立的姓名决定权。自然人有决定自己姓名的权利。自然人行使该权利通常表现为两种情形：一是未成年时由父母或其他监护人代为命名。在实际生活中，自然人的姓名一般都是在出生后的婴儿时期由父母等确定，在社会福利机构的儿童若尚无明确姓名的，由福利机构负责人代为命名。此时，父母等人只是代理未成年人行使姓名决定权。二是自然人成年后可亲自行使命名权，表现为其确认父母等人已命名的姓名，也可以依法重新决定自己的姓名，还可以根据本人意愿给自己确定本名以外的别名、笔名、艺名等。

2. 姓名使用权。自然人对自己的姓名享有专有使用权。在民事活动中，自然人有权依法使用自己的姓名，也可以依法使用本人的别名、笔名、艺名、化名等，其他人不得非法干涉自然人使用或不使用自己的姓名。某自然人使用某姓名，原则上排斥其他自然人使用相同姓名，但重姓重名的不在此限，据统计全国叫“王军”名字的有将近 30 万人。对此，《民法典》人格权编第一千零一十七条规定：“具有一定社会知名度，被他人使用足以造成公众混淆的笔名、艺名、网名、译名、字号、姓名和名称的简称等，参照适用姓名权和名称权保护的有关规定。”

3. 姓名许可他人使用权。即指自然人依法许可他人使用自己姓名的权利。如自然人“张美丽”的名字，经本人许可后可以在化妆品上作为注册商标使用。

4. 姓名变更权。公民依照法律规定改变自己的姓名，是公民姓名权的重要内容。当然，改变姓名应依法定程序或相关规定进行。

四、夫妻的人身自由权

（一）夫妻的人身自由权内容

所谓人身自由权，是指公民依法享有的本人的人身和行动完全自由支配，不受任何组织或个人非法限制或侵害的权利。人身自由权是公民最起码、最基本的权利，也是公民参加政治、经济、社会、文化、法律等活动和享受其他权利的前提条件。根据《民法典》第一千零五十七条“夫妻双方都有参加生产、工作、学习和社会活动的自由，一方不得对另一方加以限制或者干涉”的规定，夫妻的人身自由权主要包括：

1. 参加生产工作的权利。这里的生产、工作均是泛指，生产是一切生产活动，工作是社会性的工作（或一切正当的社会性劳动）。妇女享有参加生产、工作的自由权而不受干涉，是妇女享有与丈夫平等地位的前提。

2. 参加学习的权利。夫妻双方都有学习的自由。这里的学习，不仅包括正规的在校学习，而且包括扫盲学习、职业培训以及其他各种形式的专业知识和专业技能学习。《妇女权益保障法》第十九条规定，“各级人民政府应当依照规定把扫除妇女中的文盲、半文盲工作，纳入扫盲和扫盲后继续教育规划，采取符合妇女特点的组织形式和工作方法，组织、监督有关部门具体实施”；并且应当采取措施，“组织妇女接受职业教育和实用技术培训”。

3. 参加社会活动的权利。夫妻双方都有参加社会活动的自由。这里的社会活动，包括参政、议政活动，科学、技术、文学、艺术和其他文化活动，各种群众组织、社会团体的活动，以及各种形式的公益活动等。法律赋予婚姻关系双方这种权利，既是公民民主权利在家庭关系中的反映，也是社会主义夫妻关系本质的要求，同时还是促进国家和社会发展的需要。

当然，《民法典》第一千零五十七条规定了夫妻的人身自由权，并不意味着夫妻可以不顾家庭，为所欲为。夫妻之间应当互相尊重、互谅互让、互相协商，处理好参加生产、工作、学习和社会活动与尽到家庭责任之间的关系。只有这样，家庭才能和睦幸福。

（二）对人身自由受侵犯者的法律救济

我国《宪法》第三十七条规定，“中华人民共和国公民的人身自由不受侵犯。任何公民，非经人民检察院批准或者决定或者人民法院决定，并由公安机关执行，不受逮捕。禁止非法拘禁和以其他方法非法剥夺或者限制公民的人身自由，禁止非法搜查公民的身体”。因此，除对人身自由权的合法限制外，任何个人或组织均不得侵害自然人的人身自由；凡侵害自然人人身自由权的行为人，都应承担法律责任。具体而言：

1. 行政责任。《治安管理处罚法》第四十条规定，非法限制他人人身自由的，处拘留并处罚款。

2. 刑事责任。《刑法》第二百三十八条规定，严禁非法拘禁他人或者以其他方法非法剥夺他人人身自由，违者处三年以下有期徒刑、拘役、管制或者剥夺政治权利。

3. 民事责任。《民法典》侵权责任编第一千一百六十七条规定，侵权行为危及他人人身安全的，被侵权人有权请求权侵权人承担停止侵害、排除妨碍、消除危险等侵权责任。同时，该法还规定了自助行为，其第一千一百七十七条规定：“合法权益受到侵害，情况紧迫且不能及时获得国家机关保护，不立即采取措施将使其合法权益受到难以弥补的损害的，受害人可以在保护自己合法权益的必要范围内采取扣留侵权人的财物等合理措施；但是，应当立即请求有关国家机关处理。受害人采取的措施不当造成他人损害的，应当承担侵权责任。”

五、计划生育是夫妻的权利和义务

原《婚姻法》第二条第三款规定：“实行计划生育。”第十六条规定：“夫妻双方都有实行计划生育的义务。”计划生育是我国坚持了很长一段时间的基本国策，《民法典》将“计划生育原则”废除，标志着法律不再以“计划生育”的形式对自然人的生育权进行限制，计划生育不再作为婚姻家庭法的原则进行表述。原《婚姻法》《收养法》都有关于计划生育的条款。现在我国人口形势有了新变化，为适应这一新变化，计划生育政策也在改变，婚姻家庭编不宜再作规定。同时，计划生育的规范本不属于民法规范，应当规定在有关计划生育的法律中。所以，婚姻家庭编没有再规定计划生育的内容。当然，婚姻家庭要遵守法律有关生育政策的规定，这是毫无疑问的。生育权是个体所享有的基本人权和人格权，近年来立法政策从限制生育转向鼓励生育，使生育权重新归属于家庭，具有重大的进步意义和现实意义。因此，计划生育是我国的一项基本国策，也是家庭职能的一项重要内容。

1. 夫妻有生育的权利。生育权是《人口与计划生育法》赋予自然人的一项法定权利。据此，夫妻享有依照法律的规定生育子女的权利，并受国家法律的保护，任何人不得侵犯。同时，夫妻也有不生育的自由，任何人不得强迫或干涉。育龄夫妻双方有权按照国家有关规定实行计划生育。《人口与计划生育法》第二十一条第一款规定："实行计划生育的育龄夫妻免费享受国家规定的基本项目的计划生育技术服务。"计划生育工作部门应当提供安全、有效的避孕药具和技术，保障实施节育手术的夫妻的健康和安全。该法第二十三条还规定："国家对实行计划生育的夫妻，按照规定给予奖励。"

2. 夫妻有依法实行计划生育的义务。依法实行计划生育是《人口与计划生育法》赋予公民的一项法定义务。夫妻双方在实行计划生育中负有共同的责任。夫妻双方应自觉承担此法定职责，夫妻任何一方都不得拒绝履行该项义务，更不得将计划生育仅视为女方的义务。育龄夫妻应当按照国家有关计划生育的政策和法律规定生育子女。

育龄夫妇应根据国家的计划生育政策，结合考虑对家庭未来的子女以及社会应负的责任，作出是否生育和何时生育的选择。为了实行计划生育，必须破除重男轻女和只有男子才能传宗接代的旧传统观念。从历史上看，剥削阶级从来就把妇女看作生儿育女的工具，把生育的责任单方面地施加在妇女身上。我国封建社会的礼制和法律甚至把无子作为出妻的理由之一。新中国成立后，我国破除了旧的生育观，但其残余影响仍在一些人头脑中存在。部分妇女因婚后不生育或只生育了女孩，受到公婆或丈夫的歧视或虐待，这甚至成为一些男子要求离婚的原因。其实，科学和实践经验证明，生男生女的关键因素在于男方。有些人认为，计划生育只是妇女的事，与男子无关。这不仅违背了男女平等原则，也不符合生育的实际情况，以致妨碍计划生育工作的推行。因此，《人口与计划生育法》第二十二条明确规定："禁止歧视、虐待生育女婴的妇女和不育的妇女。禁止歧视、虐待、遗弃女婴。"有关部门和人民法院应依法保护执行计划生育一方的合法权益，对违法行为一方应给予批评教育、行政处分或其他法律制裁。

六、对案例 23、案例 24 的简要评析

在案例 23 中，根据夫妻地位平等原则，男女结婚后不能否定夫妻双方的独立人格和独立民事主体地位，即使婚后夫妻财产共有，一方所负债务特别是超出了家庭日常生活需要所负的大额债务，也应当与另一方取得一致意见，或者用于夫妻共同生活才构成夫妻共同债务，否则不能认定。《最高人民法院关于审理涉及夫妻债务纠纷案件适用法律有关问题的解释》第一条开宗明义，强调夫妻共同债务形成时的"共债共签"原则，这一规定意在引导债权人在形成债务尤其是大额债务时，为避免事后引发不必要的纷争，加强事前风险防范，尽可能要求夫妻共同签字。《民法典》第一千零六十四条规定："夫妻双方共同签名或者夫妻一方事后追认等共同意思表示所负的债务，以及夫妻一方在婚姻关系存续期间以个人名义为家庭日常生活需要所负的债务，属于夫妻共同债务。夫妻一方在婚姻关系存续期间以个人名义超出家庭日常生活需要所负的债务，不属于夫妻共同债务；但是，债权人能够证明该债务用于夫妻共同生活、共同生产经营或者基于夫妻双方共同意思表示的除外。"案涉 70 万元借条虽然由夏某书写，但是夏某并未签字，而且借款数额较大，刘某未提供证据证明借款用于程某和夏某夫妻共同生活、共同生产经营，也未提供证据证明夏某分享了该债务带来的利益。夏某未签字的借条不足以证明夏某与程某共同举债的意思表示，该债务只能由程某个人承担。

在案例 24 中，夫妻在家庭中地位平等，夫妻双方都有参加生产、工作、学习和社会活动的自由，一方不得对另一方加以限制或干涉；夫妻可以约定婚姻关系存续期间所得的财产以及婚前财产归各自所有、共同所有或部分各自所有、部分共同所有。因此，虽然现有证据能够证明熊某与郑某系夫妻关系，但不能排除熊某作为具有完全民事行为能力的个人单独实施民事行为。

本案中，熊某以个人名义与某途公司于 2018 年 11 月 10 日签订《房屋认购合同》，且在该合同中并未披露是个人缔约还是以夫妻或家庭名义缔约，在此情况下，郑某持熊某个人名义签订的《房屋认购合同》以郑某个人名义单独向法院提起诉讼，由于郑某并非《房屋认购合同》的相对方，没有资格作为原告提起诉讼，法院驳回起诉是合理合法的。

第二节　生育权

一、问题的提出

生育权，是指自然人拥有的依法决定是否生育子女以及如何生育子女的一种资格或自由，包括生育的自由、不生育的自由和选择生育方式的自由。[①]《妇女权益保障法》第五十一条第一款规定："妇女有按照国家规定生育子女的权利，也有不生育的自由。"《人口与计划生育法》第十七条规定："公民有生育的权利，也有依法实行计划生育的义务，夫妻双方在实行计划生育中负有共同的责任。"上述法律对生育权作了规定，在现代法律制度中，其客观上应当包括自然人的自然人生育权和夫妻共同生育权两类。自然人个人生育权的合法行使，应主要通过组成家庭夫妻共同生育的形式。当然，在特殊情况下，自然人个人生育权的实现，并非必须通过夫妻共同生育权的形式，法律允许其单独存在。非婚生育在任何社会都未能完全禁绝。现代人工授精、试管婴儿生育技术和人体克隆技术的发展，使个人生育权脱离夫妻共同生育权独立存在的可能性更大。[②]

---

① 最高人民法院民事审判第一庭编著:《最高人民法院民法典婚姻家庭编司法解释(一)理解与适用》，人民法院出版社 2021 年版，第 215 页。亦有学者认为，生育权是基于自然人的亲子关系文化而产生的、受到规范性文化制约的民事权利。参见杨遂全等:《婚姻家庭法典型判例研究》，人民法院出版社 2003 年版，第 223 页。

② 《吉林省人口与计划生育条例》第二十九条明确规定:"达到法定婚龄决定不再结婚并无子女的妇女，可以采取合法的医学辅助生育技术手段生育一个子女。"该条款的规定激起了千层浪，褒贬不一，但笔者认为，它体现了社会的进步和法律人文精神的关怀。

在研究生育权之前，先看一则案例：

案例 25：因生育障碍主张离婚①

原告杨某1（女方）、被告杨某2（男方）于2014年经人介绍确定恋爱关系，后办理了结婚登记手续。二人婚后感情较好，结婚时被告给予原告14万元彩礼款，原告方陪嫁置办嫁妆花费数万元。结婚的金器存放在被告家的保险柜中。婚后二人共同在外打工数年，原、被告一直未生育，后检查得知被告患有生育功能障碍疾病，经过治疗未见明显好转。后原、被告经常为生育问题和生活琐事发生争吵。2018年7月，二人再次因为琐事发生争吵，并开始分居。

法院认为，被告得知自己患有生育功能障碍疾病，多次去外地治疗，原告也陪同前往。对于被告的生育功能问题，原、被告并未提供证据证明该疾病已无法治愈，只要积极配合治疗，树立信心，有自愈的可能性。且原、被告分居时间较短，前期感情较好，只要相互理解，遇有矛盾，妥善解决，有合适的沟通渠道，完全有和好的可能。综上所述，原告提出离婚理由不足，证据不充分，原、被告夫妻感情尚未完全破裂。为防止草率离婚，稳妥处理婚姻家庭纠纷，法院据此判决驳回原告杨某1要求与被告杨某2离婚的诉讼请求。原告杨某1提起上诉，二审维持原判。

上述案例涉及生育权的行使问题。试问：生育权的法律定位如何？生育权行使的主体是否受到限制？生育权的具体内容有哪些？如何解决夫妻生育权的冲突？第三人侵害生育权的法律责任如何承担？

二、生育权的法律定位

（一）生育权是一种自由与形成权

1. 生育权是一种法律上的自由。在法律上，“自由”是一个十分笼统的概念。但是，如果从法律关系的角度出发，我们就会发现，自由就是指人们

---

① 详见江西省景德镇市中级人民法院（2019）赣02民终26号民事判决书。

能够不受他人的干涉而行为或者不行为。生育权是一种自由，也就是说，在生育权主体行使生育权之际，并不存在生育权主体与他人之间特定的法律关系。生育权主体不需要其他任何人积极地协助，即可以自主决定以及实施生育或者不生育。

2. 生育权不仅是一种自由，还是一种法律权利。应当看到，生育权行使的正常结果，是子女的产生。《民法典》规定，自然人从出生时起具有民事权利能力。因此，子女出生这一事实在法律上的含义，就是一个具有民事权利能力的独立主体的出现。当这一独立的法律主体出现之后，围绕着他，立即产生了各种各样的法律关系。一是子女与母亲之间的母子关系。二是子女与父亲之间的父子关系。三是子女与其兄弟姐妹以及祖父母、外祖父母之间的法律关系，按照《民法典》与《民法典》继承编的规定，兄弟姐妹之间、祖父母、外祖父母与孙子女、外孙子女之间相互负有法律上的扶养义务，以及相互继承财产的权利。

因此，生育权行使的结果，是创设了各种法律主体之间的法律关系。这种法律关系的创设具有一个特点，就是其仅取决于生育权主体单方的意志与行为，而不取决于相关各方的意志。而且更为关键的是，在上述法律关系之中，相关各方不能以自己的行为改变这种法律关系，而只能承受这种法律关系。

3. 生育权是一种形成权。按照民法原理，在各类民事权利中，权利主体能够以自己单方的意志而使特定法律关系产生的权利，称为形成权。形成权赋予权利人可以依照自己的意志而形成一定法律效果的权利，相对人则受到拘束，须容忍此法律效果。既然生育权的重要特征就在于创设各种法律主体之间的法律关系，各相关法律主体只能承受而不能改变此种法律关系。因此，生育权是一种形成权。夫妻双方各自享有生育权，只有夫妻双方协商一致，共同行使这一权利，生育权才能得以实现。[①]

如法院在审理郑某诉徐某1婚姻家庭纠纷一案时认为，本案争议焦点为：徐某1进行胚胎移植生育是否系郑某的真实意思表示，其是否侵

① 最高人民法院民事审判第一庭编著:《最高人民法院民法典婚姻家庭编司法解释（一）理解与适用》，人民法院出版社2021年版，第214页。

犯了郑某的生育权。郑某与徐某1婚后因不能正常生育，双方自愿同意到上海某诊疗中心进行体外受精胚胎移植。2012年2月，徐某1通过体外受精胚胎移植手术后怀孕，双方生育一女，取名徐某2。2013年6月3日，郑某与徐某1在民政部门协议离婚。一审法院依双方当事人的申请，从诊疗中心调取了体外受精胚胎移植（IVF-ET）知情同意书、留存遗传标本知情同意书、胚胎冷冻、解冻及移植知情同意书、废弃无用卵子、剩余精子及胚胎处理知情同意书、授权胚胎复苏志愿书及郑某向徐某1出具的多份授权委托书等相关材料。上述证据材料中均有郑某、徐某1的亲笔签名，且郑某向徐某1出具的委托书中明确载明“本人委托妻子徐某1全权处理胚胎的安置”。郑某在冷冻胚胎移植注意事项下签名，承诺如郑某因工作安排无法前来签字，可由郑某写好委托书，委托女方全权代理。郑某作为完全民事行为能力人，应当预见其出具授权委托书的后果。且郑某与徐某1在协议离婚时，郑某自愿承担了婚生女徐某2的抚养费用，并未提出任何异议。双方在婚姻关系存续期间自愿选择体外受精胚胎移植生育，系双方真实意思表示。因此，郑某主张徐某1进行胚胎移植生育未经其同意，应当确认为无效行为，且该行为侵犯其生育权，给其造成巨大的精神伤害和经济损失，缺乏事实与法律依据，法院不予支持。[①]

（二）生育权是一种身份权

关于生育权是身份权抑或人格权，在理论界和司法实务界存在重大分歧。笔者认为，生育权是身份权，而不是人格权。公民都享有生育权，但生育权的实现要受到主观和客观条件的限制，只有合法夫妻身份关系的夫妻在法律、行政法规许可范围内和生理条件许可下，才能实现其生育权。笔者反对无婚姻的生育，更不提倡非婚生育。正如有学者所言，在现实层面上，社会一般认可的生育权是以婚姻为基础的生育权。婚内生育权是以婚姻关系的缔结为前提条件的，即婚内生育权基于合法婚姻而存在，这种婚内生育权也是生育权的一种最常见的表现形式。另外，即使不以婚姻关系为基础，单独

① 详见湖北省高级人民法院（2017）鄂民申2456号民事裁定书。

讨论一个自然人具体的生育权，实质上也是先确定该自然人是男性或女性，即还是以其一定社会身份为基础的。[①]

三、生育权行使的主体

生育权是公民的基本人权。[②]而生育权的主体却存在分歧：有人认为，依据《人口与计划生育法》第十七条“公民有生育的权利”的规定，在我国，生育权的主体应该是一切公民。持此观点的学者目前为大多数，几乎成为主流观点。还有的人依据《妇女权益保障法》第五十一条第一款“妇女有按照国家有关规定生育子女的权利，也有不生育的自由”的规定主张生育权的主体只能是妇女。[③]严格地说，生育权的权利主体仅是怀孕的女性，或者是决定是否要怀孕的女性。[④]笔者认为，首先，《妇女权益保障法》考虑到生育的自然属性以及妇女的实际地位，强调保障妇女的生育权是必要的，但却是不周密的。在当时特定历史条件下制定的《妇女权益保障法》，为了加强对妇女的特别保护与计划生育工作的贯彻落实，专门强调妇女享有生育权，是能够理解的。但该法并没有否定丈夫的生育权，其实在《人口与计划生育法（草案）》中就曾经规定：“公民的生育权受法律保护。男女享有平等的生育权。”[⑤]其次，《中华人民共和国人口与发展报告》认同“个人和夫妇”并列作为主体享有生育权，《人口与计划生育法》规定“公民有生育的权利”，这正是对国际社会关于生育权认识现状的尊重，不能否定丈夫的生育权。

根据我国现行法律规定，自然人享有生育权，但生育权行使的主体须符合以下条件：

1. 生育权行使主体的身份是基于身份关系而取得的。生育权的行使是自

---

① 最高人民法院民事审判第一庭编著：《最高人民法院民法典婚姻家庭编司法解释（一）理解与适用》，人民法院出版社2021年版，第221页。

② 国家计生委政法司：《〈中华人民共和国人口与计划生育法〉有关名词解释》，载《人口与计划生育》2002年第4期。

③ 孙科峰：《生育权初探》，载四川大学《青年法学论坛》2003年第1期。

④ 阳平、杜强强：《生育权之概念分析》，载《法律适用》2003年第10期。

⑤ 参见《全国人民代表大会常务委员会公报》2002年第1号。

然人基于身份而享有的权利，这种身份基于婚姻关系而取得，自然人只要具备了婚姻关系，便可行使生育权，并且在这种身份存续期间一直享有。即使自然人由于某种原因在婚姻关系缔结之初没有行使这种权利，但只要婚姻关系存在，他们就享有生育的权利。当事人在婚姻关系存续期间没有行使这种权利，离婚以后就不能再向对方要求行使生育权。

2. 生育权行使的主体是特定的，并非任何人都能行使。生育权的主体是特定的主体，应由夫妻双方平等享有，丈夫在行使其生育权的同时不能侵害妻子的生育权；妻子在行使生育权的过程中，同样也要承担不得损害丈夫生育权的义务。只有生育权的行使建立在平等的基础之上，才能使自然人享有生育权成为可能，否则女性就会沦为生育的工具。

在现实生活和审判实践中，插足他人婚姻的"第三者"的生育权如何处理？一是"第三者"是否享有生育权的问题。根据《人口与计划生育法》第十七条之规定，公民享有生育的权利。虽被包养为"第三者"，但其仍然是公民。因此，"第三者"仍享有生育权。二是"第三者"能否行使生育权的问题。从我国的有关法律规定来看，生育权行使的主体需具有合法夫妻身份关系，并且在法律、行政法规许可范围内行使。因此，"第三者"不是合法的婚姻关系当事人，不应行使生育权。事实上，"第三者"的生育违反国家计划生育政策和法律，应受到法律制裁。三是"第三者"生育权受到侵害时能否得到保护？如"第三者"多次人工流产，致使其终身不能怀孕，则"第三者"的生育权受到了侵害，精神上遭受了极大的痛苦。此时，"第三者"和包养其的男性均有过错，并产生了损害结果，该男性应当承担一定的赔偿责任。

四、生育权的内容

1. 生育请求权。即指夫妻有请求自己的配偶帮助自己进行生育的权利。根据生育的自然属性，完成生育的过程必然要求有男女自然的结合，生育的自然属性决定了生育的过程必须要有男女双方形成合意才能实现。显然，这种合意的形成，必须有一方首先提出请求或双方同时相互提出请求。这种请求类似于合同法上的"要约"，只有双方彼此同意了对方的请求，在生育问题上达成合意，生育才可以在不违背双方意愿的情况下实现。而这种彼此向对方提出生育请求的权利就是生育请求权，它是生育权得以实现的前提。在法律无相反规定或约定的情况下，结婚自然产生对配偶的生育请求权。婚后无正当理由拒绝生育，情节严重，可能导致对方终身无法生育的，构成对对方的侵权。

2. 生育决定权。即指夫妻有决定自己是否生育的权利。它包括生育的自由和不生育的自由。只要是符合法律规定的生育权主体，主要是夫妻，都依法享有决定生育的权利即决定要孩子的权利，不受其他任何人的干预。当然，决定生育的权利，在于生育主体，但这种权利要受到一个国家人口政策的制约。虽然我们规定生育主体有权生孩子、有权决定生孩子的数量、有权决定生孩子的质量，但这些权利的行使，必须符合国家的计划生育政策，在保障人口质量，优生、优育的前提下，生育子女。这体现了权利义务的辩证统一，在个人的生育权同他人、社会利益之间实现了价值平衡，保障了生育权和其他权利的同时实现。赋予生育主体有权决定这些的权利，如果有人干涉生育权主体生育的权利，权利人可以提起司法保护。

生育权主体可以自由决定不生育孩子，这种权利不受任何人非法干预。这是有史以来在生育问题上夫妇能争取到的最大的权利之一。严格来说，这种权利主要是一种绝对权，或者说是一种公法上的权利。但是，在夫妻之间也有一定的特殊权利义务。不生育的自由是通过避孕、堕胎、绝育来实现的，当事人可择一使用。当然，避孕是安全、有效、经济的，是选择不生育自由的上策。如法院在审理再审申请人王某因与被申请人王某松生命权、健康权、身体权纠纷一案时认为，生育权是法律赋予公民的一项基本权利，夫妻双方各自都享有生育权，只有夫妻双方协商一致，才能共同行使生育权。本案中，王某与王某松在婚姻关系存续期间未生育小孩，但王某并未举示充分证据证明是由于王某松的欺骗导致其未能怀孕生子。夫妻双方因生育权发生冲突时，任何一方不得违背对方意愿主张该权利，不得以侵害其生育权为由主张损害赔偿。[①]

3. 生育时间和方式选择权。结婚虽然意味着夫妻取得生育权的行使资格，但在行使过程中，必然产生选择何时生育的权利。尽管这种权利没有决定权

---

① 详见重庆市高级人民法院（2018）渝民申3233号民事裁定书。

那么重要，但也附带有夫妻个人的不同利益。生育时间的确定，应当由夫妻双方协商确定。

生育方式选择权，是指夫妻有权自由选择生育的方式进行生育。夫妻可以自由选择通过正常的性爱受孕，也可以选择人工授精的方式受孕。在分娩时可以选择自然生产，也可以选择剖腹生产。这项权利的实现主要是一种私人权利，应由权利主体自主决定。一旦决定，医疗机构等必须尽力协助生育权主体实现其生育权利，并提供相应的保障。

五、夫妻生育权冲突的解决

夫妻双方均享有平等的生育权，但这种生育权只有夫妇双方共同努力才有可能实现。当夫妻双方在生育权的行使中发生冲突时，应如何解决？这种冲突主要表现为：（1）一方要求生育子女，而对方不同意生育；（2）一方未经对方同意，采取强制、隐瞒、欺诈等手段致使女方怀孕；（3）女方因个人原因未经丈夫同意而终止妊娠。男方在离婚诉讼中以妻子无正当理由拒不生育或者妻子擅自终止妊娠而侵犯其生育权为由，要求妻子承担损害赔偿责任，结果被法院以“于法无据”为由驳回。对此理论上存有争议。第一种意见认为，《妇女权益保障法》第五十一条第一款规定：“妇女有按照国家有关规定生育子女的权利，也有不生育的自由。”特别说明妇女有生育也有不生育的权利，这是基于生育的自然属性给予妇女的特殊保护，因而男方生育权的行使与实现须征得妻子的同意，妻子有权决定是否生育，即使违背男方意愿，也不能认为侵犯了男方的生育权。第二种意见认为，《妇女权益保障法》第五十一条对妇女生育权的特殊保护，并不意味着男方没有生育权。生育权反映的是夫妻双方关系的一种权利，既然这种权利由夫妻双方平等享有，就不应该只由女性独享。夫妻双方无论以什么理由，都不能剥夺配偶一方繁衍后代的权利，由此认为女方无正当理由拒不生育或者擅自终止妊娠，已构成对男方生育权的侵犯。

笔者认为，夫妻生育权的冲突反映了两种法律权利之间的冲突，它既是丈夫的生育权与妻子的生育权之间的冲突，同时又是丈夫的生育权与妻子的人身自由权、身体支配权、健康权之间的冲突。在涉及权利冲突的解决时，必须通过利益衡量以确定最值得保护的利益。就前一种权利冲突而言，夫妻双方都有生育权和不生育的自由，二者是完全平等的，无法分别衡量孰优孰劣；但是，就后一种权利冲突而言，男方生育权的行使与实现既然需要利用女方的身体，就应当尊重女方的人身自由权、身体支配权及健康权，两相权衡，女方的权利比男方的生育权更具有优先保护地位。因此，生育权应倾向于保护妇女选择是否生育的权利。事实上，妇女可以自行决定采取包括堕胎在内的各种避孕方法，并决定是否让男方成为父亲。是否生育是由妇女本人控制的，生育自治权越来越倾向于保护妇女选择是否生育的权利，这已成为目前国际人权保护的发展趋势。

依据《婚姻家庭编解释（一）》第二十三条“夫以妻擅自中止妊娠侵犯其生育权为由请求损害赔偿的，人民法院不予支持；夫妻双方因是否生育发生纠纷，致使感情确已破裂，一方请求离婚的，人民法院经调解无效，应依照民法典第一千零七十九条第三款第五项的规定处理”的规定，明确了妻子擅自终止妊娠不能成为丈夫以侵犯其生育权为由请求损害赔偿的理由；但同时也明确了妻子擅自终止妊娠的行为可能成为人民法院认定夫妻感情破裂的事实。其实，司法实践中早有判决认为，男女公民均享有相应的生育权，夫妻双方因生育权冲突时，男方不得违背女方意愿主张此权利。①

特别需要注意的是，在同居关系中，女方擅自中止妊娠的，男方不得以侵犯其生育权为由主张损害赔偿。相反，女方则有权中止妊娠，并可以要求男方承担必要的费用。②

夫妻双方签订生育契约的效力如何？对此，存在不同认识，一种观点认为，如果丈夫可以证明双方存在生育契约，则女方无故不履行约定私自堕胎属于违约行为。另一种观点认为，不论双方是否签订生育契约，女方对生育的决定权都应得到保护。最高人民法院明确，当事人双方签订的合同不能违反法律与公序良俗。人身权的限制不能构成为合同内容，双方所作的约定无

---

① 叶光明诉妻子朱桂君擅自流产侵犯其生育权案，载《人民法院案例选》2007年第4辑（总第62辑）。

② 参见最高人民法院民事审判第一庭编著:《最高人民法院民法典婚姻家庭编司法解释（一）理解与适用》，人民法院出版社2021年版，第226页。

效。既然合同无效，就不存在女方承担违约责任的问题。[①]

通奸、姘居私生侵害夫妻共同生育权应当如何处理？夫妻共同生育权的行使，还要受夫妻同居义务的制约。如果夫妻一方与他人有婚外性关系而生育子女，也是一种侵犯夫妻共同生育权的行为，对于过错方和与之相奸的第三人应当追究相应的民事责任或破坏军婚的刑事责任。无过错方可依据法律的规定提起离婚诉讼，并有权依照《民法典》第一千零九十一条的规定请求离婚过错赔偿。由于受骗抚养他人的子女或因此错过生育能力期的，可以提起损害赔偿。

丈夫去世，配偶能否使用夫妇二人的胚胎行使生育权？根据《人类辅助生殖技术规范》和《人类辅助生殖技术伦理原则》的规定，辅助生殖技术必须严格遵守知情同意、知情选择的自愿原则，因丈夫已不在人世，不可能签署知情同意书，所以医院原则上拒绝移植胚胎，不会轻易让女方行使生育权。这类案件诉讼到法院，法院的裁判意见大多一致，即支持女方的诉讼请求，判决医院一方继续履行服务合同。如无锡市梁溪区人民法院开庭审理一起“胚胎移植手术”纠纷案件，一面是“延续血脉”的朴实情感需求，丈夫身亡后妻子希望继续“试管婴儿”手术；另一面是不符合规定，当事医院很为难，无奈拒绝实施相关手术。围绕着是否应该继续“试管婴儿”手术，原告小琴和医院打了一场“默契官司”，让法院来裁决。法院认为，小琴夫妇因不育至医院进行人类辅助生殖治疗，医院为其培育并冷冻胚胎，双方之间由此形成的医疗服务合同关系合法有效。法院判决支持了小琴的诉求，确认合同继续有效，要求院方继续履行相应义务。首先，小琴及其丈夫至医院订立医疗服务合同的目的是生育子女，虽然丈夫死亡，但多项事实均表明了小琴丈夫的意愿，且可推知继续实施胚胎移植手术并不违反小琴丈夫的生前意愿。其次，虽然孩子出生后没有亲生父亲，可能生长在单亲家庭，但这并不意味着必然会对孩子的生理、心理、性格等方面产生严重影响，且目前并没有证据证明实施人类辅助生殖技术存在医学上、亲权上或其他方面于后代不利的情形。再次，小琴未生育子女，也未收养子女，进行助孕生育并不违反

---

① 参见最高人民法院民事审判第一庭编著：《最高人民法院民法典婚姻家庭编司法解释（一）理解与适用》，人民法院出版社2021年版，第225—226页。

国家相关人口和计划生育法律法规。小琴有别于其他“单身妇女”，并不违反公序良俗。最后，医院与小琴的保存期约定内容为格式条款，对于逾期补交费用，没有明确具体时间限制。合同需继续履行。①

六、第三人侵害生育权的法律责任

第三人侵害夫妻生育权的现象屡见不鲜。一些医疗机构和计划生育服务机构以及“江湖医生”在进行相关手术时严重不负责任，导致一些依法可生育子女的夫妻患上不育症或永久性丧失生育能力，无法行使生育权。《人口与计划生育法》对此作出了明确的规定。

第三人对生育权的侵害，客观方面必须是第三人实施了侵害生育权的违法行为。这种侵权行为包括：一是计划生育管理机关对符合生育条件的已婚夫妇不发给准生证。二是第三人在侵害夫妻一方生命健康权时造成了生殖系统损害，使其丧失生育功能，无法行使生育权，如毒打孕妇造成流产，使其以后不能生育；女方因病住院，医生不慎在实施手术的过程中将女方的子宫切除；第三人故意或过失伤害夫或妻的身体使其终生丧失生育的能力等。三是第三人明知自己患有严重性病，一旦传染他人就会使其不能生育，仍然与夫妻一方进行性交的行为，这种现象在卖淫嫖娼、非法同居者中比较常见，第三人构成传播性病罪，在受到刑事制裁的同时，也应当承担民事责任。

司法实践中对因医疗事故、交通肇事或暴力行为等造成他人生殖能力损伤，甚至导致受害夫妻一方永久性丧失生育能力，构成刑事犯罪的，一般按照伤害罪处罚。未构成刑事犯罪的，只赔偿医疗费。对单纯非法破坏了怀孕妇女生育过程，致使受害者非自愿流产的，基本上没有任何处罚。甚至许多的医疗或堕胎事故的受害者，即使部分或完全丧失了生育能力，也根本得不到任何赔偿。

对既侵害公民健康权，又侵害了夫妻共同生育权的事故或暴力行为，应认定为双重侵权，应加重处罚，实行双重赔偿制。法律应作出规定，受害者本人和其配偶或亲属均有权提起损害赔偿，适用侵害夫妻共同生育权和民法

---

① 张建波：《丈夫身亡，妻子要继续试管婴儿手术遭医院拒绝，法院判：协议有效》，载《扬子晚报》2020年6月24日。

关于近亲属精神损害赔偿的各种具体规定。[1]

七、对案例 25 的简要评析

在案例 25 中，法院从挽救双方婚姻家庭关系的角度出发，认为夫妻感情尚未达到破裂程度，仍有和好可能，判决双方不准离婚。该种裁判处理方式是司法实践中的常见现象，几乎 90% 以上的离婚诉讼案件第一次到法院提起离婚诉讼，均会判决不准离婚。具体到本案，裁判不准离婚就颇值得思考。虽然夫妻双方各自都享有生育权，但只有夫妻双方协商一致，共同行使这一权利，生育权才得以实现。因此，在被告杨某 2 存在生育功能障碍情况下，杨某 1 认为其生育权不能得到实现，提起离婚诉讼，本无不可，法院应当判决予以支持。

第三节　家事日常代理权

一、问题的提出

司法实践中经常出现夫妻一方在未取得另一方同意的情况下擅自处理共同财产，另一方知道时以不同意或不知道为由申请该行为是无权处分的情形。对于此种情形的司法处理存在不同意见：一种意见认为，夫妻一方擅自处分共同共有财产，构成无权处分，其处分行为的效力处于待定状态，即若另一方事后同意其处分，则处分行为有效，否则处分行为无效。另一种意见认为，夫妻一方虽然没有权利处分共同共有财产，但这只是夫妻内部约定，若第三人有理由相信其有处分权，则构成表见代理，其内部约定不得对抗善意第三人。对此，《民法典》第一千零六十条规定："夫妻一方因家庭日常生活需要而实施的民事法律行为，对夫妻双方发生效力，但是夫妻一方与相对人另有约定的除外。夫妻之间对一方可以实施的民事法律行

---

① 杨遂全等:《婚姻家庭法新论》，法律出版社 2003 年版，第 157 页。

为范围的限制，不得对抗善意相对人。”《民法典》规定了日常家事代理权，既平衡了夫妻内部的利益，充分保障了夫妻之间的平等权利，保护了夫妻的合法财产，又保护了交易相对人的利益，对维护交易稳定和安全起到了积极的作用。

在研究家事日常代理权之前，先看一则案例：

案例 26：续交学费能否认定为家事日常代理？[①]

2019 年 2 月 2 日，潘某作为“出借人”与作为“借款人”的刘某曦签订了《借款协议》，约定借款金额为 30000 元，借款利率为年利率 18%，借款期限自 2019 年 2 月 2 日起至 2019 年 3 月 2 日止，还款方式为到期一次性还本付息。同日，潘某通过其中国建设银行账户向刘某曦所有的中国邮政储蓄银行账户转账支付 30000 元。随后，刘某曦于 2019 年 2 月 3 日分两笔向其所有的平安银行信用卡（尾号 9696）还款 11322 元和 3638 元，另于 2019 年 2 月 22 日向某幼儿园支付 12399 元，再于 2019 年 2 月 25 日向其所有的平安银行信用卡（尾号 9696）还款 2000 元，剩余 600 余元去向不明。

一审另查明，刘某曦与刘某辰于 2012 年 6 月 19 日登记结婚，婚后生育一子刘某源。2018 年 7 月后，两人开始分居，刘某源一直跟随刘某曦共同生活。2018 年 8 月 21 日，刘某曦向重庆市渝北区人民法院起诉离婚，该人民法院于 2019 年 1 月 8 日作出判决驳回了刘某曦的诉讼请求。同时查明，2018 年 12 月 29 日，刘某曦为刘某源续交英语辅导班学费 11322 元。2019 年 3 月 24 日，刘某曦又为刘某源交纳“街舞双课”学费 1984 元。上述两笔款项，均系刘某曦使用其平安银行信用卡结算，前一笔的账单还款日为 2019 年 2 月 10 日，后一笔账单还款日为 2019 年 5 月 10 日。一审庭审中，刘某辰亦承认刘某源之前就已在该英语辅导班和幼儿园学习，此次系续交学费，其本人没有支付。

法院认为，自然人之间的借款合同，自贷款人提供借款时生效。借款人应当按照约定的期限返还借款和支付利息。借贷双方约定的利率未超过年利率 24%，出借人请求借款人按照约定的利率支付利息的，人民法院应予支持。

---

① 详见重庆市第五中级人民法院（2019）渝 05 民终 8698 号民事判决书。

未约定逾期利率或者约定不明的，出借人主张借款人自逾期还款之日起按借期内的利率支付资金占用期间的利息的，人民法院应予支持。本案中，潘某与刘某曦之间签订的《借款协议》系双方真实意思表示，不违反法律法规的强制性规定，合法有效。潘某实际提供借款后，该合同对双方具有法律上的约束力。刘某曦应当按期返还本金和支付利息。父母对子女有抚养教育的义务。夫妻一方在婚姻关系存续期间以个人名义为家庭日常生活需要所负的债务，债权人以属于夫妻共同债务为由主张权利的，人民法院应予支持。本案中，刘某曦辩称，其向潘某借款30000元系用于支付其子刘某源的教育费和生活费。金钱作为特殊动产，其所有权自占用时发生转移并与所有人的其他金钱不可区分地聚合。因此，刘某曦从收到借款后，无论采用直接支付结算，还是通过借用卡预借后还款结算，均不妨碍其借款用途的界定。刘某曦作为父母一方对子女教育和生活费用的支付，属于家事日常代理的范围。并且此次主要的两笔付款均为续交学费，其合理性并无明显不当，对潘某要求刘某辰就上述债务承担共同支付义务的主张，法院予以支持。

上述案例涉及日常家事代理权问题。试问：如何理解日常家事代理权？如何理解适用日常家事代理权中的有权代理与表见代理？日常家事代理权如何行使？其行使的法律后果如何？

二、日常家事代理权的法律意义

日常家事，顾名思义，是指日常家庭生活事务，是指夫妻双方及其共同的未成年子女日常共同生活必要的事项。一般而言，日常家事的范围，通常包括购买必要的日用品、医疗医药服务、合理的保健与锻炼、文化消费与娱乐、子女教育、家庭用工的雇佣等决定家庭共同生活必要的行为及其支付责任。当然，婚姻当事人的社会地位、资产、职业、收入等不同，日常家事的范围也有所不同。

所谓日常家事代理，是指夫妻一方在与第三人就实施日常事务为一定法律行为时，代理另一方处理家庭事务及共同财产的权利，也称日常事务代理。其法律后果是配偶一方代表家庭所为的行为，对方配偶必须承担后果责任，配偶双方对其行为承担共同的连带责任。《婚姻法解释（一）》第十七条第一项规定："夫或妻在处理夫妻共同财产上的权利是平等的。因日常生活需要而处理夫妻共同财产，任何一方均有权决定。"这就表明，我国承认了家事代理制度。夫妻双方互为代理人，由于夫妻在家庭生活中关系极为密切，赋予夫妻相互的日常家事代理权，可以扩张夫妻双方意思自治能力，方便经济交往。同时，夫妻对一方作出的处理负连带责任，这对第三人来说也是公平的，也是保护交易安全的需要。

从我国法律角度来看，夫妻日常家事相互代理权是一种法定代理权。在《民法典》公布之前，虽法律没有关于日常家事代理的直接规定，但《民法典》第一百七十二条"行为人没有代理权、超越代理权或者代理权终止后，仍然实施代理行为，相对人有理由相信行为人有代理权的，代理行为有效"的表见代理的规定，源自原《合同法》第四十九条。[①]《婚姻法解释（一）》第十七条对日常家事代理权作了规定。因此，日常家事代理权是法定代理权。《民法典》第一千零六十条规定了日常家事代理权，依据《民法典》第一百六十三条第二款"法定代理人依照法律的规定行使代理权"之规定即为法定代理。法定代理的代理权基于法律规定而取得，民法上应当凸显法定代理的正当性，该正当性一般表现为代理人和被代理人的身份关系，符合社会伦理的身份关系为法定代理的正当性基础。依民法理论通说，法定代理主要包括三种：未成年人的父母的法定代理、监护人的法定代理、夫妻日常家事代理。[②]依据我国民法的规定，法定代理人的类型包括：监护人、夫妻家事代理、失踪人的财产代管人。因此，随着《民法典》的公布实施，日常家事代理权"名正言顺"地成为法定代理，因家庭日常生活需要而实施的民事法律行为，不再是表见代理，而是法定代理，即有权代理。当然，夫妻之间对一方可以实施的民事法律行为范围的限制，不得对抗善意相对人，此为表见代理的适用。

当然，家事代理与一般民事代理是不同的。一是从适用范围上来看，家

---

① 原《合同法》第四十九条规定："行为人没有代理权、超越代理权或者代理权终止后以被代理人名义订立合同，相对人有理由相信行为人有代理权的，该代理行为有效。"在司法实践中，表见代理常适用于夫妻之间的代理。

② 王泽鉴：《民法典》，北京大学出版社 2009 年版，第 430—431 页。

事代理只适用于婚姻家庭领域，不具有普遍适用性。一般民事代理具有广泛的适用性。二是从法律效果上来看，家事代理中的夫或妻任何一方的民事法律行为的效果由夫和妻共同承担。一般民事代理中的代理人的民事法律效果原则上由被代理人承担，代理人不承担。因此，《民法典》婚姻家庭编新增了日常家事代理权的规定，对夫妻日常家事代理权作出了明确规定。[①]

三、日常家事范围内夫妻共同财产单方处分行为有效

《民法典》第一千零六十条第一款规定："夫妻一方因家庭日常生活需要而实施的民事法律行为，对夫妻双方发生效力，但是夫妻一方与相对人另有约定的除外。"由此看来，夫妻一方在日常家事范围内对夫妻共同财产的处分行为以对"夫妻双方发生效力"为原则，以不发生效力为例外（夫妻一方与相对人另有约定）。

法律设立夫妻日常家事代理权的目的在于扩张夫妻双方的意思自治，使夫妻双方在日常家庭事务的处理中无须事必躬亲，从而突破夫妻各自在时间、精力上的局限性，满足夫妻共同生活的需要。[②]因此，在夫妻日常生活需要的范围内，对夫妻共同财产的处分，夫或妻任何一方，即使以对方名义或夫妻共同名义与第三人实施法律行为，也不构成表见代理。因为夫妻中的任何一方的处分权都是有权处分或有权代理，其行为后果均需要由夫妻双方共同承担，这种行为称为"家事代理行为"。家事代理行为并非真正意义上的代理，其核心是夫妻一方的行为视为双方共同的意思表示，强调的是双方最终承担连带责任，规定该制度的法律意义在于方便夫妻共同生活以及保护市场交易安全。在长期的婚姻生活中几乎每天都重复着衣食住行等繁琐的小事，不可能事事均由夫妻协商处理。同时，市场中卖菜的小贩或是商场中的售货员都不可能在出售一件商品时核实买家是否结婚、配偶另一方是否同意其购买行为，否则就可能卷入"无权代理"带来的官司纠纷，这显然是不合

---

① 参见黄薇主编：《中华人民共和国民法典婚姻家庭编释义》，法律出版社2020年版，第69页。

② 参见黄薇主编：《中华人民共和国民法典婚姻家庭编释义》，法律出版社2020年版，第69页。

理的。[①]

夫妻日常家事代理权由法律直接规定，以夫妻身份的存在为前提。因此，夫妻日常家事代理权仅存在于具有合法婚姻关系的配偶之间，始于婚姻关系的确认，终于婚姻关系的解除或终止。在婚姻关系存续期间，夫妻日常家事代理权始终存在。

关于日常家事代理行为的范围，学者通常采用列举的方式，如蒋月教授表述为："日常家事的范围，通常包括购买必要的日用品、医疗医药服务、合理的保健与锻炼、文化消费与娱乐、子女教育、家庭用工的雇佣等决定家庭共同生活必要的行为及其支付责任。"[②] 史尚宽先生则表述为："一家之食物、光热、衣着等购买，保健（正当）、娱乐、医疗，子女之教养，家具及日常用品之购买，女仆、家庭教师之雇佣，亲友之馈赠，报纸杂志之订购等。"[③]

综合不同学者的表述，可以将日常家事代理行为归结为以下几类：（1）日常物质生活消费：包括衣食住行、基本的日用品、房租、水电费等；（2）文化娱乐消费：包括购买书籍、订阅期刊、电影票等；（3）医疗保健消费：包括医疗费用支出、健身费用等；（4）家庭用工支出：包括雇佣家政服务人员等；（5）子女教育费用：包括学杂费、兴趣班、家庭教师费用等；（6）必要的社交支出；（7）其他夫妻及未成年子女日常生活通常必要的事项。[④]

在以上表述范围内，夫或妻任何一方均为有权处分，无须另一方追认，另一方也无权要求确认行为无效。

四、日常家事代理行为中的表见代理

表见代理即属广义的无权代理。所谓表见代理，又称表示代理，是指代理人虽不具有代理权，但因某种表面现象，足以使善意第三人相信代理人对本人有代理权而与代理人为法律行为，由此产生的法律后果依然直接归本人

① 陈爱武主编：《最高人民法院婚姻法司法解释精释精解》（增订本），中国法制出版社2019年版，第178页。

② 蒋月：《夫妻的权利与义务》，法律出版社2001年版，第61页。

③ 史尚宽：《亲属法论》，中国政法大学出版社2000年版，第361页。

④ 裴桦：《论夫妻共同财产处分权》，载《辽宁大学学报（哲学社会科学版）》2010年第2期。

承担的无权代理。法律上承认表见代理，是因为表见代理具有维护善意第三人利益、维护交易安全的功能。

在无权代理中，由于行为人缺乏代理权，其代理行为理应对被代理人不具有拘束力，但是，如果第三人确有相信代理人享有代理权的正当理由，简单地确定该代理不能对被代理人产生拘束力，不利于维护交易安全和保护第三人利益，因而法律通过规定将被代理人与第三人关系视为真正的代理关系的方式，使代理的后果归属于被代理人。这种法律技术上的处理就是表见代理的原理。表见代理中“表见”的含义，就是足以使第三人相信行为人具有代理权的表面事实或者表面现象。表见代理完成了无权代理行为具有代理的归属效力的转型，以保护行为相对人的方式实现了交易安全的保护目的。[①]

表见代理的法律特征表现为：一是表见代理人以他人名义与第三人为民事法律行为；二是表见代理的代理人实际上不具有代理权；三是表见代理人与被代理人之间有某种足以使第三人相信表见代理人有代理权的事由；四是表见代理行为的法律后果直接归属被代理人。《最高人民法院关于当前形势下审理民商事合同纠纷案件若干问题的指导意见》（法发〔2009〕40号）第十二条规定：“当前在国家重大项目和承包租赁行业等受到全球性金融危机冲击和国内宏观经济形势变化影响比较明显的行业领域，由于合同当事人采用转包、分包、转租方式，出现了大量以单位部门、项目经理乃至个人名义签订或实际履行合同的情形，并因合同主体和效力认定问题引发表见代理纠纷案件。对此，人民法院应当正确适用合同法第四十九条关于表见代理制度的规定，严格认定表见代理行为。”

表见代理和狭义的无权代理既有联系，又有区别。其联系主要是：（1）都属于无权代理的范畴。两者都是以被代理人的名义实施行为，但都没有代理权。（2）两者可以相互转换。例如，善意第三人享有选择权，如果放弃表见代理而转向狭义的无权代理，可以直接向代理人主张权利。其区别是：（1）制度功能不同。狭义的无权代理立足于保护被代理人的利益，纯粹是为了维护静的安全；表见代理的立足点是保护动的安全即交易安全，首先保护的是善意第三人的利益。（2）构成要件不同。表见代理的构成以代理人具有代理权

① 参见邹海林：《民法典》，法律出版社2018年版，第409页。

的表象为必要，该表象足以使第三人相信其具有代理权；狭义的无权代理没有这种表象。（3）法律后果不同。表见代理的法律后果是代理行为有效，被代理人负授权人责任；狭义的无权代理处于效力未定的状态，非经本人追认对本人不发生法律效力。

根据法律关于表见代理的规定，行为人没有代理权、超越代理权或者代理权终止后以被代理人名义订立合同，被代理人原则上不承担合同义务。只有当缔约相对人有理由相信行为人有代理权的，代理行为有效，被代理人才承担所订立合同的义务。

表见代理制度适用于无权代理的场合，法人、非法人组织对行为人授予全权或授权不明的场合，无须适用表见代理制度。根据《民法典》第一百七十二条的规定，行为人没有代理权、超越代理权或者代理权终止后，仍然实施代理行为，相对人有理由相信行为人有代理权的，主观上属于善意，构成表见代理。因此，在符合以下要件时，被代理人应当承担法律责任：第一，行为人存在表见行为。表见行为，是指行为人表现出的其享有代理权的外观或被代理人表现出的授予行为人代理权的行为或语言。第二，相对人有理由相信行为人有代理权，主观上属于善意。按照《民法典》第一百七十二条规定的“相对人有理由相信行为人有代理权的”表述，构成表见代理对相对人的主观方面有两层要求：一是相对人相信行为人有代理权；二是该相信是有理由的。相对人如果不相信行为人有代理权，比如相对人明知行为人无代理权，不符合表见代理的要求。或者相对人虽相信行为人有代理权，但形成信赖的理由不充分、正当，比如相对人应当知道行为人没有代理权，但因自身重大过失而没有觉察的，均不符合表见代理的要求。按照“谁主张，谁举证”的原则，相对人对自己的主观善意承担举证责任，并且，由于代理人不具有“代表人、负责人”的特殊身份，《民法典》第一百七十二条也明确要求相对人必须要“有理由相信行为人有代理权”。因此，不适用善意推定方法，相对人实际负担着证明信赖行为人有代理权且信赖是有理由的举证责任。由于“充分相信”属于抽象事实，判断相对人的举证是否充分，尤其是对行为人的信赖是否有理由的判断并无固定标准，所以一方面相对人的举证负担沉重；另一方面人民法院对行为人的代理行为是否构成表见代理的司法裁判也缺乏统一的标准，只能在个案中根据实施法律行为的具体情形进行判断。

表见代理中举证责任的分配与代表人责任不尽相同。依照《民法典》第一百七十二条关于“相对人有理由相信行为人有代理权”的要求，在涉及表见代理的民事诉讼中，举证责任的分配是：首先，由被代理人承担对行为人确系无权代理的举证责任。比如，行为人不是本单位工作人员，公章系盗用或私刻，或者行为人违反公司章程关于授权限制的明确规定等。其次，由相对人承担证明信赖行为人有代理权且信赖是有理由的的举证责任。比如，行为人所持公章、介绍信、合同书系真实，或者行为人确曾做过被代理人的代理人等。最后，再由被代理人承担对相对人主观上是否为恶意或在缔约过程中是否存在重大过失进行举证。举证是递进的，即仅当前一个举证充分后，再递进到下一个举证环节。

对于表见代理的法律效力即法律后果，民法理论上有两种不同的见解，一是主张对于第三人而言，表见代理视为与有权代理有相同的后果，其后果归属于本人；二是主张表见代理的实质仍然是无权代理，应适用无权代理的规定。大多数国家都采纳第一种观点，如《德国民法典》第一百七十一条、《日本民法典》第一百一十二条。而且，如果按照第二种观点认定表见代理的效力，承认表见代理的意义也就不大了。我国《民法典》第一百七十二条既然规定“代理行为有效”，显然是采纳了第一种观点，即表见代理产生有权代理的效力，通过表见代理所订立的合同不因代理权存在瑕疵而无效，并由本人承担履行义务或者不履行义务的民事责任。

《民法典》第一百七十二条所规定的表见代理只对第三人产生有权代理的后果，对于代理人而言仍然是无权代理。这是因为，承认表见代理的有效，是为了保护第三人的利益和维护交易安全（动的安全），而不是为了保护被代理人。在被代理人与第三人之间，由于代理人具备具有代理权的表象，法律出于维护交易安全的需要而选择了保护第三人，其保护方法就是承认表见代理有效。在被代理人与代理人之间，由于表见代理的法律后果是由代理人的无权代理一手造成的，法律的基点当然是保护被代理人，其保护方法是赋予被代理人向代理人的追偿权，代理人没有代理权而以被代理人的名义实施行为，给被代理人造成损失的，完全可以构成侵权行为（有约定时也可以构成违约行为），应当承担相应的民事责任。

夫妻一方擅自处分共有财产能否构成表见代理，该处分行为是否符合表见代理的构成要件，可以从以下几个方面进行考量：第一，存在擅自处分行为。夫妻在处分共有财产时，应当平等协商达成一致意见，擅自处分行为必然是没有经过另一方的同意而“代理”了本应由另一方配偶处理的权利，符合表见代理的第一个构成要件。第二，存在表见代理的权利外观。如本人与无权代理人之间的夫妻关系、父子关系等，使相对人认为无须再予授权。可见其已经将夫妻关系、父子关系等近亲属关系当然地视为表见代理的“权利外观”，在司法案例中也有不少法院承认夫妻关系是表见代理的权利外观。第三，相对人是善意且无过错的。该构成要件是区分表见代理行为和恶意串通的界限，若相对人是善意的则构成表见代理，若明知被代理人无代理权则构成恶意串通。第四，擅自处分共同财产的夫或妻一方与相对人之间的民事行为具备成立要件。法律规定需要登记的已经办理登记手续，需要交付的已经交付。夫或妻一方擅自处分共同财产符合上述四个构成要件的即为表见代理，另一方无权以不知道或不同意为由要求撤销该行为或申请该行为无效，该处分行为成立，被代理人应该履行代理行为的内容。[①] 如《最高人民法院公报》在王某刚诉王某安侵犯出资人权益纠纷案中认为：按《个人独资企业法》第十五条的规定：“个人独资企业存续期间登记事项发生变更的，应当在作出变更决定之日起的十五日内依法向登记机关申请办理变更登记。”王某刚与袁某乐签订转让协议后，虽未办理投资人变更登记，但变更登记不属于转让行为有效的前提条件，未办理变更登记，依法应受到相应行政处罚，但并不影响转让效力。《个人独资企业法》第十五条应被视为管理性规范而非强制性规范。由于王某刚与袁某乐签订转让协议后已合法受让采矿厂，为筹措投资款与转让款，王某刚引入其他合作者共同投资、管理和经营，这一行为与袁某乐无关，亦无须通过袁某乐同意或追认。王某刚与王某安、郭某所签合伙协议，系对三人合伙经营采矿厂期间的权利义务作出的一系列安排，包括出资金额、出资时间、股份比例、经营方式、利润分配及资金使用等，这些约定系对采矿厂经营管理与发展作出的自主性安排，为当事人真实意思表

---

① 陈爱武主编：《最高人民法院婚姻法司法解释精释精解》（增订本），中国法制出版社2019年版，第181页。

示，不违反法律、行政法规的强制性规定。该合伙协议的签订，意味着将采矿厂企业性质由原来的个人独资企业转换为合伙企业，企业经营方式由原来的独资经营变为合伙经营，企业风险与责任承担由原来的个人承担转化为三人共担，上述企业性质、经营方式及责任承担的变更，未为法律法规明文禁止，故应认定合法有效。判决确认王某安享有采矿厂35%财产份额，王某安应依合伙协议向王某刚支付投资本金及返还利润总额的35%，共计3700万余元。[①]

五、日常家事代理权的行使

夫妻相互享有日常家事代理权，对男女双方是对等的。夫妻日常家事代理权的行使范围仅限于“因家庭日常生活需要而实施的民事法律行为”，通说概括为“日常家庭事务”或者“日常家事”。家庭日常生活需要的支出，是指通常情况下必要的家庭日常消费，主要包括正常的衣食消费、日用品购买、子女抚养教育、老人赡养等各项费用，是维系一个家庭正常生活所必需的开支，立足点在于“必要”。[②]日常家事代理权并不排斥夫妻双方事先协商一致。实际上，婚姻当事人对涉及财产问题，子女教育问题、赡养老人等事务，通常会事先协商取得一致后，方由一方代表双方实施。

夫妻行使日常家事代理权应以何种名义进行，在理论上存在多种可能。例如，依照日耳曼法，日常家事代理权为婚姻的当然效力之一，丈夫和妻子都是夫妻共同体的代表，因而在理论上认为应当以夫妻两人共同名义行使为好。但是，由于日常家事代理在制度上就设计为一种夫妻互相共同承担责任的代理，代理范围又仅限于日常家庭事务，客观上没有必要像普通代理一样对其名义有严格要求。事实上，凡法律规定有日常家事代理权的国家或地区，法律本身对日常家事代理权及其责任均有明确规定，因此只要相对人了解到这是在日常家事范围内的行为即足以满足需要。

夫妻一方行使日常家事代理权所取得的权利与负担的义务，原则上应

---

① 《最高人民法院公报》2013年第5期（总第199期）。

② 黄薇主编：《中华人民共和国民法典婚姻家庭编释义》，法律出版社2020年版，第70页。

由夫妻双方共同负担。但夫妻在行使日常家事代理权时，负有与为自己事务时相同的通常注意义务。如《德国民法典》第一千三百五十九条规定，“配偶于婚姻关系所生义务的履行，唯就处理自己事务通常所用之注意互负其责”。如果夫妻一方行使日常家事代理权时违反这一注意义务要求，需要承担相应的法律后果。例如，《瑞士民法典》有关条文规定，妻子行使权利时如果违反了注意义务，丈夫可以剥夺其全部的日常家事代理权，请求法院采取必要措施，甚至可以请求宣告别居或离婚。日本民法认为违反注意义务的一方应负担由此产生的损害。相较之下，德国民法对行使代理权的配偶的要求要低得多，仅规定夫妻一方行使日常家事代理权，除基于侵权行为外，他方不得因此请求损害赔偿。

日常家事范围具有一定的灵活性，因此对行为相对人来说，从行为的外部很难作出关于是否属有权代理的正确判断。事实上，如果仅依夫妻内部情况限定日常家事代理权的权限范围，一旦越过该范围就认定为无权代理，也不利于夫妻共同生活，更不利于相对人利益的保护。为此，许多国家特别是大陆法系传统的国家或地区，为保护无过失第三人利益，承认适用表见代理解决责任。

六、日常家事代理权行使的法律后果

在司法实践中，夫妻因日常家事代理引发的纠纷屡有发生，如一方擅自替对方向单位辞职、领取劳动报酬，擅自代表他方到银行存取款，擅自以对方名义向外举债等。根据《民法典》第一千零六十条之规定，日常家事代理权行使的法律后果表现为：

1. 夫或妻在处理夫妻共同财产上的权利是平等的。因日常生活需要而处理夫妻共同财产的，任何一方均有权决定，其代理权对配偶的另一方有效，法律后果由夫妻共同承担。

2. 夫或妻非因日常生活需要对夫妻共同财产作重要处理决定，夫妻双方应当平等协商，取得一致意见。他人有理由相信其为夫妻双方共同意思表示的，另一方不得以不同意或不知道为由对抗善意第三人。从保护善意第三人及交易安全的角度考虑，夫妻一方与第三人进行的民事行为，对夫妻一方所为的行为后果，一般适用表见代理的规定。即夫或妻一方所为，他人有理由相信其为夫妻双方共同意思表示的，夫妻中的另一方不得以不同意或不知道为由进行抗辩。例如，袁某因房屋被拆迁，获得拆迁安置房两套。2009年4月，袁某与陈某签订《房屋转让协议》，将其中的一套房屋以63万元的价格转让给陈某。因房屋所有权证和土地使用权证尚在办理之中，为此双方约定：陈某付定金12.6万元，在袁某取得上述证件后三天内，双方另行委托中介公司签订《存量房屋买卖中介合同》，双方还就违约责任作了约定。后袁某取得了登记在其个人名下的房屋所有权证和土地使用权证，却不愿继续履行合同。陈某遂向法院提起诉讼，要求继续履行合同并支付违约金。在诉讼期间，袁某将房屋所有权证和土地使用权证变更为与其妻子郑某各50%的份额共有，并致函陈某，声明合同未生效，不再履行。法院经审理认为，陈某与袁某签订的《房屋转让协议》合法有效，双方均应按约履行。袁某称涉案房屋属其夫妻共有，其妻郑某未在该协议上签字，故该协议无效，但签约时，袁某夫妻关系正常，陈某有理由相信袁某有权处分该房产，且房屋的转让价格在当时亦属合理，因此，郑某未签字并不影响协议效力。袁某称《房屋转让协议》是意向性的，并没有签订真实的房屋买卖合同，虽然协议约定在袁某取得房屋所有权证和土地使用权证后，双方另行委托中介公司签订《存量房屋买卖中介合同》，但《房屋转让协议》对双方的实体权利和义务约定明确，且陈某已经履行了协议的主要义务，因此，袁某称该协议只是一个转让意向与实际不符。故判决继续履行双方签订的房屋转让协议，袁某、第三人郑某协助陈某办理房屋过户手续，并赔偿陈某经济损失1万元。[①]在本案中，依据《物权法》第十五条（现《民法典》第二百一十五条）"当事人之间订立有关设立、变更、转让和消灭不动产物权的合同，除法律另有规定或者合同另有约定外，自合同成立时生效；未办理物权登记的，不影响合同效力"的规定，未办理过户登记手续，并不影响合同的效力。同时，在夫妻关系存续期间，没有对财产进行分割的情况下，部分共有权人擅自处分共有财产的，一般认定为无效。例外的情况是，第三人有理由相信夫妻一方对财产的处分是双方共同意思表示的，应优先保护善意第三人的利益。

---

① 郭敬波：《丈夫签约妻子毁约单方卖房是否有效》，载《人民法院报》2011年3月2日。

七、对案例 26 的简要评析

在案例 26 中，合法的民间借贷关系应受法律保护。潘某与刘某曦之间签订《借款协议》，出借方潘某已经履行了交付款项义务，作为用款方刘某曦应当承担还款责任没有疑问。问题的关键是：刘某辰是否应当对刘某曦的债务承担共同还款责任。虽然本案中刘某曦为其子缴纳学费的时间发生于借款之前，但从刘某曦提交的流水明细可以看出其系以信用卡预借方式缴纳该学费，并在收到借款后转账归还了该笔信用卡账单，因此认定该笔学费实际系以本案借款缴纳并无不当。同时，《夫妻债务纠纷解释》第三条规定："夫妻一方在婚姻关系存续期间以个人名义超出家庭日常生活需要所负的债务，债权人以属于夫妻共同债务为由主张权利的，人民法院不予支持，但债权人能够证明该债务用于夫妻共同生活、共同生产经营或者基于夫妻双方共同意思表示的除外。"刘某曦与刘某辰虽处于分居状态，但仍处于夫妻关系存续期间，应共同负担子女的生活费与教育费用等。刘某曦作为父母一方对外借款用于子女教育费用和生活费用，且涉案借款金额并未超出家庭日常生活所需，符合家事日常代理的范围。因此，该笔借款应认定为夫妻共同债务，夫妻双方共同承担还款责任。

第四节　夫妻共同财产的司法认定

一、问题的提出

根据《民法典》第一千零六十二条规定了夫妻共同财产，即"夫妻在婚姻关系存续期间所得的下列财产，为夫妻的共同财产，归夫妻共同所有：（一）工资、奖金、劳务报酬；（二）生产、经营、投资的收益；（三）知识产权的收益；（四）继承或者受赠的财产，但是本法第一千零六十三条第三项规定的除外；（五）其他应当归共同所有的财产。夫妻对共同财产，有平等的处理权"。第一千零六十三条规定了夫妻个人财产，即"下列财产为夫妻一方的个人财产：（一）一方的婚前财产；（二）一方因受到人身损害获得的赔偿或者补偿；（三）遗嘱或者赠与合同中确定只归一方的财产；（四）一方专用的生活用品；（五）其他应当归一方的财产”。第一千零六十四条规定了夫妻约定财产，即“夫妻双方共同签名或者夫妻一方事后追认等共同意思表示所负的债务，以及夫妻一方在婚姻关系存续期间以个人名义为家庭日常生活需要所负的债务，属于夫妻共同债务。夫妻一方在婚姻关系存续期间以个人名义超出家庭日常生活需要所负的债务，不属于夫妻共同债务；但是，债权人能够证明该债务用于夫妻共同生活、共同生产经营或者基于夫妻双方共同意思表示的除外”。由此看来，我国的夫妻财产制是法定财产制和约定财产制的结合。所谓法定财产制，是指配偶在婚前、婚后未订立婚前财产契约或在财产约定无效的情况下，依据法律规定当然适用的夫妻财产制。从我国《民法典》的规定来看，我国的法定财产制是夫妻共同财产制和夫妻个人财产制的结合。

在研究夫妻共同财产之前，先看一则案例：

案例 27：股权转让所得是夫妻个人财产还是共同财产？[①]

李某某依据《民事诉讼法》第二百条（现第二百零七条）第六项的规定申请再审，主要事实和理由有：（1）李某某与刘某娟之间系股权转让法律关系，该事实已被二审法院予以认定。（2）刘某娟所回购的某和公司股权，属于婚姻存续期间夫妻一方购置的夫妻共同财产。（3）因购买夫妻共同财产所负的债务，属于“用于夫妻共同生活”形成的债务。（4）根据《夫妻债务纠纷解释》第三条的规定，刘某娟的丈夫翟某应当对夫妻共同债务承担偿还责任。

最高人民法院经审查认为，案涉《股权转让协议》及相关合同均是刘某娟以个人名义与李某某签订的，其所形成的债务超出家庭日常生活所需。李某某于 2019 年 8 月诉请判令翟某对刘某娟所欠债务承担偿还责任，依据《夫妻债务纠纷解释》第三条关于“夫妻一方在婚姻关系存续期间以个人名义超出家庭日常生活需要所负的债务，债权人以属于夫妻共同债务为由主张权利的，人民法院不予支持，但债权人能够证明该债务用于夫妻共同生活、共同

① 详见最高人民法院（2021）最高法民申 931 号民事裁定书。

生产经营或者基于夫妻双方共同意思表示的除外”的规定，李某某负有举证证明案涉债务用于刘某娟与翟某夫妻共同生活、共同生产经营或者基于夫妻双方共同意思表示的责任。而李某某在一、二审及申请再审中提交的其与刘某娟的聊天记录等证据，均不能证明翟某同意或者追认刘某娟受让某和公司股权，亦不能证明案涉债务用于翟某与刘某娟的夫妻共同生活或共同生产经营。李某某申请再审称刘某娟受让的股权属于夫妻共同财产，翟某应对由此产生的债务承担清偿责任。但李某某未能提供证据证明翟某知晓并基于案涉股权转让而受益，亦未能提供证据证明刘某娟将受让的案涉股权用于夫妻共同生活。故对李某某此项申请再审事由不予采信。原审未予判决翟某对刘某娟的案涉债务承担清偿责任，适用法律正确，并无不当。据此裁定驳回李某某的再审申请。

上述案例涉及夫妻共同财产的认定问题。试问：夫妻共同财产的认定要件有哪些？夫妻共同财产的认定范围如何？夫妻共同财产终止的情形及法律后果如何？

二、夫妻共同财产的认定要件

根据《民法典》第一千零六十二条的规定，夫妻在婚姻关系存续期间所得的财产为夫妻共同财产。据此，认定夫妻共同财产应满足以下要件。[①]

1. 夫妻共同财产必须是在婚姻关系存续期间所取得的财产。婚姻关系存续期间是婚姻发生法律效力的期间，即从登记结婚之日起算，到一方死亡或双方离婚之日为止的期间。它既不包括婚前订婚或谈恋爱的期间，也不包括双方离异或一方死亡后的时间。婚姻当事人在起诉离婚期间，一审判决未生效或在上诉期间，即使夫妻分居也算是婚姻存续期间。正如某小品所演，在夫妻离婚诉讼期间，丈夫中了彩票大奖，丈夫想“独吞”，妻子要“分享”。当然，中奖彩票的所得金额应当属于夫妻共同财产。因此，未形成婚姻关系的男女两性、婚姻无效或者被撤销婚姻的男女两性，不能成为夫妻共同财产的主体。

---

① 何志：《婚姻法判解研究与适用》，人民法院出版社2004年版，第210页。

值得注意的是，只要双方已登记结婚，即使尚未共同生活，所收受的礼金、礼物等都应认定为夫妻共同财产；即使双方分居后两人分别管理、使用的婚后所得财产，也应认定为夫妻共同财产。

2. 夫妻共同财产是夫妻所得的财产。所谓所得，是指财产权利的取得，而非对财产的实际占有。[①]若婚前便已取得了某种财产权利，如继承已经开始，即使该项财产在婚后才实际占有，遗产于婚后分割，其也不能列入共同财产的范围；如果婚姻存续期间取得了财产权利，即使婚姻关系终止前并未实际占有，该项财产也属于夫妻共同财产。

婚姻关系存续期间，双方用夫妻共同财产购买房屋，产权登记在未成年子女名下，离婚时应如何处理？审判实践中存在两种不同的观点：一种观点认为，根据物权法律规定，不动产权属证书是权利人享有该不动产物权的证明。如果夫妻将购买的房屋登记在未成年子女名下，那就意味着将购买的房屋赠与未成年人，离婚时应作为未成年人的财产处理，夫妻双方无权予以分割；另一种观点认为，不能仅按照产权登记的情况将房屋一概认定为未成年人的财产，还应审查夫妻双方的真实意思表示。最高人民法院的意见是，双方婚后用夫妻共同财产购买房屋，子女尚未成年，如果产权登记在该子女名下，夫妻离婚时不能简单地完全按照登记情况将房屋认定为未成年子女的财产。因不动产物权的登记分为对外效力和对内效力，对外效力是指根据物权公示公信原则，不动产物权经过登记后，善意第三人基于对登记的信赖而与登记权利人发生的不动产交易行为应受到法律保护；对内效力是指应审查当事人的真实意思表示来确定真正的权利人。在实际生活中，夫妻双方共同出资购买房屋后，可能基于各种因素的考虑而将房屋产权登记在未成年子女名下，但这并不意味着该房屋的真实产权人即为未成年子女，人民法院应注意审查夫妻双方在购买房屋时的真实意思表示。如果真实意思确实是将购买的房屋赠与未成年子女，离婚时应将该房屋认定为未成年子女的财产，由直接抚养未成年子女的一方暂时管理；如果真实意思并不是将房屋赠与未成年子女，离婚时将该房屋作为夫妻共同财产处

① 黄薇主编：《中华人民共和国民法典婚姻家庭编释义》，法律出版社2020年版，第80页。

理比较适宜。[①]

三、夫妻共同财产的认定范围

《民法典》第一千零六十二条规定了夫妻共同财产，即“夫妻在婚姻关系存续期间所得的下列财产，为夫妻的共同财产，归夫妻共同所有：（一）工资、奖金、劳务报酬；（二）生产、经营、投资的收益；（三）知识产权的收益；（四）继承或者受赠的财产，但是本法第一千零六十三条第三项规定的除外；（五）其他应当归共同所有的财产。夫妻对共同财产，有平等的处理权”。这一规定表明，我国的夫妻共同财产制采用的是婚后所得共有制，即在婚姻关系存续期间，除个人特有财产和夫妻另有约定外，夫妻双方或者一方所得的财产，均归夫妻共同所有，夫妻双方享有平等的占有、使用、收益和处分权利的财产制度。[②]具体分述之：

1. 工资、奖金、劳务报酬。这主要是指夫妻一方或双方的劳动报酬所得。工资、奖金是我国普遍实行的劳动报酬形式，因此，劳动报酬均应属夫妻共同所有。按照立法精神，属于劳动报酬性质的实物、津贴等也应包括在内。劳务报酬除工资、奖金以外的各项劳动报酬，范围很广，如广告设计收入、维修机器设备收入、讲课报酬收入、零星打工收入等。

值得注意的是，婚姻关系存续期间，夫妻一方获得的物质奖励，具有特定人身性，不应作为夫妻共同财产处理。对此，最高人民法院在刘某坤诉郑某秋离婚及财产分割纠纷案中指出，一方参加国际、国内残疾人体育比赛所获奖牌、奖金，虽然是在夫妻关系存续期间所得，但奖牌系残疾人运动员的一种荣誉象征，有特定的人身性，不应作为夫妻共同财产予以分割；而所得奖金因已用于制作假肢、治病等费用，系家庭的共同支出，已无财产可分，另一方要求平分，于法无据。[③]著名民法专家杨洪奎认为，认定夫妻一方在体育竞赛中获得的奖金、奖牌是属于夫妻共同财产，还是属于夫妻一方个人

---

① 最高人民法院民事审判第一庭编：《民事审判指导与参考》2010 年第 3 集（总第 43 集），法律出版社 2011 年版，第 237 页。

② 黄薇主编：《中华人民共和国民法典婚姻家庭编释义》，法律出版社 2020 年版，第 80 页。

③ 《最高人民法院公报》1995 年第 2 期（总第 42 期）。

财产，不在于是否在夫妻关系存续期间取得，也不在于奖金、奖牌的财产属性，而在于奖金、奖牌的荣誉属性。奖金、奖牌代表社会对取得优异成绩的运动员个人的一种评价，对获奖运动员来说，即为一种荣誉，在法律上即表现为其享有的荣誉权。而荣誉权属于人身权的范围，是与特定的人身分不开的。在民法上，人身权只能由特定的人独立享有，不能与他人分享，也不能转让。正是人身权的这种属性，决定了运动员所获奖金、奖牌的个人所有的属性，其是不能与他人分享的。当然，奖金、奖牌本身又具有物质性，具有一定的经济价值，但在用于奖励上时，其经济价值仅是不同奖励等级在量上的区别价值，其财产价值属性已经弱化为零，所以，不能因奖金、奖牌的物质性及其经济价值而将其等同于一般财产。[①]

2. 生产、经营、投资的收益。生产、经营、投资的具体形式有很多，除办厂、设立公司、企业外，还有承包、租赁、投资、个体经济等多种经营形式，凡在婚后从事生产和商业活动的收入都应作为生产、经营、投资的收益归夫妻共同所有。

3. 知识产权的收益。知识产权是基于智力的创造性所产生的权利，它是法律赋予知识产权所有人对其智力创造成果所享有的某种专有权利。知识产权的收益，是指作品在出版、上演、播映后而取得的报酬，或允许他人使用而获得的报酬、专利权人转让专利权或许可他人使用其专利所取得的报酬、个体工商户和个人合伙的商标所有人转让商标权或许可他人使用其注册商标所取得的报酬。《婚姻家庭编解释（一）》第二十四条对此作了规定，即“民法典第一千零六十二条第一款第三项规定的‘知识产权的收益’，是指婚姻关系存续期间，实际取得或者已经明确可以取得的财产性收益”。

知识产权是一种智力成果权，它既是一种财产权，也是一种人身权，具有很强的人身性，与人身密不可分。婚姻关系存续期间一方取得的知识产权权利本身归一方专有，作者的配偶无权在作者自己的著作中署名，也无权决定作品是否发表。如果作者的手稿、字画、设计稿等在离婚时还未能出版或未被采用，那它就仅属于夫妻一方的精神财富，且具有人身性，由于不具有

---

① 刘德权主编:《最高人民法院裁判意见精选》(上)，人民法院出版社 2011 年版，第 5—6 页。

物质财富的内容，故不能请求分割。但由知识产权取得的经济利益，则属于夫妻共同财产。因为这些知识产权的获得在婚姻关系存续期间，离不开配偶一方的支持和帮助。如因转让专利获得的转让费，因发表作品取得的稿酬等，应当属于夫妻共同所有。

知识产权收益应当包括已得收益和期待得到的收益。当然，这种期待得到的收益是将来可以明确取得的收益。比如，一方在婚姻关系存续期间已经和出版社签订了合同，关于稿酬的约定也是明确具体的，如果离婚时还没有实际拿到这笔稿酬，该稿酬也应属于夫妻共同财产。从出版物的特点来看，一部著作从出版到稿酬的支付需要一个过程，即有一个时间差。虽然实际取得稿酬可能会在离婚后的某个时间，但这并不能改变财产的归属，即应当认定为夫妻共同财产。

4. 继承或赠与所得的财产，但遗嘱或赠与合同明确指明归一方的除外。继承和赠与都是无偿取得他人财产。凡夫妻在婚姻存续期间通过继承和赠与获得了他人财产，只要被继承人和赠与人没有特别指明死后的财产和赠与的财产只归夫妻一方，那么所继承和受赠与的全部财产都归夫妻双方共同所有。《最高人民法院关于在享受本人工龄和已死亡配偶生前工龄优惠后所购公房是否属夫妻共同财产的函的复函》(〔2000〕法民字第 4 号）认为，夫妻一方死亡后，如果遗产已经继承完毕，健在一方用自己的积蓄购买的公有住房应视为个人财产，购买该房时所享受的已死亡配偶的工龄优惠只是属于一种政策性补贴，而非财产或财产权益。夫妻一方死亡后，如果遗产没有分割，应予查明购买房款是夫妻双方的共同积蓄，还是配偶一方的个人所得，以此确认所购房屋是夫妻共同财产还是个人财产；如果购房款是夫妻双方的共同积蓄，所购房屋应视为夫妻共同财产。①

5. 夫妻一方个人财产在婚后产生的收益，除孳息和自然增值外，应认定为夫妻共同财产。一般来讲，夫妻一方财产在婚后的收益主要包括孳息、投资经营收益及自然增值，同时，在婚姻关系存续期间所得的生产、经营收益及知识产权收益，归夫妻共同所有，《婚姻家庭编解释（一）》第二十六条明

---

① 最高人民法院民事审判庭编:《民事审判指导与参考》2000 年第 4 卷（总第 4 卷），法律出版社 2000 年版，第 164 页。

确规定，夫妻一方个人财产在婚后产生的收益，除孳息和自然增值外，应认定为夫妻共同财产。

司法实践中应当注意的是，一方以个人财产投资取得的收益是婚前个人财产的婚后收益问题。要具体问题具体分析：一是一方婚前财产的婚后自然孳息，根据物权法原理，孳息应归物的所有人或其他合法权利人，因此，应当认定为一方个人财产；二是用婚前个人财产在婚后进行生产、经营活动所增值部分，属于《民法典》规定的“从事生产、经营的收益”，应当认定为夫妻共同财产；三是一方用婚前个人积蓄在婚后购买的有形财产，应当认定为一方的个人财产；四是一方用婚前个人财产投资做公司的股东在婚后取得的分红，因分红收益属于投资经营性收益，故应当认定为夫妻共同财产。[①]

6. 其他应当归共同所有的财产。这是一条概括性规定，立法意图是涵盖其他所有应属于夫妻共同财产的范围。为了避免司法实践中滥用该条款，《婚姻家庭编解释（一）》第二十五条对此作出明确规定，即婚姻关系存续期间，下列财产属于《民法典》第一千零六十二条规定的“其他应当归共同所有的财产”：（1）一方以个人财产投资取得的收益；（2）男女双方实际取得或者应当取得的住房补贴、住房公积金；（3）男女双方实际取得或者应当取得的基本养老金、破产安置补偿费。

四、夫妻对共同财产的处理

《民法典》第一千零六十二条第二款规定，夫妻对共同财产，有平等的处理权。夫妻共同财产制的性质是共同共有，而不是按份共有。[②] 因此，夫或妻在处理夫妻共同财产上的权利是平等的。因日常生活需要而处理夫妻共同财产的，任何一方均有权决定。

在司法实践中，对于重大财产，未经对方同意，任何一方不得擅自处分。夫妻一方处分共同财产时，另一方明知其行为而不作否认表示的，视为同

---

① 参见最高人民法院民事审判第一庭编著：《最高人民法院民法典婚姻家庭编司法解释（一）理解与适用》，人民法院出版社2021年版，第240—241页。

② 黄薇主编：《中华人民共和国民法典婚姻家庭编释义》，法律出版社2020年版，第82页。

意，事后不得以自己未同意擅自处分共同财产为由否认处分的法律行为。夫妻一方未经对方同意擅自处分共同财产的，对方有权请求宣告该处分行为无效，但不得对抗善意第三人，即如果第三人不知道也无从知道夫妻一方的行为属于擅自处分行为的，该处分行为有效，以保护第三人的利益，维护交易安全。[①]

五、夫妻共同财产终止的情形

夫妻共同财产制作为法定夫妻财产制度，在具体婚姻关系中发生下列情形之一时终止：

1. 夫妻一方或双方死亡。夫妻一方或双方死亡，夫妻财产关系的主体一方或双方不复存在，则该财产制度终止。这里的死亡，包括自然死亡和法律宣告死亡两种情形。

2. 夫妻双方离婚。夫妻双方依照法定程序解除了婚姻关系，则夫妻婚后所得共同财产制应随婚姻终止而终止。

3. 夫妻双方商定改为约定财产制，则婚后所得共同财产制终止。这是因为，对于一桩具体婚姻而言，只能适用一种夫妻财产制度调整夫妻双方的财产关系。如果男女婚前没有达成财产协议，婚后当然适用法定夫妻共同财产制。但经过一定时间的共同生活，由于种种原因，夫妻双方自愿商定采用约定财产制中的某种夫妻财产制度，则自约定生效之日起夫妻共同财产制终止。

六、夫妻共同财产制终止的法律后果

夫妻共同财产关系如果因出现夫妻离婚，夫妻一方或双方死亡以及夫妻通过约定采用共同财产制以外的财产制等原因终止，便会产生如下法律后果：

1. 分割夫妻共同财产。当夫妻双方因离婚而导致夫妻关系终止时，夫妻共同财产关系也终止，此时要对夫妻共同财产进行分割。因为夫妻对共同财

---

① 黄薇主编：《中华人民共和国民法典婚姻家庭编释义》，法律出版社2020年版，第83页。

产有平等的所有权，不论夫妻对共同财产贡献大小，也不论夫妻双方收入多少与有无，夫妻对共同财产进行分割时，应当坚持平等原则，共同财产的分割应当采取各半分受主义，这已被世界许多国家和我国的相关法律所确认。如《瑞士民法典》第二百四十一条、《德国民法典》第一千四百七十六条、《法国民法典》第一千四百七十五条，均有类似的规定。我国的《妇女权益保障法》第四十七条第一款规定："妇女对依照法律规定的夫妻共同财产享有与其配偶平等的占有、使用、收益和处分的权利，不受双方收入状况的影响。"《民法典》第一千零六十二条第二款规定："夫妻对共同财产，有平等的处理权。"当然，分割夫妻共同财产时，在坚持各半分受主义的基础上，对妇女和未成年子女利益应当予以适当照顾。

2. 遗产分配。该种情形适用于夫妻一方或双方死亡。如果夫妻一方死亡，引起夫妻共同财产关系终止，尚在的一方在共同财产分割一半后，对死亡一方的一半共同财产，按照继承法律的规定进行遗产分配。如果夫妻同时死亡，同样发生婚姻关系消灭和夫妻共同财产关系终止。这时的法律后果是夫妻生前的共同财产全部成为遗产，各继承人可依法对遗产进行分配。

七、对案例 27 的简要评析

在案例 27 中，李某某申诉的主要争议点是因购买夫妻共同财产所负的债务，属于"用于夫妻共同生活"形成的债务，刘某娟的丈夫翟某应当对夫妻共同债务承担偿还责任。一是案涉《股权转让协议》及相关合同均是刘某娟以个人名义与李某某签订的，其所形成的债务超出家庭日常生活所需。依据《夫妻债务纠纷解释》第三条关于"夫妻一方在婚姻关系存续期间以个人名义超出家庭日常生活需要所负的债务，债权人以属于夫妻共同债务为由主张权利的，人民法院不予支持"的规定，本案不能认定购买股权属于夫妻共同财产，因此所产生的债务属于夫妻共同债务，李某某请求让刘某娟的丈夫翟某对夫妻共同债务承担责任没有依据。二是根据"谁主张，谁举证"原则，李某某负有举证证明案涉债务用于刘某娟与翟某夫妻共同生活、共同生产经营或者基于夫妻双方共同意思表示的责任，但李某某不能证明翟某同意或者追认刘某娟受让某和公司股权，亦不能证明案涉债务用于翟某与刘某娟的夫妻共同生活或共同生产经营。因此，李某某请求确认刘某娟受让的股权属于夫妻共同财产，翟某应对由此产生的债务承担清偿责任的理由不能成立。

第五节 夫妻个人财产

一、问题的提出

夫妻个人财产，又称夫妻特有财产、夫妻保留财产，是指夫妻婚后在实行共同财产制的同时，依法律规定或夫妻约定，各自保留的一定范围的个人所有财产。[①] 特有财产制，就是在夫妻婚后实行夫妻共同财产制时，依法律规定或夫妻约定，夫妻各自保留一定个人所有财产的范围，夫妻对该财产的管理、使用、收益及处分权，以及相应的财产责任，特有财产的效力等相关规定组成的法律制度。特有财产制是对夫妻共同财产制的限制和补充。特有财产制不同于分别财产制。分别财产制是全部夫妻财产（包括婚前财产和婚后全部财产）分别归属夫妻各自所有；特有财产是在依法或依约定实行夫妻共同财产制的前提下，夫妻各自保留一定范围的个人财产。因此，特有财产制是与共同财产制同时并存的，是共同财产制的限制和补充。

在研究夫妻个人财产之前，先看两则案例：

案例 28：离婚后占有使用另一方房屋该如何处理？[②]

位于重庆市沙坪坝区的某房屋登记的权利人为范某，建筑面积为 72.5 平方米，套内面积为 61.87 平方米，不动产权证号为 ×× 号。该房屋系范某于 2018 年 1 月 31 日从王某莉手中以 660000 元购买。2019 年 3 月 27 日，原、被告签订离婚协议书。协议书载明，范某与刘某全于 2017 年 7 月 17 日登记

---

① 黄薇主编：《中华人民共和国民法典婚姻家庭编释义》，法律出版社 2020 年版，第 83 页。

② 详见重庆市沙坪坝区人民法院（2021）渝 0106 民初 4262 号民事判决书。

离婚，2018年7月3日登记复婚。因感情破裂，确认无法挽回，自愿离婚。婚前财产：男方名下车牌号为××的众泰T600SUV；女方名下重庆市沙坪坝区的某房产，存款为50000元，其他财产为重庆某公司。上述双方各自名下的财产均是婚前财产，财产的所有权分别归男女双方个人所有。上述各自名下财产所产生的投资收益归双方个人所有。女方婚前债务即按揭贷款440000元、装修借款65000元，由女方自行还款。男方婚前债务即车辆按揭贷款和信用卡欠款20000元，由男方自行还款。婚后债务120000元，男方承担80000元，女方承担40000元。

法院认为，根据离婚协议书，涉案房屋属于女方婚前购买，所有权归女方。原告作为涉案房屋的所有权人，其占有、使用涉案房屋的权利受到法律的保护。在占有、使用权益受到侵害的情况下，原告有权要求排除妨害。鉴于原、被告已经离婚，原告要求被告搬离涉案房屋，符合法律规定，予以支持。对于被告所述的其支付了涉案房屋的部分首付款问题，法院认为，依据现有证据，不足以证明其支付了部分首付款。即使其支付了部分首付款，在离婚协议中也明确约定涉案房屋归原告所有，被告无权以此为由拒绝搬离。据此判决：一、位于重庆市沙坪坝区某房屋为原告范某所有；二、限被告刘某全于本判决生效后三日内搬离该房屋。

案例29：离婚约定房产归一方所有能否对抗第三人？①

魏某清与张某锋于1984年1月21日登记结婚。2009年5月10日，魏某清与开发商签订青岛市商品房预售合同，以452898元的价格购买涉案房屋，首付款为205898元，余款247000元以商业贷款的方式支付。2011年5月，魏某清办理了涉案房屋产权登记，取得房屋所有权证，共有情况登记为单独所有。2019年8月14日，魏某清与张某锋登记离婚，双方协议约定涉案房屋归魏某清所有，张某锋自愿放弃所有权，该房屋剩余贷款由魏某清承担。

2016年3月7日，法院对刘某娟与张某峰、某某公司、魏某清民间借贷纠纷一案作出民事判决，判令上述人员偿还刘某娟借款本金120万元及

① 详见山东省青岛市中级人民法院（2021）鲁02民终2440号民事判决书。

利息等。该案诉讼程序中，法院作出民事裁定，并于2015年6月9日查封了涉案房屋，查封期限为三年。2016年8月30日，刘某娟向法院申请执行，魏某清提出排除执行异议申请，一审法院作出执行裁定驳回魏某清提出的排除执行异议。魏某清不服该裁定，提起执行异议之诉，形成本案。

法院认为，涉案房屋所有权虽然登记在魏某清一人名下，但根据本案查明的事实，可以确认涉案房屋系魏某清和张某锋夫妻关系存续期间，以抵押贷款的形式购买，根据法律规定，婚后取得财产属于夫妻共同财产，因此在魏某清和张某锋离婚之前，涉案房屋应为其夫妻共同财产。魏某清以赠与合同、公证书以及其与姐妹签订的协议，证明其继承母亲的财产后个人出资购买了涉案房屋，不予采信，因为即使其提供的与其姐妹签订的协议属实，但是对于其姐妹是否向其出资、是否使用该出资款购买涉案房屋，其没有提供证据，而且事实上魏某清购买房屋时支付的首付款为20余万元，其余购房款是以贷款形式支付的，因此对于魏某清主张的其以个人款项购买涉案房屋属于其个人财产的主张，不予采信。魏某清和张某锋协议离婚时约定涉案房屋归魏某清所有，该约定是魏某清和张某锋的内部约定，不能以此对抗第三人。综上，魏某清要求停止对涉案房屋的执行，没有事实和法律依据，不予支持。

上述案例涉及夫妻个人财产的认定问题。试问：夫妻个人财产的范围如何认定？夫妻之间赠与房产如何处理？军人的伤亡保险金、伤残补助金等应当如何处理？

二、夫妻个人财产的范围

原《婚姻法》第十八条规定，有下列情形之一的，为夫妻一方的财产：（1）一方的婚前财产；（2）一方因身体受到伤害获得的医疗费、残疾人生活补助费等费用；（3）遗嘱或赠与合同中确定只归夫或妻一方的财产；（4）一方专用的生活用品；（5）其他应当归一方的财产。这是我国借鉴外国立法经验，首次在法律中确立夫妻个人特有财产制的表现，符合世界夫妻财产法的发展趋势。《民法典》第一千零六十三条对夫妻个人财产范围的界定没有太大变化，仅第二项的表述不同，即“（二）一方因受到人身损害获得的赔偿或者补偿”。[①] 夫妻个人特有财产，是指在夫妻共同财产制下，依法属于夫妻个人所有的财产。根据《民法典》的规定，夫妻个人特有财产主要包括以下几类：

1. 一方的婚前财产。凡在婚姻关系发生效力以前，夫妻一方个人所有的全部财产，无论是动产还是不动产，在婚后均归原所有人个人所有，不得纳入夫妻共同财产范围。这种规定是合理的，因婚前的个人财产与婚姻无关，系个人的劳动或其他合法收入，婚姻的另一方未做贡献，双方未结婚也不负婚姻义务，因此其财产利益也不应共有。对此，《婚姻家庭编解释（一）》第三十一条规定：“民法典第一千零六十三条规定为夫妻一方的个人财产，不因婚姻关系的延续而转化为夫妻共同财产。但当事人另有约定的除外。”如四川省成都市青羊区人民法院审理过一起案件：1996 年，被告王某在单位购买市内的房改房一套。1998 年 4 月其与原告马某登记结婚，当时双方均系再婚，且各自子女均已成年。2003 年 7 月，王某的房改房被拆迁，其获得 11.1 万余元的补偿款，并在当月用其中的 11 万元整在近郊购买 110 平方米的房屋一套自住。2010 年 3 月，马某以两人性格不合感情已完全破裂为由提起离婚，并要求将王某新购的房屋及家具家电作为夫妻共同财产进行分割。法院一审认为，原、被告夫妻感情确已破裂，应准予双方离婚，家具家电依法进行平均分割。但相关证据均证实，诉争房屋的购买房款全部由王某的房改房拆迁款支付，其用个人财产购买自住房而非投资，房屋增值也属自然增值，应属于个人财产在婚后的转化形式，并不影响其个人财产的性质，故马某主张分割该房屋，法院不予支持。[②]

2. 一方因受到人身损害获得的赔偿或者补偿。这些财产是与生命健康直接相关的财产，具有人身专属性，对于保护个人权利具有重要意义，因此应

---

① 有学者认为，该项修改将“身体受到损害”扩张到“人身损害”，将身体之外的人身权受损害一并纳入，这是由于其他人格权与身体权受损害存在相类似的法益，应作同等处理；将“医疗费、残疾人生活补助费等费用”扩展为“赔偿或补偿”，这是由于费用并不能涵盖人身权受损所取得的赔偿或补偿的全部形态。参见薛宁兰、谢鸿飞主编：《民法典评注：婚姻家庭编》，中国法制出版社 2020 年版，第 203 页。

② 王鑫等：《再婚夫妻登记时若无特别约定 以婚前财产所购住房归个人所有》，载《人民法院报》2011 年 7 月 1 日。

当专属于个人所有，而不能成为共同财产。[①]可见，医疗费、残疾人生活补助费等费用是夫妻一方因身体受到伤害所得的，由侵权人支付的赔偿性质的财产，它是以受害人的健康为代价的，应专属受害人个人所有，即使是夫妻身份也不能共享。何况这些医疗费、残疾人生活补助费等往往是受害一方将来生活的基本保障，作为夫妻共同财产在离婚时被分割更是不妥。《民法典》第一千零六十三条第二项规定“一方因受到人身损害获得的赔偿或者补偿”为夫妻个人财产，倒不如原《婚姻法》第十八条第二项规定“一方因身体受到伤害获得的医疗费、残疾人生活补助费等费用”为夫妻个人财产更科学些。这是由于《民法典》的规定属于“一揽子”规定，而《婚姻法》的规定属于“列举式”规定，虽用了“等”，属于“等外等”，但留给了司法一定的自由裁量空间。

3. 遗嘱或赠与合同中确定只归夫或妻一方的财产。我国法律以前一直规定只要男女结婚后，一方或双方继承或赠与所得均为夫妻共同所得，为夫妻共同财产，但如果被继承人和赠与人特别指明了只归夫妻一方所有，夫妻一方或双方继承或赠与所得的财产就属于夫妻一方的个人特有财产。

4. 一方专用的生活用品。生活用品，是指日常生活起居所需的物品。一方专用，是指夫妻一方满足个人日常生活起居的物品，也包括因身体所需的由个人使用的价值不大的物品，如洗漱用品、化妆品、装饰物、衣物、提包等。对于价值较大的物品，虽是一方专用，如金银首饰、贵重手表等饰品，也应根据家庭收入的状况来具体确定，不应一概认定为夫妻共同财产或一方个人财产。

5. 其他应当归一方的财产。现实生活复杂多样，法律难以全部列举出应归夫妻一方所有的财产类别，因此作出这个概括规定。这需要根据各个家庭各种财产的性质、来源、用途等方面综合确定。

三、夫妻之间赠与房产的处理

夫妻在婚前或婚姻关系存续期间约定将一方个人所有的房产赠与另一方，但没有办理房产过户手续，后双方感情破裂起诉离婚，赠与房产的一方反悔主张撤销赠与，另一方主张继续履行赠与合同，请求法院判令赠与房产

---

① 黄薇主编：《中华人民共和国民法典婚姻家庭编释义》，法律出版社2020年版，第86页。

一方办理过户手续。对此问题应当如何处理呢?

对此问题，我国婚姻法律规定了三种夫妻财产约定的模式，即分别所有、共同共有和部分共同共有，并不包括将一方所有财产约定为另一方所有的情形。将一方所有的财产约定为另一方所有，也就是夫妻之间的赠与行为，虽然双方达成了有效的协议，但因未办理房屋变更登记手续，依照《民法典》物权编的规定，房屋所有权尚未转移，而依照《民法典》合同编关于赠与合同的规定，赠与房产的一方可以撤销赠与。

《民法典》合同编对赠与问题作了比较详尽的规定，如第六百五十八条规定:“赠与人在赠与财产的权利转移之前可以撤销赠与。经过公证的赠与合同或者依法不得撤销的具有救灾、扶贫、助残等公益、道德义务性质的赠与合同，不适用前款规定。”第六百五十九条规定:“赠与的财产依法需要办理登记或者其他手续的，应当办理有关手续。”第六百六十条第一款规定:“经过公证的赠与合同或者依法不得撤销的具有救灾、扶贫、助残等公益、道德义务性质的赠与合同，赠与人不交付赠与财产的，受赠人可以请求交付。”婚姻家庭领域的合同常常涉及财产权属的条款，此类合同的订立、生效、撤销、变更等并不排斥《民法典》合同编的适用。在实际生活中，赠与往往发生在具有亲密关系或者血缘关系的人之间，《民法典》合同编对赠与问题的规定并没有指明夫妻关系除外。一方赠与另一方不动产，在没有办理过户手续之前，依照《民法典》合同编的规定，是完全可以撤销的，这与婚姻法律的规定并不矛盾。我国采取的是不动产法定登记制度，无论基于何种原因发生的权属变动均需经登记才产生效力。因此，《婚姻家庭编解释（一）》第三十二条规定:“婚前或者婚姻关系存续期间，当事人约定将一方所有的房产赠与另一方或者共有，赠与方在赠与房产变更登记之前撤销赠与，另一方请求判令继续履行的，人民法院可以按照民法典第六百五十八条的规定处理。”

对《婚姻家庭编解释（一）》第三十二条的理解需要把握:一是条文中的“当事人”，是指婚姻房产纠纷当事人中的夫妻，是狭义的当事人。二是条文中的“一方”，是指夫妻之间赠与房产关系中的赠与人，“另一方”，是指夫妻之间赠与房产关系中的受赠人。三是条文中的“赠与房产变更登记”，是指夫妻双方为实现赠与房产所有权转移，依照《民法典》第二百零九条和

第二百一十条的规定，到作为赠与标的物的房产所在地登记机构办理变更登记，登记后发生物权变动即所有权转移的效力，赠与房屋的产权即由赠与人变更为受赠人。四是“可以按照民法典第六百五十八条的规定处理”，是指丧失赠与房产合同任意解除权的要件和对“可以”的把握。赠与人行使的是夫妻房产赠与合同的任意撤销权而非法定撤销权，不包括因动产赠与合同、社会公益和道德义务性质的赠与合同引起的纠纷。任意撤销权只能在物权转让前或者公证前行使。[①]

在审判实践中，应当注意下列问题：一是关于夫妻赠与房产已部分履行，对未履行部分是否可以撤销赠与的问题。对于此类纠纷，应当认定已经履行的部分有效；对尚未履行的部分，应按照《民法典》第六百五十八条的规定处理，如果赠与房产未办理过户登记或者公证手续，赠与人可以行使撤销权，对尚未履行部分不再履行。二是关于赠与合同中放弃任意撤销权的条款的效力。为防止赠与人反悔，夫妻在赠与合同中特别约定赠与人放弃任意撤销权，此种约定是否有效？对此存在不同认识。最高人民法院认为，赠与人自愿放弃自己的民事权利应受到法律保护，行使任意撤销权应受到一定限制，故应认定夫妻房产赠与合同中的夫妻任意撤销权的约定有效。受赠人据此请求继续履行赠与合同的，即使赠与房产未经公证，人民法院也应予支持。三是关于因不交付或者迟延交付夫妻赠与房产造成损失的，赠与人应否承担赔偿责任的问题。对此，受赠人请求赔偿损失的，人民法院不予支持。理由是：赠与合同是单务无偿合同，赠与人只尽义务而不享有权利，受赠人只享有权利而不尽义务，因此双方的利益是不对等的。如果判令赠与人赔偿因不交付或者迟延交付赠与标的物给受赠人造成的损失，无疑会扩大这种利益的不平衡。四是关于对夫妻间赠与房产公证异议的救济途径问题。如果赠与房产已经公证，依据合同法的规定，经过公证的赠与合同不能任意撤销，赠与人因此丧失任意撤销权。诉讼中，如果赠与人以公证有明显错误作为抗辩事由，主张行使任意撤销权，人民法院经审查认为赠与人的理由充分的，可以不采信公证书所证明的内容，支持赠

---

① 参见最高人民法院民事审判第一庭编著：《最高人民法院民法典婚姻家庭编司法解释（一）理解与适用》，人民法院出版社2021年版，第307—308页。

与人行使任意撤销权。[①]

如果赠与的房产已经登记过户，但受赠的夫妻一方对另一方具有扶养义务而不履行、严重侵害赠与人或者赠与人的近亲属、不履行赠与合同约定的义务情形之一的，赠与人可以按照《民法典》第六百六十三条“受赠人有下列情形之一的，赠与人可以撤销赠与：（一）严重侵害赠与人或者赠与人近亲属的合法权益；（二）对赠与人有扶养义务而不履行；（三）不履行赠与合同约定的义务。赠与人的撤销权，自知道或者应当知道撤销事由之日起一年内行使”的规定，行使法定撤销权。

四、军人的伤亡保险金、伤残补助金、医药生活补助费的归属

根据《婚姻家庭编解释（一）》第三十条的规定，军人的伤亡保险金、伤残补助金、医药生活补助费属于个人财产。应当从如下方面理解：

1. 军人的伤亡保险金。作为国家社会保障制度改革的重要举措，军人保险制度已经正式实施。伤亡保险是军队独特的保险制度，由军人发生伤亡时领取，或者军人退役时，未曾领取伤亡保险金的，军队将退还其个人实际交纳的保险费及利息。军人的伤亡保险金与军人这一身份密切相关，明显具有特定的人身属性，应当属于军人一方的个人财产。

2. 军人的伤残补助金。依照《民法典》第一千零六十三条规定的“一方因受到人身损害获得的赔偿或者补偿”为夫妻一方的财产的规定，军人的伤残补助金应当归军人个人所有。军人的伤残补助金与其生命健康关系密切，对于保护军人个人权利具有重要意义，直接关系到伤残军人的身体状况、精神状态及生活质量，因此，司法解释明确规定其为军人个人的财产。

3. 军人的医药生活补助费。从军人的医药生活补助费的性质来分析，将其纳入军人个人财产的范畴还是比较适宜的。发给患慢性病复员干部的医药生活补助费，由医药补助费和生活补助费两部分组成，因为这些带病复员干部，既需服用药品，又因失去了部分劳动能力，无法维持本人生活，所以，需要给予适当的医药和生活补助，以利于其恢复健康。从其特定的人身性质

---

① 参见最高人民法院民事审判第一庭编著：《最高人民法院民法典婚姻家庭编司法解释（一）理解与适用》，人民法院出版社2021年版，第311—312页。

来看，也应认定为军人一方的个人财产。

五、对案例 28、案例 29 的简要评析

在案例 28 中，原、被告签订离婚协议书，对夫妻关系存续期间的夫妻共同财产、夫妻个人财产、夫妻共同债务、夫妻个人债务等均作出了明确约定，可谓“好说好散”。遗憾的是男方不讲诚信，导致了本案诉讼，实属不该。法院判决被告限期搬走，彰显了法律的正义。

在案例 29 中，《民法典》第一千零六十五条规定：“男女双方可以约定婚姻关系存续期间所得的财产以及婚前财产归各自所有、共同所有或者部分各自所有、部分共同所有。约定应当采用书面形式。没有约定或者约定不明确的，适用本法第一千零六十二条、第一千零六十三条的规定。夫妻对婚姻关系存续期间所得的财产以及婚前财产的约定，对双方具有法律约束力。夫妻对婚姻关系存续期间所得的财产约定归各自所有，夫或者妻一方对外所负的债务，相对人知道该约定的，以夫或者妻一方的个人财产清偿。”本案中，魏某清以赠与合同、公证书以及其与姐妹签订的协议、魏某清与张某锋签订房屋产权归属协议，证明其继承母亲的财产后个人出资购买了涉案房屋，该房屋归魏某清个人所有，但因货币在性质上属于特殊种类物，占有即所有，而魏某清购买房屋时支付的首付款为 20 余万元，其余购房款是以贷款形式支付的，即使以魏某清名义办理所有购买手续并将涉案房产登记在其名下，且魏某清与张某锋约定房屋产权魏某清所有，但魏某清未提供证据证明刘某娟知道该约定，故涉案房屋应系魏某清与张某锋夫妻关系存续期间共有财产。虽然魏某清与张某锋办理离婚手续，约定该房产归魏某清所有，但该协议是在涉案房产被一审法院依法查封后魏某清和张某锋的内部约定，不能以此对抗第三人。涉案房产系魏某清与张某锋婚姻关系存续期间共有财产，魏某清可在拍卖程序中主张享有财产份额及优先购买权，但不能排除对涉案房产的整体执行。

第六节　夫妻财产约定

一、问题的提出

所谓夫妻财产约定制，是指夫妻（或拟结为夫妻的双方）以契约方式约定婚前财产、婚姻关系存续期间所得财产的归属、管理、使用、处分、收益及债务清偿、婚姻解除时财产清算等事项，并排除法定夫妻财产制适用的制度。[1]它不仅是调节夫妻财产关系的主要依据，同时也涉及交易安全的问题。从我国《民法典》的规定来看，显然采用了法定夫妻财产制和约定夫妻财产制并行的办法，并遵循“有约定按约定，未约定按法定”的原则。

在研究夫妻财产约定之前，先看一则案例：

案例 30：夫妻财产约定对夫妻双方具有约束力[2]

原告赖某、被告梁某 1 为夫妻关系，2019 年 1 月 19 日，双方将共有的 3105 房过户至梁某 1 一人名下。1 月 21 日，双方在公证处签订《夫妻财产协议书》，该协议书载明 3105 房归梁某 1 一人所有、602 房归梁某 1 一人所有；以及“赖某本人承诺：本人负责偿还所有房屋抵押贷款、欠款的全部款项……”“赖某个人愿意从 2019 年 2 月开始将全年的所有全部正当收入当月直接转入梁某 1 个人账户，用于偿还房屋抵押贷款、债务以及生活费”“……不得擅自借钱给任何人或为他人担保借钱”等内容。4 月 17 日，赖某、梁某 1、梁某 1 的姐姐梁某卫三人一起与案外人邹某签订《广州市存量房屋买卖合同》，约定将 601、602 房以 240.8 万元转让。601 房权属人为梁某卫，建筑面积为 58.81 平方米；602 房权属人为赖某、

① 参见黄薇主编：《中华人民共和国民法典婚姻家庭编释义》，法律出版社 2020 年版，第 94 页。

② 详见广东省广州市中级人民法院（2020）粤 01 民终 24673 号民事判决书。

梁某1共有，建筑面积为59.27平方米。5月6日，梁某1向赖某转款20万元。7月29日，梁某1向法院起诉请求离婚，法院判决不准离婚。诉讼中，赖某提交了赖某、梁某1与案外人邹某签订的《广州市存量房买卖合同》，合同中602房售价为189万元。梁某1表示该合同是为了配合买受人办理贷款所用，实际601、602房一共卖了240.8万元，602房价款应为120万元。赖某表示确认二套房屋总价为240.8万元，但认为601房应以合同价189万元为准。

法院认为，依法成立的合同，对当事人具有法律约束力。当事人应当按照约定履行自己的义务，不得擅自变更或者解除合同。赖某、梁某1之间订立的《夫妻财产协议书》经过公证，为双方的真实意思表示，属于对自己民事权利的合法处分，双方签字后协议已依法成立。赖某主张案涉的夫妻财产协议是在赖某欠下巨额债务后受梁某1的逼迫签订的，但并未提供相关证据证明，应承担举证不能的不利后果。案涉《夫妻财产协议书》中并没有条款明确约定协议的成就或解除条件，故赖某认为该协议书为附义务的夫妻财产约定的主张，不予采纳。案涉《夫妻财产协议书》中约定3105房、602房均归梁某1一人所有，赖某无权擅自变更或者解除合同。故赖某要求梁某1将房屋共有部分过户回其名下、返还已售出房屋共有的款项份额的请求，没有事实和法律依据。据此判决驳回赖某全部诉讼请求。

上述案例涉及夫妻财产约定问题。试问：夫妻财产约定制的种类有哪些？夫妻财产约定的条件有哪些？夫妻财产约定的范围及效力如何？

二、夫妻财产约定制的种类

《民法典》第一千零六十五条第一款规定：“男女双方可以约定婚姻关系存续期间所得的财产以及婚前财产归各自所有、共同所有或者部分各自所有、部分共同所有。约定应当采用书面形式。没有约定或者约定不明确的，适用本法第一千零六十二条、第一千零六十三条的规定。”据此，约定财产制是法律对婚姻关系双方当事人就双方之间的财产关系进行约定的意思自治的尊重，约定财产制具有优先于法定财产制适用的效力，只有在当事人未就夫妻财产作出约定，或者所作约定不明确，或者所作约定无效时，才适用夫妻法定财产制。[1] 同时，《民法典》确定的约定财产制有三种：一般共同财产制、限定共同财产制（或称部分共同财产制）和分别财产制。

1. 一般共同财产制。即指夫妻双方婚前、婚后的全部财产均归夫妻共同共有，但特有财产除外的夫妻财产制度。不论夫妻各自的婚前还是婚后财产，也不论是动产还是不动产，一律归夫妻共同共有，由夫妻双方平等地共同享有财产的所有权，只有法律另有特别规定的财产除外。《民法典》第一千零六十三条规定："下列财产为夫妻一方的个人财产：（一）一方的婚前财产；（二）一方因受到人身损害获得的赔偿或者补偿；（三）遗嘱或者赠与合同中确定只归一方的财产；（四）一方专用的生活用品；（五）其他应当归一方的财产。"

一般共同财产因夫妻一方死亡、夫妻双方离婚以及夫妻双方协议确定改采用法律允许的其他夫妻财产制而终止。而不论何种原因导致一般共同制的终止，共同财产必须进行分割和清算。特别注意以下两种情况：（1）在终止共同财产制时，如果当事人有债务负担，应一并对债务作出认定和处理，不能忽略了对债务的处理；（2）法律规定属于夫妻一方的个人特有财产，在任何财产制下均为个人特有财产。在一般共同制下，《民法典》第一千零六十三条所列的财产仍是夫妻一方的个人财产，并不纳入共同财产范围。夫妻转改采用其他财产制度，这些财产依法还是夫妻一方的个人财产。

2. 限定共同财产制。即指当事人双方协商确定一定范围内的财产归夫妻双方共有，共有范围外的财产均归夫妻各自所有的财产制度。这种制度与婚后所得的共同制的区别在于共有财产的范围不同。法定婚后所得共同制中共有范围严格限制在婚后所得财产，婚前财产依法属于个人所有。而限定共同制下，共有财产的范围完全由当事人双方协商确定，当事人可以将婚前的财产约定为双方共有，也可以将婚后部分财产约定为双方共有。

限定共同财产制的终止，包括经夫妻双方协商一致、夫妻一方因故死亡两种情形。婚姻关系存续期间，婚姻当事人双方协商一致，可以依法终止限定共同财产制，转改采用其他夫妻财产制度。夫妻自愿终止限定共同

---

① 黄薇主编：《中华人民共和国民法典婚姻家庭编释义》，法律出版社 2020 年版，第 94 页。

财产制后，应对共同共有的财产，包括共同债权和共同债务进行分割和清算。另外，夫妻一方因故死亡，依法也导致限定夫妻共同财产制终止。此时，被继承人的配偶应与被继承人的其他合法继承人共同协商分割清算被继承人的遗产。

3. 分别财产制。即指夫妻双方婚前财产及婚后所得财产全部归各自所有，并各自行使管理、使用、处分和收益权的夫妻财产制度。这始于罗马法后期的“无夫权婚姻”，旨在保护夫妻双方的独立人格，是“夫妻别体主义”的产物。这种制度不排斥夫妻一方以契约形式将其个人财产的部分或者全部的管理权交给另一方，也不排斥双方拥有一部分共同财产。分别财产制建立在夫妻别体主义基础之上，它充分肯定了夫妻是各自不同的独立之人，特别是该制度充分承认已婚妇女有独立的人格和财产权利，对反对夫权主义有积极意义。

分别财产制的终止，包括夫妻一方死亡、夫妻双方离婚以及夫妻双方协商变更夫妻财产制度。在分别财产制下，夫妻的财产的权利和义务是分开的，一般不存在共同财产的分割和清算。但如果出现某项财产归属不明的情形，则该项财产应被推定为共同财产，自然就需要进行分割。同时，如果夫妻一方对婚姻家庭作出特别贡献，根据《民法典》第一千零八十八条“夫妻一方因抚育子女、照料老年人、协助另一方工作等负担较多义务的，离婚时有权向另一方请求补偿，另一方应当给予补偿。具体办法由双方协议；协议不成的，由人民法院判决”的规定，已作出特别贡献的一方享有补偿请求权，但此补偿请求权只能在终止分别财产制时行使。

三、夫妻财产约定的条件

夫妻对财产的约定，是一种民事法律行为。因此，其应当具备下列条件：

1. 夫妻具有合法的婚姻关系。夫妻关于财产的约定是随婚姻关系的成立而成立的。在未结婚之前，双方也可以就婚前财产和今后婚姻存续期间所得的财产进行约定，但该约定只有在双方结婚之后才有法律约束力。如果婚姻不成立，或属于无效婚姻，或属于可撤销婚姻而被依法撤销的，该约定没有法律效力，对当事人没有法律约束力。如果夫妻离婚，该约定对当事人不再有约束力。

2. 夫妻进行财产约定时，必须具备完全民事行为能力。如果夫妻一方不具备完全行为能力，不能对财产进行约定，根据《民法典》总则编的规定，不能完全辨认自己行为的成年人是限制民事行为能力人，不能辨认自己行为的成年人是无民事行为能力人。如果夫妻一方在结婚后，成为无民事行为能力人或限制民事行为能力人，就不能同对方进行财产约定。

3. 夫妻双方必须是在平等自愿的基础上，通过协商，对婚前财产或婚姻存续期间的财产进行约定。如果一方以欺诈、胁迫手段使对方违背真实意思，则对方有权撤销该约定。

4. 财产约定的内容合法，并不得超越夫妻所享有的财产权利的范围。夫妻不能通过约定将其他家庭成员的财产据为己有。夫妻不得利用财产的约定规避夫妻相互扶养及抚养子女和赡养老人的义务。夫妻也不能利用约定逃避应当向第三人履行的债务。

5. 夫妻财产约定的内容要明确。比如，对婚前财产的归属作出约定，应当在协议中指明哪些财产属于婚前财产。又如，对婚姻存续期间所得的财产约定为部分共同所有、部分各自所有，应当在协议中明确哪些财产归共同所有，哪些财产归各自所有。如果夫妻对某些财产没有作出约定或约定不明确的，该部分财产不属于约定财产。

6. 财产约定应当符合法律规定的形式和程序。根据《民法典》第一千零六十五条第一款之规定，夫妻财产约定应当采用书面形式，将约定内容写成书面文件，双方署名。采用书面形式，能够明确约定财产的内容，可以防止或减少争议和纠纷的发生，有利于减少家庭矛盾。夫妻也可以自愿对书面约定进行公证。夫妻约定财产涉及需要依照法律、行政法规办理批准、登记手续的，应当办理。如丈夫在婚前有房产一座，婚后通过约定，将该房产送给妻子，就应当办理房产过户手续，否则妻子得不到该房产的所有权。

夫妻在约定中也可以附条件和附期限。如夫妻可约定，生育子女前，各自所得的财产归各自所有，生育子女后，归夫妻共同所有。夫妻作出财产约定后，可以变更。对已约定的财产进行变更，也要求夫妻具有完全行为能力，在平等自愿的基础上，协商一致进行变更。变更的内容应当明确，否则视为未变更。变更也要采用书面形式，并且要符合法律规定的其他程序。需要办理登记的，应当办理登记。夫妻也可以通过协商一致撤销该约定，但撤销该约定也要符合上述条件。

四、夫妻财产约定的范围及效力

（一）夫妻财产约定的范围

夫妻对财产进行约定的范围是：（1）将婚姻关系存续期间所得的财产约定为归共同所有、各自所有或部分共同所有、部分各自所有。（2）将夫妻婚前个人财产约定为婚后共有，或部分共有、部分个人所有。（3）将婚姻关系存续期间个人特有财产约定为共有，或部分共有，部分个人所有。（4）将一方特有的财产约定为另一方所有，或部分为另一方所有。

（二）夫妻财产约定的法律效力

夫妻财产约定的法律效力，是指夫妻财产的约定对夫妻双方及第三人的法律约束力。约定的效力表现为优先效力、对内效力、对外效力。

1. 优先效力。约定财产制的优先效力，是指约定财产制的效力优先于法定财产制。《民法典》第一千零六十五条第一款规定，"……约定应当采用书面形式。没有约定或者约定不明确的，适用本法第一千零六十二条、第一千零六十三条的规定"。据此，约定财产制具有优先于法定财产制适用的效力，只有在当事人未就夫妻财产作出约定，或者所作约定不明确，或者所作约定无效时，才适用夫妻法定财产制。①

2. 对内效力。夫妻财产的约定一经依法成立，即发生对内效力，对夫妻双方有法律约束力。根据《民法典》第一千零六十五条第二款"夫妻对婚姻关系存续期间所得的财产以及婚前财产的约定，对双方具有法律约束力"的规定，只要夫妻财产约定成立并生效，夫妻间的财产关系即应按照约定办理。如果要变更或撤销约定，必须经双方同意。如果夫妻双方无法协商达成变更或撤销财产约定的协议，要求变更或撤销的一方可以向有关人民法院提起民事诉讼请求司法裁决。正式从法律上确认了夫妻财产约定对内的效力，便有

---

① 黄薇主编：《中华人民共和国民法典婚姻家庭编释义》，法律出版社2020年版，第99页。

了婚内赔偿的基础。

3. 对外效力。夫妻财产的约定一经依法成立，一般不发生对外效力，也即当夫或妻负有外债时，夫妻的约定对债权人一般没有法律约束力。只有当债权人知道该约定的情况下，该约定对债权人才有法律约束力，以夫或妻一方的财产清偿外债。根据《婚姻家庭编解释（一）》第三十七条的规定，《民法典》第一千零六十五条第三款所称“相对人知道该约定的”，夫妻一方对此负有举证责任。即如果夫妻想以约定对抗第三人，必须举证证明第三人清楚、明白地知道夫妻之间的财产约定以及这种约定所带来的相应后果。也就是说，债权人借钱给夫妻一方，债权人清楚地知道他们夫妻实行的是分别财产制，将来债权人只能向夫妻一方请求偿还而无权要求另一方承担连带责任。亦有学者建议，在判断应当知道时，不宜过分苛求相对人，应根据相对人对夫妻的熟识程度、夫妻财产约定的公开范围等因素综合判断。[①]

五、对案例 30 的简要评析

在案例 30 中，《民法典》第一千零六十五条规定，男女双方可以约定婚姻关系存续期间所得的财产以及婚前财产归各自所有、共同所有或者部分各自所有、部分共同所有。约定应当采用书面形式。没有约定或者约定不明确的，适用《民法典》第一千零六十二条、第一千零六十三条的规定。夫妻对婚姻关系存续期间所得的财产以及婚前财产的约定，对双方具有法律约束力。夫妻对婚姻关系存续期间所得的财产约定归各自所有，夫或者妻一方对外所负债务，相对人知道该约定的，以夫或者妻一方的个人财产清偿。本案是夫妻财产约定纠纷，赖某、梁某 1 是夫妻关系，双方签订了《夫妻财产协议书》，对双方在婚姻关系存续期间取得的财产作出了明确约定，并且进行了公证，该协议书是双方当事人的真实意思表示，并不违反法律、行政法规的强制性规定，亦不损害社会公共利益，因此《夫妻财产协议书》合法有效。同时，在签订前述协议书之前，双方已经将夫妻共同共有的 3105 房过户至梁某 1 个人名下。因此，赖某要求解除《夫妻财产协议书》并由梁某 1 返还

---

① 参见薛宁兰、谢鸿飞主编:《民法典评注：婚姻家庭编》，中国法制出版社 2020 年版，第 253 页。

房屋及售房款等主张，均于法无据，法院驳回赖某的诉讼请求。

第七节　婚前、婚后接受父母赠与的房产归属的司法认定

一、问题的提出

当事人婚前、婚后接受父母赠与房屋的归属，应当如何认定？对此，《婚姻家庭编解释（一）》第二十九条规定："当事人结婚前，父母为双方购置房屋出资的，该出资应当认定为对自己子女个人的赠与，但父母明确表示赠与双方的除外。当事人结婚后，父母为双方购置房屋出资的，依照约定处理；没有约定或者约定不明确的，按照民法典第一千零六十二条第一款第四项规定的原则处理。"据此，婚前一方父母为双方购置房屋出资的，以对其自己子女赠与为原则，以赠与双方为例外（明确表示赠与双方）；婚后一方父母为双方购置房屋出资的，以对夫妻双方赠与为原则，以赠与一方为例外（产权登记在出资人子女名下）。双方父母出资购买房屋的，双方以其父母出资额按份共有，但另有约定的除外。

在研究婚前、婚后接受父母赠与的房产归属认定之前，先看一则案例：

案例 31：本案受赠所得房产能否排除强制执行？①

韩某森与韩某阳系父子关系，韩某阳与韩某系夫妻关系，二人于2006年9月1日在上海登记结婚。2006年6月11日，韩某阳（作为乙方）与某大元（上海）有限公司（作为甲方）签订了一份《上海市商品房预售合同》，约定由乙方购买甲方房屋一套。该购房款由韩某森出资，并于2006年6月11日分三次通过韩某森账户转账支付给了出卖人。2007年3月26日，韩某阳取得该案涉房产的房地产权证。2018年6月19日，该房产过户变更至韩某名下。对于靳某东与韩某森追偿权纠纷一案，法院于2019年1月7日作

① 详见河南省高级人民法院（2021）豫民再66号民事判决书。

出民事判决。判决生效后，靳某东向法院申请执行，该案在诉前保全期间，法院保全查封了上海的房产一处。进入执行程序后，法院于2019年7月16日作出《搬迁公告》要求韩某限期搬出。韩某向法院提出执行异议申请，法院中止本案对涉案房产的执行。靳某东对该执行裁定书不服，向法院提起执行异议之诉。

河南省高级人民法院经再审认为，本案再审争议的焦点是韩某对涉案房屋是否享有足以排除强制执行的民事权益。首先，关于涉案房屋系韩某阳受赠所得的问题：一是2006年6月11日韩某森出资购买涉案房屋，当日，韩某阳与开发商签订商品房预售合同，同年9月1日，韩某阳、韩某在上海登记结婚。韩某森、韩某阳称涉案房屋系韩某森为韩某阳结婚购买的婚房有相应的证据予以支持，且符合常理。二是虽然涉案房屋的实际出资人为韩某森，但根据《婚姻法解释（二）》第二十二条的规定，“当事人结婚前，父母为双方购置房屋出资的，该出资应当认定为对自己子女的个人赠与……”韩某森在本案诉讼过程中，认可涉案房屋的出资系对韩某阳的赠与。三是法律并未规定成立赠与关系必须签订书面的赠与合同，且根据一般生活常识，直系亲属尤其是父母对子女的赠与行为往往不会订立书面的赠与合同。韩某森出资后，韩某阳签订购房合同并办理产权证书，房屋权利的取得以登记为准，产权登记具有公示、公信的效力，依据不动产登记簿的记载，韩某阳成为涉案房产的所有权人，应视为韩某森完成了赠与行为，韩某森与韩某阳之间事实上已形成赠与关系。四是靳某东与韩某森之间的债务形成于2010年之后，靳某东取得涉案房屋的付款凭证是在2015年，而韩某森购买涉案房屋是在2006年，并于2007年3月26日将房产登记在韩某阳名下。从时间节点看，该房产的购买、登记时间均早于涉案债务形成时间，韩某森不存在为了躲避债务将房屋登记在韩某阳名下的情形。五是韩某森购买涉案房屋时，韩某阳刚从国外学习归来，没有独立的经济来源，这也正是韩某森出资购房的原因，且符合当前中国家庭关系下父母赠与出资为子女购买房产的社会常态。

其次，2018年6月15日，韩某与韩某阳离婚，离婚协议约定涉案房屋归韩某所有。同年6月19日，韩某取得涉案房屋的产权证书。《物权法》第十七条规定“不动产权属证书是权利人享有该不动产物权的证明”，韩某系涉案房产的登记权利人。《最高人民法院关于人民法院民事执行中查封、扣押、冻结财产的规定》第二条第三款规定“对于第三人占有的地产或者登记在第三人名下的不动产、特定动产及其他财产权，第三人书面确认该财产属于被执行人的，人民法院可以查封、扣押、冻结”。虽然靳某东称韩某在诉讼中通过离婚析产取得涉案房屋所有权，并未支付对价，属恶意逃避债务，但在韩某阳与韩某的离婚协议未被撤销，涉案房屋产权登记人仍为韩某的情况下，涉案房屋不得强制执行。

上述案例涉及婚后男方父母赠与资金买房，离婚协议约定涉案房屋归女方所有，能否排除债权人申请执行的问题。试问：如何处理婚前、婚后父母为双方出资购房问题？父母为子女出资购买不动产如何认定处理？

二、婚前父母为双方出资购房的处理

依据《婚姻家庭编解释（一）》第二十九条第一款的规定，当事人结婚前，父母为双方购置房屋出资的，该出资应当认定为对自己子女个人的赠与，但父母明确表示赠与双方的除外。即当事人结婚前，以对自己子女赠与为原则，对夫妻双方赠与为例外。该原则主要解决的是对当事人双方在办理结婚登记手续前，一方或者双方父母为当事人双方购买房屋的出资应如何认定的问题。笔者认为，根据我国《民法典》确立的夫妻财产制度，夫妻共同财产制采用的是婚后所得共同制，即认定当事人的财产是否为夫妻共同所有必须以婚姻关系存在为前提，而且要将个人的特有财产和夫妻约定为个人所有的财产除外后，夫妻双方或者一方所得的财产才属于夫妻共同所有。而在当事人结婚前的前提条件下，其通过继承、接受赠与及其他合法方式等所取得的财产则均应属于个人婚前财产。按照《民法典》第一千零六十三条第一项之规定，一方的婚前财产为夫妻一方的个人财产。从现实社会生活中反映的情况看，父母为子女购买房屋出资往往是为子女结婚，出资的真实意思表示也应是对自己子女的赠与。因此，当事人双方结婚前，各方的父母即使是为当事人双方购置房屋出资的，该出资也应当认定为对自己子女的个人赠与。当然，也不能排除一方或者双方父母明确表示该出资是赠与当事人双方用于购置房屋款项的情况。如果父母作出将出资赠与当事人双方的意思表示，就应认定该出资是对当事人双方的赠与，属于当事人双方共同所有。

司法实践中，人民法院在对当事人结婚前的财产所有权归属认定处理时，应当遵循“以对自己子女赠与为原则，对夫妻双方赠与为例外”。首先，要适用夫妻特有财产制原则，即婚姻关系缔结之前当事人双方所得财产属于婚前个人财产；其次，再依照除外情形来认定是否为当事人双方共同所有。这也是对当事人婚前财产的一般处理原则。[①]

三、婚后父母为双方购房出资的处理

依据《婚姻家庭编解释（一）》第二十九条第二款的规定，当事人结婚后，父母为双方购置房屋出资的，依照约定处理；没有约定或者约定不明确的，按照《民法典》第一千零六十二条第一款第四项规定的原则处理。即当事人结婚后，以对当事人双方赠与为原则，对一方赠与为例外。

该原则要解决的是对当事人双方在办理结婚登记手续后，一方或者双方父母为当事人双方购买房屋的出资应如何认定的问题。根据我国《民法典》确立的夫妻婚后所得共同制，在婚姻关系存续期间，除个人特有财产和夫妻另有约定外，夫妻双方或者一方所得的财产，均归夫妻共同所有。可见，对夫妻共同所有财产的认定应当以婚姻关系存在为前提。依本条所述的条件，根据《民法典》第一千零六十二条第一款第四项之规定，当事人在结婚后，通过继承、接受赠与所得的财产，除第一千零六十三条第三项规定的除外，也应属于夫妻共同所有。但从《民法典》第一千零六十二条第一款第四项和第一千零六十三条第三项规定的立法精神看，即使是在婚姻关系存续期间通过继承或者赠与所得的财产，如果遗嘱或赠与合同中确定只归夫或妻一方财产，该继承或者赠与所得的财产也应为夫或妻一方的财产，是夫妻特有财产。这是对夫妻婚后所得共同所有制的一种限制。《民法典》作如此规定，就是为了尊重遗嘱人或赠与人的个人意愿，保护公民对其财产的自由处分权。如果遗嘱人或者赠与人在遗嘱或者赠与合同中明确表示该财产遗赠或者赠与夫妻一方，另一方无权享有，那么该财产就属于夫妻一方的特有财产。这样规定的另一个意义在于防止夫或妻一方滥用遗产或受赠的财产。如妻子的亲友

---

① 参见最高人民法院民事审判第一庭编著：《最高人民法院民法典婚姻家庭编司法解释（一）理解与适用》，人民法院出版社2021年版，第285页。

赠送一定的钱财以资助其家庭生活，而丈夫有赌博、吸毒之嗜好，为避免丈夫以共同所有权人之名义滥用该钱财，赠与人在赠与时就可明确表示只赠与妻子，属于妻子个人财产。我国台湾地区所谓“民法”第一千零一十三条也规定，夫或妻所受之赠物，经赠与人声明为其特有财产的，属于夫妻个人财产。从现实社会生活中反映的情况看，也确实存在大量父母为子女购买房屋出资时，因与儿媳或女婿关系不睦，其出资的真实意思表示只是对自己子女的赠与，而不愿意由自己的子女与儿媳或女婿共有的情况。因此，即使当事人双方结婚后，各方的父母为当事人双方购置房屋而出资，如果父母明确表示该出资为对自己子女的个人赠与，则该出资不能认定为当事人双方共同所有的财产。当然，通常情况下，当事人双方在婚姻关系存续期间，一方或者双方父母为当事人双方购置房屋的出资，除父母明确表示该出资是赠与自己子女购置房屋款项的情况外，根据法定夫妻共同财产制的原则规定，都应认定为夫妻共有财产。

司法实践中，人民法院在对当事人结婚后的财产所有权归属认定处理时，应当“以对当事人双方赠与为原则，对一方子女为例外”。首先，要适用法定的夫妻婚后所得共同制原则，即婚姻关系存续期间夫或妻一方或双方所得财产均属于夫妻共同财产；其次，再依照除外情形来认定是否为夫或妻一方所有。这也是对婚姻关系存续期间夫妻所得财产的一般处理原则。[①]

四、父母为子女出资购买不动产的认定处理

在司法实践中：一是现实生活中很少出现“父母明确表示赠与一方”的情形。大多数情况下，子女结婚后，父母出资为子女购房很少明确表示是赠与子女一方。一方面，这是因为父母在为子女出资购房时很少甚至不愿意设想子女离婚的可能。另一方面，则是传统观点认为婚姻就是以感情为基础，以财产共同使用为依托的。因此，即便父母在为子女购房出资时已经考虑了上述可能，一般也不会明确表示赠与自己子女一方，以免另一方

① 参见最高人民法院民事审判第一庭编著：《最高人民法院民法典婚姻家庭编司法解释（一）理解与适用》，人民法院出版社2021年版，第285—286页。

产生一些不必要的误会，以致影响夫妻感情。二是在如何认定“父母明确表示赠与一方”的问题上存在困难。大多数情况是出资人与其子女在离婚诉讼中以口头协议形式表示明确赠与一方，另一方否认，法院如何认定？有些是拿着出资人与其子女的书面协议明确约定赠与一方，而另一方没有在协议书上签名，又否认知道协议的内容，由于亲属利害关系的存在，法院又该如何认定书面协议的效力？三是在闪婚闪离的情况下，直接认定父母出资是为夫妻双方出资，进而分割房产，缺乏社会认同感。此时，法律效果与社会效果的冲突非常明显。

父母出资为子女结婚购房往往倾注全部积蓄，一般也不会与子女签署书面协议，如果离婚时一概将房屋认定为夫妻共同财产，势必违背了父母为子女购房的初衷和意愿，实际上也侵害了出资购房父母的利益。所以，房屋产权登记在出资购房父母子女名下的，视为父母明确只对自己子女一方的赠与比较合情合理，兼顾了我国国情与社会常理，有助于纠纷的解决。由双方父母出资购买不动产，产权登记在一方子女名下的，按照双方父母的出资份额按份共有，更为符合实际情况，但当事人另有约定的除外。从我国的实际出发，将产权登记主体与明确表示赠与一方联系起来，可以使父母出资购房真实意图的判断依据更为客观，便于司法认定及统一裁量尺度，也有利于均衡保护婚姻双方及其父母的权益。①

在审判实践中应当把握好：一是“出资”的含义。“出资”特指为购买房屋支付相应对价（一般为货币），包括一次性付款和按揭付款两种方式，以及全款出资和部分出资两大类。“为子女购买”包括两种情形：父母以自己名义购买不动产，然后将不动产产权登记在其子女一方名下；子女以自己名义签订不动产买卖合同，由父母缴纳相关出资款项：应注意考量主张借贷一方提供的证据是否充分，而不宜简单认定该不动产为夫妻一方的个人财产。“不动产”是指“土地以及房屋、林木等地上定着物”。二是婚后由一方父母出

① 《准确适用婚姻法　维护婚姻当事人的合法权益——最高人民法院民一庭庭长杜万华就〈最高人民法院关于适用《中华人民共和国婚姻法》若干问题的解释（三）〉答记者问》，载最高人民法院民事审判第一庭编著：《最高人民法院婚姻法司法解释（三）理解与适用》，人民法院出版社 2011 年版，第 14 页。

资为子女购买不动产，产权登记在出资人子女名下的，视为只对自己子女一方的赠与，该不动产应认定为夫妻一方的个人财产。三是由双方父母出资购买的不动产，产权登记在一方子女名下的，该不动产可认定为双方按照各自父母的出资份额按份共有，但当事人另有约定的除外。四是由双方父母出资购买的不动产，产权登记在双方子女名下时，应区分婚前和婚后两种不同情形：当出资行为发生在双方子女结婚之前，出资的真实意思表示应是对自己子女的赠与。双方子女用该资金购买房屋的行为等同于个人出资，不论事后双方子女有无婚姻关系抑或该房屋所有权登记者是谁，都应视为子女双方按各自出资份额共有该房屋的所有权。但父母明确表示赠与双方的除外。当出资行为发生在双方子女结婚之后，一般应认定为对夫妻双方赠与，除非父母明确表示赠与一方。①

其实，父母出资为已婚子女购买不动产，产权登记在其子女名下并明确表示是赠与一方的，不属于夫妻共同财产。对此，最高人民法院民一庭意见为：父母出全资以其已婚子女的名义购买并已向子女作出赠与之意思表示的房屋，应视为父母对子女的赠与。在房屋未交付使用且产权登记尚未完成前，作为赠与人的父母有权撤销该项赠与。在尚未付清该房屋的全部款项、房屋产权登记尚未完成，父母即表示撤销赠与的情况下，子女因离婚或离婚后夫妻共同财产问题进行的诉讼中，不宜认定父母赠与的只是已经实际交付的购房款，进而将上述购房款作为夫妻共同财产进行分割。②

在司法实践中，有两种情形应当特别注意：一是父母出资购买不动产的产权尚未登记的处理：如果一方父母出资发生在其子女结婚前，该出资资金应认定为其对子女一方的赠与；如果发生在其子女结婚后，该出资认定为对夫妻双方的赠与，子女双方以该共同受赠的出资购买的不动产属于双方共同所有，除非有证据证明父母明确表示赠与一方子女。二是父母请求返还出资的处理规则：应尊重双方意思自治；对借贷关系是否成立应严格遵循“谁主

---

① 最高人民法院民事审判第一庭编著：《最高人民法院婚姻法司法解释（三）理解与适用》，人民法院出版社 2011 年版，第 121—126 页。

② 韩玫等：《夫妻一方父母以质量名义购置房屋，应认定赠与的是房屋还是购房款》，载最高人民法院民事审判第一庭编：《民事审判指导与参考》2010 年第 4 集（总第 44 集），法律出版社 2011 年版，第 188—189 页。

张，谁举证”原则，如果父母有关借贷的举证不充分，则应认定该出资为赠与行为。[①]

五、对案例31的简要评析

在案例31中，一是韩某阳与韩某登记结婚前，由韩某阳的父亲韩某森出资购买，根据《婚姻家庭编解释（一）》第二十九条第一款“当事人结婚前，父母为双方购置房屋出资的，该出资应当认定为对自己子女个人的赠与，但父母明确表示赠与双方的除外”的规定，涉案房屋应当认定为韩某森对其儿子韩某阳的赠与，属于婚前韩某阳的个人财产。二是涉案房屋的不动产权属证书由韩某阳变更登记为韩某，视为韩某阳将房屋赠与韩某，韩某取得了涉案房屋的所有权。三是靳某东向法院申请执行时查封了涉案房屋，该房屋的所有权人韩某拥有绝对排他的权利，提出排除执行的异议，人民法院则不能执行案外人的财产。

第八节　婚姻关系存续期间夫妻共同财产的分割

一、问题的提出

根据《民法典》的有关规定，夫妻之间除另有约定外，婚姻关系存续期间的所得均为夫妻共同财产。在夫妻关系存续期间，该共同财产无须分割，而是由夫妻共同使用，共同享有权利和承担义务。但如果出现一方有隐藏、转移、变卖、毁损、挥霍夫妻共同财产或者伪造夫妻共同债务等严重损害夫妻共同财产利益的行为，或者一方负有法定扶养义务的人患重大疾病需要医治，另一方不同意支付相关医疗费用的情形，则法律应当允许夫妻一方请求分割共同财产。

---

① 最高人民法院民事审判第一庭编著:《最高人民法院婚姻法司法解释（三）理解与适用》，人民法院出版社2011年版，第126—128页。

在研究婚姻关系存续期间夫妻共同财产分割之前，先看一则案例：

案例32：夫妻关系存续期间能否分割夫妻共同财产？[①]

杨某与张某于2010年10月18日在长沙市岳麓区民政局登记结婚。杨某系再婚，张某系初婚；双方婚后未共同生育子女。2017年9月，张某所建房屋因被征地拆迁获得补偿总费用50万元。2018年9月17日，张某通过其银行账户向杨某儿子李某转账10万元。2019年9月10日，张某通过其个人银行账户取现金30万元。后张某认为该30万元因置于家中遗失，杨某儿子李某为此向公安机关报案。杨某与张某婚后一直共同居住生活，直到2020年10月左右开始分居。2017年3月至2020年2月，杨某曾因患病就医寻诊三次，诊断为患风湿性心脏病、支气管炎等。2020年1月13日至9月28日，张某因脑溢血及后遗症住院治疗二次。张某的社保卡于2020年10月挂失补办。2020年10月前，张某的医保卡、存折和银行卡均由杨某保管。2020年6月至2021年2月，杨某个人经手从张某银行账户取款共计3万余元。

法院认为，《民法典》第一千零六十六条规定："婚姻关系存续期间，有下列情形之一的，夫妻一方可以向人民法院请求分割共同财产：（一）一方有隐藏、转移、变卖、毁损、挥霍夫妻共同财产或者伪造夫妻共同债务等严重损害夫妻共同财产利益的行为；（二）一方负有法定扶养义务的人患重大疾病需要医治，另一方不同意支付相关医疗费用。"本案中，杨某主张其身患重疾而张某拒绝支付医疗费用，并称张某转移、隐匿夫妻共同财产，从而向法院提起要求分割夫妻财产的诉讼。法院认为杨某并未提供充分证据证明其存在现实的重大疾病急需医治，且已向张某提出支付医疗费的请求后张某有明确拒绝的行为，以及张某具有隐藏、转移夫妻共同财产等严重损害夫妻共同财产利益的行为。同时在双方共同生活期间，张某的医保卡、存折和银行卡均由其保管使用，现张某名下银行资金流向及余额均已向杨某出示，其并不具有支付巨额医疗费用的能力。据此判决驳回杨某的全部诉讼请求。

---

① 详见湖南省长沙市岳麓区人民法院（2021）湘0104民初2099号民事判决书。

上述案例涉及婚姻关系存续期间夫妻共同财产的分割问题。试问：夫妻关系存续期间夫妻共同财产分割应当遵循哪些原则？如何分割夫妻关系存续期间的共同财产？

二、夫妻关系存续期间夫妻共同财产分割应当遵循的原则

夫妻关系存续期间夫妻共同财产分割应遵循的原则，可以参考我国《民法典》以及相关司法解释确立的离婚时夫妻共同财产分割适用的原则，同时也要考虑到婚内财产分割是以继续维持婚姻关系为基础的。

1. 应当体现夫妻关系伦理特征。婚姻包含一定的伦理因素，其伦理性关乎每个个体。婚姻关系既包括夫妻人身关系，又包括夫妻财产关系，婚内财产分割涉及夫妻财产关系，也应当体现婚姻的伦理性。

婚内共同财产分割是在维持夫妻之间人身关系的基础上，改变夫妻之间的财产关系。因此，在对婚内共同财产进行分割时，应当体现夫妻关系的伦理性，考虑维护家庭稳定和保护其他成员利益，对一些纯契约性、忽视婚姻伦理性的财产分割加以限制。

2. 夫妻平等原则。民法调整平等主体之间的人身关系和财产关系，夫妻财产关系属于民法的范畴，在分割婚内财产时，自然应该坚持夫妻的法律地位平等。共同共有的财产是夫妻双方共同努力的结果，夫妻双方对其享有同等的权利。婚内财产分割中坚持夫妻平等原则，是实现《民法典》第一千零六十二条规定的夫妻对共同财产享有平等处理权的基础和法律保障。

3. 照顾未成年子女利益的原则。在大多数家庭中，未成年子女个人所有的财产比较少，在家庭财产关系中处于弱势地位。夫妻共同财产不仅供夫妻二人使用，还要用来抚养照顾未成年子女。在分割婚内共同财产时，应当遵循照顾未成年子女利益的原则，根据未成年子女的学习、生活需要，明确夫妻双方在分割共同财产后，对子女抚育各自应当承担的责任。同时，针对个案实际情况，在分割共同财产时，应对以后在子女抚育方面承担责任较多的一方给予照顾，适当多分一些财产，从而最大限度地保护未成年子女的利益，为子女的健康成长提供一个良好的环境。

4. 促进婚姻家庭和谐稳定的原则。婚姻家庭是社会的组成细胞，是构成社会的基本单位。婚姻家庭的和谐稳定是社会和谐稳定的基础，同时也是社

会发展的动力。而夫妻之间的财产关系是婚姻家庭和谐稳定的物质基础。由于夫妻身份关系比其他民事主体之间的关系更加特殊，夫妻之间的财产纠纷也就比一般民事主体之间的财产纠纷更加复杂。婚内财产分割是在维护婚姻关系的前提下进行的，法院在分割财产时应当坚持促进婚姻家庭和谐稳定的原则，尽可能保护夫妻之间的感情，不使其进一步恶化，尽可能以平和的方式解决夫妻之间关于共同财产的纠纷。

5. 照顾无过错的弱势一方的原则。对婚内共同共有财产进行分割，必然由引起夫妻关系出现非正常的情形所导致。这种情形一般是夫或妻一方的严重过错行为，如转移、变卖、挥霍夫妻共同财产等。在分割婚内财产时，应当坚持照顾无过错方的原则，适当多分财产给无过错的一方。另外，从法院受理的这类案件来看，请求分割婚内财产的原告，大多数是在经济上处于弱势地位的夫或妻一方，因为共同财产被另一方掌控，其基本生活费以及对负有法定扶养义务的人的扶养费都难以得到保障。如今，婚内财产分割制度为经济上处于弱势的一方提供了一个财产权救济渠道，可以在不解除婚姻关系的基础上，直接向法院提起诉讼，要求分割共同财产，从而维护自身合法的财产权益。

6. 尊重当事人意愿的原则。婚姻家庭法律属于民法的范畴，民法调整财产关系的特点之一是尊重当事人的意志自由。因此，婚姻家庭法律应当在合法范围内尊重当事人的意愿。法院在对夫妻共同财产进行具体分割时，应当尊重双方当事人的意愿。在诉讼过程中，如果夫妻双方经过协商达成一致意见，并且该协议不损害债权人的利益，不影响未成年子女的抚养和教育，可以按照夫妻双方的协议分割财产，这体现了约定优先于法定这一夫妻财产制原则，同时也能更加合情合理地分割共同财产。

三、夫妻关系存续期间夫妻共同财产的分割

不离婚时可以请求分割夫妻共同财产吗？比如，有的夫妻一方独揽财政大权，另一方急需用钱时，能否到法院起诉主张分割共同财产？对一方能否在不解除婚姻关系的情况下主张对夫妻共同财产进行分割，审判实践中存在较大争议。一种观点认为，夫妻共同财产这种共有关系是最典型的共同共有关系，共同共有人在共有关系存续期间，一般不得请求分割共同财产，只要

共有关系存在，共有人对共有财产就无法划分各自的份额，无法确定哪个部分属于哪个共有人所有。只有在共有关系终止、共有财产分割以后，才能确定各共有人的份额。因此，在婚姻关系存续期间，一方请求分割夫妻共同财产的，人民法院不应受理。另一种观点认为，在某些情形下，法律应当提供夫妻一方在婚姻关系存续期间保护自己财产权利的救济途径。如持有或控制夫妻共同财产的一方，私自对夫妻共同财产进行转移、变卖，为了赌博、吸毒而单独处分共同财产等，而另一方因种种复杂的因素不想离婚，或者在起诉离婚后被法院判决不准离婚，如果绝对不允许婚姻关系存续期间分割夫妻共同财产，其只能眼睁睁看着对方随意处分夫妻共同财产而无可奈何，结果有悖公平原则。《民法典》第三百零三条[①]的规定也突破了传统民法的共有理论，即允许共同共有人在特殊情况下请求分割共有物，同时还保持共有关系。但是，在不解除婚姻关系的前提下对夫妻共同财产予以分割只能是一种例外，必须具有“重大理由”，否则其负面效应不可低估。另外，在夫妻一方需要履行法定扶养义务（如一方父母患重病住院急需医疗费），而另一方不同意给付时，在不解除婚姻关系的情况下，为保障一方有能力履行其法定义务，应准许分割夫妻共同财产。《婚姻法解释（三）》第四条采纳了后一种意见，规定：“婚姻关系存续期间，夫妻一方请求分割共同财产的，人民法院不予支持，但有下列重大理由且不损害债权人利益的除外：（一）一方有隐藏、转移、变卖、毁损、挥霍夫妻共同财产或者伪造夫妻共同债务等严重损害夫妻共同财产利益行为的；（二）一方负有法定扶养义务的人患重大疾病需要医治，另一方不同意支付相关医疗费用的。”[②]该条明确了两点：一是婚姻关系存续期间，原则上，当事人不能诉请分割夫妻共有财产；二是有上述两方面理由之一，并在不损害债权人利益的前提下，夫妻一方可以诉请分割共同财产。这是《物权法》第九十九条“重大理由”含义在夫妻财产关系中的解释。

---

① 《民法典》第三百零三条规定：“共有人约定不得分割共有的不动产或者动产，以维持共有关系的，应当按照约定，但是共有人有重大理由需要分割的，可以请求分割；没有约定或者约定不明确的，按份共有人可以随时请求分割，共同共有人在共有的基础丧失或者有重大理由需要分割时可以请求分割。因分割造成其他共有人损害的，应当给予赔偿。”

② 最高人民法院民事审判第一庭编著：《最高人民法院婚姻法解释（三）理解与适用》，人民法院出版社2011年版，第14—15页。

在婚姻关系存续的任何期间（不限于夫妻感情不和分居期间或法院判决不准离婚期间），只要有上述情形之一发生的，夫妻任何一方均可向法院起诉请求分割共同财产。①

《民法典》将《婚姻法解释（三）》第四条上升到法律层面，也说明该司法解释取得了良好的社会效果。因此，《民法典》第一千零六十六条规定："婚姻关系存续期间，有下列情形之一的，夫妻一方可以向人民法院请求分割共同财产：（一）一方有隐藏、转移、变卖、毁损、挥霍夫妻共同财产或者伪造夫妻共同债务等严重损害夫妻共同财产利益的行为；（二）一方负有法定扶养义务的人患重大疾病需要医治，另一方不同意支付相关医疗费用。"对于该条第一项的情形：隐藏是指夫或妻一方用欺骗手段隐瞒对方，然后隐匿夫妻共同财产的行为。转移是指夫或妻一方在另一方不知情的情况下，将夫妻共同财产转归他人所有或者转存到其他地方。这里的转移包括夫或妻一方与第三人恶意串通，将夫妻共同财产的所有权转移给第三人，也包括将实物转移到他处。变卖是指夫或妻一方在未经对方同意的情况下，出卖夫妻共同财产，并且把出卖共同财产的所得收归个人所有。毁损是指夫或妻一方故意损坏共同财产从而降低共同财产的价值。挥霍是指夫或妻一方未经对方同意，随心所欲无限度地花费共同财产而不考虑家庭经济情况。例如，随意赠送名车、房屋、有价证券等财物给第三者。伪造共同债务是指夫或妻一方与第三人恶意串通，虚构根本不存在的债务或者肆意夸大债务数额，从而用夫妻共同财产来清偿伪造的债务，以便欺诈一方可以侵占夫妻共同财产。在无过错的一方有证据证明存在上述法定事由的情况下，法律允许在不解除婚姻关系的前提下分割夫妻共同财产。当然，上述损害夫妻共同财产利益的情形，需要达到"严重"的程度，如果只是一般意义上的生活消费、经营支出则不能要求分割夫妻共同财产。

对于该条第二项的情形：首先，一方负有的法定扶养义务是指广义上的扶养，不限于同辈之间的扶养，还包括晚辈对长辈的赡养以及父母对未成年

① 《坚持司法为民　坚持司法和谐　推动公正高效权威民事审判制度建设》（2007年4月9日），载最高人民法院民事审判第一庭编：《民事审判指导与参考》2007年第2集（总第30集），法律出版社2007年版，第57—61页。

或不能独立生活子女的抚养。[①]其次，夫或妻一方负有法定扶养义务的人应当患有重大疾病。这里所患的是重大疾病，而不是普通的感冒发烧。最高人民法院认为，在认定是否属于重大疾病这一问题上，可以参照医学上的做法，借鉴保险行业中对重大疾病划定的范围。通常认为，需要长期治疗、医疗费用开支比较大或者对生命健康构成威胁的疾病，例如心脏病、肿瘤等，属于重大疾病。相关医疗费用是指治疗疾病所需的必要合理费用，不包括营养费、护理费等。[②]最后，必须是夫或妻一方主观上不同意支付医疗费用，而不是因为家庭经济原因客观上没有支付能力。例如，妻子的母亲查出患有癌症，妻子认为自己经济条件比弟弟妹妹好，想多承担些医疗费，但是丈夫不同意，认为只能与弟弟妹妹平摊医疗费用。面对这种情况，妻子可以请求法院分割婚内财产，将属于其个人所有的财产用于支付母亲的医疗费用。

适用《民法典》第一千零六十六条时应注意：第一，此为不解除婚姻关系、不变更原夫妻共同财产制前提下的分割。当事人诉请分割的只是已经形成的现有夫妻共同财产。析产后，一方或双方重新取得的财产，仍是夫妻共有财产。夫妻一方侵害共有财产权的可能性依然存在。第二，请求分割共同财产的权利人为夫或妻。第三人无此项请求权。因此，允许婚内析产，虽有利于保护作为共有人的配偶一方的合法财产所有权，有利于家庭扶养义务的履行，有利于债权人利益的保护，但为维护家庭和睦、稳定，对夫妻一方要求分割夫妻共同财产的法定情形应当从严掌握。[③]对此，《婚姻家庭编解释（一）》第三十八条规定："婚姻关系存续期间，除民法典第一千零六十六条规定情形以外，夫妻一方请求分割共同财产的，人民法院不予支持。"

四、对案例 32 的简要评析

为维护家庭和睦、稳定，对夫妻一方要求分割夫妻共同财产的法定情

---

① 参见最高人民法院民法典贯彻实施工作领导小组主编：《中华人民共和国民法典婚姻家庭编继承编理解与适用》，人民法院出版社 2020 年版，第 182 页。

② 参见最高人民法院民事审判第一庭编著：《最高人民法院民法典婚姻家庭编司法解释（一）理解与适用》，人民法院出版社 2021 年版，第 359—360 页。

③ 黄薇主编：《中华人民共和国民法典婚姻家庭编释义》，法律出版社 2020 年版，第 106 页。

形应当从严掌握。[①] 为此，《民法典》第一千零六十六条规定："婚姻关系存续期间，有下列情形之一的，夫妻一方可以向人民法院请求分割共同财产：（一）一方有隐藏、转移、变卖、毁损、挥霍夫妻共同财产或者伪造夫妻共同债务等严重损害夫妻共同财产利益的行为；（二）一方负有法定扶养义务的人患重大疾病需要医治，另一方不同意支付相关医疗费用。"在案例 32 中，原告杨某向法院提出分割夫妻关系存续期间的共同财产，但不符合《民法典》上述规定的两种情形。同时，《民事诉讼法解释》第九十条"当事人对自己提出的诉讼请求所依据的事实或者反驳对方诉讼请求所依据的事实，应当提供证据加以证明，但法律另有规定的除外。在作出判决前，当事人未能提供证据或者证据不足以证明其事实主张的，由负有举证证明责任的当事人承担不利的后果"的规定，原告杨某负有举证责任而没有提供充分的证据，只能承担败诉的法律后果。

第九节　夫妻一方擅自出卖共有房屋的司法处理

一、问题的提出

在房屋买卖合同纠纷案件中，经常会涉及夫妻共同所有房屋被夫妻一方单方出售的问题。归纳起来，可分为三种情形：一是房屋所有权证书上登记的权利人为夫妻双方，夫妻一方与第三人签订房屋买卖合同；二是房屋所有权证书登记的权利人仅为夫妻中的一方，登记权利人与第三人签订房屋买卖合同；三是房屋所有权证书上登记的权利人仅为夫妻中的一方，另一方与第三人签订房屋买卖合同。同时，这三种情形又可以区分为已经办理过户登记和未办理过户登记的两种情形。这些情形在司法实践中的处理有诸多"同案不同判"，具体表现是对房屋买卖合同效力的认定不同，其实质是对善意取

① 黄薇主编：《中华人民共和国民法典婚姻家庭编释义》，法律出版社 2020 年版，第 106 页。

得制度的具体理解与适用问题。

在研究夫妻一方擅自出卖共有房屋问题之前，先看一则案例：

案例 33：夫妻一方擅自出卖房屋，买受人能否取得房屋产权？[①]

林某与栾某系夫妻关系。2014 年 2 月 19 日，林某与某方房地产公司签订商品房买卖合同，约定林某购买某小区 2 号楼 405 号房，房屋总价款 549799.38 元，建筑面积为 92.14 平方米。上述合同签订后，林某已按合同约定向某方房地产公司付清了房款。2017 年 8 月 17 日，马某（乙方）与林某（甲方）签订房屋买卖转让合同，约定“今甲方林某方 2 号楼 405 室售于马某，总房款 660000 元，预付 600000 元，剩余房款于 2018 年 5 月 1 日前付清，双方约定不得反悔，如反悔赔付全房款的双倍金额。乙方房产过户时甲方需配合乙方过户”。合同签订当日，马某将房款 600000 元汇入林某账户。林某将其商品房买卖合同原件交给了马某，并将案涉房屋的装修钥匙交给马某，马某装修后于 2017 年 10 月 1 日入住。2018 年 3 月 26 日，马某将余款 60000 元汇入林某账户。

法院认为，案涉房屋买卖合同虽然仅为林某与某方房地产公司签订，但该房屋的取得发生在林某与其丈夫栾某婚姻关系存续期间，该房屋属于林某与其丈夫栾某的夫妻共同财产。根据《婚姻法解释（三）》第十一条第一款之规定，一方未经另一方同意出售夫妻共同共有的房屋，第三人善意购买、支付合理对价并办理产权登记手续，另一方主张追回该房屋的，人民法院不予支持。本案中，林某将其与某方房地产公司签订的商品房买卖合同原件以及房屋钥匙交付给马某，更使得马某相信林某丈夫栾某已对林某出卖房屋作出了概括同意的意思表示，更有理由相信林某有权处分房屋而与其发生交易，已经尽到了合理的注意义务；马某无从知道林某是否擅自处分，故可认定马某受让诉争房屋时是善意的。另外，结合双方签订的房屋买卖合同的内容来看，合同约定房屋价款为 660000 元，涉案房屋面积为 92.14 平方米，马某以每平方米约 7165 元的价格购买，某方房地产公司表示交易当时二手房价格在每平方米 7000—8000 元之间，符合当时的市场价格，并非不合理低

① 山东省烟台市中级人民法院（2020）鲁 06 民终 2070 号民事判决书。

价出售。案涉房屋已具备办证条件，但一直未办理产权登记手续的过错不在马某。本案马某受让案涉房屋时为善意、合理价格有偿取得，其合法权益依法应被保护。据此判决：某方房地产公司于判决生效之日起十日内协助将案涉房屋的不动产权证书办理至林某名下；林某取得不动产权证书后十日内，协助马某将上述房屋办至马某名下。

上述案例涉及夫妻一方处分夫妻共同财产问题和善意取得的有关问题。试问：善意取得的构成要件如何？其法律效力如何？夫妻一方擅自处分共有房屋应当如何处理？

二、善意取得的构成要件

善意取得，是指受让人善意受让无权处分人转让的不动产或者动产，即可取得该动产的所有权或他物权。它是所有权制度中的一项重要制度。善意取得制度的主要功能在于保护交易的安全，大陆法系国家立法大多规定了善意取得制度，如 1900 年的《德国民法典》第九百三十二条规定："依 929 条所为之出让，其物虽非属于出让人，而取得人仍取得其所有权；但取得人在依本条规定取得所有权当时非善意者，不在此限。""受让人明知或因重大过失而不知物不属于让与人者，视为非善意者。"英美法系传统上信奉"没有人可以转让不属于他所有的商品"这一古老原则，1952 年的《美国统一商法典》改变了上述传统规则，该法典第二千四百零三条规定："购货人取得让货人所具有的或有权转让的一切所有权，但购买部分财产权的购买人只取得他所购买的那部分所有权。具有可撤销的所有权的人有权向按价购货的善意第三人转让所有权。当货物是以买卖交易的形式交付时，购货人有权取得其所有权。"因此，只要购买人出于善意，以为出卖人是对货物拥有完全所有权的人，则不论其货物从何而来，善意受让人也可以即时取得该物的所有权。现代英国法也基本上采取与美国上述规定相同的规则，承认受让人基于善意可即时取得所有权，所不同的是，美国法承认转让赃物也适用善意取得制度，而英国法则认为，对于赃物，即使受让人出于善意，也不能即时取得所有权。我国《民法典》第三百一十一条确立了善意取得制度，即"无处分权人将不动产或者动产转让给受让人的，所有权人有权追回；除法律另有规定外，符合下列情形的，受让人取得该不动产或者动产的所有权：（一）受让人受让该不动产或者动产时是善意；（二）以合理的价格转让；（三）转让的不动产或者动产依照法律规定应当登记的已经登记，不需要登记的已经交付给受让人。受让人依照前款规定取得不动产或者动产的所有权的，原所有权人有权向无处分权人请求损害赔偿。当事人善意取得其他物权的，参照适用前两款规定。”

善意取得制度的确立，必然导致对物的原所有人权益保护的相对削弱，善意取得人则取得物的所有权或在物上设定的其他权利，因而各国民事立法或司法实践对其构成要件都进行了严格界定。根据《民法典》物权编、《物权编解释（一）》的相关规定，同时具备下列要件，方能构成善意取得：

1. 转让人的主体资格受到限制，且必是无处分权人。所有权的善意取得只有在“无处分权人将不动产或者动产转让给受让人”的情形下，才能得以适用，这既是《民法典》第三百一十一条的本义，也是学理的共识。[①] 作为善意取得中不可缺少的主体之一的转让人，必须是同时具有民事权利能力和民事行为能力的人，这是对转让人主体资格的限制。因为，在善意取得中，转让人通常实施了对原物所有人的民事侵权行为，或者构成不当得利，在善意取得效力得以确认之后，转让人必须依法对原物所有人履行侵权之债或者不当得利之债，若其不具有民事行为能力，则原物所有人无法追究其民事责任，这样对原物所有人是不利的。而受让人从无民事行为能力的转让人手中取得财产，应当推定他知道对方无处分标的物的权利而根本不能言之“善意”，当然也就不能构成善意取得。顺便说一下，善意取得制度对原物所有人的主体资格无须作出特别规定，只要求其具有民事权利能力即可，有无民事行为能力并不影响善意取得的成立。作为受让人，想取得主体资格，也应当同时具备民事权利能力和民事行为能力。

善意取得一般都发生在无权处分的场合。所谓无权处分，是指无处分权人处分他人的财产权利。处分财产只能由享有处分权的人行使，无处分权人处分他人财产则构成对他人财产的侵害。无处分权人处分包括如下情

---

① 孙宪忠、朱广新主编：《民法典评注：物权编 2》，中国法制出版社 2020 年版，第 449 页。

形：（1）转让人本来就无处分财产的权利，如转让人仅是财产的承租人、借用人、受寄人等。（2）转让人虽拥有所有权，但处分权受到限制。如财产被人民法院查封、扣押，此时，财产所有人虽拥有所有权，但已失去处分权，所有人仍不能转让该财产。（3）共有人中的一人或数人未经其他共同共有人的同意擅自处分共有财产。由于无权处分人非法处分他人的财产，物的原所有权人基于其所有权而追回其物，善意受让人便可基于善意取得制度而取得该物的所有权，即使无权处分的行为因真正的权利人拒绝承认而宣告无效，也不影响受让人根据善意取得制度所取得的权利。

2. 受让人取得财产必须是出于善意。所谓善意，就是不知情，即受让人在受让财产时，不知转让人并非财产所有人或为无转让权人。善意取得制度中的"善意"包含两个方面的含义：（1）受让人取得财产时主观上不知道或不可能知道转让人为无处分权行为人，受让人与转让人之间的转移占有是自主的、公开的、和平进行的。（2）受让人取得财产时是有偿的，并支付了相应的对价。关于这一点，日本民法有不同规定，其认为有偿或无偿无须限制，只要主观无故意或过失即可。但《苏俄民法典》第一百五十二条规定："善意取得制度的财产，必须是有偿的。无偿取得不适用于占有。"我国司法实践中也要求善意受让人必须是有偿取得的。第三人善意无偿取得该财产的，则不能构成善意取得。是否善意是受让人能否合法取得财产所有权的一项重要标准。由于善意是受让人取得财产时的一种心理状态，很难为他人所知，在审判实践中也难以把握。因此，认定善意应当考虑当事人转让交易时的客观情况。一般情况下，可从如下几个方面综合考虑：（1）受让人有无法定了解的义务。（2）交易时财产的价金是否合理。（3）受让人与转让人是否有利害关系。（4）交易时的场所。（5）受让人是有偿取得还是无偿取得。（6）当时的情势是否使受让人无须怀疑转让人是否有权利或资格等。

善意取得中受让人的善意如何认定？《物权编解释（一）》第十四条规定："受让人受让不动产或者动产时，不知道转让人无处分权，且无重大过失的，应当认定受让人为善意。真实权利人主张受让人不构成善意的，应当承担举证证明责任。"据此，善意与否的判断，应以受让人对不知且不应知无权处分有无重大过失以上过错为标准。善意取得制度的主要目的在于维护交易安全。权利外观系通过登记或者占有表彰，依表彰效果的存在即可推定受让人为善意。特殊动产物权变动以登记为对抗要件，不能仅凭占有而赋予公信力。在先行占有、指示交付中，受让人需就其善意信赖转让人的间接占有表彰其处分权举证，真实权利人应就其反对主张承担举证证明责任。[①]

不动产物权以登记方式公示时，应围绕登记表彰的物权状态判断善意。《物权编解释（一）》第十五条规定："具有下列情形之一的，应当认定不动产受让人知道转让人无处分权：（一）登记簿上存在有效的异议登记；（二）预告登记有效期内，未经预告登记的权利人同意；（三）登记簿上已经记载司法机关或者行政机关依法裁定、决定查封或者以其他形式限制不动产权利的有关事项；（四）受让人知道登记簿上记载的权利主体错误；（五）受让人知道他人已经依法享有不动产物权。真实权利人有证据证明不动产受让人应当知道转让人无处分权的，应当认定受让人具有重大过失。"该条司法解释指明了不动产善意取得中受让人非善意的认定标准，为认定不动产受让人"是否不知道转让人无处分权"确定了司法识别标准，即当存在上述情形时，可以推定不动产受让人知道转让人无处分权，从而否定受让人善意取得的权利。本条的实践意义在于，真实权利人如主张受让人无权善意取得不动产物权的，可以按照本条列举的情形进行举证；反之，如果受让人主张善意取得不动产物权，应当避免出现本条所规定的各种情形。

对于动产善意取得中受让人重大过失的认定问题，依据《物权编解释（一）》第十六条"受让人受让动产时，交易的对象、场所或者时机等不符合交易习惯的，应当认定受让人具有重大过失"的标准进行认定。对一般动产，可从标的物种类、来源，交易对象、过程、场所、时机等方面着手。对特殊动产，则应当重视登记的重要意义。若不符合同类交易人对正常交易的判断，即可认定受让人具有重大过失。[②]

3. 善意取得的财产必须为法律允许流转的不动产、动产。善意取得的财产必须是法律允许流转的不动产、动产，法律禁止或限制流转的物，因不能

---

① 参见杜万华主编、最高人民法院民事审判第一庭编著：《最高人民法院物权法司法解释（一）理解与适用》，人民法院出版社2016年版，第350页。

② 参见杜万华主编、最高人民法院民事审判第一庭编著：《最高人民法院物权法司法解释（一）理解与适用》，人民法院出版社2016年版，第393页。

在市场上交换，当然不得适用善意取得制度。不动产设有登记制度，其权利主张以登记而定，一般不适用善意取得制度。建有登记制度的动产，一般也不适用善意取得制度。笔者认为，在司法实践中，下列动产一般不得适用善意取得制度：

（1）法律规定禁止流通或限制流通的动产。如毒品、爆炸物、枪支弹药、珍稀动物等物品系国家禁止流通或限制流通，如果进行转让交易，其行为本身就违反了法律规定，触犯了国家刑律，因此，不得适用善意取得制度。

（2）赃物和遗失物。我国司法机关在刑事诉讼中对赃物一贯采取“留在哪里追到哪里，一追到底”的态度，因此，赃物原本可能是国家允许流通的物，但是一旦被犯罪嫌疑人非法占有，就成为被法律严格禁止流通的物，自然不能成为善意取得的客体。但例外的情形有：赃物是在合法场所（如拍卖行）出售的，买受人确以善意方式购买；赃物是金钱或无记名证券，应允许适用善意取得的。这是因为金钱和无记名证券为一般等价物，其信用不容置疑，人们在商品交易过程中，不可能去核实其是否是赃物，且流通频繁，如果要求返还，便会涉及众多的经济关系。同时，遗失物也不得适用善意取得制度，因为遗失物的占有人构成民法上的不当得利，尽管赃物和遗失物不适用善意取得，但对善意的有偿的占有人应予以保护，即应允许善意占有人请求不法出让人返还价金或赔偿损失。对此，《民法典》第三百一十二条规定：“所有权人或者其他权利人有权追回遗失物。该遗失物通过转让被他人占有的，权利人有权向无处分权人请求损害赔偿，或者自知道或者应当知道受让人之日起二年内向受让人请求返还原物；但是，受让人通过拍卖或者向具有经营资格的经营者购得该遗失物的，权利人请求返还原物时应当支付受让人所付的费用。权利人向受让人支付所付费用后，有权向无处分权人追偿。”

（3）善意取得人无偿取得的不动产、动产，不得适用善意取得制度。

4. 受让人必须以合理的价格有偿受让。善意取得须以有偿为前提，且以合理的价格为限。判断价格是否合理，需要遵循立法目的与价值取向，立足个别交易具体情况，深刻体察社会一般交易认知感受。对此，《物权编解释（一）》第十八条规定，善意取得所称“合理的价格”，应当根据转让标的物的性质、数量以及付款方式等具体情况，参考转让时交易市场价格及交易习惯等因素综合认定。此处的“价格”，应当解释为当事人约定的价格，但在当事人已经实际付清全部价款时，考虑到当事人实际支付的价款与约定的价款未必一致，此时应就其实际支付的价款是否合理来进行判断。[①] 此处的“合理”，应当以客观标准判断，即应以当事人约定的价格（未付清价款时）或者已实际支付的全部价款与标的物市场价值是否大体相当为判断标准。[②]

5. 受让人必须通过交换而实际占有已取得的财产，即不动产或者动产依照法律规定应当登记的已经登记，不需要登记的已经交付给受让人。受让人为了实现移转占有财产并取得该项财产所有权的目的，必须与转让人达成移转占有物的合意，并基于这一合意交付了移转占有物。《瑞士民法典》第七百一十四条规定，善意取得的前提是“占有的转移”，应“善意将动产移转为自己所有，并受占有规定保护”。《日本民法典》第一百九十二条明确规定，“平稳而公然地开始占有动产”是构成即时取得的必要条件。由此可见，尽管移转占有的合意是引导移转占有行为的主观动机和前提，但构成善意取得的直接原因却是移转占有物的行为。

受让人移转占有财产的方式必须通过交换实现。这种交换方式是指买卖、互易、债务清偿、出资等具有交换性质的行为。前文已述，交换必须是有偿的，无偿的交换不构成善意取得。未通过交换而移转占有财产，即使受让人已经实际占有该财产，也不发生善意取得的效力。如继承和遗赠，未通过交换则不构成善意取得。

三、善意取得的法律效力

善意取得涉及三方当事人，即财产原权利人、让与人和受让人，产生三个方面的法律关系：（1）原权利人与受让人之间的法律关系。在善意取得情况下，原权利人与受让人之间将发生物权变动。受让人因善意而即时取得标的物的所有权，原权利人的所有权将因此而消灭。善意取得是财产所有权取得的一种方式。原权利人不得向善意受让人主张返还原物。换言之，如果

---

① 孙宪忠、朱广新主编：《民法典评注：物权编 2》，中国法制出版社 2020 年版，第 453 页。

② 孙宪忠、朱广新主编：《民法典评注：物权编 2》，中国法制出版社 2020 年版，第 453 页。

原权利人向受让人请求返还原物，则受让人可以善意取得为由对原权利人的请求权进行有效抗辩。（2）让与人与受让人之间的法律关系。让与人与受让人基于法律行为而产生债权债务关系，受让人因善意而取得让与人移转其占有的财产所有权，而受让人应向让与人支付财产的价款，如果受让人没有按照与让与人之间的约定支付价款，应向让与人承担违约责任。（3）原权利人与让与人之间的法律关系。由于原权利人因受让人的善意取得使其标的物的所有权发生消灭，而又不能请求受让人返还财产，法律上对原权利人提供了一种债权上的救济，即原权利人可以基于债权上的请求权要求让与人承担违约、侵权责任或不当得利的返还责任。[①]

只要符合前文所述善意取得的构成要件，即发生善意取得的法律效力，受让人即时取得受让财产的所有权，原物所有权人即丧失对该财产的所有权，并不得向善意受让人请求返还原物。对此，《民法典》第三百一十三条就明确规定，善意受让人取得动产后，该动产上的原有权利消灭。但是，善意受让人在受让时知道或者应当知道该权利的除外。

原权利人可基于债权上的请求权要求转让人承担合同责任、侵权责任或不当得利的返还责任。具体而言：（1）违约责任。如果原权利人与转让人之间事先存在租赁、保管等合同关系，而转让人擅自处分原权利人的财产，则原权利人可以以违约为由，请求其承担违约责任。（2）侵权责任。转让人对原权利人的标的物不享有处分权，而仍然将该标的物转让给他人，在此情况下，将构成对原权利人财产所有权的侵害，应当承担侵权责任。如果转让人和原权利人之间事先存在合同关系，在此情况下，转让人的行为将发生责任的竞合，即其无权处分行为既构成对其与原权利人之间合同的违反，又构成侵权行为。原权利人可以选择一种对其最为有利的请求权提出主张或提起诉讼。（3）不当得利返还责任。如果转让人与受让人之间发生的是一种有偿的合同关系，转让人作出的是一种有偿的处分行为，并因此而获得一定的利益，则原权利人有权请求转让人返还不当得利。但这种不当得利的请求权与侵权责任的请求权也可能发生竞合，原权利人可以选择一种对其最为有利的请求

---

① 参见最高人民法院民法典贯彻实施工作领导小组主编：《中华人民共和国民法典物权编理解与适用（上）》，人民法院出版社2020年版，第532页。

权对其提出主张或提起诉讼。[①]

不构成善意取得的移转占有，则不发生善意取得的效力，原所有权人有权向受让人请求返还原物，受让人负返还义务；如果原物已经灭失或已经毁损，则可以向受让人请求赔偿转让的价金，受让人负返还义务后，可以向无权转让人请求返还价金。

四、夫妻一方擅自出卖共有房屋的处理

在司法实践中，如丈夫瞒着妻子将夫妻共同所有的房产卖给第三人，如果已经办理房产过户手续，应保护无辜配偶的利益还是保护第三人的利益？对此问题的处理，既关系到夫妻财产制度的落实和婚姻家庭编对夫妻双方利益的保护，也关系到交易秩序的稳定和安全，关键在于如何平衡无辜配偶一方与第三人之间的利益。近年来房产交易日趋频繁，纠纷也日益增多。当夫或妻一方与第三人发生不动产物权交易时，该不动产登记在夫妻一方名下但实际属于夫妻共同财产，如果第三人尽到了必要的审查与注意义务，支付合理的房屋价款且已经办理变更登记手续，为了保护交易安全，根据善意取得制度，第三人可以取得不动产物权。就第三人而言，要求其在房产交易中审查出卖人是否有配偶、处分的财产是否属于夫妻共同财产是不现实的，也不利于财产流转。基于不动产登记的公示公信力，从社会诚信以及保护善意第三人的角度考虑，对配偶一方以不知情、不同意为由主张返还房屋的诉讼请求不予支持。对此，《婚姻家庭编解释（一）》第二十八条规定："一方未经另一方同意出售夫妻共同所有的房屋，第三人善意购买、支付合理对价并已办理不动产登记，另一方主张追回该房屋的，人民法院不予支持。夫妻一方擅自处分共同所有的房屋造成另一方损失，离婚时另一方请求赔偿损失的，人民法院应予支持。"

在司法实践中，夫妻一方将大额的夫妻共同财产擅自赠与他人，显然侵害了另一方的财产权益。但有观点认为，该赠与行为应认定部分无效而非全部无效。理由是夫妻共同财产中既包含丈夫的份额也包含妻子的份额，他人

---

① 参见最高人民法院民法典贯彻实施工作领导小组主编：《中华人民共和国民法典物权编理解与适用（上）》，人民法院出版社2020年版，第532页。

所获赠财产中有一半为夫妻一方的份额，一方处分自身份额的意思表示应为真实，他人可取得一半的财产权利。对此在审判实践中应如何掌握？最高人民法院民一庭认为，在婚姻关系存续期间，夫妻双方对共同财产具有平等的权利，因日常生活需要而处理共同财产的，任何一方均有权决定，非因日常生活需要对夫妻共同财产作重要处理决定的，夫妻双方应当平等协商，取得一致意见。夫妻一方非因日常生活需要而将共同财产无偿赠与他人，严重损害了另一方的财产权益，有违民法上的公平原则，这种赠与行为应属无效。夫妻共同财产是基于法律的规定，因夫妻关系的存在而产生的。在夫妻双方未选择其他财产制的情形下，夫妻对共同财产形成共同共有，而非按份共有。根据共同共有的一般原理，在婚姻关系存续期间，夫妻共同财产应作为一个不可分割的整体，夫妻对全部共同财产不分份额地共同享有所有权，夫妻双方共同财产没有划分个人份额，也无权在共有期间请求分割共同财产。夫妻对共同财产有平等的处理权，并不意味着夫妻各自对共同财产享有半数的份额。只有在共同夫妻关系终止时，才可对共同财产进行分割，确定各自份额。因此，夫妻一方擅自将共同财产赠与他人的赠与行为应为全部无效，而非部分无效。①

审判实践中出现了一种新类型案件，即在婚姻关系存续期间，因夫妻共同共有房产登记在一方名下，另一方为防止其擅自处分共有的房产，所提起的婚内要求确认财产共有权并在房屋产权证书上加名的诉讼。这种纠纷的案由定为“物权确认纠纷”比较适宜，及时、公正地处理婚内确权之诉，可以使配偶一方在房屋权属登记部门的不动产登记簿上添加其共有权人的名字，减少夫妻共有房屋被一方擅自出卖的风险。②

五、对案例 33 的简要评析

案例 33 中的主要焦点问题是：

---

① 参见最高人民法院民事审判第一庭编：《民事审判指导与参考》（2009 年第 2 集总第 38 集），法律出版社 2009 年版，第 315 页。

② 参见杜万华、程新文、吴晓芳：《〈关于适用婚姻法若干问题的解释（三）〉的理解与适用》，载《人民司法·应用》2011 年第 17 期（总第 628 期）。

1. 涉案房屋买卖合同是否有效。根据《民法典》第一百四十三条“具备下列条件的民事法律行为有效：（一）行为人具有相应的民事行为能力；（二）意思表示真实；（三）不违反法律、行政法规的强制性规定，不违背公序良俗”的规定，涉案房屋买卖合同的主体系林某与马某，均具有相应的民事行为能力，是双方当事人的真实意思表示，不违反法律、行政法规的强制性规定，合法有效，双方均应恪守履行。虽然涉案房屋系林某与其丈夫栾某的夫妻共同财产，栾某并没有在合同上作为当事人签字，但并不影响合同的效力。

2. 林某是否应当继续履行涉案房屋买卖合同。林某与马某签订涉案房屋买卖合同后，林某将其与某方房地产公司签订的商品房买卖合同原件及房屋钥匙交付给了马某，办理了涉案房屋水、电、天然气的过户，且马某已支付了合理的对价，对涉案房屋进行装修并入住。因此，林某应按约履行过户义务。林某的毁约行为是典型的有违诚实信用原则的行为，法律应当给予否定性评价。

第十节　夫妻之间房产赠与协议效力的司法认定

一、问题的提出

夫妻在婚前或婚姻关系存续期间约定将一方个人所有的房产赠与另一方，但未办理所有权变更手续，离婚时赠与一方反悔，要求撤销赠与，另一方要求继续履行赠与合同。对于这个问题，实践当中存在两种观点：一种观点认为，夫妻之间的财产约定，系双方当事人真实意思表示，只要不违反法律法规的强制性规定，就应当认定为有效并按双方的约定履行，理由是婚姻家庭编是特别法，相对于物权编与合同编应当优先适用婚姻家庭编，即使没有办理所有权变更手续，赠与一方也不能撤销赠与。另一种观点认为，根据合同编的规定，赠与人在赠与财产的权利转移之前可以撤销赠与，赠与的财产依法需要办理登记等手续的，应当办理有关手续，具有救灾、扶贫等社会公益、道德义务性质的赠与合同或者经过公证的赠与合同，赠与人不交付赠与财产的，受赠人可以要求交付。而根据物权编的规定，不动产物权的设立、变更、转让和消灭，应当依照法律规定登记。夫妻之间的协议也应当遵守合同编及物权编的规定，因此在不动产所有权变更登记之前，赠与一方可以撤销赠与行为。对此问题，《婚姻家庭编解释（一）》第三十二条规定："婚前或者婚姻关系存续期间，当事人约定将一方所有的房产赠与另一方或者共有，赠与方在赠与房产变更登记之前撤销赠与，另一方请求判令继续履行的，人民法院可以按照民法典第六百五十八条的规定处理。"该条规定源自《婚姻法解释（三）》（现已失效）第六条[①]的规定。

在研究夫妻之间房产赠与协议的效力之前，先看一则案例：

案例34：债权人能否撤销本案的夫妻之间的房产赠与？[②]

2014年6月15日，高某与崔某签订《存量房屋买卖合同》，购买崔某名下的房屋，成交价格为160万元。高某某系高某之父。2014年9月18日，双方签署协议，约定高某某向高某提供借款用于购买房屋。2014年9月24日，房屋过户登记至高某名下。2014年12月24日，高某与秦某登记结婚。2017年6月14日，秦某登记成为房屋的共同共有权人，该登记为无偿行为。高某某认为上述登记行为损害了其债权，遂向法院起诉，请求判令撤销高某将房屋产权份额赠与给秦某的行为并将房屋过户至高某名下。

法院认为，根据转账凭证、取款凭证以及收据等证据，可以证明高某某向高某出借款项的事实，故高某某对高某享有借款债权。涉案房屋的购房款已全部付清，并于2014年9月24日登记至高某名下，而高某与秦某于2014年12月24日登记结婚，故该房屋属于高某的婚前个人财产。秦某于婚后无偿登记成为房屋的共同共有权人，高某与秦某之间成立赠与合同。虽然高某某提供的借款系高某婚前以自己名义所负个人债务，但是该款项用于购买涉案房屋，该房屋由高某、秦某共同居住使用，而且通过赠与行为，秦某已成

---

① 《婚姻法解释（三）》（现已失效）第六条规定："婚前或者婚姻关系存续期间，当事人约定将一方所有的房产赠与另一方，赠与方在赠与房产变更登记之前撤销赠与，另一方请求判令继续履行的，人民法院可以按照合同法第一百八十六条的规定处理。"

② 详见北京市第二中级人民法院（2019）京02民终381号民事判决书。

为房屋的共同共有权人，上述事实相结合足以证明高某对高某某所负债务用于婚后家庭共同生活，应当认定为夫妻共同债务。在涉案债务依法认定为夫妻共同债务的情况下，房屋赠与事实并不会对高某某造成损害。综上，高某某在本案中行使债权人撤销权，不符合法律规定的条件，法院遂判决驳回高某某的诉讼请求。

上述案例涉及夫妻之间赠与房产，债权人能否行使撤销权的问题。试问：如何理解夫妻之间的财产契约与赠与协议？赠与合同的撤销权如何行使？合同编中的撤销权能否适用于婚姻家庭编？

二、夫妻之间的财产契约与赠与协议

《婚姻家庭编解释（一）》第三十二条规定，婚前或者婚姻关系存续期间，当事人约定将一方所有的房产赠与另一方，赠与方在赠与房产变更登记之前撤销赠与，另一方请求判令继续履行的，人民法院可以按照《民法典》第六百五十八条[①]的规定处理。该条解决的是夫妻之间房产赠与行为适用《民法典》合同编任意撤销权的规定。夫妻间赠与房产的赠与协议，应当属于合同范畴，当然应当受《民法典》合同编关于赠与合同规定的调整。这是由于：

1. 根据《民法典》第一千零六十五条规定，夫妻之间可以签订财产契约。《民法典》第一千零六十五条第一款规定："男女双方可以约定婚姻关系存续期间所得的财产以及婚前财产归各自所有、共同所有或者部分各自所有、部分共同所有。约定应当采用书面形式。没有约定或者约定不明确的，适用本法第一千零六十二条、第一千零六十三条的规定。"第二款规定："夫妻对婚姻关系存续期间所得的财产以及婚前财产的约定，对双方具有约束力。"根据本条规定，夫妻之间关于财产的约定符合法律规定，对双方当事人均具有约束力，夫妻双方均应按照诚实信用原则履行约定。

2. 根据《民法典》第二百零九条之规定，不动产的权属以登记为准。《民

---

① 《民法典》合同编第六百五十八条规定："赠与人在赠与财产的权利转移之前可以撤销赠与。经过公证的赠与合同或者依法不得撤销的具有救灾、扶贫、助残等公益、道德义务性质的赠与合同，不适用前款规定。"

法典》第二百零九条第一款规定："不动产物权的设立、变更、转让和消灭，经依法登记，发生效力；未经登记，不发生效力，但是法律另有规定的除外。"根据本条规定，夫妻之间赠与的房产亦属于不动产，其权属的变更亦应遵守《民法典》物权编的规定，物权的变动依法经登记才生效。夫妻之间的财产协议在本质上还是合同，而一方将自己所有的房产约定为夫妻共有的协议实际上就是赠与合同。虽然这种约定具有强烈的人身属性，但是从物债分离的角度来看，这种约定的本质就是债权协议，其仅在夫妻双方之间产生请求权的效果，并不能对抗第三人。

3. 根据《民法典》第六百五十八条之规定，赠与合同的一方当事人在一定条件下可以行使撤销权。赠与合同是赠与人将自己的财产无偿给予受赠人，受赠人表示接受赠与的合同。在赠与合同中，无偿出让财产权的一方当事人为赠与人，而无偿受领财产权的一方当事人为受领人。根据《民法典》第六百五十八条"赠与人在赠与财产的权利转移之前可以撤销赠与。经过公证的赠与合同或者依法不得撤销的具有救灾、扶贫、助残等公益、道德义务性质的赠与合同，不适用前款规定"的规定，赠与合同的赠与人享有任意撤销的权利，即在赠与合同成立后的一定期限内，赠与人基于对自身利益的保护，作出单方终止赠与合同的意思表示。但是，并不是所有的赠与合同均可任意撤销，具有救灾、扶贫等社会公益、道德义务性质的赠与合同或者经过公证的赠与合同，不得任意撤销。这是对赠与人任意撤销权的限制。也就是说，在上述情况下，赠与人在赠与财产权利转移之前不可撤销；受赠人可请求交付。

在民事活动中，应当遵循的一条重要基本原则就是诚实信用。由于赠与合同是单务合同，故赠与人的任意撤销权对诚信原则有所弱化。如果事关社会公益、道德义务，仍可任意撤销，则有违法律追求社会公平正义的宗旨，纵容一些单位或个人沽名钓誉却不承担义务，背信弃义。此规定对人们正确实施赠与行为有益。经过公证的赠与合同，不能听由赠与人任意撤销。这是基于保护受赠人利益的考虑。如果受赠人在订立合同时担心赠与人在交付赠与财产之前行使撤销权，则可经过公证，使赠与合同这一法律关系更稳定。

三、赠与合同的撤销权

（一）赠与合同的任意撤销权

我国《民法典》合同编对赠与合同的任意撤销权和法定撤销权作出了规定。《民法典》第六百五十八条规定，赠与人在赠与财产的权利转移之前可以撤销赠与。经过公证的赠与合同或者依法不得撤销的具有救灾、扶贫等社会公益、道德义务性质的赠与合同，不适用前款规定。此条是行使任意撤销权的依据，根据这条法律规定，任意撤销权的行使是有一定限制的，以保护受赠人的利益。

1. 行使任意撤销权需在赠与物尚未交付或尚未转移登记之前。对于动产，需在交付之前行使任意撤销权；对于不动产和需要登记的动产（如汽车），需在变更登记之前行使任意撤销权。若赠与物已经交付或变更登记，则赠与人不得再行使任意撤销权；若赠与物一部分已交付或变更登记，则仅可就未交付或未变更登记的部分行使任意撤销权，已交付或变更登记部分不得再行使任意撤销权。

2. 作出撤销赠与的意思表示不仅需在赠与合同生效之后、赠与物的所有权转移之前，同时《民法典》第六百五十八条第二款对赠与人行使任意撤销权的范围进行了限制，所撤销的赠与合同不在法律禁止撤销范围内的，赠与人才能撤销赠与，即可撤销的赠与合同不得是具有救灾、扶贫等社会公益、道德义务性质的赠与合同或者经过公证的赠与合同，否则赠与人不得行使任意撤销权。对于有社会公益、道德义务性质的赠与合同来说，赠与人不仅负有履行所承诺赠与的法律义务，还负有赈灾扶贫救困的道德义务。为了维护此类赠与法律关系的稳定，完成道德义务，本条明确规定具有救灾、扶贫等社会公益、道德义务性质的赠与合同，不得适用任意撤销权赠与的规定。

3. 经过公证的赠与合同不得撤销。公证是公证机构根据自然人、法人或者其他组织的申请，依照法定程序对民事法律行为，有法律意义的事实和文书的真实性、合法性予以证明的活动。赠与人采用公证的方式与受赠人订立赠与合同，在订立过程中都经过了公证人员的解释和说明，应当已经考虑周到，若再赋予赠与人行使任意撤销权的权力，有失合同的严肃性，也损害受赠人的利益。从公证的效力来说，具有债权内容的合同经过国家公证机关的公证，直接具有申请法院执行的效力。经过公证的赠与合同，是以公证这种法律形式对赠与合同进行确认，以法律的形式限制了赠与人对赠与合同的反悔，经过公证的赠与合同，赠与人不得再对赠与合同行使任意撤销权。《民法典》合同编规定经过公证的赠与合同不得撤销，对于严肃国家公证机关的公证力，维护合同的严肃性，保证财产权利关系的相对稳定性是必要的。赠与经过公证，赠与人就丧失了任意撤销权，但如果公证有明显的错误，赠与人主张行使任意撤销权的，人民法院经审查认为赠与人的理由充分，可以支持赠与人的主张，不采信公证书证明的内容。

（二）赠与合同的法定撤销权

《民法典》第六百六十三条规定："受赠人有下列情形之一的，赠与人可以撤销赠与：（一）严重侵害赠与人或者赠与人近亲属的合法权益；（二）对赠与人有扶养义务而不履行；（三）不履行赠与合同约定的义务。赠与人的撤销权，自知道或者应当知道撤销事由之日起一年内行使。"该条是行使法定撤销权的依据，也就是说，只要具备此条规定的三项事由之一的，无论合同是否经过公证，赠与物是否已经交付，也无论赠与是否属于社会公益和道德义务的性质，赠与人均享有法定撤销的权利。

四、夫妻之间赠与房产适用《民法典》合同编的相关规定

1. 夫妻之间赠与房产的协议仍属财产关系范畴，适用《民法典》合同编。《民法典》第四百六十四条第二款规定："婚姻、收养、监护等有关身份关系的协议，适用有关该身份关系的法律规定；没有规定的，可以根据其性质参照适用本编规定。"虽然夫妻之间基于夫妻身份关系而赠与房产，但该房产属于财产，应当受财产法的调整，且夫妻之间的赠与协议属于契约范畴，因此应当纳入《民法典》合同编的调整范围，应当适用《民法典》第六百五十八条的规定，即赠与人在赠与财产的权利转移之前可以撤销赠与，具有救灾、扶贫等社会公益、道德义务性质的赠与合同或者经过公证的赠与合同不得撤销。

2. 房产变更登记与交付的关系。《民法典》第六百五十九条规定："赠与的财产依法需要办理登记或者其他手续的，应当办理有关手续。"房产属于

不动产，与动产的赠与以交付为物权转移的生效要件不同，受赠人实际占有房屋并不发生物权的转移。夫妻之间发生房产赠与，即使受赠一方或夫妻双方均居住在赠与的房屋内，如果没有办理产权变更登记手续，产权就不发生转移，赠与人可以行使撤销权。办理了房产过户登记之后，赠与房产成为受赠人的合法财产，受法律保护，无论赠与人是否交付赠与房产，赠与人的任意撤销权即归于消灭。根据《民法典》第六百六十条第一款的规定："经过公证的赠与合同或者依法不得撤销的具有救灾、扶贫、助残等公益、道德义务性质的赠与合同，赠与人不交付赠与财产的，受赠人可以请求交付。"因此，夫妻之间在赠与房产的过程中，仅交付房产及占有房产并不发生产权的转移，赠与仍能撤销。

3. 赠与合同中放弃任意撤销权的条款的效力。如果夫妻双方在赠与合同中约定"不得反悔"等放弃任意撤销权的条款，此种约定写入赠与合同，应认定为夫妻双方的真实意思表示。《民事诉讼法》第十三条第二款规定："当事人有权在法律规定的范围内处分自己的民事权利和诉讼权利。"将放弃任意撤销权的条款写入赠与合同时，权利人应预见到其放弃了任意撤销权，这种约定合法有效，对赠与人具有约束力，赠与人不得再行使任意撤销权，受赠人可以要求取得赠与房产的所有权。

4. 夫妻之间签订的财产契约并非赠与合同。《民法典》第六百五十七条规定："赠与合同是赠与人将自己的财产无偿给予受赠人，受赠人表示接受赠与的合同。"赠与合同的成立需双方当事人具有赠与和接受赠与的意思表示，且赠与是无偿的。而夫妻之间签订的财产契约不是单纯赠与和受赠的关系，另外夫妻之间就财产归属签订的契约并不一定是无偿的赠与。

婚姻家庭领域的协议常常涉及财产权属的条款，此类协议的订立、生效、撤销、变更等并不排斥合同编的适用。在实际生活中，赠与往往发生在具有亲密关系或者血缘关系的人之间，合同编对赠与问题的规定也没有指明夫妻关系除外。①

5. 因不交付或延迟交付赠与房产造成损失的，赠与人不承担赔偿责任。

---

① 参见吴晓芳：《〈婚姻法〉司法解释（三）适用中的疑难问题探析》，载《法律适用》2014 年第 1 期。

因赠与合同是单务无偿合同，赠与人只有义务而无权利，受赠人只有权利而无义务，双方不存在支付对价，利益并不对等，因此如果不交付或是延迟交付赠与物给受赠人造成损失的，赠与人不承担赔偿责任。

6. 无行为能力人及限制行为能力人可以成为夫妻之间房产受赠人。根据《民法典》第十九条、第二十条的规定，无行为能力人、限制行为能力人可以接受纯获利益行为，他人不得以行为人无行为能力、限制行为能力为由，主张以上行为无效。如果结婚后，一方因生病或受伤成为无行为能力人或限制行为能力人，有行为能力的另一方向其赠与房产，因赠与合同是单务合同，只要赠与人系完全行为能力人，赠与合同仍是合法有效的。尽管赠与合同是诺成合同，需要有赠与人愿意赠与和受赠人愿意接受赠与的意思表示，但无行为能力、限制行为能力的一方可通过其法定监护人表达自己的意志。[①]

五、对案例 34 的简要评析

本案中，高某婚前的个人债务通过房产赠与转化为夫妻共同债务，并没有损害高某某的合法权益，而是由高某一个人承担债务变成了高某与妻子秦某共同承担债务，是给高某某的债权又加上了一道“保险”，因此，高某某不符合行使撤销权的构成要件，应当驳回其诉讼请求。

第十一节　婚前个人债务的司法处理

一、问题的提出

夫妻双方中一方的婚前个人债务不因婚姻关系而发生移转。因此，在婚姻关系存续期间，债权人不得就一方婚前个人债务而向债务人的配偶主张权

① 参见最高人民法院民事审判第一庭编著:《最高人民法院民法典婚姻家庭编司法解释（一）理解与适用》，人民法院出版社 2021 年版，第 310—312 页。

利。但是，如果债权人能够证明一方婚前个人所欠债务与债务人婚后家庭共同生活具有必然的因果联系，即夫妻中一方婚前所欠债务中的资金、财物已转化为夫妻双方婚后物质生活的条件时，一方的婚前个人债务即应比照夫妻共同债务的原则予以处理。

在研究婚前个人债务之前，先看一则案例：

案例 35：婚前个人债务能否转化为夫妻共同债务？[①]

2010 年 8 月 21 日，吕某向张某借款 21000 元，吕某向张某出具内容为"今借到某兴信息部张某装煤款 21000 元"的借条。吕某与赵某于 2010 年 9 月 25 日登记结婚。2012 年 1 月 2 日，张某向吕某索要借款时，赵某向张某出具内容为"今借到某兴信息部张某现金 21000 元（此款为拉煤款）"的借条。后经张某催要，吕某两次还款合计 4400 元。2018 年 4 月 23 日，吕某与赵某协议离婚。其余借款张某经多次催要未果。

法院认为，被告吕某向原告借款，并向原告出具借据，双方形成民间借贷法律关系。被告吕某借款后，应履行还款义务。被告赵某在与吕某婚姻关系存续期间，因吕某欠原告借款向原告出具借据，应认定为赵某加入吕某与原告借贷关系，成为该笔借款的债务人，对吕某欠原告的借款负有偿还义务。根据本案证据，欠原告借款数额认定为 16600 元。自然人之间的借款合同对支付利息没有约定或者约定不明确的，视为不支付利息。据此判决：被告赵某、吕某于本判决生效之日起十日内共同偿还原告张某借款 16600 元。

上述案例涉及婚前个人债务转化为夫妻共同债务问题。试问：婚前个人债务的法律性质如何？如何区分夫妻婚前个人债务与婚后共同债务？如何区分夫妻共同债务与夫妻个人债务？婚前个人债务处理应当遵循哪些原则？

二、婚前个人债务的法律性质

债是民法的一个基本概念，源于罗马法。优士丁尼大帝之《法学纲要》称："债是依国法使他人为一定给付的法锁（Suris vincucum）。"故亦将债

① 山西省忻州市中级人民法院（2021）晋 09 民终 283 号民事判决书。

（Obligotio）称为"法锁"，意指债权债务关系。[①]因此，债是特定人与特定人之间得请求为特定行为的法律关系。[②]《民法通则》第八十四条规定："债是按照合同的约定或者依照法律的规定，在当事人之间产生的特定的权利和义务关系。享有权利的人是债权人；负有义务的人是债务人。债权人有权要求债务人按照合同约定或者按照法律的规定履行义务。"《民法典》总则编第一百一十八条规定："民事主体依法享有债权。债权是因合同、侵权行为、无因管理、不当得利以及法律的其他规定，权利人请求特定义务人为或者不为一定行为的权利。"

债作为一种民事法律关系，应当由主体、客体和内容三个基本要素组成：（1）债的主体。即指参与债的法律关系的当事人，包括债权人和债务人。债的主体必须特定化，以此决定债权债务关系为特定当事人之间的法律关系。（2）债的客体。债的客体又称为债的标的，是指债权债务关系所指向的对象，一般认为包括物、行为、精神成果、权利等。（3）债的内容。即指在当事人之间存在的权利和义务，即债权和债务。债权和债务互相对立，二者相依存而不能彼此单独存在。

债因为一定的法律事实而发生。能够引起债的发生的法律事实，为债的发生原因；实际上，债的发生原因亦为债权的发生原因。立法例一般规定，债因为契约、侵权行为、不当得利、无因管理而发生。我国民法规定债的发生原因有如下五类：（1）合同之债，又称为契约之债。即指依据有效合同所产生的债。（2）侵权行为之债。一般认为，因侵权行为受到损害的人有请求加害人赔偿损害的权利，加害人有赔偿的义务，这种因侵权行为而产生的权利义务关系即为侵权行为之债。（3）不当得利之债。即指因债务人的不当得利而引起的债权债务关系。（4）无因管理之债。即指没有法律规定或约定的义务而为他人管理事务的行为所支出的必要费用而引起的债权债务关系。（5）因缔约过失所生之债。即指当事人缔结合同过程中具有过失，从而导致相对人遭受损害而产生的债权债务关系。

夫妻一方婚前所欠个人债务，是其与债权人之间因特定法律事实而形

① 参见周枏：《罗马法原论》，商务印书馆1994年版，第542页。
② 王家福主编：《中国民法学·民法债权》，法律出版社1991年版，第1页。

成的一种债权债务关系，它是夫妻一方在婚姻关系产生之前与债权人这种特定主体之间发生的权利义务关系。根据债权相对性的原理，债权人只能向特定的债务人主张权利，而不能在债务人结婚后向其配偶主张权利。因为，债的发生必须基于当事人之间的意定或法律的规定，除此特定的法律事实之外，债的相对性不会因其他事由而发生移转。夫妻一方在婚前所负的个人债务，如没有另一方在婚后向债权人作出承诺，即不会在原债务人的配偶与债权人之间产生意定之债，债权人也无法律上的根据和理由向债务人的配偶主张权利。

夫妻一方婚前所欠债务属于个人债务。但是，如果一方婚前所欠债务与婚后夫妻共同生活具有必然的因果联系，且婚前所欠债务中的资金、财物已转化为婚后夫妻共同财产或已成为婚后夫妻共同的物质生活条件的，婚前一方所欠的个人债务即转为夫妻共同债务，应当由夫妻双方共同偿还。对此，债权人应当承担举证责任。

三、区分夫妻婚前个人债务与婚后共同债务的法律意义①

区分夫妻婚前个人债务与婚后共同债务，既可以避免因一方婚前所欠个人债务而影响和破坏婚后家庭的正常生活，保护债务人配偶的财产权不因婚姻关系而受到侵害；同时，又可以防止债务人借助婚姻关系而逃废债务，保护债权人的合法权利不因婚姻关系而受到侵害。

夫妻财产制可以分为约定财产制和法定财产制。约定财产制，是指夫妻以契约方式确定适用财产制的形式；而法定财产制，是指由法律直接规定的夫妻财产制的形式。从各国的法律规定来看，均同时采取约定财产制和法定财产制，但两种制度适用的效力不同。《民法典》属于私法的范畴，体现了意思自治原则，因此，如果当事人对其财产事先有约定的，则依约定确定其财产归属；若无约定，则依法律规定确定财产归属。因为《民法典》尽管具有强烈的身份性，但夫妻双方对财产的约定本质上是一种合同，仍应贯彻意思自治原则，因此其应当具有优先于法定财产制适用的效力。

---

① 参见最高人民法院民事审判第一庭编著:《最高人民法院民法典婚姻家庭编司法解释（一）理解与适用》，人民法院出版社 2021 年版，第 315—318 页。

约定财产制能够在较大程度上体现当事人意思自治的原则，充分体现了个人作为一个独立的民事主体在现代社会中的地位和价值。但是，约定财产制的局限性在于其容易对夫妻双方对外承担债务产生影响，从而侵害第三人的债权。如果当事人事先约定了婚前财产的所有、占有或收益，即可能对夫妻一方或双方对外承担债务产生直接影响，有可能缩小承担责任的财产范围，严重影响到债权人债权的实现。因此，夫妻双方关于婚前财产和婚后财产约定的内容应当公示，否则约定的内容不能对抗第三人。如果债权人事先知道了公示的内容，仍然与夫妻一方从事经营活动，可以认为其自愿承担了在约定之后财产不足以清偿债务的风险。但如果债权人根本不知道约定的内容，或不可能知道约定的内容，则要债权人承担在夫妻约定财产以后财产不足以清偿债务的风险，对债权人是极不公平的。所以，约定财产没有公示的，只能在当事人之间产生效力，不能对抗第三人。根据《民法典》第一千零六十五条的规定，夫妻可以约定婚前财产归各自所有、共同所有或部分各自所有、部分共同所有。没有约定或约定不明确的，适用《民法典》关于法定财产制的规定。夫妻双方对婚前财产的约定，对双方具有约束力。

对婚前财产没有约定的，应当适用法定财产制度。法定财产制对于确定夫妻财产的归属、判断夫妻债务的负担均具有十分重要的意义。首先，法定财产制为正确处理夫妻财产关系提供了明确的法律依据。受传统思想的影响，夫妻双方在婚前或婚后为财产问题专门订立契约的情况十分罕见，这就需要法定财产制弥补其不足。其次，法定财产制是对婚姻双方当事人最公平的财产规则。法定财产制是对多数人意愿的推定，它能够在最大限度上体现公平和正义的要求，任何一方不得自行变更法定财产制所设定的内容，也不得利用自身的财产、职业、知识背景等优势从制度上为自己谋得比对方更多的利益。最后，实行法定财产制可以大大降低婚姻关系的成本。在法定财产制之下，夫妻不必履行相应的财产登记手续，也不必为婚姻关系存续期间的财产归属耗心费力，更不需要在道德和社会舆论方面有太多的考虑。因此，法定财产制在多数国家仍然是夫妻财产制的主要形式。《民法典》第一千零六十二条第一款对夫妻共同财产作了明确规定："夫妻在婚姻关系存续期间所得的下列财产，为夫妻的共同财产，归夫妻共同所有：（一）工资、奖金、劳务报酬；（二）生产、经营、投资的收益；（三）知识产权的收益；（四）继承或者受赠的财产，但是本法第一千零六十三条第三项规定的除外；（五）其他应当归共同所有的财产。”第一千零六十三条对夫妻一方的财产规定如下：“下列财产为夫妻一方的个人财产：（一）一方的婚前财产；（二）一方因受到人身损害获得的赔偿或者补偿；（三）遗嘱或者赠与合同中确定只归一方的财产；（四）一方专用的生活用品；（五）其他应当归一方的财产。”从上述关于法定财产的规定中不难看出，如果夫妻对婚前财产没有约定或约定不明确的，一方的婚前财产属于夫妻一方的财产；与此相同，夫妻一方婚前所负的债务在婚姻关系存续期间仍为夫妻一方的债务，而不能因婚姻关系自动转化为夫妻双方的共同债务。

如果夫妻一方为了利用婚姻关系逃废婚前的个人债务，而采用约定的方式将婚前负债一方的个人财产于婚后转移在其配偶的名下，或者用于婚后夫妻的共同生活，如购置房屋、家具和室内装修等，从而损害债权人合法利益，并将此作为其拒不履行债务的事由，人民法院不予支持。因此，如何证明夫妻一方的婚前债务与夫妻双方婚后共同财产的因果关系是债权人的权利能否得到保护的重要条件。《婚姻家庭编解释（一）》第二十三条根据《民事诉讼法》第六十七条所规定的“谁主张，谁举证”的原则，要求“债权人能够证明所负债务用于婚后家庭共同生活”的举证责任由债权人来完成。由于婚姻家庭关系具有一定的私密性，其财产流向和交易不易被债权人所掌握，这就需要在司法实践中对双方所持的证据、证据的证明力、证据的概然性等予以必要的利益衡量和价值选择。

四、夫妻共同债务、夫妻个人债务的区分

所谓夫妻共同债务，是指在婚姻关系存续期间，夫妻双方或一方为维持家庭共同生活，或为履行抚养、赡养义务，或为夫妻一方或双方治疗疾病以及为共同生产、经营活动所负的债务。夫妻共同债务有两个基本特征：一是在时间上，共同债务是在婚姻关系存续期间内产生的，但婚前为婚后的共同生活购置物品所负的债务也属共同债务；二是在用途上，夫妻举债，是为了维持共同生活、共同生产、经营活动，否则不属于夫妻共同债务，而是夫妻一方个人债务。

所谓夫妻个人债务，是指夫妻一方非为共同生活所需而负担的债务，包括夫妻一方婚前所负债务，婚后以个人名义所负的与共同生活无关的债务，夫妻双方约定由个人清偿的债务。

确认婚姻关系存续期间的债务属于夫妻个人债务还是夫妻共同债务，可以考虑以下两个判断标准：（1）夫妻有无共同举债的合意。如果夫妻有共同举债之合意，则不论该债务所带来的利益是否为夫妻共享，该债务均应视为共同债务。（2）夫妻是否分享了债务所带来的利益。尽管夫妻事先或事后均没有共同举债的合意，但该债务发生后，夫妻双方共同分享了该债务所带来的利益，则同样应视其为共同债务。①

参照上述判断标准，夫妻共同债务的范围可以大致分为以下几类：（1）夫妻为家庭共同生活所负的债务。如购置共同生活用品所负债务；购买、装修共同居住的住房所负的债务；为支付一方医疗费用所负的债务。（2）夫妻一方或双方为履行法定扶养义务所负的债务。（3）夫妻一方或双方为履行法定赡养义务所负的债务。（4）为支付夫妻一方或双方的教育、培训费用所负的债务。夫妻从事正当的文化、教育、娱乐活动，从事体育活动等所负的债务，属于夫妻共同债务。（5）为支付正当必要的社会交往费用所负的债务。（6）夫妻共同从事生产、经营活动所负的债务。这里的共同生产、经营既包括夫妻双方共同从事投资、生产经营活动，也包括夫妻一方从事生产、经营活动但利益归家庭共享的情形。（7）夫妻协议约定为共同债务的债务。夫妻协商确定共同负担的债务，即使该债务带来的利益并非婚姻共享，也应纳入夫妻共同债务。

下列债务可以认定为个人债务：（1）夫妻一方的婚前债务。如夫妻一方为购置房屋等财产负担的债务，该房屋没有用于婚后共同生活的，应当认定为个人债务。（2）夫妻一方未经对方同意，擅自资助没有扶养义务人所负的债务。（3）夫妻一方未经对方同意，独自筹资从事生产或者经营活动所负的债务，且其收入确未用于共同生活的。（4）遗嘱或赠与合同中确定只归夫或妻一方的财产为一方个人财产，附随这份遗嘱或赠与合同而来的债务也应由接受遗嘱或赠与的一方单独承担，他方无清偿责任。（5）夫妻双方依法约定

---

① 参见蒋月：《夫妻的权利与义务》，法律出版社2001年版，第206页。

由个人负担的债务。夫妻双方将本属共同生活所负的债务，约定由一方负担的，可以视为夫妻个人债务。这种约定原则上不对债权人产生对抗效力，除非债权人事先知道该约定或者事后追认该约定。（6）夫妻一方因个人不合理的开支，如赌博、吸毒、酗酒所负的债务。（7）其他依法应由个人承担的债务。包括夫妻一方实施违法犯罪行为、侵权行为所负的债务。如福建省高级人民法院在审理陈某某、刘某民间借贷纠纷再审案时认为，陈某作为刘某的配偶，未在讼争两份《借据》上签字且在原审中不认可本案讼争债务是其与刘某的夫妻共同债务，而陈某某未能根据《夫妻债务纠纷解释》第三条"夫妻一方在婚姻关系存续期间以个人名义超出家庭日常生活需要所负的债务，债权人以属于夫妻共同债务为由主张权利的，人民法院不予支持，但债权人能够证明该债务用于夫妻共同生活、共同生产经营或者基于夫妻双方共同意思表示的除外"的规定，提供证据证明案涉借款用于刘某与陈某夫妻共同生活、共同生产经营或者基于夫妻双方共同意思表示，故陈某某主张陈某分享了本案债务所带来的利益缺乏事实依据，原审未认定本案债务是刘某和陈某的夫妻共同债务，并无不当。[①]

值得注意的是，法院不能扣划夫妻另一方的工资收入以清偿夫妻一方所欠的个人债务。例如，被告张某欠原告李某债务 2 万元（此债务系张某的个人债务），因事实清楚、证据确凿，法院判决张某承担给付义务。然而被告张某既无固定经济收入，也没有任何财产，因此未能履行。于是李某向法院申请执行，并向法院反映张某之妻孙某有固定工资收入，要求法院逐月扣划此款用以偿还债务。法院能否扣划孙某的工资收入，用来偿还其夫张某的个人债务？对此，《人民司法》研究组认为：结合本案具体情况，本案的关键是张某之妻孙某的工资收入应否作为夫妻共同财产对待。如果张某夫妻双方事先曾约定财产归各自所有、债务归各自清偿，而且张某夫妻能够举证证明其就财产问题的约定李某是知道的，张某夫妻一方才可以以个人债务依约定应由张某个人财产进行清偿来对抗李某。如果双方事先没有约定或约定不明的，在婚姻关系存续期间夫妻所得的工资、奖金等收入应纳入夫妻共同财产的范围，那么孙某的工资收入就应作为夫妻共

---

① 参见福建省高级人民法院（2019）闽民再 283 号民事判决书。

同财产处理，应由张某、孙某共同所有。本案中的债务如果是张某个人向外举债，没有用于家庭共同生活，应该以张某的个人财产进行偿还。如果张某没有其他履行能力，应先就夫妻共同财产进行析产，将应归张某所有的财产用于偿还债务。但是应该注意的是，财产分割后不得损害孙某的合法权益，即使分给张某的财产不足以偿还债务，也不能以孙某所有的收入还债。[①]

五、婚前个人债务的处理原则

《婚姻家庭编解释（一）》第三十三条对婚前个人债务的处理原则作了明确规定，即“债权人就一方婚前所负个人债务向债务人的配偶主张权利的，人民法院不予支持。但债权人能够证明所负债务用于婚后家庭共同生活的除外”。也就是说，婚前个人债务的处理原则是以个人承担为原则，以共同承担为例外。

夫妻一方婚前所欠个人债务，是其与债权人之间因特定法律事实而形成的一种债权债务关系，它是夫妻一方在婚姻关系产生之前与债权人这种特定主体之间发生的权利和义务关系。根据债权相对性的原理，债权人只能向特定的债务人主张权利，而不能在债务人结婚后向其配偶主张权利。因为，债的发生必须基于当事人之间的意定或法律的规定，除此特定的法律事实外，债的相对性不会因其他事由而发生移转。夫妻一方在婚前所负的个人债务，如没有另一方在婚后向债权人作出承诺，即不会在原债务人的配偶与债权人之间产生意定之债，债权人也无法律上的根据和理由向债务人的配偶主张权利。

夫妻一方婚前所欠债务属于个人债务。但是，如果一方婚前所欠债务与婚后夫妻共同生活具有必然的因果联系，且婚前所欠债务中的资金、财物已转化为婚后夫妻共同财产或已成为婚后夫妻共同的物质生活条件的，婚前一方所欠的个人债务即转为夫妻共同债务，应当由夫妻双方共同偿还。对此，债权人应当承担举证责任。

---

① 《人民司法》2002年第1期。

六、对案例 35 的简要评析

在案例 35 中，根据《婚姻家庭编解释（一）》第三十三条“债权人就一方婚前所负个人债务向债务人的配偶主张权利的，人民法院不予支持。但债权人能够证明所负债务用于婚后家庭共同生活的除外”的规定，本案债务的形成时间在吕某与赵某登记结婚前，应当属于吕某婚前个人债务。但是，两人结婚后赵某就吕某婚前债务另行向张某出具借条，该出具借条的行为构成债务加入，使得婚前个人债务转化为夫妻共同债务，因此，法院判决由吕某与赵某共同偿还借款。

第十二节　夫妻共同债务

一、问题的提出

关于婚姻关系存续期间夫妻一方以个人名义所欠债务的处理，《婚姻法解释（二）》第二十四条作了规定，即“债权人就婚姻关系存续期间夫妻一方以个人名义所负债务主张权利的，应当按夫妻共同债务处理。但夫妻一方能够证明债权人与债务人明确约定为个人债务，或者能够证明属于婚姻法第十九条第三款规定情形的除外”，在婚姻关系存续期间，夫妻一方以个人名义所欠债务的处理原则是“以夫妻共同债务为原则，以夫妻个人债务为例外”。但该司法解释实施以来，备受争议。全国妇联根据被负债信访妇女的情况，强烈呼吁修改或者废止第二十四条。因此，《民法典》第一千零六十四条吸收了系列婚姻法司法解释的精髓，作出规定：“夫妻双方共同签名或者夫妻一方事后追认等共同意思表示所负的债务，以及夫妻一方在婚姻关系存续期间以个人名义为家庭日常生活需要所负的债务，属于夫妻共同债务。夫妻一方在婚姻关系存续期间以个人名义超出家庭日常生活需要所负的债务，不属于夫妻共同债务；但是，债权人能够证明该债务用于夫妻共同生活、共同生产经营或者基于夫妻双方共同意思表示的除外。”

在研究夫妻共同债务之前，先看一则案例：

案例 36：本案民间借贷能否认定为夫妻共同债务？①

王某与杜某原系夫妻关系，二人于 2020 年 4 月 16 日办理了离婚登记。2019 年 4 月 20 日至 2019 年 12 月 4 日，杨某民频繁借款给王某，王某陆续转账还款。后王某为杨某民出具还款计划书一份，载明："欠款人：王某。出借人：杨某民。截至 2019 年 12 月 4 日止，杨某民以银行转账方式累计共借给王某人民币叁拾柒万元整，借款用于做生意临时周转，王某承诺 2019 年 12 月 15 日前一次性偿还。"庭审中，为证明王某的借款用于夫妻共同生活，杨某民申请调取王某的银行卡交易明细，交易明细显示：借款期间内，王某通过其银行卡频繁向杜某转款，杜某亦通过其银行卡频繁向王某转款。

法院认为，本案中，王某为杨某民出具了还款计划书，其提供了大部分款项的银行转账记录。从证据高度盖然性角度来看，杨某民提供的证据将待证事实的存在证明到高度可能性。王某未提供任何证据，法院认定杨某民和王某之间存在民间借贷关系，王某尚欠借款 37 万元。王某所负债务发生于其与杜某夫妻关系存续期间，且系用于做生意临时周转，依据杨某民申请调取的王某与杜某之间的银行流水，可显示杜某的个人账户内确有王某频繁转入的资金，该资金明显超出其个人正常收入，杜某未作出合理的解释。故法院认定王某频繁借款系用于夫妻共同生活，该债务为夫妻共同债务，其离婚协议中双方对债务的约定不能对抗第三人，杜某应当共同偿还。据此判决王某、杜某于判决生效后十日内共同偿还杨某民借款 37 万元。杜某不服判决，提起上诉，二审维持原判。

上述案例涉及夫妻共同债务的司法认定问题。试问：如何全面理解夫妻共同债务？如何认定夫妻共同债务？婚姻关系存续期间一方所欠债务应当如何处理？夫或妻一方死亡后的债务如何处理？

---

① 详见北京市第三中级人民法院（2021）京 03 民终 6304 号民事判决书。

二、夫妻共同债务的法律意义

夫妻共同债务问题，事关夫妻双方特别是未举债一方和债权人合法权益的保护，事关婚姻家庭稳定和市场交易安全的维护，在民法典编纂过程中，各方面较为关注，争议也较大。[①]

夫妻共同债务一般包括夫妻在婚姻关系存续期间为解决共同生活所需的衣、食、住、行、医等活动以及履行法定义务和共同生产、经营过程中所负的债务。根据《民法典》第一千零六十五条关于夫妻约定财产制的规定，夫妻可以约定婚姻关系存续期间所得的财产以及婚前财产归各自所有、共同所有或部分各自所有、部分共同所有。约定应当采用书面形式。没有约定或约定不明确的，适用法定财产制的规定。根据《民法典》第一千零六十四条的规定，夫妻双方共同签名或者夫妻一方事后追认等共同意思表示所负的债务，以及夫妻一方在婚姻关系存续期间以个人名义为家庭日常生活需要所负的债务，属于夫妻共同债务。债权人能够证明该债务用于夫妻共同生活、共同生产经营或者基于夫妻双方共同意思表示的债务，属于夫妻共同债务。

根据《民法典》第一千零六十条的规定，夫妻一方因家庭日常生活需要而实施的民事法律行为，对夫妻双方发生效力，但是夫妻一方与相对人另有约定的除外。夫妻之间对一方可以实施的民事法律行为范围的限制，不得对抗善意相对人。日常家事代理制度，是指夫妻因日常事务而与第三人交往时所为法律行为应当视为夫妻共同的意思表示，并由配偶承担连带责任的制度。理由有四:（1）在婚姻生活中，日常需处理的事务琐碎繁多，夫妻确有相互代理的需要。这种代理与一般民事代理不同，它基于配偶身份而产生，不以明示为必要。（2）赋予配偶日常家事代理权符合婚姻当事人本人的意思，是对当事人真实意思的推定，符合当事人本人利益。夫妻关系中，通常情形下配偶双方有一致的利益，一方实施的日常生活行为一般也符合另一方的意思和利益。即使夫妻感情不和，一方行使日常家事代理权也不会给另一方造成太大的损害。（3）日常家事代理权有利于婚姻家庭生活的便利，有助于节省婚姻生活和社会生活成本。在日常生活中，凡涉及家庭小事都需另一方书

---

① 黄薇主编:《中华人民共和国民法典婚姻家庭编释义》，法律出版社2020年版，第87页。

面授权，势必加大婚姻生活成本，于生活十分不便。(4) 确定夫妻有日常家事代理权有利于维护简单民事交易的安定性，有利于保护第三人的合法利益。总之，家事代理制度对于维护家庭生活的稳定和民事交易的安定都具有十分重要的意义。我国《婚姻法》没有在法律条文中明确规定家事代理制度，主要是因为我国在夫妻财产制度上实行夫妻婚后所得共同制，人们的财产约定意识极弱，实行约定财产制的夫妻少之又少。因此，即使没有家事代理权的规定，法定财产制足以调整家事代理的问题，婚姻关系存续期间发生的对外财产责任原则上均由夫妻双方共同承担。①《民法典》第一千零八十九条明确规定："离婚时，夫妻共同债务应当共同偿还。共同财产不足清偿或者财产归各自所有的，由双方协议清偿；协议不成的，由人民法院判决。"

夫妻个人债务，是指夫妻一方与共同生活无关或者依法约定为个人所负担的债务。夫妻虽为婚姻的主体，且在诸多利益方面密不可分，但夫妻作为人格独立的个体，仍可以存在与婚姻无关的个人利益与责任。如果债权人与夫妻一方明确约定为个人债务的，应当由债务人自己负责清偿；如果债权人事先知道债务人实行约定财产制的，应当视为债务人的个人债务。总之，正确划定夫妻共同债务与夫妻个人债务的界限，在夫妻财产与第三人利益之间寻找一种符合公平正义的平衡点，对于维护夫妻的共同利益、夫妻的个人利益以及第三人的合法权益均有十分重要的意义。例如，《最高人民法院民一庭关于夫妻一方对外担保之债能否认定为夫妻共同债务的复函》(〔2015〕民一他字第9号) 明确："经研究答复如下：同意你院审判委员会多数意见，即夫妻一方对外担保之债不应当适用《最高人民法院关于适用〈中华人民共和国婚姻法〉若干问题的解释(二)》第二十四条的规定认定为夫妻共同债务。"

三、夫妻共同债务认定规则的演进

1. "夫妻共同债务共担"的认定规则。夫妻共同债务认定的规则最早可以追溯至1980年《婚姻法》第三十二条，当时就确立了"夫妻共同债务共担"的基本原则，但仍保留"男女一方单独所负债务，由本人偿还"的补充原则。直至2001年《婚姻法》再一次修正，其中第四十一条关于夫妻共同债务的

① 参见蒋月：《夫妻的权利与义务》，法律出版社2001年版，第63—65页。

认定规则中删除了“个人债务个人承担”的补充原则，最终对于夫妻共同债务的承担仅保留了“夫妻共同债务共担”的原则。但该条款中并没有对夫妻一方举债的认定作出规定。于是在司法实践中出现了较多夫妻一方以自己对另一方负债不知情为由，规避向债权人履行偿还债务的义务，甚至通过离婚恶意转移财产给另一方，借此逃避债务的案例。如最高人民法院认为：本案当事人在获悉案件提审后“闪婚闪离”，婚姻存续时间仅两个月左右，并在离婚协议中约定将案涉房屋确定归一方所有，各方处分案涉房屋权属显系规避法律、以合法形式掩盖非法目的，虽然一方主张其获得案涉房屋是以抚养另一方孩子作为对价，但另一方有抚养能力，且案涉房屋价值与抚养费数额相差悬殊，故案涉房屋作为另一方的财产准予执行并无不当。[①]

2. 向债权人“倾斜”的认定规则。为了保护债权人的合同利益，最高人民法院于2003年12月4日出台了《婚姻法解释（二）》，其中第二十四条第一款就明确了关于“夫妻共同债务推定”的认定规则，即“债权人就婚姻关系存续期间夫妻一方以个人名义所负债务主张权利的，应当按夫妻共同债务处理。但夫妻一方能够证明债权人与债务人明确约定为个人债务，或者能够证明属于婚姻法第十九条第三款规定情形的除外”。《婚姻法解释（二）》第二十四条确实遏制了那些企图通过“假离婚”达到“真逃债”这一非法目的的人群，交易安全和市场秩序也得到了一定程度的保障。但正如一枚硬币有正反两面，由于最高人民法院加大了对债权人的保护力度，无形中却损害了未举债配偶一方的个人利益。司法实践中又出现了夫妻另一方“被迫”共同承担虚假债务、非法债务的极端个例。

3. 虚假或非法债务不受法律保护的认定规则。最高人民法院在修订《婚姻法解释（二）》第二十四条时，主要是建立在“夫妻共同债务”均属于合法债务的前提下，但司法实践中由于各级法院审判能力、法律适用等综合能力的不同，确实会出现虚假债务被认定为夫妻共同债务或违法犯罪行为形成的所谓“债务”作为夫妻共同债务被承担的现象。一时之间《婚姻法解释（二）》第二十四条不断受到社会的诟病，甚至产生了要求废止该条款的呼声。鉴于此，最高人民法院在2017年2月28日公布《最高人民法院关于适用〈中

---

① 参见最高人民法院（2020）最高法民申844号民事裁定书。

华人民共和国婚姻法〉若干问题的解释（二）的补充规定》，分别排除了一方与第三人串通、虚构的债务以及从事赌博、吸毒等违法犯罪活动中所负债务由未举债一方共同承担的认定规则。

4. “共债共签共同受益”的认定规则。2018 年 1 月 8 日，最高人民法院再次发布了《夫妻债务纠纷解释》，这次的司法解释又把审判的“天平”向未举债一方拉回了一步。除明确夫妻共同债务的认定以“共债共签”为基本原则之外，同时将一方的负债可以被认定为夫妻共同债务的条件限制在通过“事后追认”“家事代理权”以及“共同受益”的范围内，进一步平衡了债权人与未举债一方合法权益的保护措施。

5. 夫妻共同债务认定规则整合“升级”。《民法典》第一千零六十四条规定：“夫妻双方共同签名或者夫妻一方事后追认等共同意思表示所负的债务，以及夫妻一方在婚姻关系存续期间以个人名义为家庭日常生活需要所负的债务，属于夫妻共同债务。夫妻一方在婚姻关系存续期间以个人名义超出家庭日常生活需要所负的债务，不属于夫妻共同债务；但是，债权人能够证明该债务用于夫妻共同生活、共同生产经营或者基于夫妻双方共同意思表示的除外。”该条实际上是对《婚姻法》以及多部司法解释中关于认定“夫妻共同债务”的精华进行了提炼，将原本散乱或不明确的内容进行了整合，成为夫妻共同债务认定的升级版。该条规定了三类重要的夫妻共同债务，即基于共同意思表示所负的夫妻共同债务、为家庭日常生活需要所负的夫妻共同债务、债权人能够证明的夫妻共同债务。[①] 有学者认为，该条规定旨在避免处理夫妻债务时出现两个极端，既要避免夫妻双方恶意逃债损害债权人的利益，又要避免夫妻一方离婚时被高额负债。[②]

四、《民法典》对夫妻共同债务的认定

《民法典》第一千零六十四条的规定把家庭日常生活所负债务界定为夫妻

---

① 黄薇主编：《中华人民共和国民法典婚姻家庭编释义》，法律出版社 2020 年版，第 90 页。

② 吴晓芳：《对民法典婚姻家庭编新增和修改条文的解读》，载《人民司法》2020 年第 19 期。

共同债务，有助于防范夫妻一方为了一己私利而不公正地逼迫另一方共同承担巨额债务清偿责任，在最大限度上避免了“被负债”情况的发生。而且“共债共签”原则的确立，为造假一方堵上了漏洞，有利于当事人自觉履行债务。依据《民法典》第一千零六十四条的规定，夫妻共同债务的认定应当遵循：

1.“共签共债”，夫妻双方共同签字或者夫妻一方事后追认等共同意思表示所负的债务，则为夫妻共同债务。对此，《民法典》第一千零六十四条规定：“夫妻双方共同签名或者夫妻一方事后追认等共同意思表示所负的债务……”该种情形，有夫妻双方明确的意思表示，基本上不存在争议，比如一方签字，配偶虽然没签字但是通过电话、短信、微信、邮件等形式认可或者事后追认的，由于留痕清晰，举证上负担较小，但如果存在债权人欺诈、胁迫的情形，则签字人可以撤销，否认该债务为夫妻共同债务。如果这种欺诈、胁迫来自债务人，则配偶作为签字人依然可以主张撤销，但是不能否定该债务为夫妻共同债务的性质，只是可以在清偿时或者离婚损害赔偿或经济补偿时做特殊处理。正如立法机关所言，“共债共签”适当增加交易成本，不仅有利于保障交易安全，还可以减少事后纷争，从根本上提高交易效率。[①]

2.“共需共债”，为家庭日常生活需要所负的债务，则为共同债务。对此，《民法典》第一千零六十四条规定：“……夫妻一方在婚姻关系存续期间以个人名义为家庭日常生活需要所负的债务，属于夫妻共同债务。”该种情形，关键在于应当如何界定“家庭日常生活需要”，需要结合家庭收入、开支水平、消费水平、生活习惯等综合考虑。一般可以认为通常的衣食住行、子女教育、养老、医疗、文娱活动和各种服务等所负的债务都属于“家庭日常生活需要”，但举债数额不宜超过家庭年收入过多，所以基本上要考虑“用途＋数额”两个方面。一般认为债务用于投资的、用于对外提供担保的、用于大额消费的、转账给没有法定抚养义务的亲友的，都不属于“家庭日常生活需要”。但是有时确实要结合家庭特殊情况，比如富豪家庭买豪车像去菜市场买菜一样，如此其“家庭日常生活需要”的判断水平显然应不同于一般家庭。这里债权人需要负担初步的举证责任，起码在借款时需要问一下借款的大致用途，以大

---

① 黄薇主编：《中华人民共和国民法典婚姻家庭编释义》，法律出版社2020年版，第91页。

致判断是否属于债务人的“家庭日常生活需要”。由于这种借款通常发生在熟人甚至近亲属之间，这方面的信息并不难了解。债务人配偶方如果否定属于“家庭日常生活需要”则同样需要负担举证责任。比如，债务人配偶证明债务金额过大，明显超过债务人家庭收入或者通常消费水平，或者债权人明知或应知债务人有赌博、吸毒等恶习的，或者债权人明知或应知债务人已有大额负债无力偿还的，此时大概率可以认为不属于“家庭日常生活需要”。但数额过大的借款如果是用于买房，由于房屋有增值效用，不属于消费品，一般争议不大，实践中争议较多的是大额负债用来买豪车等消费品，此时多半会认为超出家庭收入过多，不宜认定为夫妻共同债务。

3.“共用共债”，用于夫妻共同生活、共同生产经营的债务，则为共同债务。对此，《民法典》第一千零六十四条第二款规定：“夫妻一方在婚姻关系存续期间以个人名义超出家庭日常生活需要所负的债务，不属于夫妻共同债务；但是，债权人能够证明该债务用于夫妻共同生活、共同生产经营或者基于夫妻双方共同意思表示的除外。”该种情形，关键在举证，即债权人要负担沉重的举证责任，首先是如何认定“用于夫妻共同生活”？比如，债权人能够证明债务人家里购置了大额财产、短期内生活品质明显提升或有大额开支而夫妻双方无法说明资金来源等，并以此与该债务建立联系。或者婚前购置的大额财产后转为夫妻共有财产，此时也应认定为夫妻共同债务。为了抚养、赡养、医疗、教育等所负的债务，一般也认为属于“用于夫妻共同生活”，此外双方有约定夫妻共同债务的范围的，也认为属于“用于夫妻共同生活”。其次是如何认定“用于夫妻共同生产经营”？如果夫妻都是其家族企业的股东兼高管，共同决定生产经营事项，或者一方参与经营管理，另一方虽不参与但有授权，或者一方经营企业且家庭共同生活也从中受益，如此只要查明相关财产最终用于企业经营即可。《民法典》第五十六条对个体工商户和农村承包经营户的负债处理就作了类似的规定。这里要注意的是，借款主体如果是公司，原则上与家庭债务无关，除非夫妻一方为上述借款的保证人。至于“基于双方共同意思表示”，主要是指默示作为意思表示的情形，《民法典》第一百四十条规定：“行为人可以明示或者默示作出意思表示。沉默只有在有法律规定、当事人约定或者符合当事人之间的交易习惯时，才可以视为意思表示。”实践中，债务人配偶在借款现场，未表示反对，或者债务人借款的收款账户是其配偶的等，都可以作为初步的证据。比如，2018年5月23日发布的《浙江省高级人民法院关于妥善审理涉夫妻债务纠纷案件的通知》（浙高法〔2018〕89号）明确，将“单笔举债或对同一债权人举债金额在20万元（含本数）以下的”作为各级法院认定“为家庭日常生活需要所负债务”的考量因素。一旦超过这个标准，则应当考虑为“超出家庭日常生活需要所负债务”，需要由债权人进行举证，否则未举债一方原则上将不承担连带偿还债务的责任。但该标准如果在二、三线城市或者西部偏远地区实施，则并不一定符合当地的经济水平。

五、婚姻关系存续期间一方所欠债务的处理原则

在婚姻关系存续期间，夫妻一方以个人名义所负的债务属于夫妻共同债务，应当由夫妻双方共同偿还。根据《民法典》第一千零六十二条的规定，夫妻在婚姻关系存续期间所得的工资、奖金、生产经营的收益、知识产权的收益等均归夫妻共同所有，同样，夫妻一方在婚姻关系存续期间以个人名义所负的债务也应当按夫妻共同债务处理。因此，对于夫妻一方在婚姻关系存续期间以个人名义所负的债务，债权可以向夫妻双方主张权利，并要求按夫妻共同债务处理。

债权人与债务人明确约定为个人债务，且债务人或债务人的配偶对此能够证明的，应当由债务人本人承担清偿责任。[①] 夫妻双方除为共同生活设立

---

① 《人民司法》2002年第1期刊登：问题：被告张某欠原告李某债务2万元（此债务系张某的个人债务），因事实清楚、证据确凿，法院判决张某承担给付义务。然而被告张某既无固定经济收入，也没有任何财产，因此未能履行。于是李某向法院申请执行，并向法院反映张某之妻孙某有固定工资收入，要求法院逐月扣划此款用以偿还债务。请问：法院能否扣划孙某的工资收入，用来偿还其夫张某的个人债务？

《人民司法》研究组认为：结合本案具体情况，根据婚姻法有关立法精神，我们认为，本案的关键是张某之妻孙某的工资收入应否作为夫妻共同财产对待。如果张某夫妻双方就财产问题事先曾约定财产归各自所有、债务归各自清偿，而且张某夫妻能够举证证明其就财产问题的约定李某是知道的，张某夫妻一方才可以以个人债务依约定应由张某个人财产进行清偿来对抗李某。如果双方事先没有约定或约定不明的，按婚姻法规定，在婚姻关系存续期间夫妻所得的工资、奖金等收入应纳入夫妻共同财产的范围，那么孙某的工资收入就应作为夫妻共同财产处理，应由张某、孙某共同所有。本案中的债务如果是张某个人向外举债，也没有用于家庭共同生活的，应该以张某的个人财产进行偿还。如果张某没有其他履行能力，应先就夫妻共同财产进行析产，将应归张某所有的财产用于偿还债务。但是应该注意的是，财产分割后不得损害孙某的合法权益，即使分给张某的财产不足以偿还债务，也不能以孙某所有的收入还债。

债权、债务外，还可以单独进行民事活动。如果夫妻一方与债权人明确约定为个人债务，且有证据能够证明时，债务人的配偶对此债务不承担连带清偿责任。《婚姻家庭编解释（一）》第三十四条规定，夫妻一方与第三人串通，虚构债务，第三人主张该债务为夫妻共同债务的，人民法院不予支持。夫妻一方在从事赌博、吸毒等违法犯罪活动中所负债务，第三人主张该债务为夫妻共同债务的，人民法院不予支持。

夫妻双方实行约定财产制的，如果债权人事先知道该约定，并与夫妻中的一方建立债权债务关系，应当用债务人的个人财产清偿。如果债权人事先并不知道债务人实行约定财产制的，债权人可以向夫妻双方主张权利。

在审判实践中，夫妻一方致人损害所产生的债务应当如何处理？例如，某夫妻一方致人身体损伤后，经人民法院审理，应负全部责任并赔偿受害人各种损失。法律文书生效后，义务人不仅没有履行法律文书确定的赔偿义务，反而去婚姻登记机关协议离婚，财产全部或大部分给了夫妻另一方，致使受害人的权利不能兑现。对这种情况的处理有两种意见：一是胜诉方申请执行后，对于被执行人在法定时限内不履行的，可依法强制执行属于夫妻关系存续期间的共有财产；二是由申请人（利害关系人）申请人民法院撤销婚姻登记机关的离婚协议，然后继续执行该夫妻共有财产。对此，《人民司法》研究组认为：夫妻离婚后，如何处理其婚姻关系存续期间的债权债务特别是债务问题，一直是审判实务中的一个难题。因为这既涉及夫妻之间的关系，也涉及与其他债权人的关系。夫妻之间就财产问题如无特殊约定，则婚姻关系存续期间所得适用法定的夫妻财产共有制，所欠债务被认定为共同债务的，应由双方承担连带清偿责任。夫妻协议离婚或者经人民法院判决离婚的，就债权债务问题所作的处理和决定，仅对夫妻内部有约束力，夫或妻都不得据此对抗善意第三人，对于那些"假离婚真逃债"的行为更是不能认同。该案中，夫妻一方在对外欠债的前提下，非但不履行人民法院生效判决的内容，反而通过协议离婚将财产转移给另一方，致使债权人利益无法得到保护。如果情况属实，人民法院可以根据债权人的申请，强制执行原夫妻婚姻关系存续期间的共同财产。夫或妻在清偿对外债务后，可以以离婚协议的内容向原配偶主张相应的权利。此时无须申请撤销离婚协议后再执行其共有财产，故原则上同意第一种意见。[①]

六、夫或妻一方死亡后的债务处理

《婚姻家庭编解释（一）》第三十六条规定："夫或者妻一方死亡的，生存一方应当对婚姻关系存续期间的夫妻共同债务承担清偿责任。"该条规定源自《婚姻法解释（二）》第二十六条的规定。应当从如下方面理解与适用：

（一）法理分析

夫妻一方死亡后另一方对共同债务承担连带责任的法律依据，源于《民法典》第一千零八十九条关于夫妻共同债务的规定，"离婚时，夫妻共同债务应当共同偿还"。根据民法中债法的一般理论，数个债权人或者数个债务人之间以同一给付为标的形成的债为多数人之债。在多数人之债中，如果债权人与债务人之间按各自的份额分享债权或负担债务的，为按份之债；如果各债权人与各债务人之间以同一给付为标的负有连带关系的，为连带之债。在夫妻共同债务中，除债权人与债务人明确约定为个人债务的，或者夫妻对婚姻关系存续期间所得的财产约定归各自所有，且债权人知道该约定的外，夫妻双方对婚姻关系存续期间的共同债务应当承担连带责任。在连带之债中，由于债务人所承担的连带债务具有担保作用，因此，债务人在事实上所承担的是一种加重责任，这对保护债权人的利益极为有利。[②]

连带责任，是指两个或两个以上的债务人分别就共同债务对债权人承担全部清偿的责任。连带责任有约定连带责任和法定连带责任之分。当事人之间通过协议约定负连带责任的，为约定连带责任；法律直接规定当事人负连带责任的，为法定连带责任。《民法典》第一千零八十九条规定，离婚时，夫妻共同债务应当共同偿还。既然规定夫妻共同生活所负的债务，应当由夫妻共同偿还，也就意味着夫妻双方中的任何一方都负有清偿全部债务的义务，在此不能将共同偿还仅理解为夫妻双方等份偿还。共同偿还就决定了偿还共同债务是夫妻两方的共同责任。夫妻共同债务是一种特定的多数人之

① 参见《人民司法》2003年第9期。

② 张浩俊主编：《民法学原理》（下册），中国政法大学出版社2000年版，第638页。

债，由于夫妻特定的相互关系，决定了其任何一方对外都负有清偿全部债务的义务。一方只有清偿了全部债务，才能够取得向负有连带义务的另一方要求偿付其所应承担的份额的权利。同时，《民法典》第一千零八十九条还规定，共同财产不足清偿或者财产归各自所有的，由双方协议清偿；协议不成时，由人民法院判决。因此，夫妻共同财产不足以偿还共同债务时，夫妻双方要以各自的个人财产清偿共同债务，而并不是规定对共同财产不足的部分予以免责。这足以推定夫妻双方对共同债务的清偿应当负连带清偿责任。无论是离婚时或离婚后，双方对共同债务均应承担连带清偿责任，并不受离婚时夫妻双方协议各自负担债务数额或法院判定各自负担债务数额的限制，也就是说，夫妻之间对共同债务所约定承担的份额不得对抗第三人，即债权人可以向任何一方或两方主张部分或全部债权。不过，一方对外偿还共同债务的数额超过离婚时约定或判定的其应负担的债务数额时，该方有权向对方追偿。

值得注意的是，离婚时对夫妻共同债务各自负担的数额，无论是双方约定，还是由法院判定，都仅是离婚时夫妻内部对共同债务的处理，而不直接涉及对第三人即债权人的清偿问题。无论怎样约定或判定，都丝毫不能影响债权人向夫妻双方或任何一方主张全部债权的权利。当然，夫妻关系存续期间，夫妻一方所负的个人债务，另一方不负连带清偿责任。夫妻离婚或一方死亡时对共同债务负连带清偿责任，能够有效地避免双方以离婚逃避债务的故意，从而也不致因离婚或夫妻一方死亡而影响或削弱债权人对债权的实现程度。人民法院审理离婚案件，在离婚调解书或判决书中，在正确认定夫妻共同债务的情况下，在协议约定或判决确定对共同债务各自应当负担的数额的同时，应写明双方对共同债务负连带清偿责任，从而有效地减少不必要的诉讼，同时也能有效地减轻当事人的诉累。

总之，夫妻一方死亡的，另一方对夫妻在婚姻关系存续期间的共同债务应当承担连带清偿责任，这是对我国《民法典》中关于“夫妻共同债务”应当“共同偿还”原则的具体化和规范化。

（二）夫或妻一方死亡后的连带清偿责任

根据《婚姻家庭编解释（一）》第三十六条的规定，夫或妻一方死亡的，生存一方应当对婚姻关系存续期间的共同债务承担连带清偿责任。

夫或妻对婚姻关系存续期间的共同债务负连带清偿责任，此责任不因夫妻一方死亡而消灭。连带责任的特点在于，所有连带债务人，均有义务就债权人同一给付利益为全部的满足。在连带债务中，债务人之间能否追偿的风险由债务人自己负担，而不能由债权人负担。因此，夫妻一方死亡后，另一方对婚姻关系存续期间的共同债务仍然要承担连带清偿责任。

（三）夫妻一方承担连带清偿责任之后的追偿权

夫妻连带债务的对内效力表现在两个方面：其一，夫妻一方因清偿、提存、抵销、混同、免除以及诉讼时效完成等而使夫妻共同债务部分或全部终止的，对夫妻双方均发生效力，夫妻的另一方可以免除向债权人履行债务。其二，根据《民法典》第五百一十九条关于连带之债的规定，即"连带债务人之间的份额难以确定的，视为份额相同。实际承担债务超过自己份额的连带债务人，有权就超出部分在其他连带债务人未履行的份额范围内向其追偿，并相应地享有债权人的权利，但是不得损害债权人的利益。其他连带债务人对债权人的抗辩，可以向该债务人主张。被追偿的连带债务人不能履行其应分担份额的，其他连带债务人应当在相应范围内按比例分担"。连带债务人内部仍是按份债务。即连带债务人之一因清偿或其他行为使其他债务人免除履行债务的，就其他债务人各自承担的份额，有请求偿还的权利。这一权利称为求偿权或追偿权。对于各连带债务人的债务份额，应依约定确定，法定之债可依法律的规定确认；法律无规定，当事人也无约定的，则均分份额。

（四）生存一方追偿权的范围及其限制

夫妻一方死亡后，生存一方履行了连带清偿责任的，即获得了向另一方追偿的权利。在实际生活中，生存一方所行使的追偿权又要受夫妻财产制度和遗产继承制度的限制和制约。具体表现为以下几个方面：

1. 夫妻双方实行约定财产制的，生存一方在履行了连带清偿责任之后，应当在约定财产的范围内行使追偿权。如约定属于死亡一方的财产不足以偿还的，应当用死亡一方的其他遗产予以偿还。

2. 夫妻双方实行法定财产制的，应当首先用共同财产清偿。如共同财产不足以清偿，可以用死亡一方的其他遗产清偿，如一方的婚前财产等个人财产。

3. 无论是实行约定财产制还是法定财产制，生存一方求偿权的行使以死亡一方的全部遗产的实际价值为限，超过遗产实际价值的部分，除继承人自愿偿还的外，生存一方的求偿权将不能实现。

七、对案例 36 的简要评析

在案例 36 中，根据《民事诉讼法解释》第一百零八条第一款、第二款之规定，对负有举证证明责任的当事人提供的证据，人民法院经审查并结合相关事实，确信待证事实的存在具有高度可能性的，应当认定该事实存在。对一方当事人为反驳负有举证证明责任的当事人所主张事实而提供的证据，人民法院经审查并结合相关事实，认为待证事实真伪不明的，应当认定该事实不存在。本案中，杜某主张其与王某不存在夫妻共同债务，无须偿还涉案借款，则杜某负有举证证明的责任，却对其与王某相互频繁转账不能作出合理解释，就需要承担不利的法律后果。

根据《民法典》第一千零六十四条的规定，夫妻双方共同签名或者夫妻一方事后追认等共同意思表示所负的债务，以及夫妻一方在婚姻关系存续期间以个人名义为家庭日常生活需要所负的债务，属于夫妻共同债务。夫妻一方在婚姻关系存续期间以个人名义超出家庭日常生活需要所负的债务，不属于夫妻共同债务；但是，债权人能够证明该债务用于夫妻共同生活、共同生产经营或者基于夫妻双方共同意思表示的除外。本案中，杨某民与王某之间存在多笔银行转账记录，杨某民主张向王某出借款项，王某为杨某民出具了还款计划书，确认借款数额。王某所负债务发生于其与杜某夫妻关系存续期间，王某与杜某之间亦有明显超出个人正常收入的频繁转账记录，在杜某未能作出合理解释的情况下，应当认定涉案款项系用于夫妻共同生活，该债务为夫妻共同债务，法院判决杜某与王某应共同偿还涉案借款，并无不当。

同时，离婚协议包括法院出具的调解书中涉及双方对债务的约定不能对抗第三人，只要是夫妻共同债务的，债权人就有权向原来的夫妻双方主张权利。

第十三节 亲子关系中的权利义务

一、问题的提出

亲子关系，又称父母子女关系，亲即指父母，子即指子女，在法律上是指父母和子女之间的权利义务关系。父母和子女是关系最密切的直系血亲，构成家庭关系的核心。根据我国《民法典》的有关规定，亲子关系分为两大类：一类是自然血亲的父母子女关系，包括婚生的父母子女和非婚生的父母子女；另一类是拟制血亲的父母子女关系，包括养父母子女和有抚养教育关系的继父母子女。随着当代生殖科学技术的发展，包括我国在内的许多国家开始应用生育技术，给亲子关系带来新的变化，同时，引发了人工生育子女的亲子关系。

在研究亲子关系中的权利义务之前，先看两则案例：

案例 37：本案被告能否依据离婚协议拒绝支付抚养费？①

杜某与被告贾某原系夫妻关系，于 2007 年 10 月 28 日婚生一子贾某齐，后婚生一女贾某涵，二人于 2018 年 11 月 8 日协议离婚。离婚协议书约定：婚生子贾某齐归女方抚养，男方不需要支付抚养费；婚生女贾某涵归男方抚养，女方不需要支付抚养费。贾某齐患抽动症，在首都儿科研究所附属儿童医院花费医疗费 1600 元。贾某齐向法院起诉请求，依法判令被告贾某给付原告贾某齐抚养费 8000 元 / 月。

法院认为，离婚后，父母仍有抚养教育子女的权利和义务，其中不与子女共同生活的一方，仍有义务提供子女必要的抚养费。法律意义上的抚养费，包含子女生活费、教育费和医疗费等费用。抚养费的标准应考虑子女实际需要、父母的负担能力及当地一般生活水平等因素确定。本案中，原告母亲与

---

① 详见辽宁省辽阳市中级人民法院（2021）辽 10 民终 344 号民事判决书。

被告在离婚协议中约定双方均不需要支付抚养费，但离婚后原告因患抽动症需要治疗花费医疗费，依据原告提供的每次看病原告花费平均800元的医疗费，且医嘱用药30天的证据，认定原告每月需花费800元医疗费。现因原告患病每月均需要医疗费，其生活费用显著增加，原告要求被告支付抚养费，与被告的经济承受能力相适应，故被告贾某每月应支付2000元抚养费。

案例38：本案原告能否要求继子女承担赡养义务？[①]

原告徐某与两被告父亲马某芳登记结婚，马某芳于2020年2月7日去世。两被告是马某芳的亲生子女，是徐某的继子女，徐某与两被告父亲结婚时，被告马某1仅2周岁，被告马某2仅4周岁。原告与两被告均形成了抚养关系。原告徐某现年86周岁，身患多种疾病，医保报销后，个人实际负担医疗费3500元。另查明，原告现住某老年公寓，每月需交纳生活费2500元，医药费、冬季取暖费需另行支付。原告每月有280元的村委补贴、152元的国家补贴、480元的遗属抚恤金，10元的老龄补贴，合计收入922元。两被告均系退休工人，被告马某1主张其月退休工资3015.83元，被告马某2主张其月退休工资2890元左右。

法院认为，成年子女不履行赡养义务的，缺乏劳动能力或者生活困难的父母，有要求成年子女给付赡养费的权利。原告徐某年事已高，已丧失劳动能力，且身患多种疾病，其目前的收入明显不足以维持当地生活水平。结合原、被告各方的具体情况，法院酌情确定两被告每人每月向原告支付赡养费1050元。赡养人除应当履行对老年人经济上供养的义务外，还应履行对老年人生活上照料和精神上慰藉的义务，照顾老年人的特殊需要。故对原告要求住院期间，两被告轮流护理的诉讼请求予以支持。据此判决：一、自2021年2月起，被告马某1、马某2每人每月向原告徐某支付赡养费1050元。二、被告马某1、马某2于判决生效之日起五日内分别向原告徐某支付前期医疗费1750元。三、自判决生效当日起，原告住院期间，由两被告轮流护理。马某1提起上诉，二审依法维持原判。

① 详见山东省淄博市中级人民法院（2021）鲁03民终1820号民事判决书。

上述案例涉及父母对子女的抚养义务和子女对父母的赡养义务问题。试问：父母对子女有哪些抚养义务？婚姻关系存续期间可否主张抚养费？追索抚养费是否受到诉讼时效的制约？赡养问题应当如何处理？

二、父母对子女的抚养教育义务

我国《民法典》第一千零五十八条规定："夫妻双方平等享有对未成年子女抚养、教育和保护的权利，共同承担对未成年子女抚养、教育和保护的义务。"第一千零六十七条规定："父母不履行抚养义务的，未成年子女或者不能独立生活的成年子女，有要求父母给付抚养费的权利。成年子女不履行赡养义务的，缺乏劳动能力或者生活困难的父母，有要求成年子女给付赡养费的权利。"由此看来，父母对子女抚养教育是法定义务。因此，"父母对子女抚养、教育和保护的权利和义务，由父母双方平等享有、共同承担，而非一方的单方权利和义务。这是现代各国几乎都确立的父母共同亲权原则"。[①]具体而言：

抚养，是指父母从物质上供养子女和在日常生活中照料子女，保障子女的生活，使子女得以健康成长。父母对未成年子女的抚养义务是无条件的。父母即使离婚，对未成年子女仍应履行抚养义务。在一般情况下，父母对成年子女的抚养义务则是有条件的，父母对子女的抚养至18周岁止，对成年子女不再负担抚养义务。但是，对于不能独立生活的成年子女，父母又有给付能力的，仍应负担必要的抚育费。同时，依据《婚姻家庭编解释（一）》第四十一条的规定，尚在校接受高中及其以下学历教育，或者丧失、部分丧失劳动能力等非因主观原因而无法维持正常生活的成年子女，可以认定为《民法典》第一千零六十七条规定的"不能独立生活的成年子女"。由于初中以上学历已经不再是义务教育，上大学的各种费用负担较重，故该司法解释将尚在校就读的学历限定在高中及其以下，以此作为父母的法定义务，而上大学的费用不是必须由父母支付的，是否支付完全取决于父母的意愿。

---

① 黄薇主编：《中华人民共和国民法典婚姻家庭编释义》，法律出版社2020年版，第63页。

《民法典》第一千零八十五条规定："离婚后，子女由一方直接抚养的，另一方应当负担部分或者全部抚养费。负担费用的多少和期限的长短，由双方协议；协议不成的，由人民法院判决。前款规定的协议或者判决，不妨碍子女在必要时向父母任何一方提出超过协议或者判决原定数额的合理要求。"从上述规定可以看出，离异父母中未直接抚养子女一方分担或承担子女教育费用的法律定位是以"必要"为前提的。根据我国目前教育现状，必要的教育费应是指依照国家关于教育方面的相关法律、法规或政策规定接受或维持正常教育所不可缺少的基本费用，具体应包括以下几个方面：属于国家法律或政策允许收取的费用支出，而非法律或政策之外非法或不合理的收费支出；属于接受或维持正常教育的费用支出，而非接受或维持非正常教育的费用支出；必须是不可缺少的基本费用支出，而非任意性费用支出。

三、父母对子女是否负有接受高等教育的义务

家庭是子女成长的摇篮，父母是子女最直接的启蒙老师，因此，法律赋予父母抚育自己子女的权利与义务：父母应引导子女健康成长，促进其德育、智育与体育的全面发展。父母尤其应关心体力或智力发育不全的子女，为他们提供与智力或体力相适应的抚育或职业培训。

中国有句古话是"子不教，父之过"。父母与子女间存在血缘联系，在共同生活中联系紧密，故父母对子女的影响和感染十分强烈。尤其对未成年子女来说，父母的一言一行直接影响着他们，父母的言行常常成为子女仿效的榜样。在家庭生活中，父母应对子女在思想上、品质上、生活技能上加以正确引导和教诲。作为子女的第一任教师，承担对子女的教育义务，是父母应尽的责任，也是法律赋予父母的义务。那种只养不教，甚至对子女的错误言行予以纵容、包庇的做法都与法律的要求相违背。

同时，父母还应积极为子女提供接受学校教育的条件与机会。适龄儿童都享有受教育的权利。《义务教育法》第十一条第一款规定："凡年满六周岁的儿童，其父母或者其他法定监护人应当送其入学接受并完成义务教育；条件不具备的地区的儿童，可以推迟到七周岁。"因此，父母应按时送子女到学校接受教育，并为其提供所需的费用，这也是父母对

子女教育义务的组成部分。父母不得以任何借口侵害子女接受法定义务教育的权利。

父母是否负有让子女接受高等教育的义务?《义务教育法》规定，国家实行九年制义务教育，各级人民政府采取各种措施保障适龄儿童、少年就学。我国的《高等教育法》规定，公民依法享有接受高等教育的权利。国家建立以财政拨款为主，其他多渠道筹措高等教育经费为辅的体制。一个民族要生存和发展，必须确保其公民具备一定的文化素质，故国家规定未成年人应接受义务教育。国家对公办高等教育，应以财政拨款为主，其他渠道筹措为辅，这就意味着可以向接受高等教育的公民收取适当的学费。如果不缴纳高等教育的学费，就不能接受高等教育。子女完成九年义务教育进入大学后，绝大多数已年满18周岁，成为完全民事行为能力人，其与父母处于平等的民事主体地位，无论从生理还是心理角度讲，已基本具备了独立生活的能力和条件，一般情况下应以自己的劳动收入来维持生活，父母可以拒绝为子女提供生活和教育等其他费用。接受高等教育，是一种智力投资，在知识经济时代实际上就是就业投资，接受的教育程度越高，就业的条件就越优越。这项投资的直接受益人是子女自己，依照权利与义务相一致的原则，子女应为自己的预期可得利益作出相应的付出，即自己承担继续深造的费用。而出于对国家利益和社会公共利益的考虑，国家应加大对公办高校的财政投入力度，尽量降低高校学费收费标准，以保障大部分的成年人能通过勤工俭学、助学金等方式完成高等教育。从现在的有关规定来看，国家已放宽了考大学、读大学的年龄限制，大学期间也可以结婚。故成年人完全可以不必依赖父母支付费用而靠自己的努力完成学业，送子女上大学并不是父母的法定义务。

在此需强调的是，子女年满18周岁，虽已成人，但尚在各类高校就读，一时无法工作，无法自己养活自己的情况相当普遍。就我国人情伦理及社会传统习惯而言，大多数具有经济能力的父母愿意培养子女进入高等学府，供养子女接受高等教育。[①] 当然，从伦理道德来说，有经济能力的父母为其子

---

① 参见最高人民法院民事审判第一庭编著:《最高人民法院民法典婚姻家庭编司法解释(一)理解与适用》，人民法院出版社2021年版，第389页。

女支付上大学的费用是应当提倡和鼓励的。如果父母确实没有给付能力，子女又年满18周岁，子女仍要求父母必须给付自己上大学的费用，是相当不合理的。所以，在中国裁判文书网和新闻报道的案例中，绝大多数法院并没有裁判让父母承担成年大学生的抚养费用。因此，人民法院审理此类案件时，应从有利于家庭和睦、社会和谐以及子女健康成长的角度出发，让有经济能力的父母分担子女的高等教育费用。

四、婚姻关系存续期间能否主张子女抚养费

夫妻关系存续期间，父母一方拒绝抚养其子女的情况并不鲜见。例如，辽宁省沈阳市中级人民法院在审理赵某1与赵某2抚养费纠纷一案时认为，父母对子女有抚养和教育的义务；父母不履行抚养义务时，未成年的或不能独立生活的子女，有要求父母给付抚养费的权利，故赵某1要求赵某2给付抚养费的诉讼请求，符合法律规定，其合理部分予以支持。关于赵某1要求赵某2向赵某1一次性支付赵某2、任某分居之日至今拖欠的抚养费43500元的诉讼请求，经查，赵某1主张的此项抚养费分为两个阶段，即赵某2、任某婚姻关系存续期间的和赵某2、任某离婚之后。首先，关于赵某1要求赵某2给付其父母婚姻关系存续期间的抚养费，根据《婚姻法解释（三）》第三条之规定："婚姻关系存续期间，父母双方或者一方拒不履行抚养子女义务，未成年或者不能独立生活的子女请求支付抚养费的，人民法院应予支持。"本案中，赵某2与任某于2016年11月分居后至2018年3月29日法院判决离婚期间，赵某1一直由其母亲任某抚养，赵某2未尽抚养义务，故依据法律规定，对赵某1主张的2016年11月至2018年3月29日（17个月）的抚养费，应当予以支持。关于此期间的抚养费数额，依据赵某2此期间的收入情况，法院认为赵某1主张的每月1500元并未超过法律规定的标准，故应当依法予以支持。其次，关于赵某1要求赵某2给付赵某2、任某离婚后至赵某1本次起诉时止拖欠的抚养费，依据法律规定，父母对子女有抚养教育的义务，应予支持。①

《婚姻家庭编解释（一）》第四十三条对在不解除婚姻关系情形下能否

① 参见辽宁省沈阳市中级人民法院（2020）辽01民终5899号民事判决书。

主张子女抚养费作了明确规定，即“婚姻关系存续期间，父母双方或者一方拒不履行抚养子女义务，未成年子女或者不能独立生活的成年子女请求支付抚养费的，人民法院应予支持”。因此，司法解释明确规定婚姻关系存续期间，父母双方或者一方拒不履行抚养子女义务，未成年或者不能独立生活的子女可以行使抚养费请求权，以充分保护未成年或不能独立生活子女的权益。

当未成年子女和不能独立生活的成年子女的受抚养权利被侵犯时，其有权向父母请求给付抚养费。根据《婚姻家庭编解释（一）》第四十二条之规定，《民法典》第一千零六十七条所称“抚养费”，包括子女生活费、教育费、医疗费等费用。其追索抚养费的要求可以经抚养义务人所在单位或有关部门调解，或通过诉讼程序向人民法院提起给付抚养费之诉。人民法院应根据子女的需要和父母的抚养能力，通过调解或判决方式，确定抚养费的数额、给付期限和方法。对拒不履行抚养义务、恶意遗弃未成年子女，情节恶劣、构成犯罪的，应依法追究其刑事责任。

值得注意的是，父母对人工授精子女同样负有抚养义务。对此，最高人民法院在一起人工授精子女抚养纠纷案中指出，婚姻关系存续期间所生之子，是夫妻双方在未办理书面同意手续的情况下，采用人工授精方法生育。实施人工授精时，某男均在现场，并未提出反对或者不同的意见；孩子出生后的十年中，某男一直将其视同亲生子女养育，即使在夫妻发生矛盾后分居不来往时，某男仍寄去抚养费。最高人民法院于 1991 年 7 月 8 日在《关于夫妻关系存续期间以人工授精所生子女的法律地位的复函》中明确指出：“在夫妻关系存续期间，双方一致同意进行人工授精，所生子女应视为夫妻双方的婚生子女，父母子女之间权利义务关系适用《婚姻法》的有关规定。”根据婚姻法的立法精神和最高人民法院的复函规定，某女和某男婚姻关系存续期间人工授精所生的孩子，应当视为夫妻双方的婚生子女。某男现在否认当初同意某女做人工授精手术，并借此拒绝负担对孩子的抚养义务，其理由不能成立。[①]

① 参见《最高人民法院公报》1997 年第 1 期（总第 49 期）。

五、追索抚养费是否受诉讼时效的限制

对于追索抚养费是否适用诉讼时效的问题，存在分歧。例如，2005 年 5 月 1 日，李某与张某因感情不和而到民政部门办理了离婚登记手续。协议离婚时明确约定：自双方签订离婚协议并办理离婚登记之日起，由男方李某一次性支付双方儿子的抚养费 8 万元给女方张某（孩子由张某监护）。双方离婚五年后，李某始终没有支付抚养费。2010 年 6 月 1 日，孩子作为原告向法院提起给付抚养费的诉讼请求。诉讼中，李某抗辩孩子请求给付抚养费超过了诉讼时效，法院应当驳回原告的诉讼请求。本案的争议焦点为是否适用诉讼时效问题。对此，存在两种截然相反的观点：第一种意见认为，由于抚养费属于债权范畴，故本案适用诉讼时效制度，应当驳回原告的诉讼请求；第二种意见认为，本案原告的抚养费虽属于债权，但是基于父子这种特定的身份关系而产生，只要这种身份关系存在，其请求权就存在，因此不适用诉讼时效制度，应当支持原告的诉讼请求。在本案中，双方争议焦点的实质是诉讼时效的适用范围问题。要解决好诉讼时效的适用范围问题，首先是确定哪些民事权利适用诉讼时效，其次是确定哪些请求权适用诉讼时效。

《民法典》总则编第一百八十八条规定："向人民法院请求保护民事权利的诉讼时效期间为三年。法律另有规定的，依照其规定。诉讼时效期间自权利人知道或者应当知道权利受到损害以及义务人之日起计算。法律另有规定的，依照其规定。但是，自权利受到损害之日起超过二十年的，人民法院不予保护，有特殊情况的，人民法院可以根据权利人的申请决定延长。"该条将诉讼时效的客体规定为民事权利。但民事权利种类众多，并非所有民事权利均适用诉讼时效的规定。修正后的《诉讼时效规定》第一条即进一步明确了诉讼时效的客体（适用的权利范围）："当事人可以对债权请求权提出诉讼时效抗辩，但对下列债权请求权提出诉讼时效抗辩的，人民法院不予支持：（一）支付存款本金及利息请求权；（二）兑付国债、金融债券以及向不特定对象发行的企业债券本息请求权；（三）基于投资关系产生的缴付出资请求权；（四）其他依法不适用诉讼时效规定的债权请求权。"该条将作为诉讼时效客体的民事权利限定在债权请求权。

请求权，是指法律关系的一方请求他方为一定行为或不行为的权利。作为诉讼时效客体的请求权，是指救济权意义上的请求权。实体法上的请求权因基础权利的不同，又可分为债权请求权、物权请求权、人格权请求权、知识产权请求权等不同种类的请求权。其中，债权请求权以财产利益为内容，不具支配性，若权利人长期怠于行使，会使法律关系处于不确定状态，不利于维护社会交易秩序稳定，故《诉讼时效规定》将作为诉讼时效客体的请求权限定为债权请求权，并对不适用诉讼时效的债权请求权进行了除外规定。

对于基于身份权被侵害产生的给付赡养费、抚养费、扶养费及停止侵害、消除影响、赔礼道歉请求权是否适用诉讼时效的问题，上述请求权为身份权请求权，身份权请求权分为不具有财产利益内容和具有财产利益内容的身份权请求权两种。前者主要包括停止侵害、消除影响、赔礼道歉请求权等。后者主要是指给付赡养费、抚养费、扶养费以及因亲属关系侵害而产生的损害赔偿请求权。不具有财产利益内容的身份权请求权系基于身份权这一支配权产生，应与支配权共存，若适用诉讼时效的规定，将使权利主体的身份权无法得到保障，有违伦理道德。因此，其不应适用诉讼时效的规定。对于具有财产利益内容的身份权请求权是否适用诉讼时效的规定，应以其是否关系公序良俗为标准。关系到公序良俗的，不应适用诉讼时效的规定；反之，则应适用诉讼时效的规定。一般而言，因亲属法上的法律事实而发生的损害赔偿请求权应适用诉讼时效的规定，如无过失配偶对有过失对方的损害赔偿请求权，家庭成员间的侵权损害赔偿请求权等。而给付赡养费、抚养费、扶养费请求权，尽管其带有浓重的财产内容，但由于其关涉人的生存，义务人若不支付上述费用将使权利人的生活没有保障，影响公序良俗，故该请求权不应适用诉讼时效的规定，以保障生存权这一基本人权。而且，这里的给付赡养费、抚养费、扶养费请求权，不是指作为基本权利的请求权，而是指在给付期限届满后，权利人请求给付上述权利的救济性请求权。

这里应注意一点，由于给付赡养费、抚养费、扶养费请求权是基于当事人的特殊身份，而享有上述请求权的身份可能存在一定的期限，故上述请求权不适用诉讼时效并非永久，而必须以特殊身份的存续为条件。例如，在赡养法律关系存在的情形下，被赡养人享有给付赡养费请求权，被赡养人死亡，该请求权主体不存在，则该请求权也不存在。在抚养关系案件中，抚养法律关系存续期间，给付抚养费请求权不应适用诉讼时效的规定，但在抚养法律关系不再存续的情形下，给付抚养费请求权应适用诉讼时效的规定。例如，被抚养人尚处于被抚养期间，即使该抚养费的拖欠已超过三年诉讼时效期间，但法律对被抚养人请求给付抚养费的请求权仍应保护。但如果被抚养人已不具备被抚养条件，如已年满 18 周岁后再要求其 18 岁以前的抚养费的，则应适用诉讼时效的规定。该诉讼时效期间从不具备被抚养条件之日起计算。

此外，作为基本权利的请求权当然不应适用诉讼时效的规定。这种情况最常见的表现是离婚时双方约定或经法院判决一方不负担或负担一定的抚养费，经过若干时间后另一方要求该方负担今后的抚养费或增加抚养费。《民法典》第一千零八十四条规定："父母与子女间的关系，不因父母离婚而消除。离婚后，子女无论由父或者母直接抚养，仍是父母双方的子女。离婚后，父母对于子女仍有抚养、教育、保护的权利和义务……"第一千零八十五条第二款规定了关于子女生活费和教育费的协议或判决，"不妨碍子女在必要时向父母任何一方提出超过协议或判决原定数额的合理要求"。《最高人民法院关于离婚时协议一方不负担子女抚养费经过若干时间他方提起要求对方负担抚养费的诉讼法院如何处理的复函》中载："抚养孩子的一方向法院提起要求对方负担抚养费用的诉讼，人民法院应予受理，并根据原告申述的理由，经调查了解双方经济情况有无变化，子女的生活费和教育费是否确有增加的必要，从而作出变更或维持原协议的判决。"所以，这种依据新情况提出的诉讼请求，是一种新的独立之诉，当然不适用诉讼时效的规定。

值得注意的是，抚养费的给付能否约定违约金？对此可参考以下案例，原告博小某的法定代理人刘某与被告博某原系夫妻关系，二人于 2011 年 1 月 26 日生有一子博小某，即本案原告。原告的法定代理人与被告于 2011 年 4 月 26 日在民政局协议离婚，后于 2011 年 6 月 8 日复婚，2012 年 5 月 27 日二人签订了夫妻分居协议，协议约定：分居期间原告由其母刘某抚养，被告每月给付抚养费 1500 元，于每月 12 日前支付，从第二个月开始抚养费逾期未转账，则赔偿违约金30000元/次。2012年6月至2012年10月被告每月给付原告抚养费1500元，2012年11月开始不再给付。2014年5月28日，原告的法定代理人与被告经河北省涿州市人民法院判决离婚，判决原告随其母刘某共同生活，被告博某自2014年6月起每月给付原告抚养费1900元，至原告博小某18周岁止。后博小某将博某诉至北京市东城区人民法院，请求其支付2012年12月至2014年5月的抚养费，并依约支付违约金。北京市东城区人民法院经审理认为：父母对子女有抚养教育的义务，不直接抚养子女的一方应负担抚养费的一部或全部。负担费用的多少和期限的长短，由双方协议。父母不履行抚养义务时，未成年的子女有要求父母给付抚养费的权利。原告的法定代理人刘某与被告博某在分居期间就子女抚养费问题已经达成协议，抚养费数额的约定是双方真实意思的表示，并未违反法律的强制性规定，被告理应按约定履行给付义务，故对于原告要求支付拖欠的抚养费的诉讼请求，法院予以支持；但因为抚养费的给付并非基于合同，故双方约定的违约金条款于法无据，对于原告要求赔偿违约金的诉讼请求法院不予支持。遂判决被告博某补付原告博小某2012年11月至2014年5月的抚养费28500元。在本案中，原告的法定代理人与被告签订了夫妻分居协议，该协议约定婚生子由一方抚养，另一方每月给付抚养费，并约定了迟延履行要支付违约金的条款。抚养费的给付是基于身为父母的法定义务，而并非基于父母双方的协议，该协议能且只能约定抚养费的数额，且该法定义务不能因父母双方的协议而免除。因此，公民法定义务的履行只能依据法律法规的约束，而不宜因公民之间约定的违约金条款而被约束。抚养费设立的初衷是为了保护离婚后未成年人子女的合法权益，是以赋予未抚养一方法定义务的方式，努力使得未成年子女的生活恢复到其父母离婚前的状态。抚养费本质上是一种针对未成年人的保障，因此，抚养人不应以违约金的形式从子女的抚养费中获利。[①] 本案对未能及时支付抚养费是否可以计付违约金给出了明确答案，审判实践和现实生活中可参照适用。

---

① 参见《最高人民法院2015年12月4日公布的婚姻家庭纠纷典型案例》，载最高人民法院网，2021年6月1日访问。

六、父母对子女负有保护和管教义务

《民法典》第二十六条规定："父母对未成年子女负有抚养、教育和保护的义务。成年子女对父母负有赡养、扶助和保护的义务。"《民法典》第一千零六十八条规定："父母有教育、保护未成年子女的权利和义务。未成年子女造成他人损害的，父母应当依法承担民事责任。"

1. 管教义务。所谓管教，是指父母按照国家法律和社会公德的要求，采用正确、适当的方法，对子女加以必要的管理、约束，使他们在思想上、品德上得以健康成长。未成年子女在法律上属于无行为能力人或限制行为能力人，他们缺乏对事物的全面理解和处理能力，有时分不清是非，自控能力差，当子女的言行出现错误时，父母有责任对其进行批评与帮助，并给予正确的引导。《预防未成年人犯罪法》对父母的管教义务作了一系列具体的规定。比如，"未成年人的父母或者其他监护人发现未成年人有不良行为的，应当及时制止并加强管教"。"未成年人的父母或者其他监护人、学校发现未成年人组织或者参加实施不良行为的团伙的，应当及时制止；发现该团伙有违法嫌疑的，应当立即向公安机关报告。"法律赋予父母管教未成年子女的权利义务，一方面是为了保障未成年子女的健康成长，另一方面也是为了防止未成年子女损害他人或社会利益。

2. 保护义务。所谓保护，是指父母应防范和排除来自自然界或他人对未成年子女的人身或财产权益的非法侵害，保护未成年子女的人身安全与合法权益。首先，父母本身不得危害子女人身安全、侵害未成年子女的财产权益。其次，父母有义务防止和排除来自外界的侵害。当未成年子女的人身和财产权益受到他人不法侵害时，父母作为其法定代理人，有义务保护子女，使其免受伤害，保障子女的安全和健康；并有权以法定代理人的身份提起诉讼，请求加害人停止侵害、赔偿损失。当未成年子女被人拐骗、脱离家庭或监护人时，父母有权要求其归还子女，并要求司法机关追究拐骗者的刑事责任。

3. 父母的损害赔偿责任。在未成年子女对他人造成损害时，父母作为法定监护人负有赔偿经济损失的义务。至于确定损害赔偿的条件、赔偿的数额和方法等，适用《民法典》的有关规定。《民法典》第一千零六十八条规定："……未成年子女造成他人损害的，父母应当依法承担民事责任。"

七、赡养扶助常见问题的处理

在现实生活中，赡养扶助纠纷屡见不鲜。现将司法实践中常见的问题及处理方式进行归纳。

（一）父母未抚养子女，子女是否赡养父母

由于客观原因，父亲或者母亲没有抚养子女，该子女独立生活后是否有承担赡养父母的责任？有些子女幼年时，其父母由于经济能力的限制或者其他客观原因，无法对子女尽抚养教育的义务；如果这种情况下的子女在成年独立生活后，以此为由拒绝赡养父母，是不对的。子女不能将父母是否尽了抚养教育的义务作为自己履行赡养父母义务的基础与前提。只要父母主观上没有恶意遗弃子女的故意，则未被父母抚养过的子女独立生活后，对生活困难或者无经济来源的父母具有不可推卸的赡养义务。

（二）子女能否拒绝赡养有杀害、遗弃、虐待子女行为的父母

根据《民法典》的规定，父母有抚养教育子女的权利与义务。故意杀害被继承人的，遗弃被继承人的，或者是虐待被继承人情节严重的，丧失继承权。因此，可以推定凡有遗弃、虐待、杀害子女罪行的父母原则上不再享有被子女赡养的权利。因为让身心受到严重摧残的受害者去赡养加害人，无论于法、于情、于理均无据。如果子女自愿去赡养伤害过自己的父母，法律则不予干涉。但是，如果父母实施的是一般性的虐待行为，情节不严重，未构成犯罪，子女对父母仍应履行赡养义务。

（三）多子女对父母如何分担赡养扶助义务

在多子女的家庭中，子女应共同承担赡养、扶助父母的义务。赡养、扶助父母的方式，应该根据每个子女的生活、经济状况进行协商，视具体情况来确定。当父母生病、生活不能自理时，子女除应承担医药费、住院费等费用外，还应承担扶助、护理父母的义务。如果子女达成赡养老人的协议后情况发生了变动，可以重新协商解决。有关赡养问题出现争议调解不成的，也可以向法院起诉。

（四）没有分家析产能否拒绝赡养父母

没有分家析产不能作为拒绝赡养老人的理由。子女对父母的赡养义务是法律规定的，子女对父母的赡养是无条件的，不能附带其他条件，更不能在此问题上与父母讨价还价。以分家析产作为赡养父母的先决条件，不仅违背法律规定，更有悖于我国的伦理道德。

（五）出嫁女儿是否负有赡养义务

子女对父母的赡养义务不因性别、出嫁与否而有所差别。根据《民法典》的规定，子女包括有负担能力的儿子和女儿，因此，出嫁的女儿同样有赡养父母的义务。在审判实践中，很多赡养案的父母追究儿子的责任，并不要求女儿，这是受重男轻女观念的影响，当事人很难有效地维护自己的权益。一般而言，经说服教育，多数女儿都能自觉地履行赡养父母的义务。没有收入的出嫁女儿也有赡养父母的义务，可以从夫妻共同财产中支付赡养费。

（六）非婚生子女能否拒绝赡养生父或者生母

非婚生子女是否对未直接抚养自己的生父或者生母承担赡养义务，不能一概而论，应分以下三种情形：

1.《民法典》第一千零七十一条第二款规定："不直接抚养非婚生子女的生父或者生母，应当负担未成年子女或者不能独立生活的成年子女的抚养费。"因此，只要未直接抚养非婚生子女的生父或生母负担了该子女独立生活前的生活费和教育费，即履行了抚养教育义务，则该非婚生子女就应当在独立生活具有赡养能力后对未直接抚养自己的生父或生母履行赡养义务。

2. 因经济能力的限制或者因为其他客观原因导致非婚生子女的生父或者生母没有能力或没有机会对该子女尽抚养教育义务的，只要该生父或生母在主观上没有恶意遗弃非婚生子女的故意，则该非婚生子女对生活困难或没有经济来源的生父或者生母仍必须履行赡养义务。

3. 非婚生子女可以拒绝赡养遗弃自己或者虐待自己而犯有遗弃罪或虐待罪的生父或生母。因为非婚生子女具有与婚生子女同等的权利和同等的义务。

（七）养子女是否应对养父母或生父母履行赡养义务

1. 收养关系依法成立后，应分下列情形：一是养父母与养子女间形成法律拟制的父母子女关系，养父母应履行对养子女的抚养教育义务；养子女应履行对养父母的赡养扶助义务；如果养子女不履行赡养义务，无劳动能力的或生活困难的养父母有权要求养子女给付赡养费。二是养子女与生父母之间因法定权利义务关系消除，故养子女成年独立生活后，可以对生父母不履行赡养义务。

2. 收养关系解除后，应分下列情形：一是养子女与养父母间的权利义务终止。但是，根据《民法典》第一千一百一十八条的规定："收养关系解除后，经养父母抚养的成年养子女，对缺乏劳动能力又缺乏生活来源的养父母，应当给付生活费。因养子女成年后虐待、遗弃养父母而解除收养关系的，养父母可以要求养子女补偿收养期间支出的抚养费。生父母要求解除收养关系的，养父母可以要求生父母适当补偿收养期间支出的抚养费；但是，因养父母虐待、遗弃养子女而解除收养关系的除外。"二是未成年养子女与生父母的权利义务关系自行恢复，但成年养子女与生父母间的权利义务关系是否恢复，可以协商确定。

（八）继子女是否必须对继父母或其生父母履行赡养义务

继父母与继子女间的权利与义务因其关系不同，法律地位也是不同的。根据《民法典》第一千零七十二条第二款"继父或继母和受其抚养教育的继子女间的权利和义务，适用本法对父母子女关系的有关规定"之规定，继子女是否必须对继父母或其生父母履行赡养义务应按下列情形处理：

1. 名分型。即生父或生母再婚时，继子女已经独立生活，继子女虽未成年但仍由生父母承担抚养教育责任，提供生活教育费，没有受继父或继母的抚养教育，无须对继父或继母尽赡养义务。此类型的继父母与继子女间未形成抚养教育的关系，仅是名义上的父母子女关系，是纯粹的直系姻亲关系，继父母与继子女间不发生法律上的权利义务关系。因此，在此情形下，继子女不负有赡养继父母的义务，但负有赡养其生父母的义务。

2. 共同生活型。即生父或生母再婚后，继子女尚未成年，他们随生父母一方与继父或继母共同生活时，不仅生父母抚养教育该子女，而且继父或继母对其承担了部分或全部生活教育费；或者成年继子女在事实上对继父母长期进行了赡养扶助，亦视为形成了抚育关系。此类继子女与生父母、继父母间形成双重权利义务关系：继子女既与生父母发生法律上的权利义务关系，也与继父母产生法律上的权利义务关系。因此，在此情形下，继子女对其生父母和继父母都负有赡养的义务。

3. 收养型。即继父或继母经继子女的生父母同意，已正式收养该继子女为其养子女。这时，该子女与共同生活的生母（父）一方仍为直系血亲关系，而与不在一起共同生活的生父（母）一方的权利义务随之消除。因此，在此情形下，继子女对继父（母）和共同生活的生母（父）负有赡养义务，但是对未共同生活的生（父）母不负有赡养义务。

（九）父母婚姻关系发生变化，是否影响子女的赡养义务

《民法典》第一千零六十九条明确规定：“子女应当尊重父母的婚姻权利，不得干涉父母离婚、再婚以及婚后的生活。子女对父母的赡养义务，不因父母的婚姻关系变化而终止。”因此，子女对父母的赡养义务，不因父母离婚或者父母离婚后再婚而终止。父母的婚姻变化，包括离婚、再婚、一方去世等，这里主要针对父母离婚和再婚而言。现实生活中因为父母婚姻关系的变化而引起父母与子女间的赡养纠纷一般来说有四种情形：

1. 子女为达到阻止父母离婚的目的，威胁双方如果离婚将对其不履行赡养义务。这种行为干涉了父母的离婚自由。

2. 父母离婚后，子女终止对父母赡养义务的履行。这种行为侵犯了父母的受赡养权。

3. 父母离婚后一方准备再婚，子女威胁父（母）如果再婚将不再对其履行赡养义务。这种行为干涉了父母的结婚自由。

4. 父母离婚后一方再婚，子女终止对再婚的父亲或母亲赡养义务的履行。这种行为侵犯了父母的受赡养权。

（十）赡养父母能否以协议形式免除

赡养父母是子女法定的义务，任何形式的免除赡养义务的协议约定都

是无效的。例如，李梅、张文夫妇共生育有两个儿子，即大儿子张华，二儿子张强，均已成家。两位老人病痛不断，无生活来源，三年前终于在村干部的主持下与两儿子达成了协议：父亲随张华生活，由张华承担其生养死葬的义务，并不再对母亲承担任何义务。母亲随张强生活，由张强承担其生养死葬的义务，并不再对父亲承担任何义务。2014年，张强因伤瘫痪在床，生活不能自理，难以对母亲承担赡养义务，而母亲疾病缠身，生活费和医药费都成了问题，其想从大儿子张华处得到帮助，张华却以协议已经对老人的赡养问题进行了约定为由予以拒绝。法院经审理后认为，子女对父母有赡养义务，无劳动能力的或生活困难的父母，有要求子女付给赡养费的权利。张华和张强虽通过协议对赡养义务进行了约定，但子女对父母的赡养义务为法定义务，不能通过协议予以免除，遂判决张华每月向母亲支付赡养费300元。①

（十一）儿子去世后，儿媳是否有义务赡养公爹、公婆

儿媳与公爹、公婆的关系是因婚姻而成立的姻亲关系。儿子去世后，因儿子与儿媳的婚姻关系消灭而使得儿媳与公爹、公婆的姻亲关系不复存在。因此，强令儿媳在儿子死后承担赡养公爹、公婆义务的，因其行为缺乏法律依据而不应得到支持。公爹、公婆一方死亡，儿子继承财产后去世，因所继承的财产为夫妻共有财产，儿媳得到财产后是否有赡养在世公爹或公婆的义务，法律上亦未作明确规定。因此，不能强令儿媳承担此项义务。

同样道理，女婿对岳父、岳母也没有赡养的义务。

七、对案例37、案例38的简要评析

在案例37中，父母对子女有抚养教育的义务。《婚姻家庭编解释（一）》第四十二条规定："民法典第一千零六十七条所称'抚养费'，包括子女生活费、教育费、医疗费等费用。"因此，父母不履行抚养义务时，未成年或不

① 参见谭海波：《赡养义务能否通过协议免除》，载中国法院网，2021年3月30日访问。

能独立生活的子女，有要求父母给付抚养费的权利。本案原告贾某齐现处于初中学习阶段，且患有抽动症需长期服药，抚养其生活的杜某要承担更多的经济压力和悉心照料义务，其劳动能力有限，法院根据贾某齐的学习、生活和医疗费用需要，结合杜某和贾某的经济负担情况，酌定贾某每月负担2000元抚养费并无不当。

在案例38中，《民法典》第一千零六十七条规定，父母不履行抚养义务的，未成年子女或者不能独立生活的成年子女，有要求父母给付抚养费的权利。成年子女不履行赡养义务的，缺乏劳动能力或者生活困难的父母，有要求成年子女给付赡养费的权利。第一千零七十二条规定，继父母与继子女间，不得虐待或者歧视。继父或者继母和受其抚养教育的继子女间的权利义务关系，适用本法关于父母子女关系的规定。子女赡养父母不仅是法律规定的义务，也是中华民族的传统美德，子女不履行赡养义务时，无劳动能力或者生活困难的父母有要求子女给付赡养费的权利。本案中，原告虽为继母，但仍含辛茹苦将两被告抚养成人，现原告年事已高，已完全丧失劳动能力，两被告理应承担赡养原告的义务。至于赡养费的数额确定，因原告身患疾病，加上年纪较大，按照生活常理，每月除基本生活费用外，还需支出医疗费、营养费以及其他生活用品等费用，法院综合原告身体情况的实际需要、结合赡养人的负担能力和当地生活水平，酌定两被告每人每月向原告支付赡养费1050元并无不当。

第十四节　亲子关系异议之诉

一、问题的提出

亲子关系又称父母子女关系，是亲属关系的核心内容。[①] 亲子关系确立

① 参见梁慧星主编:《中国民法典草案建议稿附理由：亲属编》，法律出版社2013年版，第234页。

制度，是指有关子女与父母之间是否确立亲子关系的制度，传统的亲子关系确立制度包括亲子关系的推定、否认、认领和非婚生子女的准正等。[①]《民法典》使用了婚生子女的称谓，与之对应的是非婚生子女。所谓婚生子女，是指在婚姻关系存续期间受胎或出生的子女。所谓非婚生子女，是指没有合法婚姻关系的男女所生的子女。非婚生子女俗称“私生子”，包括未婚男女所生的子女、已婚者与婚外异性所生的子女、无效婚姻和被撤销婚姻所生的子女等。基于人道主义及血统观念，各国立法均肯定非婚生子女与婚生子女的平等地位，以充分保护其合法权益。在我国，《民法典》赋予了非婚生子女和婚生子女平等的法律地位，其第一千零七十一条规定：“非婚生子女享有与婚生子女同等的权利，任何组织或者个人不得加以危害和歧视。不直接抚养非婚生子女的生父或者生母，应当负担未成年子女或者不能独立生活的成年子女的抚养费。”[②] 同时，《民法典》第一千零七十三条确立了亲子关系异议之诉制度，即“对亲子关系有异议且有正当理由的，父或者母可以向人民法院提起诉讼，请求确认或者否认亲子关系。对亲子关系有异议且有正当理由的，成年子女可以向人民法院提起诉讼，请求确认亲子关系”。

在研究亲子关系异议之诉之前，先看两则案例：

案例 39：非生物学父亲可否拒绝抚养？[③]

原告朱某鑫与被告母亲薛某婷原是夫妻，二人于2013年7月23日登记结婚，被告于2014年7月10日出生。2017年3月7日，原告与薛某婷在民政局协议离婚，被告由原告抚养，薛某婷每月支付抚养费800元。2019年5月4日，薛某婷委托广州市某公司做DNA亲子鉴定，结论为支持薛某婷为被告的生物学母亲，排除原告为被告的生物学父亲。

---

① 黄薇主编:《中华人民共和国民法典婚姻家庭编释义》，法律出版社2020年版，第123页。

② 《民法典》继承编第一千一百二十七条中规定的遗产继承第一顺序为“配偶、子女、父母”，另规定“本编所称子女，包括婚生子女、非婚生子女、养子女和有扶养关系的继子女”。由此可见，《民法典》继承编同样赋予了非婚生子女和婚生子女平等的法律地位。

③ 详见辽宁省大连市金州区人民法院（2021）辽0213民初1495号民事判决书。

法院认为，对亲子关系有异议且有正当理由的，父或者母可以向人民法院提起诉讼，请求确认或者否认亲子关系。原、被告及被告母亲薛某婷就亲子关系已经过广州市某公司做DNA亲子鉴定，双方当事人对鉴定结论均无异议，且被告母亲薛某婷承认原告与被告之间不存在父子关系，故原告提供的广州市某公司检验报告予以采信。依据《民法典》第一千零七十三条之规定，判决：一、确认原告朱某鑫不是被告朱某的生物学父亲，双方不存在父子关系；二、确认薛某婷是被告朱某的生物学母亲，被告由薛某婷抚养。

案例40：成年子女能否提起否认亲子关系之诉？[①]

陈某1上诉的事实和理由包括：一审法院认定事实及适用法律错误。本案不适用《民法典》之规定。根据《民法典时间效力规定》第一条第二款"民法典施行前的法律事实引起的民事纠纷案件，适用当时的法律、司法解释的规定，但是法律、司法解释另有规定的除外"、第三条"民法典施行前的法律事实引起的民事纠纷案件，当时的法律、司法解释没有规定而民法典有规定的，可以适用民法典的规定，但是明显减损当事人合法权益、增加当事人法定义务或者背离当事人合理预期的除外"，陈某1与陈某2存在亲子关系与否的法律事实发生在陈某1出生之时，应当适用当时的法律或司法解释。根据以往的判例，成年子女有权提起否认亲子关系的诉讼。

生效裁判认为，依照《民法典》第一千零七十三条"对亲子关系有异议且有正当理由的，父或者母可以向人民法院提起诉讼，请求确认或者否认亲子关系。对亲子关系有异议且有正当理由的，成年子女可以向人民法院提起诉讼，请求确认亲子关系"之规定，成年子女只能作为原告请求确认但不能请求否认亲子关系，陈某1请求确认与陈某2不存在亲子关系并不符合上述法律规定，故原裁定驳回陈某1的起诉并无不当，予以维持。

上述案例均涉及亲子关系的确认与否认问题。试问：如何理解婚生子女

① 详见贵州省贵阳市中级人民法院（2021）黔01民终2145号民事裁定书。

的推定与否认？如何确认非婚生子女的生父？非婚生子女的法律地位如何？亲子鉴定在审判实践中如何适用？婚内非亲生是否可以主张精神损害赔偿？人工授精子女的法律地位如何？

二、婚生子女的推定与否认

（一）婚生子女的推定

婚生子女的推定，是对子女婚生合法性的法律认定，即将妻子在合法婚姻关系存续期间受胎或出生的子女推定为丈夫的婚生子女。

婚生子女从本质上必须具备以下几个条件：（1）父母之间有合法的婚姻关系，这是婚生与非婚生的根本区别；（2）须为其生父之妻所分娩；（3）须为其生母之夫所受胎而生。其中，前两个条件可直接根据生母怀胎、分娩的事实和生父母婚姻关系的存在等客观事实予以确认，相对比较容易证明；而对于第三个条件，要证明该子女与生母之夫存在血缘关系，特别是直接通过婚姻期间子女出生的事实加以确认，则比较困难。基于此，世界各国几乎都确定了婚生了女推定制度。①

建立婚生子女推定制度，即应推定丈夫是妻子所生子女的父亲，这有利于维护合法婚姻关系的稳定，尊重婚姻道德；有利于维护婚姻及当事人双方的尊严；有利十保护子女的合法权益。对于妻子在婚姻关系中受胎生育的子

---

① 各国关于子女婚生的规定标准，其实就是关于子女婚生推定的规定，大致有三种方法：（1）以子女在婚姻关系中受胎为标准。凡子女系在合法婚姻关系期间受胎的，推定为婚生子女，如《日本民法典》第七百七十二条的规定。（2）以子女在婚姻关系中出生为标准。凡在合法婚姻关系存续期间出生的子女，不论其受胎期间是否于婚姻存续期间，即婚前亦可，均推定为婚生子女。（3）既根据受胎期，又根据子女出生期进行婚生推定。如英国普通法中，于婚姻关系存续期间受胎或出生的子女，皆推定为婚生子女。《瑞士民法典》第二百五十五条规定："在婚姻关系存续期间或婚姻解除后的300天内出生的子女，推定夫为父。"第一种方法对婚前受胎而在婚后所生的子女不能推定为婚生子女，标准过于严格，不利于维护未成年子女的利益。第二种方法对于在婚姻关系中受胎而在婚姻关系终止后出生的子女不能推定为婚生子女也有明显的缺陷。现代世界各国立法及学说大都倾向于采取第三种方法。我国未来的婚姻立法在规定婚生子女推定时，也应顺应各国立法的趋势，对于婚前受胎、婚后出生的子女，在婚姻关系中受胎并于婚姻关系存续中出生的子女及在婚姻关系中受胎但在婚姻关系终止后出生的子女，均推定为婚生子女。

女，先由法律推定为其丈夫的婚生子女，生母或子女无须证明子女与夫或父有血缘的亲子关系。

（二）婚生子女的否认

婚生子女的否认，是指当事人享有否认婚生子女为自己亲生子女的诉讼请求权的制度，是对婚生子女推定的一种限制。婚生推定既然是法律上对确立父亲身份的一种推定，就可能会被相反的事实所推翻。由于婚外性行为的客观存在，已受婚生推定的子女有可能不是其生母之夫所受胎而生。为了保障当事人的合法权益及子女的利益，防止应尽抚养义务的生父逃脱法律责任，各国法律在规定婚生子女推定制度的同时，也规定了婚生子女的否认制度。[①]《民法典》第一千零七十三条首次明确规定了亲子关系异议之诉，即确立了婚生子女的否认制度，其第一款规定："对亲子关系有异议且有正当理由的，父或者母可以向人民法院提起诉讼，请求确认或者否认亲子关系。"第二款规定："对亲子关系有异议且有正当理由的，成年子女可以向人民法院提起诉讼，请求确认亲子关系。"

适用《民法典》第一千零七十三条第一款时应当注意的是：一是提起诉讼的主体限于"父或者母"。二是父或者母向人民法院提起的诉讼请求为"确认或者否认亲子关系"。三是提起诉讼的条件必须满足"对亲子关系有异议且有正当理由"。"对亲子关系有异议"是指父或者母认为现存的亲子关系是错误的，自己是或者不是他人生物学意义上的父或者母。对亲子关系有异议，进而请求人民法院确认或者否认亲子关系，此为当然之义。"有正当理由"应当由人民法院根据案件的具体情况来作出判断。[②]

---

① 关于婚生子女的否认，世界立法例多有不同规定：（1）否认权的主体不同。否认权主体的立法例有三种：一是丈夫有否认权；二是丈夫和子女享有否认权；三是夫、妻、子女或检察官享有否认权。（2）否认事由不同。各国法律多规定妻非因夫的行为而受孕是否认的主要理由。具体包括夫妻于受胎期间无同居的事实；夫为性无能。（3）否认权的时效限制不同，有的国家规定为一年，如日本，比利时；有的国家规定为二年，如德国。时效的期间往往自知悉子女为非婚生子女之日起计算。（4）否认的效力基本相同。即否认之诉成立时，子女丧失婚生子女的身份，该子女应由其亲生父母抚养。

② 参见黄薇主编：《中华人民共和国民法典婚姻家庭编释义》，法律出版社 2020 年版，第 125 页。

适用《民法典》第一千零七十三条第二款时应当注意的是：一是提起诉讼的主体限于“成年子女”，且仅指婚生子女，不包括养子女和继子女。二是成年子女向人民法院提起的诉讼请求为“确认亲子关系”。为弘扬社会主义核心价值观，避免成年子女逃避法律规定的对父母的赡养义务，不允许成年子女提起否认亲子关系之诉。三是成年子女提起确认亲子关系的诉讼条件必须满足“对亲子关系有异议且有正当理由”的条件。[①]

在亲子关系异议之诉中，父或者母提起否认亲子关系之诉，且提供了必要的证据，另一方不予认可且拒绝作亲子鉴定，该如何处理？对此，《婚姻家庭编解释（一）》第三十九条第一款规定：“父或者母向人民法院起诉请求否认亲子关系，并已提供必要证据予以证明，另一方没有相反证据又拒绝做亲子鉴定的，人民法院可以认定否认亲子关系一方的主张成立。”父或者母、成年子女提起确认亲子关系之诉，且提供了必要证据，另一方否认且拒绝作亲子鉴定，该如何处理？对此，《婚姻家庭编解释（一）》第三十九条第二款规定：“父或者母以及成年子女起诉请求确认亲子关系，并提供必要证据予以证明，另一方没有相反证据又拒绝做亲子鉴定的，人民法院可以认定确认亲子关系一方的主张成立。”

其实，在司法实践中，基于婚生子女的否认而引发的抚养纠纷屡见不鲜。为解决类似问题，保护当事人尤其是未成年人的合法权益，基于婚生子女的否认而引发的抚养纠纷，可通过以下途径解决：一是慎重使用亲子鉴定技术，为当事人解决抚养纠纷提供真实可靠的证据。一方私自带子女去做亲子鉴定，并没有提供其他证据相印证，诉讼中对方拒绝做亲子鉴定的，因无法确定一方私自鉴定的采样是否真实，人民法院不宜适用推定规则。[②]二是提起婚生子女否认之诉的权利人只能是夫或妻。法律上的亲子关系原则上以真实血缘关系为基础，同时兼顾亲子关系的安定性，应将否认权限制在较小范围内。值得注意的是，由于兄弟姐妹

---

① 参见黄薇主编：《中华人民共和国民法典婚姻家庭编释义》，法律出版社2020年版，第126页。

② 参见杜万华、程新文、吴晓芳：《〈关于适用婚姻法若干问题的解释（三）〉的理解与适用》，载《人民司法·应用》2011年第17期（总第628期）。

之间鉴定的准确率在60%至80%，还不能达到准确认定的程度，故不能适用推定原则。比如，一方请求确认与父亲的亲子关系，但其父亲死亡，无法进行亲子鉴定采样。另一方要求与其同父异母的兄弟或姐妹进行血缘关系鉴定，对方如果不配合做鉴定，在缺乏必要证据的情况下，法院不能推定一方的主张成立。同时，一方私自带子女去做亲子鉴定，并没有提供其他证据相印证，诉讼中对方拒绝做亲子鉴定的，因无法确定一方私自鉴定的采样是否真实，法院不宜适用的推定规则。[①] 三是当婚生子女否认之诉成立后，凡被确认为非婚生子女的，即丧失婚生子女身份。该非婚生子女由其生父母行使抚育权，并应适当返还抚育该非婚生子女所支付的抚育费。[②] 四是明确婚生子女否认权的消灭情形。即子女死亡时、父母认可其为婚生子女时，否认权消灭。五是否认的效力。否认之诉经过人民法院判决成立的，该子女丧失婚生子女的身份，成为非婚生子女。该子女的生母之夫不再尽抚养义务，并有权要求其妻及成年子女补偿抚养教育该非婚生子女所支出的费用。该子女的生母和生父应履行抚养教育非婚生子女的义务。

三、非婚生子女生父的确认及法律地位

（一）非婚生子女生父的确认

《民法典》第一千零七十一条第二款规定："不直接抚养非婚生子女的生父或生母，应当负担未成年子女或者不能独立生活的成年子女的抚养费。"

---

① 参见杜万华、程新文、吴晓芳:《〈关于适用婚姻法若干问题的解释（三）〉的理解与适用》，载《人民司法·应用》2011年第17期（总第628期）。

②《最高人民法院关于夫妻关系存续期间男方受欺骗抚养非亲生子女离婚后可否向女方追索抚育费的复函》（1992年4月2日，〔1991〕民他字第63号）规定：

四川省高级人民法院：

你院"关于夫妻关系存续期间男方受骗抚养非亲生子女离婚后可否向女方追索抚养费的请示"收悉。经研究，我们认为，在夫妻关系存续期间，一方与他人通奸生育子女，隐瞒真情，另一方受欺骗而抚养了非亲生子女，其中离婚后给付的抚养费，受欺骗方要求返还的，可酌情返还；至于在夫妻关系存续期间受欺骗方支出的抚育费用应否返还，因涉及的问题比较复杂，尚需进一步研究，就你院请示所述具体案件而言，因双方在离婚时，其共同财产已由男方一人分得，故可不予返还，以上意见供参考。

由此可见，确定非婚生子女的生父至关重要。

非婚生子女与生母的关系，因出生而形成，一般不存在什么问题。但非婚生子女的生父是谁，却常常发生纠纷，这就有必要确认非婚生子女的生父。对非婚生子女生父的认定比较复杂。《婚姻法》《民法典》和其他法律对非婚生子女生父的认定未作明确规定。国外的一些制度颇值得借鉴。国外一般对此有三种做法：（1）受胎期制度。即因被强奸、通奸或未婚同居所生子女的生母，提出确认该子女生父的诉讼，该子女的生母通过举证，提供证明其被被告强奸，或与其通奸，或与其同居等事实和证据，以及其他能够证明被告是该子女的生父的证据。法院通过对事实的认定，确认被告是否为该子女的生父。（2）准正制度。即通过一定的程序使非婚生子女取得婚生子女资格的制度。现代各国关于非婚生子女准正的形式有两种：一种是因生父母结婚而准正；另一种是当生父母协议结婚但结婚前一方死亡的，或在因为其他障碍而不能结婚的情况下，由法官宣告该非婚生子女为婚生子女的制度。（3）认领制度。即在非婚生子女无法准正的条件下，生父承认该非婚生子女为自己的子女，并自愿承担抚养义务的法律行为。如非婚生子女的生父或生母不自动认领时，有关当事人诉请法院予以强制认领的制度。

我国实践中可以借鉴上述的一些做法，具体而言：

1. 如果非婚生子女是由于生父母未婚同居而出生的，生父母结婚的，非婚生子女便成为婚生子女。此即对准正制度的采纳，是所谓的“先上车后补票”。准正的效力溯及子女出生时。准正后，若发现该子女与生父之间并无血缘关系，可由该子女、生母、“生父”或其他有利害关系的第三人随时提出确认亲子关系不存在之诉，以解除不实的亲子关系。

2. 如果非婚生子女的生父、生母未结婚的，生父可以主动承认该子女为自己的子女，并承担抚养义务。此即对自愿认领制度的采纳。非婚生子女或其生母对于生父的认领，有权否认。生父的认领被否认时，生父必须举证证明其与该子女存在父子女关系，诉讼或非诉讼均可为之。

3. 在非婚生子女是由于其生母被强奸或与别人通奸而出生，生父又不愿意承认的情况下，该子女的生母可以提起诉讼以确认该子女生父的身份，该子女生母应当向法院提供有关证据或亲子鉴定的结果。法院根据事实来确定被告是否为该子女的生父。[①]

（二）非婚生子女的法律地位

《民法典》第一千零七十一条规定："非婚生子女享有与婚生子女同等的权利，任何组织或者个人不得加以危害和歧视。不直接抚养非婚生子女的生父或者生母，应当负担未成年子女或者不能独立生活的成年子女的抚养费。"由此可见，非婚生子女和婚生子女的法律地位是完全相同的。《民法典》中有关父母子女间权利和义务的规定，同样适用于父母与非婚生子女。非婚生子女的生父有抚养教育非婚生子女的义务，如其不履行抚养义务，非婚生子女或其生母有要求付给抚养费的权利。非婚生子女的生母与他人结婚，其丈夫愿意负担该子女的生活费和教育费的一部或全部的，则生父的抚养费负担可酌情减少或免除。如生父要求领回自行抚养，可由生父母双方协商解决，协商不成可请求法院作出处理。非婚生子女有识别能力的，应征求其本人的意见。同时，非婚生子女对抚养教育过自己的生父母有赡养扶助的义务；非婚生子女与生父母之间享有法定遗产继承权。

四、亲子鉴定在审判实践中的运用

在确认亲子关系的诉讼中，一方申请做亲子鉴定，另一方不予配合，亲子鉴定能否强制？一方申请做亲子鉴定，另一方不予配合的，能否直接推定对其不利的事实成立？第一种观点是：亲子鉴定涉及人身，不能强制；但是如果一方申请做亲子鉴定，另一方无正当理由拒不同意做亲子鉴定的，可以推定对其不利的事实成立。第二种观点是：《最高人民法院关于人民法

---

① 1987年6月15日最高人民法院法（研）复〔1987〕20号《关于人民法院在审判工作中能否采用人类白细胞抗原作亲子鉴定问题的批复》中强调指出："对要求作亲子关系鉴定的案件，应从保护妇女、儿童的合法权益，有利于增强团结和防止矛盾激化出发，区别情况，慎重对待。对于双方当事人同意作亲子鉴定的，一般应予准许；一方当事人要求作亲子鉴定的，或者子女已超过三周岁的，应视具体情况，从严掌握，对其中必须作亲子鉴定的，也要做好当事人及有关人员的思想工作。"同时指出："人民法院对于亲子关系的确认，要进行调查研究，尽力收集其他证据。对亲子鉴定结论，仅作为鉴别亲子关系的证据之一，一定要与本案其他证据相印证，综合分析，作出正确的判断。"

院在审判工作中能否采用人类白细胞抗原作亲子鉴定问题的批复》中规定亲子鉴定应双方自愿，因此，亲子鉴定不能强制，而且不能进行推定。因为适用推定，事实上就是强迫另一方必须接受亲子鉴定，这违反了自愿原则，有可能侵犯当事人的人身权。

最高人民法院民一庭倾向性意见为：亲子鉴定因涉及身份关系，原则上应当以双方自愿为原则。但是如果非婚生子女以及与其共同生活的父母一方有相当证据证明被告为非婚生子女的生父或者生母，且非婚生子女本人尚未成年，亟须抚养和教育的，如果被告不能提供足以推翻亲子关系的证据，又拒绝做亲子鉴定的，应当推定其亲子关系成立。上述意见形成的理由包括：第一，亲子鉴定应当以双方自愿为原则。亲子鉴定既涉及人与人之间亲情关系的变化，又关系到婚姻家庭关系的稳定。因此，对要求做亲子关系鉴定的案件，应从保护妇女、儿童的合法权益，有利于增进团结和防止矛盾激化出发，区别情况，慎重对待。对双方自愿要求做亲子鉴定的，依法应予支持。第二，申请亲子鉴定的一方应当完成相当的证明义务。亲子鉴定关系到夫妻双方、子女和他人的人身关系和财产关系，因此，在一方拒绝做亲子鉴定的案件中，提出亲子鉴定主张的一方应当承担与其主张相适应的证明责任。申请人只有在完成了行为意义上的举证责任，足以使法官产生内心确信的基础上，才能够请求进行亲子鉴定。在司法实践中，如何正确掌握申请亲子鉴定一方的证明责任，合理及时地把握行为意义上举证责任转换的时机，是判定亲子鉴定中举证妨碍的重要条件。如果过分强调申请一方的证明责任，必将使申请人的实体权利难以得到保护；如果轻视或忽略申请人一方的证明责任，则可能导致权利滥用，不利于家庭关系的稳定和被申请人隐私的保护。总之，亲子鉴定的随意化必将带来家庭关系的不稳定，从而引发诸多社会问题。第三，举证妨碍的认定条件应当从严掌握。如果被申请人拒绝做亲子鉴定，导致亲子关系无法确认的，应当推定对其不利的事实成立，但应当严格掌握以下条件：首先，提出申请的一方应当是亟待抚养和教育的非婚生子女或与非婚生子女共同生活的父母一方；其次，提出申请的一方已经完成了与其请求相当的证明责任；再次，被申请人提不出足以推翻亲子关系存在的证据；最后，被申请人拒绝做亲子鉴定。只有同时具备上述条件，才能推定对其不利的事实成立。第四，人民法院对亲子鉴定中涉及举证妨碍的案件应该从保护妇女儿童利益，维护家庭和谐稳定等原则出发区别对待。[①]

亲子关系诉讼属于身份关系诉讼，主要包括否认婚生子女和认领非婚生子女的诉讼，即否认法律上的亲子关系或承认事实上的亲子关系。《婚姻家庭编解释（一）》第三十九条第一款规定："父或者母向人民法院起诉请求否认亲子关系，并已提供必要证据予以证明，另一方没有相反证据又拒绝做亲子鉴定的，人民法院可以认定否认亲子关系一方的主张成立。"第二款规定："父或者母以及成年子女起诉请求确认亲子关系，并提供必要证据予以证明，另一方没有相反证据又拒绝做亲子鉴定的，人民法院可以认定确认亲子关系一方的主张成立。"该司法解释对当事人拒绝做亲子鉴定应如何处理作了规定。亲子关系诉讼中直接证据的缺乏和亲子关系证明责任的高标准，使得亲子鉴定成为认定或否定亲子关系的关键性证据。现代生物医学技术的发展，使得DNA鉴定技术被广泛应用于子女与父母尤其是与父亲的血缘关系的证明。亲子鉴定技术简便易行，准确率较高，在诉讼中起到了极为重要的作用，全世界已经有120多个国家和地区采用DNA技术直接作为判案的依据。但如果当事人拒绝做亲子鉴定，能否进行强制？审判实践中法院往往很难定夺。

从国外的亲子鉴定法律规定来看，通常有两种形式的强制方法。一种是直接强制鉴定，如德国规定，拒绝受检者不仅要负担因拒绝所生费用，并且要被科处罚金；应受检查者无正当理由，一再拒绝受检时，法院得加以强制，可对其强制抽血。另一种是间接强制鉴定，是在获取亲子关系事实真相和保护当事人隐私权、人格权之间作出的平衡。如英国、美国、法国等规定相对人无正当理由拒绝配合法院命令进行亲子鉴定时，法院得依其拒绝之情事，推认不利于相对人的事实。"他山之玉，可以攻石"，借鉴国外有关亲子鉴定的做法，同时根据审判实践中的裁判经验，此次司法解释对亲子鉴定问题进行了明确规定。

由于亲子鉴定事关重大，涉及夫妻双方、子女和他人的人身关系和财产关系，请求确认或否认亲子关系的一方要承担与其诉讼请求相适应的举证责任。如果过分强调请求一方的证明责任，势必使请求人的实体权利难以得到

---

① 参见贺小荣：《亲子鉴定能否强制》，载最高人民法院民事审判第一庭编：《中国民事审判前沿》2005年第1集，法律出版社2005年版，第50—51页。

保护；但如果忽略请求一方的证明责任，则可能导致权利滥用，不利于家庭关系的稳定和当事人隐私的保护。

在处理有关亲子关系纠纷时，如果一方提供的证据能够形成合理的证据链条证明当事人之间可能存在或不存在亲子关系，另一方没有相反的证据又坚决不同意做亲子鉴定的，人民法院可以推定请求否认亲子关系一方或者请求确认亲子关系一方的主张成立，而不配合法院进行亲子鉴定的一方要承担败诉的法律后果。[①] 如父亲沈某因意外得知自己是AB血型，而儿子竟然是O型，可能不是自己亲生的。为此，沈某将儿子及前妻张女士告上法庭，因儿子拒绝做亲子鉴定，法院判决双方不存在父子亲子关系，也就是儿子并非沈某亲生。一审法院认为，根据血型遗传规律，父母一方血型为AB型，另一方为O型，其子女会出现的血型为A或B，不会出现血型为O或AB的情况。而沈某提供儿子及张女士的血型信息，足以成为他要求启动亲子鉴定程序的证据。对此，二审法院也认为，亲子鉴定是认定亲子关系最直接、最有利的证据。但本案中张女士及其儿子拒绝做亲子鉴定，故沈某与儿子之间是否为亲子关系无法通过亲子鉴定而得以确定。法院认为，在本案现有情况下，沈某为提起亲子关系否认之诉已穷尽举证手段，且他提供了本人的血型证明、他与张女士多年的感情状况、婚姻矛盾证明，以及他申请一审法院调取儿子及前妻血型证明等证据，已形成了合理的证据链条，应视为其已提供法律规定的必要证据。但其儿子及张女士均否认沈某提交的证据，在无相反证据证明的情况下，又不同意做亲子鉴定，丧失了本案最为关键、最具有证明力的证据。依据相关法律规定，法院判决双方不存在父子亲子关系。[②] 本案的裁判就适用了证据规则的推定原则。

---

① 参见《准确适用婚姻法　维护婚姻当事人的合法权益——最高人民法院民一庭庭长杜万华就最高人民法院关于适用婚姻法解释（三）答记者问》，载最高人民法院民事审判第一庭编著：《最高人民法院婚姻法司法解释（三）理解与适用》，人民法院出版社2011年版，第17页。

② 参见梅建明：《父亲是AB血型，儿子O血型拒绝做亲子鉴定，父亲做了一个决定……》，载《扬子晚报》2020年6月28日。

五、婚内非亲生可主张精神损害赔偿

婚姻关系存续期间，妻子与第三人生育子女的现象屡见不鲜，因此引发的离婚案件、索赔精神损害赔偿案件并不少见。例如，王某与董某结婚并生育一子，双方离婚后，王某进行亲子鉴定，发现自己并非生父，遂起诉要求董某返还抚养费，并赔偿精神损失 25 万元。对此类精神损害赔偿之诉是否应当支持，审判实践中存在不同意见。一种意见认为，女方确有过错，且对男方构成精神伤害，故应当支持；另一种意见则认为女方的行为并不符合法定的离婚损害赔偿构成要件，抚养非亲生子女能否视为一种精神伤害有待商榷，故不宜支持。

对此，最高人民法院民一庭认为，抚养未成年子女是父母的法定义务，而男方受欺骗抚养了非亲生子女，代替孩子的亲生父亲履行了法定的抚养义务，男方得知事实真相后，当然有权利追索以前所支付的抚养费。从男方的角度来看，女方在婚姻关系存续期间与他人通奸生育子女，对其精神上造成了巨大伤害，故其同时有权要求侵权者赔偿精神损失。需要指出的是，这里的赔偿精神损失与《婚姻法》第四十六条（现《民法典》第一千零九十一条）规定的离婚损害赔偿是两码事，婚姻关系存续期间与他人通奸生育子女并不一定构成“与他人婚外同居”的赔偿要件，即通奸生育子女与“持续、稳定地共同居住”不能等同。而判决女方赔偿精神损失的依据应是《民法通则》及《最高人民法院关于确定民事侵权精神损害赔偿责任若干问题的解释》中的有关规定。①

因子女非亲生，法院判决返还抚养费、支付精神损害赔偿的案例可谓不少。如浙江省仙居县人民法院审结的一起离婚案，因女方拒不到庭，法院根据男方提供的必要证据推定其与女儿不存在亲子关系，判决女方返还男方为女儿垫付的抚养费 2 万元，赔偿男方精神损害抚慰金 1 万元，并支付鉴定费 3000 元。此案是浙江省首例适用 2011 年 8 月实施的《婚姻法解释（三）》判

---

① 民事审判信箱:《因婚内私生他人子女引发的精神损害赔偿纠纷应如何处理》，载最高人民法院民事审判第一庭编:《民事审判指导与参考》2010 年第 4 集（总第 44 集），法律出版社 2011 年版，第 299 页。

决的婚姻纠纷案件。[①]

六、人工授精子女的法律地位

医学上根据授精方法的不同，将人工授精分为将丈夫的精子植入妻子子宫内的同质授精和将第三人捐赠的精子植入妻子子宫内的异质授精两种情形。对于同质授精所生子女的法律地位一般没有质疑，该子女应视为夫妻双方的婚生子女。异质授精所生子女的法律地位比较复杂，根据《最高人民法院关于夫妻关系存续期间以人工授精所生子女的法律地位的复函》的规定，异质授精子女只有在夫妻关系存续期间受胎或出生，才有获得婚生子女的可能和资格。为保护子女的权益，若该子女在事实婚姻关系存续期间人工授精而生，也应类推为婚生子女。根据《最高人民法院关于夫妻关系存续期间以人工授精所生子女的法律地位的复函》的规定："在夫妻关系存续期间，双方一致同意进行人工授精，所生子女应视为夫妻双方的婚生子女，父母子女之间的权利义务适用《婚姻法》的有关规定。""一致同意"的意思表示，既可以是口头的，也可以是书面的，还可以从实际行动推定。将夫妻关系存续期间且双方一致同意人工授精而生的子女视为婚生子女，既最大限度地保护了该子女的合法利益，也保护了夫妻的名誉权和隐私权，有利于维持和谐的家庭婚姻秩序，也是司法参与社会管理的一大创新。

关于人工授精子女的法律地位问题，最高人民法院在李某花、范某诉范某业、滕某继承纠纷案中明确指出：夫妻关系存续期间，双方一致同意利用他人的精子进行人工授精并使女方受孕后，男方反悔，应当征得女方同意。在未能协商一致的情况下男方死亡，其后子女出生，尽管该子女与男方没有血缘关系，仍应视为夫妻双方的婚生子女。男方在遗嘱中不给该子女保留必要的遗产份额，不符合《继承法》第十九条（现《民法典》第一千一百四十一条）规定，该部分遗嘱内容无效。夫妻关系存续期间，只要夫妻双方同意通过人工授精生育子女，所生子女无论是与夫妻双方还是与其中一方没有血缘关系，

---

① 参见张鑫伟：《仙居宣判一起推定不存在亲子关系案女方拒绝做亲子鉴定被判败诉》，载《人民法院报》2011年9月6日。

均应视为夫妻双方的婚生子女。[①]

《婚姻家庭编解释（一）》第四十条对人工授精子女的法律地位作出了规定，即“婚姻关系存续期间，夫妻双方一致同意进行人工授精，所生子女应视为婚生子女，父母子女间的权利义务关系适用民法典的有关规定”。据此，夫妻关系存续期间，夫妻双方一致同意进行人工授精，所生子女应视为婚生子女，依据《民法典》有关父母子女权利义务的规定，享有与婚生子女同等的权利与义务，且不因父母离婚或者其他法律关系变更而解除。言外之意是，若一方未经对方同意擅自进行人工授精生育子女的，则不能适用该条司法解释的规定。丈夫不同意采取人工授精的方式受胎，而妻子在未经丈夫同意的情况下进行人工授精并孕育子女的，原则上不适用婚生子女的规定。

七、对案例 39、案例 40 的简要评析

在案例 39 中，原告朱某鑫与被告母亲薛某婷原是夫妻关系，二人在婚姻关系存续期间生育一子朱某，在协议离婚后朱某由原告朱某鑫抚养。在抚养过程中，经亲子鉴定，确认薛某婷系朱某的生母，否认朱某鑫是朱某的生父。至此，根据《民法典》第一千零七十三条第一款“对亲子关系有异议且有正当理由的，父或者母可以向人民法院提起诉讼，请求确认或者否认亲子关系”的规定，原告向人民法院提起否认与朱某存在亲子关系的诉讼请求，理应得到支持。

在案例 40 中，根据《民法典》第一千零七十三条第二款“对亲子关系有异议且有正当理由的，成年子女可以向人民法院提起诉讼，请求确认亲子关系”之规定，仅允许成年子女确认亲子关系而不能否认亲子关系。这主要是为了保护法律意义上的父母的利益，避免子女逃避法律规定的对父母的赡养义务。如果允许成年子女提起否认亲子关系之诉，不利于弘扬社会主义核心价值观。因此，《民法典》禁止成年子女提起否认亲子关系之诉。

① 参见《最高人民法院公报》2006 年第 7 期（总第 117 期）。

第四章

离婚

本章概要

《民法典》婚姻家庭编第四章“离婚”共计 17 个条文，对协议离婚、婚姻关系解除时间、现役军人离婚、男方离婚请求权的限制、复婚、离婚对父母子女关系的影响、离婚后子女抚养及抚养费的负担、父母一方探望子女的权利、离婚时夫妻共同财产的分割、离婚经济补偿、夫妻共同债务清偿、离婚经济帮助、离婚损害赔偿、夫妻一方擅自处分共同财产或伪造债务侵占另一方财产的法律责任等作了规定。

《婚姻家庭编解释（一）》用了 29 个条文对《民法典》和与婚姻法相关的司法解释进行了修改与完善。《民法典》的主要变化有：一是增加离婚冷静期制度。实践中，轻率离婚的现象增多，不利于婚姻家庭的稳定。为此，《民法典》规定了提交离婚登记申请后三十日的离婚冷静期，在此期间，任何一方都可以向登记机关撤回离婚申请。二是针对离婚诉讼中出现的“久调不判”问题，增加规定了经人民法院判决不准离婚后，双方又分居满一年，一方再次提起离婚诉讼的，应当准予离婚。三是关于离婚后子女的抚养，将原《婚姻法》规定的“哺乳期内的子女，以随哺乳的母亲抚养为原则”修改为“不满两周岁的子女，以由母亲直接抚养为原则”，以增强可操作性。四是将夫妻采用法定共同财产制的，纳入适用离婚经济补偿的范围，以加强对家庭负担较多义务一方权益的保护。五是将“有其他重大过错”增加规定为离婚损害赔偿的适用情形，且为“兜底条款”，更有利于保护无过错一方的合法权益。

第一节 离婚概说

一、问题的提出

根据《民法典》第一千零八十二条“女方在怀孕期间、分娩后一年内或者终止妊娠后六个月内，男方不得提出离婚；但是，女方提出离婚或者人民法院认为确有必要受理男方离婚请求的除外”的规定，女方在怀孕期间，男方不得提出离婚。那么，如果妻子怀有别人的孩子，此时丈夫能否提出离婚？

案例 41：妻子怀有别人的孩子能否离婚？

2019 年 2 月，在上海一家公司任职的小白被总部派到郑州分公司任中层管理人员。当时他 25 岁，本来打算在分公司做满两年后回总部任职或出国深造，但 2019 年 12 月与小美的邂逅改变了他的这一想法，也改变了他的一生。小美是另一家公司的职员，当时 20 岁。用小白的话说，小美不算太漂亮，但气质“很飘逸、很脱俗”，自己第一眼看到她心中便怦然一动，他从未对任何一个女孩子有过这种感觉。没过多长时间，他便不能自拔了。他感到无论将来能不能和小美走到一起，这个女孩的影子都会烙在他的生命里。自此，小白每个周末都会订 99 朵玫瑰让花店给小美送去。

2020 年 10 月 1 日深夜，小美找到小白，说自己愿意嫁给他，并要求马上登记结婚。次日，双方办理了结婚登记手续，并商定在 2020 年 11 月 8 日举行婚礼。婚宴间，小白的几个哥们儿轮番向新郎新娘劝酒，原来能喝一些白酒的小美却坚持滴酒不沾。一位女宾悄悄说：“别劝了，新娘已怀孕了……”小白一位同事一听来劲了，大声喊：“平时看小白挺保守，没想到也是先上车后补票啊。”一句话惹得大家哄堂大笑。晚上，小美告诉小白：“对不起，我真的怀孕了。孩子是别人的。”

小白从噩梦中醒来，提出离婚，但小美就是不同意。一位法律工作者明确告诉他，妻子在怀孕期间，法院不会受理他的离婚诉讼，小白陷入了深深的痛苦之中。

根据上述案例，试问：何谓离婚？离婚有何法律特征？离婚如何分类？离婚与无效婚姻、可撤销婚姻有何区别？离婚请求权如何行使，有无限制？如何理解处理离婚纠纷的指导思想？

二、离婚的法律意义

离婚是婚姻关系终止的基本原因之一，是指夫妻双方在生存期间依照法律规定终止婚姻关系的法律行为。[①] 因此，离婚是配偶在生存期间依法解除婚姻关系的行为，具有强烈的人身属性，与身份关系密切相关。它具有以下法律特征：

1. 离婚双方的法律地位平等。无论是双方协议离婚还是一方要求离婚，无论是离婚的原告一方还是被告一方，法律地位都是平等的，任何一方都不得把自己的意志强加给另一方。

2. 离婚的主体必须是夫妻双方。离婚是解除身份关系的法律行为，其意思表示必须由当事人本人表达。离婚中的委托代理是一种特殊代理，当事人应当到场。《民法典》第一千零七十六条第一款规定，夫妻双方自愿离婚的，应当签订书面离婚协议，并亲自到婚姻登记机关申请离婚登记。

3. 离婚是解除婚姻关系的行为。离婚后，夫妻间的一切权利、义务关系将会终止，与对方亲属的姻亲关系也随之消灭，婚姻的对内对外效力均解除。这与因配偶一方的死亡（包括宣告死亡）所导致的婚姻关系终止的法律后果不同。后者所解除的只是婚姻的对内效力，婚姻关系因主体一方死亡而终止，但婚姻的对外效力并没有消失，生存配偶与死亡配偶亲属之间的姻亲关系一般也不消灭。

4. 离婚必须经过法定的程序。离婚作为一种要式法律行为，必须由当

---

① 最高人民法院民法典贯彻实施工作领导小组主编：《中华人民共和国民法典婚姻家庭编继承编理解与适用》，人民法院出版社 2020 年版，第 237 页。

事人申请，经法律确认和准许后才发生法律效力，当事人之间未经法定程序的任何协议均无法律效力。《民法典》第一千零八十条规定，完成离婚登记，或者离婚判决书、调解书生效，即解除婚姻关系。现实生活中，有不少夫妻把结婚证一撕了之，便认为不是夫妻了，双方也开始了分居生活。但是，从法律角度上看，他们仍然是合法夫妻。若任何一方与他人结婚，便构成重婚。

5. 离婚将产生一系列法律后果。离婚不但导致婚姻关系的解除和终止，从而引起夫妻人身关系、财产关系的消灭，而且将由此产生夫妻共同财产的分割，婚姻期间所负债务的清偿，经济帮助，离婚损害赔偿以及未成年子女的抚养、探望等一系列法律后果。所以离婚不仅关系到婚姻当事人的利益，同时也会影响到子女的利益及第三人的利益。

三、离婚的法律分类

从不同角度可对离婚作如下分类：

1. 从当事人对离婚意思表示不同的角度分为单意离婚与合意离婚。单意离婚即一方要求的离婚，另一方不同意离婚。合意离婚即双方自愿离婚。该分类的主要价值是，基于婚姻自由原则，婚姻法对合意离婚在法定要件上比单意离婚更为宽松，着重离婚意思的真实性，在程序上更为简便、快捷。

2. 从离婚法定程序不同的角度分为行政离婚与诉讼离婚。行政离婚，又称为登记离婚，是指符合法定条件的合意离婚，当事人向主管行政机关申请离婚登记，经批准而解除婚姻关系。诉讼离婚，是指婚姻当事人向法院提起离婚诉讼，经法院依诉讼程序调解离婚或判决准予离婚。需要注意的是，许多国家认为离婚是一种司法行为，离婚的管辖权专属于法院，必须由法官批准，不承认行政离婚程序。在我国，《民法典》第一千零七十八条规定了登记离婚，第一千零七十九条规定了诉讼离婚。

3. 从离婚实质要件不同的角度分为协议离婚与判决离婚。协议离婚，是指基于夫妻双方自愿离婚而经行政登记程序或经诉讼程序由法官主持调解达成离婚协议而实现的离婚。其特点就在于法律只要求双方具有离婚的合意并就离婚的法律后果达成协议，不需要双方陈述离婚的具体理由。也就是说，其准予离婚的条件在于合意，而不一定具有法定的裁判离婚的理由。协议离婚包括行政（登记）离婚和诉讼离婚中的调解离婚。判决离婚，又称为裁判离婚，是指当事人提起离婚诉讼经法官主持调解无效时，对于具备法定离婚理由的，由法官以判决的形式准予离婚。判决离婚属于诉讼离婚，以法定离婚原因为准予离婚的条件，系通过法院行使审判权解决婚姻纠纷。

四、离婚与无效婚姻和可撤销婚姻的区别

（一）离婚与无效婚姻的区别

离婚是夫妻双方按照法定程序和条件将既存的合法婚姻关系予以解除的行为。而无效婚姻是因男女双方的结合欠缺婚姻成立的法定要件而不具有法律效力的违法婚姻。尽管离婚和无效婚姻的最终结果都是导致男女双方婚姻关系的终止，但在司法实践中，常常存在将两者混为一谈的现象。很多离婚案件，在婚姻关系存续期间就存在结婚要件的瑕疵，而当事人由于缺乏法律知识，往往主张的是离婚，而非婚姻无效。司法实践中，离婚与无效婚姻有着明显的不同。[①]

1. 两者的行为性质不同。离婚与无效婚姻虽然都是解除男女之间的关系，但两者有着本质区别。从诉的性质来看，离婚之诉是变更之诉，主要在于夫妻一方或双方向人民法院起诉离婚，是为了从法律上通过夫妻身份关系、财产、子女关系的变更，解除原有的夫妻之间的权利义务关系。其前提是存在合法有效的婚姻关系。离婚之诉是变更之诉，为普通程序之诉。而婚姻无效之诉是确认之诉，为特别程序之诉。无效婚姻解除的是违法的婚姻，不具有合法婚姻关系这一前提条件的男女之间，根本不存在离婚与否的问题。适用普通程序审理的民事案件的案由，表达的是当事人诉争的法律关系及其争议，而适用特别程序的民事案件的案由表达的则通常是当事人请求对各种法律时间或行为的确认。离婚纠纷表明的是当事人对于是否解除双方夫妻关系存在争议。婚姻无效之诉表明的是当事人或利害关系

---

① 参见最高人民法院民事审判第一庭编著：《最高人民法院民法典婚姻家庭编司法解释（一）理解与适用》，人民法院出版社2021年版，第127—129页。

人请求确认该婚姻不具有合法性。

2. 两者产生的原因不同。离婚的原因发生于婚姻关系成立之后，且不是因为婚姻本身违法，而是由于“夫妻感情确已破裂”。而无效婚姻产生的原因在于违反婚姻成立的法定条件，在婚姻成立时，违法行为已经作为既成的事实发生。这就决定了两者的具体事由不同。离婚可以分为协议离婚和诉讼离婚。在诉讼离婚中，离婚的法定理由为：（1）重婚或者与他人同居；（2）实施家庭暴力或者虐待、遗弃家庭成员；（3）有赌博、吸毒等恶习屡教不改；（4）因感情不和分居满二年；（5）其他导致夫妻感情破裂的情形；（6）一方被宣告失踪，另一方提起离婚诉讼的，应当准予离婚；（7）经人民法院判决不准离婚后，双方又分居满一年，一方再次提起离婚诉讼的，应当准予离婚。这些事由均会导致夫妻感情破裂，具备这些情形，是否离婚，由当事人自己决定，并不必然导致婚姻的解除。而且，如果经法院调解和好的，婚姻关系继续存在。而无效婚姻的原因，则是违反了结婚的法定条件。具备这些情形，则其婚姻关系自始无效；而且，在解除当事人之间的关系时，无须经过调解。

3. 两者的行为效力。离婚应当自该婚姻关系解除之日起生效。而无效婚姻自始无效，即婚姻被宣告无效自结婚登记之日起即无效，对该“婚姻关系”的宣告无效溯及既往。宣告婚姻无效的申请，既可以发生在该婚姻关系当事人生存期间，也可以发生在一方或双方当事人死亡以后。

4. 提起诉讼的权利人不同。离婚只能由婚姻关系的当事人一方或双方提出，离婚请求权的行使权仅限于婚姻当事人本人，其他任何人不能强迫、干涉。而男女双方当事人、利害关系人和法律规定的有权机关，都可作为申请宣告婚姻无效的主体。

5. 两者处理的程序和条件不同。根据现行的法律规定，两者都可以依行政程序或诉讼程序解决。但就离婚而言，当事人对于争议权益的处理具有完全的处分权，因而可以通过调解解决。而且，《民法典》第一千零七十九条将“调解无效”作为人民法院判决准予离婚的必经程序，将夫妻“感情确已破裂”作为判决准予离婚的实质性条件。离婚当事人对离婚判决不服的可以上诉。同时，根据《民法典》第一千零七十八条的规定，协议离婚还必须“对子女抚养、财产以及债务处理等事项协商一致”。如果不具备这一条件，双方发生争议，则只能通过诉讼程序离婚，而不能再适用行政的程序。对于无效婚姻，由于申请宣告婚姻无效往往涉及财产、子女权益的处理，依行政程序解决时一旦发生争议即应通过诉讼解决。根据各国立法通则，以及我国的司法实践，一般只以诉讼程序进行，且当事人的相关处分权受到国家的干预。人民法院审理宣告婚姻无效的案件，对婚姻效力的审理不适用调解，应当依法作出判决，宣告婚姻无效。

6. 两者的法律后果不同。离婚的法律后果在于在解除当事人双方之间的身份关系的同时，还要对夫妻共同财产进行分割。无效婚姻的双方不享有《民法典》赋予配偶应享有的权利，如夫妻财产权、生育权、继承权、同居权、抚养权等。由于无效婚姻在同居男女双方当事人之间不产生婚姻的效力，对同居期间所得的财产，根据《民法典》第一千零五十四条的规定，由当事人协议处理；协议不成时，由人民法院根据照顾无过错方的原则判决。对重婚导致婚姻无效的财产处理，不得侵害合法婚姻当事人的财产权益等。

（二）离婚与撤销婚姻的区别

1. 法律要件不同。离婚所要解除的是完全符合法律规定的婚姻，法律要件齐备；而可撤销的婚姻不完全符合法律规定，是有瑕疵的婚姻，法律要件有所欠缺。

2. 法律效力不同。所有国家的离婚效力均无溯及力；而对于可撤销婚姻效力，各国有不同的立法例：一种是婚姻从撤销之日起归于消灭，无溯及力，如世界绝大多数国家；另一种是具有溯及力，婚姻自撤销之日起自始无效，如我国的撤销婚姻制度。

3. 请求权人不同。当事人双方均可提起离婚；而可撤销婚姻则只有享有撤销权的一方当事人方能提起。

4. 请求时效不同。当事人在婚姻关系存续期间的任何时间均可提起离婚；而可撤销婚姻则有时间限制。如我国《民法典》第一千零五十二条规定："因胁迫结婚的，受胁迫的一方可以向人民法院请求撤销婚姻。请求撤销婚姻的，应当自胁迫行为终止之日起一年内提出。被非法限制人身自由的当事人请求撤销婚姻的，应当自恢复人身自由之日起一年内提出。"第一千零五十三条规定："一方患有重大疾病的，应当在结婚登记前如实告知另一方；不如实告知的，另一方可以向人民法院请求撤销婚姻。请求撤销婚姻的，应当自知道或者应当知道撤销事由之日起一年内提出。""一年"属于除斥期间，不适用诉讼时效中止、中断或延长的规定。

五、离婚请求权的行使及其例外

（一）离婚请求权的行使

按照婚姻自由原则的要求，在婚姻关系存续期间，夫妻任何一方，不论男女，也不论是否有过错，都有权请求离婚。

法律同时将离婚请求权赋予婚姻当事人双方，是无过错离婚立法的结果。所谓无过错离婚，是指婚姻当事人双方都有权请求离婚，无论离婚请求人有无过错，只要夫妻感情已经破裂即准予离婚的立法原则。在无过错原则下，法律以尊重当事人的离婚自由为宗旨，不以无过错作为享有离婚请求权的前提条件，即使主动请求离婚一方对婚姻破裂负有过错，只要婚姻关系已无法继续维持，依当事人一方或双方的要求均可准予离婚。婚姻当事人双方在享有离婚请求权方面完全平等，无过错离婚更好地贯彻了婚姻自由原则。

无过错离婚是过错离婚的对称。所谓过错离婚，亦称限制离婚，是指法律允许，但只将离婚请求权赋予婚姻关系中的无过错一方当事人，并且只能以对方具有法定的某种过错为由诉求离婚；对婚姻破裂负有过错责任的一方不得请求离婚的立法原则。过错离婚是将准予无过错方离婚作为对无过错一方的解救和对过错方的惩罚，从而剥夺了过错一方的离婚诉权。过错离婚的法定理由主要有：夫妻一方有重婚、通奸、虐待、遗弃等行为，夫妻一方被自诉或指控犯罪，夫妻一方被判刑等。双方均无过错的婚姻，因为不具备法定离婚理由，得不到解除。然而，随着社会的发展和进步，各种不能归责于婚姻当事人一方原因导致夫妻不堪共同生活的情形逐渐出现并增多，如夫妻一方患有精神病，夫妻一方失踪，夫妻一方有生理缺陷不能发生性行为，夫妻因性格不合等导致婚姻关系名存实亡。不允许这类婚姻关系解除，对当事人、对社会均无益处。离婚立法原则逐渐适应社会进步，对离婚采取较为宽容的态度；当事人主观无过错但因客观原因无法继续维持的婚姻关系，也可依法得以解除。从而使离婚立法原则从过错离婚发展到无过错离婚。不过，考察世界多数国家和地区的离婚立法，纯粹采取无过错离婚原则的并不多，多数是采取过错离婚与无过错离婚相结合的立法价值观念，当事人双方无过错可以获准离婚，当事人一方有过错同样能获准离婚。

我国1980年《婚姻法》采用无过错离婚原则，规定夫妻感情确已破裂，调解无效，就应准予离婚。2001年修正后的《婚姻法》继续坚持原《婚姻法》第二十五条规定的离婚原则，同时又进一步明确了若干种夫妻感情破裂的具体情形及一种概括式规定，离婚理由在一定程度上具体化。这种立法模式的显著特点是，采用了列示主义立法技术，在将离婚自由作为原则规定的前提下，进一步具体地列举了是否符合离婚原则要求的具体标准，并以一条概括式规定涵盖列举难以覆盖的情形。《民法典》增加规定“有其他重大过错”可以请求损害赔偿，对无过错一方的保护更加有力。

（二）行使离婚请求权的例外

《民法典》第一千零八十二条规定：“女方在怀孕期间、分娩后一年内或者终止妊娠后六个月内，男方不得提出离婚；但是，女方提出离婚或者人民法院认为确有必要受理男方离婚请求的除外。”据此，婚姻当事人行使离婚请求权有了一个例外，即妻子具备本条法定三种情形之一的，丈夫不得提出离婚。这是为保护胎儿、婴儿和特殊时期妇女的利益需要所作的特别规定。

1. 行使离婚请求权的例外情形。妻子正在怀孕；或者妻子分娩未满一年；或者妻子中止妊娠后未满六个月。凡具备该三种情形之一，则该妇女的丈夫不得提出离婚。这里的离婚，不仅指诉讼离婚，也包括提出协议登记离婚。

《民法典》第一千零八十二条所规定的“不得提出离婚”，是指如果妻子具备法定情形之一，人民法院依法将不受理该妇女的丈夫提出的离婚请求，而不是说丈夫在此时提起离婚违法。实际上，嘴长在每个人身上，丈夫在夫妻发生矛盾时张口就提离婚，或者将离婚要求写成书面文件要求女方签字同意，甚至呈送相关机构，这是法律禁止不了的。但依据《民法典》

第一千零八十二条的规定，丈夫的离婚请求即使得到了妻子的同意，呈送相关人民法院时，人民法院依法也应拒绝受理。如果男方隐瞒真实情况请求离婚获准受理，审理期间查证妻子有法定特别情形属实的，法院依法将驳回丈夫的起诉。

女方在同居期间怀孕，是否适用《民法典》第一千零八十二条的这一特别规定，或者孕期能否解除同居关系？值得注意的是，这一特别规定的适用对象是具有婚姻关系的当事人（符合结婚法定条件和程序的夫妻双方），而同居关系则不适用《民法典》第一千零八十二条的规定。

2. 应当注意的问题。根据《民法典》第一千零八十二条之规定，女方提出离婚，或者人民法院认为确有必要受理男方离婚请求的，不在此限。（1）妻子在法定特殊情形下仍享有离婚请求权。因为妻子在如此情形下主动要求离婚，往往是出于某种紧急情况，本人迫于无奈，且既然妻子主动要求离婚，其本人对离婚及离婚后的生活安排已作了思想及其他的必要准备，不会如面临丈夫要求离婚时那样倍感精神受到打击，深感痛苦或不安。（2）确有必要时，人民法院仍赋予丈夫的离婚请求权。"确有必要"，一般是指女方存在过错，或者未尽到对婴幼儿的抚养义务，严重损害夫妻关系，导致夫妻感情破裂的情形。[①] 这是因为婚姻关系存续期间，由于种种原因，个别婚姻可能出现特殊的重大情形，不赋予男方离婚请求权于情理不通。例如，妻子虽身怀有孕，但是腹中胎儿不是丈夫所育。此种情形之下，应该对怀孕妇女及其胎儿承担责任的不是该妇女的丈夫，而是致使该妇女怀孕之人，而且该妇女的行为违背了婚姻的要求，其丈夫认为不堪继续与其共同生活，要求离婚是合理的。

同时，还应当注意的是，对丈夫离婚请求权的限制，只适用于诉讼离婚，不适用于登记离婚程序。因为登记离婚程序需要夫妻双方一致同意离婚，才可能办理。既然妻子已同意并与丈夫共同申请离婚，在法律上已不存在谁先提离婚谁后提离婚的区别。而且，既然妻子同意离婚，表明该妇女已有相当准备，能承受离婚及其后果。

---

① 最高人民法院民法典贯彻实施工作领导小组主编：《中华人民共和国民法典婚姻家庭编继承编理解与适用》，人民法院出版社 2020 年版，第 278 页。

六、对案例 41 的简要评析

在案例 41 中，小白提出与小美离婚的诉讼能否被法院受理，涉及对《民法典》第一千零八十二条（原《婚姻法》第三十四条）“女方在怀孕期间、分娩后一年内或者终止妊娠后六个月内，男方不得提出离婚……”规定的不同理解。针对本案，有两种截然不同的观点：第一种观点认为，本案中小白提起离婚诉讼的行为应受限制。因为从立法精神上看，法律上限制男方在女方怀孕期间、分娩后一年内或者终止妊娠后六个月内的离婚诉讼权利，主要是为了女方的健康和婴儿的正常发育成长，故不能因为女方怀孕的原因不当而使妇女、儿童的权益得不到保护。自 2003 年 10 月 1 日起施行的《婚姻登记条例》对结婚登记的程序及应当提供的证件和证明材料都较以前有了很大变化，不再强制婚前体检就是其中之一，其立法本意是不过多干涉公民私权利，这就要求公民对与自己私权利有关的情况履行了解义务。而本案中，小白在没有充分了解对方的情况下便与之结婚，显然也存在疏忽的过错，对此造成的不利后果，也就不能一离了之。第二种观点认为，本案中的情况属于“确有必要”的情形，小白的离婚诉讼法院应当受理，因为立法本意应当是指女方与自己的丈夫发生性行为怀孕，而非女方与其他人发生性行为怀孕。从另一个角度看，本案中小白在不知女方已怀有其他人孩子的情况下与之结婚，从感情上来说显属受害者，为保护女方的身心健康而不允许男方提出离婚，显然有失法律的公平。笔者更倾向于第二种观点。除以上第二种观点中的理由外，结合现实看，如果小白不能提起离婚诉讼，即在女方不同意离婚的情况下，要维持这段婚姻，那这个生活在阴影中的家庭很难谈得上幸福，而女方的身心健康和将来出生婴儿的发育成长也很难有一个良好的环境，第一种观点所持的“有利于保护妇女儿童合法权益”的观点也就成了无本之木。因此，第二种处理意见更符合立法精神，也有利于保护小白、小美和胎儿的合法权益。

第二节 登记离婚

一、问题的提出

所谓登记离婚，又称行政程序的离婚、协议离婚，是指夫妻双方自愿离婚，并对离婚后子女抚养、财产、债务等问题达成一致的处理意见，向婚姻登记机关申请离婚，并办理离婚登记手续的一种离婚形式。对此，《民法典》第一千零七十八条作了规定，即“婚姻登记机关查明双方确实是自愿离婚，并已经对子女抚养、财产以及债务处理等事项协商一致的，予以登记，发给离婚证”。由此可见，登记离婚体现了婚姻自由的基本原则，其着眼于婚姻关系当事人的主观意愿，在一定程度上将离婚的决定权交给了当事人。①

在研究登记离婚之前，先看一则案例：

案例 42：本案登记离婚的协议书可否被撤销？②

原告刘某、被告王某婚后生育两个儿子，于 2017 年 12 月 4 日因感情不和登记离婚，离婚协议载明：“一、男女双方自愿解除婚姻关系。二、大儿子由男方抚养，随同男方生活，抚养费由男方承担。小儿子由女方抚养，随同女方生活，抚养费由女方承担。双方可以随时相互探视子女。三、位于义乌市房产产权归男方所有，男方在有生之年不得转让或变卖该房产。双方各自的老人归各自赡养，家中现有的存款及现金各自名下的归各自所有。男女双方在婚姻存续期间无其他共同财产，各自名下财产及生活用品归各自所有。四、男女双方在婚姻存续期间无共同债权、债务。如有单方债务，由各自承担。”刘某刚签署完离婚协议，次日即入住某酒店后吃安眠药并写遗书欲轻生。2018 年 4 月 7 日，刘某又在义乌市区某高楼上有轻生念头，在多方劝解

---

① 参见最高人民法院民法典贯彻实施工作领导小组主编：《中华人民共和国民法典婚姻家庭编继承编理解与适用》，人民法院出版社 2020 年版，第 238 页。

② 详见浙江省金华市中级人民法院（2019）浙 07 民终 20 号民事判决书。

和公安机关介入后才被解救。次日，刘某又用水果刀欲割腕自杀，被急送医院救治。刘某对离婚协议第三条有异议，于2018年8月21日诉至法院请求撤销离婚协议中第三条的内容。

法院生效裁判认为，登记离婚时，双方自愿签订的财产分割协议，对双方均有约束力，一方反悔以协议显失公平为由诉请法院变更或撤销该财产分割协议，法院审查未发现订立协议时存在欺诈、胁迫等情形的，一般应予以驳回。但综合本案情况来看，双方共同生活长期不睦，促使刘某精神产生不稳定状态，尤其是刘某刚签署完离婚协议，便吃安眠药并写遗书欲轻生。2018年4月，刘某又欲跳楼轻生或割腕自杀。以上种种迹象表明，刘某面对较为恶劣的生存环境，其判断力存在一定障碍，作出不真实的意思表示，应认定遭受了一定的“冷暴力”和“软胁迫”行为。且刘某并无固定工作，如按照离婚协议书约定，其还需抚养小儿子，而位于义乌市的房产全部归男方所有，势必造成女方居无其所，无法维持当地生活水平，属生活困难，如双方仍按该协议履行，实乃有悖常理和有违公平正义法则。故应当认定王某在违背刘某真实意思表示的前提下，订立离婚协议，属订立协议时的其他特殊情形，可以进行撤销。据此判决撤销刘某与王某于2017年12月4日签订的离婚协议第三项内容。

上述案例涉及在民政部门登记离婚，离婚的双方当事人对子女抚养、财产以及债务等事项达成一致意见，但一方反悔时应当如何处理的问题。试问：如何理解适用登记离婚的“离婚冷静期”？登记离婚必须具备哪些条件？登记离婚的程序有哪些？登记离婚后当事人对财产分割反悔的应当如何处理？附协议离婚条件的财产分割未离婚时应当如何处理？

二、登记离婚“离婚冷静期”

《民法典》关于“离婚冷静期”的设置，引发社会广泛关注。支持者认为，“离婚冷静期”有利于降低离婚率和维持社会稳定，防止“过度自由带来的草率任性”。但反对者指出，“离婚冷静期”限制了婚姻自由，在婚姻关系中通常处于弱势地位的女性也可能遭遇新的制度不平等。其实，是否结婚是一项权利，但婚姻缔结后，更意味着责任，需要双方互谅互让、互相扶持。为促进当事人冷静思考、妥善抉择，根据2018年《最高人民法院关于进一步深化家事审判方式和工作机制改革的意见（试行）》第四十条的规定，人民法院审理离婚案件，经双方当事人同意，可以设置不超过三个月的冷静期。《民法典》第一千零七十七条吸收了司法实践中的有益经验，规定："自婚姻登记机关收到离婚登记申请之日起三十日内，任何一方不愿意离婚的，可以向婚姻登记机关撤回离婚登记申请。前款规定期限届满后三十日内，双方应当亲自到婚姻登记机关申请发给离婚证；未申请的，视为撤回离婚登记申请。"正如有学者所言：法律上的任何自由都是有限制的，只要这种限制是合理的、妥当的。在婚姻中，自由的前提是"理性"，自由的限制是"责任"。面对协议离婚对数持续增长的现状，应反思已有登记离婚制度设计的合理性，增设这一期间是《民法典》在保障离婚自由与防止轻率离婚之间采取的平衡举措。[①] 同时，该条规定是为协议离婚设置了"离婚冷静期"，不包括诉讼离婚"冷静期"。[②]

据央视新闻2020年1月19日报道，2019年全国共办理结婚登记947.1万对，离婚登记415.4万对。就该年度来看，离婚登记接近结婚登记的一半，这个比例确实很高。如果再加上夫妻双方到人民法院诉讼离婚的数字，肯定会超过一半，因为基层法院涉及婚姻家庭纠纷的案件大致占比20%。因此，思想观念的变化，导致离婚太随意。登记离婚，《民法典》设置了"离婚冷静期"，而诉讼离婚亦可参照适用，同时最高人民法院关于审理婚姻家庭案件指导意见中也明确要求可设置"离婚冷静期"。笔者一直主张，离婚案件不宜适用速裁程序，应当让"时间换空间"，挽救一些"冲动型诉讼离婚"。因此，要运用好"离婚冷静期"制度，案件承办法官应根据案件情况依职权或依双方当事人申请，设置一定期限的冷静期，让双方当事人冷静、反省，促使当事人理性对待家庭矛盾，推动婚姻家庭矛盾纠纷的化解。其实，登记离婚的三十日"离婚冷静期"，并未损害单方离婚的自由，而仅增加了冲动协议离婚和各类"假离婚"的时间成本。分居一年后的第二次离婚诉讼必须判离（《民法典》第一千零七十九条第五款），则提供了清晰统一的规则，避

---

① 参见薛宁兰：《"离婚冷静期"的程序意义与权利保护》，载《中国妇女报》2020年7月8日。

② 参见薛宁兰、谢鸿飞主编：《民法典评注：婚姻家庭编》，中国法制出版社2020年版，第377页。

免多次诉请离婚而“久判不离”的现象。

三、登记离婚所必须具备的条件

根据《民法典》第一千零七十七条、第一千零七十八条和《婚姻登记条例》第十二条、第十三条的规定，婚姻登记机关准予离婚登记的，当事人须具备以下条件：

1.“离婚冷静期”的经过。自婚姻登记机关收到夫妻双方离婚登记申请之日起三十日时间的经过。在三十日内，任何一方不愿意离婚的，可以向婚姻登记机关撤回离婚登记申请。三十日届满后，双方应当亲自到婚姻登记机关申请发给离婚证；未申请的，视为撤回离婚登记申请。

2.双方自愿离婚。双方当事人对离婚的意愿必须是真实的、一致的，对于一方欺骗他方或胁迫他方所达成的协议，不予办理离婚登记。

3.双方须办理过结婚登记，持有结婚登记证明。离婚的主体是夫妻，未办理结婚登记的同居者，不予办理离婚登记。

4.双方当事人须具有民事行为能力。无民事行为能力或限制民事行为能力的人申请办理离婚登记，婚姻登记机关不予受理。

5.双方对子女抚养、财产及债务已达成协议。协议内容应包括离婚后子女由何方行使直接抚养权，子女抚养费的负担及其数额、期限和给付方法，非直接抚养方对子女的探视时间、方式等；夫妻共同财产的分割；债务的清偿、离婚补偿、离婚损害赔偿，以及对生活困难一方的经济帮助等。协议应当符合男女平等、保护妇女和子女合法权益的原则，不得违背婚姻家庭编的有关规定。

值得注意的是，依据《婚姻家庭编解释（一）》第六十九条第二款的规定，“当事人依照民法典第一千零七十六条签订的离婚协议中关于财产以及债务处理的条款，对男女双方具有法律约束力。登记离婚后当事人因履行上述协议发生纠纷提起诉讼的，人民法院应当受理”。依据该解释，当事人向婚姻登记机关提交的离婚协议中有关财产分割问题的条款及作为离婚协议组成部分或者附件的财产分割协议，对离婚的双方当事人都具有法律约束力。之所以规定“对男女双方具有法律约束力”，而没有规定“具有法律效力”，是因为婚姻登记机关在为婚姻当事人办理离婚手续时，只审查其是否自愿离婚并已经就财产和子女抚养问题作了安排，而不对其财产分割条款或者协议作实质性审查，且婚姻登记机关也无权对涉及离婚时财产分割协议的效力进行审查。因此，如果涉及财产分割协议存在《民法典》第一百五十三条“违反法律、行政法规的强制性规定的民事法律行为无效。但是，该强制性规定不导致该民事法律行为无效的除外。违背公序良俗的民事法律行为无效”、第一百五十四条“行为人与相对人恶意串通，损害他人合法权益的民事法律行为无效”的情形，则协议无效。如果在履行该协议过程中，当事人或者其他人主张该协议处分了离婚的男女双方以外的其他人的财产，或者侵犯了国家、集体或者他人的合法权益，利害关系人有权提起侵权诉讼。离婚当事人如果以离婚协议中的有关财产分割的条款或者作为离婚协议组成部分的财产分割协议作为抗辩理由，人民法院仅应对该离婚协议的效力进行审查，并根据《民法典》总则编的有关规定，确认其是否合法有效。

四、离婚登记的程序[①]

根据《民法典》第一千零七十六条、第一千零七十七条和第一千零七十八条的规定，离婚登记按如下程序办理：

1. 申请。夫妻双方自愿离婚的，应当签订书面离婚协议，共同到有管辖权的婚姻登记机关提出申请，并提供以下证件和证明材料：（1）内地婚姻登记机关或者中国驻外使（领）馆颁发的结婚证；（2）符合《婚姻登记工作规范》第二十九条至第三十五条规定的有效身份证件；（3）在婚姻登记机关现场填写的《离婚登记申请书》。

2. 受理。婚姻登记员按照《婚姻登记工作规范》有关规定对当事人提交的上述材料进行初审。申请办理离婚登记的当事人有一本结婚证丢失的，当事人应当书面声明遗失，婚姻登记员可以根据另一本结婚证受理离婚登记申请；申请办理离婚登记的当事人两本结婚证都丢失的，当事人应当书面声明结婚证遗失并提供加盖查档专用章的结婚登记档案复印件，婚姻登记员可根据当事人提供的上述材料受理离婚登记申请。

---

① 详见《民政部关于贯彻落实〈中华人民共和国民法典〉中有关婚姻登记规定的通知》（民发〔2020〕116号）。

婚姻登记员对当事人提交的证件和证明材料初审无误后，发给《离婚登记申请受理回执单》。不符合离婚登记申请条件的，不予受理。当事人要求出具《不予受理离婚登记申请告知书》的，应当出具。

3. 冷静期。自婚姻登记机关收到离婚登记申请并向当事人发放《离婚登记申请受理回执单》之日起三十日内，任何一方不愿意离婚的，可以持本人有效身份证件和《离婚登记申请受理回执单》（遗失的可不提供，但需书面说明情况），向受理离婚登记申请的婚姻登记机关撤回离婚登记申请，并亲自填写《撤回离婚登记申请书》。经婚姻登记机关核实无误后，发给《撤回离婚登记申请确认单》，并将《离婚登记申请书》《撤回离婚登记申请书》与《撤回离婚登记申请确认单（存根联）》一并存档。

自离婚冷静期届满后三十日内，双方未共同到婚姻登记机关申请发给离婚证的，视为撤回离婚登记申请。

4. 审查。自离婚冷静期届满后三十日内（期间届满的最后一日是节假日的，以节假日后的第一日为期限届满的日期），双方当事人应当持《婚姻登记工作规范》第五十五条第四项至第七项规定的证件和材料，共同到婚姻登记机关申请发给离婚证。

婚姻登记机关按照《婚姻登记工作规范》第五十六条和第五十七条规定的程序和条件执行和审查。婚姻登记机关对不符合离婚登记条件的，不予办理。当事人要求出具《不予办理离婚登记告知书》的，应当出具。

5. 登记（发证）。婚姻登记机关按照《婚姻登记工作规范》第五十八条至第六十条规定，予以登记，发给离婚证。

离婚协议书一式三份，男女双方各一份并自行保存，婚姻登记处存档一份。婚姻登记员在当事人持有的两份离婚协议书上加盖“此件与存档件一致，涂改无效。×××× 婚姻登记处 ×××× 年 ×× 月 ×× 日”的长方形红色印章并填写日期。多页离婚协议书同时在骑缝处加盖此印章，骑缝处不填写日期。当事人亲自签订的离婚协议书原件存档。婚姻登记处在存档的离婚协议书加盖“××× 登记处存档件 ×××× 年 ×× 月 ×× 日”的长方形红色印章并填写日期。

五、登记离婚后就财产分割问题反悔的处理

在实践中，有些当事人在离婚登记后，一方就财产分割问题反悔，要求

人民法院给予重新处理。对于此种请求，最高人民法院曾经作过司法解释[①]，但《婚姻家庭编解释（一）》第七十条规定："夫妻双方协议离婚后就财产分割问题反悔，请求撤销财产分割协议的，人民法院应当受理。人民法院审理后，未发现订立财产分割协议时存在欺诈、胁迫等情形的，应当依法驳回当事人的诉讼请求。"据此规定，任何一方向人民法院请求撤销财产分割协议，都应当在《民法典》总则编规定的法定期间[②]内行使，并提供相应的证据予以支持。对登记离婚后就财产分割问题反悔的处理，应当注意下列问题：

1. 男女双方自愿在婚姻登记机关办理了离婚登记手续离婚后，一方或者双方就财产分割问题反悔，向人民法院起诉，请求撤销财产分割协议的，人民法院应当受理。其中，"男女双方离婚后"，是指双方通过在婚姻登记机关办理离婚登记手续而离婚，在人民法院通过诉讼，即使是以调解结案的方式离婚的，也不应当适用本条规定。因为，在人民法院进行诉讼，以调解的方式结案，虽然与在婚姻登记机关办理离婚手续一样，都需要就财产分割问题达成协议，但这两种协议具有本质的区别。在诉讼中，调解协议的签订是在法官的主持、调解下进行的，协议的内容经过法官审查，也就是说有国家司法机关的审查来保证双方当事人意思表示的真实性和协议内容的合法性；而在婚姻登记机关办理离婚手续时提交的协议只经过婚姻登记机关的形式审查，至于协议签订过程中是否存在欺诈、胁迫的情形，协议的内容是否合法则缺乏保障，因此，才有必要给予一定的司法救济途径。

2. 离婚后的当事人应当在法定期间内向人民法院提起撤销权诉讼。根据《民法典》第一百五十二条的规定，当事人自知道或者应当知道撤销事由之日

---

① 最高人民法院（1985）民复35号《关于男女登记离婚后一方翻悔，向人民法院提起诉讼，人民法院是否应当受理的批复》指出："男女双方自愿离婚，并对子女和财产问题已有适当处理，领取了离婚证的，其婚姻关系即正式解除。一方对这种已发生法律效力的离婚，及子女和财产问题的处理翻悔，在原婚姻登记机关未撤销离婚登记的情况下，向人民法院提出诉讼的，人民法院不应受理……告知当事人向原婚姻登记机关申请解决。"

② 《民法典》第一百五十二条规定："有下列情形之一的，撤销权消灭：（一）当事人自知道或者应当知道撤销事由之日起一年内、重大误解的当事人自知道或者应当知道撤销事由之日起九十日内没有行使撤销权；（二）当事人受胁迫，自胁迫行为终止之日起一年内没有行使撤销权；（三）当事人知道撤销事由后明确表示或者以自己的行为表明放弃撤销权。当事人自民事法律行为发生之日起五年内没有行使撤销权的，撤销权消灭。"

起一年内、重大误解的当事人自知道或者应当知道撤销事由之日起九十日内没有行使撤销权；当事人受胁迫，自胁迫行为终止之日起一年内没有行使撤销权；当事人知道撤销事由后明确表示或者以自己的行为表明放弃撤销权；当事人自民事法律行为发生之日起五年内没有行使撤销权的，撤销权消灭。这里的“九十日”“一年”“五年”均为除斥期间，即不存在中止、中断和延长的情形。

3. 人民法院经过审理，未发现订立财产分割协议时存在欺诈、胁迫等情形的，对当事人的诉讼请求依法予以驳回。也就是说，只有发现订立财产分割协议时存在欺诈、胁迫等特定情形时，才可以作出支持当事人诉讼请求的判决。

所谓欺诈，是指一方当事人故意告知对方虚假情况，或者故意隐瞒真实情况，诱使对方当事人作出错误的意思表示。因欺诈而订立的合同，是在受欺诈人因欺诈行为发生错误认识而作出意思表示的基础上产生的。在审判实务中，应当注意举证责任问题，对此，最高人民法院在审理某开发建设有限公司与某银行长沙市先锋支行、某投资管理有限公司借款担保合同纠纷案[①]时指出：导致合同当事人分别持有的合同文本内容有出入的原因复杂多样，不能据此简单地认定合同某一方当事人存在故意欺诈的情形。合同一方当事人如果据此主张对方当事人恶意欺诈，还应当提供其他证据予以证明。[②]因此，当事人如果主张受到欺诈应当负有举证证明的责任，这与《民事诉讼法》第六十七条所规定的“谁主张，谁举证”的立法精神一致。

所谓胁迫，是指以给公民及其亲友的生命健康、荣誉、名誉、财产等造成损害或者以给法人的荣誉、名誉、财产等造成损害为要挟，迫使相对方作出违背真实意思表示的行为。胁迫行为在司法实践中司空见惯，往往可作为一方当事人抗辩的理由，但应负有举证责任。对此，最高人民法院在审理某重庆市分行与重庆某房地产有限公司房屋买卖合同纠纷案[③]时指出：民法上的胁迫行为应当以当事人主观要件为构成要件。他人诉称其与当事人签订的合同系受当事人胁迫所致，应围绕其主张，举证证明当事人胁迫其签订合同的事实存在。他

---

① 详见最高人民法院（2007）民二终字第33号民事判决书。

② 参见《最高人民法院公报》，2009年第1期（总第147期）。

③ 详见最高人民法院（2004）年民一终字第8号民事判决书。

人未能举证证明的，因没有事实依据，不予支持。[①]同样的案件还有，最高人民法院在审理某房地产开发有限公司与某铁路局履行协议、赔偿纠纷案[②]时认为，当事人主张对方胁迫其签订合同，但始终未能举证证明对方以给其荣誉、名誉、财产等造成损害为要挟，迫使其作出违背真实意思的事实存在。相反，在协议订立过程中，当事人作为具有房地产开发资格的民事主体，完全有能力预见其受让土地，以及开发的风险和签订协议所承担义务的后果。且在协议订立后，受让方依约履行合同，并通过签订补充协议进一步确认了双方的权利义务。事实证明，订立协议为双方平等协商一致的结果，意思表示真实，且已实际履行。[③]上述两则案例均表明了一个问题，即当事人主张签订合同时受到胁迫，必须提供足够的证据予以证明，否则将承担举证不能的法律后果。

4. 发现欺诈、胁迫的情形，不是人民法院支持当事人诉讼请求的唯一条件，司法解释中留有余地，使得人民法院在审理中发现协议内容存在《民法典》总则编所规定的重大误解、显失公平的情况下，仍然可以根据当事人的请求撤销该协议。另外，当事人可能因为法律知识的欠缺，不能清楚地区分什么情形下协议无效、什么情形下协议可撤销、可变更，在协议符合《民法典》第一百五十三条[④]规定的情形时，仍然起诉请求撤销该协议，在这种情况下，人民法院仍然应当受理当事人的起诉，以保护当事人依法享有的诉权。不过，法院应当告知当事人将请求撤销协议变更为确认协议无效。这样，更能体现民事诉讼中的"当事人主义"，做到当事人"诉什么审什么"。

审判实践中，不宜以显失公平为由支持一方请求撤销登记离婚时财产分割协议的主张。如一则典型案例：李某某诉称，其与包某某于1998年登记结婚，于2004年5月生育一女。包某某性格暴躁，双方发生争执时对其又打又骂又抓，

---

① 参见最高人民法院民事审判第一庭编:《民事审判指导与参考》2007年第2集（总第30集），法律出版社2007年版，第207—220页。

② 详见最高人民法院（2008）民一字第95号民事判决书。

③ 参见最高人民法院民事审判第一庭编:《民事审判指导与参考》2009年第3集（总第39集），法律出版社2010年版，第196—209页。

④《民法典》第一百五十三条规定:"违反法律、行政法规的强制性规定的民事法律行为无效。但是，该强制性规定不导致该民事法律行为无效的除外。违背公序良俗的民事法律行为无效。"

还不允许其正常休息，逼其下跪并写保证书，甚至伙同自己的母亲一起用针扎破其手指在保证书上按血手印。包某某经常用自杀、自残的方式来逼其顺从自己的意志。历经多年婚姻生活的折磨，其对包某某心生恐惧。自 2005 年起包某某几次提出协议离婚，但因孩子年幼而犹豫不决。于是包某某多次到其单位和父母处哭闹，使其无法正常工作，精神非常紧张。此时，其即将与单位续签劳动合同，由于担心失去工作，精神压力巨大。2006 年 11 月 2 日，包某某又到单位找其签字协议离婚，在威逼的同时，又表示如其能看在多年夫妻的情分上，放弃财产要求，将来再从一无所有爬起来，还会与其复合。在包某某这种哭闹和威逼利诱下，其精神彻底崩溃，在父母及其他亲属均不知情的情况下鬼使神差地签了字。事后，其认为自己在精神状态不清晰的情况下所签订的离婚协议不是真实的意思表示，更有悖于常理。因此，在双方离婚时，本应合理分割的夫妻共有的两处房产成了包某某一人的财产。离婚协议中其每月承担孩子抚养费 500 元过高，如按照离婚协议中的内容执行，其将失去生活来源并居无定所，该离婚协议显失公平与公正，故请求重新分割夫妻共同财产，自己每月负担抚养费 300 元，直到孩子 18 岁为止。法院认为，夫妻双方协议离婚，其所签订的离婚协议对双方当事失人均有约束力。现李某某以包某某采取胁迫的方式，使自己在精神状态不清晰的情况下签订离婚协议，该协议显失公平和公正为由，要求重新分割离婚协议书中已分割的财产，包某某不同意李某某的主张。李某某无证据证明自己是被包某某采取胁迫的方式签订离婚协议，李某某系大学本科学历且在公司做业务工作，在签订离婚协议时，没有证据证明其精神状态不稳定，不能按正常人的思维方式考虑问题。夫妻在签订关于共同财产分割的协议时，除利益的因素外，更多地受到子女抚养及感情因素的影响，而不能像对待其他民事合同一样，以等价有偿作为唯一的标准。因此，对李某某关于财产分割的诉请法院依法予以驳回。李某某认为离婚协议中每月给付孩子抚养费 500 元过高，要求每月给付抚养费 300 元，包某某表示同意，法院予以支持。据此判决如下：(1) 驳回李某某关于重新分割夫妻共同财产的诉讼请求。(2) 李某某自 2007 年 5 月起每月给付子女抚养费 300 元，直至其独立生活时止。一审判决后，双方当事人均未上诉。

最高人民法院民一庭意见为，登记离婚时双方自愿签订的财产分割协议，对双方均有约束力。一方反悔以协议显失公平为由请求法院变更或撤销该财产分割协议，法院经审查未发现订立该协议时存在欺诈、胁迫等情形，一般应当依法驳回当事人的诉讼请求。[①]

六、附协议离婚条件的财产分割协议未离婚时的司法处理

协议离婚制度是我国离婚制度的重要组成部分，附协议离婚条件的财产分割协议在日常生活和司法实践中普遍存在。双方当事人在婚姻关系存续期间达成离婚协议，并对子女抚养和财产分割等问题作了约定，但由于种种原因，双方并未到婚姻登记机关办理离婚登记手续，或者双方当事人考虑到登记离婚中的财产协议没有强制执行力，故约定去法院协议离婚，目的只是依照诉讼程序领取民事调解书，但到法院诉讼时出现一方反悔的情况。在这种情况下，往往是一方主张原来达成的离婚协议合法有效，要求法院完全按照该离婚协议约定的内容判决解除双方的婚姻关系，并处理财产分割和子女抚养问题，另一方则否定离婚协议的效力，要求法院依法判决。

在司法实践中，当事人达成的以登记离婚或者到人民法院协议离婚为条件的财产分割协议，如果双方协议离婚未成，一方在离婚诉讼中反悔的，人民法院应当认定该财产分割协议没有生效，并根据实际情况依法对夫妻共同财产进行分割。因为，附协议离婚条件的财产分割协议，通常是当事人平等协商的结果，因此具有民事合同的性质，但其以解除婚姻关系为先决条件，不能完全由当事人的合意来完成，还必须履行一定的法律程序。因此，附协议离婚条件的财产分割协议并不是自双方当事人签字时生效，而是以双方协议离婚为生效条件，即从婚姻登记机关领到离婚证或到法院领取民事调解书，可视为所附条件已经成就，当事人所签署的财产分割协议因此而生效。

附协议离婚条件的财产分割协议是以双方协议离婚为条件的，《民法典》第一百五十八条规定："民事法律行为可以附条件，但是根据其性质不得附条件的除外。附生效条件的民事法律行为，自条件成就时生效。附解除条件的民事法律行为，自条件成就时失效。"在双方未能在婚姻登记机关或法院协议离婚的情况下，该离婚协议并没有生效，对夫妻双方均不产生法律约束力，

---

① 参见最高人民法院民事审判第一庭编:《民事审判指导与参考》(2008 年第 2 集，总第 34 集)，法律出版社 2008 年版，第 412—414 页。

不能作为人民法院处理离婚案件的直接依据。[①]

对于审判实践中遇到经过公证的附协议离婚条件的财产分割协议，如何认定其效力的问题，一般认为，经过公证的附协议离婚条件的财产分割协议在性质上属于附生效条件的合同，双方签字后成立，在完成协议离婚手续后生效。公正的效力在于确认协议的内容是双方当事人的真实意思表示，但不能改变协议的生效条件。

如果当事人在协议中明确约定，双方到民政部门登记离婚或到法院协议离婚未成，也应按照协议约定的内容履行，对此，当事人已经在协议中明确了协议离婚未成也要按照原约定履行的意思表示，在诉讼离婚时，法院应当充分尊重当事人的意思表示，具体处理时应依照约定的内容进行裁判。[②]

七、登记离婚常见问题的处理

（一）登记离婚是否必须“感情确已破裂”

《民法典》第一千零七十九条第二款规定“如果感情确已破裂，调解无效的，应当准予离婚”，那么，在实务中，登记离婚是否需要“感情确已破裂”？根据《民法典》第一千零七十八条之规定，男女双方自愿离婚的，准予离婚。双方必须到婚姻登记机关申请离婚。婚姻登记机关查明双方确实是自愿并对子女和财产问题已有适当处理时，发给离婚证。可见，登记离婚并不要求是否审查“感情确已破裂”。

（二）不履行离婚协议的处理

男女双方在登记离婚时，对子女和财产问题曾达成了协议，婚姻登记机关因此办理了离婚登记，发给了离婚证。如果登记离婚后，一方不按协议履行义务，另一方可以向人民法院提起民事诉讼。

---

① 最高人民法院民一庭意见为：附登记离婚条件的财产分割协议是以双方协议离婚为前提的，在双方未能在婚姻登记机关协议离婚的情况下，该离婚协议并没有生效，对夫妻双方均不产生法律约束力，不能作为人民法院处理离婚案件的直接依据。载最高人民法院民事审判第一庭编:《民事审判指导与参考》(2009 年第 3 集总第 39 集)，法律出版社 2010 年版，第 159 页。

② 参见最高人民法院民事审判第一庭编著:《最高人民法院婚姻法司法解释（三）理解与适用》，人民法院出版社 2011 年版，第 32 页。

（三）协议离婚不离家的处理

如果离婚后双方又和好如初，同居生活，是《民法典》所不允许的。《民法典》第一千零八十三条规定，离婚后，男女双方自愿恢复夫妻关系的，应当到婚姻登记机关重新进行结婚登记。《婚姻登记条例》第十四条亦规定，离婚的男女双方自愿恢复夫妻关系的，应当到婚姻登记机关办理复婚登记。复婚登记适用本条例结婚登记的规定。如果是一方失去生活能力，离婚后对方愿意继续履行扶助义务而仍然共同生活的，这种离婚不离家并没有夫妻关系的实质性内容，而是对弱者的自愿救助，值得社会的赞扬和肯定。

（四）婚姻当事人一方因配偶失踪要求离婚，婚姻登记机关能否受理

婚姻当事人一方因配偶失踪，生死不明，造成婚姻关系名存实亡，这种情况的离婚，应由人民法院办理。婚姻登记机关不能受理。《民法典》第一千零七十八条规定："婚姻登记机关查明双方确实是自愿离婚，并已经对子女抚养、财产以及债务处理等事项协商一致的，予以登记，发给离婚证。"由此可见，婚姻登记机关受理的是男女双方自愿的离婚。因当事人一方失踪，婚姻登记机关无法审查双方是否自愿离婚，是否感情确已破裂，这类离婚问题不属于婚姻登记机关受理的范围。

八、对案例42的简要评析

根据《婚姻家庭编解释（一）》第七十条"夫妻双方协议离婚后就财产分割问题反悔，请求撤销财产分割协议的，人民法院应当受理。人民法院审理后，未发现订立财产分割协议时存在欺诈、胁迫等情形的，应当依法驳回当事人的诉讼请求"的规定，任何一方向人民法院请求撤销财产分割协议，都应当在《民法典》总则编规定的法定期间[①]内行使，并提供相应的证据予以支持。就本案

① 《民法典》第一百五十二条规定："有下列情形之一的，撤销权消灭：（一）当事人自知道或者应当知道撤销事由之日起一年内、重大误解的当事人自知道或者应当知道撤销事由之日起九十日内没有行使撤销权；（二）当事人受胁迫，自胁迫行为终止之日起一年内没有行使撤销权；（三）当事人知道撤销事由后明确表示或者以自己的行为表明放弃撤销权。当事人自民事法律行为发生之日起五年内没有行使撤销权的，撤销权消灭。"

而言，双方签订的财产分割协议是否显失公平，应根据合同内容并结合刘某的自身情况予以分析。除在离婚次日，刘某服用药物，书写遗书欲轻生外，其此后又有数次轻生行为，可以反映其在离婚前后，心理状态的极度不稳定性。同时，根据离婚协议，刘某未分得房产，却需承担其中一个儿子的抚养义务及抚养费，显然不符合常理，也显失公平。因此，法院判决撤销离婚协议第三项内容，体现了裁判的政治效果、法律效果和社会效果的有机统一。

第三节　诉讼离婚

一、问题的提出

所谓诉讼离婚，又称为裁判离婚，是指夫妻一方当事人向人民法院提起离婚诉讼，由人民法院通过调解或判决解除当事人婚姻关系的一种离婚形式。《民法典》第一千零七十九条第一款规定："夫妻一方要求离婚的，可以由有关组织进行调解或者直接向人民法院提起离婚诉讼。"该条为诉讼离婚提供了依据。

在研究诉讼离婚之前，先看一则案例：

案例 43：因家庭暴力约定赔偿 50 万元能否拒绝履行？[①]

原告金某与被告聂某 1 登记结婚后育有一女聂某 3、一子聂某 2。被告聂某 1 曾离婚，与前妻育有一女，离婚时双方协议女儿由前妻抚养。原告金某与被告聂某 1 婚后初期感情尚可，后因生活琐事产生矛盾，被告多次因家庭琐事殴打原告。2016 年，原、被告购买了位于沈河区的 129.61 平方米的房产，原、被告为所有权人。同年，被告购买了位于某公园的 228 号、229 号车位。2017 年 8 月 20 日，聂某 1 购买了位于浑南区的 176.83 平方米的房产，商品房销售合同备案登记于聂某 1 名下。根据原告提供的大连市不动产登记中心查

① 详见辽宁省沈阳市中级人民法院（2021）辽 01 民终 5773 号民事判决书。

询结果单，位于沙河口区的71.24平方米的房产所有权人登记为聂某1。2019年7月16日，原、被告签订《财产协议书》:“一、登记在男女双方名下位于沈河区的房产及其两个车位所有权100%归女方所有，与男方无涉。二、男女双方各自名下的债权债务由各自享有和承担，与另一方无涉。三、双方签订本协议书时为完全民事行为能力人，承诺对本协议书的字词义非常清楚，并愿意完全履行本协议书。”同日，聂某1向金某出具《保证书》载明：“本人聂某1和妻子金某共同生活期间因孩子等家庭琐事对妻子发生家庭暴力行为，为了家庭今后的稳定和谐付给妻子精神损害赔偿金50万元，一周内付清20万，余额在年底前付清，此笔资金由金某个人拥有支配，与家庭生活无关，本人保证今后不打妻子，否则愿意接受法律制裁。”2019年7月29日，辖区公安分局出具《行政处罚决定书》载明：2019年3月至7月，聂某1因家庭纠纷多次殴打金某，决定给予聂某1拘留十日并罚款一千元的行政处罚。

法院认为：婚姻关系的存续应以夫妻感情为基础。确定是否应该解除婚姻关系，关键看双方感情是否破裂。双方在婚后因琐事发生矛盾后不能相互谅解，在夫妻感情出现裂痕后未进行有效沟通，并且聂某1因家庭琐事多次对金某实施家庭暴力，已严重影响夫妻感情，双方感情确已破裂。故原告金某主张解除婚姻关系，予以准许。关于婚生女聂某3、婚生子聂某2的抚养权及抚养费的问题，施暴者的言行对未成年子女的负面影响不容忽视。如子女跟随施暴者生活，不利于子女健康成长。为维护子女稳定的学习、生活环境及尊重子女的意愿，故婚生子女均应当判归金某抚养，由聂某1负担必要的抚养费。关于抚养费问题，根据孩子的现实需要、本地区的生活水平及被告的经济能力进行酌定。原、被告于2019年7月16日签订的《财产协议书》为双方真实意思表示，不违反法律行政法规的强制性规定，不违背公序良俗，合法有效。关于原告主张被告支付损害赔偿50万元的诉讼请求，根据《民法典》第一千零九十一条之规定，实施家庭暴力导致离婚的，无过错方有权请求损害赔偿。被告因实施家庭暴力向原告出具《保证书》系其真实意思表示，没有违反法律、法规的强制性规定，应认定为合法有效。据此判决：一、准予原告金某与被告聂某1离婚；二、坐落于沈河区的房产、某公园228号、229号车位归原告金某所有；三、婚生女聂某3由原告金某抚养，被告聂某1自2021年2月起每月最后一日前支付抚养费3400元至聂某3满18周岁止；

四、婚生子聂某2由原告金某抚养，被告聂某1自2021年2月起每月最后一日前支付抚养费3400元至聂某2满18周岁止；五、被告聂某1于本判决生效后三十日内一次性支付原告金某损害赔偿50万元……

上述案例涉及离婚诉讼的问题。试问：如何认定“感情确已破裂”？诉讼离婚的法定情形有哪些？过错方提出离婚，无过错方不同意离婚的应当如何处理？无民事行为能力人作为原告提起离婚诉讼，应当如何处理？

二、调解——诉讼离婚的必经程序

根据《民法典》第一千零七十九条第一款“夫妻一方要求离婚的，可以由有关组织进行调解或者直接向人民法院提起离婚诉讼”和第二款“人民法院审理离婚案件，应当进行调解”之规定，离婚的调解分为诉讼外调解和诉讼内调解。

（一）离婚诉讼外调解

诉讼外调解，是指男女一方要求离婚的，可以先经有关部门进行调解的程序。诉讼外调解属于民间性质。“有关组织”在实践中一般是当事人所在单位、群众团体、基层调解组织等。由这些部门进行调解，符合当事人的非诉心理和社会生活中的传统习惯，容易被当事人认可和接受。[①] 但值得注意的是，诉讼外调解不是解决离婚纠纷的必经程序。

离婚诉讼外的调解不具有强制性的效力，调解后一般有三种结果：一是经过调解，双方和好，消除纠纷；二是经过调解，双方同意离婚，达成离婚协议，当事人到婚姻登记管理机关办理离婚登记手续；三是调解无效，双方未达成协议，要求离婚的一方应向人民法院提起离婚诉讼。

（二）离婚诉讼内调解

诉讼内调解，是指由人民法院审判人员主持，对当事人的离婚请求进行

---

① 黄薇主编：《中华人民共和国民法典婚姻家庭编释义》，法律出版社2020年版，第142页。

调解和好或调解离婚。适用调解程序，其目的在于防止当事人草率离婚，以及在双方当事人不能和解时，有助于平和、妥善地处理离婚所涉及的方方面面问题。[①]

离婚诉讼内的调解，是审理离婚案件的必经程序，也是我国审判工作的优良传统和经验。人民法院在审理离婚案件时，要把调解贯穿到诉讼的全过程中，一般的做法是：在查明事实、分清是非的基础上，首先进行双方和好的调解；如夫妻感情确已破裂，调解和好无效，可转而进行双方离婚的调解。

根据《民事诉讼法解释》第一百四十七条第二款的规定，离婚案件当事人确因特殊情况无法出庭参加调解的，除本人不能表达意志的以外，应当出具书面意见。因此，离婚案件当事人确实不能参加调解的，为了防止恶意虚假代理等情形的发生，应当严格审查当事人的诉讼能力及代理人的代理权限。

二、离婚的法定理由——感情确已破裂

根据《民法典》第一千零七十九条第二款“人民法院审理离婚案件，应当进行调解；如果感情确已破裂，调解无效的，应当准予离婚”之规定，如果双方感情确已破裂，调解无效，应当准予离婚；如果感情尚未破裂，即使调解和好无效，也不应当准予离婚。因此，“感情确已破裂”是离婚的法定理由，而不应当考虑当事人一方是否有过错。无论是过错方提出离婚，还是无过错方提出离婚，只要符合离婚的法定情形，经调解无效的，一般应当准予离婚。因此，不能将不准离婚作为对过错一方的惩罚手段，以判决不准离婚维持已经破裂的婚姻，实际上使无过错方也付出了代价。[②]

人民法院在审理离婚案件中，认定夫妻感情是否确已破裂，不能仅凭当事人的诉说，更不能取决于审判人员的主观臆断，而要根据离婚纠纷的客观事实来确定。为使审判人员有一个比较一致的标准，1989 年 11 月 21 日《夫妻感情破裂意见》中规定：“判断夫妻感情是否确已破裂，应当从婚姻基础、

---

① 黄薇主编：《中华人民共和国民法典婚姻家庭编释义》，法律出版社 2020 年版，第 143 页。

② 黄薇主编：《中华人民共和国民法典婚姻家庭编释义》，法律出版社 2020 年版，第 145 页。

婚后感情、离婚原因、夫妻关系的现状和有无和好的可能等方面综合分析。”可以归结为“四看”，现在仍可参考适用。具体分述如下：

1. 看婚姻基础。根据我国社会的实际情况，婚姻基础往往可以表明双方结婚时的感情状况。当前我国的婚姻构成，大致分为三种情况：一是自主婚姻，是指男女双方经过自由恋爱、自主结合的婚姻。这种婚姻除有些青年男女因对婚姻自由缺乏正确理解而草率结合的以外，一般比较牢固、稳定。二是半自主婚姻，是指经人介绍、父母同意、双方自愿，有的还以一定的金钱物质为条件的婚姻。这种婚姻受传统观念的影响较多，感情基础相对较差。婚姻关系的牢固性、稳定性就差一些。三是封建包办婚姻，即父母或他人违背男女双方或一方意愿，强迫包办而结成的婚姻。这种婚姻，由于违反男女双方或一方意愿，婚姻当事人双方或一方渴求解除这种痛苦的婚姻关系。

但是婚姻基础只能说明过去，人民法院在审理中还要用发展的眼光来看问题，因为事物在任何情况下都不是永恒不变的。自主婚姻也不一定都能善始善终，经过婚后的生活也许双方都会认为结婚是一个错误而要求解除婚姻关系；而草率结婚或半自主婚姻甚至封建包办婚姻，也可能在婚后的共同生活中互相体贴帮助而建立起深厚感情，在我国的现实情况下，这种情况还是不少的。所以不可一概而论，机械搬用。

2. 看婚后感情。婚后感情是指夫妻婚后共同生活中的实际表现。首先，看婚后感情，必须运用马克思主义的认识论，透过现象看本质。要联系婚姻基础，分析婚后感情的发展变化，看它的发展趋势。如果感情是向好的方向发展变化的，那么引起离婚的可能是偶然性因素，容易调解和好。如果感情向坏的方向发展，而且每况愈下，那么引起离婚的原因就不是偶然性因素了。其次，要分析表现感情的现象是反映婚姻基础本质的，还是非本质的。对于有的案件中，虽然双方并没有明显的、激烈的冲突，双方或一方可能考虑到父母、孩子或是社会上的名誉、影响而不愿声张，但夫妻关系非常紧张，感情已完全破裂，这时就不能仅从表面上来认定双方感情很好。最后，分析夫妻婚后感情，要看长期的、经常的、主流的表现。切忌凭一时一事的表现下结论。如夫妻之间争吵打架，如果是长期的、经常的，可能是双方积怨很深、互有成见、感情不好的现象。如果平时夫妻和睦、相亲相爱，偶尔因某一事件意见不合而引起争吵，就不能凭这一争吵认定双方感情不好。

3. 看离婚原因。这是原告要求离婚的主要根据，也是原、被告在诉讼过程中争执的核心和焦点。因此，原告为了达到离婚目的，往往夸大事实，或者隐瞒事情真相和真实动机，捏造事实或制造假象。而被告一方因为不愿离婚，也会同样进行不符合事实的陈述。所以分析离婚原因，要做到两点：（1）要查明离婚的真正原因。这就切忌先入为主，偏听偏信。要从双方提交的证据材料中进行对比、研究和分析判断，去伪存真，弄清婚姻纠纷的事实真相和真正的离婚原因，抓住案件的矛盾焦点。（2）要分析是属于思想性质问题，还是属于生活实际问题。如属于生活实际问题，则要衡量这种实际问题能否解决和改变。能够解决和改变的，就要着重调解和好，否则就要考虑准予离婚。思想性质问题，要分析是本质性原因，还是非本质性原因；是夫妻间的内部原因，还是其他家庭成员引起的外部原因；是一时一事的原因，还是长期一贯的原因等。一般来说，本质性的内部原因，往往难以调解和好；非本质性的外部原因，比较容易消除。一时一事的原因容易得到对方谅解，而一贯经常的原因则难以调和。

4. 看有无和好的可能。在对以上三个方面进行分析后，审判人员应当对婚姻关系的现状作出一个符合客观实际的、实事求是的估计，即估计其有无和好的可能。如果夫妻间的矛盾不是根本性的和长期的矛盾，双方还在一起共同生活，还履行夫妻间的权利义务关系，这就具有和好因素。反之，如果夫妻间的矛盾是本质性的和长期的矛盾，双方已长期分居，互不关心彼此生活，就属于无和好可能。另外，通过一些不经意的细枝末节也可以发现双方有无和好的转机。这就需要审判人员在办案中细心地观察和捕捉。如有男方虽内心不同意离婚，但碍于情面，口头上表示同意离婚，在诉讼过程中，如细心观察，可以发现男方对女方的生活起居还是很关心的，这就是有和好的可能。

三、诉讼离婚的法定情形

根据《民法典》第一千零七十九条第三款、第四款、第五款的规定，有下列情形之一，调解无效的，应准予离婚。

（一）重婚或者与他人同居的

重婚是指有配偶而与他人再结婚的行为或者虽无配偶但明知他人有配偶

而与之结婚的行为。在这里，重婚显然是指有配偶而与他人再结婚。1994 年最高人民法院在对重婚罪的司法解释中规定，有配偶的人与他人以夫妻名义同居生活的，或明知他人有配偶而与之以夫妻名义同居生活的，仍应按重婚罪定罪处罚，明确了虽未履行法定结婚手续，但有配偶的人与他人以夫妻名义共同生活或者明知他人有配偶而与之以夫妻名义共同生活的，仍应视为重婚。这里“以夫妻名义同居生活”，是指在一定的长时间里公开的以夫妻名义共同生活，包括公然“纳妾”的行为。偶尔发生的婚外性行为，不能视为重婚。

与他人同居的，主要是指：（1）“包二奶”或“包二爷”行为，即以金钱等物质利益供养婚外异性，与之保持长期性关系的行为。（2）姘居，即与婚外异性多次发生不正当同居行为。这些行为严重违反了夫妻间应该相互尊重、互相忠实、相互扶助的基本义务，对方不能原谅的，表明夫妻感情确已破裂，应准予离婚。

（二）实施家庭暴力或虐待、遗弃家庭成员的

家庭暴力，顾名思义就是发生在家庭内部的暴力行为，是家庭成员间以殴打、捆绑、禁闭、残害或其他手段，对家庭成员进行的身体伤害。虐待家庭成员，是指经常以打骂、冻饿、捆绑、强迫超体力劳动、限制自由、凌辱人格、有病不给治等方法，从肉体、精神上迫害、折磨、摧残共同生活的家庭成员的行为。虐待行为的特点是经常连续性、长期性地发生上述行为。偶尔冲动而发生的打骂、体罚还不构成虐待。遗弃家庭成员，是指对年老、年幼、患病或者其他没有独立生活能力的家庭成员，负有扶养义务而拒绝扶养的行为。这里的没有独立生活能力既包括没有经济来源、丧失劳动能力或尚不具备劳动能力、无法独立生活，也包括虽有经济来源，但由于年老、残疾而生活不能自理。我国《刑法》早已明确规定，家庭暴力和虐待、遗弃行为情节严重的，可构成伤害罪和虐待罪、遗弃罪，要受刑事处罚，远不止是离婚的问题。夫妻一方做出上述家庭暴力、虐待、遗弃行为之一，已严重伤害了夫妻感情和违反了婚姻义务，不能弥合补救取得对方谅解的，应视为感情确已破裂，准予离婚。

（三）有赌博、吸毒等恶习屡教不改的

赌博、吸毒恶习与人们一般的缺点、错误有很大不同。如果沾染上赌博、吸毒等恶习而且屡教不改，是所在家庭的不幸。由于这些恶习本身的特性，它们能牢牢控制住沾染上这些恶习的人，导致赌博、吸毒者把自己所有的财产都花在赌博或吸毒上，甚至不惜赔光家庭财产来从事这些行为，严重的还会去偷、抢、卖淫等，走上犯罪道路。这种情况下，当然谈不上履行家庭义务，夫妻关系也难以维持。如果沾上这类恶习再不改正，对方提出离婚的，只能准予离婚。否则，只会给家庭和其他成员增加无尽的痛苦。

（四）因感情不和分居满二年的

男女双方结婚后不愿共同生活，分居已达二年之久，足以说明双方的感情已经破裂。“分居”是指夫妻之间不再共同生活，不再互相履行夫妻义务，包括停止性生活，生活上不再互相关心、互相扶助等。[①] 因为夫妻共同生活是基于感情的必然要求，也是婚姻关系的重要内容。这种情况下，继续维护徒有虚名的婚姻关系，实无现实意义，应准予离婚。夫妻分居已满两年，但未造成夫妻感情确已破裂或经调解尚有和好可能的，则不能认为已具备准予离婚的条件。当然，如果夫妻感情确已破裂，调解无效的，虽无分居事实或分居未满两年的，也应依法准予离婚。

（五）一方被宣告失踪，另一方提出离婚诉讼的

夫妻一方下落不明，另一方诉至人民法院，只要求离婚，不申请宣告下落不明人失踪或死亡的案件，人民法院应当受理，对下落不明人用公告送达诉讼文书。一方下落不明满两年，经公告查找确无下落的，可准予离婚。只要自下落不明人与家庭无通讯联系之时起算，至公告查找确无下落时止，期间已满两年的，人民法院即可判决准予离婚。如果能证明下落不明人已经死亡，或婚姻一方当事人已经依我国《民法典》的规定经人民法院宣告失踪人

---

① 黄薇主编:《中华人民共和国民法典婚姻家庭编释义》，法律出版社 2020 年版，第 149 页。

死亡的，则婚姻关系自然终止，无须提出离婚。

（六）判决不准离婚后又分居满一年的

《民法典》第一千零七十九条第五款规定："经人民法院判决不准离婚后，双方又分居满一年，一方再次提起离婚诉讼的，应当准予离婚。"此为法定离婚的情形之一。在司法实践中，超过80%的离婚案件，法院第一次判决为不准离婚，目的是给夫妻双方"破镜重圆"的救济机会，让"一时冲动"的离婚者再"冷静冷静"。当然，为了避免"久判不离"，《民法典》也体现了法律既有温情，更有温度，不能让一方生活在痛苦之中，增加了本款作为离婚的法定情形。

（七）其他导致夫妻感情破裂的情形

前几种情形是夫妻感情破裂应准予离婚的法定情形。但并非包括夫妻感情确已破裂的全部情形，因此，《民法典》又作了概括性的规定，即"其他导致夫妻感情破裂的情形"，给审判实践中的法官一定的自由裁量权，根据个案酌定夫妻感情是否确已破裂。①

---

①《夫妻感情破裂意见》要求人民法院在审理离婚案件时，要从双方的婚姻基础、婚后感情、离婚原因、双方有无和好可能等多方面综合判断夫妻感情是否确已破裂，并归纳了14种情况供审判实践中参考，凡属下列情形之一的，视为夫妻感情确已破裂：1.一方患有重大疾病，或一方有生理缺陷及其他原因不能发生性行为，且难以治愈的。2.婚前缺乏了解，草率结婚，婚后未建立起夫妻感情，难以共同生活的。3.婚前隐瞒了精神病，婚后经治不愈，或者婚前知道对方患有精神病而与其结婚，或一方在夫妻共同生活期间患精神病，久治不愈的。4.一方欺骗对方，或者在结婚登记时弄虚作假，骗取《结婚证》的。5.双方办理结婚登记后，未同居生活，无和好可能的。6.包办、买卖婚姻，婚后一方随即提出离婚，或者虽共同生活多年，但确未建立起夫妻感情的。7.因感情不和分居已满3年，确无和好可能的，或者经人民法院判决不准离婚后，双方又分居满一年，互不履行夫妻义务的。8.一方与他人通奸、非法同居，经教育仍无悔改表现，无过错一方起诉离婚，或者过错方起诉离婚，对方不同意离婚，经批评教育、处分，或在人民法院判决不准离婚后，过错方又起诉离婚，确无和好可能的。9.一方重婚，对方提出离婚的。10.一方好逸恶劳、有赌博等恶习，不履行家庭义务，屡教不改，夫妻难以共同生活的。11.一方被依法判处长期徒刑，或其违法、犯罪行为严重伤害夫妻感情的。12.一方下落不明满二年，对方起诉离婚，经公告查找确无下落的。13.受对方的虐待、遗弃，或者受对方亲属虐待，或虐待对方亲属，经教育不改，另一方不谅解的。14.因其他原因导致夫妻感情确已破裂的。

四、过错方提出离婚请求，无过错方不同意离婚案件的处理

《民法典》第一千零七十九条，在坚持完全破裂离婚主义原则的基础上，列举了证明夫妻感情确已破裂的几种具体情形，特别提到了四种过错情形。在司法实践中，如果当事人的情况符合这些规定，由无过错方提出离婚的，准予离婚自无异议，但是，如果离婚诉讼由过错方提出，无过错方不同意离婚，且调解无效的，应该怎么办？对此有不同看法。一种观点认为，为了惩罚过错方，可不准其提出的离婚请求而判决不准离婚。另一种观点认为，婚姻自由包括结婚自由和离婚自由，不能因为当事人有过错就剥夺法律赋予其的婚姻自由权利，婚姻法判断离婚的法定标准是夫妻感情是否确已破裂，而不是当事人一方是否有过错。不论是过错方还是无过错方提出的离婚诉讼，只要符合该条规定的情形，就说明双方已经达到感情破裂的程度，经调解无效的，一般应准予离婚。《婚姻家庭编解释（一）》第六十三条采纳了后一种意见，即“人民法院审理离婚案件，符合民法典第一千零七十九条第三款规定‘应当准予离婚’情形的，不应当因当事人有过错而判决不准离婚”。据此，人民法院如果遇到过错方起诉离婚而对方不同意的情况，应该对原告一方的过错行为进行严肃的批评教育，分清是非责任后，可以建议原告所在的工作单位给予其党纪、政纪处分。在此之后，如果原告有所悔改，或者无过错一方对原告的过错持谅解态度，且有争取和好的实际表现，事实证明双方感情尚有和好可能的，应当着重调解和好，判决不准离婚。如经批评教育、处分，过错方毫无悔改表现，坚持离婚，而被告方虽不同意离婚，却无争取和好的实际行动，事实证明双方感情确已破裂的，即使无过错的被告坚决不同意离婚，人民法院也应当在做好被告的思想疏导工作的基础上，调解或判决离婚。判决感情确已破裂的夫妻不准离婚，表面上是对过错方的惩罚，然而，这种判决不可能泯灭过错方内心离婚的愿望，不可能唤回过错方重新履行夫妻义务的责任，为了达到离婚的目的，过错方很可能会变本加厉地给无过错方造成痛苦，以实现其离婚的目标。这种不准离婚的判决束缚了过错方的婚姻自由，也给无过错方带来了更大的不幸，隐藏着深厚的矛盾，潜伏着巨大的家庭危机，不论是

对当事人，还是对社会都是极为有害的。

夫妻感情确已破裂，是我国婚姻法律制度确立的离婚标准，人民法院审理离婚案件，应当坚持这一原则，不应因为一方当事人有过错而判决不准离婚。但是，为了实现婚姻法律的社会功能，离婚时，不能对婚姻关系存续期间一方的严重过错视而不见，当配偶一方的过错行为构成法定过错时，无过错方可根据《民法典》第一千零九十一条的规定，请求有过错一方给予损害赔偿。我国的诉讼离婚制度在裁判离婚的原因上实行破裂主义原则，在离婚的法律后果上兼采过错离婚原则。通过离婚损害赔偿制度来惩罚过错方的过错行为，救济无过错方的合法利益。

五、无民事行为能力人作为原告提起离婚诉讼的特殊情形

在以往的审判实践中，无民事行为能力人一般在离婚诉讼中都是被告。现在有时会遇到无民事行为能力人的配偶一方出于继承或占用财产的目的，既不提出离婚也不履行法定的夫妻扶养义务，甚至擅自变卖夫妻共同财产，对无行为能力一方实施家庭暴力或虐待、遗弃等，严重侵害了无民事行为能力人的合法权益。如果一概不允许其作为原告提起离婚之诉，可能会出现在合法婚姻的幌子下肆意侵害无民事行为能力人权益的情况。

《民法典》第一百六十一条第二款规定："依照法律规定、当事人约定或者民事法律行为的性质，应当由本人亲自实施的民事法律行为，不得代理。"婚姻关系属于身份关系，结婚、离婚均需当事人本人自愿作出意思表示，而不能由他人代理实施。但笔者认为，现行法律规定婚姻等身份行为不能代理，应该理解为只适用于精神正常或意识清醒的人，而不适用于无民事行为能力人，因其客观上不能正确表达意识或完全没有意识，对自己的行为无法作出适当的选择。

《婚姻登记条例》第十二条规定，办理离婚登记的当事人属于无民事行为能力人或者限制民事行为能力人的，婚姻登记机关不予受理。也就是说，无民事行为能力人不能通过行政程序协议离婚，只能通过诉讼程序解决，但现行法律和司法解释对无民事行为能力人是否可以作为原告由他人代理提起

离婚之诉没有作出明确规定，缺乏相应的救济途径，仅有倾向性意见。[①]

是否准许无民事行为能力人的代理人代其提起离婚诉讼，有关国家的规定可供我们借鉴。如《俄罗斯联邦家庭法典》第十六条规定："婚姻可以根据一方或双方申请离婚的方式终止，也可根据被法院确认为无行为能力人的一方的监护人的申请而终止。"《法国民法典》第二百四十九条规定："如离婚申请应当以受监护的成年人的名义提出，此项申请，由监护人听取医生的意见并经亲属会议批准后提交。"

《婚姻家庭编解释（一）》第六十二条对无民事行为能力人诉讼离婚的问题进行了规定，即"无民事行为能力人的配偶有民法典第三十六条

---

① 《人民司法》2004年第2期刊登：问题：某法院受理了李某诉温某离婚一案。经审查，李某系精神病患者（有残联颁发的精神残疾人证，残疾人证上登记李某之父为监护人），其与温某登记结婚前就已患病，温某也知晓。二人于2000年12月领取了结婚证，李某的精神病至今未治愈。2002年3月，李某之父以法定代理人身份以温某不尽夫妻义务，不能照料好李某生活为由，代李某起诉离婚。该案在处理时有两种意见：一种意见认为，离婚是涉及人的身份关系的法律行为，必须由当事人本人亲自决定。因李某属无行为能力人，不能作出这种意思表示，也就不能作为离婚诉讼的原告。李某之父虽系李某的监护人，但他代理无行为能力人提出离婚诉讼超出了法定监护的范围，侵犯了公民的婚姻自主权，他的代理行为是无效民事行为。因此，法院应不予受理或驳回起诉。另一种意见认为，如果患有精神病的一方当事人不能作为离婚案件的原告提起诉讼，不利于保护当事人的合法权益。如果被告确实不尽夫妻义务，不照料原告生活，显然二人的婚姻关系是名存实亡的。而如果被告一方就是不起诉离婚，患病一方的权利也得不到保护。因此，由原告的法定代理人代理原告起诉离婚，法院应予审理。

《人民司法》研究组认为：对于审理离婚等涉及身份关系的案件，审判实践中，人民法院一直坚持当事人本人必须亲自到庭、不得委托他人参加诉讼的原则。而且离婚案件中调解是必经程序，当事人能否调解和好、是否撤回离婚诉讼请求等，都必须由当事人本人作出真实的意思表示。故本案中李父作为李某的监护人，无权代表李某提起离婚之诉。李某的精神病如属于间歇性发作，其可以在有意思表达能力的未发作期内，自行提出离婚诉讼。如果病情严重，属于完全无民事行为能力的，确实存在信中假设的情形，即患病者的配偶如果既不提离婚，又不对患病者尽必要的扶养照顾义务的，患病者的权益将受到侵害。在这种情况下，可以不通过离婚诉讼，而是提起申请宣告婚姻无效之诉，来保护李某的权利。我国《婚姻法》修改后增加规定了属于无效婚姻的四种情形，其中规定有"婚前患有医学上认为不应该结婚的疾病，婚后尚未治愈的"情形的，为无效婚姻。最高人民法院的司法解释规定除婚姻关系当事人本人外，利害关系人也可以向人民法院申请宣告婚姻无效。如果李父是与李某共同生活的近亲属，可以以李某与温某的婚姻属于无效婚姻为由提起诉讼，达到保护自己子女合法权益的目的。至于李某所患疾病是否属于《婚姻法》规定的"医学上认为不应当结婚的疾病"，则由人民法院依法审理查明。

第一款规定行为，其他有监护资格的人可以要求撤销其监护资格，并依法指定新的监护人；变更后的监护人代理无民事行为能力一方提起离婚诉讼的，人民法院应予受理”。据此，无民事行为能力人作为原告提起离婚之诉的条件包括：一是限制条件。无民事行为能力人的配偶有虐待、遗弃等严重损害无民事行为能力一方的人身权利或财产权益的行为。对于无民事行为能力人应作扩大解释，其范围应涵盖与不能辨认自己行为能力人的精神病人在本质上相同的植物人，脑萎缩、脑瘫患者等特殊人群。对于精神病人，人民法院一般应委托司法精神病鉴定机构进行鉴定；也可以参照精神病医院出具的有关诊断证明、鉴定加以确认，但应以精神病人的利害关系人无异议为限，或者经开庭质证双方无异议，法院予以采信，或者由其他证据或事实相互印证为审查条件；也可以参照群众公认的事实和证据进行认定，但必须以无民事行为能力人的利害关系人（法定代理人）对所公认事实和证据无异议为限。群众公认的事实应该是无民事行为能力人的住所地村委会、居委会出具的具有真实性的证明材料所认定的事实，也包括周围群众即无民事行为能力人的左邻右舍对无民事行为能力人长期的起居、生活等基本情况的感知和认识。对患有其他疾病而丧失民事行为能力的人，也可以参照医院的诊断证明。[①]二是程序条件。程序上应当由其他有监护资格的人在依法变更监护关系取得监护权后，代理无民事行为能力人提起诉讼。诉讼中一方为精神病人的利害关系人向法院提出该精神病人属于无民事行为能力人或限制民事行为能力人的，人民法院认为确有必要，需按民事诉讼程序作出认定，可以告知申请人按特别程序进行诉讼。离婚案件的当事人仍是婚姻关系的双方，而不是无民事行为能力人的法定代理人。无民事行为能力人在离婚诉讼中，被确认为完全不能自理、大部分不能自理、部分不能自理的，均符合一方生活困难的情形，对方在离婚时应给予一次性的经济帮助款项或者一定的财产，以保障无民事行为能力人在离婚后的正常生活，维

① 参见最高人民法院民事审判第一庭编著：《最高人民法院民法典婚姻家庭编司法解释（一）理解与适用》，人民法院出版社 2021 年版，第 547 页。

护社会的秩序。[①]

对于诉讼离婚是否适用调解，存在不同意见：第一种意见认为，因为涉及人身权，法院不能调解结案，即使其法定代理人表示同意并且双方达成调解协议的，也应当根据调解的内容制作判决书。第二种意见认为，《民事诉讼法解释》第一百四十八条第二款只规定法定代理人与对方达成调解离婚，法定代理人要求制作判决书的，可以制作判决书。而关于确定夫妻感情是否破裂的司法解释中，对涉及精神病患者久治不愈等情形的，经调解不成，判决准予离婚，也就是说可以调解，只是不能登记离婚。我们赞同第二种意见，因为《民事诉讼法解释》第一百四十八条第二款说的是法定代理人与对方达成调解离婚，法定代理人要求制作判决书的，可以制作判决书，那么法定代理人如果要求制作调解书，是不是应该制作调解书？制作判决书是当事人的要求而不是法律的强制，因此，不能从该规定推论这类案件不能以调解形式结案，无民事行为能力人的离婚案件也可以适用调解。尤其是关于财产分配的问题，调解更有利于案结事了。[②]

值得注意的是，《婚姻家庭编解释（一）》第六十二条的规定不适用于限制民事行为能力人。限制民事行为能力人并非完全丧失了辨认能力和控制能力，故是否离婚应由其自己决定。

六、对案例 43 的简要评析

在案例 43 中，主要涉及下列法律问题：

1. 是否达到离婚的法定理由，即“感情确已破裂”。从案件事实来看，被告金某有家庭暴力倾向，符合《民法典》第一千零七十九条规定的“实施家庭暴力”，法院在审理本案时，应当首先进行调解。调解无效的，由于确实达到“感情确已破裂”，法院应当判决准予离婚。

2. 子女抚养问题。应坚持有利于子女身心健康，保障子女合法权益的基

---

① 参见最高人民法院民事审判第一庭编著：《最高人民法院民法典婚姻家庭编司法解释（一）理解与适用》，人民法院出版社 2021 年版，第 552 页。

② 参见最高人民法院民事审判第一庭编著：《最高人民法院民法典婚姻家庭编司法解释（一）理解与适用》，人民法院出版社 2021 年版，第 555 页。

本原则。聂某1与金某均要求抚养子女，虽然双方的生活条件、受教育背景和抚养能力等因素相当，但因聂某1存在家庭暴力的情形，不利于未成年人身心健康，故两名婚生子女均由金某抚养更为适宜。

3. 共同财产的分割问题。依据《民法典》第一千零六十五条之规定，男女双方可以约定婚姻关系存续期间所得的财产以及婚前财产归各自所有、共同所有或者部分各自所有、部分共同所有。夫妻对婚姻关系存续期间所得的财产以及婚前财产的约定，对双方具有法律约束力。本案中，聂某1与金某签订的《财产协议书》是双方对夫妻共同财产归属的约定，对双方具有约束力。如果聂某1主张该协议是在被欺诈、胁迫的情况下签订的，则应当在法定期间内请求撤销，但聂某1并未在法定期间内向人民法院或者仲裁机构请求撤销，故不产生对《财产协议书》撤销的效力。法院按照该协议的约定处理夫妻共同财产并无不当。

同时,《保证书》没有法定无效的情形，也不存在撤销的情形。根据《民法典》第一千零九十一条之规定，实施家庭暴力导致离婚的，无过错方有权请求损害赔偿。既然被告“一言既出驷马难追”，则应当按照《保证书》支付损害赔偿50万元。

第四节　离婚家务劳动补偿与经济帮助

一、问题的提出

家庭是社会的基本细胞，每一个家庭成员都会在家庭中得到立足社会的基本物质和精神支持。夫妻在照料老年人、子女或者配偶，以及为家庭生活提供服务和便利等方面付出更多的一方，将其更多的时间和精力投入无偿家务劳动中的利他行为，使包括配偶在内的家庭成员均得到益处。根据民法权利义务相一致的原则，负担更多家庭义务的一方，应当享有获得家务劳动补偿的权利。同时，离婚时一方生活困难，有负担能力的对方应当给予适当的经济帮助。

在研究离婚家务劳动补偿与经济帮助之前，先看两则案例：

案例 44：全职太太离婚家务劳动补偿[①]

2018 年 1 月，杨先生与齐女士结婚，同年 5 月生育儿子杨某某。杨先生长年在外地做生意，儿子跟随齐女士在老家生活。后因家庭琐事，夫妻俩发生矛盾。2020 年 5 月，杨先生向法院提起诉讼要求离婚，但被驳回。2021 年 3 月，杨先生再次起诉请求法院判决双方离婚，孩子归其抚养。齐女士同意离婚，但要求孩子抚养权归自己，丈夫按照每月 2000 元标准支付抚养费。同时，齐女士以自己照顾孩子和家务的负担义务较多为由，要求杨先生从双方结婚之日起按每月 5000 元的标准补偿共计 19 万元。杨先生则提出，齐女士婚前就无工作，不存在为照顾家庭而放弃工作。孩子出生后，实际由双方共同抚养，经济开支应由双方共同负担。此外，自己虽在外地开店，但生意经营状况并不理想，未能盈利。

法院经审理认为，关于家务劳动的经济价值确定，应结合婚姻关系存续时间，投入家务劳动的时间、强度，家务劳动的负面影响，如从事家务一方因而失去工作的，以及家庭收入情况等综合考量。综合该案实际，法院认为齐女士所要求的补偿款过高，应依法予以调整，一审判决准予杨先生和齐女士离婚，孩子由齐女士抚养，参照当地生活水平，杨先生每年支付抚养费 8400 元；同时补偿齐女士 1.5 万元。杨先生提出上诉，二审维持原判。

案例 45：现役军人配偶能否提起离婚诉讼？[②]

马某申请再审称，被申请人依据双方《离婚协议书》起诉再审申请人要求支付生活费，缺少法定事实及法律依据。根据我国法律规定，夫妻双方离婚后在法律上的相互扶助权利义务已经消灭，且离婚时经济帮助的对象具有特定性，即被帮助的人必须是离婚时经济确有困难的一方当事人。被申请人现在的生活条件比再审申请人富裕的多，再审申请人根本没有任何能力再负担被申请人的无理请求。请求撤销原一、二审判决，并依法驳回被申请人的诉讼请求。

---

① 详见《新京报》2021 年 6 月 24 日。

② 详见河北省高级人民法院（2019）冀民申 9882 号民事裁定书。

法院经审查认为，马某与赵某在办理离婚登记过程中于2014年12月4日签订了《离婚协议书》，其中约定有“离婚后男方自愿每月付给女方生活费贰仟元整”的内容，该约定是本案双方当事人的真实意思表示，亦属于当事人对自身权利的处分，并未违反法律禁止性规定，合法有效。因马某未履行约定义务，赵某提起本案诉讼，原审法院根据查明的事实判决马某给付赵某2014年12月至2019年3月的生活费，符合法律规定。马某所提出的赵某诉讼请求缺少法定事实及法律依据的再审申请理由，由于没有提交充分证据证实，不能成立，不予支持。据此裁定驳回马某的再审申请。

上述案例涉及离婚时的家务劳动补偿与经济帮助问题。试问：如何理解适用离婚时家务劳动补偿与经济帮助问题？

二、离婚时家务劳动补偿体现了法律的巨大进步

原《婚姻法》第四十条规定：“夫妻书面约定婚姻关系存续期间所得的财产归各自所有，一方因抚育子女、照料老人、协助另一方工作等付出较多义务的，离婚时有权向另一方请求补偿，另一方应当予以补偿。”这是2001年修正后的《婚姻法》首次对家务劳动和夫妻的协助在财产处理上作出价值补偿规定，具有极其重要的意义。但是，该项制度适用的前提是夫妻财产约定分别所有的情形。《民法典》第一千零八十八条规定：“夫妻一方因抚育子女、照料老年人、协助另一方工作等负担较多义务的，离婚时有权向另一方请求补偿，另一方应当给予补偿。具体办法由双方协议；协议不成的，由人民法院判决。”由此可见，原《婚姻法》规定的离婚时家务补偿限定在“夫妻书面约定婚姻关系存续期间所得的财产归各自所有”的情形下，显然有所限制，不利于该制度的效能发挥。《民法典》第一千零八十八条的规定取消了此项限制，可谓更科学，更体现了法律的人文关怀。正如立法机关所言：“这一修改扩大离婚经济补偿的适用范围，进一步彰显正义、维护道德、发展文明。”[①]

---

① 黄薇主编：《中华人民共和国民法典婚姻家庭编释义》，法律出版社2020年版，第178页。

离婚时劳务补偿，是指夫妻在离婚时对家庭负担义务较多的一方，有权请求另一方给予一定的经济补偿的制度。补偿制度的建立意味着法律对家务劳动及协助对方工作作出了价值肯定的评判。在现实生活中，日常杂务、抚育子女、照料老人等家务劳动是维持家庭共同生活所必不可少的，家务劳动虽然不能直接增加家庭经济收入，但一方通过承担较多的家庭义务或协助对方工作，使另一方能全力以赴投入生产、经营或工作劳动之中，因而另一方创造的财富中包含了从事家务一方的贡献；另外，一方较多地承担了家务劳动，也减少了家庭的开支，从而间接增加了家庭的财富。在夫妻实行分别财产制时，由于一方创造的财富在离婚时另一方不能分享，因而对从事家务较多的一方就明显不公。这时候法律如果不进行必要的调整和平衡，就等于容忍一方无偿地占有另一方的劳动，显然不能体现法律的公平和不利于对妇女权益（大多数承担家庭较多义务的一方是女性）的保障，不利于社会的发展和稳定。所以，补偿制度的建立是达到社会公平正义和实现男女实质平等的必要法律手段。2001 年修正后的《婚姻法》增设了补偿制度，也是我国法律进步的表现，《民法典》作了进一步的完善，使其更加完美。

在处理离婚纠纷适用家务经济补偿时，必须明确《民法典》第一千零八十八条属于完全法条，具有独立的请求权基础。[①] 该规定的适用条件有：

第一，适用原则。遵循“有付出才能有回报”的原则，即一方因抚育子女、照料老人、协助另一方工作等付出了较多义务的才适用。也就是说，请求补偿的前提条件是一方对家庭付出了较多义务或一方协助了对方工作，即一方将较多的时间和精力奉献给了家庭或另一方，而另一方较少或根本不承担家务，明显从婚姻中受益。如果双方都分担了家务，双方都协助了对方，则不符合补偿的法定条件。

第二，本人请求。付出较多义务的一方提出补偿请求，离婚时是否实行经济补偿，取决于离婚当事人自己的请求。法律虽然制定了家务补偿制度，但并不强制适用，而由当事人自主决定。享有补偿请求权的一方，可以行使法律赋予的此项权利，也可以放弃。但只要当事人提起补偿请求，法院就会

---

① 薛宁兰、谢鸿飞主编：《民法典评注：婚姻家庭编》，中国法制出版社 2020 年版，第 434 页。

给予支持。值得注意的是，负担较多义务的一方的补偿请求权，仅限在协议离婚或者离婚案件诉讼过程中提出，协议或判决离婚后，一方提出经济补偿请求的，人民法院不予受理。[①]也就是说，离婚时未提出补偿请求的，离婚后权利消灭，不能再主张。

值得注意的是，夫妻在婚姻关系存续期间的财产共同所有或归各自所有，或部分共同所有、部分各自所有的情形，均不影响一方请求经济补偿。离婚家务劳动经济补偿，是在离婚时，对因家务劳动付出较多一方逸失利益的补偿，是实现矫正正义的系统性的制度设计。承认家务劳动的价值，不仅可以在一定程度上促进家庭成员认识到家务劳动对家庭的价值，同时也可促使社会尽快认识到家务劳动对社会的价值，承认从事家务劳动的一方所付出的时间成本和机会成本。离婚时，对付出家务劳动较多一方的经济补偿，不影响其对夫妻共同财产均等分割的权利，也不影响其请求离婚损害赔偿以及离婚经济帮助的权利。[②]

三、离婚时经济帮助体现了法律的人文关怀

离婚时经济帮助制度，与离婚时家务劳动补偿和离婚损害赔偿制度并称为我国三大离婚经济制度。[③]《民法典》第一千零九十条再次规定了离婚时经济帮助，即“离婚时，如果一方生活困难，有负担能力的另一方应当给予适当帮助。具体办法由双方协议；协议不成的，由人民法院判决”。

离婚时的经济帮助，是指夫妻离婚时，一方生活确有困难，经双方协议或由人民法院判决，由经济条件较好的另一方给其必要的经济资助的制度。它不是夫妻间的扶养义务，而是为保障婚姻关系解除后困难方的生活需要所规定的法律保障措施。它的实施有利于离婚纠纷的圆满解决，有利于对离婚自由权的保护，也有利于防止因离婚带来的社会动乱，体现了法律对弱势方

---

① 最高人民法院民法典贯彻实施工作领导小组主编：《中华人民共和国民法典婚姻家庭编继承编理解与适用》，人民法院出版社2020年版，第315页。

② 夏吟兰：《离婚家务劳动经济补偿制度促进社会承认家务劳动的价值》，载《中国妇女报》2020年7月8日。

③ 最高人民法院民法典贯彻实施工作领导小组主编：《中华人民共和国民法典婚姻家庭编继承编理解与适用》，人民法院出版社2020年版，第323页。

主要是妇女的特别保护。当然，男方生活困难的，也同样享有接受经济帮助的权利。

经济帮助制度与家务补偿和损害赔偿制度具有根本不同的性质。家务补偿的前提是一方付出了较多义务，而另一方从中得到了利益，法律赋予付出方的补偿请求权，是为了平衡夫妻之间的利益关系，实现法律的公平；损害赔偿制度的前提是一方有重大过错，并因过错导致离婚，法律赋予受害方赔偿请求权，是为了惩罚过错方和对无过错方的损害给予经济赔偿，以实现法律的正义。但经济帮助不以一方有过错或少尽义务或有过失为前提，也不以何方提起离婚为要件，具有纯粹的资助性质。同时《民法典》再次确立了经济帮助制度，具有强制性，所实现的是法律的调控功能。

（一）生活困难的确定标准

对于“生活困难”的含义，司法实践中存在不同的理解和做法，主要表现为绝对困难与相对困难的两种对立的观点。持绝对困难观点的人认为，经济帮助是对确实、真正生活困难一方的救济措施。“生活困难”是一方依靠离婚时分得的财产及其个人财产，无法维持最基本的正常生活。因此，他们认为，经济帮助毕竟是从一方的合法财产中拿出一部分去帮助即将解除的婚姻关系中的有困难者，对此不能规定过严，对实施帮助行为的一方也不能要求过高，不能以离婚前后生活水平有明显下降为由而认为是生活困难，从而主张对方对其进行帮助。[①] 离婚时夫妻一方的“生活困难”应当是绝对困难而非相对困难，应当有一个固定的判断标准。与此相反，持相对困难观点的人认为，男女双方结为夫妻后，基于相互的信任和对美好生活的共同期待，根据自身的特点和家庭的需要合理分工，共同经营家庭生活。这种情况下取得的家庭财产，很难分清是夫妻一方努力的结果，还是夫妻双方的劳动成果，进而无法准确确定婚姻关系存续期间取得的财产，哪些财产应当为夫所有，哪些财产应当为妻所有。即使在夫妻共同生活期间，某些财产可能由于一定因素出现在夫妻一方的名下，也不能简单地认定为夫妻一方的个人财产。如

---

① 参见李国光主编：《解读最高人民法院司法解释》（民事卷 1997—2002），人民法院出版社 2003 年版，第 125 页。

果离婚使曾经共同生活的一方获得优越的生活条件，而另一方的生活水平却一落千丈，是有失公正的。婚姻法应该为生活困难提供一个相对标准，对于生活困难一方的认定不能过于严格。当离婚导致一方生活水平有明显降低时，对于其提出的经济帮助请求，人民法院应该根据法律判决予以支持，完全以一个绝对的标准来衡量，容易使当事人的利益无法得到真正的保护。

考虑到夫妻关系的特殊性，基于经济帮助的人道主义性质，《婚姻法解释（一）》（现已失效）第二十七条采纳了第一种观点，将“生活困难”定性为绝对困难而非相对困难。所谓生活困难，是指依靠个人财产和离婚时分得的财产无法维持当地的基本生活水平。一方离婚后没有住处的，属于生活困难。可见，生活是否困难可以从两个方面来判断：一是离婚时的财产能否维持当地的基本生活水平；二是离婚后有没有住处。其财产能维持生活，但离婚后无住处的属于生活困难；有住处但财产不能维持生活的，也属于生活困难。[①] 离婚时若一方生活困难而另一方又有能力的，那么有能力的一方应当给予适当的经济帮助。由于我国各地区的经济发展情况并不一致，很难从基本法的层次上为“绝对困难”确定一个通行全国的标准。《婚姻法解释（一）》第二十七条采用的以当地基本生活水平为标准判断是否属于生活困难的做法，是比较客观、可行的。《民法典》也采用了绝对标准[②]，即“绝对困难”标准。

（二）经济帮助的具体形式

我国的经济帮助制度可以适用于协议离婚，也可以适用于判决离婚的情况。对于双方协议离婚的，经济帮助问题由当事人自行协商解决；当事人协商不成的，人民法院在判决离婚的同时，也可以判决有经济能力的一方给予生活困难的对方一定的经济帮助。经济帮助，既包括金钱，也包括房屋等。对于经济帮助的具体形式，应当根据夫妻双方的实际情况确定。有能力的一方当事人可以以金钱方式进行帮助，也可以以住房作为帮助的形式和手段。

---

① 参见何志：《婚姻法判解研究与适用》，人民法院出版社 2004 年版，第 498 页。

② 最高人民法院民法典贯彻实施工作领导小组主编：《中华人民共和国民法典婚姻家庭编继承编理解与适用》，人民法院出版社 2020 年版，第 324 页。

以金钱方式进行经济帮助的，比较容易理解和操作。人民法院可以判决有经济能力的一方一次性给付一定数额的金钱，也可以采用分批给付的方法，按月或按规定期间支付固定数额的金钱。

对于以住房为经济帮助对象的问题，《婚姻法》颁布之前，最高人民法院曾经颁布过相关的司法解释。如1993年的《离婚财产分割意见》第十四条规定："婚姻存续期间居住的房屋属于一方所有，另一方以离婚后无房居住为由，要求暂住的，经查实可据情予以支持，但一般不超过两年……"将一方所有的房屋让对方暂时居住以解决生活困难是实践中常用的、可行的办法。然而，由于这一做法仅规定生活困难的一方可以在两年内居住在对方的房屋中，帮助力度有限，且时间较短，不能很好地实现婚姻法的弱者保护功能和保障离婚自由的彻底实现。因此，《婚姻法》中明确列举应以住房作为经济帮助的对象。然而将当事人一方所有的住房作为经济帮助的对象，应当采取什么样的具体做法？是否可以将所有权直接判决给生活困难的一方？这些疑问是《婚姻法》中没有涉及的，也是司法实践中常常遇到的困惑。在《婚姻法解释（一）》的起草过程中，专家们曾对这些问题展开过争论。大多数意见认为可以依法将这种房屋所有权判决给属于生活困难的一方。像妇联的多数同志、许多婚姻法学方面的专家学者都支持将所有权转移给生活困难者。最后，最高人民法院以经济帮助的性质为基点，结合我国的实际情况，本着从保护弱势群体利益的原则出发，尤其侧重对妇女利益的保护，在《婚姻法解释（一）》第二十七条中，对上述问题作了具体的规定。如果生活困难一方要求以房屋作为经济帮助的对象时，人民法院应当结合具体情况判决。可以判决在一定的期间内，经济帮助义务方提供住房让生活困难一方居住，也可以直接判决经济帮助义务方所有的房屋归生活困难方所有。一味将房屋的所有权作为经济帮助的具体形式的做法是错误的。总之，离婚时，一方以个人财产中的住房对生活困难者进行帮助的形式，可以是房屋的居住权或者房屋的所有权。

（三）严格把握经济帮助的条件

我国的经济帮助制度有严格的条件，必须同时符合下列三个条件：（1）一方必须存在生活困难。这里的一方"生活困难"，采取的是绝对困难标准，即依靠个人财产和离婚时分得的财产无法维持当地基本生活水平或一方离婚后没有住处。（2）一方必须是在离婚时存在生活困难。法律对“生活困难”提出了严格的时间限制。只有在离婚时一方当事人存在生活困难，才可以提出经济帮助的请求。如果当事人在离婚时并不困难，离婚后经过一定时间出现生活困难，又要求对方帮助的，人民法院对其请求将不予支持。（3）另一方须具有给予帮助的经济能力。提供经济帮助应该以夫妻双方中相对于生活困难一方而言的另一方具备这种帮助的能力为前提。也就是说，承担帮助义务的一方，必须是在离婚时分得的财产和其个人财产相对较多，除足以维持其自身正常的衣、食、住、行等需求外，还能够以其个人财产中的部分对其前配偶进行住房或经济上的帮助。如果一方存在生活困难，另一方没有提供帮助所必要的经济能力，其自己的生活都无法保障，或者只能勉强维持生活，怎么可能向对方提供经济帮助呢？以上三个条件相互联系，构成一个有机结合的整体，缺一不可。

一方给付经济帮助款项或财产，要根据当事人的经济承受能力和当地生活水准，如给付义务人在经济上确有困难，可对给付款项采取分期偿付的方式。给付一定的财产可以是财产的使用权或者财产的所有权。具体掌握的原则应是法律规定的原则，具体确定的标准法律未明确规定，可根据具体案件灵活掌握。[①]

实施经济帮助是否以要求生活困难方必须无过错或者帮助义务方必须有过错为前提，国内外立法有不同的做法，理论界有不同的观点。如我国台湾地区所谓“民法典”第一千零五十七条规定“夫妻无过失之一方，因判决离婚而陷于生活困难者，他方纵无过失，亦应给予相当之赡养费”，这一规定表明，我国台湾地区的离婚赡养费给付制度是以判决离婚而导致夫妻一方生活困难和生活困难方无过错为前提条件的。如果生活困难方有过错，纵然离婚后生活困难，对方也不必给付赡养费。这种观念认为离婚后原夫妻双方之间已经没有相互扶养的义务，离婚后，一方生活困难，应由政府解决。如果不考虑离婚责任在谁，让一方负担赡养的义务，可能会导致无过错方照顾

---

① 参见最高人民法院民事审判第一庭编著：《最高人民法院婚姻法司法解释（三）理解与适用》，人民法院出版社2011年版，第141页。

有过错方，有失公平。然而，越来越多的人认为经济帮助制度（西方国家立法中多称赡养费）是帮助离婚后的生活困难一方解决实际困难这一客观问题的，不是过错赔偿，也不是基于对无过错方的照顾，更不是对有过错方的惩罚，不应该考虑当事人主观上是否存在过错，而应该根据法律规定和客观情况进行判断。在审判实践中一直坚持不以生活困难方是否有过错作为决定是否对其实施帮助的根据。因为经济帮助本质上是经济方面的强者对弱者进行的一种帮助。只要离婚时一方有生活困难而另一方有帮助能力的客观条件具备，就应该适用经济帮助。追究对于造成婚姻关系破裂的责任在谁，并对过错方进行惩罚，是另一个问题，可以通过离婚损害赔偿制度来解决。

（四）经济帮助的时间限制

对于经济帮助是否应该有时间限制，在理论界存在一定的争议。有些人认为“应帮助到生活困难者不再困难为止”，因为该立法的目的是帮助生活困难者，就应该帮助其真正解决问题。也有人对此持异议，他们认为这种帮助毕竟是扶助性质，是为社会分担负担。让实施帮助行为的人一直帮助到对方不再困难为止，其中不确定因素太多，如果生活困难者很快通过自身努力摆脱了困境，实施帮助行为的人也可以因此而减轻经济上的负担；如果其经济条件一直都无法使其独立维持正常生活的话，岂不意味着实施帮助行为的人始终都不能结束这种状态，这对实施帮助者而言亦有失公允。[①]

虽然没有明确规定经济帮助的时间，但在司法实践中，人民法院是根据不同的情况决定经济帮助的时间的。一般来说，人民法院在判决离婚时，应查明双方的财产状况、经济条件、谋生能力、受帮助方的生活困难程度、帮助方的负担能力等因素，结合当地的一般生活水准及双方婚姻关系存续期间的生活水平，确定一方给予另一方适当的帮助。对于离婚时，一方年轻有劳动能力，只是生活暂时有困难的，另一方可给予短期的或一次性的帮助；对于结婚多年，一方年老病残、失去劳动能力而又无生活来源的，另一方应在居住和生活等方面给予适当的安排，在经济上可视具体情况，给予一次性帮

① 参见李国光主编：《解读最高人民法院司法解释》（民事卷1997—2002），人民法院出版社2003年版，第129页。

助或长期的帮助。在执行帮助期间，受资助一方另行结婚或经济收入足以维持生活时，对已经确定的帮助费尚未执行或者未全部执行的，帮助一方即可停止给付。只要帮助方依据判决确定的标准、数额及形式，实际上已经完全提供经济帮助的，就是一次帮助的完成。一次经济帮助完成后，原则上不再重复进行，不能反复进行帮助。如果另一方仍然属于生活困难，除本人愿意继续提供帮助外，义务人可以不再对其进行帮助。当事人已经履行完离婚判决或协议中所定的帮助义务后，生活困难者再提起诉讼要求对方进行帮助的，人民法院一般不予支持。这是因为，经济帮助制度设立的目的主要在于帮助对方暂渡难关，鼓励其自力更生，而并不是使其长期依赖对方，更不能等同扶养。

四、对案例 44、案例 45 的简要评析

案例 44 让《民法典》中关于“家务劳动补偿”的规定再次进入舆论视线。2021 年 2 月，北京房山区人民法院审理的全职太太离婚获 5 万元家务补偿一案，成为明确支持家务补偿的“民法典第一案”，补偿数额及补偿标准备受关注。《民法典》对“家务劳动补偿”的规定，是遵循权利和义务对等的原则作出的。只有在一方为婚姻共同体尽了较多义务，如抚养子女、照料老人、协助另一方工作的情形下才可以向对方请求补偿。家务劳动补偿制度的直接目的就在于矫正夫妻离婚时分割夫妻双方共同财产的不平衡状态，保护婚姻中多付出的相对弱势一方。在案例 44 中，争议的焦点是认为补偿 1.5 万元太少，与其诉讼请求差距太大。其实，应该补偿多少，作为局外人是不太清楚的，只有居中裁判的分割有足够的理由达到“内心确认”，我们认为结合方方面面的因素作出裁判是合情、合理、合法的。当然，随着《民法典》深入日常生活，未来此类案件会越来越多，因此有必要给出相对明确、可供参考的考量标准，如双方婚姻关系存续时间的长短、家务劳动的强度、双方的经济情况、当地的生活水平、一方承担家务劳动丧失的机会成本等，可以起到化解争议的作用。

在案例 45 中，马某申请再审的争议焦点是不能再依据双方《离婚协议书》支付生活费。最高人民法院经审查认为，《离婚协议书》约定“离婚后男方自愿每月付给女方生活费贰仟元整”的内容，合法有效。因马某未履行约定义务，女方赵某依据协议书请求马某支付 2014 年 12 月至 2019 年 3 月

的生活费，符合法律规定。就案件本身来看，裁判是正确的。但是，该案的确带来了值得思考的问题，离婚后经济帮助何时休？经济帮助究竟是一次性帮助还是长期性帮助？在司法裁判时，应当考虑双方的财产状况、经济条件、谋生能力、受帮助方的生活困难程度、帮助方的负担能力等因素，综合确定。在本案中，如果马某提供充分的证据表明赵某已经摆脱了生活困难的情景，情势就发生了变化，法院完全可以裁判终止协议书的履行。因为，离婚后的长期性帮助并不是马某的法定义务。

第五节 涉军人离婚

一、问题的提出

对军人婚姻实行特殊保护是我国婚姻制度的一个特色，是《国防法》确定的一项重要原则。[①]我国的婚姻家庭法律制度历来重视涉及军人离婚纠纷的处理，明确规定离婚须征得军人同意。《民法典》第一千零八十一条规定："现役军人的配偶要求离婚，应当征得军人同意，但是军人一方有重大过错的除外。"

在研究涉军人离婚之前，先看一则案例：

案例 46：吴某某诉陈某甲涉军离婚纠纷案[②]

原、被告双方于 2012 年 1 月，经被告爷爷陈某安介绍相识，2012 年 2 月，双方订婚后原告吴某某随被告陈某甲到其服兵役处广州共同生活了两个多月，双方在当地民政局办理结婚登记。二人婚后生育一子取名陈某乙，现随女方生活。婚后前期双方感情尚可，婚后被告陈某甲在某军服兵役，原告及孩子大部分时间都在老家，随女方父母一起生活。双方共同生活期间曾为

① 参见最高人民法院民法典贯彻实施工作领导小组主编：《中华人民共和国民法典婚姻家庭编继承编理解与适用》，人民法院出版社 2020 年版，第 270 页。

② 详见河南省信阳市中级人民法院（2016）豫 15 民终 1238 号民事判决书。

琐事发生矛盾，双方因聚少离多，夫妻感情出现隔阂。现原告起诉至原审法院，要求依法处理。

原审法院认为，夫妻关系应以感情为基础，原、被告双方婚后共同生活期间因家务琐事发生矛盾后，因缺乏沟通与交流致使夫妻关系出现裂痕，现原告提出离婚，被告同意离婚，应依法准予。对于孩子抚养问题，因婚生子陈某乙从出生至今一直随原告及其外公、外婆一起生活，为了孩子有稳定的生活环境，便于其学习和成长，孩子由原告吴某某抚养较为适宜。被告陈某甲系现役军人，不具备直接抚养孩子的条件，对其要求抚养孩子的意见不予采纳。原告要求被告按工资收入的30%支付子女抚养费，被告陈某甲原审庭审陈述其工资月收入6200元，子女抚养费暂定按每月1000元支付。据此判决：一、准予原告吴某某与被告陈某甲离婚。二、婚生子陈某乙由原告吴某某抚养，被告陈某甲支付子女抚养费每月1000元……吴某某、陈某甲均不服判决，提起上诉。其中，陈某甲上诉称同意离婚不是真实意思表示，不同意离婚。

二审法院认为，现役军人的配偶要求离婚，应当征得军人同意，但军人一方有重大过错的除外。吴某某起诉与作为现役军人的陈某甲离婚，陈某甲不同意离婚，吴某某也未能提供军队政治机关相关审批或者证明手续；且吴某某无证据证实陈某甲具有《婚姻法》规定的，军人一方有重大过错的法定情形。结合双方婚姻基础、婚后感情、离婚原因、夫妻关系的现状和有无和好可能等方面综合分析，不足以认定吴某某与陈某甲夫妻感情确已破裂。吴某某首次起诉与陈某甲离婚，为了给双方提供对婚姻再次慎重考虑的时间与机会，同时鉴于吴某某起诉离婚的法定条件未成就，现阶段不宜判决离婚。据此判决撤销原判，不准吴某某与陈某甲离婚。

上述案例涉及现役军人离婚的有关问题。试问：如何理解适用《民法典》对现役军人离婚问题的处理？如何认定现役军人一方有重大过错？军人的复员费、转业费应当如何处理？

二、《民法典》对军婚保护的理解适用

在非现役军人一方向现役军人提起离婚诉讼时，《民法典》虽然规定“应当征得军人同意”，但这并不意味着只要军人一方不同意离婚，婚姻便绝对

无法解除。《民法典》第一千零七十九条第二款规定：“……如果感情确已破裂，调解无效的，应当准予离婚。”这一规定是人民法院裁判是否离婚时必须适用的一般性规定，军人离婚案件也不例外。《民法典》第一千零八十一条“现役军人的配偶要求离婚，应当征得军人同意……”的规定，只是关于军人离婚的特殊程序性规定，只意味着非军人配偶提出的离婚案件适用特殊的程序性规定，而非剥夺了非军人配偶的实质性离婚权利。只要夫妻感情确已破裂，不论是对普通夫妻，还是对军人夫妇，人民法院都判决准予离婚。在军人配偶要求离婚的诉讼中，一般应首先适用军人配偶要求离婚的，应当征得军人同意的规定。但是，不能由此推出，军人不同意离婚的，就绝对不能判决离婚。法律设置该条规定，只是对军人配偶离婚请求权的一定限制，并没有否定夫妻感情确已破裂作为所有诉讼离婚案件判决离婚的唯一法定理由。判决准予或者不准离婚的标准，仍然是夫妻感情是否确已破裂，而非军人自身的主观愿望。在军人无重大过错的情况下，军人配偶提出的离婚，必须征得军人的同意后，法院方可准予当事人离婚。如果军人不同意离婚的，原则上人民法院只能判决不准离婚。

但是，在军人存在重大过错时，即使军人不同意其配偶提起的离婚要求，人民法院依然可以认定夫妻关系确已破裂而依法作出准予离婚的判决。因为，这一立法的本意就在于保护军人尚未死亡的婚姻，即通过对军人配偶离婚权利的限制，防止感情没有破裂或没有完全、真正破裂的军人婚姻的解除，而不是利用法律手段强制维持已经死亡的、没有存在必要的婚姻。当现役军人有法定的严重过错时，足以证明该军人主观上已经不再珍惜自己的婚姻，客观上其过错行为已经严重地破坏了夫妻关系，导致夫妻感情确已破裂。维持此种婚姻，不仅侵害了军人配偶的合法权益，也有悖于婚姻自由的原则及婚姻的本质，不符合本条的立法本意。对于因军人的重大过错导致夫妻感情确已破裂的离婚案件，在调解无效时，人民法院应通知军人所在部队团以上政治机关，做好军人的思想工作，准予离婚。我国现行法律在保护现役军人的婚姻权利的同时，也注重对非军人一方的婚姻权利的保护。因此，我国法律尽管对非军人配偶提出的离婚规定了特别程序，但是否判决他们离婚，仍然以夫妻感情是否确已破裂为依据。《婚姻家庭编解释（一）》第六十四条规定，详细解释了“军人一方有重大过错”的内容，即“民法典第一千零八十一条所称的'军人一方有重大过错'，可以依据民法典第一千零七十九条第三款前三项规定及军人有其他重大过错导致夫妻感情破裂的情形予以判断"。这是对因军人过错导致夫妻感情确已破裂的具体列举，目的是加强可操作性。这是对婚姻立法规定的法定离婚条件的进一步阐释，并没有与裁判离婚必须遵循的一般原则相违背。

因此，我们处理现役军人配偶提出的离婚案件的基本原则是：一方面，对军人的婚姻给予特殊的保护，在军人没有过错或者虽有过错但并非重大过错时，其配偶要求离婚都须征得其同意。另一方面，在现役军人存在重大过错时，适用但书条款。

需注意两个问题：（1）双方都是军人的离婚案件，不适用我国《民法典》第一千零八十一条的规定，由于该条的立法意图，是以一定方式限制军人配偶的离婚请求实现权，从而特殊地支持军人一方的意愿。[①] 也就是说，对于非军人向军人要求离婚的，军人一方同意的，可以离婚；军人一方不同意的，一般不能判离。因此，夫妻双方都是军人，不论由谁首先提出离婚诉讼，若要适用该条的话，必然会妨害另一方军人的利益。很显然，这是与特殊保护军人婚姻的立法意图相违背的，所以，这类案件不适用该条的规定。（2）军人事实婚姻关系不能适用我国《民法典》第一千零八十一条的规定。由于我国对事实婚姻采取的态度是在一定时期内有条件的承认，但是，应当引起注意的是，有条件的承认，并不否定事实婚姻的违法性，根据有关法律规定还要对其进行民事制裁，其目的是维护法律的严肃性和权威性。显然，如果事实婚姻关系的当事人一方是军人，首先应考虑的是如何对其进行处罚的问题，而不能适用《民法典》第一千零八十一条加以特殊保护。有条件的承认事实婚，并不等于与法律婚同等对待，所谓法律婚是指当事人依照结婚的法定条件和程序缔结的婚姻关系。根据最高人民法院的有关司法解释，对事实婚调解不能和好的，只能调解或判决准予离婚，不能像法律婚那样还可以判决不准离婚。由此可见，属于事实婚姻关系的非军人要求离婚，军人不同意的，法院如果用判决去强制维持这种违法的婚姻关系，显然有悖于法律的严

① 参见黄薇主编：《中华人民共和国民法典婚姻家庭编释义》，法律出版社2020年版，第156页。

肃性，因此，军人的事实婚姻关系不应适用《民法典》第一千零八十一条的规定。

三、对现役军人一方有重大过错的认定

婚姻家庭编规定，现役军人的配偶要求离婚，应当征得军人同意，但军人一方有重大过错的除外。这一规定作为强制性规定，是对军婚进行特殊保护的限制性规定。现役军人一方存在重大过错且导致夫妻感情破裂时，其配偶要求离婚的，可以不必征得军人的同意。所以，军人的“重大过错”是非军人配偶提出离婚、突破“应当征得军人同意”的前提，对“重大过错”范围的准确界定，涉及维护军心稳定和立法统一两项重要理论价值。将“重大过错”确定得过于宽泛，不利于保护军人的婚姻权利，将“重大过错”认定得过于严格，又不利于非军人配偶离婚权利的实现，因此，合理认定军人的重大过错有着重要的意义。

《婚姻家庭编解释（一）》第六十四条规定，“军人一方有重大过错”，可以依据《民法典》第一千零七十九条第三款前三项的规定及军人有其他重大过错导致夫妻感情破裂的情形予以判断。不难看出，司法解释所认定的现役军人的“重大过错”如下：（1）重婚或与他人同居的；（2）实施家庭暴力或虐待、遗弃家庭成员的；（3）有赌博、吸毒等恶习屡教不改的；（4）有其他重大过错行为的。主要是指其他严重违背社会公德，并对夫妻感情造成严重伤害的行为，如强奸妇女、奸淫幼女、嫖娼等违法犯罪行为等，可以认定为重大过错行为。

四、军人的复员费、转业费的司法处理

（一）军人的复员费、转业费的性质

目前，军人退役有两种形式：一是复员；二是转业，包括计划分配和自主择业两种情况。计划分配人员回到地方仍然具有干部身份，而自主择业人员在退役后不再具有干部身份。在军人复员或者转业时，国家最高权力机关和行政机关及军队最高统帅机关依据相应的法规规章，会发给军人一定的复员费或者转业费等。

复员费是指对军官、文职干部经批准退出现役作复员安置时发给个人的各种费用的统称，包括安家补助费、回乡生产补助费、医药生活补助费等。转业费是指对军官、文职干部、士官经批准退出现役转业到地方工作而发给个人的各种费用的统称，包括转业安家补助费、转业生活补助费和转业回乡差旅费等。对于婚姻关系存续期间复员费、转业费的性质，不仅司法解释中在不同时期存在不同的规定，理论界也存在两种不同的观点。一种观点认为，应当将军人婚后所得的复员费、转业费认定为军人的个人财产。因为，军人从部队带回的复员费、转业费是与军人身份密不可分的，属于军人生活安置费的预支，具有较强的个人属性，不宜认定为夫妻共同财产。特别是复转所得中的新类型财产即自主择业的军队转业干部领取的自主择业补助费及退役金，更应该规定为军人的个人财产。军队转业干部从部队领取的自主择业补助费，是基于转业而产生的财产，没有转业这一特定事件就没有这种经济补偿，这种财产在本质上与一般的工资、奖金不同。因为自主择业费的获得，“是以放弃由政府安排工作和职务从而带来稳定、长期的期待收入为代价的，在激烈的就业竞争中，通过学习提高自身的就业能力以及寻找二次就业机会，都需要精神、财力的较大付出。军人在服役期间所付出的劳动，已从以往的工资中得到回报，而自主择业补助费是对军人在服役期间的牺牲和奉献的褒奖，同时也是对其自主择业给予的经济支持”。[①]自主择业补助费是国家从军人职业特点出发给予军人生活、安置方面的补贴，具有严格的、专属于特定人身的性质，不宜认定为夫妻共同财产。另外，虽然最高人民法院1993年11月发布的《离婚财产分割意见》中规定婚姻关系存续期间，复员、转业军人所得的复员费、转业费，结婚时间十年以上的，应按夫妻共同财产进行分割，但由于该规定与《婚姻家庭编解释（一）》第三十一条[②]的规定相违背，夫妻一方的个人财产不再随着婚姻关系的持续而“充公”，故以十年为界线，将复员费、转业费界定为夫妻共同财产的规定也已经被废止。而反

---

① 参见荀桓栋：《自主择业补助费和退役金的归属问题》。转引自最高人民法院民事审判第一庭编著：《最高人民法院婚姻法司法解释（二）的理解和适用》，人民法院出版社2004年版，第130页。

② 《婚姻家庭编解释（一）》第三十一条规定：“民法典第一千零六十三条规定为夫妻一方的个人财产，不因婚姻关系的延续而转化为夫妻共同财产。但当事人另有约定的除外。”

对该观点的人认为，认定复员费、转业费的性质时，应当充分考虑到在军人服役期间，军人的配偶在家从事生产劳动、照顾孩子、服侍老人的实际情况。现役军人基本上常年在部队服役，难以照顾家庭，其配偶在家中扶老携幼、劳动生产、辛苦经营积攒的财产是夫妻共有，而军人的复员费却作为合法婚后所得归属个人财产，如此规定显失公平，显然违背立法的基本精神。[①]有些复员、转业军人取得的复员费、转业费高达十几万元，如果结婚多年，又无其他更多的夫妻共同财产，一概将其作为复员军人个人所有，对现役军人的配偶一方有失公允。从保护妇女、儿童的角度出发，这些费用，包括自主择业补助费都应认定为夫妻共同财产，否则将会损害军人配偶一方的应得利益。

确定复员费、转业费的归属，应当以夫妻财产制基本原则为依据，从实际出发，既考虑到军人一方的切身利益，又考虑到军人配偶一方的利益，公平地协调双方的合法权益。在没有法律明确规定或者夫妻财产约定的情况下，婚姻关系存续期间取得的财产，原则上为夫妻共同财产。而复员费、转业费虽然没有被明确规定为军人的个人财产，但其与军人身份密不可分的性质是有目共睹的，同时，由于军人的特殊职业，其配偶为家庭的付出和牺牲往往比一般配偶要多，一概将复员费、转业费规定为夫妻共同财产或者军人的个人财产，都有失公平。最高人民法院在坚持夫妻财产制原理的基础上，采取了一个新的解决此类财产纠纷的具体办法。对于一次性发放给军人的复员费、自主择业费等的归属问题，既考虑军人的服役年限，又参考双方结婚时间的长短，综合平衡各方面的利益，力争做到对军人和其配偶都公平合理[②]，《婚姻家庭编解释（一）》第七十一条第一款规定："人民法院审理离婚案件，涉及分割发放到军人名下的复员费、自主择业费等一次性费用的，以夫妻婚姻关系存续年限乘以年平均值，所得数额为夫妻共同财产。"该规定将婚姻关系存续期间，军人取得的复员费、转业费等款

① 参见万鄂湘主编：《民商法理论与审判实务研究》，人民法院出版社2004年版，第519页。

② 参见最高人民法院民事审判第一庭编著：《最高人民法院婚姻法司法解释（二）的理解和适用》，人民法院出版社2004年版，第130页。

项，按年份平均分成若干等份，属于婚姻关系存续期所对应的款项，为夫妻共同财产，除此之外的部分为军人个人财产。该条为婚姻关系存续期间取得的军人的复员费、转业费被认定为夫妻共同财产，规定了一个限制性条件。

（二）离婚时界定复员费、自主择业费等费用为夫妻共同财产的具体计算方法

确定军人的复员费、转业费为夫妻共同财产的范围，对于均衡保护夫妻双方的利益，有着重要的意义。《婚姻家庭编解释（一）》第七十一条第二款规定了人民法院审理离婚案件时，合理确定军人复员费、转业费为夫妻共同财产的具体计算方法："前款所称年平均值，是指将发放到军人名下的上述费用总额按具体年限均分得出的数额。其具体年限为人均寿命七十岁与军人入伍时实际年龄的差额。"

该解释为复转费的计算提供了一个相对客观的标准。它将复转费区分成若干份，将属于婚姻关系存续期间所得或者应得的部分，认定为夫妻共同财产。具体的计算方法是：首先，设定一个前提条件，正常情况下，人均寿命70岁。用70减去军人入伍时的实际年龄得出公民自参军至理论寿命终结的期间。其次，将国家对于公民因为参军入伍这一行为而给其发放的一次性费用，按前述计算出的期间（以年为单位）平均分成若干等份。每一份所对应的数额，可以视为军人自入伍后每年所应当得到的费用。最后，用每一份所对应的数额乘以结婚的年限，就得出夫妻共同财产的具体数额。复员费、自主择业费扣除属于夫妻共同财产的部分，其余财产为军人的个人财产。这种计算方法，充分考虑了婚姻关系存续时间长短的因素，共同生活时间长的，认定为共同财产的就多，结婚时间短的，认定为共同财产的就少。这种做法，既符合《婚姻法》关于婚姻关系存续期间所得共有的原则，也能较好地兼顾各方利益，比较公平。

五、对案例46的简要评析

在案例46中，一审法院认为作为现役军人的陈某甲同意离婚，就判决准予双方离婚。宣判后，原告提起上诉，被告现役军人以同意离婚并非真

实意思表示为由提起上诉，二审法院以现役军人不同意离婚为由判决撤销原判，改判为不准予双方离婚。判决离婚还是不离婚，究竟是一审正确还是二审正确？笔者认为，二审法院的处理是慎重的。

首先，判决本案的原、被告是否离婚的关键是确定双方是否“感情确已破裂”。从本案来看，结婚时间不长，生育一子，聚少离多，导致感情有点疏远，这对为一方是现役军人的情况来说，应当是正常的。因此，不能认定双方的感情确已破裂。其次，依据《民法典》第一千零八十一条“现役军人的配偶要求离婚，应当征得军人同意，但是军人一方有重大过错的除外”的规定，现役军人的配偶提起离婚诉讼，必须征得现役军人的同意或者证明现役军人有重大过错，否则应当判决不准离婚。被告作为现役军人并非真心同意离婚，且没有重大过错，故二审法院判决不准离婚。

第六节 离婚后的子女抚养

一、问题的提出

夫妻离婚后不再是夫妻关系，但对子女来说，剪不断的血缘关系，最珍贵的亲情关系，父母仍负有对子女的法定抚养义务。《民法典》第一千零八十四条对离婚后的父母子女关系及离婚后父母对子女抚养、教育的权利与义务进行了规定，第一千零八十五条对离婚后父母负担子女的抚养费和教育费进行了规定。上述规定，是处理离婚后的子女抚养纠纷的法律依据。

在研究离婚后的子女抚养问题之前，先看两则案例：

案例 47：拖欠抚养费，法理情不容①

原告叶某1的父亲叶某2与母亲刘某于2019年7月22日经民政部门协议离婚，协议对子女抚养作出约定，长女叶某阳2004年7月5日出生，由

① 详见辽宁省沈阳市中级人民法院（2021）辽01民终7976号民事判决书。

男方抚养，女方不给付抚养费；次女叶某1于2009年1月12日出生，由女方抚养，男方每月支付抚养费2000元至18周岁。离婚后叶某1由母亲抚养监护，父亲合计给付抚养费1000元。

法院认为：《民法典》第一千零八十五条规定，离婚后，子女由一方直接抚养的，另一方应负担部分或全部抚养费。负担费用的多少和期限的长短，由双方协议；协议不成的，由人民法院判决。前款规定的协议或判决，不妨碍子女在必要时向父母任何一方提出超过协议或者判决原定数额的合理要求。本案原告父母离婚时对子女抚养费约定明确，被告应依协议履行，对于欠付的抚养费应予给付。被告辩称减少抚养费系其独立的诉讼请求，非本诉审查内容。据此判决被告叶某2于本判决发生法律效力后十日内给付原告叶某1自2019年8月至2021年3月的抚养费39000元。

案例48：变更抚养关系应当有利于子女健康成长[①]

李某与胡某原系夫妻关系。双方于2016年9月27日经民政部门协议离婚。离婚协议约定婚生子胡某潇由胡某抚养。现婚生子胡某潇与李某一起生活。胡某自认有房产两处，月收入5000元至8000元。庭审中胡某提交门诊病历、伤情报告、照片，证明李某曾对其进行殴打，但李某辩称系因胡某骑电动车拖拽而导致纠纷。李某表示以后不殴打婚生子。胡某潇向法庭亲笔书写材料表示愿随母亲生活。

法院认为：对子女的抚养，应从有利于子女身心健康、保障子女合法权益出发，结合父母双方的抚养能力和抚养条件等具体情况妥善解决。本案李某、胡某经济条件均可，且均未再婚，均愿意抚养子女，其行为值得嘉许。但婚生子现与李某一起生活，且其表示愿意继续随母亲生活。本着尊重子女意见的原则，对李某要求变更子女抚养关系的诉讼请求予以支持。结合双方的收入情况，酌定胡某每月给付抚养费2000元。据此判决：一、婚生子胡某潇变更由李某直接抚养监护；二、自2020年12月1日起，胡某每月给付胡某潇子女抚养费2000元，并于当月20日前履行完毕。

---

① 详见辽宁省沈阳市中级人民法院（2021）辽01民终3088号民事判决书。

上述案例涉及离婚后子女抚养费的给付、抚养关系的变更问题。试问：离婚后父母子女关系如何认定？子女抚养如何确定？抚养费如何负担及变更？

二、离婚后父母子女关系的法律认定

夫妻双方无论是登记离婚，还是诉讼离婚，变化的是夫妻之间的婚姻关系解除，不变的是父母与子女之间的亲子关系。

1. 离婚后的父母与亲生子女间的关系。根据《民法典》第一千零八十四条第一款的规定，父母与子女间的关系，不因父母离婚而消除。离婚后，子女无论由父或者母直接抚养，仍是父母双方的子女。因婚姻关系是男女两性基于自愿而依法缔结，既可依法而成立，又可依法而解除。父母子女关系则基于血缘关系而成立，这种血缘关系客观存在，除非一方或双方死亡，不能人为地消灭。故离婚只能消除夫妻关系，不能消除父母子女之间的身份和血缘关系，子女无论随父母哪一方生活，仍是父母双方的子女。[①]

2. 离婚后的养父母与养子女间的关系。养父母离婚，只发生解除养父母间的婚姻关系的效力，并不产生终止养父母与养子女之间的收养关系的效力。养父母离婚后，养子女仍是双方的养子女。如果养父母离婚时与养子女的生父母协商，并经已满8周岁的养子女同意，也可依法解除。但这属于收养解除问题，而不是因离婚而改变养父母子女关系。

3. 离婚后的继父母与继子女间的关系。生父与继母或生母与继父离婚时，对曾受继父母抚养教育的子女，继父或继母不同意继续抚养的，应由生父母抚养，即继父母与继子女间已经形成的权利义务关系因此消除；如果继父与生母或继母与生父离婚时，继父或继母同意继续抚养继子女，并取得生父母同意的，则继父母与继子女间已形成的权利义务关系不变。对于受继父母长期抚养教育成年的继子女，由于其与继父或继母已经形成了法律拟制的直系血亲关系，因此，不能因继父母的离婚而自然解除。在继父或继母与继子女一方或双方提出解除的情况下，虽然依法可以解除其人身关系，但继子女对抚养其成年的继父母在失去劳动能力、生活困难时，仍应该继续承担继父母

---

① 参见黄薇主编：《中华人民共和国民法典婚姻家庭编释义》，法律出版社2020年版，第160页。

的晚年生活费用。

4.离婚后的父母与人工授精所生子女间的关系。根据1991年7月8日《最高人民法院关于夫妻离婚后人工授精所生子女的法律地位如何确定的复函》中指出:“在夫妻关系存续期间,双方一致同意进行人工授精,所生子女应视为夫妻双方的婚生子女,父母子女之间权利义务关系适用《婚姻法》的有关规定。”据此,夫妻离婚后与其人工授精所生子女的关系与离婚后婚生父母子女间的关系相同。

5.父母离婚后对未成年子女致人损害的民事责任承担。夫妻离婚后,未成年子女致人损害的,应由与该子女共同生活的一方先承担民事责任。只有在与子女共同生活的一方无法独立承担民事责任时,才由未与子女共同生活的另一方共同承担民事责任。当然,父母作为监护人尽了监护责任的,可以适当减轻民事责任。未成年子女有财产的,应先从子女本人财产中支付赔偿费用;不足部分,才由父母依法单独或共同承担补充责任。

三、离婚后子女抚养的确定原则

《民法典》第一千零八十四条第二款规定:“离婚后,父母对于子女仍有抚养、教育、保护的权利和义务。”第三款规定:“离婚后,不满两周岁的子女,以由母亲直接抚养为原则。已满两周岁的子女,父母双方对抚养问题协议不成的,由人民法院根据双方的具体情况,按照最有利于未成年子女的原则判决。子女已满八周岁的,应当尊重其真实意愿。”针对离婚时子女抚养问题,人民法院在处理离婚后子女由何方直接抚养时应考虑诸多因素。

(一)哺乳期内子女的抚养

所谓“哺乳期内子女”,是指2周岁以下的婴幼儿。2周岁以下的子女原则上由母亲抚养是依据《民法典》第一千零八十四条第三款“离婚后,不满两周岁的子女,以由母亲直接抚养为原则”确定的。当然,父母双方协议不满2周岁子女由父亲直接抚养,并对子女健康成长无不利影响的,人民法院应予支持。[①]

---

① 《婚姻家庭编解释(一)》第四十五条。

根据《婚姻家庭编解释（一）》第四十四条[①]的规定，母亲有下列情形之一的，子女可随父亲生活：

1. 患有久治不愈的传染性疾病或者其他严重疾病的，子女不宜与其共同生活。母亲患有久治不愈的传染病如肺结核、慢性肝炎等，子女若随其生活，很容易染上这类疾病，影响子女健康。而一般性的传染性疾病，如肠炎、急性肝炎等，经及时治疗，会很快痊愈，不影响其抚育子女的能力。母亲患有其他严重疾病，如癌症、瘫痪、精神病等，不具有抚养子女的能力。有这些情况的，应当由父亲抚养。

2. 有抚养条件不尽抚养义务，而父亲要求子女随其生活。

3. 因其他原因，子女确不宜随母亲生活。母亲出走、母亲因职业等原因不能哺乳或因其他原因不哺乳婴儿，必须由父亲抚养的，均可以作为父亲抚养的条件。

哺乳期内的子女随母亲生活的，母亲不得推卸责任；同样，子女随父亲生活时，父亲也不得推卸责任。父母双方协议 2 周岁以下子女随父亲生活的，须以对子女健康成长有利为前提。

（二）哺乳期后的子女

所谓“哺乳期后的子女”，是指 2 周岁以上的未成年子女。2 周岁以上的未成年子女的抚养问题，由夫妻双方协商，协商不能达成一致协议时，由人民法院根据有利于未成年子女健康成长的原则确定抚养关系。法院应当考虑父母双方的思想品德、抚养能力、生活环境、与子女的感情等多种因素而确定。

1. 当父母均要求 2 周岁以上的未成年子女随其生活时，依据《婚姻家庭编解释（一）》第四十六条的规定，一方有下列情形之一时，可予优先考虑：（1）已做绝育手术或者因其他原因丧失生育能力；（2）子女随其生活时间较

---

① 《婚姻家庭编解释（一）》第四十四条规定：“离婚案件涉及未成年子女抚养的，对不满两周岁的子女，按照民法典第一千零八十四条第三款规定的原则处理。母亲有下列情形之一，父亲请求直接抚养的，人民法院应予支持：（一）患有久治不愈的传染性疾病或者其他严重疾病，子女不宜与其共同生活；（二）有抚养条件不尽抚养义务，而父亲要求子女随其生活；（三）因其他原因，子女确不宜随母亲生活。”

长，改变生活环境对子女健康成长明显不利；（3）无其他子女，而另一方有其他子女；（4）子女随其生活，对子女成长有利，而另一方患有久治不愈的传染性疾病或者其他严重疾病，或者有其他不利于子女身心健康的情形，不宜与子女共同生活。

2. 对已满 8 周岁以上的未成年子女，决定随父或随母时，应当尊重子女的真实意愿。这一规定是从有利于保护未成年人权益、保障子女合法权益的原则出发，有利于子女身心健康，结合父母双方的抚养能力和抚养条件，结合审判实践等具体情况确定的。[①]

3. 父亲和母亲抚养子女的条件基本相同时，双方均要求子女与其共同生活，但子女单独随祖父母或外祖父母共同生活多年，且祖父母或外祖父母要求并且有能力帮助子女照顾孙子女或外孙子女的，可作为子女随父或随母生活的优先条件予以考虑。[②]

4. 在有利于保护子女利益的前提下，父母双方可协议轮流抚养子女。[③]

5. 子女随一方生活，双方仍应从子女的利益出发，在抚养教育上互相协商，为彼此行使父母对子女的权利和履行对子女的义务提供方便。与子女生活的一方要求子女与另一方断绝关系，或者不与子女生活的一方拒绝承担对子女所负的义务，既是违反道德行为，又是违法行为。

（三）继子女与养子女的抚养

基于出生事实而形成的父母子女关系，不能因父母离婚而人为地解除。但拟制血亲所形成的父母子女关系，能否因父母离婚而解除，要根据具体情况而定。

1. 继父或继母与继子女的抚养关系。由于继父或继母与继子女没有血缘关系，因此，继子女与继父母的关系应本着以下原则处理：（1）生父与继母或生母与继父离婚时，继父或继母对曾受其抚养教育的继子女，不同意继续

---

① 参见黄薇主编：《中华人民共和国民法典婚姻家庭编释义》，法律出版社 2020 年版，第 162 页。

② 《婚姻家庭编解释（一）》第四十七条。

③ 《婚姻家庭编解释（一）》第四十八条规定："在有利于保护子女利益的前提下，父母双方协议轮流直接抚养子女的，人民法院应予支持。"

抚养的，不能勉强，继子女与继父或继母的关系可自然解除。继父或继母愿意继续抚养继子女的，人民法院应予准许。（2）受继父或继母长期抚养、教育的继子女已成年的，继父或继母与继子女已经形成的身份关系和权利义务关系不能因离婚而自然解除；只有在继父或继母或继子女一方或双方提出解除继父母子女关系并符合法律规定的条件下，才可以解除。但由继父或继母养大成人并独立生活的继子女应当承担生活困难、无劳动能力的继父或继母晚年的生活费用。

2. 养父母与养子女的抚养关系。养父母与养子女之间的身份关系及其权利义务关系，不因养父母离婚而解除。养父母离婚后，养子女无论是由养父还是养母抚养，仍是养父母双方的养子女。在特殊情况下，如养父母离婚时经生父母及有识别能力的养子女同意，双方自愿达成协议，未成年的养子女一方面可依法解除收养关系，由生父母抚养；另一方面可以变更收养关系，由养父或养母一方收养。但变更或解除必须符合法律规定，不得侵犯未成年养子女的合法权益。夫或妻一方收养的子女，对方未表示反对，并与该子女形成事实收养关系的，离婚后，应由养父母双方负担子女的抚育费；夫或妻一方收养的子女，对方始终反对的，离婚后，应由收养方继续抚养该子女。

（四）离婚后子女抚养的变更

子女随父或母共同生活确定后，如果父母双方的抚养条件发生了重大变化，或者子女要求变更抚养关系，可以通过父母双方协商变更，也可向人民法院起诉。根据《婚姻家庭编解释（一）》第五十六条的规定，父母一方要求变更子女抚养关系，具有下列情形之一的，人民法院应予支持：

1. 与子女共同生活的一方因患严重疾病或者因伤残无力继续抚养子女。

2. 与子女共同生活的一方不尽抚养义务或有虐待子女行为，或者其与子女共同生活对子女身心健康确有不利影响。

3. 已满 8 周岁的子女，愿随另一方生活，该方又有抚养能力。

4. 有其他正当理由需要变更。

四、离婚后子女抚养费的负担和变更

《民法典》第一千零八十五条规定：“离婚后，子女由一方直接抚养的，另一方应当负担部分或者全部抚养费。负担费用的多少和期限的长短，由双方协议；协议不成的，由人民法院判决。前款规定的协议或者判决，不妨碍子女在必要时向父母任何一方提出超过协议或者判决原定数额的合理要求。”根据《婚姻家庭编解释（一）》第四十二条之规定，“抚养费”，包括子女生活费、教育费、医疗费等费用。父母离婚时，子女抚养费的负担应当包括以下方面：

（一）子女抚养费的负担原则

1. 满足子女生活需要和教育需要原则。这是在确定子女抚养费问题上的首要原则。

2. 父母协商原则。子女随父母一方生活的，另一方是否负担抚养费，以及负担多少抚养费，可由父母双方协商，协商不一致时，由人民法院判决。

3. 父母双方合理分担原则。离婚后，父母双方有平等的负担子女抚养费的义务。子女不论由父亲或母亲哪一方抚养，另一方都有负担抚养费的义务。这种费用的负担，应根据父母双方的具体经济状况进行确定。如果一方没有负担能力，或者抚养子女的一方既有抚养能力又愿意独自负担费用的，应当予以准许。

（二）抚养费给付的具体数额、给付期限和给付办法

1. 抚养费给付的具体数额确定。该数额的确定，应当考虑下列因素：（1）根据子女的生活费、教育费和医疗费的实际需要。（2）考虑父母的实际负担能力。（3）参考当地的实际生活水平。（4）经济收入多的，可多负担；收入少的，可少负担，但原则上生活水平不低于当地的平均生活水准。

抚养费给付的具体数额，首先由父母双方协商，协商不一致的，由人民法院判决。根据《婚姻家庭编解释（一）》第四十九条第二款的规定，有固定收入的，抚养费一般可按其月总收入的20%至30%的比例给付。负担两个以上子女抚养费的，比例可以适当提高，但一般不得超过月总收入的50%。该条第三款规定，无固定收入的，抚养费的数额可依据当年总收入或者同行业平均收入，参照上述比例确定。该条第四款规定，有特殊情况的，可以适当提高或者降低上述比例。

2. 给付期限。根据《婚姻家庭编解释（一）》第五十三条的规定，抚养

费的给付期限，一般至子女18周岁为止。16周岁以上不满18周岁，以其劳动收入为主要生活来源，并能维持当地一般生活水平的，父母可以停止给付抚养费。根据《婚姻家庭编解释（一）》第四十一条之规定，尚未独立生活的成年子女有下列情形之一，父母又有给付能力的，仍应负担必要的抚养费：（1）尚在校接受高中及其以下学历教育的；（2）丧失、部分丧失劳动能力等非因主观原因而无法维持正常生活的。

3. 给付方法。一般可给付现金，有时也可给付实物。凡有工资收入的，一般按月或定期给付，尽量选择定期给付，以免按月支付不履行时造成每月都需要执行。在农村地区可按收益季节或年度给付。有条件的可一次性给付。一方无经济收入或下落不明，可用其财物折抵子女抚养费。

离婚前，双方已经分居，子女由一方抚养，他方不付子女抚养费的，离婚时一方要求他方补付，人民法院应予以支持。必要时，依当事人的申请，人民法院根据《民事诉讼法》第一百零九条[①]的规定，可以裁定先予执行。

（三）子女抚养费的增加、减少和免除

子女在必要时可向父母中的任何一方请求超过协议或判决原定数额的抚养费。子女这种抚养费的变更包括增加、减少和免除。子女抚养费的变更可由父母双方协商，协商不成的，由人民法院判决。

1. 抚养费的增加。根据《婚姻家庭编解释（一）》第五十八条的规定，当子女要求增加抚养费，有下列情形之一，父母有给付能力的应予以支持：（1）原定抚养费数额不足以维持当地实际生活水平的。近年来，我国居民生活水平提高很快，离婚时确定的抚养费数额很难满足几年后子女的实际需要，法院应根据实际情况作出增加子女抚养费的裁判。（2）因子女患病、上学，实际需要已超过原定数额的。应当注意的是，由于初中以上学历已经不再属于义务教育，上大学的各种费用负担较重，根据《婚姻家庭编解释（一）》第四十一条之规定，将子女在校就读的学历限定为高中及其以下，以此作为

---

① 《民事诉讼法》第一百零九条规定："人民法院对下列案件，根据当事人的申请，可以裁定先予执行：（一）追索赡养费、扶养费、抚育费、抚恤金、医疗费用的；（二）追索劳动报酬的；（三）因情况紧急需要先予执行的。"

父母的法定义务，而上大学的费用则作为父母应承担的道德上的义务，并非法定的强制性的义务。（3）有其他正当理由应当增加的。

2. 抚养费的减少或免除。请求抚养费的减少、免除应具备下列条件：（1）有给付义务的一方，由于长期患病或丧失劳动能力，失去经济来源，确实无力按原协议或判决确定的数额给付，而抚养子女的一方又能够负担，并有抚养能力的；（2）有给付义务的一方，因犯罪被收监改造，无力给付的；（3）直接抚养子女方再婚后，继父或继母愿意负担子女所需抚养费的一部分或全部。上述三种情况只是在一定条件下减少或免除义务人的给付义务，并没有终止父母对子女的抚养义务。在经济状况好转或继父、继母不愿或无力负担该项费用时，负有给付义务的一方应当恢复给付。

特别值得注意的是，免除抚养费，只是就抚养费本身而言，其教育子女的其他义务是不能被免除的，一方不得以免除抚养费为由，限制或剥夺另一方探望子女等权利。变更抚养费，原则上仅限于子女提出或者根据子女利益，由直接抚养子女的一方以子女的名义提出，但权利主体只能是子女。[①]

五、对案例 47、案例 48 的简要评析

在案例 47 中，抚养费的设立是为保护离婚后未成年子女的合法权益，是以未抚养一方的法定义务，让未成年子女的生活恢复到其父母离婚前的状态。抚养费本质上是针对未成年人的保障。这与中华民族尊老爱幼的传统家庭美德和社会主义核心价值观的要求是相契合的。依据《民法典》第一千零六十七条第一款规定，父母不履行抚养义务的，未成年子女或者不能独立生活的成年子女，有要求父母付给抚养费的权利。第一千零八十五条第一款规定，离婚后，子女由一方直接抚养的，另一方应负担部分或者全部抚养费。负担费用的多少和期限的长短，由双方协议；协议不成的，由人民法院判决。本案中，叶某 1 的父母叶某 2 与刘某在协议离婚时，对子女抚养及抚养费均作了明确约定，叶某 2 应当以离婚协议约定履行给付抚养费的义务。因此，法院判决叶某 2 按约定给付拖欠的抚养费。

---

① 参见黄薇主编：《中华人民共和国民法典婚姻家庭编释义》，法律出版社 2020 年版，第 168—169 页。

在案例48中，抚养子女是父母应尽的义务。抚养是指父母抚养子女成长，并为子女的生活、学习提供一定的物质条件。即使父母已经离婚，对未成年子女仍应依法履行抚养义务。本案属于变更抚养关系纠纷，虽胡某、李某离婚时约定“婚生子由胡某抚养，李某每月给付抚养费1000元”，但李某以离婚后婚生子主要由其实际抚养为由，要求变更抚养关系并要求胡某给付抚养费提起诉讼，并提供了婚生子出具的“愿意与母亲李某共同生活”的书证。法院根据婚生子的意愿，判定婚生子归李某直接抚养，并无不当。

第七节 探望权

一、问题的提出

《民法典》第一千零八十六条规定了离婚后不直接抚养子女的父或母享有对子女探望的权利，即“离婚后，不直接抚养子女的父或者母，有探望子女的权利，另一方有协助的义务。行使探望权利的方式、时间由当事人协议；协议不成的，由人民法院判决。父或者母探望子女，不利于子女身心健康的，由人民法院依法中止探望；中止的事由消失后，应当恢复探望”。这是2001修正后的《婚姻法》新增内容，《民法典》几乎作了同样的规定，体现了法律给予离婚父母的人文关怀。同时，为了探望权更具有适用性，《婚姻家庭编解释（一）》第六十五条至第六十八条又作了详细规定，但实践中仍有诸多问题需要探讨。

在研究探望权之前，先看一则案例：

案例49：行使探望权不可我行我素[①]

魏某某与黄某某原系夫妻关系，在双方婚姻关系存续期间于2018年11月18日育有一女魏某函。后双方于2020年9月17日经法院调解离婚，确

---

① 详见山东省济南市中级人民法院（2021）鲁01民终4982号民事判决书。

认婚生女魏某函由黄某某抚养，魏某某支付抚养费，享有探望权，但双方未约定具体的探望时间及方式。自双方离婚后，魏某某在2020年9月和11月共计见到婚生女魏某函两次。

法院认为，本案双方当事人离婚后，魏某某作为不直接抚养婚生女魏某函的一方，享有探望婚生女的权利，但探望子女的时间和方式应有利于子女的身心健康及成长教育。本案中，婚生女魏某函长期跟随其母亲黄某某生活，现不满3周岁，正处于幼儿时期，无生活自理能力，身体、智力等诸方面受环境影响较大，因此，对于魏某某要求以接送方式探视魏某函，并于每年农历正月初六至正月十二，每年7月5日至7月18日与魏某函共同生活的请求，法院不予支持。综合考虑婚生女年龄及本案的实际情况，酌定支持魏某某于每月第一周的周日上午9时至11时，至黄某某居住处探望婚生女魏某函一次，黄某某应予以协助。判决：一、原告魏某某自本判决生效之日起，于每月第一周的周日上午9时至11时，至被告黄某某居住处探望婚生女魏某函一次，黄某某负有协助的义务。

上述案例涉及探望权纠纷的有关问题。试问：如何理解探望权的法律性质及法律特征？行使探望权的主体有哪些？探望权如何行使及强制执行？哪些情形下可以中止或者恢复探望权？

二、探望权的法律性质为身份权

探望子女的权利是亲权的一项内容，最早可追溯至罗马法中的家长权。[①]探望权，又称为探视权，是指父母离婚后，不直接抚养子女的一方，依法享有的与不共同生活的子女相聚、交往的权利。从法理上讲，对子女的探望权是亲权的一项内容，亲权是父母对未成年子女的权利和义务，它是基于特定的亲属身份而发生的，是对父亲离婚后，无人身监护权的父或母与子女交往、了解子女情况的愿望的满足，它是对监护权不能行使的一种补充或救济。“直接抚养子女一方的抚养权和不直接抚养子女的探望权，共同构成了离婚后父

---

① 黄薇主编：《中华人民共和国民法典婚姻家庭编释义》，法律出版社2020年版，第169页。

母对子女亲权的主要内容。”[①]

在外国法中，探望权普遍规定在法律中，如《俄罗斯联邦家庭法典》规定，与子女分居的父母一方，有权与子女来往，参与子女的培养和决定子女受教育的问题。与子女生活的父母一方，不应阻碍子女与父母另一方来往，只要该来往不损害孩子的生理和心理健康及其道德发展。在美国的大多数州，子女抚养义务和探望权利是分开的，相互之间没有关系，没有支付抚养费并不能否定其探望权。但有些州将两者联系在一起，有监护权的一方阻止他方探望的，他方可以向法院申请终止支付抚养费。我国婚姻立法长期没有规定探望权，2001 年修正后的《婚姻法》增加了探望权的规定，进一步完善了我国在离婚方面的法律。正如立法机关所言，探望权的设立，兼顾了父母和子女双方的权利，直接抚养权的判决则主要考虑的是子女身心健康的发展和未成年人合法权益的保障，它强调的是父母的义务而非权利。[②]

探望权的性质是监护权，还是配偶权，抑或其他的什么权利？对此看法不一。笔者认为，探望权既不是监护权的内容，也不是配偶权的内容，而是亲权的内容。因为，被探望的客体只能是未成年子女，而已经成年的子女接不接受探望，因其完全有识别能力，可以自己作出决定，只有未成年子女才是被动地接受探望。所以，父母对未成年子女的权利就是亲权，是对未成年子女的人身和财产照护权。探望权就是亲权这种身份权中的具体内容，是亲权的派生身份权，即亲权的具体内容。这种权利不可能是监护权，因为行使探望权的父或者母并没有直接抚养未成年子女，也就不享有监护权。同样，其不是配偶权的内容，因为探望权是对子女的权利，不是对配偶的权利，况且享有探望权的人的配偶身份关系已经消灭，因此，探望权不是配偶权的内容。

身份权都是法定权利。夫妻离婚后，基于婚姻关系的各种身份权、财产权归于消灭，但是离婚并不能消灭父母和子女间的身份关系。父母离婚后，

---

① 最高人民法院民法典贯彻实施工作领导小组主编:《中华人民共和国民法典婚姻家庭编继承编理解与适用》，人民法院出版社 2020 年版，第 298 页。

② 黄薇主编:《中华人民共和国民法典婚姻家庭编释义》，法律出版社 2020 年版，第 170 页。

子女还是父母的子女，父母和子女的身份关系并没有改变。父母子女之间的身份关系，不仅是父母对子女抚养、教育的权利和义务的基础，也是非抚养方对子女的探望权的法律基础。只要父母子女之间的身份关系存在，探望权就是非抚养子女一方的法定权利，非有法定理由不得予以限制或剥夺。因此，在离婚的当事人之间，应当按照法律的规定，对如何行使探望权进行约定，并且应当遵守协议，不得违反。正如《民法典》第一千零八十六条第二款规定的那样，即“行使探望权利的方式、时间由当事人协议，协议不成时，由人民法院判决”。当事人在协议离婚或者判决离婚时，应当对探望权的行使协商一致，明确约定探望的时间、地点、次数等。如果在协议离婚或者诉讼离婚时对此协商不成的，则应由人民法院依法判决。

三、探望权的法律特征

探望权是一种特殊的身份权，其法律特征表现为：

1. 探望权的主体是父母双方。父母离婚后，未成年子女只能由父或母一方抚养，与该方共同生活。与此同时，不直接抚养子女的父或母，则不能与子女共同生活，无法或难以与子女见面、照顾子女。因而，不直接抚养子女的父或母探视子女，与子女见面、交往是理所当然。因此，对子女行使探望权的主体是不直接抚养子女的父或母一方，其义务主体则是直接抚育子女的母或父一方。直接抚养子女的父或母，对未直接抚养子女一方的探望，不得妨害或阻挠，且负有协助的义务，以使探望活动能顺利进行。此处的父母，既包括婚生父母，也包括非婚生父母，还包括养父母，以及形成抚养教育关系并且离婚后表示愿意继续抚养继子女的继父母。

2. 探望权是一项法定权利。亲权是父母对未成年子女所享有和承担的法定权利和义务，父母双方平等地拥有亲权，但亲权的行使是以亲权人与未成年子女共同生活为前提的。父母离婚后，亲权被一分为二，由父母双方分别行使。直接抚养子女的父或母行使直接抚养权，照顾子女的生活，辅导子女的学习。而不直接抚养子女的父或母则依法享有探望权，探视子女，与子女交往，了解子女的情况，并监督对方对子女亲权的行使情况。因此，探望权是基于父母子女身份而产生的一项法定权利。

3. 行使探望权是无条件的。当法院判决或夫妻协议，由父母一方对子女直接抚养行使监护权时，法律同时也就赋予了不直接抚养子女的父母另一方对该子女的探望权。父母行使探望子女权时，不必以该父或母支付子女抚育费为前提，即使其因某种原因暂时未能支付抚育费，也仍有探望子女的权利，直接抚养子女的父或母，不能以对方不承担子女抚育费或不能按时按量给付抚育费为由，拒绝其对子女的探望。不仅如此，行使探望权也不以父母一方或双方是否再婚为条件，直接抚养子女的父或母再婚，或者不直接抚养子女、行使探望权的父或母再婚，都不影响其探望子女的权利。虽然不直接抚养子女的父或母探望子女是无条件的，但这并不表示该方父母可以任意妄为，损害子女的身心健康，如果出现这种情况，人民法院可以依法中止其探望权。

4. 探望权具有一定期限。探望权适用的期限仅限于父母离婚后，子女未成年之前。如果子女成年，探望权便随之消灭。

四、父母是行使探望权的法定主体

探望权是和直接抚养权相对的一种权利。父母离婚后，如果子女由一方直接抚养，抚养方就成为子女亲权的主要担当人，即监护人，取得直接抚养权，非直接抚养方的亲权则受到一定的限制，与此同时，不直接抚养子女的父或母也自然享有对子女的探望权。这就是说，探望权并不是产生于父母之间的协议，也不需要法院判决确认。只要直接抚养权确定，探望权也同时成立，非直接抚养一方父或母自动取得探望权。因此，探望权的主体是非直接抚养一方的父或母。而直接抚养的父或母则是探望权的义务主体，应该履行协助探望权人实现探望权利的义务。

这种协助义务一般包括：直接抚养一方的父或母应该本着方便探望人的原则，协商确定合理的探望时间、方式，或者按照法院判决安排探望时间。当子女拒绝探望时，直接抚养一方的父或母应该进行说服工作。离婚后直接抚养子女的一方不得设置障碍，拒绝非直接抚养一方的父或母探望子女，否则就侵害了非直接抚养一方父或母的探望权利，应承担侵权责任。根据探望权的立法意旨，探望子女是基于亲子关系所衍生之自然权利，不仅是父母之权利，更是为未成年子女之权利，探望权的行使应出于有利子女身心健康发展的考虑，而不是以父母的利益为出发点。因此，虽然法无明文规定，但就法理解释上来说，基于未成年子女身心健康发展的考虑，未成年子女也可以向法院请求与父母会面。

五、子女可否成为行使探望权的主体

子女能否成为探望权的主体？学者存在不同看法。肯定说认为，子女要求会见未直接抚养的父或母乃基于人伦血缘之上的固有权利，未成年子女思念父或母更甚于父母思念子女，其要求接触、交往之权利不能无故被剥夺，也不能因父母之间的离异而被阻碍。因此，探望权是一种双向的权利，父母离婚后享有探望权，子女亦然。否定说认为，父母离婚后子女通常由父或母一方抚养。由于子女为未成年人，在法律上不是无民事行为能力人就是限制民事行为能力人。如果法律赋予其探望权，承认其作为探望权主体而向法院提出探望权之请求，那么，不依其法定代理人父或母之代理申请或同意而不可为之。考虑到子女行使探望权在事实上的困难，故法律不赋予子女探望权。

比较两种学说，笔者较倾向于肯定说。理由如下：一是现代亲权之设立，其目的已非当初家长对子女人身之控制权，而是以子女利益为最优先考虑，亲权既是一种权利，也是一种义务。探望权的设立不应当仅从父母之利益出发，也应当从子女利益出发，故探望权不仅为父或母之权利，更应为子女之权利。二是从权利实现角度上说，未成年子女系无民事行为能力人或限制行为能力人，其权利实现依赖于法定代理人或其他第三人的协助，否则就无法达到应有的效果。但是，此种事实上的困难并不能否定其权利的存在，并且该事实上的困难也并非没有解决之办法。探望权作为一种独立的权利，并以子女利益为最佳考虑，当父母对子女之请求不予合作时，可由法院为其设立专门的监护人，或委托其他社会少年权益保护机构代为行使。三是从各国立法来看，探望权主体不仅是不直接抚养子女的父或母，尚及于其他对子女事实上抚养的第三人。我国法律只规定不直接抚养子女的父或母享有探望权，否认子女的探望权利，与探望权的立法意旨并不完全相符。因此，未成年子女亦应成为探望权的主体，并应该从立法上予以完善。

六、祖父母、外祖父母可否成为行使探望权的主体

《民法典》第一千零八十六条规定，离婚后，不直接抚养子女的父或者

母，有探望子女的权利，至于其他人是否在特殊情况下可以依法享有探望权，法律无明文规定。探望权的行使主体范围是否可以扩大到子女的祖父母、外祖父母？对此存在不同意见。赞成将行使探望权的主体扩大的人认为，如果将行使探望权的主体仅限定在父或母的范围内，未免过于狭窄。应该允许祖父母、外祖父母探望自己的孙子女、外孙子女，这是人之常情，也符合中国的传统风俗习惯。还有人认为即使不允许所有的祖父母、外祖父母都享有探望自己的孙子女、外孙子女的权利，也应该有条件地将探望权的主体适当扩大，在某些特殊情况下，也允许父母以外的其他人有条件地享有探望权。《民法典》第一千零七十四条第一款规定："有负担能力的祖父母、外祖父母，对于父母已经死亡或者父母无力抚养的未成年孙子女、外孙子女，有抚养的义务。"第一千零七十五条第一款规定："有负担能力的兄、姐，对于父母已经死亡或者父母无力抚养的未成年弟、妹，有扶养的义务。"这些祖父母、外祖父母、兄、姐等人，实际上已经尽到了父母应尽的抚养、照顾子女的义务，于情于理，都应该允许其享有探望权。甚至还有人将探望权的扩大行使分为代位行使和代为行使等类型，并从理论上对扩大享有探望权主体资格范围的做法加以论证。应该承认，这种观点在某种程度上有一定的合理成分，但由于探望权是新增加的内容，有关问题尚需要在实践中加以考察。《民法典》在立法过程中对探望权行使的主体几经反复，最终规定探望权行使的主体是不直接抚养子女的父或者母，没有对祖父母、外祖父母探望孙子女、外孙子女的权利作出明确的规定，但这不妨碍祖父母、外祖父母对孙子女、外孙子女的探望。[①]

在特殊情况下，行使探望权的主体会有所扩大。比如，2003 年，明某山 2 岁时父母离婚，明某山由其母傅某直接抚养。因傅某工作流动性强，傅某之母贺某承担起实际照顾外孙明某山的责任。2008 年 3 月，傅某遇车祸身亡。因明某山之父明某无固定收入，经济状况窘迫，以往即欠付抚养费，故明某山仍随贺某共同生活。贺某家庭经济状况较好，并未通过诉讼向明某山之父追索抚养费。2010 年 4 月，贺某突发脑血栓致半身不遂，无法照料明某山

① 黄薇主编：《中华人民共和国民法典婚姻家庭编释义》，法律出版社 2020 年版，第 173 页。

生活，接送其上、下学。经与明某协商，明某山随其父亲明某共同生活，考虑到明某嗜酒，无正当职业，经济困难，贺某每月为外孙明某山支付生活费600元。半年后，明某仍按月到贺某处领取明某山的生活费，但从不带明某山看望外祖母贺某。贺某多次提出要求见外孙明某山，均被明某以各种理由拒绝。生效裁判认为，明某山之父明某无正当职业和固定收入，在经济上没有承担明某山生活费和教育费的能力，明某山自小由外祖母贺某抚养长大，贺某现在仍然负担明某山的生活费和教育费，贺某除按月给付生活费600元外，还为明某山支付学费和其他课外教育的费用，为明某山添置衣服和学习用品。贺某既然代替明某山死去的母亲承担了抚养明某山的主要义务，就应当享有相当于明某山母亲的相应权利，遂判决支持了贺某的诉讼请求，判令明某每月至少带明某山探望外祖母贺某一次。

最高人民法院民一庭意见为：虽然我国法律将探望权的主体规定为离婚后不直接抚养子女的父或母，但在未成年子女的父或母死亡或者丧失行为能力的情况下，依照法律规定，代替自己已经死亡或者丧失行为能力的子女对孙子女或外孙子女尽抚养义务的祖父母或者外祖父母主张探望孙子女或外孙子女的，人民法院应当予以支持。[①] 在司法实践中，尤其是失独老人的探望权行使普遍得到了法院的支持。

七、探望权的行使与强制执行

（一）探望权的行使

根据《民法典》第一千零八十六条第二款的规定，行使探望权的方式、时间由当事人协议；协议不成时，由人民法院判决。探望权的内容主要是会面和交往，也包括通信、通话等。以何种方式进行探望，须根据子女和父母的具体情况而定，可以是定时看望，也可以是周末共住或假日共住。

在实践中，对于离婚时没有涉及子女探望权的，父或母能否行使探望

---

① 参见最高人民法院民事审判第一庭：《抚养孙子女、外孙子女的祖父母、外祖父母主张探望孙子女、外孙子女的人民法院应当予以支持》，韩玫执笔，载最高人民法院民事审判第一庭编：《民事审判指导与参考》2011年第2集（总第46集），人民法院出版社2011年版，第98页。

权？对此，《婚姻家庭编解释（一）》第六十五条规定，人民法院作出的生效的离婚判决中未涉及探望权，当事人就探望权问题单独提起诉讼的，人民法院应予受理。所以，不论是登记离婚还是诉讼离婚，只要没有对探望权作出处理，当事人都可以提起诉讼，通过法律手段解决探望权问题。

按照法律规定，当探望权行使发生纠纷时，应先由当事人双方协商解决。人民法院在审理期间，也应让双方尽量化解矛盾，从有利于子女成长的角度出发，对探望的时间、方式等具体问题，争取双方当事人能够协商解决。只有当双方当事人最终无法达成一致意见时，才由人民法院依法酌情进行判决。对于人民法院已经就探望权行使的时间、方式依法作出判决，事后当事人又向人民法院请求变更的，如何处理？对此目前有不同看法，一种意见认为，法院应该受理，因为当事人的情况发生变化，对探望权行使的时间、方式有新的需求，属于有新的理由，应予受理。另一种意见认为，探望权行使的时间、方式问题是个容易发生变动的事情，立法规定也是先由当事人就此问题尽量协商，无法达成一致时才由法院作出判决。如果当事人就具体细节问题发生争议，仅依此个别问题就再次或数次诉诸法院，不断地进行变更的话，会造成司法资源的极大浪费，不利于当事人之间真正解决矛盾。由于对此问题意见不一致，有待于在实践中进一步加以考察，目前还是不予受理为宜。另外，为了避免当事人之间再次发生纠纷，在就探望权问题进行判决时，应尽量作出原则性规定，而不宜规定得过于细致。诸如：可以判决其每周探望子女一次，也可以具体到每周末。而要判决“于每周周六的下午 2 点至 6 点，由原告去被告家带孩子或于什么地点被告交孩子”，像这种对时间、地点规定得过于详细的做法，是非常不利于实践中顺利履行判决的。因为实际生活中随时可能会有情况发生变化，许多问题的出现是事先无法预知的，诸多因素可能导致无法丝毫不差地按详细的判决来履行，这时如果当事人之间关系处理得不好，而单纯机械地要求以判决规定的方式进行履行，稍有出入都不允许变通的话，就很容易导致矛盾的激化。

此外，应该加以注意的是，对于未成年子女本人利益的保护问题。探望权的出发点是保护其健康发展，因此，离婚的父或母关于探望权的行使都应本着有利于未成年子女身心健康发展的原则。如何能做到对未成年子女进行保护呢？首先，人民法院在判决子女抚养及探望权行使的时间、方式时，应当充分考虑到子女本身的意愿。其次，在探望权行使的问题上，更应注重对子女的保护，不得违背子女意愿强行进行探望。对于子女的意愿是否要加以考虑，有不同认识。一种意见认为，探望权是立法赋予父母的一项权利，人民法院判决时并非必须要征求子女的意见，因为子女尚未成年，分析问题、判断是非的能力不强，容易受一方的影响，无法表达其真实意思。所以法官应综合分析，直接作出判决。另一种意见认为，立法规定探望权的本意是为了子女能正常、健康地成长，判决父母享有探望权必须要考虑对子女的影响及子女的意愿。当然，因未成年子女年龄等原因，个案的情况可能会有所不同。比如，有的孩子太小，还根本无法用语言表达，有的可能由于受一方当事人的错误影响，不能客观地反映有关情况，所以子女的意愿并不能作为法官断案的必然依据，不能抛开其他一切因素不顾而一味按子女意愿进行判决。但是，子女年龄稍大些的，法官应该听取一下其自己的意愿，虽然不作为最终依据，但可以有助于进行判决。在探望权行使的问题上，这一问题尤为重要。对于有关探望权行使的方式和时间，更要充分注意对子女意愿的尊重。如果子女对父或母的探望有抵触情绪，不愿意让其探望，每次探望都使子女受到激烈刺激，影响正常生活、学习的，就不宜再让其探望。

（二）探望权的强制执行

如果探望权的行使遇到障碍，可以依法申请强制执行。对此，《婚姻家庭编解释（一）》第六十八条作了规定，即“对于拒不协助另一方行使探望权的有关个人或者组织，可以由人民法院依法采取拘留、罚款等强制措施，但是不能对子女的人身、探望行为进行强制执行”。

根据《民事诉讼法》的有关规定，就民事判决、裁定，以及刑事判决裁定的财产部分，由一审人民法院执行。被执行人未按执行通知履行的，人民法院可以强制执行或者委托有关单位或者其他人完成，费用由被执行人承担。同时，强制执行的标的应当是财物或行为。对于探望权的判决或裁定发生强制执行的，对有关强制措施问题需要特别作出说明。采取强制措施应区分不同情况，可以对有协助义务的一方采取拘留、罚款等强制措施，不能对子女的人身进行强制执行，也不能强制采取不利于子女健康的探望行为。因为设立探望权的本意是为了使未成年子女的身心能得以健康发展，不考虑子女的意愿甚至强行将子女带至某处由其父或母行使探望的权利，都与立法初衷相悖离。《婚姻家庭编解释（一）》第六十八条就此问题作了明确规定。为保护父母离婚后的未成年子女身心健康发展，探望权的行使应充分体现有利于未成年子女健康的原则。对于探望权行使的方式，双方应尽量协商一致，共同为子女的健康成长营造一个良好的环境。通过探望权的行使，应该让探望的双方，即子女与探望其的父或母之间能够进行思想上的沟通和交流，使子女在探望中获得平时单亲抚养下得不到的关爱，从而身心能够健康发展。同时，使前去探望的一方可以增加和不由其直接抚养的子女之间的感情，形成对子女未来发展的关心，从而可以本着对子女的关爱之心，主动、自觉地履行其对子女应尽的抚养义务。根据我国法律规定，诉讼参与人或者其他人拒不履行人民法院已经生效的判决裁定的，法院可以根据情节轻重予以罚款、拘留，构成犯罪的，依法追究其刑事责任。对于拒不履行协助义务的有关个人和单位，可以依《民事诉讼法》或其他法律的规定进行处罚。

的确，探望权的强制执行体现了博大细腻的司法人文关怀，能够最大限度地抚慰子女由于父母离婚而造成的心理创伤，对父母离婚的子女能够像其他孩子一样身心健康成长、人格平衡发展起着非常积极的作用。然而，由于探望权是基于父母子女关系而享有的一种身份权，因此，当一方当事人不让另一方探视孩子时，法院不可能像处理其他案件那样，用强制执行的手段将孩子从一方那里“抢过来”交给另一方探视。这一点，婚姻家庭编司法解释中也有明确规定，强制执行只能是对拒不履行协助另一方行使探视权的有关个人和单位采取拘留、罚款等强制措施，而不能对子女的人身、探视行为进行强制执行。可以说，法律在这方面的规定已经非常人性化了，“亲情障碍”才是造成探视权难以充分行使的根源。现实生活中，许多当事人出于自身利益考虑，在另一方依照法律规定行使探视权时都或多或少地存在排斥、抵触甚至故意阻挠的情绪和行为，导致司法实践中，许多当事人在探望孩子时为防止对方不配合，专门到法院邀请办案法官陪同。这样做显然可以最大限度地实现当事人探望孩子的目的，但是法院不可能也没有能力对每个当事人、在每次探望时都派人陪同前往。

八、探望权的中止和恢复

（一）探望权的中止

探望权的中止，是指探望人符合探望权中止的法定理由时，由法院判决探望权人在一定时间内中止行使探望权的法律制度。探望权是探望权人的法定权利，法律应该保护探望人的探望权，但是探望权也涉及抚养方和子女的利益，可能损害相关人，尤其是子女的合法权益，因此，有必要从立法上加以限制。探望权中止制度，就是通过中止探望权人在一定时间内行使探望权，来保护相关人的权益。但是探望权毕竟是探望权人的一项重要的人身权利，中止探望权对探望权人影响巨大，法律也应该从制度上保障探望权人的探望权不被任意剥夺。《民法典》为平衡两者利益，通过立法的方式规定了探望权中止的法定理由和方式。

1. 中止和终止的区别。探望权是人身权，人身权具有专属性，不得以协议或判决的方式加以剥夺。因此，人身权不存在终止，只能被限制。中止就是限制的一种方式。所谓中止，在这里是指由于出现了法定不能行使探望权的情形，探望权人应暂时停止行使探望权。探望权中止只是要求探望权人在法定理由存在期间暂时不能行使探望权，在法定理由消灭后，就应该恢复探望权人的探望权。因此，探望权中止不等于探望权终止，更不是剥夺探望权。

2. 探望权中止的法定理由。《民法典》第一千零八十六条第三款规定："父或者母探望子女，不利于子女身心健康的，由人民法院依法中止探望；中止的事由消失后，应当恢复探望。"不利于子女身心健康，是探望权中止的法定理由。当父母的探望行为不利于子女身心健康时，经人民法院判决，探望权才能被中止。如果父母的探望行为造成的是其他损害，但是没有不利于子女身心健康，人民法院就不能判决探望权中止。探望权中止的法定理由，既是人民法院判决的法律依据，也限制了人民法院的自由裁量权，保证了探望权人的探望权不被任意剥夺。《民法典》把"不利于子女身心健康"作为探望权中止的唯一法定理由，体现了婚姻法保护子女身心健康的立法倾向。人民法院应严格按照这一法定理由作出判决，不得任意中止探望权人的探望权。不利于子女身心健康，包括子女的身体、精神、道德或感情的健康。一方不负担子女抚养费或是未按期给付抚养费的情况，并不是中止其探望权的条件，也不能作为中止探望权的法律依据。

《民法典》采取了概括主义的立法模式，没有列举“不利于子女身心健康”的具体情形，有待最高人民法院在司法实践中积累经验后作出司法解释。人民法院在审理请求中止探望权的案件时，应本着保护子女身心健康的原则，根据具体的案情作出审慎判决。如果通过审理确认父或母探望子女，不利于子女身心健康，探望权就应该被中止。如行使探望权的父或母一方吸毒，赌博，酗酒，品行不端，有严重的传染病、精神疾病或对子女有暴力倾向，或利用探视机会将子女藏匿起来等，就应中止其探望。父母因犯罪被收监并不是中止探望权的必然原因，被监禁的父母与自己子女的权利义务关系也并不因入狱而消除，除非父母是因对子女有犯罪行为而入狱。

3. 中止探望权的请求权人。根据《婚姻家庭编解释（一）》第六十七条之规定，未成年子女、直接抚养子女的父或者母以及其他对未成年子女负担抚养、教育、保护义务的法定监护人，有权向人民法院提出中止探望的请求。

4. 中止探望权的主体和方式。中止探望权对探望权人影响巨大，也可能影响未成年子女的身心健康，因此，中止探望权的主体只能是人民法院，其他个人、组织或机关不得中止探望人的探望权。

人民法院中止探望权必须通过审理，以判决的形式作出。把中止探望权的主体限制为法院，就可以避免直接抚养方以及其他个人、组织和行政机关干涉探望权人的探望行为。法院在作出判决时，必须通过审理查明事实，确认探望权人的探望行为是否符合法定理由。探望权人可以在审理中为自己辩解，维护自己的探望权。在一审之后，其还可以上诉。通过诉讼制度中止探望权，可以更有效地维护探望权人的利益。但是中止探望权判决一旦生效，就具有法律的强制力，探望权人必须遵守。直接抚养子女一方也可以基于有效判决要求法院强制探望权人在法院判决的时间内不得进行探望。

5. 违反探望权的责任。由于探望权关注的是未成年子女的最大利益，因此，享有探望权的一方和享有监护权的一方均应充分考虑子女利益，依法行使权利和切实履行义务。（1）享有探望权的一方应履行支付抚养费、教育费的义务。违反义务的，可以诉至人民法院。（2）享有探望权的一方探望子女或与子女的来往不利于子女的教育或有损子女的身心健康，人民法院可依法中止其探望权，直到中止事由消除后方可恢复探望权。（3）享有监护权的一方无正当理由阻挠、拒绝另一方行使探望权的，相对方可以诉诸人民法院强制执行。申请人民法院强制执行，是指对拒不履行协助另一方行使探望权的有关个人和单位采取拘留、罚款等强制措施，不能对子女的人身、探望行为进行强制执行。

（二）探望权的恢复

探望权的中止，仅是暂时停止未直接抚养子女一方探望子女的权利，并非完全剥夺、消灭。中止的事由消灭后，还应依法恢复。要恢复探望的权利，其前提条件是中止探望权利的事由，即探望不利于子女身心健康的情形完全消失。中止探望权利的事由没有消失，就不能恢复探望的权利。被中止探望权利的人，即使中止事由消失，也不能自行恢复，而应向人民法院提出请求，由人民法院依法作出恢复探望权利的决定。《婚姻家庭编解释（一）》第六十六条规定："……中止探望的情形消失后，人民法院应当根据当事人的请求书面通知其恢复探望。"

探望权的中止行使也好、恢复行使也好，人民法院作出决定的前提条件是权利人向人民法院主张权利，否则人民法院就不能主动对这些问题作出决定。由于决定是否中止、恢复探望权的行使关系到当事人权利的行使问题，也决定着能否切实保护子女的健康成长，所以法院的办案人员应该慎重对待，作出的决定应该建立在充分听取双方意见及调查研究的基础上。一方向法院提出中止请求的，人民法院应该听取另一方的意见并查明真实情况，再作出是否中止行使的决定。同样被中止行使探望权的权利人向人民法院主张恢复行使探望权的，人民法院也要征求另一方当事人的意见并查清不利于子女健康成长的情形是否确已消失，然后再决定是否恢复其行使探望权。①

---

① 参见最高人民法院民法典贯彻实施工作领导小组主编：《中华人民共和国民法典婚姻家庭编继承编理解与适用》，人民法院出版社2020年版，第302页。

九、对案例 49 的简要评析

在案例 49 中，《民法典》第一千零八十六条第一款和第二款规定，离婚后，不直接抚养子女的父或者母，有探望子女的权利，另一方有协助的义务。行使探望权利的方式、时间由当事人协议；协议不成的，由人民法院判决。探望权是离婚后父或母对子女的一项法定权利，父母子女之间基于血缘关系而形成的情感，并不会因为父母离婚而变化。但是探望权的行使，应当以保障子女的利益最大化为原则。具体到本案中，婚生女魏某函目前尚不满 3 周岁，无自理能力，且长期跟随其母亲黄某某生活，从保持孩子生活稳定性的角度出发，在孩子熟悉的环境内进行探望更为适宜。魏某某与婚生女魏某函共同生活时间较短，更应当循序渐进，逐步与孩子建立情感，以增进探望的效果。因此，法院酌定魏某某于每月第一周的周日上午 9 时至 11 时，至黄某某居住处探望婚生女魏某函一次，黄某某应予以协助，并无不当。同时，离婚后的父母双方，应务必重视子女权益，务必理性呵护亲情，互谅互让，在相互尊重的基础上积极沟通，友好协商，确保孩子应享有的亲情不受影响，确保孩子的健康成长不受影响。

第八节　夫妻共同财产分割

一、问题的提出

夫妻离婚，其身份关系解除，与之相随的财产关系也同时终止。夫妻财产关系终止后，就需要对夫妻共同财产的分割范围予以确定，并应遵循一些法定的原则。对此，《民法典》第一千零八十七条规定：“离婚时，夫妻的共同财产由双方协议处理；协议不成的，由人民法院根据财产的具体情况，按照照顾子女、女方和无过错方权益的原则判决。对夫或者妻在家庭土地承包经营中享有的权益等，应当依法予以保护。”

在研究夫妻共同财产分割之前，先看一则案例：

案例 50：本案的离婚财产分割协议是否构成欺诈？①

原告夏某与被告朱某 1 原系夫妻关系，婚后生一女朱某 2。2020 年 4 月，夏某因与异性相处不当导致双方发生矛盾。4 月 24 日，朱某 1 在微信聊天中提出“我现在一定要和你去办了证，然后给你一次改过的机会”，夏某回答“只要你不离开我，什么条件都答应你”；朱某 1 陈述“一年的期限，试用期通过就在一起”。4 月 28 日，夏某（乙方）与朱某 1（甲方）签订离婚协议，约定：“一、甲乙双方自愿离婚……三、甲乙双方共同房产：506 室归甲方所有；3008 室归甲方所有，此房贷由甲方偿还……”协议签订后，双方办理了离婚登记手续。同年 5 月 1 日，朱某 1 微信聊天称“我不想再要你了”。夏某以朱某 1 系以欺诈手段骗得全部夫妻共同财产为由诉至法院，请求撤销协议第三条的约定，要求判令共同财产中 506 室的房产归其所有。另查明，朱某 1、夏某名下 506 室（双方认可价值为 50 万元，已还清贷款）、3008 室（双方认可价值为 140 万元，首付款 63 万元，贷款一直由朱某 1 归还）。

法院认为，男女双方协议离婚后一年内就财产分割问题反悔，请求变更或者撤销财产分割协议的，人民法院应当受理。夫妻共同财产的分割，一般以均等分割为原则，以照顾子女、女方和无过错方为补充。离婚当事人双方以协议方式对财产进行分割时，其处分自己权利的意思表示自由应当被尊重，只要这种财产分割不违反禁止性规定，应予认可。本案中，从双方发生矛盾至夏某诉讼的过程来看，朱某 1 的言语存在一定程度的欺诈，夏某是在朱某 1 表述与其有复婚可能的情形下，才达成财产分割协议。现朱某 1 明确表示不同意和好，夏某完全放弃夫妻共同财产分割并非真实意思表示。夏某对离婚存在过错，应该给予朱某 1 适当的照顾，但完全不予分割夫妻共同财产，于法无据，也不利于夏某更好地抚养子女成长，故对夏某主张 506 室房产归其所有的诉讼请求，予以支持。据此判决：一、撤销夏某与朱某 1 离婚协议第三条。二、夏某与朱某 1 名下 506 室归夏某所有，3008 室归朱某 1 所有（房贷由朱某 1 偿还）。

---

① 详见江苏省盐城市中级人民法院（2021）苏 09 民终 2492 号民事判决书。

上述案例涉及离婚协议对夫妻共同财产分割是否存在欺诈行为问题。试问：夫妻共同财产分割范围及原则有哪些？夫妻财产分割方式，包括协议分割与判决分割是如何进行的？夫妻共同财产分割应当注意哪些问题？

二、夫妻共同财产的分割范围及原则

离婚对财产分割的范围，仅指夫妻共同财产，夫妻的个人财产、子女的财产、其他家庭成员的财产以及不属于夫妻共同财产范围的其他财产均不属分割之列。夫妻双方对财产的所有权问题以书面形式约定的，或者以口头形式约定双方无争议的，离婚时应按约定处理。但规避法律的约定无效，如约定的内容规避法定义务，侵害国家、集体和他人的利益，均属规避法律的约定。人民法院认定夫妻财产约定无效的，按法定的共同财产制分割财产。

（一）正确确定夫妻共同财产的范围

根据《民法典》第一千零六十二条的规定，夫妻在婚姻关系存续期间所得的下列财产，为夫妻的共同财产，归夫妻共同所有：（1）工资、奖金、劳务报酬；（2）生产、经营、投资的收益；（3）知识产权的收益；（4）继承或者受赠的财产，但是《民法典》第一千零六十三条第三项规定（遗嘱或者赠与合同中确定只归一方的财产为个人财产）的除外；（5）其他应当归共同所有的财产。夫妻对共同财产，有平等的处理权。

（二）区分夫妻共同财产和家庭财产、夫妻个人财产的界限

家庭财产，是指家庭成员的共同财产和各自所有的财产的总和，具体包括：

1. 夫妻的个人财产。根据《民法典》第一千零六十三条的规定，有下列情形之一的，为夫妻一方的财产：（1）一方的婚前财产；（2）一方因受到人身损害获得的赔偿或者补偿；（3）遗嘱或者赠与合同中确定只归一方的财产；（4）一方专用的生活用品；（5）其他应当归一方的财产。

2. 夫妻婚后的共同财产。

3. 子女财产，即子女通过继承、受赠所得的财产或者其他归子女个人所有的财产。

4. 其他家庭成员的财产，即双方父母、兄弟姐妹等家庭成员个人所有的财产。

5. 全体家庭成员共有的财产，即属于全体家庭成员共同所有的财产。

离婚时，夫妻分割的仅限于夫妻共同财产。对属于全体家庭成员共有的财产，应当首先分家析产，分出属于夫妻共同所有的部分，然后夫妻双方再对此加以分割。

（三）夫妻共同财产的分割原则

分割夫妻共同财产，关系到离婚当事人双方的切身利益，为了兼顾双方利益，合理分割财产，根据《民法典》第一千零八十七条第一款的规定，分割夫妻共同财产应当贯彻下列基本原则：

1. 男女平等原则。男女平等原则是我国婚姻法的基本原则，体现在夫妻财产关系上，就是双方对夫妻共同财产有平等的所有权，离婚时男女双方享有平等的分割夫妻共同财产的权利，对共同的债务负有平等的清偿义务。分割夫妻共同财产，不受双方收入的影响，不因男女性别而有所差异。

2. 照顾子女、女方和无过错方权益的原则。保护妇女、儿童和老人的合法权益是我国《民法典》的基本原则之一，在夫妻离婚分割夫妻共同财产时，立法再次体现了这一原则，特别强调分割夫妻共同财产应当照顾子女和女方的权益。父母离婚会对未成年子女今后的生活带来一定的负面影响，为使子女能健康地成长，有一个相对较好的生活环境，在分割夫妻共同财产时，首先应考虑未成年子女的利益和需要，给直接抚养未成年子女的一方适当多分一些财产。上述男女平等原则，并不表示必须平均分割夫妻共同财产，从我国妇女的实际社会状况来说，由于受经济、传统观念的影响和制约，我国妇女目前的经济收入和独立谋生的能力，与男子相比有一定的差距。不少妇女为家务劳动付出了主要精力，不仅没有产生直接的财产收益，还降低了自己参与社会竞争的能力。为了保护妇女的合法权益，避免妇女因经济生活问题而影响其行使离婚权利，为使妇女离婚后生活有保障，分割夫妻共同财产时，应适当照顾女方。

2001 年修改《婚姻法》时，考虑到已经新增加了一种离婚过错赔偿方式，加重了对婚姻中无过错方的保护，在分割夫妻共同财产时，可以暂先不考虑增加照顾无过错方利益的原则。此次《民法典》加大了对婚姻中过错方的惩罚力度，除规定离婚过错方的赔偿外，在判决分割夫妻共同财产时还应加大对无过错方的保护。因此，《民法典》第一千零八十七条增加规定按照照顾无过错方权益的原则分割判决夫妻共同财产。[①]

3. 有利于当事人的生产和生活的原则。在分割夫妻共同财产时，应当注意从有利于生产和生活的需要出发，不能损害财产的效用和实际价值。

4. 不得损害国家、集体和他人利益的原则。分割夫妻共同财产时，不得将国家、集体和他人所有的财产作为夫妻共同财产加以分割，对当事人贪污、受贿、盗窃等非法所得的财产，应依法收缴。当事人双方协议分割夫妻共同财产时，不得借分割夫妻共同财产逃避共同债务，侵害债权人的利益；不得借分割夫妻共同财产，逃避应承担的赡养、抚养义务，损害接受赡养、抚养人的合法权益。

三、夫妻共同财产的协议分割

根据《民法典》第一千零八十七条第一款之规定，离婚时，夫妻共同财产的分割，应当由夫妻双方协商解决。协商解决，是承认和尊重共有人的财产共有权的必然结果，体现了财产分割的私法属性，也是意思自治原则的具体体现。协议分割，便于财产的归属尽快落实，并利于婚姻纠纷的彻底解决。因此，只要夫妻共同财产分割协议是双方真实的意思表示，内容合法，并未损害子女的利益，即应承认其效力。正如《婚姻家庭编解释（一）》第六十九条第二款之规定："当事人依照民法典第一千零七十六条签订的离婚协议中关于财产以及债务处理的条款，对男女双方具有法律约束力……"

（一）夫妻共同财产的分割协议争议的受理

根据《婚姻家庭编解释（一）》第六十九条第二款"当事人依照民法典第一千零七十六条签订的离婚协议中关于财产以及债务处理的条款，对男女双方具有法律约束力。登记离婚后当事人因履行上述协议发生纠纷提起诉讼

---

① 参见黄薇主编：《中华人民共和国民法典婚姻家庭编释义》，法律出版社2020年版，第175页。

的，人民法院应当受理”的规定，离婚协议中关于财产分割的条款或者当事人因离婚就财产分割达成的协议，对男女双方具有法律约束力。当事人因履行上述财产分割协议发生纠纷提起诉讼的，人民法院应当受理。具体而言：一是适用本条司法解释的前提条件是当事人在婚姻登记机关协议离婚，并就财产分割问题达成了协议；二是明确规定在当事人向婚姻登记机关提交的离婚协议中有关财产分割问题的条款及作为离婚协议组成部分或者附件的财产分割协议，对离婚的双方当事人都具有法律约束力；三是离婚后在法定期间内，男女双方因履行上述协议发生纠纷向人民法院起诉的，人民法院应当作为民事案件受理。

（二）夫妻共同财产的分割协议反悔的受理与审理

根据《婚姻家庭编解释（一）》第七十条之规定，夫妻双方协议离婚后就财产分割问题反悔，请求撤销财产分割协议的，人民法院应当受理。人民法院审理后，未发现订立财产分割协议时存在欺诈、胁迫等情形的，应当依法驳回当事人的诉讼请求。

该条第二款中使用了“等”字，说明发现欺诈、胁迫的情形，不是人民法院支持当事人诉讼请求的唯一条件，司法解释中留有余地，使得人民法院在审理中发现协议内容显失公平的情况下，仍然可以根据当事人的请求撤销该协议。另外，当事人可能因为法律知识的欠缺，不能清楚地区分什么情形下协议无效、什么情形下协议可撤销，不论当事人以协议无效还是可撤销为由提起诉讼，人民法院仍然应当受理当事人的起诉，以保护当事人依法享有的诉权。

四、附协议离婚条件的财产分割协议效力的司法认定

双方当事人在婚姻关系存续期间达成离婚协议，并对子女抚养和财产分割等问题作了约定。但由于种种原因，双方并未到婚姻登记机关办理离婚登记手续，或者当事人考虑到登记离婚中的财产协议没有强制执行力，故双方约定去法院协议离婚，目的只是依照诉讼程序领取民事调解书，但到法院诉讼时出现一方反悔的情况。在这种情况下，往往是一方主张原来达成的离婚协议合法有效，要求法院完全按照该离婚协议约定的内容判决解除双方的婚

姻关系，并处理财产分割和子女抚养问题。另一方则否认离婚协议的效力，要求法院依法进行判决。

附协议离婚条件的财产分割协议，通常是当事人平等协商的结果，因此具有民事合同的性质，但其以解除婚姻关系为先决条件，不能完全由当事人的合意来完成，还必须履行一定的法律程序。正如我国台湾地区法学家王泽鉴先生认为："法律行为之构成要件，系由成立要件及生效要件共同组成之，须二者兼俱，法律效果始焉发生。"[①] 因此，附协议离婚条件的财产分割协议并不自双方当事人签字时起生效，而是以双方协议离婚为生效条件，即从婚姻登记机关领到离婚证或到法院领取民事调解书，可视为所附条件已经成就，当事人所签署的财产分割协议因此而生效。如果一方当事人反悔，诉诸法院寻求终局判决，除非双方当事人追认，否则该协议未生效，对当事人双方均不产生法律拘束力。尤其重要的理由是，人民法院在协议未生效情形下依照婚姻法律的相关规定分割夫妻共同财产，并不会损害当事人的合法权益。正如《婚姻家庭编解释（一）》第六十九条第一款规定："当事人达成的以协议离婚或者到人民法院调解离婚为条件的财产以及债务处理协议，如果双方离婚未成，一方在离婚诉讼中反悔的，人民法院应当认定该财产以及债务处理协议没有生效，并根据实际情况依照民法典第一千零八十七条和第一千零八十九条的规定判决。"

对于审判实践中遇到经过公证的附协议离婚条件财产分割协议，如何认定效力的问题，我们认为，经过公证的附协议离婚条件的财产分割协议在性质上也属于附生效条件的合同，双方签字后成立，在完成协议离婚手续后生效。公证的效力就在于确认协议的内容是双方当事人的真实意思表示，但不能改变协议的生效条件。

五、夫妻共同财产的判决分割方法

夫妻双方在离婚时，对夫妻共同财产的分割不愿意协商或者协商不成，则离婚当事人将求助法律，诉至法院，由人民法院依法判决分割。

---

① 王泽鉴：《民法学说与判例研究》（第五册），中国政法大学出版社2005年版，第303页。

（一）分割夫妻共同财产的方法

夫妻共同财产，原则上应均等分割。其分割方法包括：

1. 实物分割。即在不影响其财产的作用、价值和特定用途的前提下，对财产进行实际分配。双方各自根据其分割的份额取得应得财产。

2. 价金分割。即将共有物变卖，双方对变卖所得价金进行分割后各自取得价金。价金分割是在共有物不能分割或分割后有损其财产的作用、价值和特定用途时使用的分割方法。

3. 价格补偿。即夫妻一方取得共有物，另一方获得相当于一半价格的补偿，取得价金。

（二）夫妻共同财产的具体分割

常见夫妻共同财产的具体分割如下（这里仅列举部分要点，对主要的财产分割还将专题详述）：

1. 土地承包经营权的分割。《民法典》第一千零八十七条第二款规定："对夫或者妻在家庭土地承包经营中享有的权益等，应当依法予以保护。"这是夫妻离婚财产分割时新增加的内容，与《妇女权益保障法》有关规定相协调。《妇女权益保障法》规定：农村划分责任田、口粮田等，以及批准宅基地，妇女与男子享有平等的权利，不得侵害妇女的合法权益。这主要是考虑到农村土地承包是农村妇女离婚时的一个重要问题。因为很多农村妇女结婚后，在娘家的土地被收回，离婚后，回到娘家时，既不能重新分地，也不能带走在原夫家承包的土地，进而无田可耕。因此，夫妻在共同承包经营的土地上从事养殖业和种植业，在离婚时，有收益的一般应对半分割。没有收益的，对于土地承包经营权，应当平均分割给夫妻双方个人享有，以保证夫妻双方都有田可耕。对于其他承包经营权，既可以不分割而由一方经营，由经营一方适当补偿给另一方；也可以进行分割，但分割要经过发包人同意。

2. 投资性财产的分割。根据《婚姻家庭编解释（一）》第七十二条之规定，夫妻双方分割共同财产中的股票、债券、投资基金份额等有价证券以及未上市股份有限公司股份时，协商不成或者按市价分配有困难的，人民法院可以根据数量按比例分配。

3. 有限责任公司出资额的分割。《婚姻家庭编解释（一）》第七十三条之规定，人民法院审理离婚案件，涉及分割夫妻共同财产中以一方名义在有限责任公司的出资额，另一方不是该公司股东的，按以下情形分别处理：（1）夫妻双方协商一致将出资额部分或者全部转让给该股东的配偶，其他股东过半数同意，并且其他股东均明确表示放弃优先购买权的，该股东的配偶可以成为该公司股东；（2）夫妻双方就出资额转让份额和转让价格等事项协商一致后，其他股东半数以上不同意转让，但愿意以同等条件购买该出资额的，人民法院可以对转让出资所得财产进行分割。其他股东半数以上不同意转让，也不愿意以同等条件购买该出资额的，视为其同意转让，该股东的配偶可以成为该公司股东。用于证明前款规定的股东同意的证据，可以是股东会议材料，也可以是当事人通过其他合法途径取得的股东的书面声明材料。

4. 合伙企业中夫妻共同财产份额的分割。根据《婚姻家庭编解释（一）》第七十四条之规定，人民法院审理离婚案件，涉及分割夫妻共同财产中以一方名义在合伙企业中的出资，另一方不是该企业合伙人的，当夫妻双方协商一致，将其合伙企业中的财产份额全部或者部分转让给对方时，按以下情形分别处理：（1）其他合伙人一致同意的，该配偶依法取得合伙人地位；（2）其他合伙人不同意转让，在同等条件下行使优先购买权的，可以对转让所得的财产进行分割；（3）其他合伙人不同意转让，也不行使优先购买权，但同意该合伙人退伙或者削减部分财产份额的，可以对结算后的财产进行分割；（4）其他合伙人既不同意转让，也不行使优先购买权，又不同意该合伙人退伙或者削减部分财产份额的，视为全体合伙人同意转让，该配偶依法取得合伙人地位。

5. 独资企业财产的分割。根据《婚姻家庭编解释（一）》第七十五条之规定，夫妻以一方名义投资设立个人独资企业的，人民法院分割夫妻在该个人独资企业中的共同财产时，应当按照以下情形分别处理：（1）一方主张经营该企业的，对企业资产进行评估后，由取得企业资产所有权一方给予另一方相应的补偿；（2）双方均主张经营该企业的，在双方竞价基础上，由取得企业资产所有权的一方给予另一方相应的补偿；（3）双方均不愿意经营该企业的，按照《个人独资企业法》等有关规定办理。

6. 房屋的分割。根据《婚姻家庭编解释（一）》第七十六条的规定，双方对夫妻共同财产中的房屋价值及归属无法达成协议时，人民法院按以下情形分别处理：（1）双方均主张房屋所有权并且同意竞价取得的，应当准许；（2）一方主张房屋所有权的，由评估机构按市场价格对房屋作出评估，取得房屋所有权的一方应当给予另一方相应的补偿；（3）双方均不主张房屋所有权的，根据当事人的申请拍卖、变卖房屋，就所得价款进行分割。依据该解释第七十七条的规定，离婚时双方对尚未取得所有权或者尚未取得完全所有权的房屋有争议且协商不成的，人民法院不宜判决房屋所有权的归属，应当根据实际情况判决由当事人使用。当事人就前款规定的房屋取得完全所有权后，有争议的，可以另行向人民法院提起诉讼。

六、再次分割夫妻共同财产的诉讼时效

《民法典》第一千零九十二条规定："夫妻一方隐藏、转移、变卖、毁损、挥霍夫妻共同财产，或者伪造夫妻共同债务企图侵占另一方财产的，在离婚分割夫妻共同财产时，对该方可以少分或者不分。离婚后，另一方发现有上述行为的，可以向人民法院提起诉讼，请求再次分割夫妻共同财产。"请求再次分割夫妻共同财产的诉讼时效为三年，从当事人发现之次日起计算。对此，《婚姻家庭编解释（一）》第八十四条规定："当事人依据民法典第一千零九十二条的规定向人民法院提起诉讼，请求再次分割夫妻共同财产的诉讼时效期间为三年，从当事人发现之日起计算。"

在离婚诉讼期间，即自一方起诉离婚，法院受理，直到法院作出生效判决这段时间内，往往发生夫妻一方将夫妻共同财产非法隐藏、转移，或者非法变卖、毁损的现象。对此应该如何处理呢？一方将夫妻共同财产非法隐藏、转移拒不交出的，或非法变卖、毁损的，分割财产时，对隐藏、转移、变卖、毁损财产的一方，应予以少分或不分。具体处理时，应把隐藏、转移、变卖、毁损的财产作为隐藏、转移、变卖、毁损财产的一方分得的财产份额，对另一方的应得的份额应以其他夫妻共同财产折抵，不足折抵的，差额部分由隐藏、转移、变卖、毁损夫妻共同财产的一方折价补偿对方。对非法隐藏、转移、变卖、毁损夫妻共同财产的一方，人民法院可依照《民事诉讼法》第一百一十四条的规定，对有伪造、毁灭重要证据，妨碍人民法院审理案件，

隐藏、转移、变卖、毁损已被查封、扣押的财产，或者已被清点并责令其保管的财产，转移已被冻结的财产等行为的当事人或其他诉讼参加人，根据情节轻重予以罚款、拘留，构成犯罪的，依法追究其刑事责任。

在适用《民法典》第一千零九十二条时，应注意的是针对夫妻共同财产所为的行为。夫妻共同财产是夫妻双方在婚姻关系存续期间所得的财产。《民法典》第一千零六十二条对夫妻共同财产作出了明确规定，包括：工资、奖金、劳务报酬；生产、经营、投资的收益；知识产权的收益；继承或赠与所得的财产（但确定只归一方所有的财产除外）及其他应当归共同所有的财产。除这些规定外，当事人还可以就其作出约定。既然作为夫妻共同财产，原则上是共同共有。对共同财产，双方的权利是平等的，如无特殊事由，在权利进行分割时应平均分配，不应因双方的收入状况不同而有所区别。也就是说，一方无收入也好、双方收入的数额差距很大也好，只要是构成夫妻共同财产的，一旦分割，双方的权利和机会是平等的，一般都应平均分配。对于共有财产的处分，当事人有平等的处理权，双方应共同协商，取得一致意见后再对外作出决定。特别是将作出重大决定时，任何一方不得擅自处理，否则就是对另一方构成侵权。如果离婚时一方有隐藏、转移、变卖财产等行为的，侵犯了另一方的合法权益，权利人有权依法主张保护自己的权利。这里所说的隐匿、转移、变卖等，是指一方通过采取这些行为，使另一方对夫妻共同财产所享有权利受到损害，或者说是使财产脱离另一方的控制或造成财产价值的减损。在主观上，当事人需为故意，通过这些行为达到自己侵占财产的目的。因过失行为导致的共同财产毁损，不应适用该条规定。另外，这条规定中的少分或不分，是指夫妻共同财产中被隐藏、转移、变卖、毁损或者伪造债务所侵占涉及的部分，而不是全部的夫妻共同财产。由于只规定了少分或不分，将具体少分的比例及数额和什么时候可以不分等问题的处分权赋予人民法院。人民法院在审理案件时，根据不同的案件情况，对上述问题进行处理。

如果在离婚诉讼期间，权利受到侵犯的当事人没有发现上述行为，而是离婚后才发现的，如何处理？当事人仍然可以向人民法院提起诉讼，请求再次分割夫妻共同财产，再次分割所涉及的财产，仍为刚才所称的夫妻共同财产中的部分而非全部。由于财产被一方非法隐藏、转移、变卖、毁损，或伪造债务所侵占，所以未能被作为夫妻共同财产予以分割。这种行为已经导致了对另一方权利的侵害，理应依法对其进行救济。人民法院在审理再次分割夫妻共同财产案件时，关于少分或不分的原则仍应适用。不过，对于再次分割之诉是可以随时提，还是应该有所限制，婚姻立法未有明确规定。一般说来，夫妻双方离婚时，如果有夫妻共同财产的，应当依法予以分割。一方如果就夫妻共同财产有隐藏、转移、变卖、毁损等情形的，会使财产分割时出现不利于另一方婚姻当事人的情况，对另一方当事人合法权益构成侵犯。对于权利受到侵害一方，法律提供救济手段自无疑问，婚姻立法也有明确规定。但是权利的行使应该积极而及时，法律制定诉讼时效制度的目的就是督促权利人尽快行使自己的权利，在保护当事人合法权利的同时也维护社会的安定。本条所涉及的此项权利的行使也不应例外，应该受到诉讼时效的限制。对于一般民事权利保护的诉讼时效为三年，从权利人知道或应该知道受侵害之时开始三年内提出。夫妻一方对共同财产所享有的所有权受到侵犯，应当属于一般民事权利受到侵犯，对于诉讼时效问题，应当与一般民事权利采取的保护措施相同，即应该适用一般民事侵权之诉关于三年的诉讼时效的规定。因此，当事人提起再次分割夫妻共同财产之诉的权利，应当自发现之日起三年内行使，从当事人发现之次日起计算。超出规定期间后，当事人再向人民法院请求要求保护其权利的，人民法院依法不予保护。如果债权人主张自己权利，债务人以诉讼时效已过为由对抗债权人的，该对抗理由成立。当然超过诉讼时效的，如果当事人自愿履行，权利人的权利仍然可以得到保护。

七、离婚时未处理的夫妻共同财产的处理

《婚姻家庭编解释（一）》第八十三条规定，“离婚后，一方以尚有夫妻共同财产未处理为由向人民法院起诉请求分割的，经审查该财产确属离婚时未涉及的夫妻共同财产，人民法院应当依法予以分割。”理解适用该条时应当注意下列问题：[①]

1. 登记离婚后提起诉讼的情形。一是离婚协议中漏分夫妻共同财产的：

---

① 参见最高人民法院民事审判第一庭编著：《最高人民法院民法典婚姻家庭编司法解释（一）理解与适用》，人民法院出版社 2021 年版，第 703—704 页。

当事人对协议离婚中所有财产争议，仍然享有诉权。二是一方不履行离婚协议中关于夫妻共同财产分割的约定的：当事人享有诉权。三是一方对离婚协议中有关夫妻共同财产分割的约定反悔，要求变更或者撤销原来的财产分割内容：男女双方协议离婚后一年内就财产分割问题反悔，请求变更或撤销财产分割协议的，法院应当受理。法院经审理后，未发现订立财产分割协议时存在欺诈、胁迫等情形的，应当依法驳回当事人的诉讼请求。四是离婚后，一方发现另一方有隐藏、转移、变卖、毁损夫妻共同财产或者制造债务侵吞夫妻共同财产的：可以向法院起诉请求分割夫妻共同财产。

2. 诉讼离婚后提起诉讼的情形。一是诉讼离婚时漏分夫妻共同财产的；二是离婚后一方发现另一方在离婚诉讼时有隐藏、转移、变卖、毁损夫妻共同财产或者制造债务侵吞夫妻共同财产，要求再次分割夫妻共同财产或者处理债务的；三是当事人有协议特别约定对夫妻共同财产或者部分共同财产不作分割的；四是存在其他情形可以对未处理的夫妻共同财产另案诉讼处理的；五是一方下落不明或者被宣告失踪，公告判决离婚后，再出现的夫妻一方提起的夫妻共同财产分割诉讼，对该财产诉讼适用再审程序。

3. 双方离婚后，一方以尚有夫妻共同财产未处理为由向法院起诉请求分割的，经审查确属离婚时未涉及的夫妻共同财产，人民法院应当依法予以分割：一是对夫妻共同财产分割的请求，属于共有物分割请求权，不应当适用诉讼时效规定；二是只有双方离婚后，一方以另一方侵害自己对夫妻财产的共有权为由向法院起诉请求分割，才能适用三年的诉讼时效。

八、对案例 50 的简要评析

在案例 50 中，根据《婚姻家庭编解释（一）》第七十条“夫妻双方协议离婚后就财产分割问题反悔，请求撤销财产分割协议的，人民法院应当受理。人民法院审理后，未发现订立财产分割协议时存在欺诈、胁迫等情形的，应当依法驳回当事人的诉讼请求”的规定，一方以欺诈手段，使对方在违背真实意思的情况下实施的民事法律行为，受欺诈方有权请求人民法院或者仲裁机构予以撤销。当然，当事人应自知道或者应当知道撤销事由之日起一年内行使撤销权。本案中，朱某 1 与夏某于 2020 年 4 月 28 日协议离婚时约定夫妻共同财产两处房屋均归朱某 1 所有，根据离婚协议签订前双方的微信聊天记录看，夏某放弃财产的前提是朱某1不离开自己，朱某1当时也表明了给夏某一年期限和好机会的态度，因此夏某才作出两处夫妻共同财产均归朱某1所有的意思表示。协议签订后仅三日，双方微信聊天时，朱某1即称不想再要夏某了，让夏某感到受到欺诈而将房产“拱手相让”，因此，法院裁判撤销离婚协议第三条，并对两处夫妻共同财产进行分割。

第九节　夫妻投资性财产的分割

一、问题的提出

在现代社会生活中，夫妻一方或双方炒股的比比皆是；购买债券、基金的大有人在；有些企业或公司为鼓励员工好好安心工作，以未上市较低价格转让给员工股票的现象也不罕见……因此，夫妻因离婚而分割财产时，共同财产中往往会有许多具有投资、经营性质的财产，如股票、债券等有价证券，未上市的股份有限公司的股份，这部分财产权利引发的纠纷，已经成为人民法院时常面对的纠纷。由于此类财产是近些年才出现的新型的财产，处理此类纠纷的相关法律法规不健全，且人民法院缺乏处理此类纠纷的实践经验，这些纠纷突然大量涌入人民法院时，给人民法院带来很大的困惑。如何妥善解决，研究出有针对性的方案，实乃当务之急。

在研究夫妻投资性财产的分割之前，先看一则案例：

案例51：离婚后财产纠纷案[①]

原告张某与被告秦某原系夫妻关系，双方于2018年4月10日经法院判决离婚。婚姻存续期间，被告所在公司配发四维图新股票12500股因没有解禁上市，就未对该股票权益进行分割。登记在秦某名下的四维图新股票12500股，被秦某于2018年9月10日以每股18元卖出，卖出股票款总计

① 详见辽宁省沈阳市沈河区人民法院（2019）辽0103民初9617号民事判决书。

225000元。现原告请求法院对夫妻共同财产股票款进行分割。

法院认为，被告名下的股票系原、被告在夫妻关系存续期间所取得。虽然在离婚后出卖，但所得款项应为夫妻共同财产。现被告在离婚后将上述股票卖出。按照相关法律规定，应将所卖股票款的一半给付原告。现有证据证明被告秦某于2018年9月10日将12500股四维图新股票售卖得款为225000元，应给付原告张某股票交易款为112500元。据此判决被告秦某于本判决生效后十日内给付原告张某股票交易所得款112500元。

上述案件涉及投资股票的分割问题。试问：如何理解投资性财产分割的依据？投资性财产的性质与特点有哪些？投资性财产如何分割？

二、离婚时，投资性财产分割的司法依据

有些夫妻一方所持有的未上市股份有限公司的股份等因其特殊的身份或者职务，法律规定不能随便出让或者转让。对于属于夫妻共同财产的投资性财产应该如何认定，怎样分割，既涉及夫妻内部财产关系的处理，也涉及夫妻与其他组织成员基于《公司法》《企业债券管理条例》《证券投资基金法》等而产生的法律关系。

我国《公司法》《企业债券管理条例》《证券投资基金法》等法律法规的颁布目的主要是保障公司或企业的健康发展，不可能规定对作为夫妻共同财产的投资性财产应当如何分割的问题，而对于我国婚姻法律制度来说，这些财产又是新型的财产。为了将分割夫妻共同财产的原则和其他关于投资性财产的法律法规相统一，使夫妻个人利益和公司企业利益很好地协调，《婚姻家庭编解释（一）》第七十二条明确规定："夫妻双方分割共同财产中的股票、债券、投资基金份额等有价证券以及未上市股份有限公司股份时，协商不成或者按市价分配有困难的，人民法院可以根据数量按比例分配。"投资性财产表现形式多样，在实际生活中又要受到市场规律、相关规定及其他社会关系等影响和调整，处理这类争议的难度可想而知。本条司法解释为各级人民法院处理离婚时夫妻共同财产中的股票、债券等有价证券以及未上市股份有限公司股份等的分割问题，提供了指导和解决思路。

在实践中，经常有股东在股权转让的决策问题上刚愎自用，无视配偶的

同意权和决策参与权。决策失误并引发股东及其配偶心理失衡的常见表现是，要么由于未能把握恰当的股权转让时机和价格，导致错过股权转让机会而坐视股权贬值；要么在错误的时间、以当时公平合理的价格出让股权，但在股权出让后发现股权大幅增值。无论是在股票市场上，还是在闭锁性的股权转让市场中，每天都会重复这样的"财富悲情故事"。倘若夫妻双方在转让股权时充分协商、认真研究、审慎决策，则可以在很大程度上避免或者减少此种失误。为维护夫妻双方对共有股权的平等处理权，既要确认股东对配偶的告知义务，又要尊重配偶对股权处分的共同决定权。但是，为稳定股权交易秩序，避免股权转让实践中见利忘义的道德风险，基于内部、外部法律关系严格区分的法律理念，不宜允许股东的配偶以股权出让的知情权和同意权受侵害为由推翻依法成立并生效的股权转让合同。为更好地协调婚姻法与公司法在法律适用中的相互关系，建议最高人民法院在未来的公司法司法解释中就夫妻共有股权转让的特殊问题作出明确的界定。①

三、投资性财产的性质与特点

《婚姻家庭编解释（一）》第七十二条列举的投资性财产包括有价证券和未上市股份有限公司股份两大类。

（一）有价证券

有价证券是指代表财产权利的书面凭证，主要包括股票、债券、投资基金份额等。

1. 股票。股票是一种有价证券，是股份有限公司在筹集资本时向出资人公开发行的、用以证明出资人的股东身份和权利，并根据股票持有人所持有的股份数享有权益和承担义务的可转让的书面凭证。《公司法》第一百二十五条第二款规定："公司的股份采取股票的形式。股票是公司签发的证明股东所持股份的凭证。"股票是一种有价证券，其价值在于股份的价值。股票代表着股东享有的股东权，包括股东的财产权和人身权。股票具有以下

① 刘俊海、徐海燕：《让夫妻间的股权悲情故事不再重复上演》，载《人民法院报》2011年11月9日。

特征：一是无期性。股票是一种没有偿还期限的有价证券，投资者一旦认购股票，就不能向股份公司要求退股，只能在股票市场上进行转让。只要股份公司还存在，它所发行的股票就存在、有效，股份公司没有偿还投资人投资的义务。二是权责统一性。股东凭其持有的股票，享有其股份数相应的权利，同时也承担相应的责任。股票既包含财产权利，也包括人身权利。股东享有的权利主要表现为：参加股东大会、投票表决、参与公司的经营决策，领取股息或红利、获收投资收益。股东的责任主要是承担公司的经营风险，对公司的经营决策承担责任，责任的限度为其认购股票的全部的投资额。三是流通性。股票的流通是指股票在不同的投资者之间进行转让，股票持有人可以通过股票的转让随时收回自己的投资额，提高了股票的变现能力。四是风险性。股权具有盈利性与风险性并存的特性。股东可以通过持有股票或出资证明书参加公司的利润分红和剩余财产分配以获取利益，也可以通过转让股票而有所收益。但是，由于股权的盈利性受公司经营状况、盈利状况和市场利息率及股息率、国家的宏观经济政策、市场供求关系、大众心理等多种因素影响，因此，股票投资是一种高风险的投资活动。股票的风险主要来源于股票价格的波动。

2. 债券。债券是政府、金融机构、工商企业等机构直接向社会借债筹措资金时，向投资者发行，并且承诺按规定利率支付利息，按约定条件偿还本金的债权债务凭证。债券的本质是债的证明书，具有法律效力。债券购买者与发行者之间是一种债权债务关系，债券发行人即债务人，投资者（或债券持有人）即债权人。

债券作为一种重要的融资手段和金融工具，具有如下特征：一是偿还性。债券一般都规定有偿还期限，发行人必须按约定条件偿还本金并支付利息。二是流通性。债券一般都可以在流通市场上自由转让。三是安全性。与股票相比，债券通常规定有固定的利率，与企业绩效没有直接联系，收益比较稳定，风险较小。在企业破产时，债券持有者享有优先于股票持有者对企业剩余资产的索取权。四是收益性。债券的收益性主要表现在两个方面，一是投资债券可以给投资者定期或不定期地带来利息收入；二是投资者可以利用债券价格的变动，买卖债券赚取差额。

实践中的债券，主要是指公司债券。公司债券是指公司依照法定程序发行的、约定在一定期限内还本付息的有价证券。在我国，股份有限公司、国有独资公司和两个以上的国有企业或者其他两个以上的国有投资主体投资设立的有限责任公司，都可以依照《公司法》的规定发行公司债券。公司债券是公司筹集发展经营资金的一种方式。公司债券是要式证券，必须载明公司名称、住所，债券票面金额，债券的利率，还本期限和方式，利息的支付方式等。公司债券作为一种有价债券是公司债的表现形式，它所表示的是债券所有人作为债权人享有债权，即债券所有人享有按照约定的期限取得利息，收回本金的权利。债券发行人负有按约定期限还本付息的义务。公司债券有一定的票面金额，可以作为有价证券转让、抵押和继承。[①] 公司债券由公司向社会公开发行，向不特定的社会公众借贷，任何人都可以购买而成为其债权人，因而公司债券的认购人具有广泛性和不特定性。

3. 投资基金份额。投资基金是一种利益共享、风险共担的集合投资制度。投资基金形式多种多样，可按不同的标准进行划分。按组织形式，可分为契约型基金和公司型基金；按受益凭证可否赎回，可分为封闭式基金和开放式基金；按投资的行业，可分为证券投资基金、实业投资基金等。为了方便广大中小投资者投资于证券市场，稳定证券市场，促进证券市场的发展，我国出台了《证券投资基金法》，对与投资基金有关的问题作了较为详细的规定。

证券投资基金就是通过向社会公开发行一种凭证筹集资金，并将资金用于证券投资。向社会公开发行的凭证叫作基金券，也称基金份额或基金单位。谁持有这种凭证，谁就对基金享有资产所有权、收益分配权、剩余财产处置权和其他相关权利，并承担相应的义务。投资基金有以下特点：一是集众多的分散、小额资金为一个整体；二是委托具有丰富的证券投资知识和经验的专家经营管理，可以节约交易成本，提高投资收益；三是分散投资，通过投资组合来降低投资风险。

（二）未上市股份有限公司股份

未上市股份有限公司股份专指一般的股份有限公司的股份，排除了上市

---

① 《企业债券管理条例》第九条。

公司的股份。股份公司依其股份是否上市划分为上市公司和非上市公司。因此，关于非上市公司的股份也适用于一般的股份的规定，只不过该股份不能通过上市进行公开的交易。其特点与股票的特点基本相似。

四、对离婚时投资性财产的司法处理

投资性财产虽然发行机关不同，代表权益不同，承担的风险程度不同，但它们都可以转让，其价值都不确定。对于这些风险或者机遇的把握与控制，应当尽量由当事人自行决定。人民法院审理离婚案件涉及投资性财产的分割时，最好由离婚当事人协商解决。只有在当事人无法就此类财产达成一致意见时，人民法院才应该按照有关法律的规定，遵循有利于生产经营的原则进行判决。

人民法院可以参照市价的规定确定分割的数额。如果按市价分配有困难的，人民法院可以根据数量按比例分配。

人民法院审理这类涉及股票等有价证券的纠纷时，有许多不易解决的问题。审判实践中，夫妻共同财产中股票、债券等有价证券及未上市公司股份等财产性权利的具体价值经常处于一种不确定状态，给人民法院审理案件增加了难度。操作标准不同、选择时机不同等，都会直接影响到当事人财产数量的增减变动。当人们手中持有上市公司的股票、国库券等依法可以在市场上流通转让的有价证券时，其价格是随时随地在发生变化的，而且对这种变动谁也无法作出准确的判断。在持有的这些有价证券总体数量不变的情况下，这部分财产的价值也会随着单位价格的涨落而不断发生变化。这一点在二级市场的股市中表现得特别明显，这部分资产的总价值，会因大势、具体行情及每个时间点的不同，不断发生变化，投资中孕育着机遇与风险。因此，人民法院将投资性财产权利作为一种财产进行分割时，既不能以它的票面值来确定它的价值，也不能以它的发行价来确定其价值；既不能以购买时的购买价确定其价值，也不能以分割时的股市价确定其价值。

对于处于不断变动中的投资性财产，一定要由人民法院计算出该类财产的确切价值并加以分割，是不现实的。人民法院处理此类财产纠纷时，不必局限于一定要弄清楚该笔财产的确切价值，而是应该掌握一个分割的原则和大的方向。无论财产的价格怎么波动，其持有的数量是相对不变的。人民法院可以将当事人持有的数量，按照一定的比例作出分割。[①]

如果夫妻一方或者双方拥有的股票为记名股票时，人民法院仅判决股票份额的分割，对于具体财产权利的实现，应由当事人自行解决。记名股票账户在法律上公开宣示记名人为股票交易关系的一方主体和在账户上持仓的股票的所有权人。依记名人与对此权利有争议的当事人之间的某种身份关系，可以依法定条件认定为他们共有的财产，但这种内部关系因不具有公开宣示性而不能对抗第三人。待判决生效后，具体的交易操作，交由当事人自行决定，这样，可以更好地保护当事人的合法权益。本解释规定从当事人持有这些投资性财产权利的数量入手，将其按一定比例在夫妻之间分配。

五、对案例 51 的简要评析

根据《婚姻家庭编解释（一）》第七十二条“夫妻双方分割共同财产中的股票、债券、投资基金份额等有价证券以及未上市股份有限公司股份时，协商不成或者按市价分配有困难的，人民法院可以根据数量按比例分配”的规定，分割的是投资性财产权利所代表的财产的量，不是分割该类财产本身。如股票只有在股市上进行交易时才能在不同所有权主体之间进行让渡，要在股市交易中办理过户手续才能实现让渡。法院判决所要求分割的股票，原告、被告各多少股，也只是表明这些数额的股票所代表的财产量的占有率的分割，而不是股票的分割，股票的分割仍然要办理过户手续。因此，在分割作为夫妻共同财产的股票时，对于以夫妻一方名义所持有的股票，宜采取归其所有，而由其按折价的价值量的一半给付对方的方式。折价的价值量的确定，可参考分割时的市场价格，结合该种财产在一个合理的期间内的涨落幅度来确定。

当然，对于案例 51 来说，被告名下的股票系原、被告在夫妻关系存续

---

① 参见最高人民法院民事审判第一庭编著：《最高人民法院民法典婚姻家庭编司法解释（一）理解与适用》，人民法院出版社 2021 年版，第 624 页。

期间所取得，且在离婚后出卖，应当按照出卖的市场价格进行分割，即所卖股票款的一半给付原告。

第十节　有限责任公司出资额的分割

一、问题的提出

随着家庭财产的不断增加，夫妻用共同财产以一方名义与他人出资组建有限责任公司的情况已经比较普遍。对于这样的家庭，夫妻投入有限责任公司的资产往往在家庭财产中居于较大的比例。如果夫妻感情破裂导致离婚诉讼，在对共同财产进行分割时，必然涉及对属于夫妻共同财产的这些出资及其所占份额的分配问题。此类纠纷的解决，必须与《公司法》等法律法规的原则和精神保持一致。然而，我国《公司法》虽然对有限责任公司的出资、转让等问题都有较为明确的规定，但是其作为规定公司组织以及公司行为的法律规范，不可能涉及股权作为夫妻共同财产的分割问题。为此，《婚姻家庭编解释（一）》第七十三条中规定："人民法院审理离婚案件，涉及分割夫妻共同财产中以一方名义在有限责任公司的出资额，另一方不是该公司股东的，按以下情形分别处理：（一）夫妻双方协商一致将出资额部分或者全部转让给该股东的配偶，其他股东过半数同意，并且其他股东均明确表示放弃优先购买权的，该股东的配偶可以成为该公司股东；（二）夫妻双方就出资额转让份额和转让价格等事项协商一致后，其他股东半数以上不同意转让，但愿意以同等条件购买该出资额的，人民法院可以对转让出资所得财产进行分割。其他股东半数以上不同意转让，也不愿意以同等条件购买该出资额的，视为其同意转让，该股东的配偶可以成为该公司股东。用于证明前款规定的股东同意的证据，可以是股东会议材料，也可以是当事人通过其他合法途径取得的股东的书面声明材料。"

在研究离婚时有限责任公司出资额分割之前，先看一则案例：

案例 52：离婚后有限责任公司出资额纠纷案[①]

原告籍某与被告申某于 2007 年 3 月 9 日登记结婚，二人于 2009 年 10 月 16 日生育一女申某然。后双方因夫妻感情破裂，于 2018 年 1 月 10 日达成离婚协议，并办理离婚登记手续。该离婚协议对房产、债权债务、车辆等进行了约定，但对公司的出资额未作分割。某众公司于 2017 年 7 月 4 日成立，注册资本为 300 万元，股东为被告申某和谢某，其中被告申某认缴出资额为 150 万元，实缴出资额为 23.2 万元，实缴出资时间为 2017 年 12 月 31 日，出资比例为 50%。被告申某称其出资额是通过银行分期贷款后支付的，其中 2017 年 9 月 28 日贷款 13 万元，2017 年 12 月 22 日贷款 18 万元。庭审中，原告称对于股权折价款的数额，主张参照双方离婚时被告申某在某众公司的所有者权益即按照被告的实缴出资额 23.2 万元确定。

生效裁判认为，籍某与申某在离婚协议中关于财产部分对公司的分割约定并未包括本案诉争的某众公司。而该公司成立及申某作为股东出资时间均在双方夫妻关系存续期间，应当对实缴出资额作为夫妻共同财产进行分割认定。关于申某出资数额的认定，其于 2017 年 9 月 28 日贷款 13 万元后，于 2017 年 10 月 9 日将该款项汇入某众公司账户，同样该贷款的偿还未在双方离婚协议中作为夫妻债务中体现，故不等于协议中各自债务分担的约定，应由双方分担，故作为该 13 万元投资款的贷款，应由籍某承担一半，即 6.5 万元。应当对剩余的 10.2 万元出资额进行分割。据此判决申某支付籍某 5.1 万元。

上述案例涉及夫妻共同财产中对有限责任公司出资额的分割问题。试问：有限责任公司股份转让有哪些限制性的规定？离婚时对夫妻共同财产在有限责任公司的出资额如何分割？

二、有限责任公司股份转让的限制性规定

有限责任公司的股东以其出资额为限对公司承担责任，公司以全部资产

---

① 详见山西省太原市中级人民法院（2020）晋 01 民终 5895 号民事判决书。

对公司债务承担责任的企业法人。由于有限责任公司的出资不能撤回，因此，各国或地区公司立法，均允许有限责任公司的股东转让其出资。由于有限责任公司兼具有资合性和人合性，基于人合性的作用，股东之间需要较高的信赖关系，他们不欢迎不熟悉或不太了解的人加入公司，防止在公司经营决策上和利益分配上产生分歧和矛盾，影响公司事业的发展。股东转让出资是公司运营中的重大事项，直接关系到大多数股东、公司本身和市场交易相对人的利益，因此，为了维持公司股东彼此信赖的需要，为了维护有限责任公司的正常发展，各国法律对股东出资转让程序都作了严格的规定。股东出资的转让也受到较严格的限制。如德国《有限责任公司法》第十五条就规定股东的出资转让要以合同协议或公证方式进行，同时要附加一定条件如经公司同意，并且规定转让的出资应保持其独立性等，来限制股东出资转让。

我国《公司法》也不例外。《公司法》第七十一条规定："有限责任公司的股东之间可以相互转让其全部或者部分股权。股东向股东以外的人转让股权，应当经其他股东过半数同意。股东应就其股权转让事项书面通知其他股东征求同意，其他股东自接到书面通知之日起满三十日未答复的，视为同意转让。其他股东半数以上不同意转让的，不同意的股东应当购买该转让的股权；不购买的，视为同意转让。经股东同意转让的股权，在同等条件下，其他股东有优先购买权。两个以上股东主张行使优先购买权的，协商确定各自的购买比例；协商不成的，按照转让时各自的出资比例行使优先购买权。公司章程对股权转让另有规定的，从其规定。"第七十二条规定："人民法院依照法律规定的强制执行程序转让股东的股权时，应当通知公司及全体股东，其他股东在同等条件下有优先购买权。其他股东自人民法院通知之日起满二十日不行使优先购买权的，视为放弃优先购买权。"第七十三条规定："依照本法第七十一条、第七十二条转让股权后，公司应当注销原股东的出资证明书，向新股东签发出资证明书，并相应修改公司章程和股东名册中有关股东及其出资额的记载。对公司章程的该项修改不需再由股东会表决。"根据该规定，在我国，股东向公司的其他股东转让其全部或者部分出资的，只要转让方与受让方协商一致，转让即可成立；但向非股东转让出资则必须经全体股东过半数同意。股东对其他股东转让的出资享有优先购买权，意味着只有当公司的其他股东不愿购买、无力购买或其出价低于非股东的出价时，非股东始得购买所转让的出资。这样规定实际上既保护了出让股东的利益，同时也通过提供优先购买权的方式保护了其他股东的利益。

三、离婚时，夫妻共同财产中以一方名义在有限责任公司的出资额的分割

离婚时，夫妻一方以共同财产与他人合资成立有限责任公司取得的股权能否分割，对此人们有着不同的观点。有人认为，股东在向公司缴纳出资后，对自己投入公司的财产丧失了占有、使用、处分和部分收益权。因此，股东所持的股份是不能作为夫妻共同财产加以分割的，否则就侵犯了法人财产权。离婚时，如果夫妻双方对这一财产发生纠纷，人民法院不能支持另一方要求分割公司股权的诉讼请求，只能根据当初以夫妻共同财产出资的情况和公司赢利的情况，给予对方一定的经济补偿。有人认为，公司的股权可以作为夫妻共同财产加以分割。夫妻一方以夫妻共同财产出资与他人成立有限责任公司，只是改变了这一部分夫妻共同财产的存在形式，其作为夫妻共同财产的所有权性质没有发生变化。既然是夫妻共同财产，在离婚时就应当加以分割，否则就无法保障夫妻关系另一方的合法权益。

按照《公司法》的规定，公司的股东作为出资者按投入公司的资本额享有所有者的资产权益、重大决策和选择管理者等股权，而有限责任公司享有独立的法人财产。股东的股权主要表现为财产权，可以与其他民事权利一样进行分割。夫妻一方所持的股权是能够量化的夫妻共同财产，自然可以依法分割。只是分割此类财产的方式，不能侵害公司的法人财产权和其他股东的合法权益。上述两种观点在对夫妻共同财产中的股权的认识和处理上均有一定的偏颇：第一种观点仅从保护公司法人财产权出发，认为公司股权不能作为夫妻共同财产加以分割，不利于保护夫妻双方对共同财产所享有的合法权益；第二种观点仅从保护夫妻共同财产权出发，主张对由夫妻共同财产出资形成的公司股权简单地加以分割，使夫妻一方可能因为离婚而取得公司的股权和股东的合法地位，势必侵害公司的法人财产权和其他股东的合法权益。在对夫妻共同财产中股权的认定和处理上，既要考虑公司法的有关规定，又要考虑婚姻法的基本原则。分割夫妻共同财产中的股权，应当从企业的长远发展出发，在充分考虑法人财产权、经营权和其他股东的合法权益的前提下，

遵循婚姻法的立法精神，科学合理地处理这类财产的分割问题。

离婚时，对于夫妻共同财产中以一方名义在有限责任公司的出资额，另一方不是该公司股东的，人民法院在分割此类财产时，必须将有限责任公司股份转让的限制性规定和婚姻法的基本原理相结合。

1. 夫妻双方协商一致将出资额部分或者全部转让给该股东的配偶，过半数股东同意、其他股东明确表示放弃优先购买权的，该股东的配偶可以成为该公司股东。

该司法解释明确规定了不是有限责任公司股东的一方配偶，分割属于夫妻共同所有的股份而成为该公司股东的具体条件。首先，夫妻双方应当就该方取得有限责任公司出资额的部分或者全部达成一致意见。公司的出资额转让是一种合同行为，转让的双方应就转让的条件和价格协商一致。这是公司股东向非股东转让出资的前提条件，也是转让双方之间的一种自愿行为。其次，这种转让行为受到公司法中股东向非股东转让出资的限制性规定的约束。夫妻双方对于这些事项协商一致后，还必须符合下列情形，该股东的配偶才可以成为公司股东。第一，过半数的股东同意。“过半数股东同意”，应该包含两层含义，一方面意味着其同意就此出资向股东以外人的转让，另一方面意味着其同意转让给特定的人，即该股东的配偶。一旦作出这种同意，可以顺理成章地得出这过半数股东放弃了优先购买权的结论。而那些少数的不同意转让的股东，依据《公司法》规定在同等条件下也是有优先购买权的，所以除非他们明确表示放弃该项权利的行使，否则夫妻之间的协议就无法真正实现。股东向非股东转让出资时，必须经全体股东过半数同意。其有两层含义：一是须经全体股东过半数同意，而非半数以上有表决权股东的同意。二是股东向非股东转让出资，无论是全部转让还是部分转让，都须经全体股东过半数同意。由此可见，非经全体股东过半数同意的，股东不得向非股东转让出资。第二，其他股东明确表示放弃优先购买权。当事人可以依据《公司法》等相关法律规定办理有关手续后，成为该有限责任公司的股东。

有限责任公司作为现代商品经济社会中存在的一种主要经济活动主体，承载着增加社会财富和促进经济发展的功能，同时有限责任公司自身具有区别于股份有限公司等其他经济主体的明显的特性。这也是法律对其进行相关调整和利益保护的出发点。有限责任公司兼具资合和人合性质，明显的人合性体现于各出资股东之间的相互信赖是公司维系的基础。在有限责任公司中，资本认购主要是内部集资行为，不具社会公开性，股东之间形成了紧密的信赖与合作关系。拥有股权的股东一般也拥有公司的经营权，因此，股权的转让必然会影响原有的信赖合作关系及公司的经营运作。另外，根据股权理论，股权包括股东为自身利益而行使的自益权（如股息、红利、剩余财产分配请求权）和兼为其他股东和公司利益而行使的公益权（如投票表决权、对董事起诉权）。因此，在兼具资合和人合性质的有限责任公司中，股东转让股权也就随之转让了附载其上的自益权与公益权，就必然涉及其他股东和公司的利益。为了保护股东之间紧密的信赖关系和其他股东的利益，同时保证有限责任公司的安全、持续、效率经营，法律特别设计优先购买权制度。

其他股东的优先购买权包括两层含义：有限责任公司内其他股东与第三人相比具有购买转让出资的优先性；其他股东的购买权优于转让股东转让出资的自由权而受到法律的特殊保护。法律之所以作出如上的价值判断，即以对转让股东施加法定负担，限制其订立合同和转让股权的自由，保护其他股东优于第三人获得转让股权的特殊利益。私法是解决平等主体之间利益冲突的裁判机制，私法规范是以对当事人间相对抗的利益进行衡平后作出的价值判断和保护取舍，以此来体现私法的价值取向，引导权利保护配置的整体协调和全社会利益的最大化实现。

其他股东享有优先购买权并未完全牺牲转让股东的利益。因为行使优先权的前提是“同等条件”，在同等条件下，转让股东将出资转让给同一公司内的其他股东与转让给第三人相比并未受到明显的利益损失。同样，第三人未因优先购买权的存在而完全丧失公平竞争和受让股权的机会。在“同等条件”下，第三人不具有比其他股东买受转让股权的特殊理由，但第三人可以提高买受条件以此证明由其获得受让更具效用，从而排除其他股东的优先地位。

优先购买权只是为了保持有限责任公司的人合性和公司运转的稳定，法律赋予其他股东可选择的一种救济权利。其他股东的优先购买权产生于有限责任公司这种特殊经济组织形态的自身特性基础之上，是平衡了转让股东、其他股东、公司本身及第三人的利益后，法律上作出的选择。我国《公司法》规定的优先购买权是一种可以选择的救济权利，就其他股东而言，如果其在明知的前提下，自愿放弃该优先权的行使，也是于法不悖的。

2. 夫妻双方就出资额转让份额和转让价格等事项协商一致后，过半数股东不同意转让，但愿意以同等价格购买该出资额的，人民法院可以对转让出资所得财产进行分割。过半数股东不同意转让，也不愿意以同等价格购买该出资额的，视为其同意转让，该股东的配偶可以成为该公司股东。

该款规定了过半数股东不同意转让时，不是有限责任公司股东的一方配偶，能否取得股东身份的问题。根据公司法原理，如果过半数股东不同意转让，这些股东就应当购买该出资额。这样，夫妻之间的股份得以变现，人民法院就可以就变现的出资进行分割。如果过半数股东不同意转让，也不愿意以同等价格购买该出资额的，则视为其同意转让，该股东的配偶可以成为该公司股东。从中可以看出，其他股东对股东向非股东转让出资的同意可以分为两种：一是明示同意，即在全体股东就某股东向非股东转让出资进行表决时，股东明确表示同意该项转让。二是推定同意或视为同意，其他股东不同意离婚的一方股东向非股东转让出资，但又不购买该项转让的出资，则推定其同意转让或视为同意转让。这体现为《公司法》第七十一条第二款的后段规定。在过半数股东不同意转让，也不愿意以同等价格购买该出资额的情况下，不是有限责任公司股东的一方配偶就可以成为该公司股东。

3. 用于证明《婚姻家庭编解释（一）》第七十三条第一款规定的过半数股东同意的证据，可以是股东会决议，也可以是当事人通过其他合法途径取得的股东的书面声明材料。

夫妻离婚时，非有限责任公司股东一方配偶分割取得该公司股份以后，依然难以成为该公司股东。首先，股东会定期会议是依照公司章程所定的，是定时的，而离婚纠纷具有不确定性，谁也无法保证离婚时恰好召开股东会的定期会议。我国《公司法》又规定“股东会会议由股东按照出资比例行使表决权”，也就是说，表决权是与出资多少成正比的。有可能有限责任公司大部分股份归某一位大股东掌握，按法律规定只有他才能提议召开股东会临时会议，其余股东的权力根本无法达到提议召开的程度。依照《公司法》第三十九条的规定，股东临时会议的召开必须首先征得规定数额的股东或董事的同意，不能得到规定数额的股东或者董事同意、监事提议，临时会议就无法召开，取证就无法进行。其次，离婚是个人的私事，是否有必要为此召开股东会临时会议呢？一对夫妻离婚，以他们所占的份额而言，很可能只是该公司中一个小股东，怎么会对整个公司的生产经营活动产生重要的影响呢?因此，这也很可能成为股东推脱前来的理由，从而导致取证依然无法进行。总之，当事人要想通过召开股东会会议就股权转让问题作出决议，从而达到合法取证的目的，是非常困难的。这对于离婚诉讼中的财产分割来说，也是非常不利的。本次司法解释为了更方便取证，更体现法律的人文关怀，更有利于保护当事人的合法权益不受侵犯，专门从证据认定方面入手，作出了一些较重要的规定。

能否通过扩大当事人取得过半数股东同意的形式或者途径，来解决实践中存在的上述问题?对此存在不同的看法。持反对意见的同志认为，关于股东转让其出资问题,《公司法》明确规定必须由股东会议以决议形式作出。这就意味着其他任何机构都无权行使这项职权。因此，当事人要想向股东以外的人转让其出资的，必须召开股东会，必须依据股东会作出的同意转让的决议，才能有效、合法地向股东以外的人转让其出资。法律没有规定其他的救济途径，也没有例外可以遵循，至于与现实情况不符，可以通过修改《公司法》来加以解决。但是，依据《婚姻家庭编解释（一)》第七十三条的规定，其扩展了可以用于证明过半数股东同意夫妻间协议的证据材料的范围和内容:即除股东大会的决议外，当事人通过合法途径取得的书面声明材料，也可以作为证明过半数股东同意的证据。对于其他合法途径，属于人民法院对当事人取证过程的监督，不能以侵害他人合法权益的方式取得证据，否则人民法院将不予采纳。这里所说的“书面声明材料”，应该是由有限责任公司股东出具的，明确表明同意夫妻之间就其出资问题达成的转让协议并同意接受该配偶成为本公司股东的书面材料。[①] 在理解和适用“其他合法途径取得的股东的书面声明材料”时，不能任意扩大解释，必须严格掌握。

四、司法实践中应当注意的问题

审判实践中，在全面理解适用《婚姻家庭编解释（一)》第七十三条的规定时，应当准确把握下列问题:

---

① 参见最高人民法院民事审判第一庭编著:《最高人民法院民法典婚姻家庭编司法解释（一）理解与适用》，人民法院出版社 2021 年版，第 631 页。

1. 如果在夫妻双方发生纠纷诉讼至人民法院之前，双方的身份都是该同一有限责任公司股东的，只需适用《公司法》的明文规定就可以解决。根据《公司法》的规定，股东之间可以相互转让其全部出资或者部分出资。所以，转让在有限责任公司中的全部出资或者部分出资的双方当事人，如果地位相同，都是该公司股东的，与双方是否为夫妻这一特定的身份关系没有必然联系。

2.《婚姻家庭编解释（一）》第七十三条规定，适用于夫妻双方就在有限责任公司的共同出资的转让协商一致的情况。如果夫妻双方对其共同财产中在有限责任公司的出资问题都无法达成共识的话，不属于本条规定的情况，应当通过另外的途径解决。人民法院可以判决股权归为有限责任公司股东的一方所有，另一方可以取得相应的折价补偿。公司的股权应当按照何种价格计算，在实践中也是一个很难解决的问题。由于股权在不同的经营时期，在不同的经营环境下，有着不同的价值，为了解决这一难题，只能在公平原则的基础上，由专业机构对公司的财产状况和财务情况进行综合评估，按照股权的实际价值决定对股东的配偶经济补偿的数额。人民法院判决的折价补偿额应当按照评估计算出的股权的实际价值计算。

3. 有限责任公司是人合兼资合的公司。在分割夫妻在有限责任公司的出资时，应当寻找出合适的方法，以避免股东间和谐稳定、相互信赖的关系被破坏。既要从有利于解决夫妻之间的纠纷的原则出发，又要保证最大限度地做好与其他利害关系人的利益协调，不能侵害其他股东的认可权和优先受让权等权利。

4. 司法解释的作出，都是以现行法律为基准的，不会也不应与其冲突。司法解释所作的任何规定，都将被限定在现行立法规定的范围之内。我国规定有限责任公司股东人数五十人为上限、二人为下限。当分割夫妻上述财产时，如果出现有限责任公司股东人数将会少于二人或者超过五十人等情况时，将不能适用司法解释支持当事人的请求。因此，司法实践中人民法院应当严格按照法律规定处理，如果夫妻的股权转让协议存在违反《公司法》相关规定的情形，则依法不能认可夫妻之间的协议效力。[①]

① 参见最高人民法院民事审判第一庭编著:《最高人民法院民法典婚姻家庭编司法解释（一）理解与适用》，人民法院出版社 2021 年版，第 632 页。

5.《婚姻家庭编解释（一）》第七十三条中关于许多问题的表述，采用的都是“可以”这样的授权性做法，而不是“当然”“必须”等强行性规定。因为审判实践中，情况错综复杂，司法解释的规定无法穷尽一切可能出现的情况，并对其一一作出规定，只能把一些相对比较可行的做法加以类型化，为解决实际问题提供一些方法和依据。如果条文规定的前提条件等不具备或者不符合要求，就不能根据本解释处理。当然，如果根据个案的具体情况，有更切实有效、更可行的做法，法官也可以依法进行审判，作出妥善处理。

五、对案例 52 的简要评析

在案例 52 中，某众公司成立于原、被告婚姻存续期间，被告认缴出资额为 150 万元，实缴的出资额为 23.2 万元，实缴出资额的时间亦发生在原、被告婚姻存续期间。双方在离婚协议中并未提及某众公司，故该公司仍然归属于夫妻共同财产出资。由于该公司系依法成立的企业法人，股东的出资已转变为企业法人财产。因夫妻一方在有限责任公司出资额的分割，要考虑到夫妻内部、外部等各方面关系及影响，根据《婚姻家庭编解释（一）》第七十三条“人民法院审理离婚案件，涉及分割夫妻共同财产中以一方名义在有限责任公司的出资额，另一方不是该公司股东的，按以下情形分别处理：（一）夫妻双方协商一致将出资额部分或者全部转让给该股东的配偶，其他股东过半数同意，并且其他股东均明确表示放弃优先购买权的，该股东的配偶可以成为该公司股东；（二）夫妻双方就出资额转让份额和转让价格等事项协商一致后，其他股东半数以上不同意转让，但愿意以同等条件购买该出资额的，人民法院可以对转让出资所得财产进行分割。其他股东半数以上不同意转让，也不愿意以同等条件购买该出资额的，视为其同意转让，该股东的配偶可以成为该公司股东。用于证明前款规定的股东同意的证据，可以是股东会议材料，也可以是当事人通过其他合法途径取得的股东的书面声明材料”的规定，本案中原、被告既没有就此达成共识，也没有提供某众公司相关股东会决议或者其他股东的书面声明，故对被告所持有的某众公司的股权不宜直接分割。为了保证有限责任公司的人合性，由被告对原告进行折价补偿为宜。

第十一节 合伙企业夫妻共同财产的分割

一、问题的提出

在现代社会，许多夫妻将家庭中的财产，依法以夫妻一方的名义与他人建立合伙企业。离婚时，涉及合伙企业中属于夫妻共同财产部分份额分割的纠纷，逐渐增多。对此，《民法典》没有规定，《婚姻家庭编解释（一）》第七十四条规定："人民法院审理离婚案件，涉及分割夫妻共同财产中以一方名义在合伙企业中的出资，另一方不是该企业合伙人的，当夫妻双方协商一致，将其合伙企业中的财产份额全部或者部分转让给对方时，按以下情形分别处理：（一）其他合伙人一致同意的，该配偶依法取得合伙人地位；（二）其他合伙人不同意转让，在同等条件下行使优先购买权的，可以对转让所得的财产进行分割；（三）其他合伙人不同意转让，也不行使优先购买权，但同意该合伙人退伙或者削减部分财产份额的，可以对结算后的财产进行分割；（四）其他合伙人既不同意转让，也不行使优先购买权，又不同意该合伙人退伙或者削减部分财产份额的，视为全体合伙人同意转让，该配偶依法取得合伙人地位。"该规定明确了因离婚分割夫妻共同财产获得合伙企业中的财产份额的处理方法。

案例53：夫妻投资合伙企业，离婚后财产如何分割？①

肖某、蒋某原为合法夫妻。2016年下半年，肖某曾向法院提起离婚诉讼，后撤回起诉。2018年3月16日，肖某再次向法院起诉要求与蒋某离婚。同年7月，法院判决准予肖某、蒋某离婚。2019年2月25日，肖某向法院起诉请求判令：依法分割分割杭州某胜投资合伙企业2.625%的股份。另查明：杭州某胜投资合伙企业经营起始日期为2015年6月15日。蒋某于2015

① 详见浙江省杭州市中级人民法院（2020）浙01民终1779号民事判决书。

年12月11日和2016年8月18日分别转账至该企业35.7万元和17.85万元。合伙人信息备案登记为蒋某出资71.4万元，占2.625%。2019年1月16日，蒋某将53.55万元所涉股权出质给案外人王某，并办理股权出质登记手续。肖某、蒋某在庭审中同意杭州某胜投资合伙企业2.625%的股权作价70万元归肖某，该合伙企业其他股东不同意肖某作为该企业股东，也不同意以该价格购买股权。

生效裁判认为：离婚后，一方以尚有夫妻共同财产未处理为由向人民法院起诉请求分割的，经审查该财产确属离婚时未涉及的夫妻共同财产，人民法院应当依法予以分割。在肖某、蒋某婚姻关系存续期间，蒋某成为案涉杭州某胜投资合伙企业的股东，现肖某要求对财产予以分割，予以准许。蒋某在杭州某胜投资合伙企业认缴出资71.4万元，占比2.625%，已实际出资53.55万元，肖某、蒋某在庭审中同意将蒋某在杭州某胜投资合伙企业的财产份额作价70万元全部转让给肖某，其他合伙人不同意肖某作为新合伙人加入合伙企业，也不行使优先购买权，视为全体合伙人同意转让，故蒋某在杭州某胜投资合伙企业（有限合伙）的股权归肖某，由肖某支付蒋某35万元。该股权虽已办理出质登记手续，影响工商变更登记，但不影响肖某、蒋某对股权的分割。据此判决蒋某所持有的杭州某胜投资合伙企业的股权归肖某所有，由肖某在判决生效后十日内支付蒋某补偿款35万元。

上述案例涉及离婚后就夫妻一方将其夫妻共同财产以自己的名义投资到合伙企业的分割问题。试问：处理合伙企业中属于夫妻共同财产部分份额应当遵循哪些分割原则？分割夫妻共同所有的合伙企业财产的具体方法有哪些？

二、处理合伙企业中属于夫妻共同财产部分份额的分割原则

1. 离婚时，分割合伙企业中属于夫妻共同财产部分份额，应遵循《合伙企业法》有关合伙企业出资转让、入伙、退伙和合伙解散的相关原理。

合伙企业是两个以上的人以共同经营为目的，相约共同出资、合伙经营、共享利益、共担风险，并对合伙债务承担无限连带责任的一种经济组织形式。合伙企业，是合伙人组成的团体组织，是营利性的商事主体。其从事民事或

商事活动是以全体合伙人的个人人格或共同人格进行的，实质上也是自然人从事商业经营的一种组织形式。

合伙企业由全体合伙人共同经营管理，其议决方式由合伙协议加以规定。虽然实际上，为执行业务的便利，合伙企业通常都是推举其中的一名或数名合伙人作为业务执行人，管理合伙事务，其他合伙人则享有监督检查权。但在法律上，全体合伙人都享有法定的业务执行权，合伙业务执行人的权利来源于全体合伙人的授权。合伙企业合伙人的盈亏分配通常是按出资比例确定的。但就法律规定而言，其分配完全可由合伙合同约定，合伙人可以按出资比例分配盈亏，也可以不按出资比例分配，甚至盈利的分配比例可以与亏损的分担比例不一致。

合伙合同成立后，在合伙人之间形成内部关系，在合伙人与他人之间形成外部关系。合伙人之间的内部关系包括：（1）合伙人对合伙财产有共有权，包括合伙人的出资财产和共同经营积累所得的财产，均为全体合伙人共同所有。合伙人于合伙清算前，不得请求分割合伙财产。夫妻将共有财产以一方名义投入合伙企业后，其财产已经成为合伙企业的财产，已由全体合伙人共同所有。夫妻对自己享有的财产份额的处分必须获得其他合伙人的一致同意。（2）合伙人享有共同经营权。每一个合伙人对合伙的经营活动均享有权利。与合伙组织经营活动有关的大政方针、合伙期限的变更、接纳新伙伴入伙等重大问题，必须由全体合伙人意思表示一致。夫妻之间协议将合伙企业中以一方名义享有的财产份额转让给另一方的，应当经其他合伙人一致同意，这是合伙人享有共同经营权的直接表现。（3）合伙人的义务。合伙人的义务主要由合伙出资义务、分担亏损义务和损害赔偿义务三部分内容所组成。合伙人之间，对合伙经营的亏损额承担无限责任，即按约定的比例或出资比例分担债务。对于按比例分担的债务，每个合伙人均需以其全部财产作为其责任财产，即负无限清偿责任。合伙人如不履行合伙事务，并使合伙遭受损失的，合伙人对合伙应负损害赔偿责任。

合伙人与他人之间的最主要关系是合伙人的对外承担无限连带的财产责任。合伙的非法人地位决定了全体合伙人对合伙债务须承担连带无限责任。无限责任是指合伙人对企业债务的清偿不以其出资为限，当企业资产不足以清偿合伙债务时，合伙人须以各自所有的财产对其应分担的债务负责。连带责任是指合伙的每个合伙人对全部合伙债务都有清偿的责任，合伙人不得以内部约定的亏损或债务承担比例对抗合伙的债权人，债权人可以向任何一个合伙人请求清偿全部的债务。当然，清偿合伙债务超过自己应承担份额的合伙人，有权按内部约定的比例向其他合伙人追偿。对此，《民法典》第九百七十三条规定："合伙人对合伙债务承担连带责任。清偿合伙债务超过自己应当承担份额的合伙人，有权向其他合伙人追偿。"

合伙企业是典型的人合企业，合伙人之间存在密切的人身信赖关系，合伙的成立和维持主要基于人的联合，并依赖于合伙人之间的相互信任，合伙的对外信用基础主要在于合伙人的构成和各个合伙人的信用。因此，通常合伙人的入伙、退伙都要经全体合伙人一致同意，甚至个别合伙人的死亡或退出会导致整个合伙的解散。

合伙是"人合"的产物，接受非合伙人入伙，应当根据合伙合同的约定或征得全体合伙人同意。夫妻之间协商将合伙企业中以一方名义拥有的全部财产份额转让给另一方的，必须经其他合伙人一致同意。新合伙人入伙，必须经全体合伙人同意，否则，其他人无法成为合伙企业的新合伙人。因此，夫妻因离婚而分割其在合伙企业中共同财产的份额时，可以引起合伙关系的变动，这种变动主要表现为入伙、转让、退伙和合伙解散等情形。夫妻双方以一方名义将夫妻共同财产投入合伙企业后，如果经双方协商需要将合伙企业中的财产份额全部或部分转让至另一方名下的，即要发生"入伙"和"转让"等合伙企业重大事项。因此，夫妻双方对合伙企业中夫妻共有财产份额的约定必须征得其他合伙人的一致同意。合伙企业与股份有限公司最大的不同在于其具有"人合"的特征。因此，法律上对合伙企业内部合伙人的入伙、退伙都有较为严格的规定，防止合伙企业因合伙人的变动或更换而直接导致合伙企业的终止或解散。除合伙人在合伙合同中对合伙人婚姻关系变化后可以退伙有明确约定外，合伙人婚姻关系的变化不能成为合伙人退伙的法定事由。正是由于上述原因，夫妻离婚时对合伙企业中财产份额的转让或处分必须受《合伙企业法》中相关规定的约束和限制。

2. 离婚时，分割合伙企业中属于夫妻共同财产部分份额，应遵循《民法典》分割夫妻共同财产的原则。

我国《民法典》明确规定，夫妻双方对共同所有的财产有平等的所有权。离婚时，分割夫妻共同所有的财产，首先要遵循的原则就是男女平等原则。婚姻关系存续期间，夫妻一方以共同财产对合伙企业的出资，虽然已经成为合伙企业的财产，在合伙企业解散前，投资者无法抽回，但对该投资者在合伙企业中享有的财产份额，夫妻双方享有平等的权利。离婚时，自然应给予非合伙人一方配偶平等取得该份额的权利。不过，合伙企业的人合性，决定了非合伙人一方依据《民法典》在离婚时分得的合伙企业财产份额，只使其取得了加入合伙的可能性，其是否可以成为合伙企业的新合伙人，最终取决于其他合伙人是否一致同意。夫妻离婚涉及分割合伙企业中的财产份额时，对于离婚时依法实际分得合伙企业合伙财产份额的另一方，如果其他合伙人一致同意其加入合伙企业，其即可取得合伙人地位。因此，合伙企业中其他合伙人一致同意夫妻双方互相转让合伙企业中财产份额的，夫妻双方可以在平等自愿的前提下，对合伙企业中以夫妻共同财产出资而形成的财产份额相互转让，其达成的转让协议，经其他合伙人一致同意的，可以成为人民法院分割夫妻在合伙企业中财产份额的依据。

三、分割夫妻共同所有的合伙企业财产的具体方法

1. 其他合伙人一致同意的，该配偶依法取得合伙人地位。《民法典》第九百七十四条规定："除合伙合同另有约定外，合伙人向合伙人以外的人转让其全部或者部分财产份额的，须经其他合伙人一致同意。"离婚时，对于合伙企业中，以一方名义出现的、属于夫妻共同财产的出资份额，夫妻双方可以经过夫妻内部协商加以处分。如果夫妻双方就这部分财产达成了按比例分割的协议，另一方当事人就可以依据该协议而合法地享有该部分财产份额，但对于其能否成为新的合伙人，却不是当事人双方可以约定的。根据《合伙企业法》的规定，入伙应当经过全体合伙人的一致同意。如果全体合伙人一致同意因离婚而取得合伙企业一定出资份额的一方成为新合伙人，其当然可以入伙。因为其他合伙人的一致同意，已经表明合伙企业的原合伙人，愿意与其共同经营合伙企业，其入伙不会给企业带来不利影响，人民法院应当确认其"入伙"和"转让"的效力。

如果发生作为共同财产拥有者的非合伙企业合伙人一方依法拥有该合伙

企业财产份额，而其他合伙企业合伙人不同意其入伙的情况，人民法院应当如何判决，才能平衡夫妻和合伙企业的利益？这种情况下，《婚姻家庭编解释（一）》第七十四条又在第二款和第三款中分别作出了规定。

2. 其他合伙人不同意转让，在同等条件下行使优先受让权的，离婚的夫妻双方可以对转让所得的财产进行分割。为了适应合伙企业的“人合”要求，维护合伙企业的稳定，合伙企业法规定新合伙人入伙须经全体合伙人一致同意，否则，可能会危及合伙企业的存续。同时，为了保护合伙企业中的个人财产权，《合伙企业法》第八条又规定：“合伙企业及其合伙人的合法财产及其权益受法律保护。”如果夫妻离婚时对合伙企业中的财产份额不能进行分割，合伙人个人的财产权利即无法受到保护。如何平衡两种价值需求以实现公平和正义的法律目标呢？《合伙企业法》在对新合伙人入伙作出了严格的限制性规定之后，又规定了不同意转让的合伙人可以行使优先受让权的制度。

夫妻双方协商一致将合伙企业中以一方名义所持有的财产份额全部或者部分转让给另一方时，如果其他合伙人不同意夫妻之间这种相互转让行为的，可以根据合伙合同或者我国《合伙企业法》的相关规定行使优先受让权。《合伙企业法》第二十二条规定：“除合伙协议另有约定外，合伙人向合伙人以外的人转让其在合伙企业中的全部或者部分财产份额时，须经其他合伙人一致同意。合伙人之间转让在合伙企业中的全部或者部分财产份额时，应当通知其他合伙人。”《合伙企业法》第二十三条明确规定：“合伙人向合伙人以外的人转让其在合伙企业中的财产份额的，在同等条件下，其他合伙人有优先购买权；但是，合伙协议另有约定的除外。”因此，夫妻一方作为合伙人要将其在合伙企业中的财产份额转让给夫妻中的另一方时，其他合伙人行使购买权的，人民法院可以对其他合伙人因行使优先购买权后所支付的价款，按照夫妻对共同财产的分割原则进行处理。

原有合伙人不同意新合伙人入伙的，非合伙人一般无法加入合伙企业。但因分割夫妻共同财产而占有合伙企业的财产份额，具有特殊性。非合伙人配偶一方无须其他合伙人的同意就能基于我国婚姻立法的相关规定而直接取得合伙企业的财产份额。在非合伙人已经实际占有一定合伙财产份额的情况下，如果合伙人不同意其占有该份额，持反对意见的合伙人应当行使优先购买权，将属于非合伙人的份额买下，从而制止非合伙人的入伙。

3. 其他合伙人不同意转让，也不行使优先购买权，但同意该合伙人退伙或者退还部分财产份额的，可以对退还的财产进行分割。在合伙企业原合伙人不同意非合伙人入伙，又不愿意购买非合伙人合法占有的合伙企业的份额时，法律提供了另一条救济途径，即同意该合伙人退伙或者退还部分财产份额。如果其他合伙人既不同意夫妻之间相互转让合伙企业财产份额，也不行使优先受让权，那么可以依照合伙合同或《合伙企业法》的相关规定，同意退伙或者退还部分财产份额。《合伙企业法》第四十五条规定："合伙协议约定合伙期限的，在合伙企业存续期间的，有下列情形之一的，合伙人可以退伙：（一）合伙协议约定的退伙事由出现；（二）经全体合伙人一致同意；（三）发生合伙人难于继续参加合伙的事由；（四）其他合伙人严重违反合伙协议约定的义务。"第四十六条规定："合伙协议未约定合伙期限的，合伙人在不给合伙企业事务执行造成不利影响的情况下，可以退伙，但应当提前三十日通知其他合伙人。"因此，夫妻双方约定转让合伙企业中的财产份额，其他合伙人不同意转让，但同意退伙的，应当按退伙处理。根据《合伙企业法》第五十一条的规定："合伙人退伙，其他合伙人应当与该退伙人按照退伙时的合伙企业财产状况进行结算，退还退伙人的财产份额。退伙人对给合伙企业造成的损失负有赔偿责任的，相应扣减其应当赔偿的数额。退伙时有未了结的合伙企业事务的，待该事务了结后进行结算。"其他合伙人同意合伙人因离婚而退伙时，应当退还其在合伙企业中的财产份额。《合伙企业法》第五十二条明确规定："退伙人在合伙企业中财产份额的退还办法，由合伙协议约定或者由全体合伙人决定，可以退还货币，也可以退还实物。"

如果其他合伙人既不同意转让，也不行使优先购买权，又不同意该合伙人退伙或者退还部分财产份额的，视为全体合伙人同意转让，该配偶依法取得合伙人地位。

夫妻以一方名义将共同财产投入合伙企业后，其依法享有的财产份额应当受到法律的保护。如果离婚时，非合伙人一方已经占有一定份额的合伙财产，而其他合伙人既不同意转让，又不行使优先购买权，也不同意退伙或者退还财产份额的，应当推定为全体合伙人同意转让，使其成为合伙企业的合伙人，保障其依法享有的财产权利的实现。[①]

四、司法实践中应当注意的问题

1. 夫妻中一方是合伙企业的合伙人，另一方不是合伙人，离婚时，如果双方可以达成协议，将作为夫妻共同财产的、合伙企业中的财产份额归合伙人一方所有的，不会发生合伙企业接受新合伙人入伙的问题，案件处理容易，只需取得财产份额的一方给付另一方相应的经济补偿。

2. 适用本条规定必须具备一定前提条件。适用《婚姻家庭编解释（一）》第七十四条的规定，应当同时满足以下两个条件：（1）合伙企业中有夫妻共同财产的投入。离婚时，分割夫妻一方在合伙企业中的出资的前提就是该出资必须为夫妻共同财产，如果合伙企业中夫妻一方的出资是用其个人财产投资的，就不应当适用本条规定的原则处理。（2）人民法院已经受理了夫妻之间的离婚诉讼。夫妻之间在婚姻关系存续期间通过约定财产制的方式分割合伙企业中共同财产的，可以根据《合伙企业法》的相关规定办理，而不适用本条规定。只有当夫妻之间在离婚时为分割合伙企业中涉及夫妻共同财产出资而形成的财产时，人民法院才能根据本条规定的原则进行处理。

3. 对于夫妻离婚时涉及转让、退伙时合伙债务的分担问题，夫妻离婚时的财产问题，既包括夫妻共同享有的债权，也包括夫妻对外所承担的债务。因此，夫妻离婚时涉及合伙企业中的债务分担问题，也是人民法院解决夫妻离婚时财产问题的一个重要内容。合伙人退伙时，应当分割合伙财产，包括合伙时投入的财产和合伙期间积累的财产以及合伙期间的债权和债务。关于“合伙的债务”，是指在合伙关系存续期间，合伙以其字号或全体合伙人的名义，在与第三人发生的民事法律关系中所承担的债务。合伙债务，又称为合伙的消极财产。合伙债务应由合伙财产清偿，合伙财产不足以清偿合伙债务时，各合伙人对于不足之额承担连带责任。因此，合伙财产不足以清偿合伙债务，为各合伙人承担连带责任的发生要件，债权人请求各合伙人对不足之

① 参见最高人民法院民事审判第一庭编著：《最高人民法院民法典婚姻家庭编司法解释（一）理解与适用》，人民法院出版社2021年版，第630—640页。

额承担连带清偿责任时，债权人对此项要件的存在应当负主张和举证责任。[①]

合伙的债务与合伙人个人的债务有着严格的区分，不能混淆。合伙债务产生于合伙关系存续期间，产生债务的原因是合伙对第三人的合同行为或侵权行为，承担债务的主体是合伙企业，履行或承担债务的财产范围是合伙的共有财产和每个合伙人的个人财产。合伙人个人的债务则是该公民以个人名义对债权人履行、清偿的债务，它不是合伙的债务，其产生原因也与合伙事务毫不相干，承担债务的主体只能是债务人本人。

如果合伙经营期间发生亏损，合伙人退出合伙时未按约定分担或者未合理分担合伙债务，退伙人对原合伙的债务，应当承担清偿责任；退伙人即使已分担了合伙债务，对其参加合伙期间的全部债务仍负连带责任。《民法典》第九百七十二条规定："合伙的利润分配和亏损分担，按照合伙合同的约定办理；合伙合同没有约定或者约定不明确的，由合伙人协商决定；协商不成的，由合伙人按照实缴出资比例分配、分担；无法确定出资比例的，由合伙人平均分配、分担。"

审判实践中，当合伙债务与合伙人个人债务同时存在时，如果合伙人个人的债权人和合伙的债权人都要求以合伙人个人的财产和其在合伙财产中的应有份额来满足自己的债权，就涉及承担债务的先后问题。一般而言，合伙人的共有财产首先应用于偿还合伙债务，偿还之后若还有剩余共有财产的，应根据各合伙人享有的份额进行分割，再分别用于清偿合伙人的个人债务；反之，合伙人的个人财产首先应用于偿还个人债务，偿还个人债务后若有剩余的再用于偿还合伙债务。

4. 退伙结算时涉及未了结事务该如何处理？《合伙企业法》第五十一条第二款规定："退伙时有未了结的合伙企业事务的，待该事务了结后进行结算。"因此，如果夫妻在离婚诉讼中因涉及合伙企业中的财产份额而影响离婚案件的处理，人民法院可以就夫妻离婚问题先行判决，其离婚所涉及的财产分割问题待未了结事务了结后再行处理。[②]

---

① 参见王泽鉴：《民法概要》，中国政法大学出版社 2003 年版，第 420 页。

② 参见最高人民法院民事审判第一庭编著：《最高人民法院民法典婚姻家庭编司法解释（一）理解与适用》，人民法院出版社 2021 年版，第 641—642 页。

五、对案例 53 的简要评析

在案例 53 中，根据《婚姻家庭编解释（一）》第七十四条“人民法院审理离婚案件，涉及分割夫妻共同财产中以一方名义在合伙企业中的出资，另一方不是该企业合伙人的，当夫妻双方协商一致，将其合伙企业中的财产份额全部或者部分转让给对方时，按以下情形分别处理：（一）其他合伙人一致同意的，该配偶依法取得合伙人地位；（二）其他合伙人不同意转让，在同等条件下行使优先购买权的，可以对转让所得的财产进行分割；（三）其他合伙人不同意转让，也不行使优先购买权，但同意该合伙人退伙或者削减部分财产份额的，可以对结算后的财产进行分割；（四）其他合伙人既不同意转让，也不行使优先购买权，又不同意该合伙人退伙或者削减部分财产份额的，视为全体合伙人同意转让，该配偶依法取得合伙人地位”的规定，根据杭州某胜投资合伙企业的各合伙人出具的情况说明反映，杭州某胜投资合伙企业不同意肖某作为新的合伙人加入本合伙企业，各合伙人不行使优先受让权的理由在于蒋某持有的合伙份额全部质押给了杭州某胜投资合伙企业的执行事务合伙人王某。蒋某主张与王某之间的借贷金额为 30 万元，而肖某、蒋某同意蒋某持有的杭州某胜投资合伙企业（有限合伙）2.625% 股权作价 70 万元归肖某，如果杭州某胜投资合伙企业合伙人行使优先受让权，足以让王某实现其债权而解除股权质押，各合伙人不行使优先受让权的理由不能成立。法院根据本案实际情况判令蒋某在杭州某胜投资合伙企业的股权归肖某，并无不当之处。

第十二节　独资企业的财产分割

一、问题的提出

独资企业财产，作为一些家庭财产的重要组成部分，在夫妻离婚时，也就必然会导致大量的相关财产纠纷。离婚时，独资企业的财产应当如何分割？

独资企业应否由工商管理部门登记的投资人继续经营？对方可否取得该企业的经营权？如果双方均不愿意经营该企业，离婚时对于与该企业相关的问题应当如何处理？对此，《婚姻家庭编解释（一）》第七十五条规定："夫妻以一方名义投资设立个人独资企业的，人民法院分割夫妻在该个人独资企业中的共同财产时，应当按照以下情形分别处理：（一）一方主张经营该企业的，对企业资产进行评估后，由取得企业资产所有权一方给予另一方相应的补偿；（二）双方均主张经营该企业的，在双方竞价基础上，由取得企业资产所有权的一方给予另一方相应的补偿；（三）双方均不愿意经营该企业的，按照《中华人民共和国个人独资企业法》等有关规定办理。"由于离婚案件中的财产纠纷主要是因对夫妻共同财产分割而发生，所以，本条司法解释将离婚时夫妻因共有的个人独资企业的财产发生的纠纷，分为一方主张该企业经营权而另一方要求补偿发生的纠纷、夫妻双方均主张该企业经营权而发生的纠纷、夫妻双方均不愿意经营该企业时发生的纠纷三种情况，分别予以规定。

案例 54：离婚协议对独资企业的财产分割能否对抗债权人？[①]

2013 年 10 月 22 日，友谊支行与医疗用品厂签订《借款合同》，借款金额 3000 万元。同时，友谊支行与医疗用品厂法定代表人吕某签订了《保证合同》，吕某对借款承担连带责任保证，医疗用品厂员工左某在没有刘某本人授权的情况下，代替刘某在《保证合同》中共有人声明条款项下签上了"刘某"的名字。

刘某与吕某于 2013 年 9 月 6 日协议离婚，约定："……四、男方名下的个人独资企业医疗用品厂，2000 年注册资金 3142 万元，2012 年实收资本 6740 余万元。离婚后男方自愿让出 49% 的股权给女方，男方占企业股权 51%。"医疗用品厂的企业性质及股权分配均未在工商登记部门进行变更，该厂仍是吕某投资的个人独资企业。

法院认为：友谊支行提起本案诉讼，主要依据案涉离婚协议书约定的吕某自愿让出医疗用品厂 49% 的股权给刘某，吕某占医疗用品厂 51% 的股权。据此，友谊支行主张医疗用品厂虽然名为个人独资企业，但因离婚协议书而

① 详见黑龙江省高级人民法院（2017）黑民终 300 号民事判决书。

已实际变更为合伙企业，各合伙人应当对合伙企业的债务承担连带清偿责任。但是，友谊支行并未举示证据证明该离婚协议书已经实际履行完毕，刘某已实际取得医疗用品厂49%的股权。即使刘某取得了相应股权，企业变更为何种性质，亦应依据股东会决议、公司章程、工商登记等予以确定。根据医疗用品厂的工商登记显示，该厂仍登记为吕某投资的个人独资企业，故友谊支行仅依据离婚协议书无法认定医疗用品厂的企业性质已变更为合伙企业及刘某应当对合伙企业的债务承担连带清偿责任。友谊支行没有证据证明刘某是案涉借款的保证人，故对其诉讼请求不予支持。

上述案例涉及独资企业分割能否对抗债权人的问题。试问：如何理解独资企业？如何分割独资企业？

二、独资企业类型归类分析

《个人独资企业法》第十八条规定："个人独资企业投资人在申请企业设立登记时明确以其家庭共有财产作为个人出资的，应当依法以家庭共有财产对企业债务承担无限责任。"因此，独资企业的投资人可以用个人所有的财产出资，也可以用家庭共有财产作为个人出资；投资人以其个人所有的财产出资的，独资企业的负债等于企业主个人的负债，如发生资不抵债的情况，企业主应以其个人的全部财产而不是仅以其投资于该企业的财产对债务负责，即对企业债务承担无限清偿责任。以家庭共有财产作为个人出资的，依法以家庭共有财产对企业债务承担无限清偿责任。这是我国实际生活中自然人设立个人独资企业的两种主要出资形式。

独资企业的基本财产关系是独资企业的投资人拥有独资企业的投资和独资企业所得的一切财产。《个人独资企业法》第十七条规定："个人独资企业投资人对本企业的财产依法享有所有权，其有关权利可以依法进行转让或者继承。"据此，投资人不论是以个人所有的财产出资，还是以家庭共有的财产出资，独资企业的出资和盈利都归投资人所有，个人独资企业投资人对本企业财产依法享有所有权。自然人投资设立的个人独资企业分为自然人在婚前或者婚后以个人财产出资设立的个人独资企业和自然人在婚后投资设立的个人独资企业类型。

（一）自然人在婚前以个人财产出资设立的个人独资的情形

此种情况下，夫妻离婚时，对独资企业财产发生纠纷时，根据《个人独资企业法》第二条、第十七条的规定，投资人以个人所有的财产出资设立个人独资企业的，企业财产为个人所有，并依法以个人财产对企业债务承担无限责任。由此可以认定，投资人在婚前以个人财产出资设立个人独资企业的，企业财产应为投资人的婚前财产。按照《民法典》第一千零六十三条第一项之规定，一方的婚前财产为夫妻一方的财产，即为夫妻特有财产，也称夫妻保留财产，不属于夫妻共同所有的财产。但由于我国在夫妻财产制度上实行婚姻关系存续期间的法定共同财产制，因此，即使该个人独资企业是夫妻一方在婚前以个人财产出资设立，但按照《民法典》第一千零六十二条第一款第二项之规定，在婚姻关系存续期间生产、经营、投资的收益均属于夫妻共同财产。之所以如此认定，就是考虑到既然工资、奖金属于夫妻的劳动所得，归夫妻共同所有，那么从事生产、经营的收益也应是劳动所得，应属于夫妻共同财产。对生产、经营收益能否认定为夫妻共同财产，一直存在否定的观点，认为为保护个人财产权，防止有些人不劳而获，借婚姻取得大量财产，应将个人的经营收益作为个人特有财产而不是夫妻共同财产。但多数意见认为，生产、经营收益与工资、奖金等工资性收入一样，都属于个人的劳动所得，二者没有本质区别，在婚后所得共同制下，生产、经营收益与工资、奖金一样，均属于夫妻的共同财产，否则与法理相悖。如果从事经营的一方怕对方利用婚姻关系侵吞自己的财产，可以通过约定财产制来保护自己的权益。[①]因此，立法采取多数意见，将婚姻关系存续期间因生产、经营所得收益，明确规定为夫妻共同所有的财产。在此情况下，夫妻离婚时，只应对经营企业所取得的收益进行分割，而不能对企业财产进行分割。

（二）婚后设立的、以个人婚前财产或者婚后个人财产出资设立企业的情形

婚后设立的、以个人婚前财产或者婚后个人财产出资设立企业的财产，

---

① 参见胡康生主编：《中华人民共和国婚姻法释义》，法律出版社2001年版，第65页。

根据《民法典》第一千零六十三条、第一千零六十五条的规定，是法定的夫妻特有财产，属于夫妻一方所有，夫妻一方享有对该财产管理、使用、收益和处分的权利；同样，婚后个人财产，或夫妻双方约定为个人所有的财产，也属于夫妻一方所有。婚后夫妻一方以个人婚前财产或者婚后个人财产出资设立个人独资企业的，视为夫妻对各自所有的财产行使所有权的结果。根据《个人独资企业法》第二条、第十七条的规定，夫妻一方作为个人独资企业投资人对企业财产依法享有所有权，企业财产属于投资夫妻一方个人所有的财产。但夫妻一方在婚姻关系存续期间因经营该企业所得的收益，按照《民法典》第一千零六十二条第一款第二项之规定，应属于夫妻共同所有，离婚时，夫妻应就夫妻共同所有的收益进行分割。这与前述的夫妻一方在婚前以个人财产作为出资设立的个人独资企业财产的认定处理原则一样。

夫妻因独资企业的财产发生纠纷，依据我国《民法典》第一千零六十二条确立的夫妻共同财产制，对投资人以其个人所有财产出资设立个人独资企业的，企业财产属于投资人所有，不会因婚姻关系发生财产性质的转变，不存在离婚时分割企业财产的问题。分割的只是属于夫妻共同所有的、婚姻关系期间因经营企业所得收益。在上述两种情况下，离婚时，解决的只是独资企业在婚姻关系存续期间的收益，而不涉及独资企业的归属问题，问题往往比较容易解决。

（三）婚后设立的、以夫妻共有财产作为个人出资而设立企业的情形

对投资人以夫妻共同财产作为个人出资设立企业的，不仅经营所得为夫妻共同所有，企业财产也为夫妻共同财产。离婚时，夫妻双方往往对独资企业经营所得、独资企业所有权和管理权的归属等问题发生复杂的纠纷。《婚姻家庭编解释（一）》第七十五条也正是针对该种情况作出的。

《个人独资企业法》规定，个人独资企业投资人可以家庭共有财产作为个人出资设立企业，并依法以家庭共有财产对企业债务承担无限责任。然而，实际生活中，许多设立独资企业的夫妻，虽然是以夫妻共有财产出资，但往往是以夫妻一方名义作为投资人而设立独资企业的，而根据《个人独资企业法》第十七条之规定，个人投资企业的投资人对本企业财产依法享有所有权，

对于个人投资企业的财产能否因离婚而分割、如何分割的问题，存在不同的意见。大多数人认为，对夫妻以一方名义用夫妻共有财产作为个人出资而设立的企业财产，虽然《个人独资企业法》规定投资人对个人独资企业财产享有所有权，但这只是企业财产的对外效力。在对内效力上，该企业财产仍属于夫妻共同所有。因为《民法典》第一千零六十二条第二款规定，“夫妻对共同财产，有平等的处理权”，根据该规定，夫妻作为财产的共同共有人，对全部共同财产应当不分份额地享有同等的权利，承担同等的义务。夫妻以一方名义用共同财产投资设立个人独资企业，实际上是夫妻双方协商对共同财产行使处理权的具体表现方式之一。夫妻以一方名义用共同财产投资设立个人独资企业的，企业财产仍属于夫妻共同财产。

三、独资企业财产分割的具体方法

司法实践中，以一方名义用夫妻共有财产作为个人出资而设立的企业财产，在离婚时引发的纠纷主要表现为三种情况，《婚姻家庭编解释（一）》第七十五条在坚持离婚时处理夫妻共同财产的基本原则的基础上，针对三种类型的纠纷作出了明确的规定。

（一）一方主张经营该企业的，对企业资产进行评估后，由取得企业一方给予另一方相应的补偿

企业的经营运作需要经营者必须具备一定的专业知识和领导、组织、管理等能力，对经营者的综合素质有较高的要求。夫妻双方在专业知识、经营能力、工作兴趣等诸多方面存在自身的差异，离婚时，他们会按照自己的生活实际需要而提出不同的请求和主张。通常情况下，分割个人独资企业的共有财产时，有企业经营管理经验的一方要求取得企业的经营权，而另一方则要求分割一定的财产。当事人的这种选择，既体现了其要求，也有利于企业的经营生产，人民法院应尊重当事人的意见，将企业判决由主张经营企业的一方所有，由取得企业的一方对另一方给予相应的补偿，而不应硬性对企业财产进行分割，破坏企业组织形态的完整性。

取得企业的一方对另一方给予相应的补偿是否合理，取决于能否对夫

妻共有的独资企业财产进行准确的评估认定。企业资产随着投资、经营等行为不断反复滚动而变化，不能完全按照出资时的共同财产数额确定分割比例。在当事人双方就补偿数额无法协商一致时，当事人或人民法院可以委托评估机构对离婚时企业的现存资产进行估价，企业资产评估所需的费用应由当事人双方分担。然后，人民法院以评估机构对企业财产确定的评估价值为标准，按照离婚财产分割的平等原则、保护子女和女方权益原则、照顾无过错方原则，判决由取得企业的一方给予另一方相应的补偿。取得企业的一方在支付补偿费时，既可以用其他离婚财产中其应分得的财产，也可以用其个人所有的财产，暂时无法即时支付补偿费的，也可协商分期分批进行补偿。

（二）双方均主张经营该企业的，在双方竞价基础上，由取得企业的一方给予另一方相应的补偿

我国法律已经明确规定了离婚时处理夫妻共同财产的一般原则，然而，针对不同的案件，分割夫妻共同财产时应当侧重适用不同的原则。一般情况下，人民法院在分割共有房屋和其他生活性财产时，应当按照照顾子女和女方权益的原则，将房屋判给子女或者女方，或者子女随之生活的一方。分割生产经营性财产时，应根据当事人双方对该类财产的实际需要，以有利于生产为原则。这一立法精神在过去的《离婚财产分割意见》中得到了很好的体现。[①] 人民法院在分割生产经营性财产时，应当侧重维护企业的稳定，保障企业的生产经营，而不能不加区别地按照照顾子女和女方权益的原则将企业判决给子女随之生活的一方或者女方所有。然而，在补偿时可以按照照顾原则确定补偿数额。

在当事人双方均主张企业所有权的情况下，人民法院应当按照离婚财产

---

① 《离婚财产分割意见》第九条规定："一方以夫妻共同财产与他人合伙经营的，入伙的财产可分给一方所有，分得入伙财产的一方对另一方应给予相当于入伙财产一半价值的补偿。"第十条规定："属于夫妻共同财产的生产资料，可分给有经营条件和能力的一方。分得该生产资料的一方对另一方应给予相当于该财产一半价值的补偿。"第十一条规定："对夫妻共同经营的当年无收益的养殖、种植业等，离婚时应从有利于发展生产、有利于经营管理考虑，予以合理分割或折价处理。"

分割原则和当事人双方对企业的实际需要程度、经营能力等因素判决具有经营能力的一方享有企业的所有权和经营权。如果当事人双方的情况势均力敌，无法确定谁更适合经营该企业，人民法院应当采取竞价方式决定企业的归属，即由出价最高的当事人一方取得企业所有权。取得企业所有权的一方应参照企业的最高竞价价格，按均等分割的原则给予另一方相应数额的补偿；当事人双方就补偿数额达成一致意见的，由取得企业的一方按照双方协议的办法，给予另一方相应的补偿。

（三）双方均不愿意经营该企业的，按照《个人独资企业法》等有关规定办理

经营企业作为一种商业行为，必然会带来相应的经营风险。市场经济的瞬息万变、经营者的能力、企业资金等情况都对企业的发展起着决定性的作用。在企业效益滑坡、发展前景不利的情况下，当事人双方均会选择请求分割财产，都不愿意经营企业，这种情况下，个人独资企业已经没有存在下去的必要了。《个人独资企业法》第四章明确规定了个人独资企业解散和清算的具体方法。个人独资企业解散，由投资人自行清算或者由债权人申请人民法院指定清算人进行清算，并以企业财产对企业所欠职工工资和社会保险费用、税款等债务进行清偿；企业财产不足以清偿债务的，投资人应当以夫妻共有的其他财产对企业债务承担无限责任。个人独资企业解散后，原投资人对个人独资企业存续期间的债务仍应承担偿还责任。企业债务全部清偿完毕后的剩余财产，作为夫妻共同财产予以分割。

四、对案例 54 的简要评析

在本案中，从案涉离婚协议书的性质和内容来看，离婚协议是在夫妻双方自愿离婚基础上，对涉及夫妻以一方名义投资设立的独资企业份额的分割，亦系对财产权益的处分，并没有合伙经营企业的内容和意思表示，不具有合伙协议的性质。根据《婚姻家庭编解释（一）》第七十四条“人民法院审理离婚案件，涉及分割夫妻共同财产中以一方名义在合伙企业中的出资，另一方不是该企业合伙人的，当夫妻双方协商一致，将其合伙企业中的财产

份额全部或者部分转让给对方时，按以下情形分别处理：（一）其他合伙人一致同意的，该配偶依法取得合伙人地位；（二）其他合伙人不同意转让，在同等条件下行使优先购买权的，可以对转让所得的财产进行分割；（三）其他合伙人不同意转让，也不行使优先购买权，但同意该合伙人退伙或者削减部分财产份额的，可以对结算后的财产进行分割；（四）其他合伙人既不同意转让，也不行使优先购买权，又不同意该合伙人退伙或者削减部分财产份额的，视为全体合伙人同意转让，该配偶依法取得合伙人地位”的规定，离婚协议仅对夫妻以一方名义投资的独资企业份额进行分割，并没有合伙经营企业的内容和意思表示，不具有合伙协议的性质，不改变企业性质。即便夫妻双方离婚后愿意共同经营企业，但个人独资企业和合伙企业系不同组织形式、不同性质的两种企业类型，受不同法律调整。在双方愿意共同经营企业的前提下，亦应先根据《个人独资企业法》的相关规定，对企业清算并按解散程序处理后，方可按相关法律规定设立新的企业，以何种组织形式、性质经营企业，由双方共同协商确定，不能因夫妻双方离婚时对独资企业份额的分割行为，即认定该独资企业当然转换抑或变更为合伙企业的性质。

第十三节　离婚时夫妻共有房屋的分割

一、问题的提出

对婚姻关系存续期间购买的房屋，离婚时，所有权发生争议，在司法实践中十分常见。人民法院在处理此类纠纷时，对于婚姻关系存续期间购买的，登记在夫妻一方名下的房屋，该认定为是夫妻的共有房屋，还是登记产权一方的个人所有房屋？如果一方取得了房屋的所有权，应当以什么标准确定房屋的价格，以给予另一方当事人合理的补偿？这些问题的处理，对保护当事人的合法利益，维护法律的尊严，具有十分重要的意义。这些问题的科学解决，涉及对《婚姻家庭编解释（一）》第七十六条“双方对夫妻共同财产中的房屋价值及归属无法达成协议时，人民法院按以下情形分别处理：（一）双方均主张房屋所有权并且同意竞价取得的，应当准许；（二）一方主张房屋所有权的，由评估机构按市场价格对房屋作出评估，取得房屋所有权的一方应当给予另一方相应的补偿；（三）双方均不主张房屋所有权的，根据当事人的申请拍卖、变卖房屋，就所得价款进行分割”的具体运用。

在研究夫妻离婚时共有房屋的分割之前，先看一则案例：

案例 55：夫妻共同财产中的房屋应当如何分割？[①]

李某某与芦某某均系再婚，婚后无子女。婚前，李某某未生育过子女，芦某某育有一女。李某某与芦某某婚后经常因家庭生活发生矛盾，二人自2007年起分居。1997年6月26日，芦某某向其所在单位交纳购房款7934元，用于购买房屋。2001年2月18日，芦某某与所在单位签订《出售公有住房协议》，约定将房屋出售给芦某某。2010年8月，芦某某取得房屋的所有权，李某某为共有权人。李某某与芦某某分居后，李某某一直在外租房居住，芦某某在上述房屋中居住。在诉讼过程中，芦某某申请对房屋价值进行评估，其市场价值为28万元。

法院认为：李某某、芦某某结婚虽二十余年，但双方在婚姻家庭生活中经常发生矛盾，并自2007年便开始分居，已经超过八年，可以认定双方感情破裂，且李某某、芦某某双方均同意离婚，故对李某某要求离婚的诉讼请求，该院予以准许。涉案房屋购买于李某某、芦某某婚姻存续期间，归李某某、芦某某共同所有。现李某某、芦某某双方婚姻关系已经解除，并要求对涉案房屋进行分割，故依法对涉案房屋进行分割。关于涉案房屋的分割，李某某、芦某某均要求涉案房屋归其所有，且均有能力支付对方房屋的折价款，考虑到李某某无子女，至今在外租房居住，而芦某某有一女儿照顾其生活，从照顾女方权益的原则出发，涉案房屋归李某某所有较为适宜，李某某应按照房屋评估价值28万元补偿芦某某14万元。

上述案例涉及离婚时夫妻共有房屋的分割问题。试问：离婚时夫妻共有房屋分割的具体方法有哪些？现实生活中“房改房”如何分割？

---

① 详见河南省郑州市中级人民法院（2016）豫01民终5873号民事判决书。

二、离婚时夫妻共有房屋分割的具体方法

夫妻共有房屋作为夫妻共同财产的一项内容，其分割应当遵循分割夫妻共同财产的原则和方法。《民法典》第一千零八十七条第一款规定："离婚时，夫妻的共同财产由双方协议处理；协议不成的，由人民法院根据财产的具体情况，按照照顾子女、女方和无过错方权益的原则判决。"根据《婚姻家庭编解释（一）》第七十六条的规定，离婚时夫妻共有房屋的分割按照不同情形分别处理。

（一）双方均主张房屋所有权并同意竞价取得的，应当准许

在实际生活中，由于我国城镇居民住房的相对紧缺，离婚夫妻，特别是经济条件较差的夫妻，争夺房屋所有权的情形比较普遍。人民法院在解决此类纠纷时应该做好两个方面的工作：一是对于房屋所有权的归属，一般情况下，人民法院应当按照照顾子女和女方权益的原则进行确定，将房屋判决给子女随之生活的一方、无过错方或者生活困难的一方。在双方没有子女或者子女已成年无须照顾，或者离婚是因女方过错而导致的情况下，应当根据双方的具体情况，合理判决归一方所有。如果教条地按照照顾女方利益的原则予以处理，就会导致不公平。当事人双方经济条件相当，都同意采取竞价方式处理房屋所有权归属的，人民法院可以召集双方当事人，以公开竞价的方式，由出价高的一方取得该房屋所有权；二是对于房屋价值的确定，由当事人双方协议，由取得房屋所有权的一方给予另一方相应数额的补偿。当事人双方无法就房屋分割达成一致意见的，由人民法院根据具体情况，参照房屋的市场价格，判决由取得房屋的一方给另一方相应的补偿。在以竞价方式确定房屋所有权的情况下，由取得房屋所有权的一方将出价的一半补偿给对方。

（二）一方主张房屋所有权的，由评估机构按市场价格对房屋作出评估，取得房屋所有权的一方应当给予另一方相应的补偿

在离婚诉讼中，如果一方当事人对房屋所有权提出主张，而对方不提出异议的，人民法院可以判决房屋由主张房屋所有权的一方当事人取得。在此种情况下，不存在对房屋所有权归属的争执，存在的只是人民法院如何公平

解决取得房屋所有权的一方对另一方的补偿问题。

夫妻取得共有房屋的具体方式主要包括：夫妻双方从房地产市场购买的商品房、经济适用房；夫妻在婚姻关系存续期间继承或自建的房屋；夫妻双方根据房改福利政策购买的公有房屋。夫妻双方从房地产市场购买的商品房、经济适用房，其付出与所得之间的差别不是特别明显，引发的纠纷也不是特别明显，而夫妻双方根据房改福利政策购买的公有房屋，是以成本价（只有极少数的收入较高的夫妻以市场价格）购进，并且其买入价的确定与职务、级别、工作年限等相挂钩，因此，其所付出的费用要远远低于房屋的市场价值。离婚时，往往会成为矛盾的焦点。就离婚的当事人双方主观意愿来讲，主张房屋所有权的一方希望以房屋价格的最低数额，即购房时支付的价款为标准给对方补偿，而要求补偿的一方则请求对方以房屋的最高价款即同类房屋在房屋市场的出售价格为标准给予补偿。所以，在离婚夫妻不能就共有房屋的价格达成一致意见时，为使夫妻在对共有财产房屋的分割问题上达到利益平衡，就要按照离婚分割财产时的房屋市场价格，对需分割的房屋价值进行市场评估，这也是司法审判实践中对房屋自身价值最为客观的判定方法。如果当事人双方对房屋价值无法达成协议，也不委托估价机构评估的，人民法院可以委托估价机构对争议房屋的价值按照现行市场价格作出评估。人民法院依据该房屋的市场评估价值，按照当事人双方协议的财产分割办法，由取得房屋的一方给予另一方相应的补偿，或者按照平等分割共同财产的原则，根据案件具体情况，将该房屋市场评估价值的一定数额，由取得房屋的一方补偿给另一方。委托估价机构或者估价事务所进行房地产估价的费用，由当事人按照分割房屋价值的比例分担。①

（三）双方均不主张房屋所有权的，根据当事人的申请拍卖房屋，就所得价款进行分割

由于我国综合国力、人民生活水平的不断提高和商品房市场的迅猛发展，以及经济适用房建设的规模化发展，人们对居住房屋的标准较以往有了

① 参见最高人民法院民事审判第一庭编著：《最高人民法院民法典婚姻家庭编司法解释（一）理解与适用》，人民法院出版社2021年版，第654页。

更高的要求。如房屋所在的区位、周边外境、楼层、朝向、面积、经济使用价值等因素均成为影响购买居住房屋的重要条件，而以往的房屋建筑设计，特别是福利性政策的房屋在诸多方面已不能满足人们的居住要求。因此，在一些离婚诉讼分割共同财产过程中，当事人双方对婚姻关系存续期间购买的房屋特别是福利性房屋都不愿意主张所有权，而是想取得一定的房价款补偿后再另行选择购买房屋。如果双方都放弃房屋的所有权，对房屋进行实物归属分割就毫无意义了。人民法院不能以照顾子女或者女方利益原则为依据，强行将房屋所有权判决给一方并要求其给予对方一定补偿，导致其利益受损。在离婚当事人双方对共同所有的房屋均不主张房屋所有权而要求分得相应房价款时，当事人一方或双方或者人民法院可以委托拍卖机构对该房屋依法进行拍卖，以房屋拍卖所得价款扣除拍卖所需费用后，作为夫妻共同财产进行分割。①

三、购买以一方父母名义参加“房改房”不能按照夫妻共同财产进行分割，其出资作为债权处理

“房改房”是指国家以优惠的价格将公房的产权部分或全部出售给职工，属于职工享受的一种福利待遇。依照福利政策所购买的“房改房”，往往与职工的职务、级别、工作年限等挂钩，购买价格远远低于房屋的市场价值，而以成本价或标准价购房，每个家庭只能享受一次。

婚姻关系存续期间，双方用夫妻共同财产出资购买以一方父母名义参加房改的房屋，因房屋原来属于一方父母承租的公房，如果认定为夫妻共同财产，显然会损害一方父母的财产权益，与国家有关房改政策精神也不相符。作为产权已登记于一方父母名下的“房改房”，基于国家房改政策规定、“房改房”特点及不动产物权登记公示原则等，离婚时不能作为夫妻共同财产进行分割。对于夫妻用于购买“房改房”的出资，很多法院是作为双方离婚时的债权予以处理的，笔者认为比较可取。

需要注意的是，如果离婚时另一方提出，既然将夫妻共同财产出资认定

---

① 参见最高人民法院民事审判第一庭编著:《最高人民法院民法典婚姻家庭编司法解释（一）理解与适用》，人民法院出版社 2021 年版，第 655 页。

为债权，就可以主张利息。我们认为，夫妻双方出资时对于利息与一方父母有约定的，从约定。没有约定的，应根据具体情况作出处理。如果夫妻双方一直居住在“房改房”中，从公平合理的角度出发，对请求支付利息的主张不予支持。[①]

关于夫妻双方共同出资，登记于一方父母名下的“房改房”，对于房屋增值部分应否补偿存在不同意见。最高人民法院认为，根据“房改房”政策，“房改房”针对特定对象，具有福利性质，一方父母参加房改是因其符合房改条件，房改是对于其之前低工资不包含住房因素的一次性补贴。夫妻应明知其不具备房改资格，其为一方父母购买“房改房”的出资行为，应为借款或赠与性质。“房改房”在出售时并非按照市场价格定价，而是带有社会福利、保障性质的住房，夫妻因出资从中获利也不符合“房改房”的特性。因此，在离婚时，另一方主张因用夫妻共同财产出资，对于登记在一方父母名下的“房改房”增值部分应获补偿的观点不被支持。[②]

对于以一方父母名义参加房改，权属登记于产生离婚纠纷的夫妻一方或双方名下的，实践中产生争议较大的是一方父母享受房改政策后对于夫妻一方或双方的赠与过户。《婚姻家庭编解释（一）》第七十九条针对的是婚姻关系存续期间、夫妻双方出资而一方父母参加房改的情形，如果该房已经登记在夫妻双方名下，可视作一方父母放弃对“房改房”中因自己参加房改以职级、年龄、工龄等抵扣所享受的福利而对夫妻双方的赠与，可作为夫妻共同财产进行分割。如果登记于夫或妻一方名下，应参照《婚姻家庭编解释（一）》第二十九条“当事人结婚前，父母为双方购置房屋出资的，该出资应当认定为对自己子女个人的赠与，但父母明确表示赠与双方的除外。当事人结婚后，父母为双方购置房屋出资的，依照约定处理；没有约定或者约定不明确的，按照民法典第一千零六十二条第一款第四项规定的原则处理”的规定处理。

---

① 参见杜万华、程新文、吴晓芳：《〈关于适用婚姻法司法解释若干问题的解释（三）〉的理解与适用》，载《人民司法·应用》2011年第17期（总第628期）。

② 参见最高人民法院民事审判第一庭编著：《最高人民法院婚姻法司法解释（三）理解与适用》，人民法院出版社2011年版，第196页。

四、由一方婚前承租，婚后夫妻共同购买的房屋的司法处理

在夫妻关系存续期间，用共同财产购买的由夫妻一方婚前承租的房屋权属应当如何认定？《婚姻家庭编解释（一）》第二十七条规定："由一方婚前承租、婚后用共同财产购买的房屋，登记在一方名下的，应当认定为夫妻共同财产。"

离婚诉讼中，婚前由夫妻一方承租或父母承租，婚后以夫妻共同财产购买为产权的公房，其公房使用权本身蕴含的价值，如何归属和处理？根据《婚姻家庭编解释（一）》第二十七条之规定，夫妻一方婚前承租的公房，婚后以共同财产购买为产权的，该房屋为共同所有。但是，由于公房使用权可通过承租权转让的方式上市交易，具有一定的交换价值，因此，在婚姻关系存续期间，以共同财产出资，将原有的公房使用权转为产权后，在离婚分割该房屋时，一概不考虑原一方承租时的使用价值，也有失公允，对此在实践中可区分下列情形处理：

1. 一方婚前承租的公房是基于福利政策分配取得的，婚后以共同财产购买为产权的，由于在婚姻关系存续期间内无法体现出原公房使用权的交换价值，则在离婚分割该产权房时可不考虑原公房使用权交换价值的单独归属问题。

2. 一方婚前承租的公房使用权是其以个人财产支付对价取得的，婚后又以共同财产购买为产权，在离婚分割该产权房时，应当将取得原公房使用权时所支付对价部分确定为当时承租的夫或妻一方个人所有，产权房的剩余价值部分按共同财产分割。

3. 对于婚前由夫或妻一方父母承租、婚后又以共同财产购买为产权的公房，原公房使用权的交换价值可推定为父母对夫妻双方的赠与，离婚时可直接将产权房按共同财产分割处理。

五、对案例 55 的简要评析

在本案中，芦某某与李某某对于房屋属于两人共同所有不持异议，双方的争议焦点是哪一方取得涉案房屋的所有权并给予对方一定补偿。正确处理本案，必须在坚持法律基本原则的基础上，充分考虑双方当事人的个人情

况和实际困难等因素。具体到本案，芦某某和李某某均是超过60岁的老人，生活都存在一定困难。但相比较而言，芦某某有一亲生女儿对其进行照顾和赡养，而李某某在离婚后没有任何近亲属，生活没有依靠，法院根据实际情况判令涉案房屋归李某某所有并由李某某给予芦某某经济补偿，在实体处理上并无不当。

第十四节 离婚损害赔偿

一、问题的提出

离婚损害赔偿，是2001年修正后《婚姻法》所确立的一项新的制度。该法第四十六条规定："有下列情形之一，导致离婚的，无过错方有权请求损害赔偿：（一）重婚的；（二）有配偶者与他人同居的；（三）实施家庭暴力的；（四）虐待、遗弃家庭成员的。"为配合离婚损害赔偿制度的正确实施，《婚姻法解释（一）》第二十八条至第三十条、《婚姻法解释（二）》第二十七条对离婚损害赔偿制度又作了详细规定。《民法典》第一千零九十一条在《婚姻法》第四十六条的基础上增加了"有其他重大过错"的兜底条款，对无过错方的保护力度更大。《婚姻家庭编解释（一）》第八十六条至第八十七条对离婚损害赔偿再次进行了明确规定，有助于司法操作。

在研究离婚损害赔偿之前，先看两则案例：

案例56：能否因无亲子关系索赔精神损害赔偿？[①]

刘某与王某于2011年相识相恋，随后二人在北京同居生活。2014年4月，王某怀孕后，刘某、王某办理了结婚登记，后生育一子取名刘某某。刘某某出生后，刘某、王某在北京共同抚养孩子将近两年，2017年1月起刘某某上幼儿园，刘某父母单独抚养刘某某直至2018年上半年王某将刘某某接走。

① 详见辽宁省葫芦岛市中级人民法院（2021）辽14民终184号民事判决书。

2018年10月9日，刘某、王某协议离婚，刘某某随王某生活。后因探望权问题，刘某、王某产生纠纷。该案审理过程中，王某申请对刘某与刘某某进行亲子关系鉴定，排除了刘某与刘某某的亲子关系。

法院认为，在刘某、王某双方同居生活期间，王某与他人发生性关系并怀孕。该行为虽发生在刘某、王某婚前，但王某对同居男友刘某隐瞒实情，致使刘某在王某怀孕后不久即与其办理了结婚登记并误将王某与他人所怀的孩子刘某某当作自己的亲生子女抚养。依照诚实信用原则，王某应及时向刘某说明，以尊重刘某的相关权益。王某未向刘某说明其在受孕前后与他人发生性关系的行为，导致刘某当然以为刘某某是自己亲生。自刘某某出生以来，刘某以及父母对养育刘某某倾注大量心血，王某的行为显然侵害了刘某的人格权益，导致刘某的人格尊严受到损害，在精神上给刘某造成了巨大的伤害，王某的行为已构成民事侵权，其应当承担侵权责任。故刘某请求精神损害赔偿的诉请，有事实依据和法律依据，予以支持，以彰显法律的公正和道德力量。但其主张的数额过高，酌定王某赔偿刘某精神损害抚慰金10万元。

案例57：能否因受家庭暴力索赔精神损害赔偿？①

原告王某与被告张某于2018年1月3日登记结婚。2020年6月2日0时25分许，原告与被告因家庭琐事争吵，发生冲突，造成原告受伤。当日，公安机关开具验伤通知书，诊断为：损伤（头面部、左肩）。原告此次受伤当日就医产生医疗费433元。同日，经派出所主持调解，原、被告达成调解协议：张某一次性给付王某200元医药费，当场结清。2020年6月5日，原、被告登记离婚。2020年6月22日，原告的超声检查报告单（彩）显示：姓名王某，检查项目为腔内彩色多普勒，超声提示早孕40天。2020年7月1日，原告至医院进行无痛人流术，后于2020年7月15日复诊，为此共计支出医疗费2480元。

法院认为，我国法律规定，实施家庭暴力导致离婚的，无过错方有权请求损害赔偿。本案中，被告自认其确实于2020年6月2日对原告实施了家庭暴力，而双方于2020年6月5日登记离婚，可见被告实施家庭暴力是导致双方离婚的主要原因之一，原告作为无过错方有权请求被告对其进行损害

① 详见上海市闵行区人民法院（2020）沪0112民初45630号民事判决书。

赔偿。考虑被告的过错程度、手段、场合、后果和影响等因素，法院酌定被告赔偿原告5000元。至于原告主张的人流手术的费用，原告有权选择和决定是否中止妊娠，但主张被告对此承担损害赔偿责任，缺乏依据，不予支持。

上述案例均涉及离婚损害精神赔偿问题。试问：离婚损害赔偿制度的法律意义如何？离婚损害赔偿的法律性质及构成要件如何？离婚损害赔偿请求权如何行使？离婚损害赔偿的责任主体和赔偿范围如何界定？登记离婚后如何请求精神损害赔偿？

二、离婚损害赔偿制度的法律意义

离婚损害赔偿，是指夫妻一方因法定的严重过错行为而导致离婚，并对无过错方造成精神或物质损害的，无过错方有权请求损害赔偿。确立离婚损害赔偿制度，是依法治国、完善社会主义法治的要求。[①] 我国婚姻家庭立法确定的离婚损害赔偿，实际上是一种侵权损害赔偿，即夫妻一方的行为是构成离婚原因之一的侵权行为时，他方才可请求因侵权行为而产生的损害赔偿[②]，如果离婚原因不是法定的侵权行为，则他方不得请求离婚损害赔偿。

（一）离婚损害赔偿的特性

离婚损害赔偿制度具有法定性、救济性和惩罚性。具体而言：

1. 法定性。即指离婚损害赔偿的主体是法定的，可以请求赔偿的事由是法定的。离婚损害赔偿的权利主体只能是离婚当事人中的无过错一方。如果双方均有过错，或双方均无过错，则不能请求离婚损害赔偿；损害赔偿的义务主体只能是离婚行为中的过错配偶，无过错方不能向第三人请求离婚损害

① 参见黄薇主编：《中华人民共和国民法典婚姻家庭编释义》，法律出版社2020年版，第182页。

② 最高人民法院在解读离婚损害赔偿的适用条件时系按照一般过错侵权责任的构成要件解读，即一方对离婚存在过错、过错方实施了妨害婚姻家庭关系的违法行为、另一方没有过错、过错方的损害行为造成了损害结果、过错行为与损害结果之间存在因果关系。详见最高人民法院民法典贯彻实施工作领导小组主编：《中华人民共和国民法典婚姻家庭编继承编理解与适用》，人民法院出版社2020年版，第331—333页。

赔偿。离婚损害赔偿的事由只能是《民法典》第一千零九十一条所列举的五种情况，对于这五种情况以外的行为通常是不能请求离婚损害赔偿的。

2. 救济性。即指离婚损害赔偿制度具有救济的功能，通过损害赔偿，使无过错方的实际财产损失得以填补，精神伤害得以经济补偿和精神安慰，被损害的利益因此得到救济和恢复。

3. 惩罚性。即指离婚损害赔偿具有惩罚违法的功能。在破裂主义的离婚原则之下，离婚原因已不再制约离婚和影响离婚，离婚本身不再具有惩罚的功能。但若对造成离婚的配偶一方的违法行为不加以追究，则是对行为人的放纵、对受害方的不公，这不符合法律公平正义的理念。离婚损害赔偿制度将离婚与离婚原因相分离，以离婚损害赔偿来惩罚构成离婚原因的侵权行为，令过错配偶为自己的侵权行为付出代价。

（二）离婚损害赔偿制度的功能

在婚姻关系因夫妻一方的重大过错而破裂时，要求有过错的一方对无过错方承担离婚损害赔偿，能够弥补无过错方遭受的损害、抚慰无过错方，是公平原则、保护弱者理念在离婚立法中的体现。[①] 作为一种离婚救济措施，作为一种民事责任，离婚损害赔偿制度具有以下三个方面的功能：

1. 填补损害。这是离婚损害赔偿制度的基本功能，通过赔偿，使受害方的损失得到填补，受侵害的权益得到恢复和救济。

2. 精神抚慰。精神损害以财产的方式予以赔偿，受害配偶在精神伤害得到经济补偿的同时，精神也得到了安慰，其怨愤相对得以平息。

3. 制裁和预防违法行为。通过责令婚姻侵权者承担损害赔偿责任，使侵权者不仅未因其侵权行为获益，而且对其侵权行为承担赔偿责任，付出代价，这本身就体现了对违法行为的制裁；对于其他意欲实施侵权行为的已婚者来说，法律的明确规定，违法者受处罚的事实，都具有预防和警示的作用。

离婚损害赔偿制度的确立，具有十分重要的现实意义，它反映了婚姻义务的本质要求，明确了婚姻当事人所承担的婚姻义务和道义责任；它为婚姻无过错方的合法权益提供了法律保障，有效地抑制了重婚、姘居等违法行为，

---

① 参见马忆南：《婚姻家庭继承法学》，北京大学出版社2019年版，第140页。

并进而达到维护婚姻家庭稳定和社会稳定的目的；它完善了立法，使婚姻法律能从不同的角度对侵犯婚姻权利的违法行为进行调节、规范和制裁，使我国的离婚立法更具科学性、可操作性，并与国际社会的立法相接轨。

三、离婚损害赔偿的法律性质和构成要件

（一）离婚损害赔偿的法律性质

对于离婚损害赔偿的法律性质，学术界主要有两种意见：一种是违约责任说，另一种是侵权责任说。违约责任说是建立在婚姻契约说的基础上的，认为婚姻是男女双方以共同生活为目的而依法结成的以人身和财产权利义务为内容的一种民事契约。[①] 基于该契约，夫妻双方产生了忠实义务、相互扶助义务，违反这些义务的一方须承担违约责任，对其违约行为所造成的另一方的损失应进行赔偿。而侵权责任说则是建立在婚姻制度说和配偶权的基础上，认为婚姻是一种同人类的生存环境有内在结构性关系的制度[②]，是一种维系社会伦理功能的社会制度，婚姻关系中的当事人基于其配偶的身份享有配偶权，婚姻一方的过错行为侵犯了社会制度，也侵犯了另一方的配偶权，故其行为属于侵权行为，应当对被侵害方进行赔偿。

笔者认为，从婚姻本质和立法状况来分析，将离婚损害赔偿归为侵权责任似乎更合理。（1）从婚姻本质来看，婚姻契约说在我国缺少传统观念基础，很难为大众所接受，而婚姻制度说则与我国长期以来的状况相符，且由于婚姻形式要件和程序要件的法定性，婚姻契约说本身的合理性就值得商榷。另外，虽然在我国的法律中还未明确出现“配偶权”的字眼，但婚姻法律的几项基本原则都已经体现了配偶权的内容，将离婚损害赔偿视为侵犯配偶权的侵权行为，与立法存在统一性。（2）从我国相关法律条文来看，离婚损害赔偿包括了物质损害赔偿和精神损害赔偿，而精神损害赔偿一般不属于违约责任范围，而属于侵权责任的范围。目前学术界大多学者也倾向于侵权责任说。

① 参见李绍章：《从两则案例看离婚损害赔偿制度》，载法律帝国网，2007年4月28日访问。

② 参见苏力：《酷（cool）一点》，载《读书》1999年第1期。

（二）离婚损害赔偿的构成要件

既然离婚损害赔偿属于侵权责任范畴，那么其构成要件也应当符合侵权责任的特点，结合《民法典》第一千零九十一条的规定，以及离婚损害赔偿的特性，其构成要件[①]主要包括：

1. 违法行为。即行为人实施了违反婚姻法律、侵犯另一方基于配偶身份所产生利益的行为，如《民法典》第一千零九十一条规定的重婚、与他人同居、实施家庭暴力、虐待或遗弃家庭成员、有其他重大过错等情形。

2. 损害结果。即指行为人的违法行为给另一方造成的财产损害和精神损害。财产上的损失主要表现为夫妻共同财产或被侵害人个人财产的减少，精神上的损失主要表现为被侵害方失眠、易怒、狂暴、抑郁、痛苦、社会评价降低等。

3. 违法行为同损害结果的因果关系。即损害结果是由违法行为引起的，两者间存有必然的因果关系。

4. 行为人主观过错。过错包括故意和过失。在现实中，有过错方的主观过错往往是故意，而第三者的主观过错则可能是故意或过失。

5. 离婚的发生。即违法行为导致婚姻关系破裂，造成了离婚的后果。该要件由离婚损害赔偿的特性决定，正是该要件表现了离婚损害赔偿作为一种侵权责任的发生情形。对于该要件，在理论和实践中有人提出损害赔偿不能以离婚为条件，事实上，损害赔偿固然不以离婚为要件，但婚内发生的赔偿是其他形式的赔偿，而非离婚损害赔偿。

四、离婚损害赔偿请求权的行使

根据《民法典》及其司法解释的规定，离婚损害赔偿请求权的行使，应遵循以下要求：

1. 只能在离婚时行使。如果在婚姻关系存续期间，当事人不起诉离婚而

---

① 学者认为，《民法典》第一千零九十二条属于完全法条，且为独立的请求权基础。其成立要件包括：第一，夫妻一方具有本条规定的过错行为。第二，夫妻一方的过错行为导致夫妻双方离婚。第三，另一方因离婚而蒙受损失。参见薛宁兰、谢鸿飞主编：《民法典评注：婚姻家庭编》，中国法制出版社 2020 年版，第 454—455 页。

单独依《民法典》第一千零九十一条提起损害赔偿的诉讼请求，法院不予支持。同时，对于人民法院判决不准离婚的案件，当事人基于《民法典》第一千零九十一条提起损害赔偿请求的，人民法院不予支持。

2. 人民法院受理离婚案件时应将离婚损害赔偿权利义务告知离婚当事人。人民法院应当将《民法典》第一千零九十一条规定中当事人的有关权利义务，书面告知当事人。此规定的目的是让离婚当事人明确法律的规定，及时作出是否行使请求权的选择。因此，在离婚案件中无过错方对确实有过错的一方是否行使赔偿请求权，由受损害的无过错方自行决定，法院不能主动判决离婚损害赔偿。[①]

3. 实践中应当注意的问题。在司法实践中，根据《婚姻家庭编解释（一）》第八十八条的规定，人民法院受理离婚案件时，应当将《民法典》第一千零九十一条等规定中当事人的有关权利义务，书面告知当事人。在适用该条时，应当区分以下不同情况：

（1）符合《民法典》第一千零九十一条规定的无过错方作为原告基于该条规定向人民法院提起损害赔偿请求的，必须在离婚诉讼的同时提出。

（2）符合《民法典》第一千零九十一条规定的无过错方作为被告的离婚诉讼案件，如果被告不同意离婚也不基于该条规定提起损害赔偿请求的，可以就此单独提起诉讼。

（3）无过错方作为被告的离婚诉讼案件，一审时被告未基于《民法典》第一千零九十一条规定提出损害赔偿请求，二审期间提出的，人民法院应当进行调解；调解不成的，告知当事人另行起诉。双方当事人同意由第二审人民法院一并审理的，第二审人民法院可以一并裁判。

五、离婚损害赔偿的责任主体和赔偿范围

（一）离婚损害赔偿的责任主体

根据《婚姻家庭编解释（一）》第八十七条“承担民法典第一千零九十一

---

① 黄薇主编：《中华人民共和国民法典婚姻家庭编释义》，法律出版社2020年版，第184页。

条规定的损害赔偿责任的主体，为离婚诉讼当事人中无过错方的配偶”的规定，承担《民法典》第一千零九十一条规定的损害赔偿责任的主体，为离婚诉讼当事人中无过错方的配偶。即只能是有过错配偶一方承担损害赔偿责任，而不能将“第三者”列为赔偿责任人。

对因“第三者”插足，导致夫妻一方重婚，或者有配偶者与其同居以及有其他婚外性行为的，夫妻离婚时，有过错的“第三者”是否应当向夫妻中无过错的一方赔偿的问题，有不同意见：一种意见认为，“第三者”插足，破坏了他人的婚姻家庭，是一种侵权行为，由此导致离婚的，有过错的“第三者”应当负赔偿责任；追究“第三者”的赔偿责任问题，曾在婚姻法修改中，是广大妇女的强烈要求。她们认为“第三者”是共同侵权行为人，可以在离婚案件中直接作为被告或作为承担侵权责任的第三人参与诉讼。部分法院的同志认为，离婚案件中，如果有“第三者”的婚姻一方当事人将夫妻共同财产赠与或转移给“第三者”，在这种情况下，为更好地分割夫妻财产，“第三者”就应当作为离婚案件的诉讼主体。另一种意见认为，婚姻以感情为基础，“第三者”插足是感情问题，谈不上什么侵权，由此导致离婚的，“第三者”不负赔偿责任。实际工作的部门提出，“第三者”是不规范的法律术语，并没有明确的定义。要求“第三者”承担离婚损害赔偿责任，在司法实践中根本无法操作，是离婚案件的第三人还是另一赔偿案件的当事人等问题都难以在司法实践中确认。对“第三者”追究赔偿责任，将会激化矛盾，这也不是婚姻法应当调整的内容。

《民法典》对“第三者”赔偿未作规定，《婚姻家庭编解释（一）》第八十七条第一款规定：“承担民法典第一千零九十一条规定的损害赔偿责任的主体，为离婚诉讼当事人中无过错方的配偶。”由此可见，离婚时无过错方不能向“第三者”索赔。

如果在离婚诉讼中，一方以《民法典》第一千零四十三条第二款规定的“夫妻应当互相忠实，互相尊重，相互关爱”为依据，要求违反忠实义务的对方配偶及“第三者”承担侵权损害赔偿责任，因忠实义务之规定仅为原则性规定，并非确定的义务性规范，即使违反忠实义务，也未完全符合侵权行为的构成要件，因而在我国现行法律框架下，除同时构成名誉权侵害外，应无损害赔偿请求权。《婚姻家庭编解释（一）》第四条对此明确规定，当事人仅以《民法典》第一千零四十三条为依据提起诉讼的，人民法院不予受理；

已经受理的，裁定驳回起诉。

（二）离婚损害赔偿的范围

根据《婚姻家庭编解释（一）》第八十六条的规定，离婚损害赔偿包括物质损害赔偿和精神损害赔偿两部分。涉及精神损害赔偿的，适用《最高人民法院关于确定民事侵权精神损害赔偿责任若干问题的解释》的有关规定。至于物质损害赔偿，应当按照赔偿实际损失的原则，损失多少就赔偿多少。

在司法实践中，精神损害赔偿的计算标准适用相关司法解释，但是我国目前关于精神损害赔偿的司法解释是原则性的规定，在具体数额的确定上主要依靠法官的自由裁量权。笔者建议，在确定离婚损害赔偿中精神损害赔偿的数额时，具体可以考虑下列因素：（1）应当能够足以抚慰受害人遭受的心灵上的创伤和精神上的痛苦。此以考虑受诉法院所在地平均生活水平为必要。（2）考虑加害人的经济负担能力，体现出对加害人有效的制裁。（3）应当考虑受害人的过错在导致离婚后果的原因中的作用，以此适当减轻赔偿主体的责任。（4）考虑过错方侵害的手段、场合等具体情节，以及造成的社会影响程度。

六、登记离婚后的损害赔偿

根据《婚姻家庭编解释（一）》第八十九条的规定，当事人在婚姻登记机关办理离婚登记手续后，以《民法典》第一千零九十一条规定为由向人民法院提出损害赔偿请求的，人民法院应当受理。但当事人在协议离婚时已经明确表示放弃该项请求的，人民法院不予支持。也就是说，一是当事人在婚姻登记机关办理离婚登记手续后，仍有权利提出损害赔偿请求；二是当事人在协议离婚时明确表示放弃损害赔偿请求权的，人民法院不予支持。在司法实践中，应当注意下列问题：

1. 有权在登记离婚后再提出损害赔偿请求的主体必须是无过错一方。有人认为，离婚时双方都有过错，可以根据过错的大小进行相应的赔偿。笔者对此不敢苟同，因为《民法典》第一千零九十一条的规定很明确，只有无过错方才有权利、有资格提起离婚损害赔偿请求。如果双方都有过错，如一方与他人婚外同居，而另一方实施家庭暴力；一方在外“包二奶”，另一方在外

"包二爷"，这种情形下谁也没有资格请求离婚损害赔偿。《民法典》第一千零九十一条规定的离婚损害赔偿与一般的民事赔偿毕竟不能完全等同，不存在区分过错大小的问题。对此，《婚姻家庭编解释（一）》第九十条规定："夫妻双方均有民法典第一千零九十一条规定的过错情形，一方或者双方向对方提出离婚损害赔偿请求的，人民法院不予支持。"

2. 一方在登记离婚后又提起损害赔偿的请求，经法院审查其原配偶不构成重婚及与他人婚外同居，但与他人通奸并生育子女的证据是充分的，能否据此判决通奸一方承担赔偿责任呢？对于这个问题，笔者认为，既然一方当事人提供的证据不能证明配偶一方重婚或与他人婚外同居，仅凭通奸并生育子女的事实是不能支持其离婚损害赔偿请求的。因为法律的侧重点在于重婚及与他人婚外同居的行为，即制裁的是挑战一夫一妻制的行为。而界定与他人婚外同居行为的客观标准是"以夫妻名义持续、稳定地共同居住"，这里既要求共同居住的证据，还要求时间上的持续、稳定，当事人举证之难也就可想而知了。就通奸行为而言，通奸一次也有可能生育子女，不能因为生育了子女就把通奸行为硬性地认定为与他人婚外同居的行为，这里还有尺度和界限的问题。《民法典》规定的离婚损害赔偿范围是比较严格的，它仅适用于因一方重婚，与他人婚外同居，实施家庭暴力或虐待、遗弃家庭成员而导致离婚的几种情形，并不涉及其他情形，如通奸、卖淫嫖娼、"一夜情"等行为。另外需要注意的问题是，并不是只有构成虐待、遗弃罪才能请求赔偿，而是只要一方存在虐待、遗弃家庭成员的行为，无过错方就可以请求离婚损害赔偿。

3. 损害赔偿请求权本质上属于债权请求权范畴，因此，应当受诉讼时效制度的规范。由于婚姻家庭编对离婚损害赔偿请求权没有作出特别规定，根据体系解释原则，应当适用《民法典》总则编有关诉讼时效的规定。根据《民法典》第一百八十八条的规定，该请求权的诉讼时效期间为三年，自无过错方知道或者应当知道权利受到损害之日起计算。当然，由于离婚损害赔偿请求权以离婚为前提，故即便在婚姻关系存续期间已经知道对方存在《民法典》第一千零九十一条规定的情形，亦不宜以此计算诉讼时效。为尽量维护婚姻家庭的和谐稳定，尊重当事人对婚姻家庭的选择，同时最大限度保障无过错方的权益，以离婚之日作为起算点较为合适。但实践中也存在如离婚之后才发现对方与他人同居的情况，则不以离婚之日，而以无过错方知道其权利受损害之日起计算，能更好地保护无过错方的合法权益。此外，为维护社会秩序的稳定，该权利的行使原则上也应受二十年最长时效的限制。当然，有特殊情况的，根据当事人申请，人民法院也可以决定予以延长。[①]

4. 请求离婚损害赔偿的前提是双方具有合法婚姻关系，如果双方的婚姻被宣告为无效婚姻或者双方仅是同居关系，则无权提出离婚损害赔偿的请求。

七、对案例 56、案例 57 的简要评析

在案例 56 中，由于王某个人原因而导致其所生子女非刘某的亲生子女，而刘某一直误把他人的孩子当作自己的亲生子女抚养三年半之久，并在离婚后才得知真相，王某的行为不仅使刘某的经济利益受损，而且严重损害了刘某的人格尊严，使刘某因子女身份变化等因素产生精神上的痛苦，刘某提起侵权之诉，王某应当承担精神损害赔偿责任。法院根据王某的过错程度、承担责任的经济能力等因素，酌定由王某赔偿刘某的精神损害抚慰金 10 万元，并无不当。王某的行为有悖社会的公序良俗，不符合法律彰显公平正义和道德力量的精神，应当受到谴责。

在案例 57 中，原告王某某与被告张某某登记结婚不久，因被告张某某实施家庭暴力导致双方登记离婚。根据《婚姻家庭编解释（一）》第八十九条的规定，当事人在婚姻登记机关办理离婚登记手续后，以《民法典》第一千零九十一条规定为由向人民法院提出损害赔偿请求的，人民法院应当受理。但当事人在协议离婚时已经明确表示放弃该项请求的，人民法院不予支持。也就是说，一是当事人在婚姻登记机关办理离婚登记手续后，仍有权利提出损害赔偿请求；二是当事人在协议离婚时明确表示放弃损害赔偿请求权的，人民法院不予支持。就本案而言，原告王某某在登记离婚后即时提起诉讼，请求被告张某某因实施家庭暴力而赔偿精神损害。因此，法院酌定判令被告张某某赔偿 5000 元精神损害赔偿是适当的。同时，值得庆幸的是，本案原告遭受家庭暴力后，选择的是求助，而不是沉默，避免了人身损害的进一步扩大。

---

① 郑学林、刘敏、王丹：《〈关于适用民法典婚姻家庭编的解释（一）〉若干重点问题的理解与适用》，载《人民司法》2021 年第 13 期。

第十五节　救助措施与法律责任

权利是法律赋予的，也是有法律保护的。为了保证权利的客观实在性，法律必须为权利的实现设立相应的保障，一方面要预防侵害的发生，另一方面还应有在预防失效情况下的救助措施。所谓救助措施，是指在权利主体实现自己权利过程中遇到障碍或受到侵害时，法律允许权利主体或有关机关依法采取的各种旨在保护或恢复权利的手段和方法。我国 2001 年修正的《婚姻法》第五章对婚姻家庭中的违法行为规定了“救助措施与法律责任”，是我国婚姻家庭立法史上的一个重大突破，颇具现实意义和深远意义。然而，《民法典》中却没有此规定，不能不说是一种遗憾。下文将结合相关规定，对婚姻家庭违法行为中的司法救助机关的职责、民事诉讼的司法救助、刑事诉讼的司法救助、婚姻家庭中具体违法行为的救助措施与法律责任进行系统探讨。

一、婚姻家庭违法行为中的司法救助机关

婚姻家庭权益的司法救助，是国家司法机关依照法定职责和程序实施的，其主体是国家的司法机关。在我国，司法机关是对行使国家司法权的各种国家机关的总称。从严格意义上讲，司法机关是指人民法院和人民检察院；但从广义上讲，也包括在刑事诉讼中行使刑事侦查权的公安机关。因此，司法救助的主体具体包括人民法院、人民检察院和公安机关。依据我国宪法和法律的规定，司法机关承担着维护包括婚姻家庭关系在内的各种社会关系、保护包括婚姻家庭权益在内的各种合法权益、惩治包括有关婚姻家庭违法犯罪行为在内的各种违法犯罪行为的职责。

（一）人民法院保护婚姻家庭权益的职责

人民法院是国家审判机关，在刑事诉讼、民事诉讼和行政诉讼中代表国家行使审判权。人民法院保护婚姻家庭权益的职责，主要是通过行使审判权来实现的。

人民法院审判的涉及婚姻家庭的诉讼案件，主要包括审判涉及婚姻家庭的民事诉讼案件和审判有关婚姻家庭犯罪的刑事诉讼案件。前者如审判离婚诉讼案件，追索扶养费、抚养费、赡养费案件，损害赔偿案件，分割共同财产案件，遗产继承案件等；后者如审判重婚罪案件、虐待罪案件、遗弃罪案件等。

人民法院在审理民事诉讼案件时，有权调查核实证据；有权决定先行给付和保全证据；有权采取司法强制措施，对妨害民事诉讼的行为予以制裁；有权采取强制执行措施。在审判刑事诉讼案件时，有权调取证据、调查核实证据；有权决定采取刑事强制措施等。

（二）人民检察院保护婚姻家庭权益的职责

人民检察院是国家的法律监督机关，代表国家行使检察权。人民检察院保护婚姻家庭权益的职责，主要是通过对有关婚姻家庭的违法犯罪行为行使检察权和在民事诉讼中行使检察权实现的。

人民检察院对有关婚姻家庭的犯罪行为行使检察权，主要包括对有关婚姻家庭犯罪的犯罪嫌疑人审查批准逮捕、提起公诉，对人民法院的判决裁定认为有错误的提起抗诉；在有关婚姻家庭的民事诉讼中行使检察权，主要是通过行使抗诉权，对人民法院的民事审判活动实行法律监督。

（三）公安机关保护婚姻家庭权益的职责

公安机关是我国国家行政机关的重要组成部分，在国家机构体系中属于国家行政机关的序列，但它所行使的职权具有部分司法职能，因此又是我国司法机关的组成部分之一。根据我国《宪法》和《刑事诉讼法》的规定，公安机关在刑事诉讼中行使对刑事案件的侦查权。公安机关保护婚姻家庭权益，主要是通过对有关婚姻家庭的犯罪行使侦查权实现的。

根据我国《刑事诉讼法》的规定，公安机关对有关妨害婚姻家庭的犯罪，除法律明确规定为告诉才处理的外，均可立案侦查。在侦查中，公安机关有权采取讯问犯罪嫌疑人，询问证人，勘验、检查、搜查，扣押物证、书证，鉴定，通缉等各项侦查措施；有权决定对犯罪嫌疑人采取拘传、取保候审、监视居住和拘留等各种刑事强制措施；执行逮捕和其他各种刑事强制措施。

二、婚姻家庭纠纷中的民事诉讼救助

民事诉讼，是指人民法院在当事人和其他诉讼参与人的参加下，遵循一定的程序规则审理民事案件的活动。由婚姻法调整的婚姻家庭关系中所发生的婚姻家庭纠纷，如离婚纠纷、子女抚育纠纷，以及因离婚纠纷而产生的家庭共同财产或夫妻共同财产纠纷等，都可通过民事诉讼的途径予以解决。婚姻家庭纠纷的当事人，可以运用民事诉讼的手段来维护自身的合法权益。

（一）有关婚姻家庭案件的管辖

有关婚姻家庭案件的管辖，是指上、下级人民法院之间和同级人民法院之间审判第一审有关婚姻家庭案件权限上的分工制度。

根据《民事诉讼法》的规定，民事诉讼中的管辖包括级别管辖和地域管辖。

1. 级别管辖。有关婚姻家庭纠纷的民事案件，绝大多数是由基层人民法院管辖的。婚姻家庭纠纷案件当事人所在地、财产所在地一般都在基层人民法院辖区之内，基层人民法院的数量多、分布广，将一般婚姻家庭纠纷案件划归基层人民法院审理，对当事人和人民法院都比较便利，同时也能使纠纷及时得到解决。但有关婚姻家庭的重大涉外案件、在当地有重大影响的案件，则应由中级人民法院管辖；对于在更大范围有重大影响的婚姻家庭纠纷案件，应视其影响的范围，分别由高级人民法院或最高人民法院管辖。

2. 地域管辖。即指根据当事人以及标的物与地域之间的关系来确定同级人民法院之间审理第一审民事案件权限分工的制度。地域管辖与级别管辖共同构成了完整的民事诉讼管辖制度。级别管辖所要解决的是上、下级人民法院之间审理民事案件上的纵向分工；而地域管辖则是解决同级人民法院审理民事案件上的横向分工。地域管辖包括普通地域管辖、特殊地域管辖、专属管辖、共同管辖和选择管辖等项制度。对于婚姻家庭纠纷案件而言，适用最多、最普遍的是普通地域管辖，而其他地域管辖制度则相对适用较少。

（1）普通地域管辖。即指以当事人住所地划分同级人民法院审理民事案件权限的管辖制度。《民事诉讼法》第二十二条第一款规定："对公民提起的民事诉讼，由被告住所地人民法院管辖；被告住所地与经常居住地不一致的，由经常居住地人民法院管辖。”根据这一规定，普通地域管辖实行“原告就被告”的原则，即一般以被告住所地划分管辖，而当被告住所地与经常居住地不一致时，以经常居住地确定管辖。这里所称“住所地”，是指公民的户籍所在地；“经常居住地”，是指公民离开住所地至起诉时已连续居住一年以上的地方，但公民住院就医的地方除外。婚姻家庭纠纷案件的地域管辖也适用这一原则。

原告就被告原则是普通地域管辖中的基本原则，但是，在有些情况下，由原告住所地管辖会更有利于当事人行使诉权和人民法院及时审判。《民事诉讼法》第二十三条规定：“下列民事诉讼，由原告住所地人民法院管辖；原告住所地与经常居住地不一致的，由原告经常居住地人民法院管辖：（一）对不在中华人民共和国领域内居住的人提起的有关身份关系的诉讼；（二）对下落不明或者宣告失踪的人提起的有关身份关系的诉讼；（三）对被采取强制性教育措施的人提起的诉讼；（四）对被监禁的人提起的诉讼。”据此，对上述几种情形的人提起的有关婚姻家庭纠纷的诉讼，由原告住所地或经常居住地人民法院管辖。

在司法实践中应当注意：追索赡养费案件的几个被告住所地不在同一辖区的，可以由原告住所地人民法院管辖；不服指定监护或变更监护关系的案件，由被监护人住所地人民法院管辖；非军人对军人提出的离婚诉讼，如果军人一方为非文职军人，由原告住所地人民法院管辖。离婚诉讼双方当事人都是军人的，由被告住所地或者被告所在的团级以上单位驻地的人民法院管辖；夫妻一方离开住所地超过一年，另一方起诉离婚的案件，由原告住所地人民法院管辖；夫妻双方离开住所地超过一年，一方起诉离婚的案件，由被告经常居住地人民法院管辖；没有经常居住地的，由原告起诉时居住地人民法院管辖；在国内结婚并定居国外的华侨，如定居国法院以离婚诉讼须由婚姻缔结地法院管辖为由不予受理，当事人向人民法院提出离婚诉讼的，由婚姻缔结地或一方在国内的最后居住地人民法院管辖；在国外结婚并定居国外的华侨，如定居国法院以离婚诉讼须由国籍所属国法院管辖为由不予受理，当事人向人民法院提出离婚诉讼的，由一方原住所地或在国内的最后居住地人民法院管辖；中国公民一方居住在国外，一方居住在国内，不论哪一方向人民法院提起离婚诉讼，国内一方住所地的人民法院都有权管辖；如国外一方在居住国法院起诉，国内一方向人民法院起诉的，受诉人民法院有权管辖。中国公民双方在国外但未定居，一方向人民法院起诉离婚的，应由原告或者被告原住所地的人民法院管辖。

（2）特殊地域管辖。即指根据诉讼标的或诉讼标的物所在地及被告住所地确定同级人民法院审判权限的管辖制度。《民事诉讼法》第二十四条至第三十四条规定了适用特殊地域管辖的几类案件，主要是关于合同纠纷和侵权纠纷的案件。其中与婚姻家庭有关的，只有该法第二十九条的规定，即“因侵权行为提起的诉讼，由侵权行为地或者被告住所地人民法院管辖”。侵权行为地，包括侵权行为实施地和侵权结果发生地。基于发生在婚姻家庭成员之间的侵权行为提起的诉讼，应根据这一规定确定管辖法院。

3. 专属管辖。即指法律规定某些案件由特定人民法院管辖的管辖制度。依据《民事诉讼法》第三十四条的规定，因不动产纠纷提起的诉讼，由不动产所在地人民法院管辖；因继承遗产纠纷提起的诉讼，由被继承人死亡时住所地或者主要遗产所在地人民法院管辖。

（二）有关婚姻家庭案件的起诉

起诉是指自然人、法人和非法人组织认为自己的民事权益受到他人侵犯或者与他人发生争议，请求人民法院进行审判予以法律保护的诉讼行为。当事人的起诉行为被法院受理后，即标志着诉讼程序的开始，并引起程序法和实体法上的一定后果。对有关婚姻家庭的纠纷，当事人可以通过向人民法院起诉，请求法院审判来维护自身的合法权益。

1. 起诉的条件。对于婚姻家庭案件的当事人而言，提起诉讼还应注意以下问题：

（1）法律对于女方怀孕期间和分娩后一年或中止妊娠后六个月内男方离婚请求权的限制。根据《民法典》第一千零八十二条规定：“女方在怀孕期间、分娩后一年内或者终止妊娠后六个月内，男方不得提出离婚；但是，女方提出离婚或者人民法院认为确有必要受理男方离婚请求的除外。”

（2）对判决、裁定已经发生法律效力的案件，当事人又起诉的限制。根据《民事诉讼法》第一百二十七条第五项的规定，对判决、裁定、调解书已经发生法律效力的案件，当事人又起诉的，告知原告申请再审，但人民法院准许撤诉的裁定除外。也就是说，在前一次诉讼中，当事人撤诉经人民法院准许或人民法院按撤诉处理后，当事人以同一诉讼请求再次起诉的，人民法院应予受理。此外，赡养费、扶养费、抚育费案件，裁判发生法律效力后，因新情况、新理由，一方当事人再行起诉要求增加或减少费用的，人民法院应作为新案受理。

（3）对特定案件没有新情况、新理由，六个月内又起诉的限制。根据《民事诉讼法》第一百二十七条第七项的规定，判决不准离婚和调解和好的离婚案件，判决、调解维持收养关系的案件，没有新情况，新理由，原告在六个月内又起诉的，不予受理。但上述案件的被告向人民法院提起诉讼的，不在此限。

2. 起诉的程序。根据《民事诉讼法》的规定，起诉应当向人民法院递交起诉状，并按被告人数提出副本。书写起诉状确有困难的，可以口头起诉，由人民法院记入笔录，并告知对方当事人。

人民法院收到起诉状或者口头起诉，经审查认为符合起诉条件的，应当在七日内立案，并通知当事人；认为不符合立案条件的，应当在七日内裁定不予受理；原告对裁定不服的，可以提起上诉。

（三）当事人的诉讼权利

《民事诉讼法》第八条规定，人民法院审理民事案件，应当保障和便利当事人行使诉讼权利。所谓诉讼权利是指法律赋予当事人在诉讼过程中所享有的程序性权利。诉讼权利实质上规定的是当事人在诉讼中可以做什么或可以请求他人做什么，这些诉讼权利是当事人参加诉讼的必要条件，也是当事人通过参加诉讼维护自身合法权益的重要保障。

1. 当事人共同享有的诉讼权利。包括：使用本民族语言文字进行诉讼的权利；申请回避的权利；委托诉讼代理人代理诉讼的权利；收集和提供证据的权利；申请证据保全的权利；申请财产保全的权利；辩论权；接受调解的权利；自行和解的权利；上诉权；查阅、复制有关案件材料的权利；要求重新进行调查、鉴定或者勘验的权利；庭审笔录的补正权；申请再审权；申请执行权；处分权。当事人在民事诉讼中享有广泛的诉讼权利，同时也必须履行相应的诉讼义务，这些诉讼义务包括：依法行使诉讼权利；必须遵循诉讼规则；

必须履行发生法律效力的判决、裁定和调解协议。

2. 当事人特有的诉讼权利。（1）原告特有的诉讼权利。在民事诉讼中，原告特有的诉讼权利有以下几项：起诉权；变更和放弃诉讼请求权；撤诉权；申请先予执行权，即当事人对于追索赡养费、扶养费、抚育费、抚恤金、医疗费用、劳动报酬纠纷，以及因情况紧急需要先予执行的，可以申请人民法院裁定先予执行。（2）被告特有的诉讼权利。在民事诉讼中，被告特有的诉讼权利包括：提出管辖异议的权利；反驳诉讼请求权；承认权；反诉权。在已经开始的诉讼过程中，被告可以向原告提出一种新的且与本案有关的请求权，其目的在于抵销或吞并原告的诉讼请求，这就是被告享有的反诉权。人民法院应保障当事人正确行使该项权利，对于被告行使反诉权符合法律规定的，应将本诉和反诉合并审理。

三、婚姻家庭违法行为中的刑事诉讼救助

刑事诉讼是司法机关在当事人和其他诉讼参与人的参加下，依照法定程序追究犯罪的活动。对于有关婚姻家庭犯罪的追究，也同样适用刑事诉讼程序。因此，保护婚姻家庭权益的刑事诉讼手段，是适用刑事诉讼程序追究有关婚姻家庭犯罪行为人的惩治手段。

（一）婚姻家庭犯罪的立案管辖

婚姻家庭犯罪的立案管辖，是指司法机关在直接受理有关婚姻家庭犯罪案件范围上的分工。根据《刑事诉讼法》的规定，有关婚姻家庭的犯罪案件分别由人民法院直接受理或者由公安机关立案侦查。

1. 人民法院直接受理的案件。人民法院直接受理的案件是自诉案件。自诉，又称私诉，是指被害人及其法定代理人直接向人民法院提起诉讼的起诉形式。我国《刑事诉讼法》第二百一十条规定的自诉案件有三类：告诉才处理的案件；被害人有证据证明的轻微刑事案件；被害人有证据证明对被告人侵犯自己人身、财产权利的行为应当依法追究刑事责任，而公安机关或者人民检察院不予追究被告人刑事责任的案件。这三类自诉案件，都有可能涉及有关婚姻家庭的犯罪。

（1）告诉才处理的犯罪。即指被害人告诉，人民法院才得受理和处理的

犯罪。我国《刑法》明确规定的告诉才处理的犯罪有四种，其中有关婚姻家庭的犯罪有暴力干涉婚姻自由罪和虐待罪。这两种犯罪的被害人可以直接向人民法院提起刑事诉讼。如果被害人因受强制、威吓无法告诉的，人民检察院和被害人的近亲属也可以告诉。但如果暴力干涉婚姻自由致人死亡或者是虐待致人重伤、死亡的，则不属于自诉案件的范围，而应由公安机关立案侦查后，由人民检察院向人民法院提起公诉。

（2）被害人有证据证明的轻微刑事案件。即指被害人能够提供足够的证据证明被告人实施了侵犯其合法权益的犯罪行为，且案情较轻，可能判处较轻刑罚的案件。此类自诉案件应符合两个条件：一是被害人有证据证明被告人有罪，即被害人在行使自诉权时，应当承担举证责任，向法院提供足够的证据证明被告人有罪并且依法应当追究刑事责任。如果被害人没有证据或者提供的证据不充分的，人民法院应当说服自诉人撤回自诉或者裁定驳回自诉。二是案件性质属于轻微刑事案件，即犯罪的性质、情节和后果不严重，可能判处三年有期徒刑以下较轻的刑罚。

（3）被害人有证据证明对被告人侵犯自己人身、财产权利的行为应当依法追究刑事责任，且有证据证明曾经提出控告，而公安机关或者人民检察院不予追究被告人刑事责任的案件。这类自诉案件，可以说是由公诉案件转化而来的自诉案件，是对公诉形式的一种补充。即本应由公安机关立案侦查、人民检察院提起公诉的案件，但公安机关或人民检察院作出了不予追究的决定，而被害人有证据证明被告人实施了侵犯自己人身、财产权利的犯罪，认为应当追究刑事责任，还可以转而直接向人民法院提起自诉。法律之所以这样规定，是为了充分体现保护被害人合法权益的立法精神，拓宽保护被害人合法权益的渠道；同时也可以督促公安机关和人民检察院积极追究犯罪，防止有案不立、有罪不究、以罚代刑等放纵犯罪现象的出现。

2. 公安机关立案侦查的案件。根据《刑事诉讼法》的规定，除法律另有规定外，刑事案件的侦查由公安机关进行。对有关婚姻家庭的犯罪而言，除人民法院直接受理的自诉案件外，均由公安机关立案侦查。对于自诉案件中“被害人有证据证明的轻微刑事案件”，如果被害人向公安机关控告的，公安机关也应当受理。

（二）对有关婚姻家庭犯罪的自诉或控告

有关婚姻家庭犯罪的被害人为维护自身的合法权益，可以依法选择向人民法院提起自诉或向公安机关提出控告。

1. 自诉的提起。（1）提起自诉的条件。提起自诉，必须符合以下条件：一是起诉的主体必须是享有诉权的人。自诉人一般是犯罪行为的被害人，被害人死亡或者丧失行为能力的，被害人的法定代理人、近亲属有权向人民法院起诉。二是有明确的被告人、具体的诉讼请求和能证明被告人犯罪事实的证据。三是起诉的犯罪案件属于人民法院直接受理的自诉案件范围，受诉的人民法院对该案拥有管辖权。（2）提起自诉的程序。被害人或其法定代理人、近亲属应当于法定的时效期限内，直接向有管辖权的人民法院提起诉讼。自诉一般应以书面形式提出，即向人民法院呈递刑事自诉状或是刑事附带民事自诉状。自诉人不会书写的，可以口头述说有关内容，由接待人员如实记录并协助填写诉状。

2. 控告的提出。《刑事诉讼法》第一百一十条第二款规定："被害人对侵犯其人身、财产权利的犯罪事实或者犯罪嫌疑人，有权向公安机关、人民检察院或者人民法院报案或者控告。"这一规定，赋予了婚姻家庭犯罪案件的被害人对于侵犯其人身、财产权利的犯罪事实或者犯罪嫌疑人，向公检法机关报案或者控告的权利。这里所称的报案与控告有一定的区别：报案是指被害人就发生的侵害其人身、财产权利的犯罪事实向司法机关所作的报告；而控告则是指被害人对侵犯其人身、财产权利的犯罪嫌疑人的指控、告发。二者主体相同、行为相似，但所报内容不同。有关婚姻家庭的犯罪，主要发生在家庭成员之间，实施犯罪的行为人一般是明确的，因此，被害人往往可以直接就犯罪嫌疑人的犯罪事实向司法机关提出控告。

（三）当事人的诉讼权利

1. 被害人的诉讼权利。这里所称被害人专指公诉案件的被害人。从实体意义上讲，被害人是指合法权益直接遭受犯罪行为侵害的人。实体上的被害人，其诉讼地位依所处的诉讼程序不同而有所不同。在自诉程序中，其诉讼地位属于当事人中的自诉人；在附带民事诉讼程序中，其则是当事人中的附带民事诉讼原告人；而只有在公诉程序中，才称其为被害人。虽然被害人在公诉程序中并不直接提起诉讼，而由人民检察院代表国家提起公诉，但法律为保护被害人的合法权益，仍赋予其当事人的诉讼地位。

被害人的诉讼权利主要有：提出控告；对不立案的决定向人民检察院提出申诉或直接向人民法院提起自诉；提起附带民事诉讼；申请回避；委托诉讼代理人；出席法庭并陈述案情，向被告人发问，参加证据调查与质证，申请通知新的证人到庭、调取新的物证、重新鉴定或勘验；参加法庭辩论；对一审判决在法定期限内请求抗诉；对生效判决或裁定提出申诉，要求重新审判等。

2. 自诉人的诉讼权利。自诉人是指在自诉案件中以个人名义直接向人民法院提起刑事诉讼，要求追究被告人刑事责任的人。自诉人是自诉案件的原告人，通常是被害人本人，但如果被害人死亡或者丧失行为能力的，被害人的法定代理人、近亲属有权向人民法院起诉。在告诉才处理的案件中，如果被害人因受强制、威吓而无法告诉的，被害人的近亲属也可以为被害人提起自诉。自诉人在自诉案件中处于原告人的地位，其诉讼行为足以导致诉讼程序的开始、发展和终止。

自诉人在诉讼中享有广泛的诉讼权利，主要有：向人民法院直接提起自诉；委托诉讼代理人；申请撤回自诉；提起附带民事诉讼；同被告人自行和解；作为原告人出席法庭参加法庭审判和同被告人辩论；申请回避；提出上诉；对生效判决、裁定提出申诉，请求重新审判等。

自诉人在享有广泛的诉讼权利的同时，也负有一定的诉讼义务：自诉人负有举证责任；自诉人捏造事实、伪造证据要承担诬告陷害的法律责任；自诉人应当亲自参加诉讼。经两次依法传唤，自诉人无正当理由拒不到庭的，或者未经法庭许可中途退庭的，按撤诉处理。

3. 犯罪嫌疑人的诉讼权利。犯罪嫌疑人，是指在公诉案件中因涉嫌犯罪正在被立案侦查和审查起诉的刑事当事人。犯罪嫌疑人作为当事人，其主要诉讼权利有：申请回避；依法聘请律师为其提供法律帮助；讯问中对与本案无关问题的提问，有权拒绝回答；申请取保候审；申请补充鉴定或者重新鉴定；在审查起诉阶段有权委托辩护人；对人民检察院作出的不起诉决定不服，依法提出申诉等。犯罪嫌疑人的基本义务是接受侦查和审查起诉，服从依法采取的强制措施。

4. 被告人的诉讼权利。被告人，是指因涉嫌犯罪而被人民检察院提起公诉或者被自诉人提起自诉的刑事当事人。被告人的诉讼权利主要有：申请回避；自行辩护和委托辩护；对指控的犯罪进行陈述；参加事实和证据的法庭调查和质证，发表意见；申请通知新的证人到庭，调取新的物证、申请重新鉴定或勘验；与控诉方相互辩论；进行最后陈述；对未生效的裁判提出上诉；对生效裁判提出申诉等；自诉案件的被告人还有权依法对自诉人提起反诉。被告人的基本义务是接受审判和执行生效的判决和裁定。

四、实施家庭暴力或虐待家庭成员行为的救助措施

根据《反家庭暴力法》的相关规定，行为人实施家庭暴力或虐待家庭成员，受害人有权提出请求，居民委员会、村民委员会以及所在单位应当予以劝阻、调解。对正在实施的家庭暴力，受害人有权提出请求，居民委员会、村民委员会应当予以劝阻；公安机关应当予以制止。行为人实施家庭暴力或虐待家庭成员，受害人提出请求的，公安机关应当依照治安管理处罚的法律规定予以行政处罚。

（一）行为人实施家庭暴力或虐待家庭成员，受害人有权提出请求，居民委员会、村民委员会以及所在单位等应当予以帮助、处理

《反家庭暴力法》第十三条规定："家庭暴力受害人及其法定代理人、近亲属可以向加害人或者受害人所在单位、居民委员会、村民委员会、妇女联合会等单位投诉、反映或者求助。有关单位接到家庭暴力投诉、反映或者求助后，应当给予帮助、处理。家庭暴力受害人及其法定代理人、近亲属也可以向公安机关报案或者依法向人民法院起诉。单位、个人发现正在发生的家庭暴力行为，有权及时劝阻。"这是对家庭暴力、虐待的受害人的一般救助方法。

行为人实施家庭暴力、虐待家庭成员在不构成犯罪的情况下，或虽构成犯罪，但受害人不愿意追究其刑事责任的情况下，受害人可以向居民委员会、村民委员会以及所在单位等提出请求，居民委员会、村民委员会以及所在单位可以出面劝阻、调解。居民委员会、村民委员会等的人民调解组织可具体

负责此类行为的劝阻和调解工作，其具体工作范围、程序可依《人民调解委员会组织条例》和《民间纠纷处理办法》的规定进行。

（二）对正在实施的家庭暴力，受害人有权提出请求，居民委员会、村民委员会应当予以劝阻；公安机关应当予以制止

《反家庭暴力法》第十三条第三款规定："单位、个人发现正在发生的家庭暴力行为，有权及时劝阻。"这是对正在实施的家庭暴力的受害人的救助措施。该款所规定的救助措施具有适用上的紧迫性。有关被请求部门的措施不尽相同，如果受害人向居民委员会、村民委员会提出请求，居民委员会、村民委员会应采取劝阻的措施；如果受害人是向公安机关提出请求，公安机关可以采取制止的措施。

五、遗弃家庭成员行为的救助措施

对遗弃家庭成员的行为，受害人有权提出请求，居民委员会、村民委员会，以及所在单位应当予以劝阻、调解。对遗弃家庭成员的行为人，受害人提出请求的，人民法院应当依法作出支付扶养费、抚养费、赡养费的判决。

（一）遗弃家庭成员的劝阻与调解

禁止家庭成员间的虐待和遗弃。遗弃家庭成员是严重妨害婚姻家庭关系的行为，应予以严厉打击。对遗弃家庭成员，受害人有权提出请求，居民委员会、村民委员会以及所在单位应当予以劝阻、调解。由此可见，受遗弃的家庭成员可向居民委员会、村民委员会以及所在单位提出请求，居民委员会、村民委员会以及所在单位可以出面劝阻、调解。居民委员会、村民委员会等的人民调解组织可具体负责此类行为的劝阻和调解工作，其具体工作范围、程序可依《人民调解委员会组织条例》和《民间纠纷处理办法》的规定进行。

（二）人民法院的依法判决

遗弃，是指负有赡养、抚养和扶养义务的一方，对于年老、年幼、患病或其他没有独立生活能力，需要赡养、抚养和扶养的人，故意不履行其应尽义务的行为。遗弃行为的表现形式很多，有将无独立生活能力的人丢弃，如

弃婴，或拒不给付生活费，都会构成遗弃。遗弃案件中比较突出的行为是遗弃女婴，这已经成为一个令人关注的社会问题。

因此，对于拒不履行赡养、抚养和扶养义务而遗弃家庭成员的，受害人可以向人民法院提起诉讼，要求义务人履行义务，人民法院应当依法作出支付抚养费、扶养费、赡养费的判决。

六、婚姻家庭中犯罪行为的刑事责任

对重婚的、实施家庭暴力或虐待、遗弃家庭成员构成犯罪的，依法追究刑事责任。受害人可以依照《刑事诉讼法》的有关规定，向人民法院自诉；公安机关应当依法侦查，人民检察院应当依法提起公诉。

（一）《刑法》对重婚罪、虐待罪、遗弃罪的规定

我国《刑法》在侵犯“公民人身权利、民主权利罪”一章中明确规定了侵害婚姻家庭关系的犯罪，包括暴力干涉婚姻自由罪、重婚罪、破坏军婚罪、虐待罪、遗弃罪、拐骗未成年人罪。以刑事法律手段对重婚、实施家庭暴力、虐待、遗弃家庭成员的行为进行制裁，有利于维护家庭和谐稳定。

重婚罪是指有配偶又与他人结婚或明知他人有配偶又与他人结婚的行为，包括法律上的重婚和事实上的重婚两种形式。重婚是严重破坏一夫一妻制的行为，不仅应当承担民事责任，构成犯罪的，还应当承担刑事责任。重婚罪的主体是一般主体，但必须有男女二人的共同行为才能构成。客体是他人的婚姻家庭和我国的一夫一妻婚姻制度。在客观方面，表现为有配偶的人在没有解除婚姻关系的条件下又与他人建立夫妻关系行为，或者明知他人有配偶而与之结婚的行为。主观上为故意，即明知自己有配偶而又与他人建立夫妻关系，或者明知他人有配偶仍与之建立夫妻关系，过失不构成本罪。根据《刑法》第二百五十八条的规定，犯重婚罪的，处二年以下有期徒刑或者拘役。

虐待家庭成员情节恶劣的，构成虐待罪。虐待罪的客体是被害人的人身权利和在家庭中应享有的平等权利。虐待罪的主体是满 16 周岁、具有责任能力的与被害人同属一个家庭的成员。任何一个家庭成员虐待另一个家庭成员，都可构成本罪。虐待罪的客观方面表现为经常用打骂、冻饿、有病不

给治疗、强迫从事过度的体力劳动等方法，对家庭成员进行肉体、精神上的摧残、折磨，情节严重的行为。对非家庭成员的侵害，不能构成虐待罪。虐待罪的突出特点是：残酷性和经常性。虐待罪的主观方面是故意，即明知自己的行为是在虐待家庭成员，会给其造成肉体和精神痛苦，并希望这一结果发生。所谓情节恶劣，是指虐待手段残忍，对没有独立生活能力的人经常虐待，引起了严重后果等。虐待罪与虐待行为的重要区别是情节恶劣。如果只是方法粗暴、一般的体罚、轻微的打骂行为，不构成虐待罪。《刑法》第二百六十条规定，犯虐待罪的，处二年以下有期徒刑、拘役或者管制；犯本罪致使被害人重伤、死亡的，处二年以上七年以下有期徒刑。对于虐待罪，没有造成被害人重伤、死亡的，告诉才处理。

对于年老、年幼、患病或者其他没有独立生活能力的人，负有扶养义务而拒绝扶养，情节恶劣的构成遗弃罪。遗弃罪的客体是公民在家庭中接受扶养的权利。客观方面表现为对于家庭中年老、年幼、患病或者没有独立生活能力的人，负有扶养义务而拒绝扶养，情节恶劣。拒绝扶养有独立生活能力的家庭成员，不能构成本罪。本罪的基本形式是不作为，行为人有扶养义务，并且有履行此义务的能力而不履行。情节恶劣，是指给被害人造成严重后果，或有遗弃行为，经多次教育不悔改的，或在社会上造成恶劣影响的。犯罪主体是在家庭成员中负有扶养义务的人。主观方面是故意。根据《刑法》第二百六十一条的规定，犯遗弃罪的，处五年以下有期徒刑、拘役或者管制。

（二）处理程序

对重婚、实施家庭暴力或虐待、遗弃家庭成员的行为，被害人可以自诉。所谓自诉，即受害人或者其法定代理人直接向人民法院提起的刑事诉讼。根据《刑事诉讼法》的有关规定，虐待罪作为告诉才处理的案件，可以自诉，重婚罪、遗弃罪作为被害人有证据证明的轻微刑事案件，也可以提起自诉。

重婚罪、虐待罪、遗弃罪中有权提起自诉的主体是被害人，如果被害人死亡、丧失行为能力或者因受强制、威吓等原因无法告诉，或者是限制行为能力人以及由于年老、患病、盲、聋、哑等原因不能亲自告诉的，被害人的法定代理人、近亲属有权向人民法院告诉。对于自诉案件，人民法院应当在收到自诉状或者口头告诉第二日起十五日内作出是否立案的决定，并书面通知自诉人或者代为告诉人。人民法院、人民检察院或者公安机关对于重婚罪、虐待罪或遗弃罪的报案、控告、举报和自首的材料，应当按照管辖范围，迅速进行审查，认为有犯罪事实需要追究刑事责任的，应当立案；认为没有犯罪事实，或者犯罪事实显著轻微，不需要追究刑事责任的，不予立案，并将不立案的原因通知控告人，控告人如有不服，可以申请复议。对于重婚罪、虐待罪或遗弃罪，公安机关必须依法进行立案侦查，不得推诿；人民检察院在案件侦查结束移送检察机关审查起诉后，对符合起诉规定的，必须依法根据职权提起公诉。

七、婚姻家庭纠纷中判决或裁定的强制执行

对拒不执行有关扶养费、抚养费、赡养费、财产分割、遗产继承、探望子女等判决或裁定的，由人民法院依法强制执行。有关个人和单位应负协助执行的责任。

强制执行，就是用强制的办法实现已经确定的判决或裁定的内容。人民法院是代表国家行使审判权的。其在审判活动中制作的判决书、裁定书或调解书，具有必须执行的强制性质。但是，对有关财产内容的判决或裁定等的强制执行，不仅包含着必须执行的性质，更重要的是可以采取一定的强制措施。这种强制措施并非在任何婚姻家庭纠纷中普遍采用，而是对有关财产内容的判决或裁定的少数义务人，经说服教育后仍然拒绝执行的，不得不采取的强制执行措施。

在司法实践中，对探望权实施强制执行措施时，要按照《婚姻家庭编解释（一）》第六十八条的规定进行，即对拒不执行有关探望子女等判决和裁定的，由人民法院依法强制执行的规定，是指对拒不履行协助另一方行使探望权的有关个人或者组织采取拘留、罚款等强制措施，不能对子女的人身、探望行为进行强制执行。

第五章

收养

本章概要

收养是自然人依法领养他人子女为自己子女的民事法律行为。收养行为的发生，使原本没有父母子女关系的收养人与被收养人形成了法律上的父母子女关系，被收养人与生父母及其亲属之间的关系则相应终止。收养作为形成父母子女关系的一种民事法律行为，本质上属于婚姻家庭制度的重要组成部分。自1992年4月1日生效实施的《收养法》，于1998年11月4日进行修正，分为总则、收养关系的成立、收养的效力、收养关系的解除、法律责任、附则，共计34个条文，对收养关系予以调整。

《民法典》婚姻家庭编第五章“收养”用了26个条文对收养关系的成立、收养的效力、收养关系的解除作了规定，并在原《收养法》的基础上，进一步完善了有关制度：一是扩大被收养人的范围，删除被收养的未成年人仅限于不满14周岁的限制，修改为符合条件的未成年人均可被收养；二是与国家计划生育政策的调整相协调，将收养人须无子女的要求修改为收养人无子女或者只有一名子女；三是为进一步强化对被收养人利益的保护，在收养人的条件中增加规定“无不利于被收养人健康成长的违法犯罪记录”，并增加规定民政部门应当依法进行收养评估。

第一节　收养概说

一、问题的提出

收养，是指自然人依照法律规定领养他人子女为自己子女的法律行为。[①]通过收养行为，使本无亲子关系的当事人之间发生法律拟制的亲子关系，被收养人与生父母及其亲属之间的关系则相应终止。收养既可以满足收养人有子女教育抚养的愿望，也可以解决养子女生活、居住、学习上的难题，有利于建立和谐的社会关系。

在研究收养之前，先看一则案例：

案例 58：本案能否以未办理收养登记而否认收养关系？[②]

2020 年 6 月 30 日 11 时 32 分许，朱某驾驶小型轿车沿宋长线自东向西行驶至大悟县河口镇陈楼村 57 公里处时，遇何某楚骑行二轮自行车在前方自东北方向向西南方向横过公路，两车发生碰撞，造成何某楚受伤及两车受损的道路交通事故。该事故经交警部门认定，朱某负主要责任，何某楚负次要责任。事故发生后，何某楚经抢救无效于当日死亡。小型轿车登记所有人为朱某，该车在保险公司投保了交强险和责任限额 100 万元的机动车商业三者险及不计免赔率险，事故发生在保险期内。

生效裁判认为，本案死者何某楚与何某根虽未进行收养关系登记，但二人以养父子关系共同生活多年，并以养父子关系进行了户籍登记，形成了事实收养关系，经二人户籍所在地村委会出具证明证实何某根自 4 岁就被何某楚收养至今，且死者何某楚无其他法定继承人。因此，本案何某根与死者

---

① 参见黄薇主编：《中华人民共和国民法典婚姻家庭编释义》，法律出版社 2020 年版，第 188 页。

② 详见湖北省孝感市中级人民法院（2021）鄂 09 民终 454 号民事判决书。

何某楚收养关系成立，何某根诉讼主体资格适格。保险公司认为何某根与死者何某楚之间不存在收养关系的抗辩理由不成立，不予支持。结合交警部门的事故认定，本案按照7∶3确定赔偿责任。因朱某驾驶的车辆在保险公司保投了交强险和商业三者险，事故发生在保险期内，故本案何某根的损失首先应由保险公司在交强险责任限额范围内赔付，超出部分，由该公司在商业三者险责任限额范围内承担70%的赔偿责任，剩余部分由何某根自行承担。据此判决：保险公司于判决生效后七日内赔偿何某根因交通事故造成的各项损失共计38万元。

上述案例涉及何某楚与何某根能否认定为收养关系的问题，进而影响到原告何某根的诉讼主体资格问题。试问：如何理解收养？遵循的原则有哪些？收养与寄养、继父母子女的关系如何？

二、收养的法律意义

收养制度作为家庭关系产生的一种方式，在现实生活中发挥着积极的作用，其意义有以下四个方面：（1）可以使丧失父母的孤儿、因特殊原因不能与父母共同生活的子女，在养父母的培养教育之下，享受家庭的温暖，得到健康的成长。（2）通过收养，使那些没有子女或丧失子女的人，在感情上得到慰藉，心理上得到满足，使养父母在晚年时老有所养，充分享受天伦之乐。（3）目前，由于我国经济尚不够发达，社会福利机构相对有限，因此，自然人之间的收养行为，可以减轻国家的经济负担，使社会问题得到有效的解决，从而促进社会的安定团结。（4）收养制度是亲属制度不可缺少的组成部分，在任何类型的社会里，都有与其经济制度相适应的收养制度为其服务。通过收养，弘扬了社会成员间相互扶助的道德风尚，实现幼有所育，老有所养，完善了家庭关系，对弘扬社会主义核心价值观有着积极的意义。收养的法律特征表现为：

1. 收养是变更亲属身份和权利义务关系的身份法上的行为。它既是养父母、养子女权利义务借以发生的法律事实，又是生父母、生子女权利义务借以终止的法律事实。

2. 收养只能发生在非直系血亲的自然人之间。自然人以外的民事权利主体间并无亲属身份，更谈不上变更这种身份。直系血亲间的收养有悖收养制度的宗旨，是没有任何意义的。依据《民法典》第一千零九十九条的规定，收养三代以内旁系同辈血亲的子女，可以不受生父母有特殊困难无力抚养的子女，有特殊困难无力抚养子女的生父母以及无配偶者收养异性子女的，收养人与被收养人的年龄应当相差 40 周岁以上的限制。

3. 通过收养而创设的是拟制血亲的父母子女关系，与自然血亲的父母子女关系不同，拟制血亲的父母子女关系是可以依法解除的，而自然血亲的父母子女关系无论何时都无法解除。

4. 收养须经法定程序，否则收养关系不能有效成立。依据《民法典》第一千一百零五条的规定，一是收养必须办理收养登记。收养应当向县级以上人民政府民政部门登记。收养关系自登记之日起成立。二是找不到生父母的必须进行收养公告。收养查找不到生父母的未成年人的，办理登记的民政部门应当在登记前予以公告。三是收养可以自愿签订收养协议。收养关系当事人愿意签订收养协议的，可以签订收养协议。在现实生活中，为了避免纷争，建议送养人与收养人之间签订书面的收养协议为上策。四是收养可以办理收养公证。收养关系当事人各方或者一方要求办理收养公证的，应当办理收养公证。五是须进行收养评估。县级以上人民政府民政部门应当依法进行收养评估。民政部门进行收养评估时主要对收养人是否具备收养条件进行评估，依据《民法典》第一千零九十八条规定，收养人应当同时具备下列条件：（1）无子女或者只有一名子女；（2）有抚养、教育和保护被收养人的能力；（3）未患有在医学上认为不应当收养子女的疾病；（4）无不利于被收养人健康成长的违法犯罪记录；（5）年满 30 周岁。同时，依据《民法典》第一千一百零二条的规定，无配偶者收养异性子女的，收养人与被收养人的年龄应当相差 40 周岁以上。

三、收养的基本原则

《民法典》第一千零四十四条规定："收养应当遵循最有利于被收养人的原则，保障被收养人和收养人的合法权益。禁止借收养名义买卖未成年人。"该条规定源自于《收养法》第二条规定："收养应当有利于被收养的未成年人的抚养、成长，保障被收养人和收养人的合法权益，遵循平等自愿的原则，并不得违背社会公德。”第二十条规定：“严禁买卖儿童或者借收养名义买卖儿童。”收养的基本原则是：

1. 最有利于被收养人原则。各国立法都越来越重视未成年人的保护，都已经意识到作为国家未来的未成年人应当同其他成年自然人一样享有社会成员的无差别待遇，受到家庭与国家的尊重和保护。所以现代各国在对未成年人监护进行立法时都积极贯彻儿童利益最大化原则，提高未成年人的社会地位，注重保护未成年人的合法权益。《民法典》以“收养应当遵循最有利于被收养人的原则”作为婚姻家庭编的一般规定，该原则体现于婚姻家庭的规定之中，足见其对于未成年人的保护立场。

2. 保障收养人和被收养人合法权益原则。收养法律关系涉及收养人和被收养人各自的利益，保障收养人和被收养人合法权益原则在《民法典》第一千零四十四条得到了明确规定。《民法典》对被收养人的范围、送养人范围、收养人范围均作了明确界定，对各自的权利义务也作了明确规定，旨在保护收养人、被收养人的合法权益。

3. 平等自愿原则。收养法律关系作为民事法律关系的一种，作为收养主体的收养人、被收养人应当遵循平等自愿原则，收养 8 周岁以上的未成年人，应当征得被收养人的同意。对此，《民法典》第一千一百零四条规定：“收养人收养与送养人送养，应当双方自愿。收养八周岁以上未成年人的，应当征得被收养人的同意。”一是成立有效的收养关系，需要收养人有真实、自愿的收养意思表示。二是需要送养人同意送养的真实意愿。三是被收养人属于 8 周岁以上未成年人的，需要征得被收养人同意。[①]

四、收养与寄养、继父母子女关系的区别

（一）收养与寄养的区别

寄养，是指父母因某种原因，暂时不能直接履行对子女的抚养义务，而委托他人代为抚养的行为。收养与寄养有如下区别：

---

① 参见黄薇主编：《中华人民共和国民法典婚姻家庭编释义》，法律出版社 2020 年版，第 224—225 页。

1. 收养关系成立和解除都必须经过法律规定的程序；而寄养无须经过法定程序。

2. 收养关系建立后，收养人与被收养人之间产生拟制血亲关系；而寄养不产生此关系。

3. 寄养关系随寄养原因的消除而消除，因此，其具有临时性；而收养关系则是长期甚至永久的。

在司法实践中，未成年人被寄养时却被送给他人收养，形成一起“荒唐”官司。2017 年 2 月，海安市市民金某向海安市公安局城北派出所报警称，她的父母于 2016 年 8 月捡到一男婴。此后，派出所将男婴交由当地社会福利院代养。当地福利院在报纸上刊登寻找弃婴生母公告，期满后无人认领。三个月后，派出所向当地民政局出具了捡拾弃婴（儿童）报案证明，载明未查找到该男婴的生父母。2017 年 6 月 30 日，鲍某、郑某夫妇向民政局申请收养该男婴，民政局为其办理了收养登记。然而，男婴被收养还不到七个月，其生父周某就出现了。2018 年 1 月，周某向民政局提出书面申请，要求撤销案涉收养登记。周某在 2016 年 4 月与王某经法院调解离婚，婚生子随周某生活。他表示，自己常年在外地打工，无暇照顾孩子，于是委托金某代为照顾，自己并没有遗弃孩子。由于民政局未予撤销，周某提起行政诉讼。一审法院判决撤销民政局发放的收养登记证。鲍某、郑某不服，提起上诉。二审法院经审理认为，我国《收养法》规定，查找不到生父母的弃婴和儿童可以被收养。而金某关于捡拾婴儿的报警内容纯属虚假，因此，男婴并不属于查找不到生父母的情况，不符合法定的收养条件。民政部门未依法履行审查义务，未能对领养人申请材料存在的疑点进行核实，未能对有效线索进行调查，导致错误地将周某寄养的婴儿认定为弃婴，并确认了收养关系。收养不能以非法剥夺他人父母子女关系为代价，在保护亲情关系的原则下，抚养子女的态度、生活条件的优劣、家庭状况的好坏都不是决定性因素。据此，法院驳回上诉，维持原判。[①]

① 参见顾建兵、金保阳:《孩子被其他家庭当弃婴收养，生父状告民政部门！法院判了》，载《人民法院报》2020 年 6 月 22 日。

（二）收养关系与继父母子女关系的区别

养父母子女关系与继父母子女关系的区别表现为：

1. 法律关系产生的根据不同。收养关系是依据法律规定而成立的一种独立的法律关系。各国法律关于收养当事人须具备的实质条件和收养的程序一般均有明文规定，符合法律规定的收养关系得以成立，否则是不能成立的。继父母子女关系则是附属于婚姻关系的一种法律关系，它是因生父或生母与继母或继父结婚而自然形成的。法律对继父母子女关系产生的条件和程序均未作任何规定和要求，继父母和继子女之间是否形成抚养教育关系，完全由双方的意愿而定。形成抚养教育关系的继父母子女之间属于拟制血亲关系，未形成抚养关系的继父母子女之间属于姻亲关系。

2. 法律关系规定的权利、义务不同。收养关系建立后，养子女与养父母之间产生了权利、义务关系，而与亲生父母的权利、义务终止，即养子女的权利、义务始终是单一的。而继父母与继子女的权利、义务可能是双重的，也可能是单一的。如果他们之间形成了抚养教育关系，继子女既和继父母形成权利义务关系，又和亲生父母发生权利义务关系，继子女的权利义务关系是双重的；如果没有，则只和亲生父母保持单一权利义务关系。

3. 法律关系的消灭不同。收养关系可以依法成立，也可以依法解除，养父母和养子女都有依法要求解除收养的权利。而继父母子女关系如何解除，则分两种情况而论。未形成抚养教育关系的继父母子女关系可因生父和继母或生母和继父离婚或继父母死亡，或亲生父母死亡而解除；已形成抚养教育关系的继父母子女关系，在生父和继母或生母和继父离婚后是否解除，取决于双方的意愿。如果双方都愿意保持父母子女关系则继续保持，反之则没有任何关系。

五、对案例 58 的简要评析

在案例 58 中，根据何某根提交的证据，其 4 岁即被何某楚收养，公安部门在户口簿常住人口登记卡“户主或与户主关系”一栏中，将何某根登记为“养子或继子”，说明其已审查并认可何某根与何某楚之间为收养关系。法院结合公安部门户口登记情况、村委会证明以及双方共同生活的事实，认定何某根、何某楚之间存在收养关系，形成事实收养关系。根据《民法典》第一千一百八十一条第一款“被侵权人死亡的，其近亲属有权请求侵权人承担侵权责任”的规定，何某根有权以何某楚近亲属的身份主张权利，因此，法院判决本案交通事故赔偿义务人赔偿何某根各项损失。

第二节　收养关系的成立

一、问题的提出

收养是涉及收养人、送养人和被收养人利益的民事法律行为。按照《民法典》的规定，一般情况下，这三类民事活动主体各自应依法具备一定的条件。收养行为应当具备的条件分为一般条件和特殊条件。一般条件包括：被收养人的条件、送养人的条件和收养人的条件。

在研究收养关系的成立之前，先看一则案例：

案例 59：本案原告是否符合被收养人范围？[①]

2019 年 12 月 22 日 7 时 32 分，田某驾驶小型轿车与从其右侧往左侧推着自行车横过道路的行人黄某相撞，造成车损、黄某当场死亡的道路交通事故。交通事故认定田某承担主要责任，黄某承担次要责任。田某系肇事车辆的车主，该车在保险公司购买了交强险及商业险 100 万元，事故发生在保险期内。

2018 年 1 月 23 日，死者黄某与黄某某、刘某签订《遗赠扶养协议》，约定：（1）遗赠人将获得政府提供的统建安置房一套。遗赠人自愿将该套安置房遗赠给扶养人。扶养人在遗赠人去世后受领上述财产。（2）扶养人保证悉心照料遗赠人，让遗赠人安度晚年，至遗赠人去世之前供给其衣食住行医疗等全部费用，并保证其生活水平保持在全市平均水平以上。遗赠人去世后由扶养人负责送终安葬。2020 年 1 月 9 日，当地人民政府、村民委员会出具亲

① 详见四川省德阳市中级人民法院（2020）川 06 民终 1299 号民事判决书。

属关系证明：兹证明我辖区人员黄某的父母已于解放前身故，其本人从未结婚，未生育子女，生前收养一女黄某某，且死者黄某生前一直跟随养女一家共同生活，黄某与黄某某之间形成收养及供养关系。

法院认为，公民的生命健康权受法律保护，在受到侵害时有要求赔偿的权利。本案争议焦点为：黄某某的身份是否适格。根据《收养法》第四条规定："下列不满十四周岁的未成年人可以被收养：（一）丧失父母的孤儿；（二）查找不到生父母的弃婴和儿童；（三）生父母有特殊困难无力抚养的子女。"本案中，黄某某自述与死者自2018年1月23日签订《遗赠扶养协议》时形成收养关系，不符合法律关于被收养人范围的规定，对黄某某与死者黄某具有收养关系不予确认。黄某某不符合继承人的身份，黄某某、刘某与死者形成的是遗赠抚养关系。黄某某、刘某不是死者近亲属，故对其要求赔偿死亡赔偿金及精神抚慰金的诉讼请求不予支持。但是，对于丧葬费、亲属处理交通事故人员误工费等费用共计35913元，应当由保险公司予以赔偿给黄某某、刘某。

上述案例涉及黄某某与黄某是否形成收养关系的问题。试问：如何界定被收养人、送养人、收养人范围？收养应当遵循哪些程序？哪些人享有优先抚养权？

二、被收养人的范围

依据《民法典》第一千零九十三条的规定："下列未成年人，可以被收养：（一）丧失父母的孤儿；（二）查找不到生父母的未成年人；（三）生父母有特殊困难无力抚养的子女。"该条源自《收养法》第四条，但与第四条相比，有一个重大变化，即取消了"不满十四周岁"的限制。我们知道，未成年人是指不满18周岁的自然人。显然，《民法典》放宽了被收养人的范围，将其扩展到不满18周岁的未成年人，更有利于保护未成年人的合法权益，也有利于保护收养人的合法权益，体现了未成年人利益最大化原则。[①]

---

① 参见最高人民法院民法典贯彻实施工作领导小组主编：《中华人民共和国民法典婚姻家庭编继承编理解与适用》，人民法院出版社2020年版，第345页。

被收养人的范围应当包括：

1. 未成年人。这是由收养的性质所决定的。被收养人应是未成年人。收养既然是为了养子女的利益，使他们能够在养父母的抚育下健康成长，那么，收养成年人为养子女就失去了其本来的意义。以未成年人为收养对象，有利于培养建立养亲子间的感情，有利于收养关系的稳定和发展。所以，没有亲属关系的一般自然人是不允许收养成年子女的。如果为了实现老有所养的愿望，可以通过与特定的成年自然人签订遗赠扶养协议的方式。

2. 丧失父母的孤儿，或查找不到生父母的未成年人，或是生父母有特殊困难无力抚养的子女。“丧失父母的孤儿”中的“丧失”，是指被收养人的父母已经死亡或者被宣告死亡。[①] 何谓孤儿？根据民政部 1992 年 8 月 11 日颁布的《关于在办理收养登记中严格区分孤儿与查找不到生父母的弃婴的通知》中的解释：孤儿是指父母自然死亡或被人民法院宣告其父母死亡的不满 14 周岁的未成年人。查找不到生父母的未成年人是指被父母或其他监护人丢弃而脱离家庭或监护人的未成年人。当然，对于暂时脱离生父母，嗣后又被找回的未成年人，不属于此处的“查找不到”，不应当成为被收养的对象。[②] 关于生父母有特殊困难无力抚养的情形，“有特殊困难”属于一个包容性较强的表述，应当根据具体情况认定。比如，父母无经济负担能力、患有严重疾病、丧失民事行为能力等原因所导致的不能或不宜抚养子女的情形，应认定其为无力抚养。当然，根据《民法典》第一千零九十九条、第一千一百零三条的规定，收养三代以内同辈旁系血亲的子女、继父或母收养继子女的情形不受“生父母有特殊困难无力抚养的子女的限制”。

3. 收养年满八周岁以上未成年人的，应当征得被收养人的同意。《民法典》第一千一百零四条规定：“收养人收养与送养人送养，应当双方自愿。收养八周岁以上未成年人的，应当征得被收养人的同意。”年满 8 周岁的未成年人，属于限制民事行为能力人。他们初步具备了判断、辨明一些事物后果

① 黄薇主编：《中华人民共和国民法典婚姻家庭编释义》，法律出版社 2020 年版，第 193 页。

② 黄薇主编：《中华人民共和国民法典婚姻家庭编释义》，法律出版社 2020 年版，第 194 页。

的能力。因此，当收养他们作为养子女时，应当征求、尊重其本人的意愿，并取得其同意。这样做才能更好地建立起和睦的养父母子女关系。

三、送养人范围的司法界定

一般认为，送养人适格是收养法律关系成立的实质要件，即只有送养人符合相关条件，收养才能有效成立。[①]依据《民法典》第一千零九十四条“下列个人、组织可以作送养人：（一）孤儿的监护人；（二）儿童福利机构；（三）有特殊困难无力抚养子女的生父母”的规定，送养人的范围包括：

1. 孤儿的监护人。如果被收养人的父母已经死亡，由其监护人作为送养人。《民法典》第一千零九十六条规定：“监护人送养孤儿的，应当征得有抚养义务的人同意。有抚养义务的人不同意送养、监护人不愿意继续履行监护职责的，应当依照本法第一编的规定另行确定监护人。”这是对孤儿的监护人送养孤儿时的限制性规定。《民法典》第二十七条规定：“父母是未成年子女的监护人。未成年人的父母已经死亡或者没有监护能力的，由下列有监护能力的人按顺序担任监护人：（一）祖父母、外祖父母；（二）兄、姐；（三）其他愿意担任监护人的个人或者组织，但是须经未成年人住所地的居民委员会、村民委员会或者民政部门同意。”第一千零九十五条规定：“未成年人的父母均不具备完全民事行为能力且可能严重危害该未成年人的，该未成年人的监护人可以将其送养。”因此，在监护人中，孤儿的祖父母、外祖父母、兄姐等近亲属，为与孤儿有法定权利、义务的人，由孤儿的近亲属行使送养同意权，更有利于未成年孤儿的抚养成长。

2. 社会福利机构。社会福利机构在我国主要是指由各级人民政府民政部门主管的收容、养育孤儿和查找不到生父母的弃婴的慈善机构，一般称作社会福利院。父母双亡，其他亲属又无力抚养的孤儿或查找不到生父母的弃婴弃儿，应由民政部门设立的社会福利机构收容抚养。因此，当收养人自愿收养弃婴、孤儿时，应由收容他们的社会福利机构作为送养人。

3. 有特殊困难无力抚养子女的生父母。父母抚养子女的义务通常是不

---

① 参见黄薇主编：《中华人民共和国民法典婚姻家庭编释义》，法律出版社2020年版，第194页。

能免除的。但在社会实际生活中，也确实存在一些父母因患病、重残，丧失劳动能力而无可靠经济来源，或因自然灾害等原因造成无力抚养子女的情形，在这种情况下，允许生父母将子女送给他人收养。这里的“特殊困难”是一个包容性较强的概念，既包括经济方面的困难，也包括身体、精神方面的原因。①

4. 生父母送养子女，须双方共同送养。《民法典》第一千零九十七条规定：“生父母送养子女，应当双方共同送养。生父母一方不明或者查找不到的，可以单方送养。”因此，生父母送养子女，须经协商一致共同送养（包括须经已离婚的原配偶同意）。一方不同意或未作同意的意思表示的，另一方不得单独送养。生父母一方不明或者查找不到的，另一方可以单独送养。如果收养关系成立后，养父母确因特殊困难无力继续抚养养子女，其可以通过与生父母协商解除收养关系的方式，由生父母重新考虑是否自己抚养或者送养给其他主体。这充分尊重了生父母作为子女最初法定监护人的意愿，也能够最大限度保护被收养人的利益。②

《民法典》第一千一百零七条规定：“孤儿或者生父母无力抚养的子女，可以由生父母的亲属、朋友抚养；抚养人与被抚养人的关系不适用本章规定。”第一千一百零八条规定：“配偶一方死亡，另一方送养未成年子女的，死亡一方的父母有优先抚养的权利。”据此，如果生父母双方确有困难无力抚养子女，而其中一方不具有完全民事行为能力，无法准确征得其意愿的，也应当允许另一方单方送养。配偶一方死亡，另一方送养未成年子女的，死亡一方的父母有优先抚养的权利。基于以上原因，如果祖父母、外祖父母主张对孙子女、外孙子女的抚养权利，不仅合法，也合乎情理，也更有利于未成年人的成长。在这种情况下，生存父（母）一方不能执意将孩子送养他人。

---

① 参见黄薇主编：《中华人民共和国民法典婚姻家庭编释义》，法律出版社2020年版，第199页。

② 参见黄薇主编：《中华人民共和国民法典婚姻家庭编释义》，法律出版社2020年版，第198—199页。

四、收养人范围的司法界定

由于收养制度的定位，使保障被收养人利益成为收养制度需要遵循的首要原则。应当对收养人设定必要的条件要求，以确保收养制度功能的实现，保障被收养人的合法权益。[①] 为此，《民法典》第一千零九十八条规定："收养人应当同时具备下列条件：（一）无子女或者只有一名子女；（二）有抚养、教育和保护被收养人的能力；（三）未患有在医学上认为不应当收养子女的疾病；（四）无不利于被收养人健康成长的违法犯罪记录；（五）年满三十周岁。"据此，收养人的范围包括：

1. 无子女或者只有一名子女。收养人无子女，主要是指夫妇一方或双方无生育能力而没有子女，或者婚后无意生育子女以及单身无子女者。根据《收养法》的规定，只有无子女者，才能通过收养途径来收养子女。但是，《民法典》已经去掉了"实行计划生育""夫妻双方都有实行计划生育的义务"的规定，加之鼓励生育"二胎""三胎"的政策，因此，夫妻双方或者单身者只有一名子女，仍然可以收养子女。依据《民法典》第一千一百条的规定，无子女的收养人可以收养两名子女；有子女的收养人只能收养一名子女。但是，收养孤儿、残疾未成年人或者儿童福利机构抚养的查找不到生父母的未成年人，可以不受收养子女人数和无子女或者只有一名子女的限制。

2. 有抚养、教育和保护被收养人的能力。收养人应有抚养、教育和保护被收养人的能力，这是由收养目的所决定的，因为收养应当遵循最有利于被收养人的原则。保障被收养人和收养人的合法权益。这种能力包括抚育被收养人的家庭有较好的居住条件和生活条件、良好的思想道德品质等，以确保养父母能很好地履行抚养和管教养子女的职责。

但是，依据《民法典》第一千一百条的规定，无子女的收养人可以收养两名子女；有子女的收养人只能收养一名子女。收养孤儿、残疾未成年人或者儿童福利机构抚养的查找不到生父母的未成年人，可以不受无子女或者只有一名子女的限制，也不受无子女的收养人可以收养两名子女或者有子女的

① 参见黄薇主编：《中华人民共和国民法典婚姻家庭编释义》，法律出版社2020年版，第206页。

收养人只能收养一名子女的限制。

3. 未患有在医学上认为不应当收养子女的疾病。这一规定属于消极条件，即存在某些情形会使收养人不适格。[①] 养父母身体健康也是建立良好收养关系的一个基本条件。收养子女的养父母，必须是不存在精神和智力障碍的完全民事行为能力人，并且未患有不利于收养的各类传染病。当然，应用这一规定处理具体问题时，要特别注意须有充分科学的依据，必要时通过专门的医学鉴定加以确定，切不可随意适用该项条件拒绝特定主体的收养要求。[②]

4. 无不利于被收养人健康成长的违法犯罪记录。这是《民法典》部分新增加的一个限制条件，旨在保护未成年人健康成长。若收养人存在猥亵、奸淫未成年人犯罪历史，就存在对被收养人身心健康、身体健康的潜在危险，会影响被收养人的健康成长。切记，如果收养人的犯罪记录与未成年人无关，则不受该项条件的制约。因此，《民法典》第一千一百零五条第五款规定："县级以上人民政府民政部门应当依法进行收养评估。"

5. 年满 30 周岁。收养既然是为了养子女的利益，为了使被收养人获得良好的被抚养教育的环境，收养人必须是成年人，而且必须达到一定的年龄段。我国要求收养人须达到 30 周岁，而要求被收养人为未成年人，这一规定是与世界各国收养法规对年龄的限制较为接近的。法律要求收养人的年龄必须达到 30 周岁，是出于对收养关系的性质和人类生育时间规律的考虑。达到 30 周岁的人，到了能耐心照顾孩子的成熟年龄。在这个年龄段收养子女，不论是从感情，还是从父母责任感方面来讲，对养子女的成长都十分有利。1992 年《收养法》规定收养人必须年满 35 周岁。但实践证明，效果并不是非常好。收养人年龄的这一规定，使得不生育的夫妻必须在结婚十多年以后才有可能收养子女，结果造成大量的事实收养。于是，1998 年《收养法》从实际出发，将收养人的年龄降至 30 周岁。《民法典》仍然承继了"年满三十周岁"的规定。

---

① 薛宁兰、谢鸿飞主编：《民法典评注：婚姻家庭编》，中国法制出版社 2020 年版，第 503 页。

② 参见黄薇主编：《中华人民共和国民法典婚姻家庭编释义》，法律出版社 2020 年版，第 209 页。

值得注意的是，无配偶者收养异性子女则应当依照《民法典》第一千一百零二条的规定执行，即“无配偶者收养异性子女的，收养人与被收养人的年龄应当相差四十周岁以上”。由此看来，无配偶者收养子女时，收养人与被收养人须有40周岁以上的年龄差异，无论是男性收养女性，还是女性收养男性，这也体现了男女平等原则。[①]

五、收养的程序

收养子女是一种变更人身权利义务关系的比较重大的民事法律行为，收养关系的设立应当履行一定的法律程序。为此，《民法典》第一千一百零五条规定：“收养应当向县级以上人民政府民政部门登记。收养关系自登记之日起成立。收养查找不到生父母的未成年人的，办理登记的民政部门应当在登记前予以公告。收养关系当事人愿意签订收养协议的，可以签订收养协议。收养关系当事人各方或者一方要求办理收养公证的，应当办理收养公证。县级以上人民政府民政部门应当依法进行收养评估。”

1. 收养登记及效力。依据《民法典》第一千一百零五条第一款的规定，收养应当向县级以上人民政府民政部门登记。收养关系自登记之日起成立。该款明确了代表国家进行收养登记的职能部门是民政部门，且必须是县级以上人民政府的民政部门。同时明确了收养登记才能使收养关系有效成立并具有法律效力，否则收养关系无效。

2. 收养前公告。依据《民法典》第一千一百零五条第二款的规定，收养查找不到生父母的未成年人的，办理登记的民政部门应当在登记前予以公告。收养前民政部门的公告义务，其目的在于最大限度地查找未成年人的生父母，尽可能使未成年人回归原始家庭，以最大限度地保护其合法权益。[②]

3. 收养协议。依据《民法典》第一千一百零五条第三款的规定，收养关系当事人愿意签订收养协议的，可以签订收养协议。据此，收养协议的签订

---

① 参见黄薇主编：《中华人民共和国民法典婚姻家庭编释义》，法律出版社2020年版，第220页。

② 黄薇主编：《中华人民共和国民法典婚姻家庭编释义》，法律出版社2020年版，第229页。

并非强制，而是赋予了当事人是否订立收养协议的自愿选择权。

4. 收养公证。依据《民法典》第一千一百零五条第四款的规定，收养关系当事人各方或者一方要求办理收养公证的，应当办理收养公证。据此，收养公证并非收养的必经程序，而需收养关系的各方当事人或者一方当事人提出要求办理收养公证。其实，在现实生活中，收养登记并不多见，而收养公证比较常见，既不收养登记也不收养公证更为多见。但是，只有进行了收养登记才具有法律效力，收养公证只能证明收养协议是真实合法的。

5. 收养评估。依据《民法典》第一千一百零五条第五款的规定，县级以上人民政府民政部门应当依法进行收养评估。收养评估旨在保护被收养人的合法权益。因此，收养评估应当从收养动机、家庭状况、品德品行等方面对收养人进行科学、客观地评估，让收养人与被收养人和谐共赢。

六、祖父母、外祖父母的优先抚养权

《民法典》第一千一百零八条规定了祖父母、外祖父母的优先抚养权，即"配偶一方死亡，另一方送养未成年子女的，死亡一方的父母有优先抚养的权利"。该条规定赋予了祖父母、外祖父母对于孙子女、外孙子女优先抚养的权利，能够使未成年人在充满关爱的熟悉环境中健康成长，有助于保护未成年人的利益。[①] 在司法实践中应当从以下方面理解适用：

1. 适用情形是配偶一方死亡，另一方准备送养未成年子女。一是未成年子女的父母必须具有合法的婚姻关系。如果婚姻关系被撤销或者被依法确认无效，则双方的婚姻关系自始没有法律效力，当事人之间不具有夫妻的权利义务关系，其祖父母、外祖父母自然丧失了优先抚养权的基础。二是未成年子女与其父母之间存在亲子关系，包括自然亲子关系和拟制亲子关系。三是配偶一方死亡，包括配偶一方自然死亡和被宣告死亡。

2. 权利主体为死亡一方的父母。夫妻一方死亡，生存一方有特殊困难无力抚养子女时，可以依法送养子女，但应当首先保障死亡一方的父母的抚养权利。法律并没有赋予夫妻双方的父母均有优先抚养权，这是因为收养是转

---

① 黄薇主编：《中华人民共和国民法典婚姻家庭编释义》，法律出版社2020年版，第235页。

移亲子权益的法律行为，而亲子权益主要在父母子女之间，仅在父母死亡或能力不足时可以部分转移至隔代直系血亲。

3. 权利效力是优先抚养。虽然抚养本身兼具权利与义务的性质，但《民法典》第一千一百零八条采用了“优先抚养的权利”的表述，意在强调此抚养权利较之生存父母送养权利的优先性，即死亡一方的父母主张优先抚养的权利，应可阻断生存父母一方送养未成年子女的动议。[①]

七、审判实践中应当注意的问题

1. 收养秘密问题。在人民法院受理的收养纠纷案件中，有相当数量是由于送养人或其他有关知情人向被收养人泄露收养事实，使被收养人移情生父母而导致收养关系解体引起的。《民法典》第一千一百一十条规定：“收养人、送养人要求保守收养秘密的，其他人应当尊重其意愿，不得泄露。”这一规定对于稳定收养关系，具有重要意义。但是，这一规定只对收养关系成立时，被收养人尚不满 8 周岁，尤其是婴幼儿的情形适用。因为，《民法典》第一千一百零四条规定：“……收养八周岁以上未成年人的，应当征得被收养人的同意。”这说明 8 周岁以上的未成年人，对自己被收养的事实是知晓的，当然也就不存在保守收养秘密的问题。如因泄露收养秘密而导致收养关系解体，泄密人应承担相应的民事责任。

2. 被收养子女的户口迁移问题。收养成立后，为了实现抚育子女和共同生活的目的，必然会产生养子女户口迁移的问题。但是，收养与户口迁移是性质截然不同的两个问题。收养属于民事法律关系，它是亲属关系的转移和变更。户口迁移则属于行政法律关系，它是国家对社会实行人口管理的手段。被收养人的户口迁移，依照《中国公民收养子女登记办法》第八条的规定：“收养关系成立后，需要为被收养人办理户口登记或者迁移手续的，由收养人持收养登记证到户口登记机关按照国家有关规定办理。”

3. 福利院送养的例外情况。应当注意的是，对于那些由生父母自费送到福利院寄养的残疾儿童，福利院无权将他们送养。

---

① 参见薛宁兰、谢鸿飞主编：《民法典评注：婚姻家庭编》，中国法制出版社 2020 年版，第 566 页。

八、对案例59的简要评析

在本案中，自然人因侵权行为致死，或者自然人死亡后其人格或者遗体遭受侵害，死者的配偶、父母、子女向人民法院起诉请求赔偿精神损害的，列其配偶、父母和子女为原告；没有配偶、父母和子女的，可以由其他近亲属提起诉讼，列其他近亲属为原告。结合案件事实，黄某某并非案涉交通事故死者黄某的法律规定的近亲属，且双方曾于2018年1月23日签订《遗赠抚养协议》，形成的是遗赠抚养关系，因此本案认定黄某某、刘某与死者不存在收养关系，其要求赔偿死亡赔偿金及精神抚慰金的诉讼请求不予支持，并无不妥。

第三节 收养的效力

一、问题的提出

依据《民法典》第一千一百零五条第一款的规定，收养应当向县级以上人民政府民政部门登记。收养关系自登记之日起成立。收养关系依法成立后，必然产生相应的法律效力。

在研究收养的效力之前，先看一则案例：

案例60：本案能否确认收养关系无效？①

黄某芬与武某学系夫妻关系，共生育武某柏、武某丽、武某高三个子女。武某学于2000年死亡。黄某芬于2017年8月5日死亡。李某强、蒋某芬系武某梦的亲生父母。武某柏与蒋某丽原系夫妻关系，双方婚姻关系存续期间未生育子女，于2000年11月抱养李某强与蒋某芬的女儿（生于2000年10月5日），取名武某梦，并将武某梦的户口登记在武某柏的家庭户口内，与户主武某柏的关系为父女，武某梦与武某柏、蒋某丽以父母子

① 详见云南省文山苗族壮族自治州中级人民法院（2018）云26民终856号民事判决书。

女相称，但未到民政部门办理收养登记。2004 年 4 月 12 日，经法院调解，武某柏与蒋某丽自愿离婚，武某梦由武某柏抚养，武某柏自愿承担武某梦的抚养费。武某柏于 2013 年 11 月 17 日死亡。武某柏死亡后，武某梦与蒋某丽共同居住生活。2017 年 7 月 5 日，黄某芬向法院起诉要求确认武某柏、蒋某丽与蒋某芬、李某强之间的收养关系无效。2017 年 8 月 5 日，黄某芬因病死亡。

法院认为，本案系黄某芬以原告身份起诉要求确认武某柏、蒋某丽与蒋某芬、李某强之间的收养关系无效，黄某芬作为武某柏的第一顺序继承人，武某柏与武某梦的收养关系是否有效与黄某芬具有直接利害关系，因此，黄某芬可以以原告的身份起诉要求确认武某柏、蒋某丽与蒋某芬、李某强之间的收养关系无效。但在诉讼过程中，黄某芬死亡，武某丽、武某高作为黄某芬的第一顺序继承人和武某柏的第二顺序继承人，武某柏与武某梦的收养关系是否有效与武某丽、武某高具有直接利害关系，且武某丽、武某高是自愿以原告的身份申请参加到本案诉讼中的。因此，武某丽、武某高作为原告主体适格。根据 1992 年 4 月 1 日起施行的《收养法》第十五条第一款的规定"收养应当向县级以上人民政府民政部门登记。收养关系自登记之日起成立"和第二十五条的规定"违反《中华人民共和国民法通则》第五十五条和本法规定的收养行为无法律效力。收养行为被人民法院确认无效的，从行为开始时起就没有法律效力"，本案中武某柏、蒋某丽收养蒋某芬、李某强的女儿武某梦的时间为 2000 年 11 月，系在前述法律规定施行之后，应受该法律规定的约束，按照前述法律规定，武某柏、蒋某丽收养蒋某芬、李某强的女儿（武某梦），未到民政部门办理收养登记的行为违反了法律规定，该收养行为应当被认定为无效。据此判决确认武某柏、蒋某丽与蒋某芬、李某强之间的收养关系无效。

上述案例涉及收养的效力问题。试问：收养具有哪些效力？养子女的姓名权如何保护？如何认定收养行为无效？

二、收养的效力

依据《民法典》第一千一百一十一条"自收养关系成立之日起，养父母与养子女间的权利义务关系，适用本法关于父母子女关系的规定；养子女与养父母的近亲属间的权利义务关系，适用本法关于子女与父母的近亲属关系的规定。养子女与生父母以及其他近亲属间的权利义务关系，因收养关系的成立而消除”的规定，收养的法律效力表现为：

1. 养父母子女之间拟制直系血亲关系形成。自收养关系成立之日起，养父母与养子女间的权利义务关系，适用《民法典》关于父母子女关系的规定。很显然，收养人与被收养人之间形成了法律拟制的直系血亲关系，养子女取得了与婚生子女完全相同的法律地位。

收养关系成立后，养父母与养子女之间如同亲生父母子女之间的法律关系，即养父母要履行对养子女的抚养教育义务，养子女应当对养父母尽赡养扶助义务。养父母与养子女之间有互相继承的权利。

2. 养子女与养父母的近亲属间拟制直系或旁系亲属关系形成。自收养关系成立之日起，养子女不仅与养父母之间形成拟制血亲父母子女关系，也与养父母的父母之间形成拟制直系血亲养（外）祖孙关系，与养父母的婚生子女及其他养子女之间形成拟制旁系血亲养兄弟姐妹关系。与养父母的上述近亲属成员间分别产生了附条件的扶养义务和继承权。

3. 养子女与生父母及其他近亲属间的权利义务关系消除。当收养关系成立后，生父母与子女之间原有的权利义务，已经转移到养父母与养子女之间。养子女与生父母、（外）祖父母、兄弟姐妹等自然血亲之间的法定权利义务关系消除。生父母对养子女的抚养教育义务，养子女对生父母的赡养扶助义务，以及相互间的继承权，均已不再存在。但是，养子女与原有自然血亲间的血缘关系并不消除，而且在法律上还发生作用。例如，关于禁止近亲结婚的规定，在被收养人与其直系血亲和三代以内的旁系血亲间仍然适用。

三、养子女的姓名权问题

姓名权系使用自己姓名的权利。[①] 申言之，姓名权是自然人依法享有的决定、使用、改变自己姓名，并排除他人干涉、盗用和假冒等不可侵犯的一项人身权利。《民法通则》第九十九条第一款规定：“公民享有姓名权、有权

---

① 参见王泽鉴：《侵权行为法》（第一册），中国政法大学出版社 2001 年版，第 120 页。

决定、使用和依照规定改变自己的姓名，禁止他人干涉、盗用、假冒。”《民法通则意见》第一百四十一条规定：“盗用、假冒他人姓名、名称造成损害的，应当认定为侵犯姓名权、名称权的行为。”《民法典》第一百一十条第一款规定，自然人享有姓名权。《民法典》第一千零一十二条规定：“自然人享有姓名权，有权依法决定、使用、变更或者许可他人使用自己的姓名，但是不得违背公序良俗。”

姓名权具有如下法律特征：一是姓名权的主体是自然人。虽然法人、其他组织有名称，但不是姓名权的主体。自然人死亡后不再享有姓名权，但法律对自然人生前所获得的名誉权予以保护。二是姓名权的客体是姓名。姓名权的客体不仅包括真名即本名，还包括别名、笔名、艺名等。《民法典》第一千零一十七条规定：“具有一定社会知名度，被他人使用足以造成公众混淆的笔名、艺名、网名、译名、字号、姓名和名称的简称等，参照适用姓名权和名称权保护的有关规定。”三是姓名可以依法变更。依据《户口登记条例》第十八条的规定，未满 18 周岁的人需要变更姓名的时候，由本人或者父母、收养人向户口登记机关申请变更登记；18 周岁以上的人需要变更姓名时，由本人向户口登记机关申请变更登记。当然，笔名、艺名等的变更则无须履行法定手续。

依据《民法典》第一千一百一十二条的规定，收养关系形成后，养子女可以随养父姓，可以随养母姓，经当事人协商一致，也可以保留原姓。自然人行使姓名权，原则上随父姓或者母性，收养关系成立之后，则成了例外。[①]

四、收养行为的无效

依据《民法典》第一千一百一十三条“有本法第一编关于民事法律行为

---

① 2014 年 11 月 1 日，第十二届全国人民代表大会常务委员会第十一次会议通过了《全国人民代表大会常务委员会关于〈中华人民共和国民法通则〉第九十九条第一款、〈中华人民共和国婚姻法〉第二十二条的解释》。该立法解释规定：“公民依法享有姓名权。公民行使姓名权，还应当尊重社会公德，不得损害社会公共利益。公民原则上应当随父姓或者母姓。有下列情形之一的，可以在父姓和母姓之外选取姓氏：（一）选取其他直系长辈血亲的姓氏；（二）因由法定扶养人以外的人扶养而选取扶养人姓氏；（三）有不违反公序良俗的其他正当理由。少数民族公民的姓氏可以从本民族的文化传统和风俗习惯。”

无效规定情形或者违反本编规定的收养行为无效。无效的收养行为自始没有法律约束力”的规定，结合《民法典》总则编的规定，收养关系无效的情形包括：

1. 无民事行为能力人实施的收养法律行为无效。依据《民法典》第一百四十四条“无民事行为能力人实施的民事法律行为无效”的规定，对于无民事行为能力人所为的民事法律行为，一律认定为无效。同时，如果是纯获利益的民事法律行为，亦非无民事行为能力人单独实施，无须类推《民法典》第一百四十五条第一款“限制民事行为能力人实施的纯获利益的民事法律行为或者与其年龄、智力、精神健康状况相适应的民事法律行为有效；实施的其他民事法律行为经法定代理人同意或者追认后有效”的规定。

2. 虚假意思表示与隐藏收养行为无效。虚假意思表示，在学理上又称为虚假表示、虚伪表示、虚假行为，在《民法通则》《合同法》等原来的立法中并没有此类规定。《民法典》第一百四十六条规定：“行为人与相对人以虚假的意思表示实施的民事法律行为无效。以虚假的意思表示隐藏的民事法律行为的效力，依照有关法律规定处理。”虚伪表示，因为不具备《民法典》第一百四十三条“具备下列条件的民事法律行为有效：（一）行为人具有相应的民事行为能力；（二）意思表示真实；（三）不违反法律、行政法规的强制性规定，不违背公序良俗”的规定条件，行为人与相对人的意思表示均为虚假，因此属于无效民事行为。但隐藏行为是否有效，需要看隐藏行为是否符合“行为人具有相应的民事行为能力”和“不违反法律、行政法规的强制性规定，不违背公序良俗”的条件。若同时符合上述两个条件，则隐藏行为合法有效；若不能同时符合这两个条件，则隐藏行为无效。

3. 违反法律、行政法规强制性规定的收养法律行为无效。《民法典》第一百五十三条第一款规定：“违反法律、行政法规的强制性规定的民事法律行为无效。但是，该强制性规定不导致该民事法律行为无效的除外。”例如，《民法典》第一千零九十八条规定：“收养人应当同时具备下列条件：（一）无子女或者只有一名子女；（二）有抚养、教育和保护被收养人的能力；（三）未患有在医学上认为不应当收养子女的疾病；（四）无不利于被收养人健康成长的违法犯罪记录；（五）年满三十周岁。”若收养人违反了收养条件，则属于违反法律强制性规定，收养行为应当被认定为无效。又如，收养没有进行登记，则收养法律行为应当属于无效。

4. 违背公序良俗的收养法律行为无效。《民法典》第一百五十三条第二款规定："违背公序良俗的民事法律行为无效。"在法律、行政法规无明确规定，但民事法律行为又明显损害了社会公共利益时，可以适用"损害社会公共利益"条款确认民事法律行为无效。依学界通说，我国现行法所谓"社会公德"及"社会公共利益"，在性质和作用上与公序良俗原则相当，"社会公德"相当于"善良风俗"，"社会公共利益"相当于"公共秩序"。在《民法典》中，多个条文涉及"公序良俗"问题。分析判定相关规定是否涉及社会公共利益或者国家利益的保护问题，要采用文义解释、目的解释和体系解释等多种合同解释方法，注意运用公平原则对当事人自身利益进行平衡，以确定强行性法律规范的性质。如果该强行性规定明确表明违反该规定的民事行为无效的，其当然为效力性强行性规定；如果虽未明确表明，但其制定的目的即为禁止某种民商事法律行为，否定其效力，而非出于行政管理的需要的，则也为效力性强行性规定；如果其制定的目的兼有行政管理和禁止某种民商事法律行为的目的，但违反该规定将损害社会公共利益或者国家利益的，则仍为效力性强行性规定。

5. 恶意串通损害他人的收养法律行为无效。《民法典》第一百五十四条规定："行为人与相对人恶意串通，损害他人合法权益的民事法律行为无效。"恶意串通，损害他人合法权益的民事法律行为被认定为无效行为，是我国民事立法的一贯立场。恶意串通的民事法律行为，其构成要件有：一是当事人在主观上具有恶意。即明知其行为会造成国家、集体或者第三人利益的损害，而故意为之。二是当事人之间具有串通性。串通是指相互串连、勾通，使当事人之间在行为的动机、目的、行为以及行为的结果上达成一致，使共同的目的得到实现。在实现非法目的的意思表示达成一致后，当事人约定互相配合或者共同实施该种民事法律行为。三是双方当事人串通实施的行为损害国家、集体或者第三人的利益。恶意串通的结果，应当是国家、集体或者第三人的利益受到损害。法律并不禁止当事人在民事法律行为中获得利益。但是，如果双方当事人在谋求自己的利益的同时损害了国家、集体或第三人的利益，法律就要进行干预。

五、对案例 60 的简要评析

在本案中，关于武某丽、武某高是否为本案适格原告的问题，本案是利害关系人请求确认蒋某丽、武某柏与蒋某芬、李某强之间收养武某梦的收养关系无效的民事诉讼。对请求确认收养行为无效的主体没有进行限定，即所有认为收养关系效力的认定与其存在法律上的利害关系的主体，只要其起诉符合《民事诉讼法》第一百二十二条规定的起诉条件，均应得到受理。本案中，原起诉请求确认双方收养关系无效的是黄某芬（武某柏、武某丽、武某高的母亲），其作为武某柏的母亲，在武某柏死亡后，作为第一顺序法定继承人，请求对武某柏、蒋某丽对武某梦的收养关系的合法性进行确认，与其利益存在直接利害关系，符合《民事诉讼法》第一百二十二条规定的原告资格。在黄某芬去世后，武某丽、武某高作为其第一顺序法定继承人，请求承接其在本案中的权利义务，作为本案原告，符合法律规定，因此，武某丽、武某高是本案适格原告。

关于蒋某丽、武某柏与蒋某芬、李某强之间收养武某梦的收养关系是否合法有效的问题。收养应当向县级以上人民政府民政部门登记。收养关系自登记之日起成立。自收养关系成立之日起，养父母与养子女间的权利义务关系，适用关于父母子女关系的规定；养子女与养父母的近亲属间的权利义务关系，适用关于子女与父母的近亲属关系的规定。养子女与生父母以及其他近亲属间的权利义务关系，因收养关系的成立而消除。本案中，蒋某丽、武某柏对武某梦的收养行为发生于原《收养法》颁布施行之后，蒋某丽、武某柏在与蒋某芬、李某强协议收养武某梦后，未到民政局办理收养登记，其收养行为不符合原《收养法》关于形式生效要件的规定，应当确认为无效民事行为，因此，蒋某丽、武某柏对武某梦的收养行为无法律效力。

第四节 收养关系的解除

一、问题的提出

收养的解除，即合法有效的收养关系因发生一定的法律事实而归于消灭。《民法典》分别从协议解除和诉讼解除、解除收养关系登记、解除收养关系的身份效力、财产效力方面对此作出了规定。

在研究收养关系解除之前，先看一则案例：

案例 61：本案的收养关系能否解除？①

案外人张某 2 系张某 1 的父亲，2013 年 5 月 20 日，汤某与张某 2 登记结婚，2014 年 1 月 28 日，以张某 2 为送养人，汤某与张某 1 办理了收养登记手续。2020 年 5 月 28 日，汤某与张某 2 经法院判决准予离婚。一审审理中，汤某称：（1）张某 1 曾经威胁汤某，要暴力伤害汤某。为此，汤某提交短信聊天记录打印件和微信聊天记录打印件各一份，证明微信名“枫亭宝宝”是张某 1，微信信息是 2017 年 4 月 26 日发给汤某的，与短信发送是同一天。张某 1 对证据的真实性无法确认，称不清楚自己被收养了，短信不是自己发的，号码不是自己的，微信也不是自己发的，“枫亭宝宝”不是自己。（2）办理收养登记后，张某 1 一直与其爷爷奶奶一起生活，收养时张某 1 上初中，张某 1 从来没有去自家居住。对此，张某 1 称自己读书时，上学期间和爷爷和奶奶住在一起，周末回父母家居住，是打地铺睡在客厅的。

法院认为，汤某与张某 1 父亲结婚后，汤某与张某 1 办理了收养手续，现汤某与张某 1 父亲的婚姻破裂，且双方矛盾较为激烈，汤某认为无法与张某 1 以母子相称生活，要求解除收养关系只是放弃权利而非义务，并无不妥，

① 详见上海市第二中级人民法院（2021）沪 02 民终 2943 号民事判决书。

应予支持。依照《民法典》第一千一百一十五条之规定，判决准予汤某与张某1解除收养关系。

上述案例涉及收养关系的解除问题。试问：如何理解收养关系中协议解除与诉讼解除？解除收养关系后的身份效力与财产效力如何？

二、协议解除与诉讼解除

《民法典》第一千一百一十四条规定："收养人在被收养人成年以前，不得解除收养关系，但是收养人、送养人双方协议解除的除外。养子女八周岁以上的，应当征得本人同意。收养人不履行抚养义务，有虐待、遗弃等侵害未成年养子女合法权益行为的，送养人有权要求解除养父母与养子女间的收养关系。送养人、收养人不能达成解除收养关系协议的，可以向人民法院提起诉讼。"第一千一百一十五条规定："养父母与成年养子女关系恶化、无法共同生活的，可以协议解除收养关系。不能达成协议的，可以向人民法院提起诉讼。"该两条规定对收养关系的协议解除和诉讼解除作了规定。

从上述两条规定来看，收养关系的解除原因可以归结为三个方面：（1）养父母的原因。养父母在收养时无子女，后来又生育了子女，不想再继续抚养养子女；养父母的经济条件恶化，无力抚养养子女；养父母虐待、遗弃养子女或者不尽抚养教育义务。（2）养子女的原因。养子女不服养父母管教，甚至违法犯罪；养子女成人后虐待、遗弃养父母或者不尽赡养义务。（3）生父母的原因。比如，生父母在送养时有子女，但后来这些子女死亡，又想将已送养的子女领回。不论何种原因，只要解除收养的行为符合法律规定，都可以协议解除或者诉讼解除。

在收养人侵害未成年养子女合法权益的情形下，或者养父母与成年养子女关系恶化导致无法共同生活的情形下，或者收养人与送养人双方自愿（子女8周岁以上须征得本人同意）的情形下，均可以协议解除收养关系。该协议解除收养关系必须符合《民法典》第一百四十三条"具备下列条件的民事法律行为有效：（一）行为人具有相应的民事行为能力；（二）意思表示真实；（三）不违反法律、行政法规的强制性规定，不违背公序良俗"的规定。同时，依据《民法典》第一千一百一十六条"当事人协议解除收养关系的，应当到民政部门办理解除收养关系登记”的规定，协议解除收养关系的当事人应当持协议到民政部门办理解除收养关系登记，才能有效解除。

诉讼解除收养关系即收养当事人（收养人、送养人或已成年的被收养人）不能达成解除收养关系的合意，需要通过向人民法院提起诉讼解除收养关系。其适用于：一是收养关系当事人不能自愿达成解除收养关系的协议，多发生于仅单方要求解除的情况；二是虽然双方同意解除收养关系，但对财产或生活有争议的情况。

三、解除收养关系后的身份效力与财产效力

收养关系依法成立后，被收养人与收养人便产生了法律上的人身关系及相应的财产关系，适用于拟制血亲。而解除收养关系后，也必然会涉及身份关系和财产关系问题。

1. 解除收养关系后的身份效力。依据《民法典》第一千一百一十七条的规定："收养关系解除后，养子女与养父母以及其他近亲属间的权利义务关系即行消除，与生父母以及其他近亲属间的权利义务关系自行恢复。但是，成年养子女与生父母以及其他近亲属间的权利义务关系是否恢复，可以协商确定。"可分为两种情形：一是收养关系解除后，养子女系未成年人时，养子女与养父母以及其他亲属间的权利义务关系消除，与生父母以及其他近亲属间的权利义务关系自行恢复。立法对此作了强制性规定，目的是最有利于保护未成年人的健康成长。二是收养关系解除后，养子女系成年人时，成年养子女与生父母以及其他近亲属间的权利义务关系是否恢复，可协商处理。这是由于养父母对养子女抚养成人（成年人）付出许多心血、汗水、感情等，作为养子女亦需要“报得三春晖”，与养父母结下养育情结。因此，成年养子女与养父母及其他亲属间的权利义务关系交由当事人协商处理，目的是尊重当事人意思自治。

2. 解除收养关系后的财产效力。依据《民法典》第一千一百一十八条的规定："收养关系解除后，经养父母抚养的成年养子女，对缺乏劳动能力又缺乏生活来源的养父母，应当给付生活费。因养子女成年后虐待、遗弃养父母而解除收养关系的，养父母可以要求养子女补偿收养期间支出的抚养费。生父母要求解除收养关系的，养父母可以要求生父母适当补偿收养期间支出的

抚养费；但是，因养父母虐待、遗弃养子女而解除收养关系的除外。”可分为三种情形：一是解除收养关系后，养子女是经养父母抚养为成年人的，当养父母没有劳动能力又没有生活来源的，养子女应当承担给付生活费的义务。二是由于养子女成年后存在虐待、遗弃养父母的情形而解除收养关系的，养父母有权要求养子女补偿收养期间所支出的抚养费用。三是由于生父母要求解除收养关系的，养父母可以要求生父母适当补偿收养期间所支出的抚养费用。当然，养父母存在虐待、遗弃养子女的情形时，不得要求给予适当补偿。

四、司法实践中应当注意的问题

1. 养父母有特殊困难将养子女送养，经济条件好转后能否要求解除送养协议。现实生活中，在被收养人、收养人、送养人均符合《民法典》规定情形下，收养关系经依法登记而成立。在没有法定情形，或者未经收养人、收养人、被收养人（子女 8 周岁以上须同意）协商一致的情形下，不得解除收养协议。当收养人有特殊困难而无力抚养养子女时，收养人将养子女送养他人，该送养关系如何处理？对此，《民法典》和原《收养法》均没有作出规定。依据法理，笔者认为应参照适用《民法典》关于“收养”的规定精神处理。因为，收养关系依法成立后，养子女与养父母属于拟制血亲，适用父母子女的权利义务法律关系。所以，养父母无力抚养时，完全可以做主将其养子女送养他人。如果送养办理了登记，则养父母在没有法定解除收养关系情形时，不得解除送养协议。除非接受送养的人对养子女存在虐待、遗弃等情形或者协商一致的情形下，才可以解除送养协议。

2. 未经祖父母、外祖父母同意送养孙子女、外孙子女，其效力如何。在司法实践中，不乏夫妻一方因故不在人世后，配偶一方未征得子女的祖父母或者外祖父母同意便将子女送养他人，其送养效力如何？对此，《民法典》第一千一百零八条规定：“配偶一方死亡，另一方送养未成年子女的，死亡一方的父母有优先抚养的权利。”该条规定了祖父母、外祖父母享有抚养优先权。基于亲情关系、血脉传承等，立法赋予了祖父母、外祖父母抚养优先权。因此，配偶一方在送养之前，必须征得子女的祖父母、外祖父母的同意。否则。送养他人后，子女祖父母、外祖父母在有抚养能力的情形下，有权“追回”孙子女，讨回抚养权。

五、对案例61的简要评析

在本案中，法院依据查明的事实，结合汤某与张某1之父张某2已离婚，且双方矛盾较为激烈的现状，对汤某提出解除双方收养关系的诉请予以支持。张某1与汤某建立收养关系是建立在汤某与张某2婚姻的基础之上的，在建立收养关系后并未长期共同生活在一起，现汤某与张某2已经离婚，汤某与张某1之间亦鲜有沟通联络，拟制血亲关系难以维持。因此，法院判决解除双方的收养关系，并无不当。

附录

中华人民共和国民法典（节录）

（2020 年 5 月 28 日第十三届全国人民代表大会第三次会议通过　2020 年 5 月 28 日中华人民共和国主席令第 45 号公布　自 2021 年 1 月 1 日起施行）

第五编　婚姻家庭

第一章　一般规定

第一千零四十条　【婚姻家庭编的调整范围】本编调整因婚姻家庭产生的民事关系。

第一千零四十一条　【婚姻家庭关系基本原则】婚姻家庭受国家保护。

实行婚姻自由、一夫一妻、男女平等的婚姻制度。

保护妇女、未成年人、老年人、残疾人的合法权益。

第一千零四十二条　【禁止的婚姻家庭行为】禁止包办、买卖婚姻和其他干涉婚姻自由的行为。禁止借婚姻索取财物。

禁止重婚。禁止有配偶者与他人同居。

禁止家庭暴力。禁止家庭成员间的虐待和遗弃。

第一千零四十三条　【婚姻家庭道德规范】家庭应当树立优良家风，弘扬家庭美德，重视家庭文明建设。

夫妻应当互相忠实，互相尊重，互相关爱；家庭成员应当敬老爱幼，互相帮助，维护平等、和睦、文明的婚姻家庭关系。

第一千零四十四条　【收养的原则】收养应当遵循最有利于被收养人的原则，保障被收养人和收养人的合法权益。

禁止借收养名义买卖未成年人。

第一千零四十五条 【亲属、近亲属与家庭成员】亲属包括配偶、血亲和姻亲。

配偶、父母、子女、兄弟姐妹、祖父母、外祖父母、孙子女、外孙子女为近亲属。

配偶、父母、子女和其他共同生活的近亲属为家庭成员。

第二章 结婚

第一千零四十六条 【结婚自愿】结婚应当男女双方完全自愿，禁止任何一方对另一方加以强迫，禁止任何组织或者个人加以干涉。

第一千零四十七条 【法定婚龄】结婚年龄，男不得早于二十二周岁，女不得早于二十周岁。

第一千零四十八条 【禁止结婚的情形】直系血亲或者三代以内的旁系血亲禁止结婚。

第一千零四十九条 【结婚程序】要求结婚的男女双方应当亲自到婚姻登记机关申请结婚登记。符合本法规定的，予以登记，发给结婚证。完成结婚登记，即确立婚姻关系。未办理结婚登记的，应当补办登记。

第一千零五十条 【男女双方互为家庭成员】登记结婚后，按照男女双方约定，女方可以成为男方家庭的成员，男方可以成为女方家庭的成员。

第一千零五十一条 【婚姻无效的情形】有下列情形之一的，婚姻无效：

（一）重婚；

（二）有禁止结婚的亲属关系；

（三）未到法定婚龄。

第一千零五十二条 【受胁迫婚姻的撤销】因胁迫结婚的，受胁迫的一方可以向人民法院请求撤销婚姻。

请求撤销婚姻的，应当自胁迫行为终止之日起一年内提出。

被非法限制人身自由的当事人请求撤销婚姻的，应当自恢复人身自由之日起一年内提出。

第一千零五十三条 【隐瞒重大疾病的可撤销婚姻】一方患有重大疾病的，应当在结婚登记前如实告知另一方；不如实告知的，另一方可以向人民法院请求撤销婚姻。

请求撤销婚姻的，应当自知道或者应当知道撤销事由之日起一年内提出。

第一千零五十四条　【婚姻无效或被撤销的法律后果】无效的或者被撤销的婚姻自始没有法律约束力，当事人不具有夫妻的权利和义务。同居期间所得的财产，由当事人协议处理；协议不成的，由人民法院根据照顾无过错方的原则判决。对重婚导致的无效婚姻的财产处理，不得侵害合法婚姻当事人的财产权益。当事人所生的子女，适用本法关于父母子女的规定。

婚姻无效或者被撤销的，无过错方有权请求损害赔偿。

第三章　家庭关系

第一节　夫妻关系

第一千零五十五条　【夫妻平等】夫妻在婚姻家庭中地位平等。

第一千零五十六条　【夫妻姓名权】夫妻双方都有各自使用自己姓名的权利。

第一千零五十七条　【夫妻人身自由权】夫妻双方都有参加生产、工作、学习和社会活动的自由，一方不得对另一方加以限制或者干涉。

第一千零五十八条　【夫妻抚养、教育和保护子女的权利义务平等】夫妻双方平等享有对未成年子女抚养、教育和保护的权利，共同承担对未成年子女抚养、教育和保护的义务。

第一千零五十九条　【夫妻扶养义务】夫妻有相互扶养的义务。

需要扶养的一方，在另一方不履行扶养义务时，有要求其给付扶养费的权利。

第一千零六十条　【夫妻日常家事代理权】夫妻一方因家庭日常生活需要而实施的民事法律行为，对夫妻双方发生效力，但是夫妻一方与相对人另有约定的除外。

夫妻之间对一方可以实施的民事法律行为范围的限制，不得对抗善意相对人。

第一千零六十一条　【夫妻遗产继承权】夫妻有相互继承遗产的权利。

第一千零六十二条　【夫妻共同财产】夫妻在婚姻关系存续期间所得的下列财产，为夫妻的共同财产，归夫妻共同所有：

（一）工资、奖金、劳务报酬；

（二）生产、经营、投资的收益；

（三）知识产权的收益；

（四）继承或者受赠的财产，但是本法第一千零六十三条第三项规定的除外；

（五）其他应当归共同所有的财产。

夫妻对共同财产，有平等的处理权。

第一千零六十三条 【夫妻个人财产】 下列财产为夫妻一方的个人财产：

（一）一方的婚前财产；

（二）一方因受到人身损害获得的赔偿或者补偿；

（三）遗嘱或者赠与合同中确定只归一方的财产；

（四）一方专用的生活用品；

（五）其他应当归一方的财产。

第一千零六十四条 【夫妻共同债务】 夫妻双方共同签名或者夫妻一方事后追认等共同意思表示所负的债务，以及夫妻一方在婚姻关系存续期间以个人名义为家庭日常生活需要所负的债务，属于夫妻共同债务。

夫妻一方在婚姻关系存续期间以个人名义超出家庭日常生活需要所负的债务，不属于夫妻共同债务；但是，债权人能够证明该债务用于夫妻共同生活、共同生产经营或者基于夫妻双方共同意思表示的除外。

第一千零六十五条 【夫妻约定财产制】 男女双方可以约定婚姻关系存续期间所得的财产以及婚前财产归各自所有、共同所有或者部分各自所有、部分共同所有。约定应当采用书面形式。没有约定或者约定不明确的，适用本法第一千零六十二条、第一千零六十三条的规定。

夫妻对婚姻关系存续期间所得的财产以及婚前财产的约定，对双方具有法律约束力。

夫妻对婚姻关系存续期间所得的财产约定归各自所有，夫或者妻一方对外所负的债务，相对人知道该约定的，以夫或者妻一方的个人财产清偿。

第一千零六十六条 【婚内分割夫妻共同财产】 婚姻关系存续期间，有下列情形之一的，夫妻一方可以向人民法院请求分割共同财产：

（一）一方有隐藏、转移、变卖、毁损、挥霍夫妻共同财产或者伪造夫妻共同债务等严重损害夫妻共同财产利益的行为；

（二）一方负有法定扶养义务的人患重大疾病需要医治，另一方不同意支付相关医疗费用。

第二节 父母子女关系和其他近亲属关系

第一千零六十七条 【父母与子女间的抚养赡养义务】父母不履行抚养义务的，未成年子女或者不能独立生活的成年子女，有要求父母给付抚养费的权利。

成年子女不履行赡养义务的，缺乏劳动能力或者生活困难的父母，有要求成年子女给付赡养费的权利。

第一千零六十八条 【父母教育、保护未成年子女的权利和义务】父母有教育、保护未成年子女的权利和义务。未成年子女造成他人损害的，父母应当依法承担民事责任。

第一千零六十九条 【子女尊重父母的婚姻权利及赡养义务】子女应当尊重父母的婚姻权利，不得干涉父母离婚、再婚以及婚后的生活。子女对父母的赡养义务，不因父母的婚姻关系变化而终止。

第一千零七十条 【遗产继承权】父母和子女有相互继承遗产的权利。

第一千零七十一条 【非婚生子女权利】非婚生子女享有与婚生子女同等的权利，任何组织或者个人不得加以危害和歧视。

不直接抚养非婚生子女的生父或者生母，应当负担未成年子女或者不能独立生活的成年子女的抚养费。

第一千零七十二条 【继父母子女之间权利义务】继父母与继子女间，不得虐待或者歧视。

继父或者继母和受其抚养教育的继子女间的权利义务关系，适用本法关于父母子女关系的规定。

第一千零七十三条 【亲子关系异议之诉】对亲子关系有异议且有正当理由的，父或者母可以向人民法院提起诉讼，请求确认或者否认亲子关系。

对亲子关系有异议且有正当理由的，成年子女可以向人民法院提起诉讼，请求确认亲子关系。

第一千零七十四条 【祖孙之间的抚养、赡养义务】有负担能力的祖父母、外祖父母，对于父母已经死亡或者父母无力抚养的未成年孙子女、外孙子女，有抚养的义务。

有负担能力的孙子女、外孙子女，对于子女已经死亡或者子女无力赡养的祖父母、外祖父母，有赡养的义务。

第一千零七十五条 【兄弟姐妹间扶养义务】有负担能力的兄、姐，对于父母已经死亡或者父母无力抚养的未成年弟、妹，有扶养的义务。

由兄、姐扶养长大的有负担能力的弟、妹，对于缺乏劳动能力又缺乏生活来源的兄、姐，有扶养的义务。

第四章 离婚

第一千零七十六条 【协议离婚】夫妻双方自愿离婚的，应当签订书面离婚协议，并亲自到婚姻登记机关申请离婚登记。

离婚协议应当载明双方自愿离婚的意思表示和对子女抚养、财产以及债务处理等事项协商一致的意见。

第一千零七十七条 【离婚冷静期】自婚姻登记机关收到离婚登记申请之日起三十日内，任何一方不愿意离婚的，可以向婚姻登记机关撤回离婚登记申请。

前款规定期限届满后三十日内，双方应当亲自到婚姻登记机关申请发给离婚证；未申请的，视为撤回离婚登记申请。

第一千零七十八条 【婚姻登记机关对协议离婚的查明】婚姻登记机关查明双方确实是自愿离婚，并已经对子女抚养、财产以及债务处理等事项协商一致的，予以登记，发给离婚证。

第一千零七十九条 【诉讼离婚】夫妻一方要求离婚的，可以由有关组织进行调解或者直接向人民法院提起离婚诉讼。

人民法院审理离婚案件，应当进行调解；如果感情确已破裂，调解无效的，应当准予离婚。

有下列情形之一，调解无效的，应当准予离婚：

（一）重婚或者与他人同居；

（二）实施家庭暴力或者虐待、遗弃家庭成员；

（三）有赌博、吸毒等恶习屡教不改；

（四）因感情不和分居满二年；

（五）其他导致夫妻感情破裂的情形。

一方被宣告失踪，另一方提起离婚诉讼的，应当准予离婚。

经人民法院判决不准离婚后，双方又分居满一年，一方再次提起离婚诉讼的，应当准予离婚。

第一千零八十条 【婚姻关系的解除时间】完成离婚登记，或者离婚判决书、调解书生效，即解除婚姻关系。

第一千零八十一条 【现役军人离婚】现役军人的配偶要求离婚，应当征得军人同意，但是军人一方有重大过错的除外。

第一千零八十二条 【男方提出离婚的限制情形】女方在怀孕期间、分娩后一年内或者终止妊娠后六个月内，男方不得提出离婚；但是，女方提出离婚或者人民法院认为确有必要受理男方离婚请求的除外。

第一千零八十三条 【复婚】离婚后，男女双方自愿恢复婚姻关系的，应当到婚姻登记机关重新进行结婚登记。

第一千零八十四条 【离婚后子女的抚养】父母与子女间的关系，不因父母离婚而消除。离婚后，子女无论由父或者母直接抚养，仍是父母双方的子女。

离婚后，父母对于子女仍有抚养、教育、保护的权利和义务。

离婚后，不满两周岁的子女，以由母亲直接抚养为原则。已满两周岁的子女，父母双方对抚养问题协议不成的，由人民法院根据双方的具体情况，按照最有利于未成年子女的原则判决。子女已满八周岁的，应当尊重其真实意愿。

第一千零八十五条 【离婚后子女抚养费的负担】离婚后，子女由一方直接抚养的，另一方应当负担部分或者全部抚养费。负担费用的多少和期限的长短，由双方协议；协议不成的，由人民法院判决。

前款规定的协议或者判决，不妨碍子女在必要时向父母任何一方提出超过协议或者判决原定数额的合理要求。

第一千零八十六条 【探望子女权利】离婚后，不直接抚养子女的父或者母，有探望子女的权利，另一方有协助的义务。

行使探望权利的方式、时间由当事人协议；协议不成的，由人民法院判决。

父或者母探望子女，不利于子女身心健康的，由人民法院依法中止探望；

中止的事由消失后，应当恢复探望。

第一千零八十七条 【离婚时夫妻共同财产的处理】离婚时，夫妻的共同财产由双方协议处理；协议不成的，由人民法院根据财产的具体情况，按照照顾子女、女方和无过错方权益的原则判决。

对夫或者妻在家庭土地承包经营中享有的权益等，应当依法予以保护。

第一千零八十八条 【离婚经济补偿】夫妻一方因抚育子女、照料老年人、协助另一方工作等负担较多义务的，离婚时有权向另一方请求补偿，另一方应当给予补偿。具体办法由双方协议；协议不成的，由人民法院判决。

第一千零八十九条 【离婚时夫妻共同债务的清偿】离婚时，夫妻共同债务应当共同偿还。共同财产不足清偿或者财产归各自所有的，由双方协议清偿；协议不成的，由人民法院判决。

第一千零九十条 【离婚经济帮助】离婚时，如果一方生活困难，有负担能力的另一方应当给予适当帮助。具体办法由双方协议；协议不成的，由人民法院判决。

第一千零九十一条 【离婚损害赔偿】有下列情形之一，导致离婚的，无过错方有权请求损害赔偿：

（一）重婚；

（二）与他人同居；

（三）实施家庭暴力；

（四）虐待、遗弃家庭成员；

（五）有其他重大过错。

第一千零九十二条 【一方侵害夫妻财产的处理规则】夫妻一方隐藏、转移、变卖、毁损、挥霍夫妻共同财产，或者伪造夫妻共同债务企图侵占另一方财产的，在离婚分割夫妻共同财产时，对该方可以少分或者不分。离婚后，另一方发现有上述行为的，可以向人民法院提起诉讼，请求再次分割夫妻共同财产。

第五章　收养

第一节　收养关系的成立

第一千零九十三条 【被收养人的条件】下列未成年人，可以被收养：

（一）丧失父母的孤儿；

（二）查找不到生父母的未成年人；

（三）生父母有特殊困难无力抚养的子女。

第一千零九十四条　【送养人的条件】下列个人、组织可以作送养人：

（一）孤儿的监护人；

（二）儿童福利机构；

（三）有特殊困难无力抚养子女的生父母。

第一千零九十五条　【监护人送养未成年人的情形】未成年人的父母均不具备完全民事行为能力且可能严重危害该未成年人的，该未成年人的监护人可以将其送养。

第一千零九十六条　【监护人送养孤儿的限制及变更监护人】监护人送养孤儿的，应当征得有抚养义务的人同意。有抚养义务的人不同意送养、监护人不愿意继续履行监护职责的，应当依照本法第一编的规定另行确定监护人。

第一千零九十七条　【生父母送养子女的原则要求与例外】生父母送养子女，应当双方共同送养。生父母一方不明或者查找不到的，可以单方送养。

第一千零九十八条　【收养人条件】收养人应当同时具备下列条件：

（一）无子女或者只有一名子女；

（二）有抚养、教育和保护被收养人的能力；

（三）未患有在医学上认为不应当收养子女的疾病；

（四）无不利于被收养人健康成长的违法犯罪记录；

（五）年满三十周岁。

第一千零九十九条　【三代以内旁系同辈血亲的收养】收养三代以内旁系同辈血亲的子女，可以不受本法第一千零九十三条第三项、第一千零九十四条第三项和第一千一百零二条规定的限制。

华侨收养三代以内旁系同辈血亲的子女，还可以不受本法第一千零九十八条第一项规定的限制。

第一千一百条　【收养人收养子女数量】无子女的收养人可以收养两名子女；有子女的收养人只能收养一名子女。

收养孤儿、残疾未成年人或者儿童福利机构抚养的查找不到生父母的未成年人，可以不受前款和本法第一千零九十八条第一项规定的限制。

第一千一百零一条 【共同收养】有配偶者收养子女，应当夫妻共同收养。

第一千一百零二条 【无配偶者收养异性子女的限制】无配偶者收养异性子女的，收养人与被收养人的年龄应当相差四十周岁以上。

第一千一百零三条 【收养继子女的特别规定】继父或者继母经继子女的生父母同意，可以收养继子女，并可以不受本法第一千零九十三条第三项、第一千零九十四条第三项、第一千零九十八条和第一千一百条第一款规定的限制。

第一千一百零四条 【收养自愿原则】收养人收养与送养人送养，应当双方自愿。收养八周岁以上未成年人的，应当征得被收养人的同意。

第一千一百零五条 【收养登记、收养协议、收养公证及收养评估】收养应当向县级以上人民政府民政部门登记。收养关系自登记之日起成立。

收养查找不到生父母的未成年人的，办理登记的民政部门应当在登记前予以公告。

收养关系当事人愿意签订收养协议的，可以签订收养协议。

收养关系当事人各方或者一方要求办理收养公证的，应当办理收养公证。

县级以上人民政府民政部门应当依法进行收养评估。

第一千一百零六条 【收养后的户口登记】收养关系成立后，公安机关应当按照国家有关规定为被收养人办理户口登记。

第一千一百零七条 【亲属、朋友的抚养】孤儿或者生父母无力抚养的子女，可以由生父母的亲属、朋友抚养；抚养人与被抚养人的关系不适用本章规定。

第一千一百零八条 【祖父母、外祖父母优先抚养权】配偶一方死亡，另一方送养未成年子女的，死亡一方的父母有优先抚养的权利。

第一千一百零九条 【涉外收养】外国人依法可以在中华人民共和国收养子女。

外国人在中华人民共和国收养子女，应当经其所在国主管机关依照该国法律审查同意。收养人应当提供由其所在国有权机构出具的有关其年龄、婚姻、职业、财产、健康、有无受过刑事处罚等状况的证明材料，并与送养人签订书面协议，亲自向省、自治区、直辖市人民政府民政部门登记。

前款规定的证明材料应当经收养人所在国外交机关或者外交机关授权的机

构认证，并经中华人民共和国驻该国使领馆认证，但是国家另有规定的除外。

第一千一百一十条 【保守收养秘密】收养人、送养人要求保守收养秘密的，其他人应当尊重其意愿，不得泄露。

第二节　收养的效力

第一千一百一十一条 【收养的效力】自收养关系成立之日起，养父母与养子女间的权利义务关系，适用本法关于父母子女关系的规定；养子女与养父母的近亲属间的权利义务关系，适用本法关于子女与父母的近亲属关系的规定。

养子女与生父母以及其他近亲属间的权利义务关系，因收养关系的成立而消除。

第一千一百一十二条 【养子女的姓氏】养子女可以随养父或者养母的姓氏，经当事人协商一致，也可以保留原姓氏。

第一千一百一十三条 【收养行为的无效】有本法第一编关于民事法律行为无效规定情形或者违反本编规定的收养行为无效。

无效的收养行为自始没有法律约束力。

第三节　收养关系的解除

第一千一百一十四条 【收养关系的协议解除与诉讼解除】收养人在被收养人成年以前，不得解除收养关系，但是收养人、送养人双方协议解除的除外。养子女八周岁以上的，应当征得本人同意。

收养人不履行抚养义务，有虐待、遗弃等侵害未成年养子女合法权益行为的，送养人有权要求解除养父母与养子女间的收养关系。送养人、收养人不能达成解除收养关系协议的，可以向人民法院提起诉讼。

第一千一百一十五条 【养父母与成年养子女解除收养关系】养父母与成年养子女关系恶化、无法共同生活的，可以协议解除收养关系。不能达成协议的，可以向人民法院提起诉讼。

第一千一百一十六条 【解除收养关系的登记】当事人协议解除收养关系的，应当到民政部门办理解除收养关系登记。

第一千一百一十七条 【收养关系解除的法律后果】收养关系解除后，养子女与养父母以及其他近亲属间的权利义务关系即行消除，与生父母以及其他近亲属间的权利义务关系自行恢复。但是，成年养子女与生父母以及其他近亲属间的权利义务关系是否恢复，可以协商确定。

第一千一百一十八条 【收养关系解除后生活费、抚养费支付】收养关系解除后，经养父母抚养的成年养子女，对缺乏劳动能力又缺乏生活来源的养父母，应当给付生活费。因养子女成年后虐待、遗弃养父母而解除收养关系的，养父母可以要求养子女补偿收养期间支出的抚养费。

生父母要求解除收养关系的，养父母可以要求生父母适当补偿收养期间支出的抚养费；但是，因养父母虐待、遗弃养子女而解除收养关系的除外。

最高人民法院关于适用《中华人民共和国民法典》婚姻家庭编的解释（一）

（法释〔2020〕22号　2020年12月25日最高人民法院审判委员会第1825次会议通过　自2021年1月1日起施行）

为正确审理婚姻家庭纠纷案件，根据《中华人民共和国民法典》《中华人民共和国民事诉讼法》等相关法律规定，结合审判实践，制定本解释。

一、一般规定

第一条　持续性、经常性的家庭暴力，可以认定为民法典第一千零四十二条、第一千零七十九条、第一千零九十一条所称的“虐待”。

第二条　民法典第一千零四十二条、第一千零七十九条、第一千零九十一条规定的“与他人同居”的情形，是指有配偶者与婚外异性，不以夫妻名义，持续、稳定地共同居住。

第三条　当事人提起诉讼仅请求解除同居关系的，人民法院不予受理；已经受理的，裁定驳回起诉。

当事人因同居期间财产分割或者子女抚养纠纷提起诉讼的，人民法院应当受理。

第四条　当事人仅以民法典第一千零四十三条为依据提起诉讼的，人民法院不予受理；已经受理的，裁定驳回起诉。

第五条　当事人请求返还按照习俗给付的彩礼的，如果查明属于以下情形，人民法院应当予以支持：

（一）双方未办理结婚登记手续；

（二）双方办理结婚登记手续但确未共同生活；

（三）婚前给付并导致给付人生活困难。

适用前款第二项、第三项的规定，应当以双方离婚为条件。

二、结婚

第六条 男女双方依据民法典第一千零四十九条规定补办结婚登记的，婚姻关系的效力从双方均符合民法典所规定的结婚的实质要件时起算。

第七条 未依据民法典第一千零四十九条规定办理结婚登记而以夫妻名义共同生活的男女，提起诉讼要求离婚的，应当区别对待：

（一）1994年2月1日民政部《婚姻登记管理条例》公布实施以前，男女双方已经符合结婚实质要件的，按事实婚姻处理。

（二）1994年2月1日民政部《婚姻登记管理条例》公布实施以后，男女双方符合结婚实质要件的，人民法院应当告知其补办结婚登记。未补办结婚登记的，依据本解释第三条规定处理。

第八条 未依据民法典第一千零四十九条规定办理结婚登记而以夫妻名义共同生活的男女，一方死亡，另一方以配偶身份主张享有继承权的，依据本解释第七条的原则处理。

第九条 有权依据民法典第一千零五十一条规定向人民法院就已办理结婚登记的婚姻请求确认婚姻无效的主体，包括婚姻当事人及利害关系人。其中，利害关系人包括：

（一）以重婚为由的，为当事人的近亲属及基层组织；

（二）以未到法定婚龄为由的，为未到法定婚龄者的近亲属；

（三）以有禁止结婚的亲属关系为由的，为当事人的近亲属。

第十条 当事人依据民法典第一千零五十一条规定向人民法院请求确认婚姻无效，法定的无效婚姻情形在提起诉讼时已经消失的，人民法院不予支持。

第十一条 人民法院受理请求确认婚姻无效案件后，原告申请撤诉的，不予准许。

对婚姻效力的审理不适用调解，应当依法作出判决。

涉及财产分割和子女抚养的，可以调解。调解达成协议的，另行制作调解书；未达成调解协议的，应当一并作出判决。

第十二条　人民法院受理离婚案件后，经审理确属无效婚姻的，应当将婚姻无效的情形告知当事人，并依法作出确认婚姻无效的判决。

第十三条　人民法院就同一婚姻关系分别受理了离婚和请求确认婚姻无效案件的，对于离婚案件的审理，应当待请求确认婚姻无效案件作出判决后进行。

第十四条　夫妻一方或者双方死亡后，生存一方或者利害关系人依据民法典第一千零五十一条的规定请求确认婚姻无效的，人民法院应当受理。

第十五条　利害关系人依据民法典第一千零五十一条的规定，请求人民法院确认婚姻无效的，利害关系人为原告，婚姻关系当事人双方为被告。

夫妻一方死亡的，生存一方为被告。

第十六条　人民法院审理重婚导致的无效婚姻案件时，涉及财产处理的，应当准许合法婚姻当事人作为有独立请求权的第三人参加诉讼。

第十七条　当事人以民法典第一千零五十一条规定的三种无效婚姻以外的情形请求确认婚姻无效的，人民法院应当判决驳回当事人的诉讼请求。

当事人以结婚登记程序存在瑕疵为由提起民事诉讼，主张撤销结婚登记的，告知其可以依法申请行政复议或者提起行政诉讼。

第十八条　行为人以给另一方当事人或者其近亲属的生命、身体、健康、名誉、财产等方面造成损害为要挟，迫使另一方当事人违背真实意愿结婚的，可以认定为民法典第一千零五十二条所称的"胁迫"。

因受胁迫而请求撤销婚姻的，只能是受胁迫一方的婚姻关系当事人本人。

第十九条　民法典第一千零五十二条规定的"一年"，不适用诉讼时效中止、中断或者延长的规定。

受胁迫或者被非法限制人身自由的当事人请求撤销婚姻的，不适用民法典第一百五十二条第二款的规定。

第二十条　民法典第一千零五十四条所规定的"自始没有法律约束力"，是指无效婚姻或者可撤销婚姻在依法被确认无效或者被撤销时，才确定该婚姻自始不受法律保护。

第二十一条　人民法院根据当事人的请求，依法确认婚姻无效或者撤销婚姻的，应当收缴双方的结婚证书并将生效的判决书寄送当地婚姻登记管理机关。

第二十二条 被确认无效或者被撤销的婚姻，当事人同居期间所得的财产，除有证据证明为当事人一方所有的以外，按共同共有处理。

三、夫妻关系

第二十三条 夫以妻擅自中止妊娠侵犯其生育权为由请求损害赔偿的，人民法院不予支持；夫妻双方因是否生育发生纠纷，致使感情确已破裂，一方请求离婚的，人民法院经调解无效，应依照民法典第一千零七十九条第三款第五项的规定处理。

第二十四条 民法典第一千零六十二条第一款第三项规定的“知识产权的收益”，是指婚姻关系存续期间，实际取得或者已经明确可以取得的财产性收益。

第二十五条 婚姻关系存续期间，下列财产属于民法典第一千零六十二条规定的“其他应当归共同所有的财产”：

（一）一方以个人财产投资取得的收益；

（二）男女双方实际取得或者应当取得的住房补贴、住房公积金；

（三）男女双方实际取得或者应当取得的基本养老金、破产安置补偿费。

第二十六条 夫妻一方个人财产在婚后产生的收益，除孳息和自然增值外，应认定为夫妻共同财产。

第二十七条 由一方婚前承租、婚后用共同财产购买的房屋，登记在一方名下的，应当认定为夫妻共同财产。

第二十八条 一方未经另一方同意出售夫妻共同所有的房屋，第三人善意购买、支付合理对价并已办理不动产登记，另一方主张追回该房屋的，人民法院不予支持。

夫妻一方擅自处分共同所有的房屋造成另一方损失，离婚时另一方请求赔偿损失的，人民法院应予支持。

第二十九条 当事人结婚前，父母为双方购置房屋出资的，该出资应当认定为对自己子女个人的赠与，但父母明确表示赠与双方的除外。

当事人结婚后，父母为双方购置房屋出资的，依照约定处理；没有约定或者约定不明确的，按照民法典第一千零六十二条第一款第四项规定的原则处理。

第三十条 军人的伤亡保险金、伤残补助金、医药生活补助费属于个人财产。

第三十一条 民法典第一千零六十三条规定为夫妻一方的个人财产，不因婚姻关系的延续而转化为夫妻共同财产。但当事人另有约定的除外。

第三十二条 婚前或者婚姻关系存续期间，当事人约定将一方所有的房产赠与另一方或者共有，赠与方在赠与房产变更登记之前撤销赠与，另一方请求判令继续履行的，人民法院可以按照民法典第六百五十八条的规定处理。

第三十三条 债权人就一方婚前所负个人债务向债务人的配偶主张权利的，人民法院不予支持。但债权人能够证明所负债务用于婚后家庭共同生活的除外。

第三十四条 夫妻一方与第三人串通，虚构债务，第三人主张该债务为夫妻共同债务的，人民法院不予支持。

夫妻一方在从事赌博、吸毒等违法犯罪活动中所负债务，第三人主张该债务为夫妻共同债务的，人民法院不予支持。

第三十五条 当事人的离婚协议或者人民法院生效判决、裁定、调解书已经对夫妻财产分割问题作出处理的，债权人仍有权就夫妻共同债务向男女双方主张权利。

一方就夫妻共同债务承担清偿责任后，主张由另一方按照离婚协议或者人民法院的法律文书承担相应债务的，人民法院应予支持。

第三十六条 夫或者妻一方死亡的，生存一方应当对婚姻关系存续期间的夫妻共同债务承担清偿责任。

第三十七条 民法典第一千零六十五条第三款所称“相对人知道该约定的”，夫妻一方对此负有举证责任。

第三十八条 婚姻关系存续期间，除民法典第一千零六十六条规定情形以外，夫妻一方请求分割共同财产的，人民法院不予支持。

四、父母子女关系

第三十九条 父或者母向人民法院起诉请求否认亲子关系，并已提供必要证据予以证明，另一方没有相反证据又拒绝做亲子鉴定的，人民法院可以认定否认亲子关系一方的主张成立。

父或者母以及成年子女起诉请求确认亲子关系，并提供必要证据予以证明，另一方没有相反证据又拒绝做亲子鉴定的，人民法院可以认定确认亲子关系一方的主张成立。

第四十条 婚姻关系存续期间，夫妻双方一致同意进行人工授精，所生子女应视为婚生子女，父母子女间的权利义务关系适用民法典的有关规定。

第四十一条 尚在校接受高中及其以下学历教育，或者丧失、部分丧失劳动能力等非因主观原因而无法维持正常生活的成年子女，可以认定为民法典第一千零六十七条规定的"不能独立生活的成年子女"。

第四十二条 民法典第一千零六十七条所称"抚养费"，包括子女生活费、教育费、医疗费等费用。

第四十三条 婚姻关系存续期间，父母双方或者一方拒不履行抚养子女义务，未成年子女或者不能独立生活的成年子女请求支付抚养费的，人民法院应予支持。

第四十四条 离婚案件涉及未成年子女抚养的，对不满两周岁的子女，按照民法典第一千零八十四条第三款规定的原则处理。母亲有下列情形之一，父亲请求直接抚养的，人民法院应予支持：

（一）患有久治不愈的传染性疾病或者其他严重疾病，子女不宜与其共同生活；

（二）有抚养条件不尽抚养义务，而父亲要求子女随其生活；

（三）因其他原因，子女确不宜随母亲生活。

第四十五条 父母双方协议不满两周岁子女由父亲直接抚养，并对子女健康成长无不利影响的，人民法院应予支持。

第四十六条 对已满两周岁的未成年子女，父母均要求直接抚养，一方有下列情形之一的，可予优先考虑：

（一）已做绝育手术或者因其他原因丧失生育能力；

（二）子女随其生活时间较长，改变生活环境对子女健康成长明显不利；

（三）无其他子女，而另一方有其他子女；

（四）子女随其生活，对子女成长有利，而另一方患有久治不愈的传染性疾病或者其他严重疾病，或者有其他不利于子女身心健康的情形，不宜与子女共同生活。

第四十七条　父母抚养子女的条件基本相同，双方均要求直接抚养子女，但子女单独随祖父母或者外祖父母共同生活多年，且祖父母或者外祖父母要求并且有能力帮助子女照顾孙子女或者外孙子女的，可以作为父或者母直接抚养子女的优先条件予以考虑。

第四十八条　在有利于保护子女利益的前提下，父母双方协议轮流直接抚养子女的，人民法院应予支持。

第四十九条　抚养费的数额，可以根据子女的实际需要、父母双方的负担能力和当地的实际生活水平确定。

有固定收入的，抚养费一般可以按其月总收入的百分之二十至三十的比例给付。负担两个以上子女抚养费的，比例可以适当提高，但一般不得超过月总收入的百分之五十。

无固定收入的，抚养费的数额可以依据当年总收入或者同行业平均收入，参照上述比例确定。

有特殊情况的，可以适当提高或者降低上述比例。

第五十条　抚养费应当定期给付，有条件的可以一次性给付。

第五十一条　父母一方无经济收入或者下落不明的，可以用其财物折抵抚养费。

第五十二条　父母双方可以协议由一方直接抚养子女并由直接抚养方负担子女全部抚养费。但是，直接抚养方的抚养能力明显不能保障子女所需费用，影响子女健康成长的，人民法院不予支持。

第五十三条　抚养费的给付期限，一般至子女十八周岁为止。

十六周岁以上不满十八周岁，以其劳动收入为主要生活来源，并能维持当地一般生活水平的，父母可以停止给付抚养费。

第五十四条　生父与继母离婚或者生母与继父离婚时，对曾受其抚养教育的继子女，继父或者继母不同意继续抚养的，仍应由生父或者生母抚养。

第五十五条　离婚后，父母一方要求变更子女抚养关系的，或者子女要求增加抚养费的，应当另行提起诉讼。

第五十六条　具有下列情形之一，父母一方要求变更子女抚养关系的，人民法院应予支持：

（一）与子女共同生活的一方因患严重疾病或者因伤残无力继续抚养子女；

（二）与子女共同生活的一方不尽抚养义务或有虐待子女行为，或者其与子女共同生活对子女身心健康确有不利影响；

（三）已满八周岁的子女，愿随另一方生活，该方又有抚养能力；

（四）有其他正当理由需要变更。

第五十七条 父母双方协议变更子女抚养关系的，人民法院应予支持。

第五十八条 具有下列情形之一，子女要求有负担能力的父或者母增加抚养费的，人民法院应予支持：

（一）原定抚养费数额不足以维持当地实际生活水平；

（二）因子女患病、上学，实际需要已超过原定数额；

（三）有其他正当理由应当增加。

第五十九条 父母不得因子女变更姓氏而拒付子女抚养费。父或者母擅自将子女姓氏改为继母或继父姓氏而引起纠纷的，应当责令恢复原姓氏。

第六十条 在离婚诉讼期间，双方均拒绝抚养子女的，可以先行裁定暂由一方抚养。

第六十一条 对拒不履行或者妨害他人履行生效判决、裁定、调解书中有关子女抚养义务的当事人或者其他人，人民法院可依照民事诉讼法第一百一十一条的规定采取强制措施。

五、离婚

第六十二条 无民事行为能力人的配偶有民法典第三十六条第一款规定行为，其他有监护资格的人可以要求撤销其监护资格，并依法指定新的监护人；变更后的监护人代理无民事行为能力一方提起离婚诉讼的，人民法院应予受理。

第六十三条 人民法院审理离婚案件，符合民法典第一千零七十九条第三款规定“应当准予离婚”情形的，不应当因当事人有过错而判决不准离婚。

第六十四条 民法典第一千零八十一条所称的“军人一方有重大过错”，可以依据民法典第一千零七十九条第三款前三项规定及军人有其他重大过错导致夫妻感情破裂的情形予以判断。

第六十五条 人民法院作出的生效的离婚判决中未涉及探望权，当事人就探望权问题单独提起诉讼的，人民法院应予受理。

第六十六条 当事人在履行生效判决、裁定或者调解书的过程中，一方请求中止探望的，人民法院在征询双方当事人意见后，认为需要中止探望的，依法作出裁定；中止探望的情形消失后，人民法院应当根据当事人的请求书面通知其恢复探望。

第六十七条 未成年子女、直接抚养子女的父或者母以及其他对未成年子女负担抚养、教育、保护义务的法定监护人，有权向人民法院提出中止探望的请求。

第六十八条 对于拒不协助另一方行使探望权的有关个人或者组织，可以由人民法院依法采取拘留、罚款等强制措施，但是不能对子女的人身、探望行为进行强制执行。

第六十九条 当事人达成的以协议离婚或者到人民法院调解离婚为条件的财产以及债务处理协议，如果双方离婚未成，一方在离婚诉讼中反悔的，人民法院应当认定该财产以及债务处理协议没有生效，并根据实际情况依照民法典第一千零八十七条和第一千零八十九条的规定判决。

当事人依照民法典第一千零七十六条签订的离婚协议中关于财产以及债务处理的条款，对男女双方具有法律约束力。登记离婚后当事人因履行上述协议发生纠纷提起诉讼的，人民法院应当受理。

第七十条 夫妻双方协议离婚后就财产分割问题反悔，请求撤销财产分割协议的，人民法院应当受理。

人民法院审理后，未发现订立财产分割协议时存在欺诈、胁迫等情形的，应当依法驳回当事人的诉讼请求。

第七十一条 人民法院审理离婚案件，涉及分割发放到军人名下的复员费、自主择业费等一次性费用的，以夫妻婚姻关系存续年限乘以年平均值，所得数额为夫妻共同财产。

前款所称年平均值，是指将发放到军人名下的上述费用总额按具体年限均分得出的数额。其具体年限为人均寿命七十岁与军人入伍时实际年龄的差额。

第七十二条 夫妻双方分割共同财产中的股票、债券、投资基金份额等有价证券以及未上市股份有限公司股份时，协商不成或者按市价分配有困难的，人民法院可以根据数量按比例分配。

第七十三条 人民法院审理离婚案件，涉及分割夫妻共同财产中以一方名义在有限责任公司的出资额，另一方不是该公司股东的，按以下情形分别处理：

（一）夫妻双方协商一致将出资额部分或者全部转让给该股东的配偶，其他股东过半数同意，并且其他股东均明确表示放弃优先购买权的，该股东的配偶可以成为该公司股东；

（二）夫妻双方就出资额转让份额和转让价格等事项协商一致后，其他股东半数以上不同意转让，但愿意以同等条件购买该出资额的，人民法院可以对转让出资所得财产进行分割。其他股东半数以上不同意转让，也不愿意以同等条件购买该出资额的，视为其同意转让，该股东的配偶可以成为该公司股东。

用于证明前款规定的股东同意的证据，可以是股东会议材料，也可以是当事人通过其他合法途径取得的股东的书面声明材料。

第七十四条 人民法院审理离婚案件，涉及分割夫妻共同财产中以一方名义在合伙企业中的出资，另一方不是该企业合伙人的，当夫妻双方协商一致，将其合伙企业中的财产份额全部或者部分转让给对方时，按以下情形分别处理：

（一）其他合伙人一致同意的，该配偶依法取得合伙人地位；

（二）其他合伙人不同意转让，在同等条件下行使优先购买权的，可以对转让所得的财产进行分割；

（三）其他合伙人不同意转让，也不行使优先购买权，但同意该合伙人退伙或者削减部分财产份额的，可以对结算后的财产进行分割；

（四）其他合伙人既不同意转让，也不行使优先购买权，又不同意该合伙人退伙或者削减部分财产份额的，视为全体合伙人同意转让，该配偶依法取得合伙人地位。

第七十五条 夫妻以一方名义投资设立个人独资企业的，人民法院分割夫妻在该个人独资企业中的共同财产时，应当按照以下情形分别处理：

（一）一方主张经营该企业的，对企业资产进行评估后，由取得企业资产所有权一方给予另一方相应的补偿；

（二）双方均主张经营该企业的，在双方竞价基础上，由取得企业资产所有权的一方给予另一方相应的补偿；

（三）双方均不愿意经营该企业的，按照《中华人民共和国个人独资企业法》等有关规定办理。

第七十六条　双方对夫妻共同财产中的房屋价值及归属无法达成协议时，人民法院按以下情形分别处理：

（一）双方均主张房屋所有权并且同意竞价取得的，应当准许；

（二）一方主张房屋所有权的，由评估机构按市场价格对房屋作出评估，取得房屋所有权的一方应当给予另一方相应的补偿；

（三）双方均不主张房屋所有权的，根据当事人的申请拍卖、变卖房屋，就所得价款进行分割。

第七十七条　离婚时双方对尚未取得所有权或者尚未取得完全所有权的房屋有争议且协商不成的，人民法院不宜判决房屋所有权的归属，应当根据实际情况判决由当事人使用。

当事人就前款规定的房屋取得完全所有权后，有争议的，可以另行向人民法院提起诉讼。

第七十八条　夫妻一方婚前签订不动产买卖合同，以个人财产支付首付款并在银行贷款，婚后用夫妻共同财产还贷，不动产登记于首付款支付方名下的，离婚时该不动产由双方协议处理。

依前款规定不能达成协议的，人民法院可以判决该不动产归登记一方，尚未归还的贷款为不动产登记一方的个人债务。双方婚后共同还贷支付的款项及其相对应财产增值部分，离婚时应根据民法典第一千零八十七条第一款规定的原则，由不动产登记一方对另一方进行补偿。

第七十九条　婚姻关系存续期间，双方用夫妻共同财产出资购买以一方父母名义参加房改的房屋，登记在一方父母名下，离婚时另一方主张按照夫妻共同财产对该房屋进行分割的，人民法院不予支持。购买该房屋时的出资，可以作为债权处理。

第八十条　离婚时夫妻一方尚未退休、不符合领取基本养老金条件，另一方请求按照夫妻共同财产分割基本养老金的，人民法院不予支持；婚后以夫妻共同财产缴纳基本养老保险费，离婚时一方主张将养老金账户中婚姻关系存续期间个人实际缴纳部分及利息作为夫妻共同财产分割的，人民法院应予支持。

第八十一条 婚姻关系存续期间，夫妻一方作为继承人依法可以继承的遗产，在继承人之间尚未实际分割，起诉离婚时另一方请求分割的，人民法院应当告知当事人在继承人之间实际分割遗产后另行起诉。

第八十二条 夫妻之间订立借款协议，以夫妻共同财产出借给一方从事个人经营活动或者用于其他个人事务的，应视为双方约定处分夫妻共同财产的行为，离婚时可以按照借款协议的约定处理。

第八十三条 离婚后，一方以尚有夫妻共同财产未处理为由向人民法院起诉请求分割的，经审查该财产确属离婚时未涉及的夫妻共同财产，人民法院应当依法予以分割。

第八十四条 当事人依据民法典第一千零九十二条的规定向人民法院提起诉讼，请求再次分割夫妻共同财产的诉讼时效期间为三年，从当事人发现之日起计算。

第八十五条 夫妻一方申请对配偶的个人财产或者夫妻共同财产采取保全措施的，人民法院可以在采取保全措施可能造成损失的范围内，根据实际情况，确定合理的财产担保数额。

第八十六条 民法典第一千零九十一条规定的"损害赔偿"，包括物质损害赔偿和精神损害赔偿。涉及精神损害赔偿的，适用《最高人民法院关于确定民事侵权精神损害赔偿责任若干问题的解释》的有关规定。

第八十七条 承担民法典第一千零九十一条规定的损害赔偿责任的主体，为离婚诉讼当事人中无过错方的配偶。

人民法院判决不准离婚的案件，对于当事人基于民法典第一千零九十一条提出的损害赔偿请求，不予支持。

在婚姻关系存续期间，当事人不起诉离婚而单独依据民法典第一千零九十一条提起损害赔偿请求的，人民法院不予受理。

第八十八条 人民法院受理离婚案件时，应当将民法典第一千零九十一条等规定中当事人的有关权利义务，书面告知当事人。在适用民法典第一千零九十一条时，应当区分以下不同情况：

（一）符合民法典第一千零九十一条规定的无过错方作为原告基于该条

规定向人民法院提起损害赔偿请求的，必须在离婚诉讼的同时提出。

（二）符合民法典第一千零九十一条规定的无过错方作为被告的离婚诉讼案件，如果被告不同意离婚也不基于该条规定提起损害赔偿请求的，可以就此单独提起诉讼。

（三）无过错方作为被告的离婚诉讼案件，一审时被告未基于民法典第一千零九十一条规定提出损害赔偿请求，二审期间提出的，人民法院应当进行调解；调解不成的，告知当事人另行起诉。双方当事人同意由第二审人民法院一并审理的，第二审人民法院可以一并裁判。

第八十九条　当事人在婚姻登记机关办理离婚登记手续后，以民法典第一千零九十一条规定为由向人民法院提出损害赔偿请求的，人民法院应当受理。但当事人在协议离婚时已经明确表示放弃该项请求的，人民法院不予支持。

第九十条　夫妻双方均有民法典第一千零九十一条规定的过错情形，一方或者双方向对方提出离婚损害赔偿请求的，人民法院不予支持。

六、附则

第九十一条　本解释自2021年1月1日起施行。

扫描下方二维码获取民法典全文及新旧条文对照

图书在版编目 (CIP) 数据

民法典 · 婚姻家庭判解研究与适用 / 何志著 . — 北京：中国法制出版社，2022.9

（民法典判解研究与适用丛书）

ISBN 978-7-5216-2736-7

Ⅰ . ①民…　Ⅱ . ①何…　Ⅲ . ①婚姻法 – 法律解释 – 中国 ②婚姻法 – 法律适用 – 中国　Ⅳ . ① D923.905

中国版本图书馆 CIP 数据核字（2022）第 106531 号

责任编辑：周琼妮　　封面设计：杨泽江

民法典 · 婚姻家庭判解研究与适用

MINFADIAN · HUNYIN JIATING PANJIE YANJIU YU SHIYONG

著者 / 何　志

经销 / 新华书店

印刷 / 三河市国英印务有限公司

开本 / 710 毫米 ×1000 毫米　16 开　　印张 / 34.5　字数 / 546 千

版次 / 2022 年 9 月第 1 版　　2022 年 9 月第 1 次印刷

中国法制出版社出版

书号 ISBN 978-7-5216-2736-7　　定价：125.00 元

北京市西城区西便门西里甲 16 号西便门办公区

邮政编码：100053　　传真：010-63141600

网址：http://www.zgfzs.com　　**编辑部电话：010-63141807**

市场营销部电话：010-63141612　　**印务部电话：010-63141606**

（如有印装质量问题，请与本社印务部联系。）